KB122415

세계와 식민지 조선의 민족운동

한국 자유주의의 형성, 송진우와 동아일보

The World and Colonial Joseon's National Movement

The Formation Korean Liberalism,
Song, Jin-Woo and the Dong-A Ilbo

Yoon, Duk-Young

세계와 식민지 조선의 민족운동

한국 자유주의의 형성, 송진우와 동아일보

윤 덕 영 지음

혜안

책을 내면서

이 책은 입헌주의 근대 국민국가의 세계적 정착과정, 19세기 후반에서 20세기 전반 영국 신자유주의(New Liberalism)와 일본 민본주의(民本主義) 등으로 나타난 자본주의 사상의 변화와 수정, 자본주의와 사회주의에서 의회주의와 사회개혁노선, 그리고 합법적 정치운동이 세계적으로 확산되는 과정을 살펴보면서, 일제하 한국 민족주의세력들의 사상과 운동을, 그 전형적 특징을 보이는 동아일보의 논의와 송진우의 활동을 중심으로 살펴본 것이다. 또한 1920~30년대 일본 정계와 사회운동의 변동 및 중국 국민혁명의 동향과 직접 연결시켜, 당시 국내 민족주의세력의 정세인식과 운동을 각 시기별, 각 국면별로 상세하게 해명하려고 했다. 한편 서구 근대사상을 일정하게 수용하면서도 한국의 사상과 문화, 역사와 전통을 새롭게 재발견하고 연구하여 서구 근대사상에 비견되는 근대적 조선 사상, 새로운 민족주의 사상을 정립하려는 노력을 살펴보려 했다. 이러한 탐구를 통해 식민지 조선과 제국의 틀을 넘어서 세계의 시야에서, 한국 민족주의세력들의 이념과 운동이 제국 일본 및 세계와 교류하면서, 세계사적 특이성을 어떻게 형성하고 전개하였는가를 해명하려 했다.

필자가 이 주제에 관심을 갖게 된 것은 오래 전이다. 1990년대 초 소련 사회주의가 몰락하면서, 사회주의 이론과 현실이 다르다는 것을 실감하게 되었다. '전반적 위기'에 직면해 망해야 할 세계 자본주의체제는 과학기술혁명과 정보통신혁명을 거치면서 더욱 확대 발전하였다. 물론 부의 독점과 사회적 불평등은 여전했다. 사회적 모순은 복잡하게 심화되었고, 정치·경제·사회·문화의 민주주의는 정착되지 못했다.

변화된 상황에서 한국 근현대사를 실증적으로 다시 봐야 했다. 이에 해방 후 미국 정책과 우익들의 활동에 대해 한국역사연구회 후배들과 함께 공부하기도 했다. 그 후 1990년대 말, 우연한 기회에 한국학중앙연구원의 프로젝트로 한국 근현대사 인물 중 조소앙과 신익희, 송진우를 엮어 조그마한 책으로 내는 과제에 참가하게 되었다. 그때 내게 부여된 인물이 송진우였다. 송진우에 대해서는 그전까지는 학계에 알려진 대로, 동아일보 계열의 인물로 김성수의 자장 하에서 일제하에서는 타협적 민족주의자로서 활동하였고, 해방 후에는 초기 한국민주당의 수석 총무를 맡아서 활동하다가 암살당한 사람만으로 알고 있었지, 제대로 알지 못했었다. 그리고 얼마 되지 않은 자료들을 모아 정리하여 「고하 송진우의 생애와 활동」이라는 글을 써서 제출했다.

그런데 자료를 보고 논문을 쓰는 과정에서 송진우란 인물이 당시 학계에서 알려진 바와는 많이 다른 인물이라는 것을 파악하게 되었다. 특히 그의 수학과 사상형성과정, 해방 후의 활동과 죽음까지, 많은 것들이 역사적 사실과 달리 잘못 알려져 있다는 것을 확인할 수 있었다. 송진우에게서 서구의 공화주의자와 동양의 민족주의자의 모습이 함께 보였다. 송진우와 그가 이끌었던 일제하 동아일보, 해방 후 한민당에 대해 파들어 갈 필요를 깊게 느꼈다. 그러나 송진우가 남긴 자료는 책 한권 분량이 되지 않을 정도로 너무나 적었다. 자신의 생각을 체계적으로 남기지도 않았다.

그때부터 1920년 창간 때부터 해방 후까지의 동아일보를 읽기 시작했다. 동아일보는 원래 방대한 색인집이 있어서 찾아보기가 편리했다. 그럼에도 여러 가지 이유로 색인집에 나오지 않은 것도 많았다. 때로는 색인집을 찾아가면서, 때로는 신문을 한 장 한 장 넘겨가면서 읽기 시작했다. 때마침

2000년대 초반 국사편찬위원회에서 역사정보화사업을 대대적으로 전개하면서, 동아일보를 모두 이미지화해서 인터넷으로 서비스하기 시작했기 때문에, 신문 보는 것이 한결 수월해졌다. 네이버 뉴스라이브러리가 있기 한참 전이다. 일제하 동아일보는 물론 조선일보까지 서비스하면서, 자연어 검색을 할 수 있는 요즈음 뉴스라이브러리를 보면 격세지감이 든다. 더불어 국사편찬위원회 한국사데이터베이스를 통해 일제시기 상당수 잡지들과 자료들도 그 내용을 쉽게 찾아볼 수 있었다. 신문을 보다가 지겨워지면, 일제하 인물들이나 여러 소재들에 대한 당시 잡지와 자료들을 보면서 오랜 시간을 보냈다.

　논설을 중심으로 신문을 보는 데도 많은 시간이 걸렸다. 그것은 신문이 식민지 조선에 대해서뿐만 아니라 당대 일본의 정계와 사회, 더 나아가 중국의 정세, 세계의 정세와 관련된 중요한 것들에 대해 빼곡하게 서술하고 있기 때문이었다. 일제시기 상당 기간 동안 동아일보의 1면은 국제기사와 그와 관련된 논설들로 채워졌다. 국제관련 논설을 이해하기 위해서는 해당 국가와 사건에 대해 알아야 했다. 일본의 정계와 그 변동을 다룬 논설을 이해하기 위해서는 메이지 천황제의 정치구조와 번벌세력의 동향, 정당정치세력의 대두와 발전, 한계 등에 대해 알아야 했다. 1920년대 일본 정치와 사회를 이해하기 위해서는 제1차 헌정옹호운동 이후 번벌세력 반대운동과 보통선거운동의 전개, 다이쇼 데모크라시로 상징되는 일본 정치사회의 변동에 대한 이해가 필수적이었다. 조선 식민 정책을 이해하기 위해서는 이를 둘러싼 본국 특권 및 각 정치세력과 관료층, 조선총독부의 동향을 층위별로 입체적으로 이해해야 했다. 또한 동아일보에는 일본 무산정당운동에 관한 기사와 논설들이 적지 않은데, 이를 이해하기 위해서는 일본의 무산정당운동, 나아가 일본의 사회주의운동에 대해 알아야 했다. 그리고 동아일보가 일본 무산정당운동에 왜 주의를 집중하는지를 파악해야 했다. 또한 1926년 중국 국민정부의 북벌을 계기로 중국 국민혁명의 전개, 중국국민당과 공산당의 합작과 분열, 국공내전 등 중국 정세에 대한 기사와 논설들이 급증하는데, 이를 이해하기 위해서는 중국국민당과 쑨원(孫文)에 대해서, 중국 국민혁명과 그에 따른 동아시아 정세변동에 대해서, 중국공산당 노선과 활동 등에 대해서 알아야 했다. 1920년대 초반 동아일보에는 제1차 세계대전 전승국들의 식민지인 아일랜드와 인도, 이집트 등의 민족운동에 대한 기사와 논설이 아주 많이 게재되었다. 특히 아일랜드 민족운동에 대해서는 상세한 분석이 이루어졌다. 이를 이해하기 위해서는 아일랜드 민족운동과 신페인당에 대해 알아야 했다.

한편 동아일보의 논설을 제대로 이해하기 위해서는 서구와 일본의 정치사상에 대한 이해는 필수적이었다. 고전적 자유주의와 민주주의론을 비롯해서 19세기 말 20세기 초의 수정자본주의 사상인 영국의 신자유주의(New Liberalism)와 독일의 신칸트주의, 일본의 민본주의(民本主義)를 비롯한 다이쇼 데모크라시의 사상과 이념 등에 대해서 알아야 했다. 사회민주주의에 대한 이해도 필수적이었다. 1924년 영국노동당 연립정부의 집권은 제1차 세계대전 전후 전 세계적 데모크라시 바람의 절정이었다. 이제 장차 각국의 정치는 자본주의 정당과 사회주의(무산) 정당이 양극으로 경쟁하는 구도로 재편될 것으로 전망되었고, 일본 역시 예외는 아닐 것으로 당시 사람들은 인식했다. 역시 영국과 독일의 사회민주주의에 대해 알아야 했다. 1930년대 들어 파시즘이 전 세계적으로 대두하자, 동아일보에도 파시즘을 분석하는 기사와 논설이 많이 등장한다. 이들의 주장을 검토하기 위해서는 파시즘에 대해 알아야 했다. 이외에도 공부할 것이 많았다.

원래 한국현대사로 연구를 시작했기 때문에 공부하는 데 어려움이 많았다. 지금도 그렇지만 무엇보다 어학의 한계가 컸다. 구할 수 없는 자료들과 책들도 많았다. 다행히 다니던 직장이 대학교와 달리 주어진 일만 하면, 논문 성과를 전혀 요구하지 않았다.

일제하 신문과 잡지에 실린 글들을 읽다보면, 현재의 논문처럼 그 출처를 명기하지 않아서 그렇지, 서구와 일본 사상사와 정치사의 중요 저작을 읽고 그 내용을 당대 식민지 조선의 용어와 방식으로 해석해서 써 놓은 글들이 적지 않았다. 1920년대에서 1930년대 전반 일본은 서구의 자본주의 및 사회주의 사상과 관련한 중요 저작들이 가히 폭발적으로 소개되고 연구되고 있었다. 물론 동아일보를 비롯해서 당시 조선의 신문과 잡지에 수록된 글들의 주장과 논리는 서구나 일본의 사상가와 운동가들의 글처럼 체계적이지 못하고, 내용과 문장이 조악한 면이 많았다. 그러나 수준은 결코 낮지 않았다. 조악한 문장과 다른 용어 속에서 이를 분별해내는 것도 쉽지 않았다. 때문에 이 부분은 일부밖에 하지 못했고, 앞으로의 과제로 남겨두었다.

이렇게 오랜 시간이 걸려 남들보다 한참 뒤늦게, 2010년에 박사학위논문을 제출했다. 그리고 10년간 밀려두었던 논문들을 2010년과 2011년에 집중적으로 학술지에 발표했다. 이 책은 박사학위논문 중 신간회 시기와 해방직후 시기 부분을 제외하고 일제하 부분만을 보강해서 출간한 것이다. 이 책 본문의 주요 부분은 이미 2010년부터 2012년에 걸쳐, 논문 5편으로 학술지에 발표하였고, 당시 발표한 다른 논문 2편에서 일부를 가져왔다. 학술지에 발표도 했기 때문에 바로 책을 냈어야 했지만, 미흡한 부분이 몇 가지 있어 낼 수가 없었다. 여러 일이 겹치면서, 무엇보다 필자의 나태함과 게으름으로 책 간행이 계속 미루어졌다. 물론 그 사이 정인보에 대한 논문을 두 편을 쓰고, 물산장려운동 논문도 한 편을 써서 이 책의 관련 부분에 일부 보충할 수 있었다. 작년 초에는 1930년 전후 민족주의세력의 동향을 다룬 논문 한 편을 써서, 이 책 4부 2장으로 보강했다. 그럼에도 너무 늦었다.

아직도 미흡한 부분이 많지만, 내년에 사회민주주의 등 여타 사회주의 이념과 비주류 사회주의자들의 활동을 중심으로 일제하와 해방직후 사회주의운동을 다시 바라보는 책을 낼 예정에 있기 때문에 더 이상 미룰 수가 없었다. 이 책은 주요 논문을 발표한지 십 년 이상이 지났기 때문에 일부분에서 최근 연구 성과를 제대로 반영하지 못한 한계를 갖고 있다. 그 사이 여러 분야에서 필자의 생각을 뛰어넘는 문제제기를 하는 좋은 연구들이 나왔다. 때문에 관련 논문을 쓰신 분들에게 제대로 인용하고 참조하지 못한 것에 대해 양해를 구한다. 다만 자유주의, 민족주의, 국내 민족운동 등과 관련한 거대 담론에 대한 실증적 연구가 그사이 많이 이루어지지 않았고, 필자의 문제제기가 여전히 유효한 부분이 적지 않은 것 같아, 부끄러움을 무릅쓰고 뒤늦게 책을 내게 되었다. 적어도 10년 전에는 출간되었어야 할 주제와 주장이지만, 필자의 연구가 저만치 앞서 가는 학계 연구들의 기초를 다지고 뒷받침 하는데 일조했으면 한다.

필자는 박사학위논문을 쓰기까지 제국사, 동아시아사, 트랜스내셔널 히스토리, 지구사 등의 역사연구방법론에 대해 거의 알지 못했다. 2010년과 2011년에 학술지에 논문을 발표하면서도 실증적 성격의 논문들이다보니, 연구방법론에 대해 별로 생각하지 않았다. 이후 연구재단의 연구과제 등을 수행하면서 이런 방법론들을 알기 시작했다. 돌이켜보면 트랜스내셔널 히스토리가 내가 생각하는 역사연구방법론과 가장 유사했지만, 그 성과로 학계에 제출되는 것들을 보면 내가 생각하는 것과 좀 차이가 많았다. 이 책은 필자의 입장에서는 트랜스내셔널 히스토리의 관점에서 일제하 민족주의세력의 사상과 운동을 송진우와 동아일보계열을 중심으로 살펴본 것이다.

이 책을 내는 데 여러 선생님들의 도움이 있었다. 연구와 운동의 경계가 모호하고, 이념과 정치가 과잉되던 격동의 1980년대 시절, 필자의 은사이신 고(故) 김용섭 선생님은 연구자로서의 자세와 학문적 방법론을 정립하는 데 큰 도움을 주셨다. 석사학위논문을 통한 선생님의 지도는 나를 근현대사 연구자로서 재탄생하게 했다. 박사학위논문 지도교수였던 김도형 선생님은 직장생활과 게으름에 빠져 한없이 늘어져 있던 나를 채근하여 박사학위논문을 뒤늦게나마 내게 하는 데 큰 도움을 주셨다. 선생님 덕분에 무사히 박사학위를 받게 된 것 같아 깊은 감사를 드린다. 고(故) 방기중 선생님은 나의 연구자로서의 능력과 가치를 일찍부터 알아봐주시고, 내가 연구자의 길을 걷는 데 격려를 아끼지 않았다. 박사학위논문 주제에 대해서도 적극 지지하셨다. 그러나 이런저런 이유로 내가 연구에 집중하지 못하고, 가진 능력을 제대로 발휘하지 못하는 것에 못내 아쉬워하셨다. 나태한 후배로서 돌아가신 선배에게 엎드려 죄송할 따름이다. 정태헌 선생님은 박사학위논문을 심사하면서 송진우와 동아일보의 주장에 매몰되어 있는 나에게 객관성을 유지하고, 냉정하게 돌아볼 것을 누차 주문하셨다. 덕분에 균형감을 잃지 않을 수 있었다. 역시 감사를 드린다. 김성보 선생님은 오랜 기간 친밀한 선배로서 나를 지켜봐주면서 내가 연구자로서 제대로 날개를 피지 못하는 것에 대해 안타까워 하셨고, 여러 가지 배려를 아끼지 않았다. 항상 감사한 마음을 갖고 있다는 것을 알아주길 바란다.

고전강독회의 선생님들은 이 책의 초고를 읽고 학문적 엄밀성과 부족한 부분에 대해 많은 유익한 지적을 해 주셨다. 특히 홍성찬 선생님은 나태해진 나를 강하게 채근해서, 책을 완성하는 데 강한 추동력을 주셨다. 왕현종 선생님은 책을 출간할 수 있도록 많은 배려를 해주셨다. 모두에게 깊이 감사를 드린다.

연세대학교 사학과 대학원의 동학과 후배들에게도 적지 않은 도움을 받았다. 박종린 교수는 사회주의 프로젝트를 조직하여 같이 진행함으로써 많은 시사를 얻게 했다. 비주류 사회주의자들의 맥락에서 한국근현대 사회주의를 다시 보게 되면서, 이전에는 보지 못했던 많은 것을 알게 되었을 뿐만 아니라, 이 책과 관련해서도 의미 있는 내용을 보충할 수 있었다. 프로젝트를 함께 하며 많은 도움을 준 서울대 홍종욱 교수와 인하대 정종현 교수에게도 감사함을 전한다. 정진아 교수는 초고를 읽고 책의 체제와 구성, 서술방식에 유용한 지적을 해주었다. 이 책의 연구 성과는 얼마 전 간행한 그녀의 책으로 이어진다고 생각한다. 협동조합사 포럼의 동학과 후배들도 여러 점에서 필자에게 많은 도움을 주었다. 모두에게 감사를 드린다. 또한 현재 몸담고 있는 연세대학교 국학연구원 관계자분들에게도 감사함을 전한다.

이 책을 총서로 간행하도록 출판 지원해 주신 연세대학교 미래캠퍼스 근대한국학연구소 관계자분들에게 깊이 감사를 드린다. 또한 흔쾌히 책을 출간해 주신 오일주 혜안 사장님께도 감사를 드린다. 오랜 인연이 닿아 책을 낸 것 같아 감개가 무량하다. 난삽한 원고를 깔끔하게 만들어 주고, 빠르게 출간해 준 김태규, 김현숙 선생께도 감사를 전한다.

작년 30여 년 이상의 국사편찬위원회 생활을 마치고 은퇴했다. 이 책은 국편이 수행한 사료수집과 사료정보화가 있었기 때문에 가능한 것이었다. 지금도 묵묵히 사료수집과 정보화에 열심히 일을 하고 있는 류준범·김대호 실장 이하 국편의 여러 선생님들에게 감사한다. 비록 정부의 녹을 먹고 있다고는 하지만 국편을 비롯해 정부 각 기관에서 사료수집과 정보화에 애쓰고 있는 여러 선생님들의 노력이 학계의 연구와 수준 향상에 크게 일조했다고 생각한다. 연구논문으로 평가되는 학계의 풍토에서, 자신들의 연구를 미뤄두고 사료수집과 정보화에 진력한다는 것이 쉽지 않은 일임에도, 이에 열심인 여러 선생님의 노고에 학계는 일정한 빚이 있다고 본다. 필자의 국편 생활은 돌이켜 보면 여러 점에서 아쉬움이 많이 남는다. 그럼에도 김득중, 박진희, 한긍희, 황병주 등 좋은 후배들과 국편 생활을 함께 할 수 있어 즐거웠다. 특히 김득중 선생은 이 책 서론과 결론의 체제와 구성을 잡는 데 있어, 또한 서술 상 문제를 바로잡는 데 큰 도움을 주었다. 황병주 선생도 필자가 간과하던 학계의 동향을 환기시키며 여러 오류들을 잡아주었다. 그들의 비평과 격려가 책의 출간에 큰 도움이 되었다.

연구자로서 부끄럽게도 60세가 넘은 나이에 뒤늦게 단독 저서를 처음으로

낸다. 박사학위논문도 늦었는데, 책은 아주 더 늦고 말았다. 늦은 만큼 책의 깊이와 내공이 있어야 하는데, 부끄러움에 걱정이 앞선다. 앞으로 몇 년간은 과제로 남겨 둔 몇 권의 저서 집필에 집중할 예정이다.

이 책을 내기까지 묵묵히 가정을 지켜온 아내에게 감사한다. 뒤늦게 태어난 주안이는 우리 가정에 행복과 기쁨을 가져다 준 보물 같은 존재였다. 항상 자녀들과 손주들을 위해 기도하시는 어머님, 그리고 부족한 아들을 항상 자랑스러워하신 돌아가신 아버님께 이 책을 바친다.

2023년 3월 말, 집 주변 벚꽃이 흐드러지게 핀 계절에

윤 덕 영

글싣는 차례

1부 세계의 정치와 사상을 배우다

15

5부 일제에의 굴종, 그러나 다시 기사회생

서 론

1. 세계의 시야에서 본 일제하 민족운동의 사상과 이념

제국주의 시대 식민지 조선의 민족운동을 어떻게 이해하고 파악할 것인가? 이를 위해서는 다각도의 접근이 필요하겠지만, 일목요연하게 보기 위해서는 크게 보면 사상과 이념, 운동의 주체, 운동의 내용과 전개양상의 세 층위로 나누어 살펴보는 것이 필요할 것이다.

먼저 민족운동의 사상과 이념이다. 이에 대한 기존 이해에서 중시된 것은 민족주의였다. 한국사학계에서 민족주의 이념으로 일제하 민족운동을 파악하는 것은 잘 알다시피 두 개의 층위를 가진다.

하나는 1960~70년대 일반적으로 주장되었고, 지금도 명맥을 잇고 있는 근대주의적 입장에서 냉전적 민주주의론에 기반한 보수적 민족주의 연구경향이다. 이 경향에서는 사회주의 이념을 민족운동의 이념 범주에서 사실상 제외한다.

다른 하나는 사회경제사학의 입장을 일정하게 반영하여 민중적 민족주의론에 기반한 진보적 민족주의 연구경향이다. 사회주의운동을 민족운동의 범주로 포함시키되, 기존의 민족주의 외에 공산주의가 아닌 여운형과 같이 다양한 계열의 사회주의와 진보적 사상과 이념을 진보적 민족주의로 포괄하여 민족주의운동을 파악하는 것이다. 때문에 민족운동의 사상과 이념은 민족주의, 사회주의, 진보적 민족주의로 크게 나눠진다. 이는 분단체제 극복이라는 궁극적 과제와 관련하여 좌우합작에 의한 민족협동전선 결성과 진보적 민주주의에 근거한 근대국가 건설이라는 목표의식에 집중하기 때문이라고 보인다.

민족주의 연구에서 현재까지도 학계에서 일반적으로 통용되는 것은 타협과 비타협을 기준으로 민족주의세력을 좌파와 우파로 나누어 파악하는 민족주의 좌·우파론이다. 이 주장에서는 우파를 문화운동과 같은 실력양성론에 기반하여 일제에 타협적 자치운동을 추진하는 세력으로, 좌파를 자치론에 대항하여 비타협적 정치투쟁을 강조하는 세력으로 규정하면서, 비타협적 민족주의자들인 민족주의 좌파가 타협적 민족주의자들인 민족주의 우파의 자치운동에 대항해서, 사회주의세력과 연합하여 신간회를 창립했다고 보았다.[1]

이렇게 자치운동 추진과 신간회 참여를 기준으로 민족주의세력을 타협과 비타협, 좌·우파로 나누는 것은 이후 부르주아민족주의 좌·우파론으로 보다 정교화 되어, 계급적 기반과 정치행동, 이념적 성향을 관통하는 정합적 분류체계로 발전했다.[2] 곧 부르주아민족주의 우파는 자본가와 지주층을 계급적 기반으로 철저히 자본가와 지주계급의 입장에 서서, 대자본가와 지주계급이 지배하는 자본주의 국가를 지향했고, 일제에 타협적인 자치운동과 경제적, 문화적 실력양성운동, 문화적 민족주의와 신문화건설운동 등을 전개하였다고 한다. 이에 반해 부르주아민족주의 좌파들은 중소자본가계급과 소농·소생산자층을 계급적 기반으로 하여, 중소자본가와 소부르주아 중심의 자본주의체제를 구상하면서, 정치, 경제, 교육의 균등을 기초로

1) 조지훈, 「한국민족주의운동사」, 『한국문화사대계』 1, 고대민족문화연구소, 1964 ; 송건호, 「신간회운동」, 윤병석 등 편, 『한국근대사론』 2, 지식산업사, 1977 ; 강만길, 「신간회운동」, 『한국사연구입문』, 지식산업사, 1981.

2) 박찬승, 『한국근대정치사상사연구』, 역사비평사, 1992 ; 박찬승, 「1920년대 중반~1930년대초 민족주의 좌파의 신간회운동론」, 『한국사연구』 80, 1993 ; 김명구, 「1920년대 부르주아 민족운동 좌파계열의 민족운동론-안재홍을 중심으로-」, 『한국사학보』 12, 2002 ; 박찬승, 『민족주의의 시대』, 경인문화사, 2007.

한 신 민주국의 건설을 지향했으며, 민족협동전선 결성에 적극적으로 나섰다고 한다.[3]

민족주의 좌·우파론에서 특징적인 것은 정치세력을 구분하는 기준이 사상과 이념, 강령과 정치노선도 아닌 타협과 비타협이라는 정치적 태도와 활동양태라는 점이다. 좌·우파론은 제국주의 지배에 대한 저항을 강조하는 분류법이라 할 수 있는데, 사실 근대 세계 각국의 일반적인 정치세력 구분법은 아니다. 부르주아민족주의 좌·우파론은 이런 점을 보완하기 위해 계급적 기반과 이념적 지향까지 확장했는데, 바로 이 지점에서 곧바로 실증적 한계에 부딪쳤다. 기독교와 천도교세력에 대한 일련의 연구들을 통해 민족주의 우파세력으로 지목된 세력들도 신간회에 상당히 적극적으로 참여하고 있음이 밝혀졌기 때문이다. 흥업구락부계열은 물론 수양동우회계열, 심지어는 자치운동의 주체로 지목받았던 천도교 신파의 인물들까지 신간회에 상당수가 참여했다.[4]

임경석은 기독교와 천도교계열에 대한 이런 연구 성과를 바탕으로 신간회가 민족주의 좌파와 사회주의자들의 통일전선이란 성격 규정이 밑뿌리부터 흔들리고 있다면서, 1920~30년대 국내 민족주의세력의 존재형태를 재규정해야 한다고 주장했다.[5]

---

3) 박찬승, 『민족주의의 시대』, 89~194쪽, 286~308쪽.
4) 성주현, 「1920년대 천도교의 반일민족통일전선운동에 관한 연구」, 『한국민족운동사연구』 25. 2000 ; 김권정, 「기독교세력의 신간회 참여와 활동」, 『한국민족운동사연구』 25, 2000 ; 장규식, 「신간회운동기 '기독주의' 사회운동론의 대두와 기독신우회」, 『한국근현대사연구』 16, 2001 ; 이현주, 「일제하 (수양)동우회의 민족운동론과 신간회」, 『정신문화연구』 92. 2003 ; 정병준, 『우남 이승만연구』, 역사비평사, 2005 ; 성주현, 「1920년대 천도교의 협동전선론과 신간회참여와 활동」, 『동학학보』 9-2, 2005 ; 조규태, 「천도교 신파의 자치운동과 조선농민사의 크레스틴테른 가입 활동」, 『한국민족운동사연구』 48, 2006 ; 『천도교의 문화운동론과 문화운동』, 국학자료원, 2006 ; 성주현, 「천도교청년당(1923~39)연구」, 한양대 사학과 박사학위논문, 2009.
5) 임경석, 「식민지시대 민족통일전선운동사 연구의 궤적」, 『한국사연구』 149, 2010, 392~394쪽.

방기중은 물산장려운동에 대한 연구사를 검토하면서 기존 민족주의 좌·우파론과 부르주아민족주의 좌·우파론의 이분법적 인식 틀을 전면적으로 재검토했다. 그는 부르주아민족주의 우파로 지목된 최린과 천도교 신파 그룹이나 흥업구락부 그룹, 안창호·조만식과 연계된 수양동우회·흥사단 그룹과 평양의 민족주의운동세력의 계급적 기반을 일률적으로 '민족자본' 상층 내지 지주층으로 설정하거나 그 활동과 이념적 성향을 대자본가와 지주계급의 입장을 대변한 것으로 분류하는 것은 역사적 사실과 부합되지 않는다고 주장했다. 또한 부르주아민족주의 좌파로 예시된 운동세력의 경우에도 조선일보 그룹이나 천도교 구파 그룹 역시, 당시 운동 현실에서는 일반적으로 소생산자 입장을 대변하는 소작운동보다는 우파로 분류된 운동세력과 함께 생활개선운동·물산장려운동·협동조합운동 등 체제내적 경제자립운동에 주력했다는 점에서, 우파 운동세력과의 정치적·이념적 계선이 그렇게 분명한 것은 아니었다고 한다. 그는 자본가의 헤게모니 관철의 뉘앙스가 강한 '부르주아민족주의'라는 용어를 이와 전혀 결이 다른 '좌·우파' 용어와 결합시켜 유파의 성격을 개념화한 것도 일제하 민족주의에 대한 계통적 파악에 오히려 장애가 되는 부적절한 용어법이라고 지적하면서, 부르주아민족주의 좌·우파론의 이분법적 논리가 다양한 스펙트럼을 갖는 민족주의와 사회주의의 실상과는 거리가 있는 '이념형'적으로 추론된 도식이었다고 주장했다.[6]

필자는 방기중의 주장에 기본적으로 동의한다. 더 나아가 방기중이 유보했던 동아일보계열에 대해서 이 책을 통해 그들이 타협적 자치운동을 전개하지 않았고, 신간회와 같은 문제의식을 민족주의세력 중에서 가장 앞서서 이미 1920년대 전반부터 주장하면서, 신간회 창립시기까지 관련 논의를 가장 활발하게 전개했다는 것을 이론과 실증을 통해 논증할 것이다.

---

6) 방기중, 「일제하 물산장려운동과 민족주의 경제사상」, 『근대 한국의 민족주의 경제사상』, 연세대학교 출판부, 2010, 55~74쪽.

또한 타협과 비타협의 근거가 되었던 사이토총독시기 일제와 조선총독부가 식민지 조선에 조선의회 같은 자치정책을 추진했다는 주장도 재검토하여, 일제와 조선총독부가 조선의회 같은 자치정책을 추진하지 않았다는 것을 실증적으로 해명할 것이다. 또한 동아일보계열의 1920년대 초반부터 신간회 창립시기까지의 주장과 동향을 살펴보면서, 민족주의세력을 타협과 비타협으로, 또한 좌파와 우파로 나눌 수 없다는 것을 여러 측면에서 실증적으로 자세히 밝힐 것이다.

한편 기존 민족주의 이념 틀 자체에 대한 비판도 제기되었다. 비판은 민족주의가 자기완결적 논리구조를 갖추지 못하여 다른 이데올로기와 결합함으로써 완성되는 이차적 이데올로기라는 특징과, 저항민족주의로서의 진보성과 제국주의적이고 침략주의적 반동성을 동시에 가진 양면적 또는 이중적 이데올로기라는 일반적 전제에서 출발한다. 윤해동은 식민지시기 한국의 민족주의는 혈연, 언어, 역사와 문화를 강조하는 종족주의와 문화적 민족주의를 형성하였으며, 한국의 근대민족주의자들은 대부분 사회진화론에 기초한 유기체적 민족주의 인식을 공유하였기 때문에 개인주의의 성장을 가로막았다고 한다. 곧 "자유주의는 이미 자유주의가 아니었고, 개인주의는 다만 전체 민족 또는 지도자를 위한 장식물에 지나지 않았다"는 것이다. 이에 따라 민족주의에서 민중은 민족 구성 대상으로만 취급되고 합리주의적이고 자유주의적인 주체로 설정될 수 없어, 민주주의적 발상이 자리 잡기 어렵게 되었다고 주장했다.[7]

민족운동의 사상과 이념에 대한 기존 연구들은 한국 민족주의 이념을 중심으로 두고, 이 개념을 확장하거나 또는 이를 비판하는 것으로 다양하게 전개되었다. 그럼에도 불구하고 한국 민족주의 이념이 구체적으로 어떠한 사상적 내용과 성격을 갖고 있는가에 대해서는 모호한 점이 적지 않다.

---

7) 윤해동, 『식민지의 회색지대-한국의 근대성과 식민주의 비판』, 역사비평사, 2003, 121~161쪽.

세계 정치사상의 역사와 관련하여 한국 민족주의 이념이 어떠한 내용과 특징을 갖고 있는지 구체적으로 해명하지 못하고 있다. 타협과 비타협은 정치적 태도와 활동양태이지, 이념의 내용과 성격을 설명하는 것은 아니다. 그것은 하위의 개념이다.

한편 민족주의 이념에 대한 비판도 민족주의 이념이 갖고 있는 이차적 이데올로기로서의 성격과 양면적 성격의 일반론에서 주로 비판이 이루어지고 있다. 식민지 한국 민족주의가 구체적으로 어떠한 세계사적 특이성을 갖고 있어, 이를 비판하는지에 대한 내용이 분명하지 않다. 서구에서의 민족주의 이념 전개과정에서 드러나듯이, 서유럽에서 제기된 민족주의가 중부 유럽과 동부 유럽으로 전파되면서, 그 내용과 성격이 바뀌어졌다. 이와 마찬가지로 한국의 민족주의 이념도 최초의 대한제국기, 1910년대 중반에서 20년대, 1930년대 이후 일제 말기, 해방직후시기, 한국전쟁이후의 시기의 시기별로 그 내용과 성격이 세계 정치사상의 변동에 따라 크게 변모하였다. 민족주의 이념 비판론의 가장 큰 문제점은 이런 세계사적인 변화, 한국사에서의 민족주의 이념의 시대적 변화를 구분하지 않고, 일반론에서 비판하는 점이다. 이러한 비판은 이론적이나 실증적으로 커다란 문제를 야기하게 한다.

일제하 민족운동의 사상과 이념을 해명하기 위해서는 기존 연구들에서 간과하거나 소홀히 했던 다음 두 가지 점이 먼저 고려되어야 한다.

첫 번째는 식민지 조선의 민족주의세력, 더 나아가 민족운동세력의 사상과 이념을 당대 서구와 일본 정치사상사의 동향과 관련하여 동시적으로 파악해야 한다는 점이다. 여기서 중요한 것은 근대 사상과 이념이 고정된 것이 아니며, 세계 자본주의체제의 변화과정에서 함께 변화하고, 역사적 단계에 따라 다른 양상으로 나타났다는 점이다. 필자의 이런 주장은 어찌 보면 지극히 당연한 일반적 주장인데, 문제는 기존 학계의 연구가 이를 제대로 수행하지 못하고 있다는 데 있다.

위에서 언급한 연구경향 모두에서 비판적으로 평가하는 사회진화론에 기반한 사회유기체론을 예를 들어 설명해보자. 잘 알려져 있다시피 사회유기체론을 체계화 시킨 것은 스펜서(Herbert Spencer)이다. 버크(Edmund Burke)의 보수주의 사상을 일정하게 계승한 스펜서의 적자생존과 양육강식의 사회진화론과 사회유기체론은 19세기 후반 전통적 자유주의 사상의 이론적 보루이자 제국주의 논리로, 영국 기득권층의 사상으로 자리 잡았다.

그런데 사회유기체론은 이게 다가 아니었다. 본문에서 자세히 살펴보겠지만, 19세기말 영국의 '사회적 자유주의'라 일컬어지기도 하는 신자유주의 (New Liberalism)를 수용한 진보적 지식인들도 스펜서의 사회유기체론, 사회진화론의 방법을 적극 받아들였다. 그렇지만 이들은 스펜서가 진화의 원리로 제시한 적자생존의 원리를 비판하고, 사회적 진화의 과정을 개인과 사회, 부분과 전체가 유기적으로 조화를 도모하고 협력하는 윤리적 조화의 과정으로 파악했다. 그들은 통제되지 않는 자본주의의 경제적 불평등을 해소하기 위해, 사회적 도구로서 국가의 책무와 역할을 강조하였다. 그럼에도 그들은 자본주의와 재산의 사적 소유 자체를 반대하지 않았다. 계급이익에 반대하고 사회적 공동선을 추구하는 일종의 윤리적 이상으로서의 사회주의는 찬성했지만, 이념과 운동으로서의 사회주의는 반대했다. 영국의 신자유주의자들은 자유주의의 전통에 서서 사회유기체론을 사회적 진보와 개혁의 도구로써 이용하고 있었다.

이런 사상적 경향이 나타난 것은 세계 자본주의체제의 변화 때문이었다. 19세기 후반 들어 산업혁명의 진전에 따라 자본주의가 급속하게 발전했다. 그러나 자본주의 경제의 주기적 불황과 구조적 경제위기 심화, 자본의 독점화 및 중소 상공인의 몰락, 노동자들의 극심한 빈곤과 열악한 노동환경, 극심한 빈부격차와 사회 양극화라는 자본주의 사회경제체제의 구조적 문제도 심각하게 노정되었다. 이는 사회 갈등을 심화시키고 사회적 위기를 불러와, 자본주의체제를 근본부터 변혁하려는 사회주의 사상이 급속히 확산되는 배경이 되었다.

한편 이런 사회주의 사상의 확산에 대응하여 기존의 자본주의 사상인 고전적 자유주의와 민주주의 사상에서도 자본주의의 수정을 통해 이를 극복하고자 하는 움직임이 전 세계적으로 폭넓게 일어났다. 곧 19세기 말 20세기 초의 영국의 신자유주의(New Liberalism)와[8] 독일의 신칸트주의, 일본의 민본주의(民本主義)가 그러한 조류를 반영하는 것이었다. 주의할 것은 이들 조류의 일부가 영국노동당 및 독일사회민주당, 일본 우파 사회주의계열의 사회민중당 등에 합류하기는 하지만, 이들은 기본적으로 사회주의자들이 아니며, 이들 사상은 자유주의 전통에 서있는 자본주의 사상이라는 점이다.

영국 신자유주의의 대부 밀(John Stuart Mill, 1806~1873)의 저작은 일찍부터 일본에 번역되고 있었다. 밀의 저작은 지속적으로 번역되면서, 그의 사상은 일본 대학 강단과 언론에서 큰 영향을 발휘했다. 그린(Thomas

---

8) 근현대 자유주의 역사에 있어 신자유주의라 불리는 사상과 이론은 크게 보아 세 번 등장했다. 첫 번째는 고전적 자유주의의 자유방임주의의 한계와 구조적 문제가 드러나자, 이를 독점자본의 제한, 민중생활의 보장, 국가의 적극적 개입을 주장하면서 자유주의와 부르주아민주주의 사상의 틀 내에서 극복하고자 했던 19세기 중반 이후 20세기 초까지의 영국의 '사회적 자유주의' 사상으로서의 신자유주의(New Liberalism)이다. 이 이념은 사회민주주의와의 친근성에도 불구하고 명백히 자유주의 전통에 서있는 자본주의 이념이었다. 두 번째는 제2차 세계대전 직후 소위 '라인강의 기적'이라는 서독의 경제성장을 뒷받침한 사회적 시장경제의 중심이론으로, 독일 프라이부르크 학파의 '질서자유주의'(Ordo Liberalism)이론이다. 이를 완성한 사람은 오위켄(Walter Eucken)이다. 이 이론은 당시 영·미의 지배적 경제학인 케인즈의 '개입주의 경제학'과 달리 철저히 자유주의 사상의 틀 내에서 자유주의의 문제를 극복한 이론이었다. 또한 신칸트주의의 철학적 기반을 갖고 있었다. 세 번째는 1980년대 영국의 대처 수상과 미국의 레이건 대통령의 재임시절 실시되었던 규제철폐, 공기업의 민영화, 노동시장 유연화 등의 정책을 뒷받침한 현재의 신자유주의론(Neo Liberalism)이다. 영·미 경제학에서 현대 신자유주의 이론을 선도한 사람은 하이에크(Friedrich Hayek)와 프리드만(Milton Friedman), 부캐넌(James M. Buchanan Jr.) 등이다. 이근식, 「자유주의와 한국사회」, 『자유주의란 무엇인가』, 삼성경제연구소, 2001, 32~51쪽.

Hill Green, 1836~1882)의 저작도 번역되고 연구되어, 공공선과 공동체 주장이 널리 소개되었다. 홉하우스(Leonard Trelawny Hobhouse, 1864~1929)의 저작과 홉슨(John A. Hobson, 1858~1940)의 저작도 번역되어 일본에 이미 소개되었다. 이들 주요저작의 일본에서의 소개와 번역, 연구에 대해서는 이 책 1부 5장을 참고하기 바란다.

1920년대에서 1930년대 초반 일본에서는 서구의 자본주의 및 사회주의 사상과 관련한 저작들이 가히 폭발적으로 소개되고 번역되고 있었다. '번역의 왕국'이라는 말이 생길 정도로 온갖 책들이 번역되었다. 이중에는 정부수립 75주년을 앞두고 있는 현재의 대한민국에서 아직도 번역되지 못한 책들이 적지 않다. 학제 연구를 하는 일부 연구에서 현대 한국의 학문이 1950년대 이후 정립된 것으로 말하는데, 그때 처음 소개되었다고 하는 서구의 사상과 학문은 이미 1920년대 일본과 조선에 소개되었고, 이를 인용한 글들이 나오고 있었다.

그런 가운데 일본에서도 민본주의 사상을[9] 비롯한 다이쇼 데모크라시 사상과 이념이 급속히 확산되었다. 요시노 사쿠조(吉野作造)를 필두로 가야하라 가잔(茅原華山), 우에하라 에쓰지로(植原悅二郎), 오자키 유키오(尾崎行雄), 이누카이 쓰요시(犬養毅), 미우라 데쓰타로(三浦銕太郞), 이시바시 단잔(石橋湛山), 우키타 가즈타미(浮田和民), 다카다 사나에(高田早苗) 등이 『제3제국』, 『중앙공론』, 『태양』, 『동양경제신보』 등 언론 매체를 중심으로 1910년대 민본주의 사상을 확산시켰다. 다이쇼 데모크라시를 상징하는 개념 중 하나인 민본주의는 때에 따라, 사람에 따라 다양하게 사용되었다.[10] 대체적으로 보면 입헌주의의 기초에 서서 보통선거제에 근거한 국민의 참정권을 중시했

---

9) 일본의 민본주의는 요시노 사쿠조가 『中央公論』 1916년 1월호에 「憲政の本義を說いて其有終の美を濟すの途を論ず」라는 논설을 제기하면서 본격적으로 이론화되었다. 『吉野作造選集』 第二卷, 岩波書店, 1996.
10) 나리타 류이치 지음, 이규수 옮김, 『다이쇼 데모크라시』, 어문학사, 2011, 44쪽.

고, 특권을 상징하는 번벌세력과 원로정치를 맹비난하며, 추밀원과 귀족원의 정치개입과 과도한 권한에 대해 비판했다. 선거를 통해 구성되는 대의제 의회를 정치적 이상적 형태로 보아. 국민선거로 선출되는 중의원에 의한 권력 구성 및 국가정책 집행을 주장했다.

일제하 조선의 민족운동을 주도하던 민족운동가들과 민족엘리트들은 상당수가 1910년대에서 1920년대에 걸쳐 일본 등으로 유학을 가서, 당대 일본제국과 서구 사회에서 통용되는 사상과 이념을 배우고, 일본과 서구의 지식인 및 엘리트들과 교류했다. 때문에 그들이 유학을 가서, 또한 책과 언론 등을 통해 배우고 경험한 것은 일제의 관학이나 고전적 자유주의와 민주주의를 비롯한 과거의 자본주의 사상만이 아니었다. 1912년 말 제1차 헌정옹호운동 이후 다이쇼 데모크라시의 분위기 속에서, 광범한 소개와 번역 등을 통해 일본제국에 급속히 소개되고 연구되고 있던 최신의 수정자본주의 사상들, 19세기 후반에서 20세기 초반에 서구와 일본의 사상계와 이념을 풍미했던 최신의 사상과 이념, 운동론을 배우고 경험했다. 그들은 일본어가 자유로워서 일본제국 내에서 유통되는 사상과 이념, 정치론과 그 변화를 일본 본국의 사람들과 비슷한 시기에 거의 동일한 수준에서 배우고 호흡했다.

이들은 『중앙공론』 등 수정자본주의 사상의 입장에서 당시 다이쇼 데모크라시를 이끌고 풍미하던 급진적 자유주의계열의 잡지와 신문들을 보고, 배우고, 식민지조선 상황에 맞추어 재해석 했다. 본문에서 살펴보겠지만 동아일보계열의 핵심적 인물인 송진우는 독점자본의 제한과 민중 생존권 보장, 중요산업의 국가적 통제 등 국가 개입을 핵심 키워드로 하는 영국의 신자유주의(New Liberalism)를 수용하여 자기주장의 중요한 일부로 삼았다.

이 책은 영국의 신자유주의(New Liberalism)와 일본의 민본주의 등 수정 자본주의 사상의 식민지 조선에서의 수용과 내재화와 관련하여, 송진우와 동아일보계열의 이념과 노선, 민족운동을 살펴본 책이다. 식민지 조선은 고립된 섬이 아니다. 일본제국과 활발히 소통하는 곳이었고, 일본제국이 세계와 소통하는 것을 통해 세계와 만나고 있었다. 이와 관련해서 1920년대 전반에 이미 식민지 조선의 동아일보와 각종 잡지에는 서구 사상과 운동이 소개되고 있었고, 서구 정치변동에 대해서도 비교적 자세히 알려지고 있었다는 사실에 주목해야 한다. 그 중에는 사회민주주의나 그 외 사회주의 여러 이념과 사상, 영국노동당을 비롯한 각국의 사회주의 정당과 운동에 대한 소개나 기사, 논설도 적지 않았다. 식민지 조선에서 멀리 떨어져 있는 영국에서의 논의가 별 시차 없이 동아일보에 소개되고 있었다. 당시의 낙후된 연락망과 교통상황을 감안할 때, 또한 기자 한 명 파견하기 어려웠고, 통신원조차 변변히 없었던 당시 상황을 감안할 때, 이는 대단히 이례적인 것이었다. 물론 당시 조선의 언론 및 사회 상황, 민족엘리트의 지식 경험과 수준을 감안할 때, 직접 들여온 것은 아니었고 제국 일본을 통해 수용한 것이었다.

1910~20년대 민족주의자들, 더 나아가 민족엘리트들의 사상과 이념을 파악하기 위해서는 당대 서구와 일본의 수정자본주의의 정치사상적 동향을 고려해서 이해해야 한다. 그들이 서구와 일본의 어떠한 사상과 이념을 수용하고 재해석하고 있었는가를 파악해야 한다. 기존 일제하 민족주의세력의 사상과 이념에 대한 많은 연구들은 이런 점들을 간과하고 있다. 남긴 글들의 몇몇 문구만을 가지고, 협소하게 해석하고 성격을 규정해 버린 경우가 적지 않다. 이들이 제국주의 침략논리인 사회진화론에 빠져있다거나, 일제 식민정책에 사로잡혀 있다거나, 고전적 자유주의와 민주주의 이념을 갖고 있다거나, 심지어 보수주의 이념에 사로잡혀 있다거나 하는 등의 단편적이고 오도된 판단을 내리는 경우가 많았다. 이는 당시 민족운동가나 민족엘리트들이 공부하고 고민하고 실천했던, 다이쇼 데모크라시로 상징되는 당대 일본제국 정치사회문화와 운동의 새로운 분위기를 일본에만 해당되는 것으로 여기고, 식민지 조선과는 무관한 것으로 인식했기 때문이다.

이런 조선 민족주의자들의 인식은 1930년대 들어와서 다시 한 번 크게 변화한다. 그것은 전 세계적으로 대두되는 새로운 사상인 파시즘 사상 때문이었다. 당시 파시즘은 독일과 이탈리아에 한정된 것은 아니었고, 제국 일본은 물론 양상에서는 차이가 있지만 영국과 미국을 포함하여 전 세계적 양상이었고, 전 세계 사상과 이념에 커다란 영향을 미쳤다. 이런 전 세계적인 정치사상의 변화 속에서 조선의 민족주의자들의 정치사상과 이념도 크게 변화하기 시작한다. 때문에 이런 차원에서 당시의 민족운동의 사상과 이념을 다시 고려해야 한다.

현재 일부 연구들에서는 1920년대와 1930년대 민족주의자들과 민족엘리트들의 주장을 별 구별 없이 동일한 선상에서 연결시켜 살펴보고 있다. 심지어는 1910년대, 더 나아가 대한제국시기의 주장들도 별 구별 없이 직접적으로 연결시켜 살펴보는 경우도 있다. 이는 세계 정치사상사의 변화, 그리고 이에 맞물린 일본제국과 식민지조선 정치사상사의 변화를 사상하는 것으로, 실증적으로나 이론적으로 여러 측면에서 커다란 오류를 빚게 하는 것이다.

두 번째로 일제하 민족주의세력의 사상과 이념들을 이해하기 위해 고려할 점은 기존 거의 모든 연구들에서 중요한 논지의 근거로 삼고 있는 동아일보의 성격과 관련한 점이다. 거의 모든 주장들에서 동아일보를 부르주아민족주의 우파의 주장을 대변하는 신문으로 상정하고 있는데, 적어도 1920년대 전반에 한정하여 보면 이는 실증적으로 맞지 않는 주장이다.

김성수가 동아일보 창간에 역할을 했고, 1920년 6월 제2대 사장에 취임하지만, 이때는 김성수의 경영권이 확보된 때가 아니었다. 창간 초기 동아일보는 심각한 경영상의 위기를 맞았지만, 1921년 9월에 주식회사로 성공적으로 전환하면서 위기를 타개하기 시작했다. 이 과정에서 주요한 역할을 담당하고, 제3대 사장으로 취임한 사람이 송진우였다. 송진우는 나중에 '신문독재자'라는 말을 들을 정도로 동아일보의 전권을 행사하고 있었지만, 이는 1920년대 후반 이후의 일이었다. 본문에서 자세히 살펴보겠지만, 그가 동아일보 논지에 적극 개입하기 시작한 것은 1925년 4월, 동아일보 주필을 맡고나서 부터였다.

1920년대 전반 동아일보의 사설과 논설을 주로 집필한 것은 논설반이었는데, 논설반은 몇 명 되지 않아, 김명식(20.4~21.2), 장덕수(20.4~23.4)가 주도했다. 그런데 당시 장덕수(張德秀)와 김명식(金明植)은 민족주의자가 아니었다. 이들은 1920년 6월 결성된 사회주의단체 사회혁명당의 주요 인물인 사회주의자였다. 또한 1921년 5월 상해파 고려공산당이 창립되자, 사회혁명당은 상해파 고려공산당 국내부(이하 국내 상해파)로 전환하였고, 장덕수는 책임자를 맡게 된다.11) 국내 상해파는 1920년 12월 창립된 조선청년회연합회를 주도했다. 당시 장덕수는 앞서 언급한 신자유주의(New Liberalism) 이념의 영향을 상당히 받고 있었고,12) 미국 유학 이후에는 명백히 민족주의자로 전향한다. 그러나 적어도 공산당 지부책임자로 있을 때의 그를 민족주의자로 규정할 수는 없다. 이들은 부르주아민족주의 우파의 입장이 아니라, 사회주의세력인 상해파 고려공산당의 노선을 따르고 있었고, 일제의 검열을 고려하면서, 또한 송진우를 중심으로 한 동아일보 주도세력과의 일정한 협의 하에서 동아일보 논설을 집필했다고 보는 것이 맞을 것이다.

실제 당시 국내 상해파의 주장과 동아일보의 주장은 여러 점에서 매우

---

11) 자세한 것은 다음 참조. 이애숙, 「1922~1924년 국내의 민족통일전선운동」, 『역사와 현실』 28, 1998 ; 박종린, 「1920년대 전반기 사회주의 사상의 수용과 물산장려논쟁」, 『역사와 현실』 47, 한국역사연구회, 2003 ; 임경석, 『한국 사회주의의 기원』, 역사비평사, 2003 ; 이현주, 『한국 사회주의세력의 형성 : 1919~1923』, 일조각, 2003 ; 윤덕영, 「1920년대 초반 협동조합운동론의 형성과 특징」, 『역사문제연구』 39, 역사문제연구소, 2018.

12) 최선웅, 「장덕수의 사회적 자유주의 사상과 정치활동」, 고려대학교 사학과 박사학위논문, 2014.

유사하였다. 대표적으로 물산장려운동을 예로 들어보자. 물산장려운동은 1920년 7월 평양의 민족주의자들이 처음 시작했다. 1920년대 평양 물산장려운동은 기독교와 밀접히 연관된 민족주의 지식인과 자본가 계급이 합작하여 자본주의 생산력증대를 도모한 전형적인 민족·자본주의 경제자립운동이었다.[13] 그런데 평양에서 시작된 물산장려운동이 전국적 운동으로 확산된 것은 청년회연합회가 물산장려운동에 적극적으로 참여하면서부터였다. 그리고 그 배후에는 국내 상해파 주류세력들이 있었다. 1922년 4월 국내 상해파가 장악한 청년회연합회 제3회 총회의 제안사항 중에는 "조선인은 조선인의 제조품을 사용하면 조선인의 상고(商賈)를 통하여 매매할 것"이라는 물산장려운동의 주장이 들어있었다.[14] 동아일보는 이에 대한 사설을 1922년 6월 6일과 7일에 연속 게재하였다. 임경석이 이미 지적한 바와 같이, 사설은 서울청년회와 조선노동공제회에서의 국내 상해파 핵심인물 배제로 공론화된 조선공산당(중립당)으로 대표되는 세력의 공격에 대한 국내 상해파의 대응이었다.[15]

청년회연합회는 1922년 12월 1일 창립 2주년을 맞이하면서 동아일보에 '조선물산장려 표어 현상 모집' 광고를 청년회연합회 이름으로 게재하면서 물산장려운동에 적극 개입했다. 동아일보는 이를 적극 홍보하였다. 이를

---

13) 평양 자본가층의 동향과 물산장려운동에 대해서는 다음을 참조. 강명숙,「1920년대 일본인 자본가들에 대한 조선인 자본가들의 저항-평양상업회의소를 중심으로-」,『국사관논총』90, 국사편찬위원회, 2000 ; 오미일,「1920년대 부르주아민족주의계열의 물산장려운동론」,『한국사연구』112, 한국사연구회, 2001 ; 오미일,『한국 근대 자본가 연구』, 한울, 2002, 288~322쪽 ; 장규식,『일제하 한국 기독교민족주의 연구』, 257~297쪽.

14)『동아일보』1922. 4. 8.

15) 임경석은 "1922년 4월 시점에 상해파 공산당은 문화운동론에 입각하여 물산장려운동과 민립대학기성운동을 주창하고 나섰음을 확인할 수 있다. 이 계획안은 청년회연합회 명의로 발표된 것이기는 하지만, 그 배후에는 상해파 공산당의 운동론이 개제되어 있었다"라면서, "식민지 해방을 위해서 민족 부르주아적 요소와 협력한다는 관점이 뚜렷이 드러나 있다"고 주장했다. 임경석,「1922년 상반기 재 서울 사회단체들의 분규와 그 성격」,『사림』25, 2006, 235~236쪽.

계기로 물산장려운동은 전국적 운동으로 급속히 확산되었다. 1923년 1월 조선물산장려회(이하 물산장려회) 창립총회 전후로 이를 지지하는 동아일보의 논설이 수차례 실렸으며, 청년회연합회는 운동의 전국화에 앞장섰다. 그리고 물산장려회 창립을 전후로 하여 동아일보를 지면으로 하여, 물산장려운동을 찬성하는 나경석과 반대하는 '신생활사 그룹'·'민중사 그룹'의 사회주의자들간에 물산장려운동 논쟁이 치열하게 전개된다.

그런데 당시 나경석은 민족주의자가 아니라 장덕수의 뒤를 이어 상해파 공산당 국내부의 책임자를 맡고 있던 국내 상해파 사회주의자였다.[16] 나경석은 장덕수와 달리 신자유주의적 경향을 보이지 않았다. 그는 카우츠키(Karl Johann Kautsky)의 주장에 크게 영향을 받고 있었다.[17] 카우츠키가 1918년 출간한, 러시아 1917년 10월 혁명을 비판하는『Die Diktatur des Proletariats(프롤레타리아 독재)』는 1921년,『民主政治と獨裁政治』라는 제목으로 일본에서 번역 출간되었다.[18] 나경석의 논설에는 용어와 주장에 이르기까지 이 책의 내용이 부분적으로 원용되고 있다. 물산장려운동을 주도했던 나경석과 국내 상해파의 주장에는 여러 사상 이념적 요소가 들어가 있겠지만, 카우츠키를 비롯한 서구 사회민주주의의 이론도 상당한 영향력을 발휘하고 있었다는 것은 부정할 수 없는 엄연한 사실이다.

1923년 3월 31일 동아일보는 물산장려운동을 둘러싸고 사회주의 내부에서 전개된 논쟁에 대해 사설을 개제하였다.[19] 집필자는 알 수 없지만 국내

---

16) 이애숙,「1922~1924년 국내의 민족통일전선운동」,『역사와 현실』28, 1998 ; 박종린,「1920년대 전반기 사회주의 사상의 수용과 물산장려논쟁」,『역사와 현실』47, 한국역사연구회, 2003.

17) 나경석의 주장을 국가의 성격과 역할, 사회주의로의 이행과 단계, 과정에 대한 인식, 자유와 민주주의에 대한 인식을 소재로 영국 페이비언, 독일 카우츠키와 베른슈타인의 주장과 비교한 필자의 다음 연구를 참조. 윤덕영,「1920년대 전반 조선물산장려운동 주도세력의 사회운동론과 서구 사회주의 사상과의 비교-'국내상해파'와 '조선청년회연합회'를 중심으로-」,『동방학지』187, 2019, 24~32쪽.

18) カール カウツキー 著, 來原慶助 譯補,『民主政治と獨裁政治』, 廣文館, 1921.

19)「물산장려운동에 대한 논쟁-사실을 正觀하라」,『동아일보』1923. 3. 31.

상해파의 입장을 대변하는 내용이었다. 사설은 "무산계급의 해방을 절규함을 오인도 대찬성이라 될 수만 있으면 마르크스주의 혁명계단이 그 계단을 뛰어 넘어서라도 속히 실현되기를 갈망하는 바로다"라고 하여 그들이 기본적으로 사회주의 입장에 서있음을 공공연히 드러내었다. "그러나 우리는 마르크스의 소위 필연을 부정치 못할 바임으로 우리 현재의 경제 계단을 고찰"해야 한다면서, "우리 경제조직이 소위 자본주의적 단계에 지(至)하였는가 부(否)인가? 또는 무산계급이 투쟁심리만 양성하면 조선인 전체는 배부르게 살 것인가?"라고 의문을 제기하였다. 즉 조선의 경제발전 단계가 자본주의적 단계에 이르지 못하였기 때문에 무산계급의 계급투쟁으로서는 현재의 문제를 해결하지 못한다는 것이었다. 이에 따라 사설은 현재의 민족혁명 단계에서는 민족문제가 우선이며, 현재의 조선의 무산계급은 "계급의 분열투쟁을 책하는 것 보담은 먼저 조선 사람의 경제적 실력을 배양하는 것이 당면의 문제"라고 주장하였다. 즉 조선의 낙후된 경제단계를 중시하여 계급의 분열투쟁을 책하는 것 보담은 '먼저 조선 사람의 경제적 실력을 키우는 것', 곧 생산력을 발전시켜 자본주의화의 길을 걷는 것이 우선이라는 것, 현재의 민족혁명 단계에서는 민족 문제가 우선이라는 것을 주장하였다. 사설은 물산장려운동의 전개과정에서 비록 유산계급이 이윤의 대부분을 가져가더라도, 그를 통해 조선의 자본주의화와 경제력 발전이 일정하게 진전될 것이고, 이는 혁명 단계를 촉진하는 것이기 때문에 물산장려운동을 전체 혁명과정에서 거쳐야할 필연의 경로로 파악하고 있었다.

이런 사설의 주장은 나경석의 주장과 거의 비슷한 논조를 보이는 것이었다. 또한 논의가 이전 상해파 공산당이 주장하던 총체적 무산자론에서 일정하게 진전된 것으로, 서구 사회주의운동에서 주요하게 논의되었던 사회주의혁명의 전제로서 생산력의 문제, 자본주의화 문제들을 조선적 상황에 맞게 재해석한 것으로 볼 수 있다. 또한 계급문제와 민족문제, 사회주의혁명과 민족혁명의 단계 설정 문제 등에 대한 고민 역시 엿보이는 주장이었다.

1920년 전반 동아일보는 이상협 편집국장을 중심으로 한 민족주의세력이
한편에 있었고, 다른 한편에서는 '상해파 고려공산당 국내부'가 있었다.
중간에 송진우가 사장으로서 이들을 아울렀다. 때문에 1920년대 전반 동아
일보 논설을 이해하기 위해서는 고전적 자유주의와 민주주의뿐만 아니라
영국 신자유주의(New Liberalism)와 일본의 민본주의에 대한 이해가 전제되
어야 한다. 더 나아가서 카우츠키와 베른슈타인으로 대변되는 독일 사회민
주주의 주장, 또한 영국 페이비언 및 영국노동당의 사회민주주의 주장에
대한 이해가 역시 전제되어야 한다. 각각의 논설이 어떠한 사상적 영향
하에서, 또한 어떠한 사상의 주장들을 차용해서 논지를 전개하였는지를
먼저 파악한 후에 평가해야 한다.

물론 그들의 주장과 논리는 서구와 일본의 사상가나 운동가들처럼 체계적
이지 못하고, 그들의 서구 사상의 이해수준도 떨어지고, 내용과 문장이
조악한 면이 아주 많다. 그럼에도 생각 이상으로 그들은 서구 사상에 대해
이해가 높았으며, 당시 일본어로 번역된 많은 저작들을 읽고 있었다. 당시
신문과 잡지에 실린 조선 민족엘리트와 민족운동가들의 글들을 보면 현재의
논문처럼 그 출처를 명기하지 않아서 그렇지, 서구의 사상사와 정치사의
중요 저작을 읽고 그 내용을 당대 식민지 조선의 용어와 방식으로 해석해서
써 놓은 글들이 적지 않다.

일제하 신문과 잡지에서 자유주의, 민주주의, 신자유주의(New Liberalism),
신칸트주의, 민본주의, 사회민주주의 등의 용어를 사용하지 않았다고 해서
그러한 이념과 주장이 없는 것이 아니다. 대부분 그 내용 속에, 당대 식민지
조선의 용어와 주장으로 녹아 있었다.

제국과 식민지를 별개로, 서양과 동양을 별개로, 또한 서구 및 일본의
사상과 이념을 식민지 조선의 사상과 이념과 별개로, 서구 및 일제의 정치
변동과 식민지 조선의 정치 변동을 별개로, 서로 무관한 것으로 파악하고

서로 다른 잣대와 기준으로 분석하는 것은, 원래부터 상호 긴밀하게 연결되어 진행되었던 역사적 사실을 연구자가 임의로 구분한 것에 불과하다. 때문에 일제하 민족운동가와 민족엘리트들의 글을 이해하고 분석하는 데 있어 자본주의와 사회주의 사상의 중요 저작, 서구와 일본의 중요 저작에 대한 폭넓은 이해는 필수적이다. 이런 이해 없이 연구자의 짧은 지식으로, 또는 한정된 몇 개의 서구와 일본 저작에 대한 이해만으로 그들의 글들을 평가하고 재단하는 것은 제대로 된 올바른 평가를 내릴 수 없게 한다.

일제하 여러 사상적 주제 중 국가와 개인에 대한 인식 논의가 있어 왔다. 그런데 기존 연구들은 대부분 각각의 논설에서 보이는 국가와 개인에 대한 인식이 어떠한 사상적 영향 하에서, 어떠한 용어와 주장들을 차용해서 자기주장을 하는지를 잘 파악하지 않고 섣부르게 평가했다. 심지어 1920년대 전반의 논설에 대해 세계적으로 아직 대두되지도 않은 파시즘의 국가와 개인 인식을 기준으로 평가하기도 했다. 세계 사상의 시대적 조류와 변화 양상을 단계적으로 파악하면서 분석할 필요가 있다.

시대별로 서구 사상의 일본어 번역과 연구, 그리고 식민지 조선에서의 서구 사상의 이해와 인용, 서구와 일본, 그리고 식민지 조선을 대상으로 한 사상과 이념에 대한 상호 비교연구는 앞으로 우리 학계의 커다란 과제일 것이다.

2. 일제하 민족운동의 주체, '신지식층'

일제하 민족운동의 주체와 관련해서 주목할 것은 1910년대 이래 근대 서구 사상의 훈련을 체계적으로 받은 '신지식층'이 형성되었고, 이들에 의해 일제하 민족운동이 전개된다는 점이다. 신지식층은[20] 대체로 1880년대 이후 출생해서, 일제 강제합병 전후부터 1920년대에 걸쳐 유학 등을 통해 체계적으로 서구 학문을 수학한 세대로, 식민지적 조건하에서 한국사회를 자본주의적 근대 또는 사회주의적 근대사회로 개혁(혁명)하는 것을 과제로 하였던 사회집단이다. 이 책에서 이렇게 신지식층을 구별하는 이유는 대한제국기 지식인 그룹과 강제병합 이후 유학의 경험이나 근대 서구 학문의 수학 과정을 통해 형성된 지식인 그룹이 세대차이라 할 정도로, 자기 사상과 이념을 형성하는 데 있어서나, 활동양식에 있어서 상당한 차이를 보이고 있었기 때문이다.

이들은 이전 세대를 별로 인정하지 않았고, 자신들이 새로운 시대의 주역이라 생각했다. 현상윤의 경우 "우리의 위에는 선각이 별로 없으며 우리의 위에는 힘 있는 이가 별로 없나니, 어른 노릇도 우리가 하여야 하고 힘 있는 이의 노릇도 우리가 하여야 하겠다"고 주장했다.[21] 최남선도 "우리는 쳐다볼 목표가 될 만한 이가 있는가, 우리의 나아갈 길을 튼 이가 있는가, 우리의 길잡이 되는 이가 있는가, 자기의 애쓰다가 못한 것을 우리에게 물려주고 우리가 뒷 받칠 만큼 자기의 끼쳐놓는 것이 있는 이가 있는가 … 우리는 정당한 의의로 살펴 선배란 것이 있지 아니 하도다 … 우리는 이제부터 우리 스스로 선배 될 지니라"[22]고 했다.

이들뿐만 아니라 당시 민족주의세력의 지도적 인물들의 상당수가 비슷한

20) 신지식층에 대해 류시현은 국권회복의 수단으로 학문을 선택한 사비 유학생으로, 앞 세대와의 단절의식을 가지고 서구 사상을 수용하고 소개하면서, 언론·교육 활동을 통해 민족운동에 참여한 지식인들이라고 했다.(류시현, 「1910~20년대 일본 유학출신 지식인의 국제 정세 및 일본인식」, 『한국사학보』 7, 1999, 284~292쪽.) 임경석은 한말과 식민지 시대의 역사적 조건 속에서 형성된 사회적 존재이자 한국사회를 근대적으로 개혁하는 것을 당대의 역사적 과제로 인식했던 사회집단으로 보면서 한말 계몽운동이래 형성된 지식인이라고 했다.(임경석, 「20세기초 국제질서의 재편과 한국 신지식층의 대응-사회주의 지식인의 형성 과정을 중심으로-」, 『대동문화연구』 43, 2003, 3~7쪽) 한편 박찬승은 한말, 특히 1906년 이후 1910년대에 이르기까지 국내와 일본에서 신교육을 받고 성장한 계층으로 규정했다.(박찬승, 『한국근대정치사상사연구』, 역사비평사, 1992, 112쪽)
21) 현상윤, 「말을 반도청년에게 부침」, 『학지광』 4호, 1915, 18쪽.
22) 최남선, 「我觀」, 『청춘』 4호, 1914, 17~19쪽.

생각을 가지면서 이전 세대와의 단절 의식을 분명히 드러내고 있다. 곧 1910년에서 20년대 전반에 걸쳐 민족운동의 세대교체가 일어났다. 물론 그 이전 세대 중에도 신지식층과 결합하여 활동을 지속한 사람들도 적지는 않았다. 그러나 이전의 민족운동의 주도적 위치에서 보조적 위치로 위상이 바뀌었다. 위 세대 중에는 이승만(1875년생), 김구(1876년생), 안창호(1878년생), 이동휘(1873년생) 정도만이 이들 신지식층과 결합하여 지도적 위치에 올랐다. 1920년대 들어 조선의 민족운동은 이들 신지식층이 주도하게 된다.

이러한 신지식층의 형성과 민족운동의 변화는 앞서 살펴본 19세기 후반 세계 자본주의체제의 변화와 그에 따른 사회주의 사상의 확산, 이에 대응한 자유주의 전통 하에서의 자본주의 사상의 수정, 곧 영국의 신자유주의와 독일의 신칸트주의, 일본의 민본주의를 비롯한 다이쇼 데모크라시의 사상 등의 조류를 반영하는 것이었다. 한편 1917년 러시아혁명의 성공을 계기로 마르크스레닌주의로 대변되는 볼셰비즘, 공산주의 사상이 급속히 확산되었다. 소련은 식민지 반식민지 민족해방운동의 적극적 지원을 표방하였고, 코민테른을 통해 이들 지역 민족운동에 적극 개입했다.

한국에서의 신지식층은 이러한 세계적 자본주의의 변화, 세계적 사상 조류의 변화에 영향을 받아 형성되었다. 이 때문에 신지식층이 수용한 사상은 자본주의 사상에 한정하여 보더라도 이전 시기의 고전적 민주주의이나 자유주의 사상에 머물지 않았다. 이러한 점에서 일제하 근대 사회개혁과 신국가건설운동의 자본주의노선은 조선후기·대한제국 근대개혁론의 지주적 노선과는 질적으로 구분되는 차이를 가지고 있었다. 이들의 자유주의와 민주주의도 고전적 자유주의와 민주주의론에 기반한 초기 자유주의의 전통에 있으면서도 내용상으로는 상당히 달라졌다.

1876년 개항 이후 변화된 정세 속에서 근대화를 위한 다양한 개혁론이 등장했다.[23] 이러한 개혁론은 서구 사상의 수용과 결합하여 한국의 근대

사상과 이념을 형성했다. 일부의 연구에서는 조선왕조 말기이자 대한제국 시기에 서구 문명과 사상이 수용되면서 형성된 초기 한국 자유주의가 일제하의 민족운동과 자유주의로 그대로 계승된 것으로 보고 있다.[24) 일제 하 자유주의가 조선왕조 말기 및 대한제국 시기 형성된 자유주의의 토대 위에서 성장한 것은 사실이다.

그렇지만 단절적 측면도 적지 않았다. 망국의 충격은[25) 서구문명의 적극 적 수용을 통해 근대적 개혁을 구상한 문명개화론[26)의 한계를 드러내는 것이기도 했다. 서구의 문명에 압도된 문명개화론자 중 일부는 '문명국' 일본의 적극적 지도 아래 문명화와 개화를 이루려는 친일파로 변신했다. 이로써 지주중심의 자본주의화에 근거한 자유주의 역시 조선의 자유주의로

---

23) 한국 근현대사상사와 근대화론의 흐름에 대해서는 다음을 참조. 김용섭, 『증보판 한국근현대농업사연구』, 지식산업사, 2000 ; 김도형, 『대한제국기의 정치사상연구』, 지식산업사, 1994 ; 방기중, 「농지개혁의 사상 전통과 농정이념」, 『농지개혁연구』, 연세대학교 출판부, 2001 ; 김성보, 『남북한 경제구조의 기원과 전개』, 역사비평사, 2000 ; 왕현종, 『한국 근대국가의 형성과 갑오개혁』, 역사비평사, 2003 ; 김성보, 「내재적 발전과 국제적 소통의 관점에서 본 한국근현대사」, 『동방학지』 147, 2009 ; 김도형, 『근대 한국의 문명전환과 개혁론』, 지식산업사, 2014 ; 왕현종, 『대한제국의 토지조사와 토지법제』, 혜안, 2017.

24) 이나미, 『한국 자유주의의 기원』, 책세상, 2001.

25) 계몽운동 단계까지만 해도 문명개화론자는 물론 변법론자들도 군주의 역할을 중요시하는 입헌군주제를 정치개혁의 전제로 여기고 있었지만, 1910년의 망국은 입헌군주제의 명분과 도덕성을 상실하게 했다. 그리고 곧 이은 1911년 중국의 신해혁명은 동아시아에서 새로운 역사가 시작되고 있다는 충격을 한국의 지식인들 에게 던져 주었다. 한국 근대에서의 입헌군주제와 공화제 사상의 전개과정에 대해서 는 다음을 참조. 윤대원, 「한말 일제 초기 정체론의 논의 과정과 민주공화제의 수용」, 『중국현대사연구』 21, 2001 ; 유영렬, 「한국에 있어서 근대적 정체론의 변화 과정」, 『국사관논총』 103, 2003 ; 이승현, 「신민회의 국가건설사상-공화제를 향하여」, 『정신문화연구』 102, 2006 ; 박찬승, 「한국의 근대국가 건설운동과 공화제」, 『역사학 보』 200, 2008.

26) 조선왕조 후기와 대한제국 시기의 문명개화론의 전개과정에 대해서는 다음 참조. 주진오, 「19세기 후반 문명개화론의 형성과 전개」, 연세대학교 국학연구원 편, 『서구문화의 수용과 근대 개혁』, 태학사, 2004 ; 김도형, 「대한제국 초기 문명개화론 의 발전」, 연세대학교 국학연구원 편, 『서구문화의 수용과 근대 개혁』, 태학사, 2004.

정착할 수 없었다.

한편 지주적 입장의 위로부터의 근대개혁론, 곧 상층지주의 자본가로의 전화에 기초한 근대국가건설론은 일제 지배로부터 벗어나기 위한 민족운동과 신국가건설운동의 노선으로서도 성립하기 어렵게 되었다. 일제의 자본주의 이식화 과정과 조선농업 지배는 한말 조선 정부의 근대화 정책 기조와 마찬가지로 지주제를 기반으로 추진되었다. 일제는 지주 중심의 농정을 통해 지주층을 지원하고 조선 농업에 대한 금융·독점자본의 지배를 확립하였으며, 식량을 수탈했다. 금융자본과 연결된 기업가적 농장지주제의 발달에서 잘 나타나듯이[27] 지주제와 자본주의의 식민지적 결합이 강화되었고, 이에 기초한 다수의 조선인 지주들은 식민농정에 능동적으로 편승하여 자본 축적을 도모했다.[28] 지주가 일제 통치의 기반이 되었고 지주적 입장의 근대개혁론에 서있던 사람들 중 상당수가 친일정치세력으로 전락하면서, 지주적 입장의 신국가건설론의 조류는 친일정치세력의 근대화론으로 변모하여 갔다.[29]

일제하 민족운동의 주체를 이해하는 데 있어서는 신지식층의 존재가 무엇보다 먼저 인식되어야 한다. 자본주의 사상에 한정하여 보더라도 신지식층의 조선후기·대한제국기 지주적 입장의 위로부터 근대개혁론의 계승성과 단절성, 독점자본주의시대 서구 사상의 수용에 따른 질적인 변화, 신지식층의 계급적 기반의 한계에도 불구하고 망국의 식민지적 상황에서 민족독립과 입헌주의 근대 국민국가 건설을 위해 근본적으로 변화할 수밖에

---

27) 홍성찬, 『한국 근현대의 지주제와 금융자본-불이흥업, 성업사, 조선개척의 지주경영과 조선식산은행』, 도서출판 해남, 2022.

28) 홍성찬, 『한국근대 농촌사회의 변동과 지주제』, 지식산업사, 1992 ; 홍성찬, 「일제하 지주층의 존재형태」, 『한국 근현대의 민족문제와 신국가건설』, 지식산업사, 1997 ; 정연태, 『식민권력과 한국 농업』, 서울대학교출판문화원, 2014..

29) 일제하 친일정치세력의 근대화론에 대해서는 다음을 참조. 김도형, 「일제침략시기 (1905~1919) 친일세력의 정치론 연구」, 『계명사학』 3, 1992 ; 이태훈, 「일제하 친일정치운동연구」, 연세대 사학과 박사학위논문, 2010.

없는 측면을 동시적으로 이해하는 것이 중요하다.

사회주의 사상의 경우는 단절적 양상이 더 분명했다. 조선말기와 대한제국시기 대동사상으로 상징되는 유교적 이상사회 사상에 기초한 농민적 입장의 근대개혁론은 강제병합에 이르기까지 아직 근대적 사회·국가체제를 전망하는 근대사상으로 탈바꿈하지 못했다. 그들은 서구의 근대 공동체 사상이나 초기 사회주의 사상으로 발전하지 못했다. 이들 개혁론이 근대 개혁론으로 전환하기 위해서는 그 사상적 전통을 재구성하거나, 서구의 진보적·민중적 사상을 적극적으로 수용하기 위한 사회과학적 훈련이 필요했지만,[30] 이루어지지 않았다.

강제병합이후 일제시기 들어서, 일본제국과는 좀 시차를 두고서 식민지 조선에도 서구의 아나키즘과 사회민주주의를 비롯한 각종 사회주의 사상이 수용되었다. 반면 볼셰비즘, 곧 마르크스레닌주의는 시베리아와 북만주를 통해서, 그리고 코민테른을 통해서 일본제국과 별 차이 없이 수용되었다. 그 결과 다양한 내용을 갖는 사회주의 신지식층이 형성되었다. 물론 정치적 자유가 없는 식민지라는 조건하에서, 또한 코민테른의 지원을 배경으로 마르크스레닌주의에 기초한 사회주의 신지식층이 사회주의운동의 주류를 형성한다. 그럼에도 일본 사회주의운동에서 보였던 다양성만큼은 분명 아니지만, 다양한 성향을 갖는 사회주의 신지식층도 적지 않았다. 그리고 이들은 각각의 이념을 조선에 적용 발전시키면서, 일제하 근대 사회개혁과 신국가건설운동의 사회주의 혁명(개혁) 노선을 형성했다.

일제하 민족운동의 주체로서 신지식층과 관련해서 또 하나 주목할 점은 고전적 자유주의든 신자유주의든, 자유주의 전통에 있는 민족엘리트들이 민족주의적 성향을 강하게 갖게 되었다는 점이다. 일제하의 경우 당시의

---

30) 방기중, 앞의 글, 2001, 101쪽.

사람들은 조선내의 운동을 민족(민족주의)운동과 사회(사회주의)운동으로 크게 구분하면서, 각기 운동에 참여하는 사람들을 민족운동자와 사회운동자로 구분하여 불렀다. 일제하의 사회(사회주의)운동이 민족운동과 무관한 것이 아니고, 전체적으로는 민족해방운동, 민족운동의 일환임은 분명한 사실이다. 사회주의자들도 민족의 독립을 위해 누구보다 열심히 투쟁했다. 그럼에도 불구하고 당시에는 일반적으로 그렇게 구분해서 불렀다. 이에는 여러 이유와 배경이 있지만, 민족담론을 선점하고 민족문제를 강조하는 민족주의자들과 민족문제보다는 사회주의혁명을 내세웠던 사회주의자들이 일찍부터 구분되기 시작한 것에도 연유가 있었다.

본문에서 살펴보겠지만 '김윤식사회장'사건은 민족문제와 민족의 담론을 둘러싸고, 민족문제와 민족주의를 선차적으로 강조하는 식민지 조선의 자본주의적 근대국가를 지향하는 자유주의자들과 민족문제의 선차적 중요성을 부정하는 사회주의자들 간의 대립이 그 근저에 깔려있었다. 이후 민족주의자와 사회주의자의 구분이 분명해지기 시작했다.

신지식층으로 형성된 한국의 자본주의 근대국가 지향 세력들은 일제하에서 해방 직후까지 민족의 담론을 선점하고, 이를 주도하면서 민족주의세력으로서 자신들의 대내외적 인식을 변화시켰다. 그들은 일찍부터 조선의 문화와 역사에 관심을 가지고 있었고, 조선의 사상을 서양의 근대 사상과 결합하여 새롭게 해석하려고 했다. 민족의 담론을 동아일보를 비롯한 언론 매체를 통해 대중에게 확산시키고, 민족문제의 중요성을 지속적으로 환기시켰다. 기존 일부 연구에서 이들의 민족주의를 "우파가 좌파와의 투쟁에서 자신들의 궁색한 처지를 방어하고 변호하기 위해 스스로를 민족주의자라고 자칭하면서 차츰 일반적 인식으로 굳어진 범칭"이라고 주장한 것은 일제하 민족문제의 중요성, 민족주의세력의 사상과 이념, 역동성을 과소평가하는 것이다.

더구나 동아시아의 상황은 더욱 복잡했다. 3·1운동과 5·4운동 이후 동아시아에서의 근대사회로의 이행, 민족국가 건설의 전망은 이전과 다른 상황에서 전개되고 있었다. 제1차 세계대전의 파괴적 결과에 따라 서구 문명에 대한 회의가 일어나기도 했지만, 전제 국가의 몰락 및 보통선거권의 확대, 의회제 민주정치의 정착으로 상징되는 서구 민주주의 진전은 자본주의체제의 자기 변신 및 서구 문명의 또 다른 가능성을 보여주는 것처럼 보였다. 다른 한편 러시아혁명의 성공과 코민테른을 통한 식민지 반식민지 민족운동에 대한 지원은 사회 이행과 근대국가의 수립에 있어 전혀 다른 새로운 방향과 전망을 제시하는 것이었다.

1910년대 후반 이후 자본주의와 사회주의, 서구 민주주의와 공산주의의 전망이 서로 경쟁하는 가운데, 동아시아 지식인, 엘리트들은 유구한 역사적 전통을 갖고 있는 동아시아의 문화와 사상이 동아시아 근대사회로의 이행 및 근대 민족국가 건설에 어떠한 역할을 하고 어떻게 작용할지, 더 나아가 현실의 사회이행과 근대 민족국가 건설을 어떠한 이념과 노선을 가지고 추진해야 할지에 대해 공통된 고민과 과제를 가지고 있었다. 식민지라는 조건 속에서 자본주의적 근대국가를 지향하는 한국의 자유주의자들은 중국과 일본의 자유주의자들 보다 더 적극적으로 민족문화와 사상을 수용하고 받아들여 체화시켰다.

이런 과정을 거치면서 신지식층에 기반한 한국의 자유주의는 민족주의로서의 성격을 강하게 갖게 되었다. 그들의 사상을 민족·자본주의 사상이라 부르는 것도 이에 연유하는 것이다. 그들은 더 이상 자유주의자가 아니었고, 민족주의자 그 자체였다.

이러한 결합이 가능했던 것은 앞서 언급한 바와 같이 그들이 수용하고 체득한 자본주의 사상이 고전적 자유주의나 민주주의에 머물러 있지 않기 때문에 가능했다. 개인의 권리와 자유만을 배타적으로 강조하면서 사실상 부르주아층의 이해를 중심적으로 대변하는 고전적 자유주의의 입장에서는 식민지 민족 전 구성원의 이해를 일정하게 반영해야 하는 민족주의 이념의 특성을 갖기가 사실상 어려웠다. 식민지의 조건상 서유럽 자유주의에 기반한 민족주의는 처음부터 성립 불가능한 것이었다. 또한 기존 질서를 유지하고 고수하는 보수주의도 일제 식민치하를 타파하고 민족의 독립을 달성해야 하는 식민지 조선의 민족엘리트들과 자유주의자들에게 수용되고 기초해야 하는 이념이 될 수 없었다.

한편 1920년대 중반이후 사회주의세력 내부에서 민족문제의 중요성에 대한 이해가 깊어지고, 민족통일전선정책이 추진되면서 사회주의자들도 적극적으로 민족운동에 뛰어들었다. 민흥회와 신간회 결성에서 보이듯이 사회주의자들도 민족협동전선운동에 적극적으로 참여했다. 그들은 대중들에게 사회주의자인 동시에 민족운동가로 인식되었다. 그러나 코민테른 6회대회 방침과 코민테른의 조선문제에 대한 '12월테제' 이후 사회주의세력의 상당수는 민족주의를 국수주의로 비판하면서 민족문제를 계급적으로 해석했다. 공산주의자들은 민족주의자들과 자신들을 명백히 구분하면서 민족주의자로 불리기를 거부했다. 이렇게 해서 좁혀졌던 민족운동가와 사회운동가의 차이는 다시 분명하게 드러나게 된다.

3. 사회개혁, 민주주의운동으로서 민족운동

일제하 민족운동과 민족주의 이념을 논할 때, 종종 반제국주의와 절대 독립의 정신, 그 주요 투쟁방법으로서 무장투쟁을 말하곤 한다. 그러나 일제 36년의 전 시기를 놓고 볼 때, 무장투쟁이 민족운동의 주요 방법으로 등장하고 활발히 전개된 것은 한정된 시기였다. 전 민족적 항쟁이 전개된 3·1운동 직후, 만주와 연해주에서의 무장투쟁은 봉오동과 청산리의 빛나는 승리에도 불구하고, 일제의 철저한 탄압을 받아 곧 무력화되었다. 3·1운동의 결과로 수립된 대한민국임시정부도 내부적으로 분열하고 대중적 지반을 상실한 채, 무장투쟁을 지도하지도 못하고 전체 민족운동에서 주도적 역할을 할 수 없게 된다. 1920년대 전반이 끝나기도 전에 제1차 세계대전이후 전 세계적 차원에서의 민주주의와 민족자결의 고양에 따른 일종의 변혁적 정세가 퇴조하게 되었다. 국내외를 막론하고 3·1운동 직후와 같은 일제를 상대로 한 직접적 무장투쟁과 독립투쟁이 사실상 어려운 상황에 놓이게 된다.31) 다시 무장투쟁이 전개된 것은 중일전쟁과 태평양전쟁으로 일제의 침략이 중국을 넘어 아시아 전체로 확대되면서, 중국 관내의 대한민국임시정부의 광복군과 연안지역 조선의용군, 만주 동북항일연군이 활동할 때였다.

반제국주의와 절대 독립의 정신도 국외에서는 자유롭게 표출할 수가 있었지만, 일제 지배하에 있는 한반도내에서는 쉽게 말할 수 있는 것이 아니었다. 흔히들 1920년대를 '문화정치의 시대'라고 하여, 동아일보와 조선일보 등 한글 신문과 각종 잡지 발행이 허용되고, 각종 사회단체 결성이 허용되면서, 억압이 완화되고 일정한 자유가 보장된 시기로 말하곤 한다. 당시 일본제국내의 다이쇼 데모크라시의 분위기가 조선에도 영향을 미쳐 사상적 자유와 활동이 상당히 전개된 것으로 인식하기도 한다.

그러나 본문에서 자세히 살펴보겠지만 일본제국은 입헌주의 근대 국민정체가 수립되었음에도 불구하고, 또한 1920년대 들어 일본 정계에 정당정치 시대가 도래하고, 다이쇼 데모크라시 분위기 속에서 보통선거운동이 전개되고 그 결과 보통선거법이 실시되었음에도, 일본 정체는 민주주의체제로 나가지를 못했다. 민주주의를 주장하는 것도 쉽지 않았다. 당시 일본의 대표적 개혁적 인물인 요시노 사쿠조가 '민주주의'가 아닌 천황제를 인정한 '민본주의'를 주장하게 된 이유를 생각해 볼 필요가 있다.

---

31) 1921년 말에서 22년 초에 걸친 워싱턴회의 종료 후 혁명적 정세의 퇴조와 이에 대한 민족운동의 각 진영의 동향에 대해서는 임경석, 「워싱턴회의 전후 한국 독립운동 진영의 대응」, 『대동문화연구』 51, 2005, 293~299쪽 참조.

식민지 조선의 상황은 일본 본국에 비해 억압의 정도가 훨씬 심했다. 1920년대 정당정치시대에도 식민지 조선에 대한 일본의 군부는 물론 특권세력의 영향력은 크게 줄어들지 않았다. 문관총독이 임명될 수 있음에도 불구하고 일제시기 내내 군부 출신만 조선총독에 임명되었다. 조선의 언론과 단체에서는 조선의 독립에 대해서는 주장할 수도, 언급할 수도 없었다. 심지어 3·1운동도 금기의 대상이었다. 이 책에서 다룰 주요 인물인 송진우는 1926년 현직 언론사 주필 신분으로 일제에 구속되어 감옥에 수감된다. 그 이유가 국제사회단체가 보낸 3·1운동 기념 축전의 짧은 문구를 동아일보에 게재했기 때문이었다. 동아일보는 무기정간에 처해졌고 주필은 구속되었다.

1920년대 문화정치 시대에도 한반도내에 살고 있는 한, 반제국주의와 절대 독립의 정신을 공개적으로 언급하는 것은 불가능했다. 비밀결사만이 가능했지만, 일제시기 내내 지속적으로 활동하는 비밀결사는 적었다. 조선공산당이 가장 광범하고 적극적으로 활동했지만, 1920년대 후반 해체되었고 당재건운동 역시 실패하고 말았다. 일제하 최대의 민족운동단체인 신간회는 비합법이나 반합법단체가 아닌 합법단체였다. 신간회가 일제하 민족운동의 발전에 커다란 족적을 남겼음에도 불구하고, 신간회는 공개적으로 반제국주의와 절대 독립을 표방할 수가 없었다. 표방하는 순간 조직은 존재할 수가 없게 된다. 일제 권력은 이를 절대 용납하지 않았다. 그러나 이렇게 반제국주의와 절대 독립을 표방하지 않았다고 해서, 우리는 신간회를 민족운동단체가 아니라고 하지 않는다. 또한 절대 독립의 정신을 갖고 있지 않다고 평가하지 않는다. 민족협동전선으로서 신간회의 역할과 활동은 높이 평가되고 있으며, 평가되어야 한다.

민족운동을 국외에서 활동하던 각종 무장부대들의 독립운동, 반제국주의와 독립을 표방한 국외 독립운동단체들과 국내의 비밀결사운동으로만 한정해서는 그 범위가 대단히 좁게 된다. 더 큰 문제는 실제 광범하게 전개된 당시 민족운동의 양상을 제대로 파악하지 못하게 한다는 점이다. 국외에서 직접 총칼을 들고 일제와 무장투쟁을 전개하고, 비밀결사를 조직해서 반제국주의의 기치를 높이 드는 것은 중요하고 대단히 의미 있는 것이다. 그러나 이들 운동이 소수 열사의 고립된 운동으로만 전개되어서는 안 되며, 광범한 대중을 동원하고 참여시켜 민족운동의 전선으로 끌어갈 때 민족독립의 목표를 이룰 수 있다. 그러한 점에서 민족 구성원 대부분이 거주하며, 광범한 대중이 있는 국내에서의 운동은 국외에서의 독립운동 못지않게 중요하다. 때문에 3·1운동 직후 국외에서 활동하던 독립운동가들의 상당수는 변혁적 정세가 퇴조하자, 다시 국내로 들어와 다양한 민족운동을 전개하게 된다.

　그 결과 일제하 한반도내에서는 국외보다 더욱 활발히 다양한 민족운동이 전개되었다. 청년과 학생, 노동자과 농민, 지식인과 예술인, 여성들 사이에서 광범한 사회운동이 활발하게 전개되었고, 이들 운동은 대부분 비록 반제국주의와 절대 독립을 표방하지 않았음에도 불구하고 민족운동의 주요한 부분을 이루었다. 식민지 조선의 노동자와 농민의 열악한 생활 여건과 권리를 개선하기 위한 생존권투쟁은 단순히 지주와 자본가에 대한 경제투쟁에 머무르지 않았다. 그들의 권리투쟁은 일제권력에 기생하는 지주와 자본가에 대한 투쟁이며, 일제권력의 기반을 위협하는 것이었다. 식민지 조선 청년과 학생들의 열악한 교육조건과 불평등한 차별을 시정하기 위한 청년과 학생들의 운동은 단순히 청년 학생들의 학내 투쟁에 머무르지 않았다. 광주학생운동에서 대표적으로 드러나듯이 이들의 투쟁은 불평등하고 차별적인 식민 교육제도와 교육체제를 개혁하기 위한 일제에 대한 반제국주의 투쟁의 성격을 갖고 있었다. 표현의 자유 및 언론출판의 자유를 위한 언론인과 지식인, 예술가들의 투쟁도 단순히 개인의 자유를 위한 투쟁에만 머무르는 것이 아니었다. 일제 본국과 차별되는 식민지 조선의 민주주의와 자유를 위한 투쟁이었고, 차별적 식민통치에 대한 도전이었다.

이들 운동의 일부는 조선공산당과 연계되어 혁명운동의 일환으로 전개되었다. 특히 1920년대 후반에서 1930년대 전반에는 공산주의자들의 주도로 혁명적 노동운동, 혁명적 농민운동이 공공연히 전개되기도 한다. 그러나 조선공산당이나 조선공산당 재건운동과 연계된 대중운동은 일부였다.

일제 전 시기를 놓고 보면, 노동자와 농민, 청년과 학생, 지식인과 예술인, 여성들의 운동은 비록 사회주의자들이 주도하였더라도, 상당수는 사회개혁적이고 민주주의적 권리를 위한 운동과 투쟁에 머무르고 있었다. 민족주의와 사회주의 이념을 막론하고 민족운동의 지도자들과 민족엘리트들은 광범한 대중을 민족운동에 동참시키기 위해, 언론을 비롯한 각종 합법적 기관들을 설립하고, 이를 이용해서 대중의 당면한 일상적 이해와 제반 민주주의적 권리를 실현하는 합법적 정치운동을 전개했다. 곧 노동자 및 농민들의 생존권 보장과 단결권을 위한 운동, 자주적 노동조합 및 농민조합, 협동조합 운동의 제도적 보장운동, 언론·출판·집회·결사의 자유를 위한 민주주의운동 등이다. 또한 민족적 차별에 반대하는 민족적 권리 회복운동을 전개했다. 곧 조선인 본위의 경제제도 및 교육제도 쟁취운동 등이다. 3·1운동이나 6·10만세운동 같은 특별한 시기의 특별한 운동이 아닌 한, 국내에서의 민족운동의 현실적 모습은 대중의 일상적이고 경제적인 권리와 식민지민의 민주주의적 제 권리와 자유를 위한 합법적 정치운동을 지원하고, 전개하는 양상으로 나타났다.

이런 점에서 국내에서 전개되는 민족운동은 조선공산당과 같이 비밀결사운동이 아닌 한, 그 조건상 사회개혁적 성격의 운동, 민주주의를 위한 합법적 정치운동으로 전개될 수밖에 없었다. 그렇다고 해서 이런 운동들을 개량적인 운동으로만 평가 절하할 수 없다. 이런 운동들은 비록 합법적 형태를 띠고, 반제국주의와 절대 독립을 공공연하게 표현하지 않더라도, 일제지배의 현실을 타파하고 식민사회를 개혁하려는 운동이었으며, 궁극적으로는 민족의 독립을 위한 민족운동의 일환이었다.

근대 국민국가의 특징은 다수의 대중이 정치 사회에 관심을 가지고, 국가의 주요한 정치적 문제에 직접 참여한다는 점이다. 대중정치와 대중정당이 근대 정치의 유력한 특성으로 논해지는 이유이다. 물론 그런 특징은 국민의 이해를 대변한다는 정치세력들에 의해 선거권을 매개로 하는 의회제와 대의제 민주주의로 그 의미가 한정되는 측면이 있는 것도 분명한 사실이다. 그럼에도 근대 국가와 사회의 정치와 사회운동에서 대중의 참여는 이전시기와는 큰 차이를 갖는 중요한 내용과 의미를 갖는 것이었다.

민족운동은 더 이상 소수의 민족엘리트들의 전유물이 아니었다. 의열투쟁은 독립운동의 유효한 투쟁 중 하나이고, 의열단의 활동, 안중근의거와 윤봉길의거에서 보이듯이 역사적으로 큰 반향과 의미를 갖는 투쟁이 될 수 있다. 그렇지만 이는 민족운동의 주도적 내용이 될 수 없었고, 당시의 민족엘리트들과 민족운동가들도 이를 모두 다 인식하고 있었다. 의열투쟁에 가장 앞장섰고, 큰 의미를 갖는 의열투쟁을 여럿 전개했던 의열단의 지도자 김원봉조차도 1920년대 후반에 이르면 민중에 기반한 민족운동으로 방향을 전환하게 된다.[32] 신간회가 창립부터 해소 때까지 합법단체를 고수한 이유도 광범한 민중을 민족운동단체로, 민족운동으로 끌어들이기 위해서였다.

이러한 점과 연관하여 식민지 조선의 민족주의자들, 자본주의적 근대를 지향했던 이들에게 직접적 영향을 주었던 서구의 신자유주의(New Liberalism)와 일본의 민본주의가 단순한 지적 논구가 아닌 사회개혁 사상이자 민주주의운동이었다는 점이 인식될 필요가 있다.

영국의 신자유주의는 19세기 말에서 20세기 초 영국의 정치와 사회를

---

32) 염인호,『김원봉 연구-의열단, 민족혁명당 40년사』, 창작과 비평사, 1992, 90~144
쪽 ; 한상도,『대륙에 남긴 꿈-김원봉의 항일 역정과 삶』, 역사공간, 2006, 44~69쪽 ;
김영범,『의열투쟁 I -1920년대』, 독립기념관 한국독립운동사연구소, 2009, 207~
224쪽.

수정자본주의 입장에서 변화시키려는 사회개혁운동이었다. 영국의 신자유주의는 시민운동과 종교운동으로 출발해서 1895년에 이르면 무지개회(The Rain Circle)를 중심으로[33] 진보적 자유주의 정당 결성운동으로 나타났다. 1900년부터는 영국자유당 내 개혁파와 본격적으로 결합하여 자유당이 1906년 하원총선거에서 400여 석의 의석으로 보수당에 압승할 수 있는 토대를 마련했다. 신자유주의자들은 집권한 자유당이 개혁의 주체로 나서게 하는 데 앞장섰고, 1908~11년 자유당의 사회개혁입법에 상당한 영향을 미치기도 했다.[34] 신자유주의는 자유당 내 개혁파의 중요한 이념적 기반이 되었고, 신자유주의자들은 자유당을 개혁정당으로 변모시키기 위해 노력했다. 물론 그들은 자유당의 주도권을 장악하지는 못했고, 개혁입법 정책도 여러 한계가 있었다. 신자유주의자들의 일부는 1차 세계대전 중 자유당에서 노동당으로 당적을 바꾸어 영국노동당의 성장과 체제내화에 큰 영향을 미쳤다.

일본의 다이쇼 데모크라시의 민본주의도 사회개혁 사상으로서 비슷한 면이 있었다. 1910년대 민본주의자들은 각종 언론매체를 통해, 또한 각종 집회와 연설회를 통해 일본의 번벌과 특권세력을 맹렬히 비난하고, 민주주의적 정치질서를 역설했다. 민본주의는 보통선거운동을 지지하는 계층을 확대시키는 데 일정하게 기여했다. 특히 민본주의의 영향을 받은 청년층이 보통선거운동의 가장 적극적인 지지자가 되었다.[35] 민본주의는 헌정회의 오자키 유키오, 혁신구락부의 이누카이 쓰요시 등 자유주의 정치가들에게 일정한 영향을 미쳤다. 그렇다고 이들이 헌정회를 비롯한 정당정치에 적극

---

33) 박우룡, 「영국의 신자유주의와 '무지개회'」, 『서양사론』 48, 1996 ; 박우룡, 『전환시대의 자유주의』, 신서원, 2003, 174~201쪽.
34) 자세한 것은 다음을 참조. 오인영, 「영국의 신자유주의(New Liberalism)의 이념적 성격과 사회개혁노선-1891~1914」, 고려대학교 사학과 박사학위논문, 1999, 138~204쪽 ; 오인영, 「영국의 신자유주의와 자유당의 사회개혁입법(1908-1914)」, 『영국연구』 5, 2001, 43~63쪽 ; 박우룡, 앞의 책, 2003, 219~253쪽.
35) 김종식, 『1920년대 일본의 정당정치』, 제이엔씨, 2007, 36~37쪽.

적으로 개입하거나, 큰 역할을 한 것은 아니었다. 요시노가 말년에 우파 무산정당인 사회민중당 결성에 관여한 것처럼, 민본주의자들 중 일부는 우파 사회주의세력으로 변모하기도 했다.

민족운동을 고민하는 식민지 지식인, 청년학생들에게 어느 사상과 이념을 이해하고 받아들인다는 것은 단순한 지적유희가 아니었다. 그러한 사상과 이념이 지향하는 정치적 경제적 사회적 실천과 노선을 공감하고 받아들인다는 것을 포함하는 것이었다. 민족주의적 신지식층의 다수는 일본 유학을 다녀오거나, 언론이나 책을 통해서 다이쇼 데모크라시의 사상을 배우고 있었다. 그들은 일본 민본주의 사상의 사회개혁적 노선과 운동을 배우고 식민지 조선의 상황에 맞게 실천하려 했다. 또한 영국 신자유주의 사상이 추구하는 사회적 실천노선과 행동을 공감하고 받아들이고자 했다.

특히 그들은 일제에 의해 민족적 차별과 식민지적 억압을 받는 식민지 지식인, 청년학생이었다. 때문에 제국주의체제에 안주하면서 타협할 수 있는 다이쇼 데모크라시 지식인들과는 처지가 근본적으로 달랐다. 특히 상당수 다이쇼 데모크라시 정치인들과 지식인들은 조선의 독립은 물론 조선의회 같은 중앙정치 차원의 식민지 자치정책을 실시하는 것조차도 부정적이거나 미온적이었다. 요시노 사쿠조 같이 우파 사회주의계열의 사회민중당에 참여하는 인물조차도 그러한 면이 있었다. 이에 반해 식민지 독립을 위해서는 일제 지배질서를 배격할 수밖에 없는 식민지 지식인들은 당연히 더 현실 타파적이고 급진적으로 나갈 수밖에 없었다. 본문에서 자세히 살펴보겠지만 1920년 중반 들어 동아일보 주도세력을 포함한 조선의 민족주의세력은 일본 민본주의자들, 일본의 부르주아 정당정치세력의 한계를 파악하게 된다. 그리고 일본 무산정당운동의 진전에 관심을 집중하게 된다.

4. 왜 송진우와 일제하 동아일보를 보아야 하는가?

그동안 근대 세계와 국민국가, 제국주의 시대 제국과 식민지 관계 등을 시야에 두고 일국사적 시야를 넘어 국제적, 세계적 시야에서 제국주의 시대 연구를 진행해야 한다는 문제 제기와 접근이 일정하게 있어 왔다.

한편에서는 동아시아사, 동아시아 담론의 인식에서[36] 국민국가와 민족문제, 근대이행과 근대성 문제 등을 중심 테마로 동아시아 삼국의 역사상을 비교사적으로 연구한 성과들이 있었다. 그렇지만 이들 대부분 연구들은 시기에 있어 19세기말 20세기초, 또는 20세기 후반에 한정되어 있다. 또한 연구 분야에서도 문학과 예술을 비롯한 문화사, 생활사, 문명사적 접근이 다수였다. 반면에 운동사, 사상사 분야에서의 비교사적 접근은 적다. 또 다른 문제로는 중국사나 일본사 입장에서의 접근이 다수이고, 한국사의 맥락, 곧 한국 근현대사의 실증적 연구 성과와 맥락을 고려한 연구는 매우 적다.

다른 한편에서는 유럽중심주의 역사관을 극복하고 단일 민족·국가의 역사와 문화적 경험을 넘어서 초국가적·초문화적 역사인식을 지향하는 글로벌 히스토리, 지구사의 관점도 우리 역사학계에 지속적으로 소개되었다.[37] 그러나 대부분 서양사 중심의 논의로 한국사의 구체적 역사적 주제와 소재에 적용시켜, 실증적 차원에서의 분석한 연구는 별로 없는 실정이다.

최근 들어 활발하게 연구되고 있는 것은 트랜스내셔널 히스토리의 측면에

---

36) 동아시아 담론의 전개과정에 대해서는 다음 참조. 윤여일, 『동아시아 담론 1990~2000년대 한국사상계의 한 단면』, 돌베개, 2016 ; 배항섭, 「방법으로서의 '동아시아사' 연구와 새로운 역사상의 모색-근대중심주의(moderno-centrism) 비판과 트랜스히스토리칼(trans-historical)한 접근」, 『대동문화연구』 112, 대동문화연구원, 2020.

37) 글로벌 히스토리, 지구사의 관점과 문제의식에 대해서는 다음 참조. 조지형, 김용우, 임상우, 제리 벤틀리, 아리프 딜릭, 『지구사의 도전-어떻게 유럽중심주의를 넘어설 것인가』, 서해문집, 2010 ; 파멜라 카일 크로슬리 저, 강선주 역, 『글로벌 히스토리란 무엇인가-세계사에서 지구사로, 역사학의 최전선』, 휴머니스트, 2010.

서 문명과 문화, 경계와 주변에서 제국과 식민지의 역사를 재조명하는 연구들이다.[38] 미국의 사학자 타이벨은 트랜스내셔널 히스토리를 "민족적 경계들을 횡단하는 사람, 사상, 기술, 제도들의 움직임"에 관한 역사라고 정의한다.[39] 이러한 인식에서 더 나아가 윤해동은 트랜스내셔널 히스토리는 내셔널한 실체적 기반을 인정하고 이를 바탕으로 해석한다는 점에서 일종의 역사학적 지향이라고 하면서, 근대 동아시아 세계는 다양한 트랜스내셔널한 작용을 바탕으로 구축된 것이기 때문에, 제국사와 식민지를 하나로 묶어 제국의 전 범위를 대상으로 전체 구조를 파악하고자 하는 제국사적 문제의식으로 동아시아 지역사에 주목할 것을 주장했다.[40] 트랜스내셔널 히스토리의 문제의식은 트랜스 로컬리티 연구로 확대되고 있다.[41]

그러나 이들 역사연구방법론에 의해 수행되는 연구 대부분은 제국과 식민지의 주변과 경계에 있는 인물과 단체의 조명, 이주와 이주민 연구, 문학 분야 등에 한정되고 있다. 정치와 사회운동, 사상과 이념 분야에 대한 연구는 별로 찾아보기 어렵다.

이 책에서는 트랜스내셔널 히스토리의 인식과 개념을 보다 확장하여

38) 트랜스내셔널 히스토리의 관점과 전개과정, 한국사의 적용에 대해서는 다음 참조. 정현백, 「트랜스내셔널 히스토리의 가능성과 한계」, 『역사교육』 108, 역사교육연구회, 2008 ; 오경환, 「트랜스내셔널 역사 : 회고와 전망」, 『한국사학사학보』 25, 한국사학사학회, 2012 ; 윤해동, 「트랜스내셔널 히스토리(Transnational History)의 가능성-한국근대사를 중심으로-」, 『역사학보』 200, 역사학회, 2008 ; 윤해동, 「트랜스내셔널 동아시아의 근대적 변용-한국사를 중심으로」, 『역사학보』 221, 역사학회, 2014 ; 윤해동, 이세연, 육영수, 소현숙, 김청강 외, 『트랜스내셔널 역사학 탐구』, 한양대학교 출판부, 2017 ; 김상현, 오경환, 이창남, 홍양희, 박정미 외, 『트랜스내셔널 인문학으로의 초대』, 한양대학교 출판부, 2017 ; 윤해동편, 『트랜스내셔널 지구공동체를 향하여』, 한양대학교 출판부, 2018 ; 윤해동 지음, 『동아시아로 가는 길-트랜스내셔널 역사학과 식민지 근대』, 책과함께, 2018.
39) Ian Tyrrell, Transnational Nation : United States History in Global Perspective since 1789, Basingstoke, Eng.: Palgrave Macmillan, 2007, pp.3~4.
40) 윤해동, 앞의 책, 2018, 45~69쪽.
41) 부산대학교 한국민족문화연구소, 『이주와 로컬리티의 재구성』, 소명출판, 2013 ; 이유혁 외, 『트랜스 로컬리티와 경계의 재해석』, 소명출판, 2017.

사용하고자 한다. 제국의 식민지배는 기본적으로 제국주의 지배와 억압, 갈등과 저항, 협력과 동화, 교류와 혼종화 등을 포함하는 트랜스내셔널한 상황을 만들어간다. 이는 식민지가 일국적이고 자족적인 단위가 아닌 제국의 일부로 작동하면서, 제국과 식민지가 상호 작용하는 하나의 유기적 관계를 맺고 있기 때문이다. 식민지 조선의 민족엘리트, 지식인들은 식민지인으로서 피지배층의 위상을 부여받았지만, 유학과 고등교육을 통해 제국의 학문과 사상이나 제국에 반대하는 학문과 사상을 일본의 반체제 사상 및 인물들과 공유한다. 제국과 동아시아, 세계의 정치적 동향을 파악하면서, 제국 질서에 자발적으로 대립 또는 협력하는 존재로 살아간다.

그들의 시야는 식민지 조선 한반도와 조선총독부에 머무르지 않았으며, 기본적으로 일본과 중국의 변동으로 확대되어 있었다. 동아시아 변동은 영국과 독일, 프랑스, 미국, 소련 등 각국과 영향을 주고받는다는 점에서 세계정세에도 크게 주목했다. 일제하 좌우의 민족운동가와 민족엘리트들은 식민지의 고립된 지식인 엘리트가 아니라, 제국 일본의 지식인과 엘리트, 더 나아가 세계의 지식인과 엘리트들과 배우고 교류하고 소통하는 세계인이었다. 조선의 민족운동을 주도하던 그들은 서구의 정치나 이념상황에 대한 파악과 소개에 대단히 적극적이었다.

이 책은 이런 사실에 유의하고자 한다. 때문에 식민지 조선 내라는 좁은 틀이 아니라, 19세기 후반이후 20세기 초반의 서구 사상의 변화, 입헌주의 근대 국민국가의 형성과정 및 의회주의와 정치운동의 세계적 확산과 관련하여 조선 민족주의세력들의 사상과 이념을 살펴보려고 한다. 한국 민족운동의 세계사적 특이성이 어떻게 형성되고 나타나고 전개되었는가를, 식민지 조선을 넘어선 세계의 시야에서 살펴보려고 한다.

물론 이 책에서 일제하 민족주의세력 전체를 살펴볼 수는 없다. 그것은 방대한 작업이고, 필자는 그만한 능력을 갖지 못한다. 때문에 이 책에서는 한국 민족주의의 특징을 전형적으로 보이는 일제하 동아일보에 나타난 인식과 동아일보에서 핵심적 역할을 했던 송진우(宋鎭禹)의 주장과 활동을 중심으로 살펴볼 것이다. 또한 1920~30년대 일본 정계와 사회운동의 변동 및 중국 국민혁명의 동향과 직접 연결시켜, 민족주의세력의 정세인식과 운동을 각 시기별, 각 국면별로 해명하고자 한다. 동아시아의 변동이 당시 세계정세 변화와 긴밀히 연결된다는 점에서 유럽에서의 정세변동과 민족운동과도 부분적으로 연결시켜 살펴볼 것이다.

동아일보가 일제침략을 옹호한 친일행적을 보이는 것은 1936년 '손기정선수 일장기말소사건'으로 장기간 무기정간에 처해진 후에, 일제의 압박에 의해 경영진과 편집진을 대거 교체하고, 일제 언론통제정책에 굴종하면서부터였다. 중일전쟁 이후로는 적극적으로 친일주장을 전개했다. 그렇지만 1920년 창간부터 1936년까지는 달랐다. 일제하 동아일보에 대해서 일반적 대중신문으로 보면 큰 오산이다. 동아일보는 창간시 사시로서 "조선 민중의 표현기관임을 자임하노라"라고 공개적으로 표명하고 있다. '조선 민중의 표현기관'이란 표현은 민족운동의 선전기관이라는 의지를 드러낸 것이다.

앞서 살펴본바와 같이 1920년대 전반에는 동아일보 논설에서 국내 상해파의 논지가 비교적 강하게 나타났다. 1925년 4월 송진우가 동아일보 주필로 복귀하면서 신문의 편집과 논설에서 그의 영향력이 크게 강화되었다. 이전과 달리 그는 동아일보 경영뿐만 아니라, 신문의 편집과 논설에도 깊이 개입하였다. 1920년대 후반부터 송진우는 '신문독재자'라는 말을 들을 정도로 동아일보의 모든 것을 주관했다.

그러면 이렇게 송진우의 영향력이 강화되면서 동아일보의 논지가 1920년대 전반과 큰 차별성을 갖게 되었느냐하면 그렇지 않았다. 논지에서 사회주의에 대한 정체성 주장이 사라지고 사회주의 이념에 대한 중립적 태도는 확실히 분명해졌다. 그렇지만 이전과 같은 거의 비슷한 진보적 논조와 태도가 상당히 유지되고 있었다. 그것은 본문에서 자세히 살펴보겠지만,

그들이 대체로 영국 신자유주의와 일본 민본주의와 같은 수정자본주의 사상과 이념에 근거해 있고, 일본의 정계 변동 및 식민 조선정책과 관련하여 일본의 무산정당운동을 적극적으로 지지하는 입장에 있었기 때문이었다.

동아일보를 논하면 대부분 김성수(金性洙)를 연상한다. 동아일보가 김성수의 자본에 기초해서 설립되었다고 인식하고, 또한 김성수가 한동안 동아일보 사장으로 재직했기 때문에, 동아일보는 김성수의 영향력 하에 있다고 생각한다. 이 때문에 기존 연구들에서는 김성수를 중심에 놓고, 송진우를 김성수의 자장 하에 있는 인물로 보는 경향이 일반적이었다. 동아일보와 경성방직에 대한 김성수 자본만을 보는 이런 인식은 일제 때부터 지금까지 널리 있어 왔다. 1932년 유광열의 인물평을 보면 그들이 어떤 관계에 있는지를 잘 묘사하고 있다.

"세인 중에는 씨를 평하여 '김성수의 병정'이라고 하는 이도 있다. 병정이라면 그런 병정은 없을 것이다. 조석으로 김씨 집에 출입하며 씨가 관계하는 대소사를 보고 상의하느니만큼 진실로 충근(忠勤)스런 병정이다. 그러나 부자의 병정으로서 대개는 그 부자를 끌고 기생집에 가고 요정에 가는 것이 상례인데, 씨는 김씨 상투를 잘라 일본으로 끌고 가는 그런 병정이요, 중앙학교를 하게하고, 방직회사를*하게하고, 동아일보사를 하게하는 그런 병정이다. 그러나 씨가 단순하고 호락호락한 병정은 아니다. 연전에 김씨와 송씨와 쟁론하는 일 장면에, 송씨는 김씨에게 「오 네가 신문사나 경영한다고 친구도 몰라 … 나를 내보내려무나. 네 부자(富者)가 얼마나 있(가)겠느냐, 네 집에 ○○이 들어갈 줄 알아라」 하고 노매(怒罵)했다. 이럴 때에 명민한 김씨는 묵묵 불어(不語)하고 그 자리에서 나가고 말고, 다른 친구가 송씨에게 「송선생이 너무하외다」 한 일이 있었다 한다."[42]

---

42) 유광렬,「신문독재자 송진우론」,『삼천리』제4권 제9호, 1932년 9월호, 16쪽.

위 인용문은 송진우와 김성수의 관계에 대해 우선 당시부터 '김성수의 병정'이라는 평가가 있었다는 것을 보여준다. 그러면서도 그것이 김성수 주도의 일방적인 것이 아니라 도리어 송진우가 주도가 된 관계임을 논하고 있다. 김성수가 일본에 유학을 간 것도, 중앙학교를 설립하고, 경성방직을 경영하고, 동아일보를 창간한 것도 송진우의 영향 때문이라고 설명하고 있다. 양자의 관계에 대해서 김성수 전기에서는 다음과 같이 둘의 관계를 묘사하고 있다.

"40년 동안 함께 지내는 사이에 충돌도 없지 않았다. 남의 눈에는 다시는 상종도 할 것 같지 않을 만큼 크게 싸우는 일도 있었다. 「내 다시는 이놈의 집에 안 온다」고 인촌 집의 문을 박차고 나선 일도 있었다. 인촌이 수그러드는 것도 아니었다. 「꼭 되다 만 되놈이라니까.」 마침 옆에 있던 사람이 걱정했다. 「선생님, 고하선생을 그렇게 마구 취급을 해도 괜찮습니까?」 그러나 인촌은 이렇게 대답하는 것이었다. 「이 사람아, 고하는 총독이나 상대하지, 나는 상대도 안 되는 조선의 인물이야.」"[43]

김성수의 치적을 중심으로 서술된 김성수의 전기에서도 양자의 관계는 일반적 인식과 다르게 서술되어 있다. 김성수의 겸양의 모습을 부각시키려는 것인지는 모르겠지만, 송진우를 조선총독을 상대하는 인물로 묘사하고 자신은 낮추고 있다. 김성수도 자아가 강하고 남의 말을 듣지 않는 사람이었지만, 송진우에게만은 예외였다. 김성수 전기에서는 송진우가 앞에서 진두지휘하고 일을 만들어 밀어붙이면, 김성수는 조용히 지원하는 식으로 묘사되고 있다.

사실 김성수는 대자본가로, 일제 강점 하에서는 정치사회 활동을 거의

---

43) 인촌기념회편, 『인촌 김성수전』, 인촌기념회, 1976, 495~496쪽.

하지 못했다. 앞서 언급했듯이 일제시기 내내 국내에서는 조선인의 어떠한 절대 독립 주장과 독립운동이 허용되지 않았고, 정치운동도 심하게 탄압받았다. 때문에 대부르주아지로서 김성수는 행동에 큰 제약을 받았다. 일제의 지배는 '문화정치'의 기간에도 큰 재산을 가진 대부르주아지가 어떤 형태이든, 식민통치의 안정에 위협이 되는 민족운동에 나서는 것을 가만둘 정도로 만만한 체제가 아니었다. 본문에서 살펴볼 것이지만 식민통치의 안정을 최대 목표로 삼고 있는 총독과 총독부는 재조일본인과 친일정치세력들의 자치운동조차 억압했으며, 중의원참정권 청원운동도 식민통치 안정에 조금이라도 방해되면 바로 제한했다. 일본제국 경제 전체에서 볼 때 김성수가문의 자본은 극히 미미한 수준이었다. 조선총독은 당시 일본제국의 의전서열인 궁중석차 5위로, 일본 수상에는 미치지는 못하지만 내각 대신들을 뛰어넘는 권력자였다. 물론 1920년대 정당정치시대에는 조선총독도 일본 내각과 정당정치세력의 동향에 신경을 많이 쓰고 있었지만, 김성수가문 정도의 자본에 신경 쓸 정도는 아니었다.

그 결과 김성수는 일제시기 내내 민족운동에 거의 관여하지 않고, 경제계와 교육계 일에만 전념했다. 김성수는 온건하든 아니든, 어떠한 형태의 민족운동에도 거의 나서지 않는다. 이는 재산을 지키기 위해서 어쩔 수 없는 일이기도 했다. 일제 통치하에 자본가로서 그의 사회 정치적 행보는 크게 제한되었다. 또한 그는 기질과 성품상 운동의 전면에 나서서 주도적으로 활동하는 것을 꺼려했다. 더구나 일제말기 비자발적이기는 하지만, 일제 총독부의 종용에 말려들어가 여러 친일 행위를 하게 되면서 커다란 오점을 남기게 된다.[44]

---

44) 김성수의 일제 말 친일 행적은 다음 참조. 친일반민족행위진상규명위원회, 『친일반민족행위진상규명 보고서』 Ⅳ. 3, 김성수편 ; 카터 J. 에커드 지음, 주익종 옮김, 『제국의 후예』, 351~370쪽 ; 장신, 「일제 말기 김성수의 친일 행적과 변호론 비판」, 2009, 271~310쪽.

김성수는 8·15 해방 직후에도 처음에는 정치 활동을 자제했다. 그가 정치 일선에 나서게 된 것은 1945년 12월말 송진우가 암살당하면서, 한민당 내 당권 판도가 불가피하게 그를 호출하였기 때문이다.[45] 이후에야 김성수는 본격적으로 정치사회 활동에 나서게 된다.

김성수를 중심으로 동아일보를 보게 되면, 동아일보계열의 진면목을 사실상 볼 수 없게 된다. 동아일보는 상층지주이자 대부르주아지 김성수의 입장을 대변하는 신문이 아니었다. 송진우를 중심으로 한 동아일보계열의 활동을 김성수의 자장 하에 있는 상대적 자율적 관계로 보는 것도 대단히 도식적인 파악이다. 정치세력과 자본의 관계는 상대적 자율성이란 말로 단정지을 수 있는 관계가 아니다. 독자적 내용을 가지고 독자적으로 활동하는 경우가 역사에서는 훨씬 더 많이 등장한다.

이 책에서는 송진우와 동아일보의 주장과 활동에 대한 파악을 통해, 식민지조선의 정치 상황과 민족운동의 전개과정뿐만 아니라, 일본제국의 정치사회동향, 중국 국민혁명의 전개과정, 더 나아가 당대 세계를 일정하게 엿보려고 한다. 이러한 탐구를 통해 근대 서구 사상과 이념에 기반하면서도, 조선의 현실을 반영하여 독자적 내용을 가지고 있었던 식민지 조선의 민족주의 이념과 운동의 세계사적 특이성을 해명하려고 한다. 이를 통해 우리 근현대사 상에 대한 보다 폭넓은 접근의 단초를 제공하고자 한다.

이를 위해 이 책은 학계 연구 성과를 바탕으로 하면서도, 수정자본주의 사상의 수용과 내재화의 측면에서 한국 민족주의 사상과 이념을 살펴보는 것 등과 같은 새로운 이해와 시도들을 여러 차례 할 것이다. 또한 타협과 비타협으로 민족주의세력을 구분하는 것 등과 같이, 학계와 일반에서 당연한 역사적 사실로 알려진 여러 것들이 실제로는 실증적으로 잘못된 것이라는 주장을 여러 소재와 내용을 가지고 차례차례 실증할 것이다. 그와 관련해서

---

45) 김성수의 정치참여 배경에 대해서는 필자의 다음 글 참조. 윤덕영, 「1946년 전반 한국민주당의 재편과 우익정당 통합운동」, 『사학연구』 121, 2016, 321~329쪽.

동아일보계열을 타협적 민족주의세력의 전형으로, 그 시초부터 그 종말에 이르기까지 외세와 타협했다고 보는 역사적 표상의 문제를 검토할 것이다. 반대로 동아일보계열의 활동을 '상층 지주'에 의한 근대 시민사회의 형성의 표상으로 높게만 평가하거나, 민족운동과 건국운동의 이상으로 과장하는 경향도 비판적으로 평가할 것이다.

이 책은 동아일보계열의 1920년대 초반 형성과정부터 일제 말기의 시기에 이르는 과정에서 그들이 보여주었던 주장과 행동을, 동아일보를 중심으로 시기에 따라 찬찬히 살펴보면서, 그들의 민족주의 사상과 노선이 어떻게 형성되고 발전하며, 어떠한 특성과 한계를 가지게 되었는지를 해명할 것이다. 또한 그들이 중일전쟁 전후 어떠한 과정을 통해 일제에 굴종하여 왜곡되어 갔으며 한계를 드러내는지를 보여줄 것이다. 그렇지만 일제의 동아일보 강제폐간과 송진우를 비롯한 핵심 주도세력의 비타협적 태도로 어떻게 회생하게 되어, 해방 후 한민당의 주역으로 되살아나게 되었는지도 해명할 것이다. 한편 이 책에서는 김성수로 대변되는 동아일보계열의 또 다른 중심축과 그들의 이념과 활동에 대해서는 다루지 않는다.

이 책에서 다루는 범위는 시기상으로 일제강점기에 한정된다. 그렇지만 필자는 해방직후의 송진우와 초기 한민당의 노선과 활동에 대한 논문을 이미 6편이나 학술지에 발표했다. 때문에 필자의 송진우와 동아일보계열에 대한 이해는 일제하로 한정되어 있지 않고, 일제하에서 해방직후까지 포괄하여 있다. 그들이 일제하에서 어떠한 생각과 모습으로 살아왔기 때문에 해방직후에 어떠한 모습으로 나타나게 되었다는 것과, 역으로 해방 후의 모습은 일제하에서 어떠한 생각과 활동의 결과라는 것이 필자의 연구에서는 일관성 있게 정리되어 있다. 다만 해방 후 부분도 책 한권에 이르는 분량이기 때문에 이 책에서는 다루지 않는다. 해방 후 부분은 좀 더 보완해서 별도의 책으로 간행할 계획이다.

이 책에서는 논지 전개를 위해 1920년 창간부터 해방 직후까지 거의 모든 동아일보의 사설과 논설, 기사들을 자세히 살피고 분석했다. 그 외 동아일보계열 관련자들, 그리고 이들과 연관된 거의 모든 사람들의 잡지에 실린 논설과 인터뷰, 설문조사, 인물평, 각종 조사 등을 조사하여 논거를 보충하는 데 활용했다.

비록 독재적인 세력의 최종적 승리로 남북한의 정권이 귀결되고 말았지만 그것은 권력의 최종적 향배일 뿐이었다. 남한 국가와 사회를 이루는 지반과 힘, 그리고 대한민국 성장의 기반은 일제하 이래 다기한 사상과 이념적 전통을 가지고 국내외 정세를 주시하면서 주체적이고 독자적으로 활동하였고, 다양한 형태로 남한 사회와 대한민국 수립에 합류한 여러 정치사회세력의 활동과 역사에 근거하고 있다. 동아일보도 그러한 조류 중 하나였다.

1부

세계의 정치와 사상을 배우다

1장 일제하 및 해방 후의 정치세력과 대한민국

1. 한국 근현대 정치세력 분류

한국 근현대 정치세력을 어떻게 개념화하고 분류할 것에 대해서는 그동안 여러 논의가 있어 왔다. 일제하 정치세력에 대해서 과거에는 민족주의와 사회주의 이념을 가진 서로 대립하는 두 세력으로 단순화해서 보았다. 그러나 이러한 구분법은 사회주의세력이 지니는 민족주의적 색채를 없애는 동시에, 비(非)민족주의세력 또는 반민족세력까지 민족주의세력에 넣을 여지를 낳았다고 비판되었다.[1]

특히 민족과 독립이라는 시대적 과제가 분류의 우선적 기준이 되면서 민족주의가 정치세력 분류의 중요한 기준이 되었다. 민족주의가 독립운동의 기본 이념인 반제국주의·민족자결·절대 독립의 질료로 만들어진 그릇이고, 그 안에 외부에서 수용된 다양한 사상들을 담고 있다고 보았기 때문이다. 곧 20세기 전반 한국인들이 수용한 부르주아민족주의, 사회주의, 진보적 민족주의, 아나키즘 등은 그 사상체계는 달랐지만, 일정한 공통 기반을 갖고 있었고, 그것이 민족주의였다는 것이다.[2] 이런 입장에서는 일제하 정치세력을 크게 민족주의세력, 진보적 민족주의세력, 사회주의세력으로 구분했다. 그리고 앞서 언급했듯이 일반적으로 자치운동의 추진이나 신간

---

1) 노경채, 「한국 근현대 정치세력 분류론」, 『역사와 현실』 42, 2001, 243쪽.
2) 박찬승, 『민족주의의 시대』, 경인문화사, 2007, 2~3쪽.

회 참여를 기준으로 민족주의세력을 타협적 우파와 비타협적 좌파로 구분하였다.

사실 자치운동의 추진이나 신간회 참여를 기준으로 민족주의세력을 타협과 비타협, 좌파와 우파로 나누는 것의 가장 큰 난점의 하나는 이것이 당시의 민족주의세력의 현실적 정치지형을 제대로 반영하고 있지 못하다는 점이다. 이 책에서 주요하게 다루는 동아일보계열의 송진우의 예를 살펴보자. 기존 연구에서는 송진우를 일제하 타협적 민족주의세력의 대표적 인물의 하나로 논했다. 그렇지만 송진우는 뒤에서 살펴보겠지만, 신간회 중앙집행위원장을 역임한 김병로 및 1930년대 조선학운동을 주도한 정인보의 적극적 지지를 받았고, 일제하부터 해방 후까지 행동을 같이했다. 서북기독교세력의 조만식과도 일본 유학시절부터 시작해서 해방직후까지 가깝게 지내며, 행동을 같이하는 경우가 많았다. 김병로와 조만식, 그리고 정인보 모두 비타협 민족주의자로 분류되는 인물들이었다. 이들의 인간관계와 사상, 노선과 활동을 놓고 볼 때 이들이 얼마큼 서로 다른가에 대해 논란의 여지가 많다. 무엇보다 인간적으로 아주 가까웠고, 항상 함께 모여 의논하면서 민족운동과 행동을 같이 했던 사람들을 같이 놓고 평가해야지, 같이 행동했던 그중 누구는 타협적이라고 하고, 누구는 비타협적이라 하는 것은 타당하지 않다. 역사적 현실 그대로를 파악하는 것이 필요하다.

한편 김동명은 종래 친일세력으로 분류되던 정치사회세력들을 끌어들여, 동화형 협력세력, 분리형 협력세력, 저항세력으로 구분했다.[3] 그의 분류법은 일제 식민정책의 다기성과 역사적 현실로서 존재했던 소위 친일정치세력의 실체를 드러내고, 각 정치세력의 소위 바게닝과 상황에 따른 변화를 밝힌 점에서는 의의가 있다. 그러나 그의 구분법은 일제하 민족운동과는 전혀 관련 없는 지배세력의 하위동맹자로서 자치운동을 전개하는 친일정치

---

3) 김동명, 『지배와 저항, 그리고 협력−식민지 조선에서의 일본제국주의와 조선인의 정치운동』, 경인문화사, 2006.

세력을 민족운동을 전개하는 우파 민족주의세력과 사실상 총독정치의 협력세력이라는 범위 내에서 별 구별 없이 동등하게 파악하고 있다는 점에서 큰 한계를 보이고 있다. 이렇게 되면 민족운동을 전개했던 사람들과 일제에 처음부터 협력했던 친일파가 뒤섞여 버리게 된다. 자치운동을 모색했고, 1930년대 이후 친일의 길로 간 최린과 천도교 신파조차도 친일정치세력과는 역사적으로나 현실적으로 명백히 구별되는 집단이라는 점에서 이러한 구분은 혼란을 가져오며, 위험하기도 하다.

한편 해방 후에 대해서는 좌·우의 정치이념을 가지고 일반적으로 구분하여 왔다. 초기에는 좌익(좌파)과 우익(우파)이라는 이분법적 구분이 사용되다가 연구가 진전되면서 극우, 우익, 좌익, 극좌 등으로 보다 세분화 되었다. 그리고 해방 직후의 좌우의 이념대립을 극복하기 위한 대안적 모색이 강조되면서 중도세력의 역사적 복원이 이루어지고, 우익, 중도, 좌익으로 구분되었다.[4] 이는 다시 중도우익(중도우파), 중도좌익(중도좌파)으로 보다 세분화되어 사용되었다. 또한 해방 직후 당시에는 중도란 용어보다는 중간파란 용어를 사용했기 때문에 이에 근거하여 우파, 중간파, 좌파로 분류하고, 이를 다시 세분하기도 했다.[5] 이렇게 일제하 연구에서의 정치세력 분류가 해방을 계기로 전혀 다른 기준과 분류방식으로 바뀌게 된다.

해방 후 정치세력의 분류는 초기 정치학 전공자들에 의해 분류가 이루어졌기 때문에 그 사용하는 용어도 역사학에서의 일제하 정치세력을 규정하던 용어들과 차이를 가진다. 그리고 미국 측 자료의 용어를 무의식적으로 사용한 것도 정치세력 규정에 일정한 영향을 미쳤다.

이러한 해방 후 정치세력 분류에서 가장 특징적인 것은 민족주의란 범주가 사라진다는 점이다. 그러나 이런 분류는 해방 후의 정치상황과 정치세력을 일제하와 단절시킨다는 점에서 현대사에 대한 이해를 협소하게

---

4) 심지연, 「1945~1948년 남한 정치세력의 노선과 활동연구」, 『한국사론』 27, 1997.
5) 노경채, 앞의 글, 248~251쪽.

만들었다. 기존 현대사 상당수 연구들에서는 일제하의 운동과 해방 후의 운동을 분리시켜 이해하고 있다. 그러나 일제하에서 활동하던 정치세력들이 해방 직후에도 그대로 활동한다는 점에서 동일한 대상을 두고, 다르게 평가하는 것은 문제가 있다. 일제하 이래의 정치세력들의 판도가 바뀌는 것은 6·25전쟁을 거치면서 남북한의 상황이 크게 바뀌게 된 1950년대 이후이다.

이 책에서는 일제하와 해방 후의 정치세력을 나누는 기준을 좌와 우의 정치적 이념이나 타협 또는 비타협이라는 운동사적 개념구분보다는 각 정치세력이 실제 모여 결합하고, 이념과 운동을 공유하는 현실적 연계 및 조직 관계를 기준으로 구분하고자 한다. 이렇게 구분하는 이유는 타협과 비타협이라든지, 좌와 우의 이념적 구분이 역사적 현실의 실제 인간관계와 조직 관계에 잘 들어맞지 않기 때문이다.

일제하에서 해방 직후에 이르는 한국 근현대 정치세력의 구분 문제에 대해 이 책에서는 1차적으로는 당시의 용례에 기초해서 민족주의와 사회주의세력, 그리고 친일정치세력으로 크게 나누고자 한다. 그리고 2차적인 구분으로 현실 정치세력 기반의 측면과 그 이념적 성격의 측면으로 나누어 각기 구분하고자 한다.

한편 기존 학계의 연구에서는 민족주의의 외연을 아나키즘, 사회민주주의, 기타 사회주의까지 확대하여 진보적 민족주의 또는 좌파 민족주의로 개념화하는 경우도 있다. 필자는 이렇게 할 수밖에 없었던 한국적 상황과 실천적·역사적 의미를 충분히 인정한다.

그럼에도 불구하고 이런 개념의 확대를 제한하고자 한다. 첫째는 우선 당시 사람들이 그렇게 구분하지 않았기 때문이다. 자신을 사회주의자, 사회운동자로 인식하고 활동하던 사람들을 민족주의자로 재단하는 것은 문제가 있다. 둘째는 시대적 변화상을 반영하고 학문적 엄밀성을 위해서도 필요하다고 판단했기 때문이다. 셋째는 국제화시대에 살고 있는 현재에 있어 이런 개념화가 많은 오해와 학문적 혼란을 가져왔기 때문이다. 현재 한국 학계에서 일정한 영향력을 미치고 있는 탈근대론, 탈식민론의 민족주의에 대한 비판이 그 대표적 예라 할 수 있다. 이들은 내재적 발전론의 연구를 민족주의 이념에 기반한 것으로, 또한 1980년대 이후 진보적 입장에서의 한국근현대사 연구의 상당수를 좌파 민족주의적 이념과 기반 하에 이루어진 것으로 보고 있다. 그렇지만 1960~70년대의 내재적 발전론을 비롯한 한국 근현대사 연구는 그 민족주의적 표상에도 불구하고 그 내부에는 서로 다른 이념, 즉 신민족주의적 이념과 사회주의 이념이 공존하고 있었다. 양자가 식민사관의 극복이라는 공통의 목표에서 제휴하여 내재적 발전론을 만들어 낸 것이었다. 양자 간의 역사를 바라보는 입장과 역사상은 근본적으로 상이했다.[6]

1980년대 이후 진보적 입장의 한국근현대사 연구들도 마찬가지이다. 거기에는 진보적 민족주의 이념에 기초한 것도 많지만, 이와 달리 마르크스주의의 입장에 근거한 연구들도 많았다. 다만 기존의 연구들이 여러 가지 이유 때문에 과도하게 민족주의를 차용함으로써 혼란을 불러온 것은 사실이다. 이런 점에서 이제는 개념과 이념적 성격을 보다 분명히 하는 것도 필요하다고 본다.

이렇게 보면 한국의 민족주의세력의 경우는 그 이념적 성격과 관련해서는 자유주의적 민족주의, 수정자본주의적 민족주의, 보수주의적 민족주의, 국가주의적 민족주의, 파시즘적 민족주의세력으로 구분할 수 있다. 그러나 이러한 이념적 지형에 따른 정치세력 구분은 현실에서는 잘 드러나지가 않는다. 그것은 일제의 강압적 통치하에서 이념적으로 정치세력이 결합할

---

6) 해방 후부터 1990년대까지의 한국역사학의 동향에 대해서는 다음을 참조. 방기중, 「해방후 국가건설문제와 역사학」, 『한국사인식과 역사이론』, 지식산업사, 1997 ; 김인걸, 「1960, 70년대 '내재적 발전론'과 한국사학」, 앞의 책 ; 이세영, 「1980, 90년대 민주화문제와 역사학」, 앞의 책.

수 없었던 사정이 가장 클 것이다. 또한 정치세력이 이념으로만 결합되지 않는다는 일반적 진리도 크게 작용하고 있기 때문이다.

다른 한편으로는 일제하 민족주의자들과 민족주의세력의 이념이 하나로 정형화시킬 수 없기 때문이기도 하다. 20세기 전반의 시기는 서구 사상 자체의 변화와 전환이 컸고, 동아시아 전체에 있어서도 서구의 다양한 정치사상이 수용되고 정착되는 시기였던 만큼 개인과 집단에 있어 사상의 내용을 어느 하나로 특정지우기 어려운 경우가 종종 있었다. 민주주의의 바람과 개조의 시대라는 1910~20년대부터 국가주의와 전체주의의 바람이 불었던 1930~40년대까지를 놓고 볼 때, 자유주의에서 보수주의로, 신자유주의에서 국가주의와 전체주의로, 그밖에 각 사상의 영역을 넘나들면서 변화하는 경우가 개인이나 집단에서 자주 있었다.

이러한 점들을 고려하고 현실의 세력 기반을 놓고 볼 때, 일제하 국내 민족주의계열의 주요 정치세력으로는 기독교와 천도교계열, 그리고 언론계열 세력이 있었다. 이렇게 종교계열과 언론계열이 큰 비중을 차지했던 것은 일제 강점기 전시기를 통틀어 식민지 조선에서 정치적 자유나 합법적 정당 결성을 허용한 적이 없기 때문에 종교나 언론세력 외의 민족주의 정치세력이 발전하기 힘들었기 때문이다.

기독교계열의 주요 세력은 다시 크게 둘로 나뉘는데, 하나는 서북지방을 배경으로 한 기독교세력이었다. 종파상으로는 장로교 쪽이 많았다. 안창호가 대표적인 지도자로, 그가 조직한 국외 흥사단과 그 국내기반인 수양동우회세력이 대표적 정치세력이라 할 수 있다. 조만식으로 대표되는 평양 YMCA와 기독교 농촌연구회도 그의 주요 세력이었다. 다른 하나는 기호지방을 배경으로 하는 기독교세력으로, 종파상으로는 감리교 쪽이 많았다. 이승만이 대표적 지도자로, 그가 조직한 국외 동지회와 그 국내 기반인 흥업구락부세력이 대표적 정치세력이라 할 수 있다. 그런데 이들 양 세력은 일제하 내내 심각하게 대립하고 있었다.[7]

다음으로 천도교의 주요 세력도 다시 크게 둘로 나뉘어 있었다. 하나는 최린을 지도자로 하고 천도교청년당을 기반으로, 주로 평안남·북도와 함경남도 지방에 주요 근거를 두고 있는 1920년대 최대 민족운동세력인 천도교 신파였다. 다른 하나는 남한지방에 주요 근거를 두고 있는 권동진, 오세창, 이종린 등의 소수 세력인 천도교 구파였다. 이들 세력 역시 심각하게 대립했다. 그렇지만 천도교 신파는 천도교인의 80%이상을 점하면서 압도적 우세를 점하고 있었고, 구파는 현격한 조직적 열세를 보이고 있었다.[8]

언론계 세력으로는 동아일보와 조선일보계열이 중심이었다. 이들은 독자적인 정치조직을 결성하지 않았기 때문에 엄밀히 말하면 정치세력이라 불리기는 어렵다. 그렇지만 신문사를 근거로 상당한 세를 모으고, 정치사회적 활동을 했다. 이 때문에 당시부터 언론계 세력을 민족운동의 한 세력으로 인정하고 평가하고 있었다. 실제 이 책에서 다루는 동아일보계열은 해방 후 결성된 한민당의 핵심세력을 형성한다. 동아일보계열은 동아일보와 중앙학교를 중심으로 결집하고, 여기에 호남지역 정치세력이 결합하면서 유력한 민족주의 정치세력으로 형성되었다. 송진우가 이들 세력의 지도자로 김성수의 재정적 지원을 받고 있었다. 동아일보는 이들 세력의 핵심 거점이었고, 또한 호남지역이라는 지역적 기반도 크게 작용했다.

---

7) 기호지방 기독교계 유력 인물인 윤치호의 일기에는 양 세력 간의 대립과 갈등에 대한 많은 기록들이 남겨져 있다. 대표적으로 몇 개만 보자. 안창호가 중국 상하이에서 잡혀 국내로 이송 수감되었을 때 "오후에 안창호씨가 수감되었다. … 그건 그렇고 김활란 양이 내가 안씨 석방을 위해 당국자들과 접촉하고 있다는 소문에 분개하고 있는 모양이다. 이승만계와 서북파를 이끌고 있는 안창호계 간의 볼썽사나운 다툼이 마침내 서울까지 다다른 것 같다."(1932년 7월 15일) "안창호 씨를 방문했다. … 그는 극심한 反南 파벌주의자라는 내용으로 자기에게 쏟아지고 있는 비난을 반박했다. 그의 설명이 모두 사실이라면 안씨와 관계를 끊은 쪽은 오히려 이승만 박사였다."(1935년 3월 24일) 김상태 편역, 『윤치호 일기』, 역사비평사, 2001, 618~627쪽.

8) 김정인, 『천도교 근대민족운동 연구』, 한울, 2009, 215~262쪽 ; 성주현, 앞의 박사학위논문, 71~96쪽 ; 정용서, 「일제하·해방후 천도교 세력의 정치운동」, 연세대학교 사학과 박사학위논문, 2010, 53~54쪽.

이에 반해 조선일보계열은 신간회 창립전후에야 형성되기 시작하는데, 이들은 동아일보와 같이 단일한 세력이 아니며, 서로 계열을 달리하는 몇 개의 세력이 연합하여 이루어진 것이었다. 신석우와 최선익 등의 경영진, 이상재와 안재홍 등 흥업구락부 출신 기호지방 정치세력 일부, 당시 홍명희 계로 일컬어지던 홍명희를 중심으로 활동하던 이관용, 이승복, 한기악, 홍성희 등 (구)시대일보 세력, 김준연을 비롯한 사회주의세력, 기타 세력 등으로 구성되어 있었다.[9] 그리고 단일한 세력을 형성하지 못하고, 얼마 안 되어 곧 바로 흩어진다. 이들 주요 민족주의세력 외에도 국내에는 조선물산장려회계 등 다양한 군소세력이 존재했다.

한편 국외에도 대한민국임시정부를 중심으로 중국 관내에 여러 민족주의세력이 존재했다. 그리고 만주에도 삼부와 관련된 민족주의세력 및 그를 뒤이어 1920년대 중반 민족유일당운동의 전개과정에서 형성된 여러 민족주의세력이 있었다. 1940년대 이르러 중국 관내 민족주의세력은 한국독립당을 중심으로 결집한다. 그렇지만 이들 국외세력의 직접적 국내 기반은 거의 없었다.

해방 후는 한국민주당, 국민당, 신한민족당, 한국독립당 등으로 민족주의세력이 결집했다. 그러나 주요 정당에 가담하지 않거나, 곧바로 나와 정치사회단체를 기반으로 활동하는 민족주의자들도 상당수 있었다.

사회주의세력의 경우는 그 이념적 성격과 관련해서 아나키즘, (좌익)사회민주주의, 공산주의로 구분할 수 있다. 공산주의세력의 경우는 국제주의적 공산주의자들과 민족적 공산주의자들로 다시 세분될 수 있다. 사회민주주의의 경우 한국에서는 식민지 민족해방운동이란 특성을 반영하여 서구의 경우보다 더 급진화 되었기 때문에 (좌익)사회민주주의로 불리어졌다. 식민지조선에서 (좌익)사회민주주의 또는 사회주의 우익세력이 역사적

---

9) 조선일보계열의 특징과 성격에 대해서는 다음 참조. 윤덕영, 「신간회 창립 주도세력과 민족주의세력의 정치 지형」, 『한국민족운동사연구』 68, 2011, 107~117쪽.

실체로서 등장하는 것은 1920년대 후반부터이다. 당시 조선공산당 재건운동과 혁명적 노동운동 및 농민운동에 참여하지 않고, 합법적 운동을 중시하는 사회주의자들이 있었는데, 당시에 이들을 '사회주의 우익' 또는 '좌익사회민주주의'로 불렀다.[10] 조선청년총동맹 중앙본부를 중심으로 활동하던 사람들, 신간회와 청총 해소를 반대하고 당재건운동을 전개하던 공산주의세력과 대립했던 사람들, 초기 사회주의운동과 조선공산당 관련자 중에서 당 재건운동에 참여하지 않는 사람들, 언론을 중심으로 활동하는 사람들, 여운형을 중심으로 모인 사람들, 학계의 비판적 사회주의자들이 그 내용을 이룬다고 할 수 있다.

서구의 경우 사회민주주의 중에서도 다시 세분하여 우파의 경우, 이념적 토대가 영국의 신자유주의(New Liberalism) 등과 같은 수정자본주의 이념과 연결되어 있다. 그렇지만 한국의 경우는 이런 경향의 사람들은 사회주의세력이 아닌 민족주의세력의 일원으로 활동했다.[11] 또한 민족주의세력의 가장 주된 이념중 하나가 신자유주의였기 때문에 한국 사회에서는 사회민주주의 중에서도 우파적 성향의 사람들을 사회주의자라고 보기 어렵다. 이는 한국적 특성이라 할 수 있다. 공산주의세력에 비해 (좌익)사회민주주의 또는 사회주의 우익세력은 서구나 일본의 경우와 달리 구체적인 정치세력으로 형성되지 못했다.

한편 현실 정치세력 기반과 관련해서는 일제하의 경우 공산주의세력은

---

10) 자세한 것은 다음 참조. 윤덕영, 「1930년 전후 '합법운동론'을 둘러싼 논쟁과 신간회 및 조선청년총동맹 해소 문제」, 서울대학교 인문학연구원 국제학술회의『논쟁으로 본 식민지 조선의 사회주의』발표논문집, 2022, 47~59쪽.

11) 대표적인 경우가 이순탁이다. 이순탁에 대해서는 다음을 참조. 윤기중, 「이순탁」, 『계간 연세 지리 자유』, 1993년 봄호 ; 홍성찬, 「일제하 이순탁의 농업론과 해방 직후 입법의원의 토지개혁법안」,『경제이론과 한국경제』, 박영사, 1993 ; 홍성찬, 「한국 근현대 이순탁의 정치경제사상연구」,『역사문제연구』 1, 1996 ; 홍성찬, 「효정 이순탁의 생애와 사상」,『한국경제학보』 제4권 2호, 1997 ; 이수일, 「1920~1930년대 한국의 경제학풍과 경제연구의 동향 ; 연전 상과 및 보전 상과를 중심으로」, 『한국경제학보』 제4권 2호, 1997.

1920년대 국내 화요회계, ML계, 서울상해계로 구분된다. 물론 조선공산당이 해산되고 당 재건운동이 전개되면서는 이런 구분은 달라진다. 1930년대 국외에서 항일빨치산파와 연안파가 형성되었다.

해방 후 공산주의세력은 재건파와 장안파 조선공산당으로 분립 결성되었다가 통합되었다. 1946년에는 조선인민당과 조선신민당의 공산주의세력과 결합하여 남조선노동당과 북조선노동당을 결성한다. (좌익)사회민주주의 또는 사회주의 우익세력은 하나의 독자적인 정치세력으로 모이지 못하고, 인간적·조직적 친소 관계에 따라 해방직후 한민당, 신한민족당, 조선인민당, 남조선신민당, 조선민족혁명당 등으로 흩어졌다. 좌익 3당 합당을 거친 후에는 근로인민당 등으로 나타나게 된다. 그렇지만 이 시기에도 이들은 민중동맹, 민주독립당, 민족자주연맹 등에도 광범하게 들어가 있었다.

2. 일제하 민족운동과 대한민국 정부 수립의 관련성

21세기에 들어선 오늘날 우리는 상호 모순된 것 같이 보이면서도 긴밀히 연결된 두 개의 현실에 여전히 살고 있다. 하나는 분단국가로서 남에는 자본주의 국가가, 북에는 사회주의 국가가 치열한 이념적·정치적 대립을 하면서 70여 년 이상을 강고하게 병립한다는 점이다. 다른 하나는 수많은 문제점을 갖고 있음에도 불구하고 남한국가 대한민국이 세계 최하위 식민지 빈국에서 세계적 경제 규모를 가진 국가로 발돋움했다는 점이다. 이 두 현실에 대한 통일적 이해가 한국 근현대사 연구의 커다란 과제라 할 수 있다.[12]

---

12) 이에 대해 시론적 형태로 해명을 시도한 것은 김성보, 「내재적 발전과 국제적 소통의 관점에서 본 한국 근현대사」, 『동방학지』147, 2009 참조. 민주화운동의 발전과 한국 경제성장의 상관관계를 시론적으로 분석한 것은 정태헌, 「'居民'에서

현재의 분단체제가 대내외적 조건과 계기에 의해 형성·전개되고 고착되었다는 것은 이제 상식적 얘기가 되었다. 그러나 1990년 전후 사회주의체제가 무너지고 한반도를 둘러싼 외세의 영향력은 지속적으로 약화되었음에도 불구하고, 한반도의 분단체제는 극복될 전망을 보이지 않는다. 그런 점에서 그 강고성의 원인에 대해 내부적 요인을 더 주목할 필요가 있다. 물론 기존 연구에서도 분단의 내부적 배경과 요인에 대한 관심과 연구가 일정하게 진행되어 왔다. 그런데 이러한 내부적 계기에 대한 관심은 종종 남북한에서 최종적으로 권력을 장악한 인물이나 세력에 집중된 경향이 많았다. 남한에서는 이승만세력이, 북한에서는 김일성세력이 남북한 국가형성과정에서 최종적 승자로 등장했기 때문에 그들에 대한 이해와 분석으로 각기 남북한 국가 수립 및 사회체제 성립의 내용과 성격을 규정하는 경우가 이들 세력을 지지하는 입장에서나[13] 반대하는 입장에서나 동일하게 있어 왔다.

그렇지만 이들만으로 남북한의 국가형성과 성격, 이후 남북한 사회전개의 내용과 특징을 설명할 수 없다. 주지하다시피 이들은 한국 근현대사에서 중요한 정치세력이기는 했지만 일제하 이래 형성된 정치사회세력 중 일부분이었다. 이승만세력은 일제하에서는 기호지방의 기독교세력과 동지회·흥업구락부로 모인 세력들이 그 기반이 되었다.[14] 그러나 제1공화국 수립 이후에는 자유당으로 협소화되었다. 이들 외에도 일제하 민족주의세력에는

민주적·민족적 '국민'으로서의 장정과 경제성장」, 『한국의 식민지적 근대성찰』, 선인, 2007 참조.

13) 북한의 경우 1960년대 이후 주체사상이 제기되면서 김일성의 역사만으로 한국 근현대사를 설명하는 것이 그 대표적 예라 할 수 있다. 남한의 경우 1990년대 이후 해방에 대한 재인식과 건국에 대한 재평가란 목적의식 하에 진행된 연구들이 결국 이승만의 업적으로만 대한민국의 건국역사를 포장하는 경우가 일반적으로 나타나고 있다.

14) 이승만에 대한 연구성과 개관은 정병준, 『우남 이승만연구』, 역사비평사, 2005, 22~27쪽 참조. 흥업구락부세력에 대해서는 다음을 참조. 김상태, 「1920~1930년대 동우회·흥업구락부연구」, 『한국사론』 28, 1992 ; 장규식, 『일제하 한국 기독교민족주의 연구』, 혜안, 2001 ; 정병준, 위의 책, 331~397쪽.

안창호와 조만식으로 대변되는 흥사단·수양동우회세력 및 서북지방 기독교세력이 커다란 정치세력으로 존재하고 있었다. 특히 이들 세력은 대한민국 정부수립의 직접적 전사를 이루는 미군정기의 신국가 건설과정에서 다른 어느 정치세력보다 더 큰 역할을 담당한다.

이들과 함께 대한민국 수립과정에서 또 다른 큰 역할을 담당한 것은 이 책에서 다루고자 하는 동아일보계열, 그리고 이들과 밀접히 관련된 호남출신 정치세력들이다. 이들은 해방직후 한민당과 국민대회준비회로 집결한다. 한편 일제하에서 조직적으로 가장 큰 세력을 형성하였던 것은 천도교세력이었다. 그렇지만 최린을 대표로 한 천도교 신파세력 상당수가 일제 말기에 변절하면서 해방 후 입지가 크게 약화되었으며, 그 주요거점이 북한에 있었기 때문에 남한 정부 수립에의 영향은 미약했다.

1948년 대한민국의 수립은 그냥 만들어진 것이 아니라 국가 수립을 위한 미군정기의 일련의 제반 정책과 준비 속에서 탄생한 것이라는 것은 주지의 사실이다. 그렇지만 그 과정은 단순히 미국에 의해, 미국인들 손에 의해 모든 것이 계획되고 만들어진 것이 아니었다. 미군정 수립 직후부터 실제 정책 차원에서 조선의 정치세력들은 상당한 영향력을 미치고 있었다. 특히 1946년 말 남조선과도정부가 수립되면서부터 미군정의 제반 정책과 신국가 건설을 위한 준비는 조선인들이 주도적으로 추진하여 갔다. 미국은 공산주의세력의 방지와 자국에 우호적인 국가 수립이라는 목적에서 이를 지원하고 있었다. 미군정에 참여한 조선의 정치세력들과 인물들은 단순히 미국에 고용된 것이 아니었다. 그들은 목적의식적으로 참여하였고 이를 통해 자신들이 지향한 사회와 국가를 만들려고 했다.

그런 의미에서 대한민국은 미국의 지원 하에 이승만세력에 의해서만 수립된 것이 아니었다. 이승만이 최종적 승자였지만 실제 그 수립 과정에서 보다 중요하게 역할을 담당한 것은 흥사단·수양동우회와 서북지방 기독교세력들, 그리고 동아일보계열과 호남출신 정치세력들이었다. 그 외에도 안재홍으로 대변되는 국민당세력,[15] 조봉암·강진국 등의 진보적 세력들을 비롯하여 여러 정치세력이 그 과정에 일정하게 참여하고 있었다.

그 결과 대한민국의 제헌헌법은 기본권의 광범한 보장, 3권 분립을 통한 권력간 견제와 균형, 사법권의 독립, 지방자치 등의 내용과 함께 자유경제체제를 원칙으로 하되 광범한 국가 통제와 균등사회를 지향하는 민주사회주의적 요소, 그리고 농지개혁과 반민족행위자처벌 근거 조항까지 두는 등 상당한 진보적 내용을 가지고 있었다.[16] 이에 따라 이에 주목하는 많은 연구들이 있었다.[17]

기존의 연구들에서는 제헌헌법에서 진보세력의 영향을 주로 주목하였는데,[18] 이들이 일정한 역할을 담당한 것은 분명한 사실이다. 그렇지만 당시의 정치적 역관계상 이들이 주도적 영향력을 가지기는 어려웠다. 보다 중요한 동인은 남한 신국가 건설의 주도적 역할을 담당했던 동지회·흥업구락부와

---

15) 안재홍의 대한민국 정부 수립 전후의 활동에 대해서는 김인식,『안재홍의 신국가건설운동-1944~1948』, 선인, 2004.을 비롯하여 그의 일련의 연구를 참고할 것.

16) 김성보,「평화공존의 관점에서 본 남북북가의 초기 성격과 상호경쟁」,『역사비평』83, 2008, 40쪽.

17) 정진아,「제1공화국 초기(1948~1950)의 경제정책 연구」, 연세대 사학과 석사학위논문, 1998 ; 박명림,「한국의 초기 헌정체제와 민주주의」,『한국정치학회보』제37집 1호, 2003 ; 신용옥,「대한민국 제헌헌법의 주권원리와 경제질서」,『한국사학보』17, 2004 ; 전광석,「제헌의회의 헌법구상」,『법학연구』제15집 4호, 2005 ; 강정민,「제헌헌법의 자유주의 이념적 성격」,『정치사상연구』제11집 2호, 2005 ; 박명림·서희경,「민주공화주의와 대한민국 헌법 이념의 형성」,『정신문화연구』106, 2007 ; 이영록,「제헌헌법의 동화주의 이념과 역사적 의의」,『한국사연구』144, 2009 ; 신용옥,「제헌헌법의 사회,경제질서 구성 이념」,『한국사연구』144, 2009.

18) 방기중,「해방정국기 중간파 노선의 경제사상-강진국의 산업재건론과 농업개혁론을 중심으로-」,『경제이론과 한국경제』, 박영사, 1993 ; 방기중,「일제하 이훈구의 농업론과 경제자립사상」,『역사문제연구』1, 1996 ; 서중석,『조봉암과 1950년대』, 역사비평사, 1999 ; 방기중,「농지개혁의 사상 전통과 농정이념」, 2001 ; 윤상현,「조봉암(1899~1959)의 정치활동과 사회민주주의사상」,『한국사론』52, 2006 ; 정태영,『조봉암과 진보당』, 후마니타스, 2006 ; 정상우,「미군정기 중간파의 헌정구상에 관한 연구」, 서울대 박사학위논문, 2007 ; 박홍규,「1948년 헌법과 조봉암」,『민주법학』41, 2009.

기호지방 기독교 세력, 홍사단·수양동우회회와 서북지방 기독교세력, 그리고 동아일보계열과 호남출신 정치세력의 삼자 관계와 그들이 일제하 이래 축적해 온 근대 지향과 신국가건설 노선에서 찾아져야 한다. 그리고 이렇게 수립된 대한민국은 경제건설과 신국가 건설의 방향을 둘러싼 내부 분화와 논쟁과정을 거치면서 이후 성장의 토대를 만들어 갔다.[19]

한편 일부에서는 제헌헌법이 당시 북한정권의 수립에 대응하여 정권의 안정과 민중의 지지를 얻기 위해 정치적으로 제기된 면을 강조하기도 한다. 그러나 신지식층으로 구성된 일제하 민족주의세력들이 일제하 민족운동을 통해 형성한 이념과 운동노선, 국가건설의 방향과 내용 등이 해방 후 국가를 건설하려는 정치세력 전반에 공유되었고, 때문에 제헌헌법에 반영되게 되었다고 보는 것이 타당하지 않을까 한다.

---

19) 일제하 민족·자본주의 근대개혁론의 전통과 미군정기의 경제정책론의 흐름 속에서 제1공화국 시기 경제정책론의 분화와 내용, 전개과정을 분석한 것은 정진아, 『한국 경제의 설계자들』, 역사비평사, 2022 참조.

2장 동아일보계열의 특징

1. 초기시기 '국내 상해파' 사회주의세력과의 협력

이 책에서 개념화하는 동아일보계열은 동아일보·중앙학교·보성전문으로 모였던 사람들과 이들과 긴밀히 결합된 호남 출신의 정치가들을 지칭하는 것이다. 이들은 여타 다른 세력들과 달리 독자적인 정치단체를 결성하지 못했다. 동아일보라는 언론기관에 머물렀다. 이러한 점에서 이들 세력을 정치세력으로 표상하기가 어렵다. 그럼에도 불구하고 당시의 사람들은, 민족주의세력은 물론 사회주의세력들도 동아일보를 중심으로 모여 있던 사람들을 일종의 정치세력으로 간주하고 있었다. 실제 이들은 1945년 해방 직후 한민당이 결성되었을 때, 한민당의 주도세력을 형성한다. 이는 내부적으로 정치사상적 준비와 인적 네트워크망이 없었다면 거의 불가능한 일이다.

이들 세력이 형성되는 최초 계기는 1920년 동아일보의 창간이다. 동아일보야말로 이 세력의 형성과 성장 배경이라 할 수 있다. 그러나 처음부터 동아일보계열이 명확히 형성되었던 것은 아니다. 또한 동아일보의 성격 자체도 시기에 따라 일정하게 변화한다. 우선 1920년대 전반의 상황을 정리해보자.

1920년 1월 14일 김성수를 발기인 총대표로 동아일보 발기인 총회가 개최되었고, 4월 1일 동아일보가 창간되었다. 처음에는 박영효를 사장으로 내세웠지만, 두 달 정도 지난 1920년 6월부터 김성수가 사장을 맡았다. 창간시 주간은 장덕수(20.4~23.4)였고, 논설반은 이상협(20.4~24.4), 장덕준(20.4~11), 진학문(20.4~6), 김명식(20.4~21.2)으로 구성되었다. 편집국장은 이상협(20.4~24.4)이었다. 이상협(李商協)이 사회부장(20.4~8)과 정리부장(20.4~21.10)을 겸임했고, 진학문(秦學文)도 정경부장과 학예부장(이상 20.4~6)을 겸임했으며, 장덕준(張德俊)도 조사부장과 통신부장(이상 20.4~11)을 겸임했다. 진학문이 곧 그만두었지만 후임이 임명되지 않았다.[20] 장덕준도 건강이 좋지 않아 적극적으로 논설을 쓰기 어려웠고,[21] 11월에는 경신참변 직후 만주를 취재하던 중 실종되었다.[22] 이 때문에 창간 초기 동아일보의 사설 등을 직접 쓰면서 논지를 주도한 것은 장덕수, 김명식, 이상협에 한정되었다.

그런데 이렇게 동아일보 초기 논지를 주도하던 장덕수와 김명식은 1920년 6월, 서울에서 신아동맹단을 모체로 사회혁명당을 결성하는 데도 주도적 역할을 담당했다. 사회혁명당에는 대략 30명 정도가 참여했는데, 전체적인 명단은 아직 확인되고 있지 않다.[23] 김철수가 작성한 「본대로, 드른대로, 생각난대로, 지어만든대로」에 따르면, 김종철(金鍾喆), 김철수(金錣洙), 도용호(都容浩), 엄주천(嚴株天), 이봉수(李鳳洙), 이증림(李增林), 장덕수, 주종건(朱鍾健), 최팔용(崔八鎔), 최혁(崔爀), 홍도(洪濤) 등이 참여한 것으로 되어 있다.[24] 정진석 소장본 구술에서는 김달호(金達鎬), 김명식, 김일수(金一洙),

20) 동아일보사, 『동아일보사사』 1권, 동아일보사, 1975, 411~423쪽.

21) 김명식, 「필화와 논전」, 『삼천리』 6-11, 1934.

22) 장덕준 행적에 대해 자세한 것은 다음 참조. 최상원·한혜경, 「일제강점기 한국·중국·일본 등 동북아 3개국에 걸친 기자장덕준의 언론활동에 관한 연구」, 『동북아문화연구』 30, 2012.

23) 신아동맹단과 사회혁명당에 대해 자세한 것은 다음 참조. 임경석, 『한국 사회주의의 기원』, 역사비평사, 2003, 120~122쪽 ; 이현주, 『한국 사회주의세력의 형성 : 1919~1923』, 일조각, 2003, 139~185쪽.

24) 한국정신문화원 현대사연구원 편, 『遲耘 金錣洙』, 한국정신문화원, 1999, 8쪽.

김철수, 송무영(宋武英), 엄주천, 유진희(俞鎭熙), 윤자영(尹滋瑛), 이봉수, 이증림, 장덕수, 정노식(鄭魯湜), 주종건, 최팔용, 홍도 등이 나오는데, 언급되는 도관호(都寬浩)는 형인 도용호의 오기로 추정된다.[25] 김소중 소장본 구술에서는 이치수, 최주향, 최해제, 홍진희가 추가로 언급되는데, 최해제는 최린의 아들로, 최혁과 동일 인물로 추정된다.[26] 3개의 구술을 종합하면 김달호, 김명식, 김일수, 김종철, 김철수, 도용호, 송무영, 엄주천, 유진희, 윤자영, 이봉수, 이증림, 이치수, 장덕수, 정노식, 주종건, 최주향, 최팔용, 최혁, 홍도, 홍진희 총 21명을 확인할 수 있다.

한편 동아일보는 1920년 9월 25일에 「제사문제를 재론하노라」 사설이 문제가 되어 무기발행정지 처분을 받게 되고, 경영난이 겹쳐 1921년 2월 20일에야 속간호를 내게 된다. 이때 김명식도 동아일보를 퇴사하기 때문에, 이후 논설은 장덕수가 주로 담당하게 된다.

이렇게 보면 1920년 4월 창간 때부터 김명식이 퇴사할 때까지, 보다 정확히는 무기정간을 당하는 1920년 9월까지 간행된 동아일보의 초기 단계의 논지를 어떻게 이해할 것이냐는 문제가 제기된다. 일반적으로 당시 동아일보가 대자본가인 김성수의 입장을 반영하여 부르주아민족주의의 입장에서 논지를 전개했다고 파악하고 있다. 그러나 실제 1920년 4월 창간부터 9월 무기정간 전까지 동아일보의 논지와 주장에 김성수의 입장이나 입김이 반영되었을 가능성이 있었을까는 의문이다. 6월에 김성수가 동아일보 제2대 사장으로 취임했지만, 당시는 김성수의 경영권도 확립되지 않는 시기였다.

동아일보 창간과정에서 김성수가 자본조달을 비롯한 중요한 역할을 했지만, 편집국장 이상협과 민태원, 김동성, 유광열, 김형원, 최영목 등 그 관련 인물들도 주요한 역할을 담당하면서 큰 영향력을 행사하고 있었다. 이상협

25) 한국정신문화원 현대사연구원 편, 앞의 책, 210쪽.
26) 한국정신문화원 현대사연구원 편, 앞의 책, 59쪽.

은 김성수의 입장을 대변하거나 반영하는 인물이 아니었다. 사회혁명당 계열도 역시 적극 참여했다. 창립초기라 경영도 몹시 어려웠다. 김성수의 경영권이 안정기에 들어선 것은 이후 1920년대 중반에 이르러서였다. 그리고 김성수는 신문의 내용과 논지에 직접 개입하는 인물이 아니었다. 하물며 당시는 송진우가 동아일보에 관여하기도 전이었다. 때문에 당시 동아일보의 논지는 한편에서는 사회혁명당이, 다른 한편에서는 이상협을 중심으로 한 민족주의자들이 주도했다고 보는 것이 합리적일 것이다. 1921년 2월 동아일보 정간이 해제되고 속간된 이후에도 이런 상황은 지속되었다.

1921년 5월 상해파 고려공산당이 창립되었다.[27] 상해의 창립대회에는 사회혁명당에서 8명이 대표로 참가했다. 그리고 사회혁명당은 상해파 국내부로 전환되었고, 장덕수를 책임자로 하여 이봉수, 정노식, 최팔용, 김명식, 윤자영, 유진희, 한위건, 이증림이 간부로 임명되었다. 사회혁명당은 상해파 고려공산당의 주요 세력이었으며, 상해파국내부(국내 상해파)는 1920년 12월 창립된 조선청년회연합회를 주도했다.

1921년 9월 경영난에 시달리던 동아일보는 발기인 55명을 재차 모집하여 주식회사체제로 전환하게 되는데, 이때 송진우가 김성수를 대신하여 동아일보의 3대 사장으로 등장하게 된다. 송진우는 경영적 능력을 인정받으면서 동아일보의 핵심 주도세력으로 부각되게 된다.

1921년 후반 들어 국내 상해파는 장덕수, 최팔용, 오상근, 나경석, 이봉수, 김철수, 정노식 등의 주류파와 김명식, 유진희, 신일용, 이성태, 정백, 이혁노, 주종건 등의 비주류파로 분열되었다. 비주류파의 일부는 잡지 신생활 창간을 준비하면서 신생활그룹으로 활동하게 된다.[28] 국내 상해파 비주류 그룹

---

27) 상해파 고려공산당과 국내지부에 대해서는 앞의 임경석과 이현주 책 참고.
28) 신생활그룹에 대해서는 다음 참조. 박종린, 「1920년대 초 사회주의 사상의 수용과 '신생활'」, 『사림』 49, 2014. 신생활은 1922년 1월 15일 창립총회를 개최하였고, 3월 11일 창간호를 발간하였으나, 일제에 의해 발행금지 처분을 받게 된다. 3월 15일 임시호를 발간하고, 제15호까지 발간했다. 현재 1~3, 5~9호만 확인 가능하다.

은 1922년 '김윤식사회장'과 '사기공산당 사건'에서 여타 공산주의 그룹과 함께 김윤식사회장을 주도하던 상해파 국내부 주류를 앞장서서 공격하게 된다.[29] '사기공산당 사건'을 거치면서 국내 상해파에 일부 있던 신자유주의 (New Liberalism)적 경향은 사라졌고, 그들은 공산주의 그룹으로 활동하게 된다. 그러나 2단계 혁명론 및 민족혁명 중시 경향은 여전했다.

상해파 국내부의 책임자인 장덕수는 여전히 동아일보의 주필로서 활발하게 활동했다. 더구나 김명식이 이미 퇴사하였기 때문에 그는 동아일보 사설의 상당부분을 거의 집필하다시피 하고 있었다. 1923년 4월 미국으로 유학을 떠날 때까지 장덕수의 활동은 계속되었다. 이 때문에 1921년 2월부터 1923년 4월까지, 동아일보에서는 장덕수를 비롯한 국내 상해파 주류세력의 입김이 지속되었다고 할 수 있다.

일견 모순되어 보이는 이런 상황은 장덕수가 자신의 이념과 입장을 위장하고 동아일보에 투신한 것으로 보기에는 그의 이념과 주장의 일관성과 지속성을 놓고 볼 때 받아들이기 어렵다. 그보다는 사회주의운동의 초기 단계에서 미약한 국내기반을 강화하기 위해 명망 있는 민족주의 인물을 자신의 조직으로 포섭하려는 상해파 고려공산당의 정치적 고려가 작용되었다, 또한 아직 마르크스레닌주의와 공산주의운동에 대한 이해가 깊지 않은 상황에서, 식민지 해방운동에 대한 원조를 표방한 코민테른과 소련에 대한 기대를 갖고 있으면서도, 신자유주의와 사회민주주의 사상이 착종된 성향의 민족주의자인 장덕수의 정치적 판단이 만들어낸 과도기적 상황의 결과로 보는 것이 타당할 것이다.[30] 이 점이 장덕수가 송진우로 대변되는 동아일보

신생활은 11호 필화사건으로 1923년 1월 8일 발행금지 당하게 된다.

29) 박종린, 앞의 글, 2000, 260~270쪽 ; 박종린, 『일제하 사회주의 사상의 수용에 관한 연구』, 연세대학교 대학원 사학과 박사학위논문, 2007 ; 임경석, 「운양 김윤식의 죽음을 대하는 두 개의 시각」, 『역사와현실』 57, 2005, 95~101쪽.

30) 장덕수의 1910~20년대 사상과 활동에 대해서는 다음을 참조. 심재욱, 「설산 장덕수의 정치활동과 국가인식」, 동국대학교 박사학위논문, 2007, 12~133쪽 ; 박종린,

주도세력과 결합하여 큰 갈등 없이 주의 주장을 펼칠 수 있는 바탕이었다. 1923년 미국 유학 전까지 장덕수의 주장은 결코 동아일보 주도세력의 주장과 무관한 것이 아니었다. 대체로 정치이념과 정세 판단에 있어서 일정한 교감과 공감대를 공유하고 있었다.

뒤에서 살펴보겠지만 '김윤식사회장'과 물산장려운동의 전개과정에서 동아일보는 가장 유력한 운동 기반이자 추진주체였다. 이는 국내 상해파 주류들의 입장을 반영한 것이기도 했다. 당시 동아일보와 국내 상해파 주류들은 연합하여 다른 사회주의 분파들과 대립했다. 상해파 국내부는 '김윤식사회장'과 물산장려운동에 대한 논란을 거치면서 점차 소멸단계로 들어가게 된 것 같은데, 구체적으로 언제 소멸되는지는 불명확하다. 또한 장덕수가 언제 책임자를 그만두는지, 후임 책임자인 나경석이 언제 그만두는지도 현재 밝혀져 있지 않다. 나경석의 동아일보 기명논설은 1923년 4월까지만 게재되고 있으며, 이들이 주도한 물산장려운동은 23년 5월 이후 사실상 정체기에 들어서게 된다. 나경석은 1924년 6월 물산장려회 이사직을 사임하고, 이후 만주로 이주하면서 사회주의운동과 단절된다.

그럼에도 동아일보 주도세력과 국내 상해파의 관계는 이후에도 상당기간 지속된다. 1924년경에 이르면 국내 사회주의운동은 화요파, 서울파, 북풍파, 조선노동당파로 크게 나누어지게 된다. 상해파 국내부 사람들도 이합집산을 거치게 되는데, 그러나 명맥은 남아있었다.

국내 상해파 인물의 지도적 인물 중 한 사람이 이봉수이다. 이봉수는 장덕수가 유학을 떠난 바로 다음 달인 1923년 5월, 동아일보에 입사했다. 그는 1924년 5월부터 9월까지는 논설반원으로, 1924년 9월부터 1926년

─────────────

「1910년대 재일유학생의 사회주의 사상 수용과 김철수그룹」, 『사림』 30, 2008, 155~171쪽 ; 최선웅, 「설산 장덕수의 마르크스주의 국가관 비판 연구」, 『사총』 67, 2008, 218~245쪽 ; 최선웅, 「장덕수의 사회적 자유주의 사상과 정치활동」, 고려대 사학과 박사학위논문, 2014.

11월까지는 경제부장으로 재직했다. 그가 공산주의자인 것이 드러나는
것은 경제부장 재직 때인 1924년 10월 16일, 코민테른파견 정재달·이재복
체포 사건(소위 '적기단사건') 관련으로 종로서에 체포되면서였다.[31] 그는
검사국에 송치된 후, 7개월이 지난 1925년 5월 19일에야 보석으로 석방된
다.[32] 그리고 7월 27일에야 예심 면소된다.[33] 감옥에서 나온 후, 이봉수는
이때의 감옥 경험을 동아일보에 연재했다.[34] 이렇게 감옥에 갔다 왔고
공산주의자인 것이 드러났지만,[35] 그의 경제부장 지위는 유지되었다.

　그런데 그는 이후 어느 시점에 김철수 등과 함께 화요파 조공에 입당하여
활동했다. 그의 공산당 활동이 다시 드러나는 것은 1926년 6월 15일, 조공
공청책임자인 권오설 주도 소위 '적화선전사건', 즉 6·10만세시위로 검거되
면서였다.[36] 그는 7월 12일 증거불충분으로 석방되었지만,[37] 7월 19일
'제2차 조선공산당사건'이 터지면서 재차 체포되었다.[38] 체포된 후 여러
차례 경찰의 심문을 받았고,[39] 치안유지법위반으로 넘겨져,[40] 기소된 후[41],

---

31) 「공산당원의 취조상황에 관한 건」, 『檢察行政事務에 關한 記錄』 2, 京鍾警高秘 제12075
　　호의 4, 1924.10.20. http://db.history.go.kr/id/had_130_0720 ; 『동아일보』 1924.
　　10. 19.
32) 「要視察人 異動에 관한 건」, 『檢察事務에 關한 記錄』 2, 京鍾警高秘 제5716호의 1,
　　1925. 5.23. http://db.history.go.kr/id/had_132_0820 ; 『동아일보』 1925. 5. 20.
33) 『동아일보』 1925. 7. 28.
34) 이봉수, 「철창회고」(1)~(11), 『동아일보』 1925.7.8.~8.16.
35) 「공산당원 鄭在達에 관한 건」, 『檢察事務에 關한 記錄』 2, 京鍾警高秘 제7313호의
　　1, 1925.7.1. http://db.history.go.kr/id/had_132_1370.
36) 『동아일보』 1926. 6. 17.
37) 『동아일보』 1926. 7. 13.
38) 『동아일보』 1926. 7. 20.
39) 「被疑者 李鳳洙 訊問調書」(1)~(3), 『李鳳洙(治安維持法違反)』, 1926. 7. 19.~20.
　　http://db.history.go.kr/id/had_207_0010_0050, 0060, 0070.
40) 「李鳳洙被疑事件報告」, 『李鳳洙(治安維持法違反)』, 京鍾警高秘 제9614호, 1926.8.2.
　　http://db.history.go.kr/id/had_207_0010_0010 ; 三輪和三郞, 「李鳳洙 意見書」, 『李鳳
　　洙(治安維持法違反)』, http://db.history.go.kr/id/had_207_0010_0080.
41) 「李鳳洙 豫審請求書」, 『李鳳洙(治安維持法違反)』, 京鍾警高秘 제9614호, 1926.8.2.

검찰의 심문을 받았다.[42] 그런데 공산당사건으로 체포된 후에도 그는 한동안 동아일보의 경제부장 지위를 유지했다. 그는 재판에 회부되어 1928년 2월 23일 경성지법에서 3년형을 선고받고 복역하였고, 1930년 1월 21일에야 출옥했다.[43] 출옥한 후에 그는 고향인 함경도 홍원으로 내려가 거주하였지만, 그렇다고 동아일보와의 관계가 완전히 정리된 것은 아니었다. 공산당 사건으로 실형을 살고 나왔음에도 그의 옥중경험은 다시 동아일보에 15회나 연재되었다.[44] 송진우가 반공적 입장이 강하여 공산주의세력과 대립하고 있었고, 동아일보가 이를 반영하고 있음에도 불구하고, 이봉수의 예에서 보이듯이 동아일보와 일부 국내 상해파 주류 출신과의 관계는 미묘하게 연결되어 있었다.

동아일보계열이 호남의 대지주이자 경성방직의 대부르주아지인 김성수의 지원 하에서 형성된 것은 주지의 사실이다. 일제하 경성방직의 경영활동에서 보이듯이 일제하 이식자본주의체제하에서는 민족부르주아지의 독자적인 자본 축적과 경영 활동은 사실상 불가능했다. 자본의 확대와 성장을 위해서 일제 총독부권력과의 타협 및 협력은 불가피한 측면이 있었다. 그렇다고 해서 이들 자본이 전적으로 일제에 예속되었다고 보는 것은 협소한 판단이다. 자본은 권력에 일방적으로 예속적이지 않으며 자신의 생존과 자본축적을 위해 다양한 가능성을 열어놓고 행동한다. 더구나 동아일보의 창간 및 초기 전개과정을 보면 이러한 판단이 문제가 있다는 것이 드러난다. 때문에 1920년대 전반시기 동아일보를 대부르주아지의 계급적 입장을 반영하는 것으로 정치적 성격을 단선적으로 규정하는 것은 위험하고 역사적 사실과 아주 다른 것이다.

---

http://db.history.go.kr/id/had_207_0010_0010

42) 「被疑者 李鳳洙 訊問調書」(1)~(3), 『李鳳洙(治安維持法違反)』, 1926.8.10. 8.14, 8.16
   http://db.history.go.kr/id/had_207_0020_0410, 0860, 0960

43) 『동아일보』 1930. 1. 22.

44) 이봉수, 「옥중생활」(1)~(15), 『동아일보』 1930. 10. 1.~10. 22.

2. 송진우의 역할과 정치사상적 특징

동아일보계열은 1945년 해방시점을 놓고 보면 초기 한민당과 국민대회준비회의 간부들을 이루는 사람들 중에서 김병로, 김준연, 김용무, 나용균, 박용희, 박찬희, 백관수, 서상일, 설의식, 송진우, 이운, 장덕수, 한남수, 함상훈, 홍성하 등 동아일보와 호남출신 민족주의자들이 주요 인물이었고, 여기에 김성수, 현상윤이 더해진다고 할 수 있다. 그 외 이순탁, 정인보 등도 긴밀히 연결되어 있었다. 이들을 다시 세분화시키면 김성수, 김준연, 박용희, 박찬희, 백관수, 서상일, 설의식, 송진우, 이운, 장덕수, 함상훈, 이순탁, 정인보 등은 동아일보와 관련하여 직간접으로 활동한 인물들이었다. 또한 김성수, 김용무, 송진우, 장덕수, 현상윤, 홍성하는 보성전문에서 활동했다. 그리고 김병로, 김성수, 김준연, 김용무, 나용균, 백관수, 송진우, 한남수 등은 호남출신 인물들이다.[45] 송진우는 정치세력으로서 동아일보계열이 형성되는 데 가장 핵심적인 역할을 담당했다.

창간 초기 동아일보는 심각한 경영상의 위기를 맞았지만, 1921년 9월에 주식회사로 성공적으로 전환하면서 위기를 타개하기 시작했다. 이 과정에서 주요한 역할을 담당하고 주식회사 전환 후 제3대 사장으로 취임한 사람이 송진우였다. 송진우는 1919년 3·1운동 당시 중앙학교 교장으로서 3·1운동의 계획과 조직화에 핵심적 역할을 수행한다. 그는 최린, 이승훈,

---

45) 한편 동아일보의 편집국장을 역임했던 이광수와 주요한에 대해서 이 책은 그들이 동아일보계열의 사람들이 아니라, 기본적으로 안창호의 영향 하에 있는 흥사단·수양동우회와 서북지방 기독교세력의 주요 인물들로 파악한다. 그들은 동아일보에 들어와 최고 요직에 있었지만 그들의 정치적 입장과 활동은 수양동우회 내부의 입장과 노선분화의 차원에서 파악해야 한다. 물론 양자 간의 입장이 명백히 구분되는 것이 아니고, 동아일보의 주요 논설을 이들이 집필한 경우도 있지만 그렇다고 그들이 동아일보계열의 인물은 결코 아니었다. 동아일보에 왜 이들이 들어와 요직에 있게 되었는지에 대해서는 별도의 파악이 필요하겠지만, 이 책에서는 이들을 동아일보계열과 일단 구분시켜 살펴보고자 한다.

현상윤 등과 함께 모의과정과 초기 확산을 사실상 주도하였고, 그가 교장인 중앙학교는 3·1운동의 모의와 확산의 주요 연락처이자 거점이었다. 그는 민족대표 33인에는 들어가지 않았지만, 운동을 주도한 민족대표 48인으로 옥살이를 하게 된다. 그는 3·1운동을 주도한 것에 대해서 대단한 자부심을 가지고 있었다.

송진우는 3·1운동 48인의 일원으로 운동을 주도한 혐의로 일제에 구속되었기 때문에 동아일보 초기 창간과정에는 참여하지 못하였지만, 1921년 9월 동아일보 주식회사 전환 시부터는 주도적으로 관여했다. 송진우는 동아일보가 전국의 지국망을 갖추고 안정적 광고 수입을 갖추는 데 수완을 발휘하였고, 이는 동아일보 경영의 안정화로 이어졌다. 물론 동아일보의 안정에 김성수의 자본과 후원도 중요 요소임은 분명하다. 그러나 송진우의 경영적 수완도 크게 작용했다.[46] 때문에 김성수가 동아일보의 사주로서, 또한 1924년 10월부터 1927년 10월까지는 직접 사장으로서 동아일보 경영에 일정하게 관여했지만, 동아일보는 기본적으로 송진우의 권한 하에 있었다는 것이 당시의 일반적 인식이었다. 동아일보 편집국장을 지냈던 이광수는 "동아일보는 말할 것도 없이 사장 송진우의 전권이다"라고 한마디로 표현했다.[47]

동아일보에서 송진우는 내외의 역풍으로 인해 1921년 9월부터 1924년

---

46) 동아일보의 경영은 조선일보가 끊임없는 경영난에 시달리고, 다른 신문들도 경영난으로 명멸한 것과 족히 비교되는 것이었는데, 1930년대 유광열의 회고는 이를 잘 드러내고 있다. "송씨의 이 유일한 자장인 理財에 대하여 세인 중에는 반증을 드는 사람도 있을 것이다. 「송씨에게 만일 김씨와 같은 절대 후원자가 없으면 어떻게 금일의 성공을 이룰 수 있으랴. 그것은 전혀 김씨 후원의 賜物이라고 할 것이다」 그러나 조선에서 신문경영에 있어서 모모씨 등은 후원자는 고사하고 자기 자신의 돈을 직접 맘대로 쓰되, 동아일보에 고정된 자본보다 훨씬 많은 거액을 소비하고도 자신은 세인의 冷罵속에 敗家毁名하고, 신문은 命脈幾絶의 半死 상태에 빠진 것으로 보아, 송씨의 금일 성공이 김씨 후원의 賜物만이 아닌 것이 분명하다." 유광열, 「신문독재자 송진우론」, 『삼천리』 4-9, 1932년 9월호.
47) 이광수, 「인물월단, 김성수론」, 『동광』 25, 1931년 9월호.

4월까지 사장으로, 1924년 10월부터 1925년 4월까지는 고문으로, 1925년 4월부터 1927년 10월까지는 주필로, 그리고 1927년 10월부터 1936년 11월까지는 사장으로 동아일보를 운영하였고, 1940년 8월 동아일보가 폐간되자 청산위원장 및 사후 건물관리회사인 동본사 사장을 맡았다.[48] 그는 1937년 6월 이전까지 동아일보의 모든 경영활동과 편집활동을 사실상 관장했다.

송진우가 처음부터 이렇게 동아일보의 전권을 행사하게 된 것은 물론 아니었다. 뒤에서 살펴보겠지만 1920년대 전반 송진우는 동아일보 사장으로서 김윤식사회장사건, 민립대학설립운동, 물산장려운동 등에 핵심적으로 활동하면서 사회주의 다수파와 대립했다. 그렇지만 동아일보에 참여하고 있던 국내 상해파와는 협력관계를 유지했다.

그런데 1924년 4월 동아일보가 친일세력이 추진한 각파유지연맹 비판에 앞장서자, 친일파 박춘금(朴春琴)이 송진우와 김성수를 폭행하고 협박한 '식도원 육혈포 사건'을 일으켰다. 이러한 일제 총독부와 친일세력의 공격을 기화로 이번에는 사회주의세력에서 동아일보와 송진우에 대한 공격이 시작되었다. 그 과정에서 동아일보 사원들의 동아일보 개혁운동도 일어났다. 그런데 동아일보 편집국장 이상협은 이를 이용하여 동아일보의 경영권을 장악하려 했다. 송진우는 이상협의 경영권 장악 시도를 무산시키고 이상협과 그 관련자들을 퇴사시켰지만, 그 역시 책임을 지고 경영 일선에서 물러날 수밖에 없었다.

송진우와 김성수는 서북지역 기독교계열의 대부였던 이승훈을 사장으로, 그리고 홍명희를 주필 겸 편집국장으로 영입하여 위기를 타개했다. 그리고 1924년 10월 주주임시총회를 계기로 김성수가 이승훈을 대신하여 취체역 사장으로 추대되었고, 송진우가 고문으로 동아일보에 복귀했다. 그리고 1924년에서 25년에 걸쳐 김성수 집안의 동아일보 소유지분 확대가 집중적으

---

48) 동아일보사, 『동아일보사사』 1권, 동아일보사, 1975, 411~413쪽.

로 이루어졌다.[49]

결국 1925년 4월, 홍명희와 한기악 편집국장 대리를 비롯한 관련자들이 동아일보를 퇴사해 시대일보로 옮겨가게 되고, 이때부터 송진우는 주필을 맡으면서 동아일보의 경영권과 편집권을 장악하게 된다. 송진우는 타의에 의해 동아일보에서 물러나고, 그 과정에서 동아일보 내 사원들이 가담한 것, 사회주의세력의 공격이 강하게 있었던 점 등으로 동아일보 논지와 편집에 적극 개입할 필요를 느꼈다. 이때부터 그는 동아일보의 경영권은 물론 편집권에도 적극 관여하는 것을 넘어서, 주필로서 동아일보의 사설과 논설까지 장악해 갔다.

송진우는 1920년대 후반부터 '신문독재자'라는 말을 들을 정도로 동아일보의 전권을 행사했다. 송진우는 직접 사설을 쓰기도 했고, 편집에 이르기까지 신문의 거의 모든 내용을 관장했다. 1920년대 신문사의 사장들에 대한 인물평에서는 "같은 신문사장이라 하여도 제가 직접 붓을 들어 사시(社是)를 결정하며 또 지상(紙上)으로 종횡비약 하는 타입이 있고, 그렇지 않고 저는 사의 인격적 대표로 외면의 사교와 내면의 경영을 통관하고 있는 두 개의 타입이 있다. 동아의 송진우씨는 전자형이며, 조선의 신석우씨와 중외의 안희제씨는 후자형에 속한다"라 하고 있다. 또한 "저서는 없으며 신문사설을 통하여 의견을 많이 발표하고 있다"고 파악하고 있다.[50] 동아일보 한 기자는 그가 "새로 찍혀 나온 신문은 글자 한 자 빼어놓지 않고 샅샅이 주워 읽는 열성에는 정말 감탄"한다고 하여 그가 신문 내용에까지 상세히 관여했음을 증언하고 있다.[51]

한편 신문 사설에 관여했던 김준연, 박찬희, 설의식, 장덕수, 함상훈,

---

49) 장신, 『조선 동아일보의 탄생-언론에서 기업으로』, 역사비평사, 2021, 86~91쪽.
50) 「인재순례(제일편)-신문사측」, 『삼천리』 4, 1930년 1월호.
51) 고하선생전기편찬위원회편, 『거인의 숨결-고하송진우관계 자료문집』, 동아일보사, 1990, 152쪽.

김양수, 최원순 등과 주요 논객이었던 이순탁, 정인보 등 사이에는 일정한 공감대가 있었다. 그 때문에 동아일보에 다수 사회주의 기자들이 거쳐 갔고 이들에 의해 다양한 논설이 써졌지만, 동아일보의 입장을 반영하는 주요 사설과 논설들은 대체로 비슷한 정치적 입장과 견해를 표명했다.

동아일보는 일반 사실에 대한 언론 보도와 함께 사설과 논설로 각 시기의 국제적 동향과 일본 정계의 변동에 대해 분석을 하면서 그들의 정세인식을 가다듬었다. 당시의 낙후된 연락관계를 감안할 때 그들의 노력은 필사적이었다. 이런 정세인식을 바탕으로 그들은 현실에서 진행되는 운동에 대한 평가를 내리고 있었다. 이런 점에서 동아일보는 1930년대 중반까지 창간시 표시했던 조선 민중의 표현기관, 곧 민족운동의 선전기관임을 여전히 자임하면서 자신들의 정치사회적 입장을 드러내었다. 곧 동아일보는 대중신문으로서의 기능과 함께 동아일보계열의 정치신문으로서의 역할도 함께 수행했다.

이런 상황이 가능했던 것이 동아일보에 대한 송진우의 장악력이다. 송진우의 배경과 지반을 살펴본 창랑객(滄浪客)의 1933년 글에서도 동아일보에 대한 그의 영향력을 다음과 같이 묘사하고 있다.

"송진우 씨, 「송진우 씨는 부하 2천 명을 거느렸다」 이렇게 말하는 사람이 있다. 또 「송진우 씨는 김성수 씨의 재산의 3분의 1을 좌우할 수 있다」 이렇게 말하는 사람도 있다. 여기 말하는 2천명이라 함은 무엇일고? 이는 그가 동아일보 사장으로 있으니까 현재 동아일보사의 기구 안에 쌓여 있는 사원, 공장 직공, 신문배달부, 각지 지분국장 등을 이를테면 직계족속들을 가르치는 말로 송 씨의 말 한마디에 그 진퇴가 좌우될 인원이 2천명에 달한다 함이다. 이 말을 따져 본다면 동아일보사가 법인조직인 이상 김성수 등 제 대주주들이 순전히 송 씨의 로보트가 아닐 바에 송 씨의 전제대로 될 수 없는 일이겠지만, 남들은 동아일보사의 권력의 그 99퍼센트까지가 송 씨의 수중에 장악되어 있다고 보니까, 전 사원을 씨 1인이 거느렸다 보는 견해에도 그렇게 큰 망발이 없겠다."[52]

위 인용문에서는 1930년대 동아일보 권력의 99%가 송진우에게 장악되고 있다고 하고 있다. 과장이 많이 있는 것은 분명하지만, 동아일보에 대한 송진우의 장악력이 강력하다는 것을 여실히 보여준다. 김성수와의 관계에 언급도 기존에 알려진 것과 다르다는 것을 알 수 있다. 위 내용에서는 "김성수 등 제 대주주들이 순전히 송씨의 로보트가 아닐 바에 송씨의 전제대로 될 수 없는 일"이라 하여 양자의 관계를 반대로 말하고 있다.

송진우에 대해서 국내 상해파 일부 인물들을 제외하고 공산주의계열에서는 민족부르주아지와 자본가의 대변자, '김성수의 병정'으로 비판적으로 평가한다. 자치운동의 추진자로 평가하기도 한다. 그렇지만 반대로 그에 대해 아주 적극적으로 평가하는 인물들도 여럿 있는데, 대표적인 인물이 김병로와 정인보이다.

김병로는 신간회 초기부터 주도적으로 참여하였고, 1930년 전후부터 신간회 중앙집행위원장으로 신간회를 이끌어가서 비타협 민족주의자로서 논해진다. 그는 송진우와는 1910년대 일본 유학시절부터 시작해서, 해방 후까지 자타가 공인하는 오랜 동지였고, 송진우의 가족사까지 맡아 처리해줄 정도로 가까웠다.

김병로는 공자와 율곡 이이 정도만 존경할 역사적 인물로 보는 등 사람 평가에 대단히 인색한 것으로 유명했는데, 송진우에 대해서만은 예외였다.[53] 심지어 그는 우리 '역사의 인물로 율곡 이이와 고하 송진우 두 사람을

---

52) 滄浪客, 「배경과 지반 해부」, 『삼천리』 제5권 9호, 1933년 9월호.
53) 1960년 10월 8일자 『동아일보』와의 회견에서 "古下(송진우)가 간 뒤엔 사람이 없어" 라고 회고할 정도로 남다르게 평가했다(「5분간 스켓취 : 김병로옹」, 『동아일보』 1960. 10. 8).

꼽았다.[54] 그는 1935년 조선 민중의 지도자를 뽑는『삼천리』의 「조선 민중의 지도자 총관」에서 민중의 지도자로 송진우를 내세우는 글을 직접 쓸 정도로 송진우에 대한 각별한 애정을 보여주고 있었다.[55] 그는 일제 말기에 당시 경성 근교 창동에 내려가 살았는데, 송진우도 창동에 집을 마련하여 자주 거주하면서 같이 어울려 격의 없이 지냈다. 이들의 관계는 해방 후 송진우가 암살될 때까지 지속되었다.[56] 둘 사이에 입장이 갈리거나 행동을 달리하는 경우는 거의 없었다. 때문에 김병로의 행적, 특히 신간회 때의 활동과 동아일보와의 관계에 대해서는 재검토할 여지가 많다.

1930년대 조선학운동을 주도하였던 정인보도 송진우와 아주 긴밀한 관계를 맺고 있었다. 정인보는 그의 대표적 저작인 「양명학연론」 후기 끝부분에 "붓을 던짐에 미쳐 본사(本師) 이난곡(건방)[李蘭谷(建芳)]선생으로 부터 사학(斯學)의 대의(大義)를 받음을 정고(正告)하고, 동호(同好) 송고하 (宋古下)의 사학천양(斯學闡揚)에 대한 고심(苦心)을 심토(深討)하며, 또 구원 (九原)에 영격(永隔)한 박겸곡(은식)[朴謙谷(殷植)]선생께 이 글을 질정(質正) 하지 못함을 한(恨)함을 부기한다"라는 구절을 남겼다. 정인보가 그의 스승 이건방 및 가장 존경하는 선배 박은식과 동렬로 송진우를 놓고 언급한 것에 대해 기존 연구들에서는 이를 잘 이해하지 못했다. 그렇지만 양자의 관계를 추적한 논문에서는 1926년 중반 송진우와 가까워지기 시작할 때부터 1945년 12월 30일 송진우가 암살당할 때까지 정치 사회적 활동을 거의 같이 했다는 것을 밝혀내고 있다.[57] 정인보는 송진우를 당대 민족운동가 및 정치인 중에서 가장 높이 평가하였으며,[58] 그의 활동에 적극 호응했다.

---

54) 김진배, 『가인 김병로』, 가인기념회, 1983, 452쪽.
55) 김병로, 「언론계의 至寶 송진우」, 『삼천리』 7-3, 1935년 3월호.
56) 김병로는 1964년 1월 13일 죽었는데, 그 며칠 전부터 그는 부모와 함께 유일하게 고하의 이름을 몇 번이나 되불렀다고 한다. 김진배, 위의 책, 1983, 453쪽.
57) 윤덕영, 「위당 정인보의 교유 관계와 교유의 배경-백낙준, 백남운, 송진우와의 교유 관계를 중심으로-」, 『동방학지』 173, 2016.

송진우와 김병로 및 정인보와의 관계는 그를 섣부르게 소위 타협적 민족주의자로 규정하는 것이 문제가 있다는 것을 보여준다. 김병로와 정인보의 행적과 인물됨을 놓고 볼 때, 송진우가 타협적 민족주의자라면 그들이 송진우를 그렇게 높게 평가하고 무한한 신뢰를 보이는 것이 납득될 수 없다. 송진우는 김성수와 달리 일제 말기에도 친일행위를 하지 않을 정도로 자기관리에 철저한 사람이었다.

현재 송진우에 대한 공식적 전기는 2차례에 걸쳐 간행되었다.[59] 송진우에 대한 기존의 연구는[60] 필자의 연구를 제외하고는 빈약한 편이다. 다만 사료를 통해서 보면 그를 상징하는 몇 가지 키워드, 정치사상적 특징을 찾을 수 있다.

첫째, 그가 대단히 정치적인 인물이라는 점이다. 그의 인물평에서 빠지지 않는 것이 그가 일제하에 조선을 대표하는 '정객(政客)'으로 자주 묘사될 만큼 대단히 정치적인 인물이라는 점이다. 일제하 황석우의 인물평을 보면 송진우에 대해서 다음과 같이 묘사하고 있다.

---

58) 정양완, 「나의 아버지 나의 스승 담원 정인보 선생」, 『스승』, 2008, 108쪽.
59) 고하송진우선생전기편찬위원회, 『古下 宋鎭禹先生傳』, 동아일보사, 1965 ; 고하선생전기편찬위원회, 『독립을 향한 집념 : 古下 宋鎭禹 傳記』, 동아일보사, 1990. 그리고 최근에 1990년판의 개정판이 나왔다. 재단법인 고하송진우선생기념사업회, 『독립을 향한 집념 : 고하 송진우 일대기』, Safety play book, 2022.
60) 金學俊, 『古下 宋鎭禹 評傳』, 동아일보사, 1990 ; 심지연, 「古下 宋鎭禹」, 『한국현대인물론 I』, 을유문화사, 1988 ; 박태균, 『현대사를 베고 쓰러진 거인들』, 지성사, 1994 ; 李是珩, 「保守·右翼 지도자들의 建國思想 : 李承晩·金九·宋鎭禹를 중심으로」, 경희대 정치학과 박사학위논문 1995 ; 沈在珩, 「古下 宋鎭禹의 思想과 活動研究」, 동국대 사학과 석사학위논문, 1996 ; 김기주, 「고하 송진우의 민족교육사상과 교육활동」, 『역사학연구』 11, 1997 ; 심지연, 「고하 송진우의 활동과 정치이념」, 『해방정국 정치지도자들의 사상과 행동 : 한국 정치 이념의 모색』, 한국정치학회 정치 리더쉽 기획학술회의 발표논문, 2000 ; 김인식, 「송진우·한국민주당의 '중경임시정부 절대지지론'」, 『한국근현대사연구』 24, 2003 ; 이완범, 「고하 송진우의 민족주의 정치사상 연구」, 『한국근현대 민족주의 정치사상』, 경인문화사, 2009 ; 재단법인 고하송진우선생기념사업회편, 『고하 송진우의 항일독립과 민주건국 활동에 관한 연구』, 2016.

"씨는 이론가는 아니다. 그는 모략종횡의 가장 활동적인 정객이다. 조선안의 인물로서는 정치가로의 그럴듯한 소질이 제일 풍부한 인물은 송 씨일 것이다. 그는 조선안의 젊은 인물로서는 벌써 정치가로의 급제점 이상을 돌파한 인물이다. 그러나 송 씨는 그 정객으로의 성격이 너무나 동적인 것에 많은 실패와 또는 그에 따르는 많은 시비가 있을 것이다. 그는 그 앞날의 정치적 활동에 있어서 풍운이 자못 자질 것이다. 장덕수군과 같은 충실함과 굳센 곳이 없는 점이 그 이의 큰 결점, 그러나 종인어인지술(縱人御人 之術)에 있어서야 장군지비(張君之比)가 아니다. 장군은 그 점에 있어서는 송 씨의 발아래에 멀리 내려다보이는 순진한 뽀이 일 것이다"라고 평했다.[61]

장덕수는 한국 근현대 인물 중 정치적 역량이 뛰어난 인물로 평가되고 있다. 그런 장덕수가 "발아래에 멀리 내려다보이는 순진한 뽀이"로 보일 정도로 송진우는 노련한 정치적 인물이었다. 동아일보를 거쳐 조선일보, 시대일보에서 사회부장을 수차례 역임했고, 1932년 당시에는 중앙일보의 지방부장이던 유광열도 송진우에 대해 다음과 같이 묘사하고 있다.[62]

"현 동아일보 사장 송진우씨에 대하여는 훼예(毀譽)가 상반한 인물이다. 그를 험담하는 사람도 수천수만으로써 세일 것이요 그를 칭예(稱譽)하는 사람도 수천수만으로써 헤일 것이다."
"씨는 책략이 종횡한 사람이다. 아마 현재 조선에서 역역명류(歷歷名流)를 가져다 놓고 책략으로써 씨름을 하라면 씨의 위에 나올 이가 몇이 못 될 것이다. 모든 일에 얇고 팟득한 재사의 재(才)가 아니라 심모원려(深謀遠慮)! 능히 인(人)의 상상을 뛰어넘는 엉뚱한 것을 꾸며내는 위인이다."
"씨는 대인 교제에 다소 거오(倨傲)하다는 비평도 듣는다. 자아가 강하고

61) 황석우, 「나의 팔인관」, 『삼천리』 제4권 제4호, 1932년 4월호.
62) 유광렬, 「신문독재자 송진우론」, 『삼천리』 제4권 제9호.

공명심이 있는 사람의 통폐(通弊)이다. 그리고 그 자아의 강한 주견으로 상대방을 가리지 않고 꾹꾹 내리누르는 태도로 임하여 설복시키려는 것 같이 보인다."

"조선에 낳으니 일 신문경영자이지 조건이 좋은 곳에 낳으면 반듯이 정계에 출마하였을 것이다."

"일찍이 그의 모 친우가 그와 앉아서 주후(酒後) 만담으로 조선에 정치가 있어서 현존한 인물로 조각(組閣)을 하려면 어찌 되겠느냐 에 대하여, 씨는 누구는 외무, 누구는 문부, 누구는 대장(大藏)하고 꼽다가, 말이 총리에 이르러서는 웃고 말하지 않았다고 한다. 그 친우가 총리는 누가 되겠느냐 하고 재차 물을 때에 그는 『소이부답심자한(笑而不答心自閑)』의 한시 일구로 대답하였다 한다. 이에 대하여 그 친우들은 총리는 가장 중임이기 때문에 함부로 비록 만담으로라도 경경(輕輕)히 말할 수 없다는 것이라고도 하고, 또 어떤 친우는 이것은 총리는 자기 자신이 되어야 하겠다는 말이라고 한다. 필자 역시 타인 유심(有心)을 촌도(忖度)할 수 없으나, 만일 후자라면 씨의 치기만만 영위가애(寧謂可愛)하다고 할까, 일면의 씨의 거오자대(倨傲自大)한 자아와 정치가적 공명심이 편린(片鱗)을 표시한 것이 아닐까"

유광열은 송진우에 대해 '심모원려'의 '책략이 종횡한 사람'으로 평가하고 있다. 그의 교류 폭을 보면 한편으로는 총독부의 고위 관료는 물론 일본 정계의 유력 인물들과도 교류하였으며, 다른 한편으로는 국내 상해파 인물들 및 조선공산당 총서기를 지낸 김준연의 경우에서 드러나듯이 사회주의계열의 인물들과도 적잖이 교류하고 있었다. 그는 지배세력 및 좌우를 넘나들면서 자신의 정치적 지반을 넓혔던 인물이었다. 그리고 쟁쟁한 민족운동 선배들을 제치고 향후 독립된 국가의 총리, 그것도 내각책임제하에서의 수상을 꿈꾸는 자아가 거대하고 정치적 공명심이 큰 인물이었다.

둘째, 송진우를 상징하는 키워드는 그의 사고와 사상의 폭이 일반적으로 알려진 것 이상으로 넓었으면서도 민족주의적 성향이 강하다는 점이다. 그의 서구 사상의 수용과 이해도 상당히 폭이 넓었다. 뒤에서 자세히 살펴보 겠지만 그는 1920년대 전반에 이미 독점자본의 제한과 민중생활 보장, 중요산업의 국가적 통제 등 국가의 개입을 핵심으로 한 19세기말 영국의 신자유주의 이념을 일정하게 받아들이고 있었다. 해방 직후 사회경제정책 에서는 좌익이 주장하던 진보적 민주주의를 상당부분 수용한 정책을 주장하 기도 했다. 심지어 사회민주주의자들을 의식해서 정략적 언명이지만 조선 의 현 단계가 '사회민주주의혁명 단계'라는 주장까지 했다.[63]

이런 경향은 그가 가장 존경하고 따르려 했던 인물에서도 드러난다. 중국 국민혁명의 국부 쑨원(孫文)과 그의 삼민주의는 조소앙의 삼균주의를 비롯해서 대한민국임시정부의 건국강령에도 일정한 영향을 미쳤는데, 송진 우가 거의 유일하게 숭배하던 인물이 쑨원이었다. 송진우에 대한 임병철의 인물평은 다음과 같이 묘사한다.

> "그는 하루에 2시간의 수면밖에 취하지 않는다. 그 밖의 시간은 오로지 사색과 정담(政談)뿐이다. 그처럼 다른 취미를 가지지 않는 이도 흔치 않을 것이다. 단지 있다면 그가 숭배하는 손문전(孫文傳) 같은 것을 읽는 것이리 라"[64]

임병철의 인물평에는 과장이 많다. 그럼에도 불구하고 송진우가 숭배하 던 인물이 쑨원이란 것은 예사롭게 넘길 사항이 아니다. 그가 쑨원을 숭배했 다는 것은 쑨원의 사상과 활동에 대해서 누구보다 더 잘 알고 있으며,

---

63) 자세한 것은 필자의 다음 논문 참조. 윤덕영, 「미군정 초기 정치 대립과 갈등 구조의 중층성-1945년 말 한국민주당 주도세력의 정계 개편 운동을 중심으로-」, 『한국사연구』 165, 2014, 281~287쪽 ; 윤덕영, 「초기 한국민주당 내 사회민주주의자 들의 동향과 진보적 사회경제정책의 배경」, 『한국학연구』 62, 2021, 156~165쪽.
64) 임병철, 「인물소묘-송진우」, 『신천지』 제1권 1호, 1946년 1월.

이를 자신의 활동에 큰 나침반으로 삼고 있다는 것을 의미하기 때문이다. 송진우는 자신의 이념과 생각을 체계적으로 정리해서 글로 남기지 못했기 때문에 그의 생각과 노선의 진면목이 잘 드러나지 않는다. 아마 남겼더라면 쑨원의 삼민주의는 그의 가장 중요한 근거가 되었을 것이다.

쑨원의 활동과 관련해서 가장 대표적인 것 중 하나가 제1차 국공합작이다. 송진우도 일반의 예상과 달리 지속적으로 좌우합작을 고려하고 있었다. 해방 후에도 마찬가지였다. 그러나 기준이 있었다. 중국 제1차 국공합작에 대해 일반적으로는 좌우합작만을 생각하는데, 그 구체적 내용으로 들어가 보면, 중국국민당 주도로 공산당원들이 개별적으로 국민당에 입당하여 이루어진 것이었다. 곧 국공합작에서의 주도권은 명백히 국민당에 있었다. 우파주도, 개별 참여로 특징지어지는 제1차 국공합작을 놓고 볼 때, 송진우의 좌우합작의 구상도 그 틀 안에 있었다.

이는 해방 직후 송진우의 행보에서 극명하게 드러난다. 송진우는 해방 전후 대한민국임시정부지지론(임정지지론)을 가장 먼저 주장하기 시작했고, 정치세력 일반에 임정지지론을 확산시키는 데 앞장섰다. 그리고 그는 임정지지론을 내세우며 좌익의 좌우합작 제의를 거부했다. 그는 공산주의세력과의 협력을 부정하지는 않았지만, 그들과 협력하기 위해서는 확실한 안전장치, 민족주의세력의 주도권이 사전에 담보되어야 한다고 생각했다. 임정은 이를 위한 유효한 도구였다. 그것은 당시 임정이 단일한 정치세력이 아니라, 한국독립당 주도하에 조선민족혁명당(김원봉) 등을 포괄한 좌우 연합체 성격을 띠고 있었기 때문이었다. 특히 임정내 공산주의세력의 영향력이 미미하다는 것도 고려되었다. 송진우의 '임정 절대 지지' 주장 이면에는 임정과 같이 민족주의세력이 확실한 주도권을 갖는 민족협동전선, 과도정부를 성립해야 한다는 전제가 들어있는 것이었다. 그는 공산당의 헤게모니 전취나 영도권 확립을 명백히 거부할 뿐만 아니라 임정지지로 사전에 이를 공산주의세력에게 확인받고 안전판을 만들려고 했다.[65]

셋째, 송진우를 상징하는 또 다른 키워드는 반공주의이다. 그는 국내 상해파 인물들과 교류도 있고, 김준연을 비롯해서 과거 사회주의운동을 했던 인물들을 측근으로 끌어들이기도 했다. 그럼에도 공산세력에 대한 태도는 매우 적대적이었다. 송진우는 1922년 '김윤식사회장' 사건이후 공산주의세력과 대립하여 왔다. 특히 1930년 전후 공산주의세력이 '계급 대 계급' 전술로 전환하고 민족주의세력 전반을 민족개량주의로 규정하면서 좌·우 대립이 극심해졌다. 이런 갈등은 일제가 군국주의화되고 운동이 휴지기에 들어가면서 십여 년 이상 잠복해왔지만, 8·15직후 다시 폭발하기 시작했다.

일제하 중국 정세는 송진우를 비롯한 상당수 민족주의세력의 활동에 항상 중요한 시금석이 되어왔다. 뒤에서 자세히 살펴보겠지만 중국국민당의 북벌과 이로 초래된 국제정세의 변동은 신간회 창립의 전사를 이루는 민족주의세력의 1926년 9~10월의 민족적 중심단체, 민족적 정치단체 건설 움직임의 직접적 배경이 되었다. 또한 신간회의 창립도 중국국민당의 성공적 북벌진행과 깊은 관련이 있었다.[66] 1927년 장제스의 4·12 상해쿠데타 이후 중국 정세 변동은 신간회 창립 초기 민족주의세력의 정세인식과 운동방침 변화에 직접적 영향을 미치고 있었다.[67] 장제스가 그러했던 것처럼 공산주의의 위험을 누구보다 잘 알고 있던 송진우는 해방이 되자 공산주의세력을 최대의 경쟁세력으로 간주하고 이를 제어하는 데 몰두했다.

기존 일부 연구에서 해방 직후 한국에서 반공주의의 문제를 단순히

---

65) 해방 전후 송진우의 임정지지론과 과도정부 구상에 대해서는 다음 참조. 윤덕영, 「송진우·한국민주당의 과도정부 구상과 대한민국임시정부 지지론」, 『한국사학보』 42, 2011, 253~269쪽.
66) 윤덕영, 「신간회 창립과 합법적 정치운동론」, 『한국민족운동사연구』 65, 2010, 138~141쪽.
67) 윤덕영, 「신간회 초기 민족주의세력의 정세인식과 '민족적 총역량 집중'론의 제기」, 『한국근현대사연구』 56. 2011, 52~63쪽

일제 말기 군국주의 파시즘의 영향으로, 또한 해방 후 진주한 미군의 반공정책의 결과로 보는 것은 1920년대 이래 한국의 민족운동의 전개과정을 사상하는 것이다. 미군이 진주한 지 일주일도 되지 않은 그 이른 시점부터 시작해, 미군 정보보고서들은 공산주의의 실상과 위협에 대한 보고와 경고를 쏟아내고 있었다. 그들이 어떤 근거에서 이런 정보를 생산해내는지는 확실하지 않다. 진주 초기 시기라 미군정이 정보원을 국내에 직접 심어넣을 수도 없었을 것이다. 그러므로 그들의 정보 파악은 민족 내부의 적극적 협조가 없이는 불가능한 것이었다.

1945년 9월에서 10월에 이르는 시점이면 전 세계적으로 아직 미소 간의 협조관계가 남아있고 냉전이 시작되기 한참 전의 시점이었다. 미국도 소련과의 협력관계에 기초한 한반도 신탁통치 방침을 고수하고 있었다. 이런 상황에서 기본적으로 국가정책을 거스를 수 없는 군인들이, 더구나 한반도에 대해 잘 알지도 못하고 단지 전쟁 종료 시 한반도에 가까운 위치에 있었다는 이유만으로 한반도에 진주한 미24군단의 군인들이, 그들만의 판단으로 공산주의에 대한 철저한 대결 정책을 추진할 수는 없는 것이었다.

한반도에 진주한 것은 적과 동지를 마음대로 오가는 정치가들이 아니라 군인들이었다. 주한미군사령관 하지는 맥아더와 달리 정치적 인물이 아닌 '군인중의 군인'이라 칭하는 야전군인이었다. 또한 강한 반소반공의식을 갖고 있던 맥아더와 그 주변그룹에 들어있던 군인도 아니었다. 맥아더와 직접 관련되거나 그의 정치사상적 영향을 받을만한 위치에 있지도 않았다.[68] 그럼에도 한반도에 진주한 군인들은 공산주의세력에 대한 과도한 적대적 의식과 행동, 불타는 대결의식을 보이고 있었다.

그들이 이런 인식을 한 것에 대해서는 다각도의 조명이 필요할 것이고, 여러 요소들이 지적될 것이지만 한민당과 그 관련자들의 영향도 크게

---

68) 하지에 대해서는 정용욱, 『존 하지와 미군 점령통치 3년』, 중심, 2003. 참조.

작용했다.[69] 당시 한민당을 주도하던 것은 송진우였다. 한민당계열 인물들은 미군 진주 직후부터 하지와 미군정 고위 간부들을 상대로 공산당세력에 대한 적극적 타격 공작에 들어갔다. 이런 한민당의 공작은 공산주의를 배격하는 미군정의 입장과 당연히 부합하는 것이었다.

1945년 12월 모스크바 3상회의 결정이 알려지면서 한반도에서 좌우의 대립이 극심하게 일어났다. 때문에 일반적으로 이때를 계기로 좌우대립이 본격화되었다고 본다. 그렇지만 송진우가 중심이 된 한민당 주도세력은 3상회의 결정이전에 이미 움직이고 있었다.

1945년 12월 17일 이전 어느 날, 송진우는 국민대회준비회 위원장 자격으로 2명의 한민당 인사들을 대동하고 서울의 소련영사관을 방문했다. 소련영사 폴리얀스키와의 회담에서 송진우는 북한지역에서 소련군과 북한공산주의자들이 민족주의세력을 탄압한다고 항의했다. 이를 듣고 있던 폴리얀스키가 소련이 한국인들로부터의 신뢰를 회복시킬 수 있는 조치가 무엇이냐고 질문을 하자, 송진우는 단호하게 "북한으로부터 붉은 군대를 철수하시오"라고 말했다.[70] 이런 송진우의 행동은 미군정의 개입 없이 송진우가 독자적으로 간 것이다. 송진우의 방문뿐만이 아니었다.

12월 중순 들어 동아일보의 대 소련 논조는 크게 적대적으로 변화하기 시작했다. 동아일보 주필 겸 편집인 설의식이 전면에 나섰다.[71] 이러한 한민당의 반소적 태도의 표출은 목전에 다가온 모스크바 3국 외상회의

---

69) 해방 직후 미군정의 반공정책과 한민당의 역할에 대해서는 다음 글 참조. 윤덕영, 「1945년 한국민주당 초기 조직의 성격과 주한미군정 활용」, 『역사와현실』 80, 2011, 280~284쪽.

70) 「재한국 정치고문 대리 랭던이 재일본 정치고문 대리 앳치슨에게」, FRUS, 1945, p.1148.

71) 설의식은 1946년 후반이후 중간파로서 활동하면서 중간파 인물로 알려져 있는데, 이는 거의 분당수준에 이른 1946년 10월 한민당 탈당사태 후의 일이다. 설의식은 일제하부터 동아일보계열의 주요 인물로 송진우의 영향력 하에 있던 인물이었다. 1945년 말 시점에 그는 동아일보의 주필로서 송진우가 주도한 반소반공 활동의 선봉에 서있었다.

결정에 대한 우려에서도 나온 것이기도 하지만, 다른 한편으로는 신의주사건으로 나타난 당시 북한지역의 변동에 대한 대응이었다. 한반도에서의 냉전은 이미 시작되고 있었다. 그 배경에는 중국 정세의 변화가 있었다. 당시 중국에서의 제2차 국공합작은 1941년 1월 장제스가 일으킨 원난(皖南) 사건을 계기로 사실상 결렬된 상태였다. 장차 양자의 대결은 불가피했다. 송진우는 공산세력과의 대결을 항상 염두에 두고 있었다.[72]

동아일보계열을 논할 때, 송진우은 핵심인물로서 반드시 주목되어야 한다. 송진우는 1910년대 일본 유학시절부터 재일유학생들의 지도자였고, 일제하 동아일보와 해방 직후 초기 한민당의 정치사회활동을 주도했다. 이러한 점에서 동아일보계열과 호남출신 정치세력을 하나의 정치세력으로 묶는 구심점은 송진우에게 있었다. 그를 빼놓고 동아일보계열과 해방직후 초기 한민당을 논하는 것은 무의미하다.

동아일보계열에 대한 연구는 대지주이자 대부르주아지로 일제에 의해 끊임없는 타협과 개량의 위험 요소를 갖고 있는 김성수로 대표되는 흐름과 48인 민족대표로서 3·1운동을 주도했으며 일제 말기까지 친일하지 않고 신자유주의(New Liberalism) 사상도 수용하면서 상당한 정치적 수완을 갖고 있는 송진우로 대표되는 흐름에 대해 종합적으로 파악하는 것이 필요하다.

---

72) 윤덕영, 「미군정 초기 정치 대립과 갈등 구조의 중층성-1945년 말 한국민주당 주도세력의 정계 개편 운동을 중심으로-」, 『한국사연구』 165, 2014, 264~268쪽.

3장 의회주의와 사회개혁론의 확산과 정착

　본장에서는 민족주의세력의 인식과 사상, 운동론의 또 다른 근거인 입헌
주의 근대 국민국가의 세계적 확산과 정착과정을 살펴보려고 한다. 그리고
그 과정에서 의회주의와 보통선거제가 관철되는 양상을 파악하려고 한다.
또한 이런 의회주의가 자유주의와 공화주의의 자본주의세력뿐만 아니라,
자본주의세계의 근본적 변화를 지향하는 사회주의세력에게도 확산되고,
이를 위한 정치운동이 그들의 현실의 핵심적 운동으로 정착되는 과정도
함께 살펴보려고 한다. 곧 세계 사회주의세력 내에서 자본주의체제를 계급
혁명을 통해 변혁하려는 사회혁명노선이 아닌, 기존 자본주의체제 내에서
사회개혁을 통해 사회주의로의 평화적 이행을 전망하는 사회개혁노선이
형성되고 확산되어, 사회주의의 주요한 조류를 형성하는 양상, 곧 사회민주
주의의 정착과정을 해명하려고 한다. 이 책에서 다룰 동아일보계열이 사회
민주주의의 영향을 적지 않게 받고 있다는 점에서 이에 대한 이해는 필수적
이라 할 수 있다.

1. 입헌주의 근대 국민국가체제의 세계적 확산과 의회주의

　1832년 영국 제1차 개정 선거법이 영국 의회 양원을 통과했다. 개정
선거법은 부패 도시 선거구 141석을 박탈하고 그것을 도시와 주 선거구에

재분배했다. 도시 선거구 유권자의 자격은 세금 10파운드를 내는 세대주로 통일하였고, 상당수 도시 중산계급에게 선거권이 부여되었다. 주 선거구의 유권자도 확대했다. 그 결과 전체 유권자는 약 35만여 명에서 약 65만여 명으로 증가했다.[73] 그렇지만 부패 선거구가 여전히 존재하였고, 귀족들의 과두적 지배체제는 여전히 유지되었다. 하원의 구성은 별로 달라지지 않았으며, 여전히 토지귀족의 영향력 아래에 있었고, 산업가와 부르주아지는 소수에 불과했다. 국가 정치는 여전히 과거와 동일체 혹은 유사체였다.[74]

그럼에도 불구하고 제1차 선거법 개정은 영국의 근대 의회민주주의 정치제제 수립에 큰 영향을 미친 획기적 사건이었다.[75] 군주권에 대한 의회의 우위를 확립하고, 귀족과 상원의 권력 약화 및 하원과 내각의 권한 강화라는 20세기 초까지 이어지는 영국 의회정치 변화의 시발점이었다.[76] 딘위디는 1832년 선거법 개정이 유산자와 무산자 사이의 구분을 가져왔고, 그것이 무산자의 계급의식과 차티즘 발생을 초래했다고 한다.[77] 곧 노동자 계급이 계급의식으로서의 자각과 다른 계급과의 연대와 공동행동을 통해, 기존 정치 질서에 도전할 수 있게 하는 계기가 되었다는 것이다.

1838년 5월 '인민헌장'이 공포되었다. 이를 시발로 남성 보통선거권과 인민의회 등을 요구하며 인민헌장운동, 곧 차티스트운동이 1848년까지 대규모 대중운동으로 진행되었다. 그러나 여러 이유로 실패했다.[78] 엥겔스

---

73) 남철호, 「1832년 영국 개정 선거법-그 연구사를 중심으로」, 『역사학연구』 27, 2006, 399쪽.

74) Webb R. K., *Modern England*, London: George Allen & Unwin, 1980, p.213.

75) J. A. Phillips & C. Wetherell, "The Great Reform Act of 1832 and the Political Modernization of England," *American Historical Review* 100, 1995, pp.411~412, 435~436.

76) Eric J. Evans, *Parliamentary Reform in Britain, c.1770-1918*, Harlow: Pearson Education, 2000, pp.30~34.

77) J. R. Dinwiddy, *Luddism*, pp.47~49, 78~80.(남철호, 앞의 글, 404쪽 재인용)

78) 김택현, 『차티스트운동-좌절한 혁명에서 실현된 역사로』, 책세상, 2008.

와 에드워드 톰슨과 같은 사회주의계열 연구에서 차티스트운동은 노동계급이 사회주의로 나아가는 정치적 진화의 단계의 운동으로 인식되었다. 그러나 1980년대 이후의 연구들에서는 차티스트운동을 경제적 계급운동이 아닌 급진운동의 전통에 있는 대중의 정치적 운동으로 파악하고 있다.[79] 스테드먼 존스에 의하면 차티즘의 언어에서는 사회집단은 사용자와 노동자가 아니라, 선거권을 가진 사람과 이를 갖지 못하는 사람들의 구분선으로 나뉘었을 뿐이었다.[80]

대중운동으로서의 인민헌장운동은 약화 분산되었다. 그러나 소멸된 것은 아니었고, 남성 보통 참정권 획득에 초점을 맞추어 런던을 비롯한 도시선거구를 중심으로 지속적으로 유지되고 있었다.[81] 그리고 차티스트운동은 인민헌장운동을 넘어 지식, 종교, 노동조합, 교육, 금주, 여성, 실업, 위생 각 분야의 운동으로 확대되어 다양한 방향으로 전개되었다.[82]

한편 자본주의 사회경제체제가 발전하면서 형성된 다양한 성격의 노동계층은 경제적 빈곤과 부당한 대우에 반발하여 자발적 투쟁을 전개하였고, 그들의 계급적 자각을 기반으로 19세기 중반이후 노동운동이 유럽사회와 미국에서 급속히 확산되었다. 노동운동은 경제적 이익을 위한 경제투쟁에서 더 나아가 국가권력의 탄압에 대해 저항하는 정치운동의 모습을 종종 보이기도 했다. 노동운동의 성장 속에 급진적 지식인들을 중심으로 사회주의 사상과 운동도 급속히 확산되어 갔다.

초기 사회주의자들의 상당수는 자본주의의 필연적 붕괴 전망 속에서

---

79) 차티스트운동의 연구사에 대해서는 남철호. 「영국 노동자 계급의 참정권 운동-후기 차티즘(1849~58)을 중심으로」, 『대구사학』 58, 1999, 181~187쪽 참조.

80) Gareth Stedman Jones, *Language of Class : studies in English working class history, 1832~1982*, Cambridge: Cambridge University Press.

81) 남철호, 「1848년 이후 차티즘의 전개양상」, 『역사와담론』 44, 2006, 172쪽.

82) Margot C. Finn, *After Chartism : Class and nation in English radical politics, 1848-1874*, Cambridge: Cambridge University Press, 1993 ; 남철호. 「1840-42년 사이의 차티즘의 전개 양상」, 『계명사학』 15, 2004.

자유주의자와 공화주의자들의 정치활동에 참여하는 것을 거부하거나 주저했다. 의회는 부르주아계급의 이해를 대변하는 곳이었고, 사회주의는 의회가 아닌 노동계급의 계급적 투쟁의 결과로 도래할 것으로 이해했기 때문이다. 그러므로 보통선거권 획득과 공화정 수립을 위한 정치운동에 노동자들이 적극 참여하는 것에 부정적이었다. 그렇지만 절대군주정과 보수적 입헌군주정에 대한 민중들의 투쟁이 확산되면서 점차 바뀌어져 갔다. 프랑스와 독일을 비롯해 유럽에서 전개된 1848년 혁명은 그런 양상을 보여주는 것이었다.

1830년 수립된 프랑스 루이 필리프 입헌군주정 체제는 귀족들과 대부르주아지로 구성된 '명사'들이 지배하는 체제였다. 200프랑의 세금을 내는 극히 일부 남성만이 선거권을 가졌다. 공화주의 좌·우파는 물론 사회주의자들에 이르는 다양한 정치세력이 개혁연회를 통해 선거제와 의회 개혁을 주장했다. 이에 대한 왕조의 탄압과 저항이 직접적 계기가 되어 1848년 프랑스 2월 혁명이 일어났다.[83] 그러나 그 밑바탕에는 민중들의 열악한 상황과 불만이 내재되어 있었다. 프랑스 파리는 1846년 인구가 105여만 명으로 급증하였고, 그중 75~80%가 빈민층에 가까운 민중계급이었다.[84]

임시정부가 꾸려진 후, 각종 개혁법령과 함께 남성 보통선거권이 선포되었다. 파리의 노동자들은 조직화를 통해서 노동자들의 적극적인 권리를 주장했다. 노동자들의 진출에 공화주의들의 분열이 분명해졌다. 온건 공화주의자들이 장악한 임시정부는 사회주의자와 노동운동세력에 대해 탄압을 가했다. 6월 국민작업장 노동자들에 대한 임시정부의 조치는 민중들의 6월봉기로 이어졌지만, 민중들이 패배하고 까베냑 독재정부가 수립되었다.

---

83) 죠르주 뒤보 저, 김인중 역, 『1848년 프랑스 2월 혁명』, 탐구당, 1993 ; 볼프강 J. 몸젠 지음, 최호근 옮김, 『원치 않은 혁명, 1848−1839년부터 1849년까지 유럽의 혁명운동−』, 푸른역사, 2006.
84) 김인중, 「프랑스의 공화주의 1815~1851」, 『숭실사학』 10, 1997, 313~318쪽.

당시 사회주의 정치클럽들은 노동운동의 정치적 행동에 부정적이어서 봉기에 적극 참여하지 않았다.[85]

공화주의 온건파와 보수주의세력이 결합하여 질서당을 결성하였고, 급진적 공화주의 좌파와 사회주의자들이 연합하여 산악당(데목속)을 결성했다. 11월 헌법이 제정되었고, 12월에는 질서당의 지지를 받는 루이 나폴레옹 보나파르트가 대통령에 당선되었다. 보통선거제에 의해 1849년 5월 의회선거가 치러졌지만, 질서당이 압승했다. 그러나 산악당은 35% 득표율로 선전했다. 1850년 3월 보궐선거에서 산악당이 절반이상 차지하자, 질서당의 위기감은 증폭되었다. 이에 질서당은 1850년 5월, 다시 제한선거제를 도입했다. 유권자는 960만 명에서 680만 명으로 감소했다. 질서당이 분열한 가운데, 장기 집권을 노린 나폴레옹 3세가 1851년 12월, 쿠데타를 일으켜 프랑스 제2공화정이 전복되었다.[86]

프랑스 2월혁명의 발발은 독일을 비롯한 유럽 각국에 영향을 미쳤다. 프로이센과 오스트리아를 비롯해서 여러 나라로 분열되어 있던 독일지역에서 3월혁명이 일어났다. 프로이센의 베를린에서 민중봉기가 일어났다. 프로이센왕은 헌법제정과 의회소집을 약속하고 봉기를 무마했다. 입헌군주제가 시행되고 있던 바이에른과 바덴 등 남부 독일의 왕국들에도 혁명의 여파가 미쳐 정치사회 개혁이 추진되었다.[87]

독일통일과 새로운 근대국가 수립을 위해 1848년 4월부터 프랑크푸르트 국민의회가 진행되었다. 국민의회의 참여자들은 지식인과 관리, 성직자 등 중간계급이 70%이상이었고, 입헌군주제정을 선호하는 자유주의자들이 주류를 이루었다. 회의는 연방제 통일과 제국헌법 제정, 보통선거제 실시를

---

85) 김인중, 「1848혁명의 새로운 평가」, 『역사비평』 42, 1998, 312쪽.
86) 김인중, 「19세기 프랑스의 공화국과 정치적 자유주의」, 이근식·황경식편, 『자유주의란 무엇인가』, 삼성경제연구소, 2001, 264~271쪽.
87) 독일 3월혁명에 대해서는 다음 참조. 김장수, 『1848 독일혁명』, 푸른사상, 2022.

결정하였지만, 현실적 힘을 갖지 못한 탁상공론에 그쳤다. 연방방안에 대해 대독일주의와 소독일주의 방안이 대립했다. 타협의 과정을 거쳐 1849년 3월, 제국헌법이 공포되었고 프로이센 중심의 소통일주의를 결정하였지만, 정작 프로이센 국왕은 이를 거부했다. 남부독일을 중심으로 급진 자유주의자들과 민중들이 1849년 5월부터 제국헌법 수호투쟁을 전개하였지만, 프로이센군대에 의해 진압되었다.[88]

한편 오스트리아에서도 1848년 3월 민중봉기가 일어났고, 진압과 타협 속에 메테르니히가 실각하고 임시정부가 들어섰다. 고급관료와 귀족들 중심으로 구성된 임시정부는 헌법제정과 의회소집을 추진하였지만, 민중들의 삶의 향상을 위한 사회경제적 개혁에는 미온적이었다. 민중들의 불만과 저항이 지속되는 가운데, 헝가리 민족운동 진압을 위한 군대동원을 계기로 1849년 10월봉기가 일어난다. 봉기는 실패로 끝나고 입헌공화정 수립이 무산되면서, 절대군주제 국가로 회귀했다.

1848년 이래 몇 년간에 걸친 혁명은 결국 실패로 끝났다. 공화정의 이상은 무위로 되었고 기존 왕조가 유지되거나 왕조가 복고되었다. 그렇지만 혁명의 과정과 그에 대한 대응과정을 거치면서 헌법제정과 의회개설에 의한 입헌주의 체제, 보통선거권 등은 피할 수 없는 것이 되어갔다. 민중의 저항을 예방하기 위한 사회개혁입법도 필요한 것으로 여겨졌다. 이는 비스마르크 주도의 독일통일과 독일제국 수립에도 나타났다.

1862년 프로이센 수상이 된 비스마르크는 공업화와 군비증강정책을 추진했다. 1863년 덴마크, 1866년 오스트리아와의 전쟁 승리를 통해 소통일주의에 기초한 독일연방통일을 이루어갔다. 오스트리아와의 전쟁직전 프로이센은 독일 민족의 지지를 얻기 위해 독일통일의 개혁안을 제시했다.

---

88) 한윤석, 「1848~49년의 독일혁명과 부르주아지」, 『역사비평』 42, 1998, 337~346쪽 ; 오향미, 「독일제국의 민주주의-입헌군주정 하에서의 의회주의의 시도」, 『세계지역연구논총』 23-2, 2005, 5~6쪽.

여기서 보통선거권 실시를 주장한 1849년 제국선거법에 의해 오스트리아지역을 제외한 북부독일지역에서 연방헌법 제정의회를 구성하고, 이를 통해 강력한 독일연방을 구성할 것을 천명했다. 1867년 2월 보통선거에 의해 북독일연방의회 선거가 실시되었다. 선거는 비스마르크 진영의 승리로 끝났고, 급진 자유주의자와 공화주의자들은 패배했다. 통일에 소극적이거나 반대했던 보수주의자와 가톨릭세력도 패배했다. 1870년 프로이센이 프랑스와의 전쟁에 승리하면서, 독일 통일이 완수되었다. 1871년 1월 독일제국이 출범하였고, 3월 제국의회 선거가 실시되었다. 4월에는 북독일연방헌법의 부분적 개정을 통해 독일제국헌법이 공포되었다.[89]

독일제국은 위로부터의 개혁을 추진했다. 제국의회는 제국을 대표하는 헌법기관으로 자리매김 되었고, 보통 귀족의원으로 구성되던 상원이 배제된 단원제였다. 남성 보통 평등선거권에 의해 의원이 선출되었다. 물론 연방구성국가대표로 구성된 연방참사원에 의해 통제되었기 때문에 의회주의가 완전히 구현된 것은 아니었다. 그러나 제국의회의 입법권과 재정권은 점차 확대되었고, 각 정당세력의 영향력도 강화되었다. 연방참사원의 권한은 점차 약화되었고, 연방정부의 기능이 크게 확대되었다.[90] 의회와 정부가 제국 정치의 중심으로 자리잡아갔다.

1870년 프로이센과의 전쟁의 패배로 프랑스 나폴레옹 3세 왕정이 무너지고, 공화파가 중심이 된 임시국방정부가 수립되었다. 1871년 1월 프로이센에 항복하면서 왕당파가 임시정부를 장악하고 프로이센과 굴욕적 종전협상을 맺었다. 3월 티에르정부의 국민방위대 강제해산에 맞서, 파리 시민과 국민방위대가 무장봉기를 일으켜 파리를 장악하고 코뮌정부를 수립했다.

---

89) 자세한 것은 다음 참조. 강미현, 『비스마르크 평전-비스마르크, 또 다시 살아나다』, 에코리브르, 2010 ; 김장수, 『19세기 독일 통합과 제국의 탄생』, 푸른사상, 2018 ; 이이다 요스케 지음, 이용빈 옮김, 『비스마르크-독일제국을 구축한 정치외교술』, 한울아카데미, 2022.

90) 송석윤, 「1870~71년 독일통일과 연방제헌법」, 『법사학연구』 41, 2010, 193~208쪽.

코뮌정부는 자코뱅파의 급진 공화주의자와 블랑키파와 프루동파 등 사회주의자들이 이끌었다. 코뮌정부는 주변 제국들의 지원을 받은 정부군에 의해 수만여 명의 희생과 함께 참혹하게 진압되었다. 이후 왕정복구가 추진되기도 했지만, 온건왕당파인 오클레랑주의자들과 공화주의자들간의 타협이 이루어져 1875년 제3공화국이 출범하게 된다. 1876년 의회선거에서 공화파가 다수를 점하면서 공화국체제가 정착되었다.

프랑스 제3공화국 정부는 1882년 무상의무교육에 관한 법률을 제정하였고, 1884년 노동조합의 자유를 명문화했다. 1884년 헌법 개정을 통해서 공화국체제가 개헌의 대상이 될 수 없다는 것을 규정하여 왕조 복구를 원천봉쇄했다. 상원의 종신의원제를 폐지하여 보통선거에 따른 선출제로 바꾸었다. 이로써 프랑스의 공화국체제는 확고해졌다.[91]

영국 차티스트운동은 1858년으로 종료되었지만, 그 연장선상에서 1860년대 들어 무기명 비밀투표와 성인남성 참정권을 목표로 하는 제2차 선거법 개정운동이 일어났다. 1864년에 맨체스터에서 중간계급의 의견을 대표하여 (전국)개혁연합[(National) Reform Union]이 결성되었다. 또한 1865년 2월에 숙련공 중심의 노조 지도자들이 중간계급 급진주의자들과 함께 남성 보통선거권을 요구하며 개혁연맹(Reform League)을 결성했다. 두 단체를 필두로 선거법 개정과 의회 개혁 요구운동이 전개되었다.

1865년 수상에 임명된 러셀은 재무장관 글래드스턴과 함께 1866년 3월, 유권자의 재산요건을 세금 7파운드로 일부 완화시키는 선거권 개정안을 제출했으나, 보수당과 자유당 내 우파의 반대로 좌초되었다. 분노한 대중은 1866년 6월 '하이드 공원 폭동'을 일으켜 의회를 압박했다. 러셀내각 사임 후 들어선 보수당의 디즈레일리 내각은 1867년 3월, 도시에 1년 이상 거주하고 지방세를 내는 모든 가구 남성 가장과 10파운드 세금을 내는 세입자에게

---

91) 홍태영, 「프랑스 혁명과 프랑스 민주주의의 형성(1789-1884)」, 『한국정치학회보』 38-3, 2004, 449~452쪽.

선거권을 주는 선거법 개정안을 제출했고, 의회를 통과했다.[92] 잉글랜드와 웨일즈에 적용된 제2차 선거법 개정의 결과. 유권자는 1866년 105만여 명에서 1868년 199만여 명으로 증가했다. 특히 도시 선거권자가 급증해 주 선거권의 유권자를 뛰어넘었다.[93] 그러나 복수투표제와 후견제에 의한 부패선거구가 다수 잔존하였고, 주 선거구에서의 지역 토지귀족의 지배권은 여전히 강고하게 유지되었다.

1872년 비밀투표법이, 1883년에는 부패선거법이 제정되면서 부패선거구가 정리되었다. 그리고 자유당과 보수당의 합의하에 1884년 제3차 선거법 개정이 이루어졌다. 이제 도시 선거구와 마찬가지로 주 선거구에 1년 이상 거주한 남성 가장들도 선거권을 갖게 되었다. 1890년이 되면서 유권자의 수는 5백만여 명에 이르러, 성인 중 29% 가량이 선거권을 갖게 되었다.[94] 3차 선거법 개정으로 성인 남성의 2/3 가량이 선거권을 갖게 되면서 정치에 있어 농업노동자들을 포함한 노동계급의 지지가 중요해졌다. 1876년 교육법 도입으로 초등교육의 의무화가 실시되어 초등교육이 확산되면서, 노동자들의 정치참여 장벽도 사라져갔다. 이로써 영국의 의회주의체제와 국민참정권도 본궤도에 오르게 되었다.

1918년에는 제4차 선거법 개정이 이루어지면서 21세 이상의 모든 남성에게 보통선거권이 부여되었고, 30세 이상의 여성에게도 제한선거권이 부여되었다. 1928년 제5차 선거법 개정으로 21세 모든 남녀에게 보통선거권이 주어졌다.

---

92) 이화용, 「영국 민주화의 여명(1832-1880)-정치, 교회, 민주주의」, 『국제정치논총』 46-1, 2006, 293쪽 ; 홍석민, 「영국의 제2차 선거법 개혁(1867)에 대한 사학사적 고찰-개혁의 원인에서 선거권의 기준으로」, 『한국사학사학보』 23, 2011, 183~185쪽.
93) 이대진, 「의도하지 않은 결과로서의 민주주의-19세기 영국 선거법 개혁」, 『정치정보연구』 19-1, 2016, 316~317쪽.
94) 이대진, 앞의 글, 2016, 303쪽.

2. 세계 사회주의운동에서의 의회주의와 사회개혁노선의 정착

자본주의 사회경제체제의 구조적 모순에 따른 사회적 갈등과 사회적 위기를 배경으로 확산되던 사회주의 사상과 운동은 19세기말에 이르러 또 다른 도전에 부딪쳤다. 그들의 기대와는 다르게 유럽 자본주의는 불황을 타개하고 새로운 활기를 찾고 있었다. 또한 각국의 지배 권력과 부르주아 정치세력들은 대중운동과 변혁운동에 대해 한편으로 탄압을 하면서도, 다른 한편으로는 각종 정치·경제·사회적 개혁을 실시해 대중들의 불만이 혁명적으로 발전하는 것을 억제했다. 영국과 프랑스, 독일에서 의회주의와 국민참정권이 정착되었고, 의회의 권한과 역할이 강화되었다. 크게는 국가운영에서, 작게는 개인과 집단의 일상생활에서 법령과 예산이 차지하는 기능이 커졌으며, 각종 대중단체들이 자신들의 이익을 위해 의회 정당세력과 결합하여 갔다.

이런 상황에서 사적유물론과 계급투쟁론에 근거하여 자본주의의 몰락이 필연적이라는 경제결정론 인식을 가지고 있던 19세기 정통마르크스진영은 제대로 대응을 하지 못했다. 그들은 의회는 부르주아계급의 이해를 대변하는 곳이고, 국가기구는 계급억압의 도구이자 계급혁명을 통해 사멸할 대상이라고 생각했다. 때문에 당면의 의회제 확립과 보통선거권 획득 등 부르주아민주주의혁명 단계의 입헌주의 근대 국민국가 정착을 위한 정치적 행동에 미온적이거나 경시했고, 그보다는 노동계급의 경제투쟁과 계급투쟁을 중시했다.

그러나 의회의 역할이 강화되고 중앙과 지방정부의 역할이 커지면서, 의회와 국가가 대중의 삶과 이해에 밀접하게 개입했다. 의회는 단순히 부르주아계급의 이해를 대변하는 곳이고, 국가기구는 계급억압의 도구라는 도식은 영국과 프랑스, 심지어 독일제국에서도 도전을 받게 되었다. 노동자와 노동운동가들에서 사회주의세력의 의회 및 자치정부 정책에 대한 불만은 커져갔고, 의회와 자치정부에서 노동계급의 이해를 대변해주는 세력이 형성되어야 한다는 요구가 확산되었다. 이에 당면의 부르주아민주주의혁명 단계의 정치사회적 문제에 적극적으로 대응하고, 정치활동을 통해 대중의 지지와 사회의 변화를 이끌어 나아가야 한다는 기류가 국제 사회주의운동 내부에서 확산되었다.[95]

이는 두 방향으로 나타났다.

첫째, 입헌주의 근대 국민국가 체제의 수립이 미흡하고 절대군주제가 유지되던 러시아에서는 레닌과 볼셰비키들이 계급적으로 각성된 혁명적 전위와 그의 당인 볼셰비키의 지도아래 당면의 정치과정에 적극 개입하고 혁명적 정치투쟁을 전개해야 한다고 주장했다. 당면의 부르주아민주주의혁명을 자유주의자와 공화주의자에게 맡기는 것이 아니라, 볼셰비키들이 적극 개입하여 앞장서서 추진해야 한다고 주장했다. 볼셰비키 당이 주도하기 때문에 부르주아민주주의혁명의 목표는 입헌주의 근대 국민국가의 건설, 곧 민주주의적 의회정체의 수립이 아니었다. 사회주의혁명으로 이행하기 위한 준비로서의 부르주아민주주의혁명이며, 때문에 노동계급의 영도권, 곧 볼셰비키 당의 헤게모니가 보장되는 체제의 건설이었다. 볼셰비키 당의 헤게모니가 관철되기 위해서 민주주의에 기초한 의회정체는 당연히 거부되었고, 의회는 볼셰비키 당의 선전선동의 장으로 격하되었다. 그들은 볼셰비키 당의 지도가 구조적으로 보장되는 소비에트 정체를 수립하려 했다. 통일전선은 이를 위한 전술이었다. 레닌과 볼셰비키의 주장은 1917년 러시아혁명의 성공으로 힘을 갖게 되었다. 그리고 이를 배경으로 유럽 전역 상당수 사회주의 좌파들이 볼셰비키의 당 조직론에 따라 공산당을 결성했다. 국제공산당인 코민테른이 결성되면서, 볼셰비키이론, 곧 레닌주의에 기반한 공산주의운동이 코민테른을 통해 전 세계로 확산되었다.

---

95) 셰리 버먼 지음, 김유진 옮김, 『정치가 우선한다-사회민주주의와 20세기 유럽의 형성-』, 후마니타스, 2010, 26~28쪽, 48~78쪽.

둘째, 입헌주의 근대 국민국가 체제가 확립되고 의회정치가 정착된 영국과 프랑스, 독일 등에서는 사회주의혁명을 기다리기보다는 현존하는 의회주의 질서체제에 참여하고, 이를 통해 의회와 지방 자치정부로 들어가서, 내부로부터 서서히 체제를 개혁하는 것을 통해, 사회주의로 나아가야 한다는 주장이 제기되었다. 영국의 페이비언과 영국노동당, 독일사회민주당의 베른슈타인, 프랑스 장 조레스 등이 이런 주장에 앞장섰다. 곧 사회민주주의로 귀결되는 흐름이었다. 이들은 자본주의 경제로부터 완전한 사회주의 경제로의 이행을 위해서는 높은 생산력 수준과 생산수단의 사회화 과정이 필요한데, 이는 많은 과정과 오랜 시간이 걸리는 것일 뿐 아니라, 사회주의 전위에 의해 강제될 수 없는 것이라고 인식했다.

일제하 민족운동 및 한국 근현대사에 대한 그동안의 연구에서는 사회주의 운동과 관련해서 첫째 부분의 레닌과 러시아혁명, 코민테른의 활동이 주목되었었다. 그렇지만 이 책에서는 둘째 부분의 사회민주주의로 귀결되는 다양한 흐름에 주목하고자 한다. 이 책에서 다루는 소재인 일제하 민족주의 세력, 그중에서도 동아일보계열은 자본주의세력이자, 수정자본주의 이념을 가진 신자유주의자들임에도 1910년대 후반부터 해방직후까지 사회민주주의 사상과 경향에 적지 않게 영향을 받고 있었다. 뒤에서 자세히 살펴보겠지만 일본 무산정당의 동향은 그들의 최대 관심사중 하나였다. 공산당과 공산주의운동의 시야에서 벗어나 세계 사회주의운동 역사를 보는 것이 필요하다.

1884년 1월 영국에서 페이비언협회가 결성되었다. 아서 핸더슨(Arthur Henderson), 버나드 쇼(Bernard Shaw), 시드니 웹 부부(Sydney and Beatrice Webb), 허버트 브랜드(Hubert Bland), 피즈(E. R. Pease) 등 엘리트 지식인들이 중심인물이었다.[96] 이들은 창립초기부터 1881년 6월 결성된 마르크스주

---

96) 영국 페이비언주의에 대해서는 다음 참조. 김명환, 「페이비언 사회주의」, 김영한 편, 『서양의 지적전통 Ⅱ』, 지식산업사, 1998 ; 최영태, 「페이비언주의와 수정주의

의계열 사회민주연맹의 혁명적 노선을 반대했다.[97] 페이비언들은 초기에는 노동계급의 독자정당에 소극적이거나 부정적이었다. 그들은 자유당 등 기존 정당을 비롯하여 대도시급진연맹 및 전국자유연맹 등 기존 정치사회단체에 침투하여, 그들을 설득하고 이를 통해 자신들의 개혁정책을 추진하려고 했다.[98]

한편 1893년 1월 하디(Keir Hardie)를 중심으로 독립노동당이 창당되었다. 하디는 스코틀랜드 광부노조위원장 출신으로 자본가-노동자 연대관행에 젖어있던 영국 노동조합회의(Trades Union Congress : TUC)의 정치화에 앞장섰지만, 번번이 실패했다. 하디는 1892년 총선에서 영국 정치사상 처음으로 노동자대표를 표방하는 무소속으로 당선되었고, 이를 배경으로 독자정당을 창당한 것이다.[99] 독립노동당 결성은 노동자들의 이해를 의회에 반영하고 실현해줄 정치세력의 결성에 대한 노동계급의 요구에 일정하게 부응한 것이었고, 이 때문에 독립노동당은 1890년대 적지 않게 성장했다. 그러나 전체 노동운동에서 차지하는 영향력은 여전히 제한되었다.

영국 자본가들의 공세가 커질수록 신 노동조합뿐만 아니라 구 노동조합계열에서도 정치참여의 요구는 커져갔다. 1898년 6만여 명의 조합원을 거느린 철도노조는 독자적인 노동자후보 선정을 공식적으로 결의했고, 각 노조연맹체로 그 영향이 파급되었다. 산하 노동자들의 요구에 밀려 TUC는 1898년과 1899년, '노동계급의 정당' 창당을 지지한다는 결의안을 통과시켰다. 이에 근거해 TUC 의회위원회가 페이비언협회와 독립노동당, 그리고 사회민

비교」, 『전남사학』 14, 호남사학회, 2000 ; 김명환, 『영국 사회주의의 두 갈래 길-페이비어니즘과 신디칼리즘』, 한울아카데미, 2006 ; 조지 버나드 쇼 외저, 고세훈역, 『페이비언 사회주의』, 아카넷, 2006 ; 박홍규, 『복지국가의 탄생-사회민주주의자 웹부부의 삶과 생각』, 아카넷, 2018.

97) 헨리펠링 지음, 최재희·염운옥 옮김, 『영국노동당의 기원』, 지평문화사, 1994, 48쪽.
98) 헨리펠링 지음, 최재희·염운옥 옮김, 앞의 책, 91~95쪽 ; 고세훈, 『영국노동당사』, 나남, 1999, 67~68쪽.
99) 헨리펠링 지음, 최재희·염운옥 옮김, 앞의 책, 79~91쪽.

주연맹에 새로운 노동정당 결성을 제안했다.[100] 1900년 2월 각 단체의 대표들이 모인 협의 모임이 개최되었고, 램지 맥도널드(James Ramsay MacDonald)를 서기로 한 노동대표위원회를 결성하기로 합의를 보았다. 이들은 노동조합원 57만여 명과 사회주의단체 회원 2만3천여 명을 대표했다.[101]

1906년 2월 영국 하원총선거에서 노동대표위원회는 4.8%의 득표와 29석의 의원을 배출했다. 그리고 영국노동당으로 명칭을 변경하고, 하디를 의장으로 선임했다. 영국노동당은 영국 의회정치에 적극 참여하였고, 의회를 통한 국가와 사회의 변화를 추구했다.

다음으로 독일로 가보자. 독일 빌헬름제국은 1878년 '사회주의자 탄압법'을 제정하여 사회주의운동을 탄압했다. 정부의 가혹한 탄압은 부르주아국가를 사회주의와 화해할 수 없는 적으로 보는 정통마르크스주의 견해를 강화시켰다. 또한 장기간 지속된 불황은 자본주의의 붕괴를 예견하는 것처럼 보였다. 이러한 독일제국의 사회주의 탄압에도 불구하고 독일 사회주의운동은 멈추지 않고 계속되었다. 제국의회 참여도 계속되어 1890년 선거에는 147만표를 얻어 19.7% 득표율을 올렸고, 35명 의석을 차지했다.[102] 1890년 비스마르크 사임과 함께 이 법은 폐지되었고, 사회주의운동은 합법화되었다.

독일사회주의노동당은 1891년 에르푸르트 당대회에서 독일사회민주당으로 개칭함과 동시에 에르푸르트 강령을 채택했다. 카우츠키(Karl Johann Kautsky)가 기초한 당 강령의 전반부에서는 종래에 있었던 라살레주의적 요소들이 삭제되고, 대신에 마르크스주의가 유일한 이념으로 제시되어, 사회민주당이 마르크스주의에 토대를 둔 혁명적 사회주의 정당임을 분명히

---

100) 헨리펠링 지음, 최재희·염운옥 옮김, 앞의 책, 219~238쪽.

101) 고세훈, 앞의 책, 26쪽.

102) 최영태, 『베른슈타인의 민주적 사회주의론-수정주의 논쟁과 독일사회민주당』, 전남대출판부, 2007, 31쪽.

했다.103) 그렇지만 베른슈타인(Eduard Bernstein)이 주로 작성한 강령의 후반부에서는 보통·평등·직접선거권, 지방자치 실현, 언론 결사의 자유, 여성의 평등권, 학교의 탈종교화, 무료 의료, 재산과 소득의 누진세 적용, 8시간 노동제와 소년·야간 노동 금지, 노동법 규제완화 등이 주장되었다. 이는 당시 진보적 자유주의자들과 주장을 거의 같이하는 것이었다.104)

실천적 측면에서 이미 독일사회민주당은 의회주의에 토대를 둔 대중정당으로 변모해가고 있었다. 점점 많은 수의 사회주의자들이 정통마르크스주의의 당면 정치운동에 대한 주장의 한계를 불평했다.105) 당의 지도자들은 의회 및 지방정부의 선거와 정치에 참여했을 때 얻게 되는 이점들을 긍정적으로 평가하기 시작했다. 사회민주당의 선전 선동의 장으로 의회에 참여한다는 주장은 이론상과 명목상의 주장으로 변화해갔다. 정통 마르크스주의 이론상의 혁명이론과 개혁주의적 실천이 별 마찰 없이 병존했다.

이런 상황 속에서 독일사회민주당의 중요 지도자인 베른슈타인은 1896년부터 1898년까지 사회민주당의 이론지인『새시대』에「사회주의 제 문제」에 대한 연작으로 일련의 글을 발표하면서 기존 정통마르크스주의에 대한 수정주의적 해석을 공식화했다.106) 그의 주장은 많은 지지를 받았지만, 반대로 당내 좌파의 공격을 받았다. 당의 이론적 지도자 카우츠키도 뒤늦게 공격에 가담했고, 사회민주당 베벨 지도부는 베른슈타인 수정주의론 전파에 제동을 걸었다.

1903년 드레스덴 당대회에서는 당지도부가 제출한 수정주의 반대 결의안이 압도적 다수로 통과되었다. 폴마르를 중심으로 베른슈타인과 비슷한

---

103) 칼 카우츠키 지음, 서석연 옮김,『에르푸르트강령』, 범우사, 2003.

104) 최영태, 앞의 책, 2007, 27~28쪽.

105) 셰리 버먼 지음, 김유진 옮김, 앞의 책, 62~64쪽.

106) 베른슈타인 수정주의 이론의 배경과 전체적인 내용, 수정주의 논쟁에 대해서는 다음 참조. 피터 게이 지음, 김용권 옮김,『민주사회주의의 딜레마-베른슈타인의 맑스에 대한 도전』, 한울, 1994, 85~276쪽 ; 최영태, 앞의 책, 81~275쪽.

경향의 많은 당내 개혁주의자들은 수정주의 논쟁에 참여하지 않았다. 그들은 자신들의 실제 정치활동, 곧 수정주의적이고 개혁주의적인 실천들이 수정주의 논쟁의 여파로 정통 마르크스주의자들로부터 공격받는 것을 두려워했다. 노동조합의 지도자들과 실천주의자들도 수정주의에 동의하면서도, 논쟁이 당의 분열을 초래하는 것을 바라지 않았다. 특히 사회주의 탄압법이 없어졌음에도 빌헬름 제국정부의 반사회주의적 태도는 여전했고, 노동자들의 처우는 크게 개선되지 않아 노동자들의 불만은 지속되었다.[107] 민중들에게 여타 자유주의정당과의 차별성을 보여야 하는 사회민주당의 입장에서는, 이론상이지만 혁명적 강령과 주장이 필요했다. 진보적 자유주의자들의 주장과 큰 차별이 없는 수정주의를 공개적으로 언급하는 것은 중요하지도, 효과적이지도 않았다. 수정주의는 구체적인 정치활동과 실천 속에서 자연히 수행하면 되는 것이었다. 현실적으로도 독일제국 헌법제체에서는 사회민주당이 제1당이 되더라도 내각을 구성할 수 있는 가능성이 거의 없었다.

1912년 제국의회 선거에서 사회민주당은 자유주의 정당과의 선거 동맹과 선거협정을 적극 추진했다. 그 결과 사회민주당은 425만여 표, 34.7% 득표율, 그리고 110의석으로 제1당의 지위에 올랐다. 그 결과 당내 우파와 수정주의자들 입장이 강화되었고, 카우츠키를 비롯한 중도파들도 의회를 통한 집권과 사회이행의 방향으로 기울어졌다.[108]

제국주의전쟁이었던 제1차 세계대전의 지지 여부를 둘러싸고 독일사회민주당 내 갈등이 심화되었고 전쟁에 반대하는 세력들이 독립사회민주당으로 분열되었다. 그렇지만 1918년 11월 독일혁명이 일어나면서 사회민주당과 독립사회민주당은 '인민대표자회의'로 명명된 임시정부를 구성했다.

---

107) 최영태, 앞의 책, 259~275쪽.
108) 최영태, 「카우츠키주의와 독일사회민주당」, 『전남사학』 11, 호남사학회, 1997, 540~547쪽.

그 후 독립사회민주당내의 분열이 심화되었고, 결국 1922년 9월, 당내 좌파가 분립하여 나가 독일공산당을 결성했다. 이에 합류하지 않은 독립사회민주당 세력들은 다시 사회민주당과 통합했다.

1922년 독일사회민주당은 에르푸르트 강령 이후 변화된 정세에 반영하여 괴를리쯔 강령을 발표하였는데, 베른슈타인이 그 초안 작성에 주도적 역할을 담당했다. 이제 강령상으로도 독일사회민주당은 명백히 사회민주주의 정당이 되었다. 독일 빌헬름제국이 무너지고, 민주적인 바이마르 공화국이 수립되었기 때문에 수정주의 주장을 더 이상 숨길 필요가 없었다. 그리고 사회민주당과 독립사회민주당이 통합하면서 통합 사회민주당의 강령인 하이델베르크 강령이 1925년 발표되는데, 이번에는 카우츠키가 주도적 역할을 담당했다.[109] 카우츠키 역시 종래 정통 마르크스주의 입장에서 선회하여 사회민주주의 주장에 접근해 있었다.

이로써 의회주의와 사회개혁노선은 공산당을 제외한 다수의 사회주의자들에게 있어 전 세계적으로 확고한 핵심적 주장이 되었다.

---

109) 최영태, 앞의 책, 288~297쪽.

4장 제국 일본의 경험

1. 일본제국 정치와 제1차 세계대전 전후 일본 정계 변동

근대 일본의 지배세력은 메이지유신의 주축이었던 조슈번(長州藩)과 사쓰마번(薩摩藩) 출신이 중심이 되어 이루어졌다. 이들은 점차 번벌 지배세력을 형성하여 일본정치의 한축을 담당했다. 그리고 자유민권운동이 전개되기 시작하면서, 근대 국민국가 수립과 국민참정권 논의가 본격화되었다. 메이지 정부를 장악한 번벌세력들은 헌법제정이라는 자유민권운동의 요구를 일정하게 수용했다. 그러나 그들이 구상하는 헌법은 자유민권운동에서 주장한 입헌주의에 근거한 근대 국민국가의 헌법 체제가 아니었다. 1889년에 공포된 일본제국 메이지헌법은 근대적인 형식은 갖추었지만, 천황이 하사하는 흠정헌법이었다. 천황은 국가주권 그 자체였고, 국민주권은 제한적이었다. 메이지헌법을 통해 국민참정권이 성립되었지만, 참정권은 납세액에 따라 선거권을 제한하는 제한선거법을 통해 행사되었다. 일본제국의 회가 개설되면서 정당정치세력이 형성되었고, 이들은 번벌세력과 협력 및 대립 구도를 형성했다.

제2차 세계대전 종전 이전 천황제하의 일본의 정치구조는 의회가 권력을 갖는 일반 자본주의·민주주의 국가와 달랐다. 국가의 주권을 독점적으로 소유한 절대 권력인 천황을 정점으로, 내각을 구성하는 중의원과 상원격인 귀족원, 천황의 자문기관인 추밀원, 그리고 육군과 해군이 각기 권력을 분점하여 행사하는 독특한 권력분립 구조를 가졌다. 그리고 번벌의 원로들이 각 기관을 배후에서 조정 통제하면서 실권을 행사했다.[110]

1910년대까지 일본 최대의 특권 번벌세력은 조슈번과 육군을 기반으로 1890년대부터 형성된 원로 야마가타 아리토모(山縣有朋)를[111] 정점으로

---

110) 일본의 특권적 정치체제의 형성과 메이지 헌법체제에 대해서는 방광석, 『근대일본의 국가체제 확립과정』, 혜안, 2008, 159~219쪽 참조.

111) 야마가타 아리토모(山縣有朋)는 메이지정부에서 일본 육군의 기반을 확실히 마련해 '국군의 父', '일본군벌의 祖'로 일컬어지는 일본 근대 최대의 권력자로, 당시 원로중의 원로로 회자되었다. 1838년 6월 14일 조슈번(長州藩) 야마구치(山口)현 하기(萩)의 하급 무사계급 가문에서 태어났다. 1858년 존왕파를 길러낸 쇼카손주쿠(松下村塾)에서 배우며 존왕양이운동에 참가하게 되었다. 메이지유신에 적극 가담하여 메이지정부에 대한 막부의 반란군 진압에 공을 세웠다. 1869년 유럽 각국의 군사제도를 시찰하고 귀국한 후, 사이고 다카모리(西鄕隆盛)의 도움을 받아 징병제 도입을 주도했다. 1873년 육군경이 되어 육군의 성장기반을 마련하였고, 참모본부를 설치했다. 또한 천황에 대한 충성을 담은 군인훈계와 군인칙유(勅諭) 제정에 관여하였는데, 이는 제2차 세계대전이 끝날 때까지 일본 황군의 정신적 지침이 되었다. 1883년에는 내무경에 취임하여 자유민권운동을 탄압하였고, 다른 한편으로는 지방제도를 개정했다. 이후 유럽을 1년간 견학한 후, 1889년에 제3대 내각총리대신으로 취임했다. 그는 의회 정당세력과 대립하는 초연주의를 주장하며 군비확장을 적극 추진했다. 1894년 청일전쟁이 일어나자 자신이 직접 조선에 주둔하는 제1사령관이 되어 전쟁에 적극 개입했다. 1898년 6월 오쿠마 시게노부가 내각총리대신으로 헌정당 중심의 일본 최초의 정당내각을 수립하자, 이를 무너뜨리는 데 앞장섰다. 그 결과 오쿠마 내각이 사퇴하자, 11월에 다시 직접 내각총리대신으로 취임했다. 그는 1898년부터 1900년까지 내각대신의 절반 이상이 군 장성으로 채워진 제2차 야마가타내각을 구성하여 일본 군부의 팽창을 선도했다. 1900년에는 치안경찰법을 제정해 정당운동과 노동운동을 탄압했다. 1903년부터 1909년까지는 이토 히로부미와 함께 번갈아 천황 고문기관인 추밀원의 의장직을 역임했다. 1909년 유일한 정적 이토 히로부미가 암살되자, 이후 궁궐, 추밀원, 군부, 중의원, 문관관료에 이르기까지 국가 전반에 걸쳐 막강한 영향력을 행사했다. 그렇지만 그는 조슈벌 출신만을 중용하여 특권세력을 이룸으로써 정당정치세력뿐만 아니라 군부내에서도 특권 번벌세력에 대한 비난과 강한 반발을 초래했다. 야마가타의 생애와 활동에 대해서는 다음을 참조. 德富蘇峰編述, 『公爵山縣有朋伝』上·中·下, 山縣有朋公記念事業會, 1933 ; 岡義武, 『山縣有朋-明治日本の象徵』, 岩波新書, 1958, 新版『岡義武著作集 第5卷』, 岩波書店, 1993 ; 藤村道生, 『山縣有朋』, 吉川弘文館, 1961, 新裝版 1986 ; 戶川猪佐武, 『明治·大正の宰相 第2卷 山縣有朋と富國强兵のリーダー』, 講談社, 1983 ; 半藤一利, 『山縣有朋』, PHP硏究所, 1990 ; 川田稔, 『原敬と山縣有朋-國家構想をめぐる外交と內政』, 中公新書, 1998 ; 伊藤隆編, 『山縣有朋と近代日本』, 吉川弘文館, 2008 ; 『山縣有朋關係文書』全3卷, 山川出版社, 2008 ; 伊藤之雄, 『山縣有朋-愚直な權力者の生涯』, 文春新, 2009.

한 세력이었다. 야마카타벌은 궁중과 추밀원, 귀족원, 문관관료에 강한 기반을 구축하였고, 중의원 일부에도 영향력을 행사했다. 정당과 추밀원의 가쓰라 다로(桂太郞), 육군의 데라우치 마사타케(寺内正毅), 다나카 기이치(田中義一), 추밀원과 귀족원의 기요우라 게이고(淸浦奎吾), 궁중의 와타나베 지아키(渡辺千秋), 문관 관료의 히라타 도스케(平田東助) 등이 주요 인물이었다.112)

특권 번벌세력들은 각 방면에 지대한 영향력을 행사하면서 부르주아 정당정치세력을 억압했다. 그러나 다른 한편으로는 자본가층의 성장을 배경으로 점차 세력을 확장하는 정당정치세력들과 러일전쟁 후 급속히 확대된 민중들의 권리의식 성장을 무시할 수는 없었다. 때문에 그들은 부분적으로는 정당정치세력들과 결합하기도 하고 정당정치세력들의 내각 구성도 용인하기도 했다.113)

1910년 '대역(大逆)사건'으로 크게 위축되었던 일본 정당정치세력은 1912년 말에서 1913년까지 전국적 규모에서, 광범한 대중적 지지 하에 전개된 제1차 호헌운동을 통해서 다시 성장하기 시작했다. 제1차 호헌운동은 1912년 7월, 대륙침략을 적극 추진하던 육군의 2개 사단 증설안이 사이온지 긴모치(西園寺公望) 내각에 의해 거부되면서, 특권 번벌세력들이 내각을 붕괴시키고 가쓰라 다로(桂太郞) 내각을 무리하게 조각한 것을 직접적 원인으로 일어났다. 그렇지만 그 이면에는 번벌세력의 정신적 지주인 메이지 천황의 죽음과 번벌세력의 법리와 원칙에 어긋나는 무리한 정국 운영에 대한 정당정치세력과 민중들의 반발이 내재해 있었다. 1912년 12월 정우회·

---

112) 松下芳男, 『日本軍閥の興亡』, 人物往來社, 1967 ; 季武嘉也, 『大正期の政治構造』, 吉川弘文館, 1999, 27~29쪽 ; 김종식, 『1920년대 일본의 정당정치』, 제이엔씨, 2007, 181~182쪽.

113) 升味準之輔 著, 이경희 역, 『일본정치사 Ⅱ』, 형설출판사, 1992, 71~167쪽 ; 宮地正人, 『日露戰爭後政治史の硏究』, 東京大學出版部, 1982, 274~293쪽 ; 橋川文三, 「근대 일본정치사의 전개」, 차기벽·박충석편, 『일본 현대사의 구조』, 한길사, 1983, 19~31쪽.

국민당·무소속의원과 언론인·지식인을 망라하는 헌정옹호회가 결성되어 '헌정옹호·벌족타파'를 기치로 반번벌·반원로귀족 운동이 광범하게 전개되었다. 광범한 민중의 지지 속에 운동이 폭동으로 발전될 기미가 보이자, 가쓰라 내각은 결국 총사직하게 된다. 그리고 번벌세력과 정당정치세력과의 타협 속에서 일종의 연합정권인 사쓰마번 출신 야마모토 곤베(山本權兵衛) 내각이 들어서게 된다.[114]

당시 '다이쇼정변', 또는 '제1차 호헌운동'이라 불리는 이 일련의 과정에서 주도적으로 나섰던 사람들이 후쿠자와 유기치(福澤諭吉)의 경응의숙 출신으로 오자키 유키오(尾崎行雄),[115] 이누카이 쓰요시(犬養毅)를[116] 중심으로

---

114) 升味準之輔 著, 이경희 역, 앞의 책, 210~242쪽 ; 坂野潤治, 『大正政變』, ミネルヴァ書房, 1982 ; 宮地正人, 앞의 책, 294~303쪽 ; 鹿野政直, 「大正デモクラシー」, 『日本の歷史』27, 小學館, 1981, 60~94쪽 ; 나리타 류이치 지음, 이규수 옮김, 『다이쇼 데모크라시』, 어문학사, 2012, 34~43쪽.

115) 오자키 유키오(尾崎行雄)는 1858년 12월 24일, 가나가와현(神奈川縣)에서 태어났다. 1874년에 후쿠자와 유기치(福澤諭吉)의 경응의숙에 입학하여 근대적 사상을 수학했으며, 1879년 후쿠자와의 추천으로『新潟新聞』의 주필이 되었다. 1882년 오쿠마 시게노부(大隈重信)가 입헌개진당을 창립할 때 적극 참여했으며, 1885년 동경부회 의원이 되었다. 1890년에 제1회 중의원의원 총선거에 당선되었고, 1898년 오쿠마 내각에서 문부대신이 되었다. 그렇지만 이른바 '공화연설'사건, 즉 금권정치의 폐해를 지적하면서 가정이라는 전제하에 일본에 공화제가 실시되면 미쓰이(三井)와 미쓰비시(三菱)가 유력한 대통령 후보를 배출할 것이라고 연설한 사건으로 사직하고 말았다. 1900년 이토 히로부미가 입헌정우회를 창립했을 때 참여했지만, 1903년에 정우회를 탈당하였고, 곧 이어 동경 시장에 당선되었다. 그는 1912~13년에 걸친 제1차 호헌운동에서 이누카이와 함께 '憲政二柱의 신'으로 불리며 적극적으로 운동을 주도했다. 1914년 제2차 오쿠마내각이 성립되자 법무대신이 되었다. 1920년에는 보통선거운동을 주도했으며, 1921년에는 군축운동을 전개하여 군비제한을 주장하는 결의를 국회에 제출하였으나 국회에서 부결되었다. 그렇지만 그는 단념하지 않고 단신으로 전국 유세를 다니면서 군축을 주장했다. 그는 일본의 군국주의화에 최후까지 저항했다. 1941년 80세가 넘는 나이에도 불구하고 일본·독일·이탈리아 삼국동맹 체결에 반대하여 대정익찬회를 공격하는 질문서를 고노에 후미마로(近衛文麿) 내각에 제출했다. 1942년 도조 히데키(東條英機) 내각에 공개장을 보내 익찬선거의 중지를 주장했다. 이 때문에 불경죄로 기소되어 감옥에 갇혔지만, 1944년 대심원에서 무죄 판결을 받았다. 전후에도 노령에도 불구하고 세계평화체제 건설에 대한 글을 쓰는 등, 활발하게 활동했다. 尾崎行雄記念財團(http://www.ozakiyukio. or.jp/)이 있다. 오자키의 생애와 활동에 대해서는 다음을 참조. 尾崎行雄, 『咢堂回顧錄』, 上·下,

한 과거 입헌개진당계열 정당정치가들이었다.[117] 그리고 이들의 배후에는 고준샤(交詢社)를[118] 중심으로 한 미쓰비시(三菱)계열의 자본가들이 있었다. 이들은 각종 언론 매체를 통해서 또한 항의집회와 연설회 등을 통해

雄鷄社, 1951 ; 伊佐秀雄, 『尾崎行雄傳』, 尾崎行雄傳刊行會, 1951. 新裝版人物叢書, 吉川弘文館, 1987 ; 尾崎行雄, 『民權鬪爭七十年』, 讀賣新聞社, 1952 ; 志村武, 『平和と自由の理想に燃えて−民主主義と議會政治の父·尾崎行雄−』, PHP研究所, 1983 ; 相馬雪香·富田信男·靑木一能編, 『咢堂尾崎行雄』UP選書, 慶應義塾大學出版會, 2000 ; 西川圭三, 『愕堂.尾崎行雄の生涯』, 論創社, 2009.

116) 이누카이 쓰요시(犬養毅)는 1855년 6월 4일에 오카야마(岡山)현 오카야마(岡山)시에서 태어났다. 후쿠자와 유키치의 경응의숙에 입학하였지만, 중도에 퇴학했다. 동해경제신보 기자로 있다가 1882년 오쿠마 시게노부가 입헌개진당을 창립하자 입당하여 적극 활동했다. 1890년 제1차 중의원선거에 당선되었고, 이후 42년 동안 18회나 중의원에 당선되었다. 1898년 제1차 오쿠마 내각의 문부대신 오자키 유키오가 이른바 '공화연설'사건으로 사직하자, 후임 문부대신이 되었다. 1912년 제1차 호헌운동에서는 입헌국민당의 지도자로서 오자키와 함께 운동을 주도했다. 그렇지만 입장의 차이로 오자키와 결별하고 대립하게 된다. 1922년 제2차 야마모토 내각에서 문부상과 체신상을 겸임했다. 그는 혁신구락부를 이끌고 1924년 제2차 호헌운동에 참여하였고, 이후 결성된 호헌3파 내각에서 체신상이 되었다. 그렇지만 그는 소수정당의 한계를 느끼고 1925년 5월, 그가 이끌던 혁신구락부를 보수정당인 정우회와 통합시켰다. 당시 2개의 당으로 분열되어 제1당의 지위를 상실한 정우회는 육군과 조슈벌의 실력자인 다나카 기이치를 1925년 총재로 받아들이면서 급속히 보수화되고 있었다. 다나카가 1929년 죽자, 그 뒤를 이어 정우회 6대 총재에 취임했다. 1931년 12월에는 제29대 내각총리대신에 취임하여 '금수출 재금지 정책'을 단행했다. 그는 파시즘배격과 군부에 끌려가지 않는 외교정책을 펼치려 했지만, 결국 1932년 5·15사건으로 군부에 암살당하고 말았다. 이누카이의 생애와 활동에 대해서는 다음을 참조. 片山景雄編, 『木堂犬養毅』, 日米評論社, 1932 ; 戶川猪佐武, 『犬養毅と靑年將校』, 講談社, 1982 ; 時任英人, 『明治期の犬養毅』, 芙蓉書房出版, 1996 ; 御厨貴監修, 『歷代總理大臣傳記叢書』제20권, ゆまに書房, 2006 ; 小林惟司, 『犬養毅-黨派に殉ぜず 國家に殉ず-』, ミネルヴァ書房, 2009.

117) 中村菊男, 「자유주의와 국가주의의 갈등」, 차기벽·박충석편, 앞의 책, 88~89쪽 ; 大日方純夫, 『自由民權運動と立憲改進黨』, 早稻田大學出版部, 1991, 261~331쪽.

118) 1880년에 후쿠자와가 제창하여 결성한 일본 최초의 실업가 사교구락부. 경응의숙 출신들을 중심으로 일반가입자를 받아들여 운영되었다. 자유민권운동이 활발하던 메이지시대 말기 헌법제정이 과제로 되었을 때, 헌법안인 交詢社헌법을 발표하는 등 적극적으로 사회적 발언을 했다. 한동안 소강상태에 있다가 제1차 호헌운동이 발발하자 거점이 되었다. 『交詢雜誌』를 1880년에서 1897년에 걸쳐 발행하였고, 1889년부터는 현재에 이르기까지 『日本紳士錄』을 간행했다. 재단 법인화되어 현재까지도 존속하고 있다.

군부·귀족원·관료조직을 장악하고 있던 야마가타 아리토모 등 번벌세력을 맹렬히 비난하였고, 각 도시의 상공회의소도 이에 동참했다. 이들은 번벌·귀족들의 특권을 배제하고 자유로운 경쟁의 보장과 의회를 통해 정치적 우열이 가려지는 부르주아민주주의 정치질서를 희구했다.[119)

　　제1차 호헌운동을 계기로 하여 '다이쇼 데모크라시'라고 불리는 사회분위기가 형성되기 시작했다.[120) 이전의 자유민권운동 시기에도 의회민주주의 체제 및 정당정치에 근간한 근대적 정치체제의 수립, 언론의 자유와 여론에 기반한 정치사회체제의 요구와 운동은 있었다. 그러나 이는 소수의 근대적 자각을 가진 정치인, 지식인에 한정된 것이었다. 그렇지만 이 시기에 오면 교육기회의 확대로 크게 저변이 넓어져 많은 청년들이 참여했다. 이들은 특권적 사회질서와 체제를 타파하고 입헌주의적 근대 국민국가체제와 새로운 질서를 꿈꾸며 사회 변화에 적극 참여하기 시작했다. 더 나아가 정치·사회·예술의 각 분야에서, 그리고 학문과 운동의 영역에서 민주주의적 가치를 지향하는 움직임과 운동이 전개되었다. 이런 변화의 물결은 광범한 대중적 기반위에서 전개되었기 때문에,[121) 정당정치가, 지식인, 청년들의 근대적

---

119) 榮澤幸二, 『大正デモクラシー期の政治思想』, 硏文出版, 1981, 12~32, 109~206쪽.

120) 다이쇼 데모크라시의 대표적 언론인 중 한 사람인 마루야마 칸지(丸山幹治)는 "다이쇼와 메이지 사이에 국민사상의 구분을 명확히 하는 것은 합리적이진 않겠지만, 우리들은 까닭모를 신시대의 기운을 느낀다. … 특히 메이지 말기에 발흥한 민중적 경향이 다이쇼에 들어서 한층 선명한 색채를 띠고 정치상에 나타나는 것을 간과할 수 없다. 사단증설문제에 대한 국민적 반항과 같이 결코 사건적으로는 시끄럽진 않아도 그 저변에 흐르는 사상은 세계 사조(思潮)와 통하고 있는 것이다"라고 당시의 변화된 시대분위기를 말했다. 「民衆的傾向と政黨」, 1913년 1월.

121) '다이쇼 데모크라시' 시기의 대중적 움직임을 중시하는 연구로는 마쓰오 다카요시(松尾尊兌)와 긴바라 사몬(金原左門)의 일련의 연구들을 참조. 松尾尊兌, 『大正デモクラシーの研究』, 靑木, 1966 ; 松尾尊兌, 『大正デモクラシー』, 岩波書店, 1974 ; 松尾尊兌, 『普通選擧制度成立史の研究』, 岩波書店, 1989 ; 松尾尊兌, 『大正デモクラシーの群像』, 岩波書店, 1990 ; 松尾尊兌, 『大正時代の先行者たち』, 岩波書店, 1993 ; 松尾尊兌, 『民本主義と帝國主義』, みすず書房, 1998 ; 金原左門, 『大正デモクラシーの社會的形成』, 靑木書店, 1967 ; 金原左門, 『大正期の政黨と國民 : 原敬內閣下の政治過程』, 塙書房, 1975 ; 金原左門, 鹿野政直, 松永昌三 共著, 『近代日本の民衆運動と思想』, 有斐閣, 1977 ; 金原左門, 『大正デモクラシー』, 吉川弘

자각과 인식의 확대는 폭넓게 진행되었다.

그리고 요시노 사쿠조(吉野作造), 우키타 가즈타미(浮田和民), 다카다 사나에(高田早苗), 오야마 이쿠오(大山郁夫), 미노베 다쓰키치(美濃部達吉) 등의 지식인들은 『第三帝國』, 『中央公論』, 『太陽』 등의 언론매체를 통해 일본 특유의 민주주의의 사상을 주장함으로써 당시 부르주아 정당정치세력에게 이념적 기반을 제공했다. 그중 대표적인 것이 민본주의 사상이었다.[122] 또한 그들은 현재 전 인구의 1%에 불과한 중의원 유권자 수의 대폭 확대를 요구하는 보통선거제 실시, 각종 정치적 자유 획득을 주장했다.[123]

이런 가운데 1910년대 후반 들어 국내외적으로 정세가 크게 변동하면서 일본의 정치구조도 일정하게 변화하기 시작했다. 우선 제1차 세계대전을 계기로 국제정세가 급변했다. 제1차 세계대전은 발발 초기만 해도 제국주의 열강간의 이권을 둘러싼 제국주의 전쟁이었다. 일본은 제1차 대전을 기회로 본격적인 대륙진출을 꾀했다. 서구열강이 유럽에서의 전쟁에 몰두해 있을 때를 이용하여, 만주와 몽고에서의 이익을 확보하고 중국에서의 세력범위를 확대했다.[124] 일본은 제1차 세계대전을 계기로 경제가 비약적으로 성장

文館, 1994 ; 나리타 류이치 지음, 이규수 옮김, 『다이쇼 데모크라시』, 어문학사, 2011.

122) 민본주의에 대해서는 다음의 연구들을 참조. 松本三之介, 「'民本主義'の構造と機能-吉野作造を中心に」, 『近代日本の政治と人間-その思想史的考察』, 創文社, 1966 ; 최상룡, 「大正데모크라시와 吉野作造」, 『아세아연구』 76호, 1986 ; 최상룡, 「吉野作造의 정치사상에 관한 소고」, 『동아연구』 12집, 1987 ; 井出武三郎, 『吉野作造とその時代 : 大正デモクラシーの政治思想斷章』, 日本評論社, 1988 ; 三谷太一郎著, 『大正デモクラシー論 : 吉野作造の時代』, 東京大學出版會, 1995 ; 松岡八郎著, 『吉野作造の政治理論とキリスト敎 : その民本主義の政治理論的基礎』, 駿河台出版社, 1995 ; 松尾尊兌, 『民本主義と帝國主義』, みすず書房, 1998 ; 한정선, 「다이쇼 민본주의 재평가」, 『동양사학연구』 87집, 2004 ; 한상일, 『제국의 시선』, 새물결, 2005 ; 田澤晴子, 『吉野作造-人世に逆境はない』, ミネルヴァ書房, 2006 ; 이수열, 「大正デモクラシーの國家觀と州權論」, 『일어일문학』 36, 2007 ; 이수열, 「吉野作造の主權論-民主主義と民本主義のあいだ」, 『동북아문화연구』 13, 2007.

123) '다이쇼 데모크라시' 시기 일본에서의 보통선거제론의 형성과 전개과정에 대해서는 김종식, 「근대일본 보통선거론의 전개와 그 귀결」, 『史林』 18, 2002, 127~150쪽 ; 김종식, 앞의 책, 2007, 25~92쪽.

했고, 세계열강으로 발돋움했다.[125]

　그런데 제1차 세계대전의 말미에 일어난 러시아혁명은 전쟁의 구도를 바꾸어 놓았다. 혁명성공 후 볼셰비키 정부는 무배상·무병합 원칙에 따른 교전국의 즉각 휴전을 요구하는 '평화에 관한 포고'를 발표하는 한편, 민족자결 원칙을 내세워 전 세계 피억압 약소민족의 독립 욕구를 자극했다.[126] 러시아혁명의 결과로 출범한 소련정권은 정권 초기 자본주의 국가들의 포위와 간섭에 대응하기 위하여 극동지역의 사회주의운동과 민족운동을 적극 지원하기 시작했다. 1919년 3월 코민테른의 창립, 1920년 7월의 코민테른 제2차 대회의 「민족·식민지문제에 대한 테제」 채택과 민족부르주아운동에 대한 긍정, 1922년 1월 '극동인민대회' 개최 등을 통해 식민지 민족운동의 지지와 지원을 가시화했다. 코민테른의 민족문제 지원 표명은 식민지 반식민지 약소국가 민족주의자들이 사회주의자로 변신하는 데 한 원인이 되었다. 이런 결과 사회주의는 자본주의체제에 대한 새로운 대안체제로 등장했으며, 지식인과 피억압 대중에게 광범하게 전파되었다. 이러한 코민테른의 활동과 사회주의 사상의 급격한 확산은 일본의 특권세력과 부르주아정당정치세력 모두에게 커다란 위기감을 불러일으켰다.

　1918년 1월 발표된 윌슨 미대통령의 '14개조 선언'은 다분히 소련 정부를 겨냥한 것이었다. 때문에 종래 제국주의전쟁의 전후 조치로는 기대할 수 없었던 민주주의와 민족자결의 내용이 포함되게 되었다. 선언은 공개적인

---

124)　제1차 세계대전기의 일본의 대륙정책과 외교관계에 대해서는 다음을 참조. 佐藤誠三郎, 「協調と自立の間-日本」, 日本政治學會 編, 『年報政治學-國際緊張緩和の政治過程』, 岩波書店, 1969, 99~144쪽 ; 安藤實, 「第一次世界大戰と日本帝國主義」, 『岩波講座日本歷史 18』, 岩波書店, 1975, 1~43쪽 ; 池井優, 『三訂 日本外交史槪說』, 慶應通信, 1992, 117~128쪽 ; 전상숙, 「파리강화회의와 약소민족의 독립문제」, 『한국근현대사연구』 50, 2009, 10~17쪽.

125)　당시 일본의 원로였던 이노우에 가오루(井上馨)는 제1차 대전에 대해 "大正新時代의 天佑"라고 한 것에서 단적으로 드러난다. 가토 요코(加藤陽子) 지음, 박영준 역, 『근대 일본의 전쟁논리』, 태학사, 2003, 162쪽 재인용.

126)　김성윤 엮음, 『코민테른과 세계혁명』 I, 거름, 1986, 58~64쪽.

강화협약 이후 비밀외교의 종식을 선언하면서 종래의 비밀외교와 강대국 간의 세력 균형에 의한 세계분할을 부정하고, 모든 영토와 주권이 각 민족에게 귀속되며, 영토문제의 해결은 관계 국민의 이해와 복지, 의사에 따라 결정되고, 강대국과 약소국 모두의 정치적 독립과 영토보전을 상호간에 보장하기 위한 국제연맹의 필요성을 제기했다.[127] 이에 따라 선언에서는 식민지 주권 문제를 결정할 때, 이와 관련된 주민들의 이익은 앞으로 지위가 결정될 정부의 정당한 권리 주장과 동등하게 중요한 것으로 다룬다는 원칙을 엄격히 준수하며, 식민지의 요구를 자유롭고 편견 없고 또한 절대적으로 공평하게 조정한다는 것을 표명했다. 이런 주장은 식민지 피압박 민족들에게는 식민지 제민족의 자결을 의미하는 것으로 받아들여졌다.[128] 그것이 "명료하고 의문의 여지없이 실행될 것"으로[129] 기대하였으므로 조선을 비롯한 전 세계에서 민족운동이 고양되는 계기가 되었다.[130]

1918년 10월 27일, 독일이 미국이 제시한 조건을 무조건 수락함으로써 11월 11일 휴전조약이 체결되고, 제1차 세계대전은 종전을 고했다. 그리고 전후처리를 위해 1919년 1월 18일 파리강화회의가 개최되었다. 이런 독일과의 휴전협정과 파리강화회의의 기본 원칙으로 적용된 것은 윌슨의 '14개조 선언'이었다. 그렇지만 파리강화회의 기간과 그 결과로 6월 28일 체결된

---

127) Henry Steele Commager 지음, 한국미국사학회 엮음, 「윌슨의 14개조」, 『사료로 읽는 미국사』, 궁리, 2006, 283~286쪽.

128) 전상숙, 앞의 글, 2009, 19쪽.

129) 野澤豊 외, 박영민 역, 『아시아민족운동사』, 백산서당, 31~32쪽.

130) 윌슨의 민족자결선언과 한국 독립운동과의 관련에 대해서는 다음의 연구들을 참조. 국제역사학회한국위원회, 『한미수교100년사』, 1982 ; 한국사연구협의회, 『한영수교100년사』, 1984 ; 최종고, 『한독수교100년사』, 한국사연구협의회, 1984 ; 박태근, 『한러관계100년사』, 한국사연구협의회, 1984 ; 한국정치외교사학회편, 『한국독립운동과 열강관계』, 평민사, 1985 ; 한국사연구협의회, 『한불수교100년사』, 1986 ; 신재홍, 「대한민국임시정부외교사연구」, 경희대 박사학위논문, 1988 ; 한국역사연구회 편, 『3·1민족해방운동 연구』, 청년사, 1989 ; 정용대, 『대한민국임시정부외교사』, 한국정신문화연구원, 1992 ; 전상숙, 「제1차 세계대전 이후 국제질서의 재편과 민족 지도자들의 대외인식」, 『한국정치외교사논총』 제26집 1호, 2005.

베르사유 강화조약을 통해 윌슨의 선언이 "승자를 위해서만 작용"하는 것이 명확해졌다.[131] 민족자결권의 대상이 "전쟁의 결과 국제적인 고려사항이 될 독일 식민지와 기타 식민지를 뜻한다"고 하여 전승국의 식민지와는 상관없음을 분명히 했다.[132] 또한 중국 산둥(山東)지역에서의 일본의 권익을 추구하는 일본의 요구가 관철되었고, 이는 중국 5·4운동으로 연결되었다.

이러한 역사적 한계에도 불구하고 러시아 10월혁명의 성공으로 제정러시아가 무너지고 소비에트러시아가 수립된 것, 그리고 미국 윌슨 대통령이 '14개조 선언'을 제창한 것, 1차 세계대전의 결과로 독일과 오스트리아에서 군주체제가 몰락하고 민주공화제가 수립된 것, 독일 식민지들이 독립한 것 등의 일련의 과정을 거치면서 민주주의가 세계의 피할 수 없는 대세로 세계의 지식인과 민중들에게 인식되게 되었다. 소위 '데모크라시', 민주주의의 바람이 전 세계적으로 크게 불기 시작한 것이다.

이는 당장 일본의 정계와 사회에도 큰 영향을 미쳤다. 특히 러시아, 독일, 오스트리아에서 군주제 붕괴는 일본 특권세력에게는 큰 위협이 되는 것이었다. 메이지 천황제에 근거하여 특권적 권리를 누리는 번벌세력들은 위기에 직면했음을 실감했다. 동시에 일본의 경제성장을 배경으로 급속히 성장하던 신흥자본가들을 배경으로 일본 정당정치세력에게는 정치체제 변화의 기대가 높아 갔다.

1918년 8월에 쌀값 등귀를 계기로 전국적으로 '쌀소동'으로 일컬어지는 대규모 민중소요가 자발적으로 일어났다. 그리고 쌀소동을 수습하는 과정에서 조슈·야마가타벌의 실력자인 데라우치 마사타케(寺內正毅) 내각이 물러나고, 9월 27일 정우회 총재인 하라 다카시(原敬)가 조각을 하게 되었다. 하라 내각은 육군과 해군, 외무 세 명의 대신을 제외한 모든 각료를 정우회

---

131) 피에르 르누벵, 김용자 역, 『제1차 세계대전』, 탐구당, 1985, 152쪽.
132) 프랑크 볼드윈, 「윌슨 민족자결주의, 3·1운동」, 『3·1운동 50주년 기념논문집』, 동아일보사, 1969, 521~522쪽.

회원으로 임명한 최초의 본격적인 정당내각이었다.[133] 하라 내각은 보통선거권 확대에 대한 요구에 대해, 선거권 자격을 약간 확대한 선거법 개정과 소선거구제 변경으로 대응했고, 일정한 성공을 거두었다.[134]

하라는 안정적인 정당정치와 정당내각의 재생산을 위해 다방면에서 번벌세력을 압박했다. 메이지시대 후기부터 수 십 여년에 걸쳐 일본 정국에 막강한 실권을 휘둘렀던 야마가타는 당시 80세가 넘는 고령이었고, 1919년에 2월에 폐렴으로 쓰러져 생사의 기로에 서는 등, 노환으로 적극적으로 정국을 주도하기 어려웠다. 야마가타벌은 야마가타를 정점으로 간부들이 그와 사적인 관계로 유지된 측면이 강했다. 1919년 11월에 야마가타 다음 실력자인 데라우치가 먼저 병으로 죽으면서, 야마가타벌 전체를 아우를 후계자도 없었다. 때문에 야마가타가 노쇠하자 자연히 원심력이 강해지면서 분열되어 약화될 수밖에 없었다. 번벌세력들은 민주주의의 압력에 따라 정당정치를 받아들일 수밖에 없다는 것을 자각하였다.[135] 이에 정우회와 제휴했다.[136]

---

133) 하라가 조각을 하게 된 것은 원로인 야마가타, 마쓰카타 마사요시(松方正義), 사이온지 긴모치(西園寺公望) 등이 사태를 수습하기 위해서는 번벌출신 내각으로는 불가능하다는 데 합의하였고, 하라가 당시 일본 최대의 실력자인 야마가타와 긴밀한 관계를 유지하고 있었기 때문이다. 村井良太, 『政黨內閣期の成立 1918-27』, 有斐閣, 2005, 36~39쪽 ; 야스다 히로시 지음, 하종문·이애숙 옮김, 『세 천황 이야기』, 역사비평사, 2009, 216쪽.

134) 1919년 5월 23일 선거법개정을 통해 전 인구의 1%에서 전 인구의 5%인 300여만 명으로 유권자 수가 확대되었다. 그렇지만 신규 유권자의 대다수는 농촌지역의 중소지주층으로 소선거구제로의 선거구 변경와 함께 정우회의 정치적 기반을 크게 확대시켰다. 1920년 5월 10일의 중의원 총선거에서 정우회는 전의석의 60%이상을 점하는 대승을 거두었다. 김종식, 앞의 책, 45~47쪽.

135) 당시 야마가타는 "보통선거론은 도저히 막을 수 없는 것이다. 요는 점차 실시해서 우리 국체에 융합시켜야 하는 것이다."라고 하여 변화를 일정하게 받아들이는 모습을 보이게 된다. 內田嘉吉編, 『田健治郎傳』, 田健治郎傳記編纂會, 1931, 362쪽.(김종식, 앞의 책, 2007, 54쪽에서 재인용)

136) 하라와 야마가타의 관계에 대해서는 다음 참조. 川田稔, 『原敬と山縣有朋』, 中空新書, 1998.

1922년 2월 최대 번벌 원로 야마가타 아리토모가 죽자, 특권 번벌체제는 사실상 해체되었다. 전 세계적 차원에서의 민주주의의 고양, 다이쇼 데모크라시로 상징되는 일본 내에서 민주주의적 사상의 광범한 확산, 노동자·농민 등 민중의 성장, 보통선거권 요구의 확산 속에서 정당정치는 이제 일본 정치의 대세가 되었다.

2. 일본 유학과 '다이쇼 데모크라시'의 경험

1920년대 전반 정치적으로 형성된 민족주의세력의 주요 인물들은 대개 일본 유학의 경험을 갖고 있었다. 동아일보 관련자로서 김성수, 장덕수, 박이규, 최두선, 김양수, 선우전, 현상윤, 양원모, 김종필, 이광수 등은 1910년대 와세다(早稻田) 대학 출신이고, 민태원, 최원순, 고영환, 함상훈 등은 1920년대 와세다 대학을 다녔다. 송진우, 김병로, 현준호, 신구범, 백관수 등은 1910년대에 메이지(明治) 대학을 다녔다. 그 외에도 신석우, 백남훈, 신익희, 안재홍(이상 와세다 대학), 조만식, 조소앙, 이인(이상 메이지 대학), 김도연(게이오 대학) 등 민족주의세력의 대부분은 일본 유학의 경험을 공유하고 있었다.[137]

이들은 일본 유학시절부터 재동경조선유학생학우회(이하 학우회)를 중심으로 서로 교류하면서 잡지 『학지광』을 발간하고, 강연회 등을 여는 등 활발하게 활동했다.[138] 초기 학우회의 발족과 『학지광』의 발간을 주도한

---

137) 당시 재일 조선인 유학생에 대해서는 다음 참조. 김광열, 「大正期 日本의 社會思想과 在日韓人」, 『日本學報』 제42집, 1996 ; 박찬승, 「1910년대 도일 유학과 유학생활」, 『호서사학』 34, 2003 ; 박찬승, 「식민지 시기 도일 유학생과 근대 지식의 수용」, 『지식변동의 사회사』, 문학과지성, 2003, 177~181쪽 ; 이철호, 「1910년대 후반 도쿄 유학생의 문화 인식과 실천」, 『한국문학연구』 35집, 2008, 328~330쪽.

138) 학우회에 대해서는 김인덕, 「학우회의 조직과 활동」, 『국사관논총』 66, 1995 참조.

것은 송진우와 김병로였다.[139] 이어 백남훈, 신익희, 박이규, 장덕수, 노익근, 현상윤, 최팔용, 김도연 등이 뒤를 이었다.[140]

이들이 유학을 했던 1910년대에서 20년대 전반까지의 시기의 일본은 다이쇼 데모크라시 시기로 조선의 유학생들은 이러한 동향에 상당한 영향을 받고 있었다. 1912년 12월부터 시작된 제1차 호헌운동은 재일조선인 유학생들에게 민주주의 이념과 가치, 대중적 정치운동을 몸으로 경험하고 체득하게 하는 최초의 계기였다. 앞서 살펴본 오자키 유키오와 이누카이 쓰요시를 중심으로 한 정당정치세력과 지식인들은 각종 언론매체를 통해, 또한 각종 집회와 연설회를 통해 일본의 번벌세력을 맹렬히 비난하고, 민주주의적 정치질서를 역설했다. 제1차 호헌운동은 가쓰라 다로(桂太郎) 내각이 사퇴하는 1913년 2월에 끝났다. 그러나 번벌세력과 정우회세력의 타협 속에서 사쓰마번(薩摩藩) 출신 야마모토 곤베(山本權兵衛) 내각이 들어섰고, 그 때문에 번벌 특권정치를 비판하는 여론과 각종 연설회와 집회는 계속되었다.[141]

---

139) 학우회의 창립과정에 대해서 학우회 자신의 『학우회창립약사』에서는 1912년 가을, 철북친목회 등 7개 단체가 회동하여 유학생총단체를 조직했다고 하고 있다.(『학지광』 제3호, 1914년 12월호). 고하송진우전기에서는 송진우가 평남의 조만식, 경기출신 안재홍 등과 협의하여 지역별 유학생 단체들의 연합체로 조선유학생친목회를 1912년 10월 28일 발족했다고 한다. 송진우는 친목회의 총무로서, 그리고 친목회 산하 분회인 호남유학생다화회 회장으로 모임을 주도했다. 그리고 조선유학생친목회의 기관지로 『학지광』을 창간했다고 한다.(고하선생전기편찬위원회, 『독립을 향한 집념-고하송진우전기』, 동아일보, 1990, 78~80쪽). 대체로 7개 단체 연합회로 출발했다가 어느 시점에서 학우회로 이름을 바꾸었고, 1916년 1월에 이르러 각 지역별 분회를 해산하고 중앙통일제로 개편한 것으로 보인다. 송진우는 1915년까지의 일본유학생 졸업자 5백여 명중 대학본과를 졸업한 단 9명에 해당될 뿐 아니라, 재일유학생 사회에서 리더 역할을 수행했다.(「일본유학생사」, 『학지광』 총6호, 12쪽). 한편 김병로는 『학지광』 1호와 2호의 편집 겸 발행인이었는데, 송진우는 「도덕론」이라는 두드러진 장편논문을 실었다고 한다.(김병로, 「방랑, 교수, 변호사」, 『삼천리』 제2호, 1929년 9월, 34쪽). 황석우는 초기 『학지광』이 송진우의 개인잡지였다고 회고하고 있다.(황석우, 「반도에 幾多人材를 내인 영·미·로·일 유학사-동경유학생과 그 활약-」, 『삼천리』 제5권 제1호, 1933년 1월, 25쪽).

140) 학우회의 조직 전개과정에 대해서는 김인덕, 앞의 글 120~124쪽 참조.

141) 야마모토 내각 하에서는 지멘스사건에서 볼 수 있는 군비확장과 관련된 해군내의

재일유학생의 상당수는 이런 사회변화를 몸소 보고, 듣고 경험하고 있었다. 송진우는 당시 일본에서 개최되는 각종 정치연설회에 적극적으로 참여하고, 각종 신문과 잡지를 애독하는 것으로 유명했다. 송진우전기에서는 이를 다음과 같이 설명한다.

"그런데 이 연설회 경청은 유학생 중 그 누구도 고하(古下)를 따르지 못했다. 대학 강의를 거르면서까지 찾아다니는 그는 밤에 그의 하숙집에 들리면 낮에 들었던 연설 요지를 마치 연사라도 된 듯 열띤 목소리로 흉내 냈다. 또한 그의 하숙방에는 항상 신문 잡지 등에 실린 논설들이 어지럽게 나딩굴었다."[142]

송진우만큼은 아니어도 20대의 혈기왕성한 유학생들이 이에 관심을 갖고 참여하는 것은 일반적이었고, 또한 그들에게 미치는 영향도 적지 않았다. 제1차 호헌운동을 계기로 형성된 '다이쇼 데모크라시'를 주도한 것은 대학과 언론계에 기반을 둔 지식인과 언론인들이었다. 재일유학생의 다수가 다닌 와세다 대학에서는 정치학의 다카다 사나에(高田早苗), 우키타 가쓰타미(浮田和民), 오야마 이쿠오(大山郁夫), 경제학의 아마노 다메유키(天野爲之), 아베 이소오(安部磯雄), 식민지정책학의 나가이 류타로(永井柳太郎), 역사학의 우치가사키 사쿠사부로(內崎作三郎) 등이 주도적 역할을 했다.[143]

부패가 만연했다. 때문에 이에 대한 정부의 책임을 추궁하는 운동이나 영업세를 중심으로 하는 악세폐지운동이 제1차 호헌운동의 연장선상에서 광범한 국민의 지지를 받으면서 동지회(同志會)와 국민당을 중심으로 전개되었다. 이는 야마모토 내각이 무너지고 오쿠마 시게노부(大隈重信) 내각이 탄생하는 1914년 7월까지 계속되었다. 나리타 류이치 지음, 이규수 옮김, 앞의 책, 34~42쪽.

142) 고하선생전기편찬위원회, 앞의 책, 82~83쪽.

143) 와세다 대학의 학풍과 학문별 주요 인물에 대해서는 다음 참조. 早稻田大學70周年記念 社會科學部門編纂委員會編, 『近代日本の社會科學と早稻田大學』, 早稻田大學, 1957 ; 早稻田大學 社會科學硏究所編, 『近代日本と早稻田の思想群像』, 早稻田大學出版部, 1981.

도쿄제국대학에서는 정치학의 미노베 다쓰키치(美濃部達吉), 요시노 사쿠조(吉野作造), 철학의 구와키 겐요쿠(桑木嚴翼), 게이오 대학에서는 후쿠다 도쿠조(福田德三) 등의 지식인들이 주도적 역할을 담당했다. 그리고 『주오코론(中央公論)』의 다키타 데쓰타로(瀧田哲太郎), 『오사카 아사히신문(大阪朝日新聞)』의 도리이 데루오(鳥居赫雄), 하세가와 료제칸(長谷川如是閑) 등의 언론인도 주축이 되어 신문과 잡지의 각종 논설을 통해 일본 특권정치를 비판하고 민주주의 사상을 확산시켰다.

이들의 비판은 1916년 10월 오쿠마 내각이 물러나고, 조슈·야마가타벌의 실력자인 데라우치 마사타케 내각이 들어서면서 한층 강화되었다. 그들은 정당정치에 기초하지 않은 비입헌적 내각 수립을 공격함과 동시에 대중국 정책과 시베리아 출병 문제 등에 대해 강하게 비판했다. 그들은 번벌 내각의 언론탄압에 맞서 적극 대항했다. 또한 이들은 1918년 8월에 쌀값 등귀를 계기로 전국적으로 '쌀소동'이 일어나자, 정당정치세력과 연대하여 원로의 폐지, 군대대신 무관제의 폐지, 정당내각제의 확립, 노동조합의 자유 등을 주장하면서 특권 번벌세력을 압박했다.[144] 그 결과 데라우치 내각은 물러날 수밖에 없었고, 정우회 하라 내각이 성립하게 되었다. 다이쇼 데모크라시는 1918년 8월 특권세력의 언론탄압과 『오사카 아사히신문』 필화사건에 대한 대처, 1918년 11월 로닌카이(浪人會)와 요시노 사쿠조와의 입회연설회에서의 격돌 등을 계기로, 1918년 12월, 요시노와 후쿠다 도쿠조의 주동에 의해 레이메이카이(黎明會)가 결성되면서 전기를 이루게 된다.[145]

---

144) 井上淸·渡部徹編著, 『米騷動の硏究』 5, 有斐閣, 1975.

145) 여명회는 요시노와 후쿠다 외에 오야마 이쿠오, 호즈미 시게토(穗積重遠), 도모나가 산주로(朝永三十郎), 니토베 이나조(新渡戶稻造), 다키타 데쓰타로, 소다 기이치로(左右田喜一郎), 아소 히사시(麻生久), 모리토 다쓰오(森戶辰男) 등이 주요 회원으로 창립되었다. 조직의 목표인 '대강(大綱)'에서는 ① 일본국의 본령을 학리적으로 천명하여 세계 인문의 발달에 있어서 일본의 독특한 사명을 발휘할 것. ② 세계 대세에 역행하는 위험한 완명사상(頑冥思想)을 박멸할 것. ③ 전후 세계의 새로운 추세에 순응하여 국민생활의 안고충실(安固充實) 등의 3원칙을 주장했다.

그런데 다이쇼 데모크라시의 주도 인물들은 당시 재일조선인유학생들과 상당한 관계를 맺고 있었다. 우선 재일 조선인유학생들이 가장 많이 다니던 와세다 대학에는 다이쇼 데모크라시의 주요 이론가들이 교수로 재직하면서 자신의 이론과 이념을 학생들에게 가르치고 있었다.[146] 한편 다이쇼 데모크라시의 대표적 이론가인 요시노 사쿠조는 1913년 9월, 재일조선인유학생 김우영과 처음 만난이래, 장덕수, 백남훈, 김성수, 송진우, 최두선, 현상윤 등과 만났고, 1917년 이후부터는 빈번하게 재일유학생들과 교유했다.[147] 요시노는 1917년 2월에는 동경기독교청년회 주최의 명사초청 강연회에서 「조선청년과 기독교」란 제목으로 강연하였고, 동년 4월에도 강연하였으며, 1918년 1월에는 「전후경성(前後警醒)」이란 제목으로 강연했다.[148] 또한 요시노와 함께 다이쇼 데모크라시의 대표적 이론가인 오야마 이쿠오도 1917년 10월 27일 동경기독교청년회 주최 명사초청 강연회에서 강연했다.[149]

요시노의 영향 하에 있던 도쿄대학 법학부의 급진적 학생조직인 신인회(新人會)는 당시 학우회 회장이자 도쿄조선기독교청년회의 부회장인 김준연을 비롯한 김우영 등을 회원으로 입회시켰다. 신인회는 기관지『데모크라

---

146) 김성수는 "대학시대에 내가 가장 흥미와 열심을 기우린 학과는 경제과이었다. 그때의 교수는 浮田和民氏든가 식민정책은 지금 척무대신으로 잇는 永井柳太郎氏가 가르쳤고 高田早苗, 塩澤昌貞, 田中穗種등 제박사가 정치사와 기타 각과를 가르첫다. 총장 大隈伯은 직접 교수는 아니 했다. 그렇지만 우리들 학생을 강당에 모아놓고 가끔 연설을 했다. 웅변굉사라 할 그의 말, 滿堂 청중을 먼저 삼켜놓고 보는 그 태도 등 퍽이나 윤곽이 큰 사람이구나 하는 인상을 받았었다. 그러나 정직하게 말하여 나는 大隈伯의 사상이나 그의 학설에 그렇게 크게 공명을 느꼈거나 감화를 받은 것은 아니었다."라고 회고하고 있다.(김성수, 「대학시대의 학우들」,『삼천리』 제6권 5호, 1934년 5월, 97쪽) 유광열은 장덕수에 대해 "와세다 학창에서 배운 바 부르조아 자유주의를 전매특허나 얻은 듯이 羊羊自得하게 동아일보 지상에 쓰고"있다고 평했다.(유광열, 「동아일보 부사장 장덕수론」,『혜성』제1권 8호, 1931년 11월, 35쪽)

147) 요시노와 만난 재일조선인 유학생들에 대해서는 松尾尊兌, 「吉野作造と朝鮮・再考」, 『朝鮮史研究會論文集』35, 1997, 8쪽 표 참조.

148) 『學之光』12호, 13호, 15호 각 호 소식.

149) 『學之光』14호, 76쪽.

시』를 통해 조선병합과 헌병정치를 비판하고, 재일조선인 학생과의 연대를 표명했다.[150] 또한 1919년 4월에는 변희용, 백남훈, 김준연, 최승만 등 수 명이 요시노가 주도한 여명회에 참여했다.[151] 여명회는 1919년 1월부터 1920년 4월까지 월 1회 민본주의와 문화주의에 대한 강연회를 개최했다.[152] 다이쇼 민주주의 이론가들이 재일조선인 유학생들에 끼친 영향은 무시할 수 없는 것이었다. 그리고 이들과 깊이 연결되어 있는 헌정회계열의 일본 정당정치세력과 조선의 민족주의세력은 일정한 관계가 형성되기 시작했다.

---

150) 마쓰오 다카요시(松尾尊兌) 지음, 오석철 옮김, 『다이쇼 데모크라시』, 소명출판, 2011, 306쪽.
151) 朴慶植 編, 『在日朝鮮人關係資料集成』 1, 三一書房, 1979, 145쪽.
152) 김광열, 「대정기 일본의 사회사상과 재일한인」, 『일본학보』 제42집, 1996, 341~342쪽.

5장 신자유주의(New Liberalism)의 수용

일제하 민족주의세력의 정치사상과 이념을 어떻게 이해할 것이냐는 관련해서는 그동안 여러 논의가 있어왔다. 보수주의와 자유주의, 국가주의, 그리고 신자유주의 등 여러 이념의 수용과 변용이 논해졌다.[153] 그런데 특권세력과 군부세력은 물론이고 정당정치세력의 상당수도 식민지 조선을 일본의 국방상·안보상 사활적 위치로 인식하고 있었다는 점, 시기에 따라 편차가 있지만은 일제시기 내내 군부 출신만이 총독에 임명될 정도로 식민지 조선에 대한 군부세력과 특권세력의 영향력은 지속적으로 행사되고 있었다는 점, 일제가 식민지 조선을 본국인 내지와 구별되는 외지로서 지역적으로 차별하면서 정치적 자유와 권리를 박탈하고 있었다는 점, 일본의 특권 및 보수주의세력은 물론 자유주의세력 대부분도 조선의 독립은 물론 자치적 권리를 부여하는 조차도 반대하거나 미온적인 점 등에서, 궁극적으로 독립을 지향하는 민족주의세력이 보수주의나 자유주의 이념을 가지고 민족운동을 하는 것은 사실상 존재하기가 어려웠다.

때문에 일제하 민족주의세력의 정치사상과 이념, 특히 그중에서도 동아일보계열의 이념과 노선을 이해하기 위해서는 서구의 자유주의의 역사 중에서도 고전적 자유주의와 민주주의가 일정하게 변화되어 새로운 길을 모색하는 19세기말 20세기 초의 신자유주의(New Liberalism), 수정자본주

---

153) 장규식, 「20세기 전반 한국 사상계의 궤적과 민족주의 담론」, 『한국사연구』 150, 2010.

의 사상에 대한 이해가 전제될 필요가 있다.

본장에서는 우선 신자유주의 대두배경으로서 19세기말 20세기의 세계자본주의체제 변화 속에서 한계에 부딪친 근대 고전적 자유주의와 보수주의 사상을 먼저 살펴보고, 영국에서의 신자유주의 이념의 형성을 밀과 그린, 홉하우스와 홉슨의 주장과 관련하여 살펴보면서 이들의 저작이 일본에 소개되고 연구되는 과정을 해명하려고 한다. 그리고 신자유주의 사상의 내용과 성격을 간략히 정리하면서, 동아일보계열의 핵심인물인 송진우가 이러한 사상을 어떻게 수용하고 인식하면서 조선 민족운동에 적용시키고 있었는지를 살펴보려고 한다.

1. 고전적 자유주의와 보수주의 사상의 한계

서구의 자유주의 및 민주주의 사상은 19세기 중반까지는 영국의 존 로크(John Locke)와 애덤 스미스(Adam Smith)로 대변되는 고전적 민주주의와 자유주의 사상이 대표적이었다. 이는 절대주의 국가에 대한 신흥 중산계급, 즉 부르주아지의 입장을 대변하여 경제적으로는 사유재산과 시장경제의 확립, 그리고 공정한 규칙 외에 국가 개입을 최소화하는 자유경쟁과 자유방임주의를 주장했다. 또한 정치적으로는 자연법과 사회계약설에 입각하면서 국가의 활동을 수동적인 조정자로 위치지웠다. 이는 귀족계급과 절대주의 군주가 국가권력을 통해 신흥 부르주아지를 억압하고 간섭하는 것을 막고, 부르주아지들의 자유로운 활동을 보장하기 위한 것이었다. 로크로 대변되는 영국의 고전적 민주주의와 자유주의 사상은 재산을 소유한 부르주아지들의 권리만을 보장하고, 평민대중의 권리를 사실상 부정했음에도 인민들에게 주권의 소재를 두고, 개인의 권리를 국가나 정부보다 우위에 두는 점, 재산을 소유한 시민들이 선출한 의회가 인민을 지배해야 하는 점을 명확히 했다.[154] 이런 고전적 자유주의 사상은 이미 19세기 후반기에 동아시아에 널리 수용되고 있었다. 한국에서의 수용에 대해서도 그동안 상당한 연구가 이루어졌다.[155]

한편 18세기말 프랑스혁명의 급진성과 민중운동의 고양에 대한 반발과 위기를 반영하여 버크(Edmund Burke)를 중심으로 보수주의 사상이 형성되었다. 버크의 보수주의 사상은 1688년 영국 명예혁명과 1776년 미국 독립전쟁에 대한 옹호, 사유재산제와 자유방임적 시장 질서를 주장하고, 제한적인 국가권력을 주장한다는 점에서는 고전적 자유주의 사상을 계승하는 것이었다. 그렇지만 버크는 사회유기체론에 근거하여 현존하는 제도는 수 세대에 걸친 지혜의 산물로, 남아있다는 사실만으로도 가치가 증명되었다고 하면

---

154) L. P. Baradat, 신복룡외 옮김, 『현대정치사상』, 평민사, 1995, 117~131쪽, 140~142 쪽; 김용민, 「로크 : 자유와 소유 지향의 자유주의」, 전주성, 「애덤 스미스 : 경제적 자유와 시장 중심의 개혁」, 『자유주의 : 시장과 정치』, 부키, 2006 ; 앤서니 아블라스터 지음, 조기제 옮김, 『서구 자유주의의 융성과 쇠퇴』, 나남, 2007, 317~394쪽, 459~508쪽 ; 노명식, 『자유주의의 역사』, 책과함께, 2011, 156~175쪽, 231~246쪽.

155) 김도형, 「근대초기 자유주의의 수용과 발전-유길준과 윤치호를 중심으로-」, 『한국 사학』 17, 1999 ; 박찬승, 「식민지시기 조선의 자유주의와 이광수」, 『한국사학』 17, 1999 ; 김주성, 「김옥균·박영효의 자유주의 정신」, 『정치사상연구』 2, 2000 ; 정용화, 「유교와 자유주의 : 유길준의 자유주의 개념의 수용」, 『정치사상연구』 2, 2000 ; 이나미, 『독립신문에 나타난 자유주의사상에 관한 연구』, 고려대학교 정치외교학과 박사학위논문, 2000 ; 이나미, 『한국 자유주의의 기원』, 책세상, 2001 ; 김석근, 「19세기 말 조선의 'franchise'(參政權) 개념에 대한 인식과 수용」, 『한국정치학회보』 35-2, 2001 ; 전재호, 「자강론과 자유주의-식민지 초기(1910년~1920년대 초) 신지식층의 자유주의관-」, 『정치사상연구』 10-2, 2004 ; 박주원, 「근대적 '개인', '사회' 개념의 형성과 변화-한국 자유주의의 특성에 대하여-」, 『역사비평』 67, 2004 ; 정용화, 『문명의 정치사상 : 유길준과 근대 한국』, 문학과 지성사, 2004 ; 정용화, 「근대적 개인의 형성과 민족 : 일제하 한국자유주의의 두 유형」, 『한국정치학회보』 40-1, 2006 ; 김효전, 「근대 한국의 자유민권 관념」, 『공법연구』 37, 2009 ; 김석근, 「개화기 '자유주의' 수용과 기능 그리고 정치적 함의」, 『동양정치사상사』 10-1, 2011 ; 문지영, 『지배와 저항-한국 자유주의의 두 얼굴-』, 후마니타스, 2011 ; 윤상현, 「1920년대 초반 식민지조선의 자유주의와 문화주의 담론의 인간관·민족관」, 『역사문제연구』 31, 2014 ; 노상균, 「한말 '자유주의'의 수용과 분화-일본유학생을 중심으로-」, 『역사와 현실』 97, 2015 ; 최선웅, 「1910년대 조선에서 자유주의의 두 가지 유형과 성격」, 『역사와담론』 75, 2015.

서, 이의 변화는 장기간에 걸친 과정을 통해서 점진적으로만 이루어질 수 있다고 하여 기존 사회체제의 급격한 변화를 부정했다. 이런 선상에서 그는 프랑스혁명이 프랑스의 군주국을 공화국으로 바꿈으로써, 프랑스를 과거의 발전으로부터 갑작스럽게 중단시켜 프랑스의 문명 그 자체에 무서운 위협이 되었다며, 프랑스혁명에 대해 극렬히 반대했다.[156]

버크는 인간에게 자연적인 불평등이 존재하며, 따라서 사회계급은 불가피한 것으로 이를 평준하려는 모든 시도는 어리석고 무용한 것으로 치부했다. 그는 국가의 기본적 목적은 사회질서를 유지하는 것이고, 이를 위해서는 인민에 의한 직접적 통치는 큰 위협이 되는 것이기 때문에 훌륭한 통치자에 의해 유지되는 대의정치를 주장했다. 이때 훌륭한 통치자는 능력이 있고, 재산이 있으며, 훌륭한 가문출신이어야 한다며 사실상 귀족계급이 정부를 통치해야 한다고 주장했다. 이러한 버크의 보수주의 사상은 자유와 민주주의란 측면에서 볼 때, 기존 고전적 자유주의 민주주의 사상에서 상당한 후퇴를 한 것이었다.[157]

이렇게 버크의 보수주의 사상은 기본적으로 체제유지 사상이었다. 때문에 절대천황제와 특권 번벌세력의 비입헌적 정치운영에 반발하던 헌정회 등의 일본의 부르주아 정당정치세력, 다이쇼 데모크라시의 이론가들에게 수용되고 사상적 토대로서 받아들일 수 있는 것이 아니었다. 특권체제의 극복이 최우선의 과제에 있던 이들에게 버크의 보수주의란 결코 입론의 근거가 될 수 없었다. 도리어 특권세력이나 특권세력과 타협한 정우회 등 일부 보수적 정치세력에 이용되고 있었다.

156) 에드먼드 버크, 이태숙 옮김, 『프랑스 혁명에 관한 성찰』, 한길사, 2009.

157) 버크의 보수주의 사상에 대해서는 다음을 참조. 小松春雄, 『イギリス保守主義史研究 : エドマンド·バークの思想と行動』, 御茶の水書房, 1961 ; 小松春雄, 『イギリス政黨史研究 : エドマンド·バークの政黨論を中心に』, 中央大學出版部, 1983 ; 박종훈, 『버어크의 정치철학』, 학문사, 1993 ; 이봉희, 『보수주의』, 민음사, 1996 ; R. 니스벳·C.B. 맥퍼슨저, 강정인·김상우역, 『에드먼트 버크와 보수주의』, 문학과지성사, 1997 ; 양삼석, 「Edmund Burke 보수주의의 몇 가지 관점」, 『대한정치학회보』 15-3, 2008.

고전적 민주주의와 자유주의 사상, 그리고 보수주의 사상은 19세기 후반에 이르러 커다란 한계와 도전에 직면하게 된다. 산업혁명의 진전에 따라 자본주의가 급속하게 발전하고 노동자들이 양산되었지만, 고전적 자유주의자들의 기대와 달리 사회와 개인이 부유해지기보다는 심각한 사회문제가 발생하고 있었기 때문이다. 곧 노동자들의 극심한 빈곤과 열악한 노동환경, 극심한 빈부격차와 사회 양극화,[158] 자본의 독점화 및 중소 상공인의 몰락, 주기적 불황 등, 자본주의 경제체제에 따른 구조적 문제가 노정되었다. 고전적 자유주의자들이 믿었던 자유방임주의의 결과는 노동자들에게는 참혹한 것이었을 뿐 아니라, 사회 갈등을 심화시켜 사회적 위기를 불러오는 것이었다. 이는 자본주의체제를 근본부터 변혁하려는 사회주의 사상이 확산되는 배경이기도 했다.

2. 신자유주의 이념의 대두와 일본 전파

이런 가운데 영국에서는 고전적 자유주의, 민주주의 사상을 수정하면서 위기를 극복하고자 하는 일군의 사조가 등장하는데, 곧 '사회적 자유주의'라 불리기도 했던 신자유주의(New Liberalism)의 사조였다.[159] 신자유주의는 영국의 밀(John Stuart Mill)과 그린(Thomas Hill Green) 등의 개혁적 지식인들의 영향, 그리고 기독교 개혁주의와 기독교 사회주의의 종교적·이념적 배경을 갖고 형성되었다.[160] 신자유주의 사상은 특정 단체나 조직의 정형화

---

158) 박우룡, 『전환시대의 자유주의』, 신서원, 2003, 23~30쪽 ; 이영석, 「영국 산업사회의 성립과 노동계급, 1780~1914」, 『유럽의 산업화와 노동계급』, 까치, 1997, 92~95쪽.

159) 영국에서 사회적 자유주의라 불리는 신자유주의가 대두된 역사적 배경에 대해서는 다음 참조. 송규범, 「신자유주의」, 『서양의 지적운동』 I, 지식산업사, 1998 ; 오인영, 「영국의 신자유주의(New Liberalism)의 이념적 성격과 사회개혁노선, 1891~1914」, 고려대학교 사학과 박사학위논문, 1999, 19~30쪽 ; 박우룡, 앞의 책, 2003, 23~94쪽.

된 이념이 아니라 다양한 행태로 19세기 후반부터 20세기 초엽에 걸쳐 영국 지식인 사회에서 광범하게 유포되고 있었다. 『데일리 크로니클(Daily Cronide)』, 『스타(Star)』, 『맨체스터 가디언(Manchester Guardian)』, 『네이션(Nation)』 등의 언론매체가 신자유주의 이념을 형성하고 확산하는 데 큰 역할을 담당했다.161) 그리고 홉하우스(Leonard Trelawny Hobhouse), 홉슨(John A. Hobson)에 의해 신자유주의의 이론적 골격이 형성되었다.

밀은 개인의 자유와 자율성을 무엇보다도 중요시하고, 개인이 자신의 자율성을 신장시켜 개체성의 완성에 도달할 것을 주장했다. 그는 인간을 자기 이익을 위해 움직이는 존재가 아니라 타자의 행복과 전체의 복리를 위해 희생하는 이성적이고 사회적 덕성을 지닌 존재로 파악했다.162) 이런 측면에서 전통적 자유주의 경제하의 자본주의 분배 구조는 대단히 잘못되었으며, 노동자들의 권익을 위한 노동조합의 필요성과 노동자들의 권리의식 향상을 위한 무상교육 실시, 사회교육 등을 주장했다.163)

밀의 저작은 메이지시대 초기부터 일본에 소개되었다. 밀이 1859년 저술한 『On Liberty』는 1870년 런던에서 출간한 판본을 1872년, 나카무라 마사나오(中村正直)가 번역하여 『自由之理』이란 제목으로 일본에 소개했다.164) 그러나 원서의 내용 중 생략하거나 간략한 부분이 많아 완역본은 아니었다.165)

---

160) 박우룡, 앞의 책, 2003, 57~93쪽.

161) 박우룡, 앞의 책, 2003, 202~217쪽.

162) 오인영, 앞의 박사학위논문, 33~39쪽.

163) 밀에 대해서는 위 박우룡과 오인영외 다음을 참조. 조순 외, 『존 스튜어트 밀 연구』, 민음사, 1992 ; 송현호, 「존 스튜어트 밀의 경제체제론」, 『경제논집』 10, 1994 ; 송현호, 「존 스튜어트 밀에 있어서 개혁주의의 철학적 토대」, 『경제학연구』 43-2, 1995 ; 서병훈, 『자유의 본질과 유토피아 : 존 스튜어트 밀의 정치사상』, 나남, 1995 ; 이종은, 「존 스튜어트 밀」, 『사상』 53, 2002 ; 이태숙, 「존 스튜어트 밀의 의회론」, 『영국연구』 9, 2003 ; 이나미, 「존 스튜어트 밀의 식민주의론」, 『시대와사상』 11, 2003.

164) 彌爾 著, 中村敬太郎 譯, 『自由之理』 1~5, 木平謙一郎 版, 1872.

165) 이새봄, 「나카무라 마사나오(中村正直), 자유지리(自由之理)」, 『개념과 소통』 15, 2015.

나카무라는 1877년에 전체 개정 완역본을『自由之理』의 같은 제목으로 출간했다.[166] 1895년에는 다카하시 세이지로(高橋正次郎)가 번역하여『自由之權利 : 一名·自由之理』란 제목으로 다시 간행되었다.[167] 밀의 이 책은 이후에도『自由論』의 제목으로 누차 발간되었다. 1848년 저술한『Principles of Political Economy』는 1875년 하야시 다다쓰(林董), 스즈키 시게타카(鈴木重孝)가 번역하여『經濟論(弥兒) 初篇 卷之1』제목으로 발간되기 시작해서, 1886년『經濟論(弥兒) 第4篇 卷之2』로 완간되었다.[168] 1861년 저술한『Considerations on Representative Government』는 1875년 나가미네 히데키(永峯秀樹)가 번역하여『代議政體』제목으로 발간되었다.[169] 1890년에는 미에바시 다카요시(前橋孝義)가 재차 번역해서『代議政体 全』제목으로 발간되기도 했다.[170] 1861년 저술한『Utilitarianism』은 1880년 시부야 게이조(澁谷啓藏)가 번역해서『利用論』제목으로 발간되었다.[171] 밀의 저작은 1900년대 들어서도 지속적으로 번역되었다. 밀의 사상은 일본 대학 강단과 언론에서 큰 영향을 발휘하고 있었다.

그린은 인간이 자아실현을 성취하는 길은 사회 속에서 구해져야 한다면서, 개인의 자유는 그 자체가 목적이 아니라 모든 사람이 공공선에 기여할 수 있도록 그들의 능력을 동등하게 발현시키는 것이라 했다. 이렇게 개인의 자유와 모든 권리가 그것이 사회의 공공선에 기여하는 한에서만 옹호될 수 있다는 점을 분명히 하면서, 공공선에 위배되는 개인의 자유와 권리에 대한 규제의 가능성이 열렸다. 이런 맥락에서 그는 국가는 국민의 도덕적

---

166) 彌爾 著, 中村正直 譯,『改正 自由之理』, 木平讓, 1877.

167) ジョン·スチュアート·ミル 著, 高橋正次郎 譯,『自由之權利 一名·自由之理』, 1895

168) ミル 著, 林董, 鈴木重孝 譯,『經濟論(弥兒)』, 初篇 卷之1, 英蘭堂, 1875 ;『経濟論(弥兒)』 第4篇 卷之2, 英蘭堂, 1886.

169) 弥兒(ミル) 著, 永峯秀樹 譯,『代議政体』, 奎章閣, 1875.

170) 弥兒(ミル) 著, 前橋孝義 譯,『代議政体 全』, 開新堂書店, 1890.

171) 弥留(ミル) 著, 澁谷啓藏 譯,『利用論』, 山中市兵衛, 1880.

발전과 개인의 자유 신장을 위해, 또한 공통된 인간의 복리나 공공선을 증진시키기 위한 적극적 역할을 해야 한다고 주장했다.[172]

그린의 저작의 소개와 그에 대한 연구도 일본에서 일찍부터 이루어지고 있었다. 1883년에 출간된 그린의 가장 중요 저작인 『Prolegomena to Ethics』은 나카지마 리키조(中島力造)에[173] 의해 1896년에 소개되었다.[174] 1901년에는 니시 신이치로(西晋一郎)가 이를 요약 해설한 『グリーン氏倫理學 序論』이 출간되었다.[175] 니시는 1902년에는 책 전부를 번역해서 『グリーン氏倫理學』 제목으로 발간했다.[176] 나카지마는 그가 편찬한 여러 책에서 그린을 단편적으로 소개하기도 했고, 『教育學術係』와 『東亞之光』 잡지에 그린의 생애와 윤리학, 이상론, 응용심리학, 그린학설에 대한 비평 등을 다룬 연구를 발표했다. 그는 기존 발표논문에 그린의 정치학설에 대한 부분을 추가하여 1909년에 『グリーン氏の倫理學說』을 출간했다.[177]

한편 그린의 신자유주의론과 사회사상에 대해서는 도쿄제국대학 교수인 가와이 에이지로(河合榮治郎)가 적극적으로 소개하고 연구했다. 그는 요시노 사쿠조가 1927년 편찬한 『정치학연구』에 그린의 자유론에 대해 다루었다.[178] 1929년에는 그린의 자유론을 비롯한 사회사상과 인식론 등을 영국사

---

172) 그린에 대해서는 위 박우룡, 오인영 외 다음을 참조. 이래주, 「T. H. Green과 영국 자유주의의 수정」, 『역사학보』 104집, 1984 ; 서병훈, 「공동선 자유주의-토마스 힐 그린의 정치사상」, 『한국정치학회보』 29집 4호, 1996 ; 조승래, 「토머스 힐 그린과 아이제이아 벌린, 그리고 공화주의」, 『영국연구』 25, 2011.

173) 나카지마는 영국과 독일에 유학하고 1890년에 일본에 귀국한 후, 도쿄제국대학의 윤리학과 심리학 담당교수로서 그린의 신이상주의 윤리학과 독일 이상주의 철학을 강의했고, 독일 신칸트학파의 주장을 일본에 소개했다. 미야카와 토루 외, 이수정역, 『일본근대철학사』, 생각의 나무, 2001, 126쪽.

174) 中島力造, 『輓近の倫理學書』, 富山房, 1896.

175) 西晋一郎 著, 『グリーン氏倫理學序論』, 育成會, 1901.

176) トーマス·ヒル·グリーン 著, 西晋一郎 譯, 『グリーン氏倫理學』, 金港堂, 1902.

177) 中島力造, 『グリーン氏の倫理學說』, 同文館, 1909.

178) 河合榮治郎, 「トーマス·ヒル·グリーンの自由論」, 吉野作造 編, 『政治學研究』, 岩波書店, 1927.

상사의 맥락 속에서 전체적으로 조망한 저술 『トーマス・ヒル・グリーンの社會思想』을 출간했다.[179) 1930년에는 영국 사상사의 흐름과 관련하여 그린의 생애와 사상을 심도 깊게 분석한 『トーマスヒルグリーンの思想體系』,을 발간했다.[180) 가와이는 영국노동당의 이념을 소개하기도 했고,[181) 마르크스주의를 비판적으로 검토한 저술을 간행하기도 했다.[182)

3. 신자유주의 이념의 내용과 성격

스펜서(H. Spencer)는 신자유주의자와는 관련이 없음에도 다른 측면에서 신자유주의 형성에 큰 영향을 미쳤다. 스펜서는 자유주의는 어떠한 행태의 국가 간섭도 저항해야 한다면서 모든 형태의 집단주의를 반대했다. 그는 국가와 개인을 상호대립적 관계로 파악하면서 국가의 개입을 거부했다. 그의 주장은 당시 영국 보수파에게 크게 환영을 받았고, 실제 그는 보수단체인 '자유와 재산방어연맹'의 입장을 지지했다. 사회를 유기체로 보고 사회도 진화한다는 그의 '사회유기체'론은 힘의 우월과 적자생존을 사회진화의 동력으로 간주했다.[183)

그런데 신자유주의 지식인들은 스펜서의 사회유기체론, 사회진화론의 방법을 적극 받아들이면서도, 그 해석을 전혀 달리했다. 그들은 스펜서가 진화의 원리로 제시한 적자생존의 원리를 비판하고, 사회적 진화의 과정은 개인과 사회, 부분과 전체가 대립적으로 경쟁을 하기 보다는 유기적으로 조화를 도모하고 협력하는 윤리적 조화의 과정으로 파악했다. 그리고 이렇

---

179) 河合榮治郎, 『トーマス・ヒル・グリーンの社會思想』, 文信社, 1929.
180) 河合榮治郎, 『トーマスヒルグリーンの思想體系』, 日本評論社, 1930.
181) 河合榮治郎, 『英國勞動黨のイデオロギー』, 千倉書房, 1929.
182) 河合榮治郎, 『マルキシズムとは何か』, タイムス出版社, 1932.
183) 김명환, 『영국 자유주의 연구』, 혜안, 2013, 215~225쪽.

게 개인과 사회가 조화를 달성하기 위해서는 국가가 적극적 역할을 담당해야 한다고 주장했다.[184] 그런 차원에서 그들은 사회적 진보와 사회적 개혁의 도구로서 국가를 주목하는 집단주의적 사회유기체론을 주장했다.[185]

신자유주의의 방법론이 스펜서의 사회유기체론, 사회진화론에 근거하면서도 그 해석과 실천적 결론은 정면으로 대립하고 있다는 사실은 조선의 민족운동을 이해하는 데 있어 중요한 측면이라 할 수 있다. 그것은 조선의 민족주의자들이 사회진화론을 수용했다고 해서,[186] 적자생존과 우승열패의 스펜서 사회진화론의 이념에 빠져있다고만은 볼 수 없기 때문이다. 신자유주의의 사회진화론을 수용했을 경우는 전혀 다른 이론과 실천론을 가질 수 있었다. 실제 영국의 신자유주의자들이 그러했던 것처럼 조선의 민족주의자들 중 일부는 사회진화론을 주체적으로 수용하여 민족운동의 이념적 기반으로 이용하고 있었다. 중요한 것은 사회진화론을 수용하거나 주장했다는 것이 아니라, 어떠한 관점과 입장에서 사회진화론을 논하고 있느냐이다. 사회진화론의 수용에 대한 기존 연구들은 이런 점을 간과하고 있다.

영국의 신자유주의는 이러한 사상적 전통 위에서 형성되었다. 신자유주

---

184) 오인영, 앞의 박사학위논문, 48~58쪽.
185) 오인영, 앞의 박사학위논문, 70~90쪽.
186) 한국에서의 사회진화론의 수용과 성격에 대해서는 다음을 참조. 이광린, 「구한말 진화론의 수용과 그 영향」,『한국개화사상연구』, 일조각, 1979 ; 주진오, 「독립협회의 사상과 사회진화론」,『손보기박사정년기념한국사논총』, 1988 ; 신연재, 「동아시아 3국의 사회진화론의 수용에 관한 연구」, 서울대학교 외교학과 박사학위논문, 1991 ; 전복희, 「사회진화론의 19C말부터 20C초까지 한국에서의 기능」,『한국정치학회보』 27-1, 1993 ; 박찬승, 「한말일제시기 사회진화론의 성격과 영향」,『역사비평』 34, 1996 ; 박성진, 「한국사회에 적용된 사회진화론의 성격에 대한 재해석」,『현대사연구』 10, 1998 ; 우남숙, 「한국 근대사에서의 사회진화론 수용양식」,『한국정치외교사논총』 21-1, 1999 ; 박성진,『한말 일제하 사회진화론과 식민지사회사상』, 선인, 2003 ; 우남숙, 「사회진화론과 한국 근대민족주의-박은식을 중심으로」,『동양정치사상사』 7-2, 2008 ; 최규진, 「우승열패의 역사인식과 문명화의 길」,『사총』 79, 2013.

의는 첫째, 완전한 자유를 위해서는 사회적 경제적 독립이 필수적이라는 점, 둘째, 그런 독립을 저해하는 이른바 사회악이 자연 질서의 일부가 아니라 치유 가능한 것이라는 점, 셋째, 그 과제는 국가적 차원에서 추진되어야 한다는 점 등을 인식의 바탕으로 하고 있었다.[187] 신자유주의 이념은 젊은 시절 사회주의자였다가 다시 자유주의자로 돌아온 홉하우스, 그리고 홉슨에 의해 체계화되었다.[188]

신자유주의에서는 '구 자유주의'의 원자론적 인간관 그리고 벤덤류의 쾌락주의적 공리론적 인간관을 비판했다. 그러면서 인간이 '사회 속의 개인'으로서 이성적 자아발전과 공공의 선을 추구하는 사회적 자아를 속성을 갖는 존재라고 주장했다. 또한 개인은 사회 속에 유기적으로 결합되어 있는 존재로서 상호협력과 조화를 생존의 조건으로 한다고 한다. 사회유기체의 진화과정은 사회의 물질적 요소들이나 물리적 장애를 인간의 의식적인 노력과 통제로서 이루어지는 것으로, 의식과 자의식의 발전과정이라고 주장했다. 그들은 이러한 사회적 진보는 자연적 필연성에 의해 진행되는 것이 아니라, 인간 정신에 의한 의식적 통제에 의존하며, 사회개혁가들이 이념에 따라 행동할 때 진보가 확증될 수 있다고 보았다. 그들은 생존경쟁이 사회의 영구적 요인이고 적자선택이 하나의 필연이라는 것을 인정했다. 그렇지만 사회진화의 과정을 통해, 경쟁은 합리적 기준에 입각한 보다 인간적인 방식으로 변모할 것으로 보았다.

이런 측면에서 사회는 개인의 자아실현에 장애가 되는 일체의 외적 조건을 제거해야 하는 책임과 의무를 지닌 유기체였다. 그들은 개인의

---

187) 송규범, 앞의 글, 1988, 283쪽.
188) 홉하우스와 홉슨에 대해서는 앞 오인영의 박사학위논문과 박우룡의 앞의 책 외에도 다음을 참조. 송규범, 「홉하우스의 신자유주의」, 『서양사론』 41, 1993 ; 여정동, 「홉슨(J. A. Hobson)의 제국주의론의 재검토」, 『세계정치』 18-1, 1994 ; 서병훈, 「사회적 사회주의-홉하우스의 사회적 조화론-」, 『사회비평』 16, 1996 ; 서정훈, 「홉슨(J. A. Hobson)의 생애와 사상」, 『역사와경계』 51, 2004 ; 고원, 「대중이란 무엇인가-홉스와 스피노자의 정치사상 비교-」, 『영국연구』 16, 2006.

자유와 공동체의 복지 사이에는 상보적인 관계가 있다고 믿었다. 그들은 개인을 사회적 개인으로 파악했듯이 자유도 사회적 자유로 파악했다. 사회적 자유는 타인의 자유에 해를 주지 않을 경우에만 가능한 자유이므로 타인의 자유에 위협을 가하는 자유는 당연히 제한되어야 한다고 보았다. 그들은 참다운 자유는 당사자 간의 실질적인 평등 위에서만 성립될 수 있다면서, 사회적 약자인 노동자들이 노동조합을 통해 자신들의 자유를 확보하는 노력은 정당한 것이라 주장한다. 동일한 논리로 개인의 재산과 부 역시, 사회가 부의 형성과 증대에 큰 역할을 하여 얻어진 것으로 일종의 '사회적 재산'으로 파악했다. 때문에 불로소득이나 토지에 대한 차등과세와 누진과세, 부의 공정한 재분배는 정당한 것으로 간주했다. 이는 자유주의에서 주장한 토지를 포함한 재산과 부의 배타적 소유권에 대한 일정한 수정이라 할 수 있다.

요컨대 신자유주의자들은 자유와 소유의 사회적 성격을 천명함으로써 사회구성원들의 정치적·사회적·경제적 평등을 위한 제반 권리를 주장하려고 했다. 즉 보통선거권과 노동자들의 언론·출판·집회·결사의 자유 같은 정치적 권리뿐만 아니라, 교육권과 노동권과 같은 사회적 권리도 보장하고자 했다. 이를 위해 신자유주의자들은 국가가 부의 불공정한 분배를 낳는 자유방임주의 정책들의 폐단을 시정하고, 사회·정치적 영역에서의 국가 주도의 사회개혁을 주장했다. 그들은 국가를 '사회적 도구', 또는 '조직화된 사회'로 파악하면서, 국가는 모든 개인이 자아실현과 공동체의 복리 증진에 이바지하는 평등한 기회를 제공할 의무가 있다고 보았다. 그렇지만 그들은 헤겔처럼 국가를 관념적·추상적으로 파악하는 독일의 전통적 국가관은 거부했다. 국가를 계급 중립적이고 기능적인 도구로 한정했다.[189]

신자유주의자들은 자본주의의 현실적 모순과 문제점에 대해 맹렬히 비판

---

189) 오인영, 앞의 박사학위논문, 60~137쪽 ; 박우룡, 앞의 책, 95~153쪽.

했다. 그들은 자본주의 병폐의 핵심에는 빈곤과 실업, 독점 같은 사회적·경제적 문제가 놓여 있다고 보았다. 그리고 이를 해결하기 위해서는 불공정하고 잘못된 정책이나 입법을 수정하는 정치적 차원의 노력이 우선되어야 한다고 주장한다. 통제되지 않는 자본주의의 경제적 불평등을 해소하기 위해 사회적 도구로서 국가의 책무와 역할을 강조했다.

동시에 그들은 마르크스주의의 이론적 모순과 페이비언 사회주의로 나타난 관료적 사회주의에 대해서도 강하게 비판한다. 그리고 그에 대한 대안으로 '자유사회주의(Liberal Socialism)'를 내세운다. 그들은 사회주의를 사적 소유권의 철폐가 아니라 '재산에 대한 공격'으로 이해했다. 때문에 국가가 부의 공정한 분배정책을 통해서 불평등한 소유 구조를 개선하면, 또한 공정한 조세제도와 공공적 성격을 갖는 산업의 국유화를 통해 사회적 잉여를 사회가 회수하면, 자유주의와 사회주의의 대립은 해소될 수 있을 것으로 전망했다. 그들이 주장하는 '진정한 사회주의'란 계급적 이데올로기로서의 사회주의가 아니었다. 계급이익에 반대하고 사회적 공동선을 추구하는 일종의 윤리적 이상으로서의 사회주의였다. 그리고 현실적으로 반자본주의, 반소유권을 주장하지 않는 사회주의였다. 이 점에서 그들은 현실의 사회주의자들과는 큰 거리를 가졌다. 자유사회주의를 주장하지만 그들은 사회주의자가 아니었다. 수정자본주의론에 근거한 새로운 자유주의자였다.

한편 신자유주의자들은 이러한 자유사회주의는 위로부터가 아니라 아래로부터 와야 하며, 인민대중 대다수의 진정한 욕구에 대응한 민주주의적이어야 한다고 주장한다. 그들은 정체로서의 민주주의체제의 확립뿐만 아니라 사회적 존재로서 개인들이 주어진 민주적 제도에 적극 참여할 것을 주문했다. 그런 측면에서 '자유민주주의'는 개인의 자유와 사회의 복지라는 사회적 목표의 조화를 추구하는 이념이기도 했다.

신자유주의는 고전적 자본주의와 자유주의에 대한 비판 위에서 자본주적 사적 소유에 제한을 가하고 부의 공정하고 합리적인 분배를 지향한다는 점에서, 그리고 인민대중의 직접 참여와 민주주의를 강조하고, 국가의 사회적 역할을 강조한다는 점에서 사회개혁 사상이었다. 그러나 사회적 조화와 공동선을 추구하고, 급격한 혁명적 변혁 대신에 사회적 갈등과 대립을 민주적 제도 내에서 해결하려는 점에서, 그리고 자유주의의 원리를 유지한 채 여기에 사회주의의 윤리를 결합한 중도적 이념이라는 점에서는 자본주의체제 내 이념이었다.[190] 영국자유당 내 개혁파의 중요한 이념적 기반이었던 신자유주의는 1908~11년 영국자유당 정권의 사회개혁 입법으로 나타났다.[191]

이러한 서구 신자유주의 사상은 이미 20세기 초반에 동아시아에 수용되고 있었다. 『동양경제신보』의 논설을 집필하다가, 1910년 『동양시론』을 창간하여 주간으로 활동하던 미우라 데쓰타로(三浦銕太郎)는 1914년 「政治と生活」의 논설에서 홉하우스의 이론을 소개했다.[192] 한편 이시바시 단잔(石橋湛山)도 홉하우스가 1911년에 간행한 『Liberalism』을 완독하였고, 1915년 와세다 문학강연회에서 「新自由主義の發達」이라는 강연도 하며, 『동양경제신보』에 시론을 발표했다.[193] 홉하우스가 1911년 발간한 『Social evolution and political theory』는 하부 히데호(土生秀穗)에 의해 1923년, 『社會進化と政治理論』 제목으로 번역 출간되었다.[194] 또한 홉하우스가 1918년에 출간한 『The metaphysical theory of the state : a criticism』은 1924년 스즈키 에이타로(鈴木榮太郎)에 의해 『國家の形而上學學說』로 번역 출간되었다.[195]

---

190) 오인영, 앞의 박사학위논문, 136쪽.
191) 오인영, 「영국의 신자유주의와 자유당의 사회개혁입법」, 『영국연구』 5, 2001 ; 박우룡, 앞의 책, 219~254쪽.
192) 三浦銕太郎, 「政治と生活」, 『國家及國家學』 2-11, 1914, 65~70쪽.
193) 宮本盛太郎, 『日本人のイギリス觀−新自由主義·國民主權論のモデル』, 御茶の水書房, 1986, 68~88쪽.
194) レオナルド·ホブハウス 著, 土生秀穗 譯, 『社會進化と政治理論』, 社會學研究會, 1923.
195) レオナルド·ホブハウス 著, 鈴木榮太郎譯, 『國家の形而上學學說』, 不及社, 1924.

홉슨에 대한 소개도 일찍부터 이루어졌다. 홉슨이 1891년 발간한 『Problems of Poverty』는 엔도 주로(遠藤十郞)가 번역하여 1897년 『貧民問題』 제목으로 발간되었다.[196] 1894년에 출간한 『The Evolution of Modern Capitalism』은 마쓰자와 겐지(松澤兼人) 등이 번역하여 1928년에 『近代資本主義發展史論』 제목으로 발간되었다.[197] 1896년에 출간한 『Problem of the Unemployed』는 유자 게히코(遊佐敬彦)에 의해 1922년 『失業者問題の研究及經濟政策』 제목으로 발간되었다.[198] 홉슨이 1902년에 간행한 『Imperialism : a Study』는 이시자와 신지(石澤新二)에 의해 번역되어 1930년, 『帝國主義論』 제목으로 간행되었다.[199] 홉슨이 1911년에 출간한 『The Science of Wealth』는 후쿠다 히데이치(福田秀一)에 의해 번역되어 1922년 『富の研究』 제목으로 출간되었다.[200] 1917년에 출간한 『Democracy after the War』은 다무라 히로시(田村浩)에 의해 번역되어 1919년 『デモクラシーの本領』 제목으로 발간되었다.[201] 홉슨이 1922년에 출간한 『The Economics of Unemployment』는 1925년에 『失業經濟』 제목으로 발간되었고,[202] 1930년에는 우치가키 겐조(內垣謙三)에 의해 재차 번역되어 『失業經濟學』 제목으로 출간되었다.[203]

민본주의를 비롯한 일본의 정치사상도 그에 영향을 받고 있었다. 요시노 사쿠조는 사상적 친근성 때문에 홉하우스에게서 영향을 받았을 가능성이 크다.[204] 요시노는 민본주의를 데모크라시의 번역어로 삼았다. 민주주의가

---

196) ヂョン・エー・ホブソン 著, 遠藤十郞 譯, 『貧民問題』, 東光館, 1897.

197) ジョン.エ.ホブソン 著, 松澤兼人 等 譯, 『近代資本主義發展史論』, 弘文堂書房, 1928.

198) ホブソン 著, 遊佐敬彦 譯, 『失業者問題の研究及經濟政策』, 法制時報社, 1922.

199) ジェー・エー・ホブソン 著, 石澤新二 譯, 『帝國主義論』, 改造社, 1930.

200) ホブソン 著 福田秀一 譯, 『富の研究』, 大鐙閣, 1922.

201) ホブソン 著, 田村浩 譯, 『デモクラシーの本領』, 大鐙閣, 1919.

202) ホブソン 著, 『失業經濟』, 大日本文明協會事務所, 1925.

203) ホブソン 著, 內垣謙三 譯, 『失業經濟學』, 同人社, 1930.

204) 飯田泰三, 「吉野作造」, 小松茂夫・田中浩 編, 『日本の國家思想』 下, 靑木書店, 1980, 52~55 쪽.

아닌 민본주의인 것은 민주주의 용어가 주권의 소재가 천황에 있다는 일본의 국시와 배치되는 것이기 때문에, 그는 데모크라시를 주권의 소재가 아닌, 주권 운용의 개념으로 사용했다. 즉 주권의 소재와는 상관없이, 국가의 정책 결정을 '일반 인민의 의향'에 따르는 것으로 하고, '인민의 의향'에 의한 '인민을 위한 정치'로 민본주의를 제창했다. 이를 위해서는 인민들이 국민으로서 선거권을 가지고, 국가 정치에 적극 참여해야 하고, 국민들의 선거를 통해 결성되는 중의원이 국가 권력 구성 및 국가정책 집행에 중요한 역할을 담당해야 한다고 주장했다. 곧 민본주의는 '국민'을 기점으로 삼아, 대일본제국헌법의 운용을 통해 정치와 사회의 개량을 도모하는 논의였다.[205] 곧 민본주의는 구체제로부터의 개인의 자유를 추구하고, 절대국가로부터 시장과 사회의 독립을 추구한 고전적 자유주의의 비판적 수용 위에서, 국가에 의한 시장과 사회에 대한 합리적인 규율화를 구상한 점에서 일본의 '신자유주의' 정치이론이었다.[206] 이들은 정치적 구심체이자 최고통치기관으로서 천황의 존재는 인정하였고, 그 대신에 입법권의 우위와 정치의 천황으로부터의 독립을 주장했다.[207]

이렇게 20세기 초반 일본 학계와 정치사상은 이러한 서구 사상의 동향을 반영하고 있었다. 19세기 말에서 20세기 초 서구로 유학을 갔다왔거나, 당시의 학문적·정치사상적 동향을 흡수한 지식인들이 일본 대학 강단에서, 그리고 언론 출판을 통해서 앞서 살펴본 새로운 민주주의, 새로운 자유주의

---

205) 나리타 류이치 지음, 이규수 옮김, 앞의 책, 44~46쪽.

206) 한정선, 「타이쇼 민본주의 재평가」, 『동양사학연구』 87집, 2004, 225쪽.

207) 이와 관련하여 1911~13년에 걸쳐 미노베 다쓰키치(美濃部達吉)와 우에스기 신키치(上杉慎吉)를 대표적 논자로 소위 '천황기관론'과 '천황국체론'을 둘러싼 논쟁이 학계와 정치계에서 벌어졌던 상황도 유의해서 보아야 한다. 家永三郎, 『美濃部達吉の思想史的研究』, 岩波書店, 1964, 75~123쪽 ; 石田雄, 「이데올로기로서의 天皇制」, 차기벽·박충석편, 『日本現代史の構造』, 한길사, 1983, 111~119쪽 ; 김창록, 「일본에서의 서양 헌법사상의 수용에 관한 연구」, 서울대학교 법학과 박사학위논문, 1994, 116~153쪽 ; 李秀烈, 「美濃部達吉と宮澤俊義-日本憲法學史における1920年代-」, 『東北亞文化研究』 18, 2009, 299~313쪽.

사상을 전파하고 있었다. 그리고 이 시기 일본에 유학을 다녀온 대부분의 조선의 민족엘리트, 민족주의운동의 주도자들, 청년 학생들 중 민족주의 성향의 사람들은 이런 사상의 세례를 받고 있었다.

4. 신자유주의의 수용과 인식

1910~20년대 조선의 신지식층, 민족주의세력이 받아들인 서구의 사상, 근대 민주주의 사상은 고전적 자유주의, 민주주의 사상에 한정되어 있지 않았다. 물론 대학 정도를 수학한 1910~20년대 조선인 유학생들이 서구 정치사상과 다이쇼 데모크라시의 사상과 이론을 전면적으로 이해하고 수용할 수는 없었을 것이다. 그렇다고 해서 그들이 받아들인 것이 18세기에서 19세기 초의 고전적 민주주의론과 자유주의 사상이거나 보수주의 사상이 아닌 것은 분명하였다. 그들은 이미 19세기 후반에서 20세기 초엽의 서구의 자유주의와 민주주의 사상을 배우고 있었으며,[208] 이를 일본적 현실에서 고민하며 대안을 찾던 다이쇼 데모크라시의 사상을 배우고 있었다.

동아일보 주도세력이 받아들인 신자유주의의 내용과 특징, 실천적 내용들과 그 지향에 대한 전면적 해명은 별고에서 다루기로 하고, 여기에서는 기존의 연구에서 언급하지 않은 송진우가 1925년 1월 12일부터 4회에 걸쳐, 동아일보에 사설로 발표한 「자유권과 생존권」 제하의 논설을 살펴보자.

송진우는 인류의 진보가 19세기 자유권의 발전시대로부터 20세기 생존권의 확충시기로 들어섰다고 바라보았다. 그는 19세기 자유권이 "정치적으로는 모든 개혁을 단행하였으나 경제적으로는 생활상 기회균등을 파괴하였으며, 계급적 관념을 도발케 한 것이 사실이었다"고 하면서, 그 때문에 "자유권

---

208) 민주주의 수용문제에 관련하여서는 이태훈, 「1920년대 초 신지식층의 민주주의론과 그 성격」, 『역사와현실』 67, 2008 참조.

발전의 여패(餘弊)를 광구(匡救)하기 위하여 자연적으로 사회 최후의 생존권이 절규되게 된 것"이라고 보았다. "요컨대 문제는 자유권의 병적 발전, 곧 불합리 무절제한 자본주의를 저주할 뿐이다. 환언하면 과거 봉건시대에 특권계급인 무사귀족의 수중에 장악되었던 정치적 권리가 자유권의 발전에 의하여 일반 민중에게 균포(均布)된 것 같이 현대의 자본계급의 독점된 경제적 권리가 생존권의 각성에 의하여 평등적으로 분배될 것도 필지(必至)의 운명"이라고 전망했다. 곧 그는 현재의 독점자본주의 경제가 민중들의 생존권 각성으로 인해서 평등하게 분배되는 것은 반드시 도달할 것이라 전망한 것이다.

이런 전망 위에서 송진우는 "자유권은 정치적 생존권이며, 생존권은 경제적 자유권"이라 하며, "자유권이 없는 곳에 개성이 확충될 수 없으며, 생존권이 없는 곳에 평등적 문화를 완성할 수 없다"고 하여, "자유권과 생존권이 표리가 될지언정 배치가 되지 아니할 것이며, 병행이 될지언정 상패(相悖)가 되지 않는다"고 단언했다.[209]

곧 그는 정치적 자유를 위한 권리인 자유권이 입헌주의 근대 국민국가에서의 국민으로서 권리를 갖고 살아가기 위한 정치적 생존권이며, 자유권이 보장될 때 근대 국민국가의 특징인 개인의 자유와 기본권 보장, 인권인 개성이 확보될 수 있을 것으로 보았다. 또한 민중들의 경제적 권리를 위한 생존권이 있어야 독점의 폐해를 극복하고 평등적 사회와 문화를 완성할 수 있다고 보았다. 그러므로 자유권과 생존권이 서로 배치되는 것이 아닌, 상호 보완하면서 병행하는 권리라고 주장했다. 이러한 그의 인식은 신자유주의자들이 근대 정치적 자유를 위한 자유주의의 역사적 의의는 인정하면서도 독점과 빈부격차, 빈곤의 문제를 노정한 것을 비판하며 부의 공정한 분배를 촉구한 것, 자유와 민중의 생존적 권리가 서로 모순되는 것이 아님을

---

209) 「자유권과 생존권(上) 차이점과 일치점」, 『동아일보』 1925. 1. 12.

주장한 것과 일맥상통하는 것이라 할 수 있다.

송진우는 현재의 세계에서 "자유권의 극단적 발전이 경제상으로는 세계 대중의 생존권을 위협하는 동시에 모처럼 얻었던 정치적 자유권까지 유린하는 기현상을 발견"하게 된다면서, 이는 불란서혁명 당시 '박애평등의 대이상'이 정치적 자유인 형식적 자유에만 표현되고, 실제적 자유인 경제적 방면에 철저한 보장이 없었기 때문이라고 보았다. 이는 '박애평등 대이상'의 자체적 결함보다는 "이 이상을 고조하였던 혁명군이 그 입장과 환경이 중산계급의 정저(井底)에 잠재된 까닭"이었다고 파악했다.[210] 즉 중산계급이 과거 특권계급에 속했던 모든 정치적 사회적 자유에 대해서는 이를 해방하고 보장하였지만, 경제방면은 자기네 입장을 반영했다고 한다. 그런 결과로 중산계급의 정치적 권리인 자유권은 극단적으로 발전하였지만, 이는 도리어 대중들의 빈곤과 심각한 빈부격차를 가져와 결국에는 정치적 자유 권리마저 유린하게 하는 현상에 이르렀다는 것이다.

그러한 결과가 빚어진 이유에 대해 그는 "자본과 노동이 대립된 사회에서 자유의 경쟁을 허하면 자본주의가 그 세력을 전횡할 것은 물론이다. 어찌 그러냐 하면 자본은 선천적이요 노동은 후천적이다. 그러므로 경쟁의 출발지가 벌써 수평선에 입(立)지 아니"하기 때문이라고 주장했다.[211] 곧 독점자본주의 자유경쟁 하에서는 출발선부터 노동자들이 자본가들에 비해 불리하기 때문에 자본가세력들이 마음대로 전횡할 수밖에 없다는 것이다. 그의 이런 파악은 신자유주의자들이 구 자유주의의 모순과 자유경쟁의 불공평성을 지적하는 것과 대동소이한 것이라 할 수 있다.

송진우는 "현재의 문화의 총화는 전 인류의 공적"이라면서, 때문에 "그 문화의 향락은 공수(共受)"하여야 한다고 주장한다. 그래야만이 "사회의 연대적 책임감이 생(生)하며 평등적 관념이 발(發)하며, 노동숭배의 진리가

---

210) 「자유권과 생존권(中) 차이점과 일치점」, 『동아일보』 1925. 1. 13.
211) 「자유권과 생존권(中) 차이점과 일치점」, 『동아일보』 1925. 1. 13.

존(存)할 것"을 주장했다.[212] 곧 자본주의체제와 근대 국민국가가 이룬 문화의 총화는 자본가와 자유주의자들만의 공적이 아닌, 노동자를 포함함 전 민중, 전 인류의 공적이기 때문에, 그 결과물을 자본가와 부르주아지만이 향락하는 것이 아니라, 전 인류가 함께 같이 누려야 한다는 것이다. 이럴 때 만이 사회적 연대감과 사회의 평등적 이상이 일어날 것으로 보았다. 이렇게 문화의 향유가 공유되어야 한다는 점에서 그의 주장은 민중에 대한 노동권과 교육권 등 사회적 권리의 보장을 주장하는 신자유주의 주장과도 맞닿아 있다.

그러므로 "개인으로서 사회에 대하여 최소한도에 있어서 최후의 생존권을 주장할 이유가 자재(自在)하며, 사회에서도 각개의 생존권을 보장할 의무가 고유할 것"이라고 한다. 그리고 "정신적으로 각개의 자유권을 보장하는 것과 물질적으로 각개의 생존권을 보장하는 것"이 원리에 있어 같은 것이라는 것이다.[213] 곧 민중들이 사회에 대해여 생존 보장을 주장하는 것은 당연하며, 사회도 이들의 생존을 보호할 의무가 있다는 것이다. 그리고 이렇게 정치적 자유를 보장하는 권리와 경제적 생존을 보장하는 생존권은 근대 국민국가를 지탱하는 기본적인 원리로서 같은 것이라고 파악했다. 이런 그의 주장은 사회와 국가가 모든 개인이 자아실현과 공동체의 복리 증진에 이바지하는 평등한 기회를 제공할 의무가 있다는 신자유주의의 주장을 반영하는 것이라 할 수 있다.

송진우는 이런 인식하에서 조선의 민족운동과 사회운동에 대해 자유권을 요구하는 민족운동이 생존권을 아울러 주장하게 되고, 생존권을 주장하는 사회운동이 아울러 자유권을 주장하게 되었다고 한다. 그것은 선진국가의 자본주의 성숙에 따라 강대민족의 지배가 무력적 정치적 정복에서 경제적 자본적 정복으로 변환하고, "정복보다는 회유며, 위압보다는 착취"의 방법을

---

212) 「자유권과 생존권(中) 차이점과 일치점」, 『동아일보』 1925. 1. 13.
213) 「자유권과 생존권(中) 차이점과 일치점」, 『동아일보』 1925. 1. 13.

취하기에 현대의 정복된 약소민족은 자유의 고통보다도 생존의 위협에
더 심하게 처해 있기 때문이다. 이리하여 약소민족의 대부분은 '무산군'이며,
극소수의 자본계급도 자본주의의 3대 지주인 '자유·교통·금융'의 보호가 없기
때문에, 조만간 무산군의 운명에 떨어지게 될 것이 명확한 사실이 되었다고
전망했다. 이에 따라 "정복의 원한에서 자유를 부르짖던 민족운동이 거연(遽
然)히 생존권까지 절규"하게 된 것이었다. 곧 세계 자본주의의 발전에 따라
제국주의 국가의 지배가 경제적 자본적 정복으로 변화하였고, 이에 따라
민족의 대부분 구성원이 생존을 위협받는 무산계급으로 전락하였으며, 극소수
자본계급도 몰락의 처지에 있기 때문에 종래 독립과 정치적 자유를 주장했던
민족운동이 필수적으로 경제적 생존권을 주장하게 되었다는 것이다.

송진우는 사회운동도 선진 자본주의 국가에 있어서는 영국의 노동당
내각과 일본의 무산정당의 출현에서 보듯이 합리적 운동의 경향이 일반적인
데, 이때 합리적 운동에는 단결이 필요하고, 단결의 완성에는 조직이 필요하
며, 이를 위한 전제로서 자유권이 필요하게 되었다고 주장한다. 곧 사회주의
운동도 영국노동당의 사회민주주의운동과 일본 무산정당에서 보듯이 의회
주의의 합법적 경향이 일반적이고, 합법적 정치운동을 위해서는 정치적
자유 권리가 필요하다는 것이다. 그러므로 그는 "자유사상에서 출발한
민족운동이 생존권화 하여 가고 생존의식에서 출발한 사회운동이 자유권화
하여 가는 것이 현하의 대세"라고 파악했다.[214] 곧 의회주의 민주주의
정체를 수립하기 위해서 자유주의에서 출발한 민족운동이 현재의 단계에
와서는 민중의 생존권 요구를 받아들여 노동권과 제반 사회적 권리를
보장하는 운동을 포괄하게 되었다는 것이다. 또한 노동계급의식과 민중의
생존적 요구에서 출발한 사회주의운동이 현재의 단계에 와서는 의회주의
정치운동을 포괄하게 되었다는 것이다.

---

214) 「자유권과 생존권(中) 민족운동과 사회운동」, 『동아일보』 1925. 1. 14.

이러한 송진우의 '자유권과 생존권' 주장은 '자유사회주의'를 주장하며 자유주의와 사회주의의 이념의 통합을 구했던 신자유주의와 유사한 문제의식을 보여주는 것이라 할 수 있다. 즉 신자유주의자들이 사회주의를 계급적 이데올로기로서의 사회주의가 아니라, 계급이익에 반대하고 사회적 공동선을 추구하는 일종의 윤리적 이상으로서의 사회주의로 이해한 것과 비슷한 사고방식이었다. 송진우가 사회(주의)운동을 소비에트 러시아(소련) 방식을 예외로 하고, 서구의 노동당과 일본의 무산정당에서 보이는 의회주의적, 합법적 운동방식을 합리적 운동으로 상정한 가운데, 그 합리적 운동으로서 사회운동과 민족운동의 상호 연관성을 구하고 있기 때문이다. 그런 측면에서 신자유주의가 자유주의와 사회주의의 통합을 구했지만 결국 자유주의의 수정이자 자본주의의 체제내적 사상인 것처럼, 송진우의 자유권과 생존권 주장도 병립하는 것이 아니었다. 민중계급의 이해와 요구를 일정하여 받아들이는 민족(주의)운동의 일정한 수정을 통해서, 의회주의 합법적 정치운동을 전개하는 사회(주의)운동을 민족(주의)운동 내부로 포괄하겠다는 것이었다.

송진우는 자유는 인류의 신상이며 우리의 생명이지만, 불합리한 자유는 왕왕히 평등을 파괴하며 정의를 무시한다면서 "완전한 자유는 평등에 있고 평등의 기조는 생존권의 보장"에 있다고 하여 "생존권이야말로 평민문화의 토대가 될 것이며 핵자(核子)가 될 것"이라고 주장한다. 이는 신자유주의자들이 주장했던 빈곤과 평등의 문제, 분배와 기회 균등의 문제를 함축적으로 보여주는 것이라 할 수 있다.

그는 결론적으로 자유가 없고 생존의 보장까지 없는 우리가 어떻게 살아야 할 것이냐의 질문을 제기하고, "인류의 문명은 심력(心力)의 발전"이라는 랄프 왈도 에머슨(Ralph Waldo Emerson)의 명언을 인용했다. 그는 "우리의 다 못 가진 바는 심력뿐이다. 심의 력을 확립하고 심의 력을 결합하여 이천만 심을 일심으로 하여 우리의 목적을 달하기까지 노력하자. 이에 인간미가 있고 또한 인생의 가치가 발휘된다"고 주장했다.[215] 곧 민족의 의식과 사상을 확립하고, 결합시켜, 이천만 민중이 하나의 사상과 이념으로 단결시키는 것을 통해, 민족운동의 목적을 달성할 수 있으며, 그것에 민족운동자들의 삶의 가치가 있다는 것이다. 이런 그의 주장은 신자유주의자들이 사회의 물질적 요소들이나 물리적 장애를 '사회 속의 개인'으로서 인간의 의식적인 노력과 통제로써 극복하고자 했던 것을 일정하게 연상하게 한다.

송진우의 논설은 그 용어에서 일정한 차이를 가짐에도 불구하고 영국 신자유주의자들의 주장과 아주 유사하게 그 논리를 전개하고 있다. 장덕수 등에게서 보였던 신자유주의적 경향이 송진우의 논설에 이르러서는 확연하게 드러나게 된다. 물론 신자유주의 이념이 송진우의 전체적 이념과 노선을 전적으로 결정하는 것은 아니었지만, 그가 이에 상당한 영향을 받고 있는 것은 사실이었다.

그런데 민족주의세력의 주요 인물이자 동아일보계열의 핵심인 송진우가 신자유주의적 경향을 보여주고 있었다는 것은, 그가 주도하는 민족운동이 김성수의 경성방직으로 대변되는 조선인 대부르주아지의 이해를 단순하게 반영하는 운동이 아니라는 것을 상징적으로 보여주는 것이라 할 수 있다. 서구의 경우 모든 대부르주아지들이 보수당을 지지하는 것이 아닌 것처럼 식민지적 조건 하에서의 일부 대부르주아지들은 다른 모습을 보이고 있었다. 물론 조선인 대부르주아지로서 김성수는 자신의 재산을 지키기 위해 일제와 타협하고 협력도 하지만, 그들의 지원을 받는 정치적 운동체로서 동아일보 주도세력의 운동은 그와는 구별되게 자신의 분명한 이념과 노선을 가지고 독자적 행보를 하고 있었다. 이는 신자유주의가 기본적으로 자본주의체제 내적 사상으로, 민족·자본주의적 발전을 지향하는 동아일보 주도세력의 입론과 배치되는 것이 아니기 때문에 가능한 것이기도 했다.

---

215) 「자유권과 생존권(下) 우리는 猛省하자」, 『동아일보』 1925. 1. 15.

6장 아일랜드 민족운동 탐구

1919년 3·1운동 직후, 식민 본국 일본뿐만 아니라 식민지 조선에서도 지구 반대편에 있는 아일랜드에 대한 관심이 급증했다. 이에 대해 일본의 식민정책학자 야나이하라 다다오(矢內原忠雄)는 "사람들은 흔히 조선을 우리나라의 아일랜드라고 비유한다. 본국과 오랫동안 역사적 교류를 해왔다는 점, 고대에는 본국보다도 문화와 종교 면에서 오히려 선진국이었다는 점, 여러 차례 본국 군대의 침입을 당한 점, 인종적으로 본국과 유사하나 동일하지 않은 점, 본국과 가까워서 경제적으로나 국방에 있어서 밀접한 관계를 지닌다는 점 등, 조선이 우리나라에 대하여 지니는 지위를 아일랜드가 영국에 대하여 지니는 지위에 비유하는 것은 반드시 부당하다고 할 수 없다."고 했다.216) 조선과 아일랜드 관계에 대한 이런 인식은 이미 1920년대 초반부터 일본과 조선에서 광범하게 퍼져있었고, 나중에 야나이하라가 정리한 것이라 하겠다. 많은 연구자들도 이에 근거하여 아일랜드와 조선의 관계를 설명하곤 했다.

그렇지만 이는 결과론적인 설명일 뿐, 3·1운동 직후 아일랜드에 대한 관심은 일본과 조선 모두 이와는 다른 맥락에서 지극히 현실적 필요에서 제기된 것이다. 우선 일본 측의 사정을 살펴보자. 3·1운동은 조슈 번벌을 축으로 한 일본 군부가 주도한 조선 식민지배에 커다란 위기를 가져왔다.

---

216) 矢內原忠雄,「アイルランド問題の沿革」,『矢內原忠雄全集』3권, 岩波書店, 1963, 654~655쪽.

일제는 무력을 통해 식민지의 저항을 강제 진압을 하였으나, 1910년대와 같은 소위 무단통치로 조선을 식민지배하는 것에 대한 한계가 분명하게 드러났다.

그러면 이제 어떻게 조선을 식민지배할 것이냐를 둘러싸고 다양한 주장이 제기되었다. 동시에 본보기로서 서구제국의 식민정책에 대한 탐구가 일어났다. 이때 가장 많은 관심을 받았던 것이 영국의 아일랜드 식민지배였다. 아일랜드가 지리적으로, 식민지의 지위 상 조선과 비슷한 점도 있지만, 무엇보다도 3·1운동과 같은 식민본국에 대한 대규모 저항운동이 지속적으로 전개되었고, 그에 대응해서 자치제와 영국 의회 참정권제를 비롯해서 영국의 식민지배 정책이 다양하게 전개되었던 역사와 그에 따른 결과를 보여주었기 때문이었다.

그런데 영국의 아일랜드 식민정책, 즉 의회 참정권 정책이나 자치제 정책에 대해 일본 지배권력 핵심부, 즉 특권세력들과 군부세력, 정당정치세력의 다수는 부정적이었다. 이런 정책들이 식민지 지배의 안정보다는 제국의 정국을 흔들어 제국의 이해를 위협한다고 보았다. 1922년 수립된 아일랜드 자유국에 대해 일제는 사실상 독립국의 성격을 가졌다고 인식하고 있었다. 그 때문에 일제의 입장에서 식민정책을 연구하였던 일제 관학자들, 정당정치세력, 식민정책관료, 조선총독부 관료들은 일본이 영국의 아일랜드 식민지배 전철을 밟지 않아야 한다는 주장을 했다.[217] 식민지배 실패의 사례로, 식민지배 반면교사의 대상으로 아일랜드는 주목의 대상이었다.

재조일본인들과 일부 조선총독부 관료들은 자신들의 이해와 권리를 위해 참정권청원을 지속적으로 했다. 그러나 아일랜드의 경험을 잘 알고 있던

---

217) 이 때문에 1925년 말 조선에서 자치제 실시를 공개적으로 주장하였던 소에지마 미치마사(副島道正) 경성일보 사장은 "만일 영국 국민이 1886년 글랏스톤의 최초 자치법안을 의회에 제출할 때, 그를 허가할 아량을 가졌더라면, 금일의 아일랜드 자유국과 같은 사실상의 독립국을 만들 필요는 없었다"고 주장했다. 「통치군의 유혹-중앙조선협회의 성립을 듣고」, 『조선일보』 1926. 2. 6.

일본 본국 권력집단에게 이는 고려할 가치가 없는 주장이었다. 중의원참정권은 일제가 패망하기 직전인 1945년 조선인 병력 강제동원의 필요에 의해 대단히 제한적 조건으로 마련되었지만, 패망으로 실시조차 되지 못했다. '조선의회' 같은 중앙정치 차원의 자치제는 물론, '조선지방의회' 같은 자치제도 실시된 적이 없다. 지방행정제도로서 자치제가 실시되었을 뿐이다.

식민지조선에서도 아일랜드와 아일랜드 민족운동에 대한 관심과 열풍이 일어났다. 아일랜드뿐만 아니라 인도와 인도의 민족운동에 대한 관심도 높았다. 기존 일부 연구들에서는 동아일보를 비롯한 민족주의세력이 독립운동에 대신하여 타협적인 자치운동의 입장을 가졌기 때문에 그의 근거를 찾기 위해 아일랜드와 인도의 민족운동을 살펴본 것으로 이해하고 있다.[218] 그러나 이는 당시 역사적 상황에 대한 전도된 인식이라 하겠다.

제1차 세계대전과 3·1운동 이후 변화된 국제정세 속에서 식민지 조선과 입장을 같이하는 제1차 세계대전 전승국의 식민지 민족운동에 대한 관심과 탐구는 민족운동가들에게는 어찌하면 지극히 당연한 것이고, 반드시 해야 할 과제였다. 특히 아일랜드의 경우는 반드시 집중적 탐구가 필요했다.

본장에서는 동아일보에 나타난 논설을 중심으로 제1차 세계대전 직후 전승국 식민지 민족운동에 대한 탐구와 이와 관련한 민족주의세력의 운동론과 운동양상을 살펴보려고 한다. 이를 통해 기존 대부분의 연구들이 자치제와 자치운동이라는 선험적으로 규정된 틀에 맞추어 연구를 진행함으로써 나타났던 여러 오류와 한계를 극복하고자 한다. 민족주의세력, 특히 동아일보 주도세력들이 전승국 식민지민족운동에 왜 관심을 가지며, 어떠한 것을 주요하게 파악하고 있었는가, 그리고 이런 파악이 이후 그들의 운동론과

---

218) 박지향, 「아일랜드·인도의 민족운동과 한국의 자치운동 비교」, 『역사학보』 182, 2004 ; 강정민, 「자치론과 식민지 자유주의」, 『한국철학논집』 16권, 2005 ; 이나미, 「일제시기 조선 자치운동의 논리」, 『민족문화연구』 44, 2006 ; 김동명, 『지배와 저항, 그리고 협력-식민지 조선에서의 일본제국주의와 조선인의 정치운동』, 경인문화사, 2006.

방침을 정립하는 데 어떠한 영향이 미치고 있었는가, 어떠한 것을 배우고 습득했으며, 이후 그들의 운동론 정립에 어떻게 영향을 미쳤는가를 살펴보도록 하겠다.

1. 전승국 식민지 민족운동에 대한 탐구와 그 의미

1920년대 초반 정치적으로 형성되기 시작한 민족주의세력들은 1920년 4월 1일의 동아일보의 창간을 계기로 적극적으로 민족운동의 방향을 모색하게 된다. 그들은 3·1운동 전후의 세계적 정세변화, 일본 정계의 변화, 국내외의 상황에 대해 큰 관심을 기울이고 있었고, 그 변화의 파장에 주목하고 있었다.[219] 국제정세와 일본 정계 동향에 대한 기사는 동아일보에서 거의 매일 빠짐없이 등장하는 것이었다. 당시 낙후된 통신시설과 통신사를 감안한다면 국제정세에 대한 관심과 보도는 그에 대한 관심과 열정을 반영하는 것이었다.

민족운동의 방향 모색과 관련하여 민족주의자들이 가장 먼저 관심을 둔 것은 식민지 조선과 처지가 같은 제1차 세계대전 전승국 식민지에서의 독립운동·민족운동의 양상이었다. 제1차 세계대전 전후 식민지 처리 문제와 관련되어 1919년 6월 베르사유 강화조약이 체결되면서 국제연맹의 전후 세계체제가 성립되었다. 이 과정에서 패전국의 식민지들은 대부분 독립하였는데, 주목할 것은 패전국뿐만 아니라, 전승국의 식민지 지배체제도 크게 동요했다는 점이다.

당시 영국 식민지들에서도 식민지 지배체제가 큰 변동을 겪었다. 아일랜드에서는 1918년 12월에 실시된 영국 하원 총선거에서 아일랜드 독립을

---

219) 이에 대해서는 류시현, 「1910~20년대 일본 유학출신 지식인의 국제정세 및 일본인식」, 『한국사학보』 제7호, 고려대학교, 1999, 293~307쪽.

주장하는 신페인당(Sinn Pein Party)이 아일랜드지역에 할당된 의회 의석의 대부분을 장악했다. 신페인당이 73석을, 자치를 목표로 했던 아일랜드의회당(Irish Parlia-mentary Party ; IPP)은[220] 7석을 차지하는 데 그쳤다. 북아일랜드의 합병주의자들이 26석을 차지했다.[221] 직전 1910년 총선거에서 아일랜드의회당이 74석을 획득하고, 신페인당이 1석도 선출되지 못한 것에 비해 엄청난 변화가 일어났다. 제1차 세계대전과 전 세계적인 민주주의 바람, 아일랜드 1916년 부활절봉기 등의 영향으로 아일랜드의 정치지형도 급변한 것이다.

신페인은 1893년 창설한 게일연맹의 회원들을 중심으로 1902년 신페인의 모임이 만들어졌고, 1905년 11월 아서 그리피스(Arthur Griffith), 에드워드 마틴(Edward Martyn), 패트릭 피어스(Patrick Henry Pearse) 등을 중심으로 더블린에서 아일랜드 독립을 목표로 하는 정당으로 창립되었다. 신페인당에 대한 지지는 처음에는 미미했다. 1912년 4월 영국자유당 정부는 제3차 아일랜드 자치법안을 제출했는데, 이는 아일랜드의회당의 지지를 얻기 위한 것이었다. 하원 다수 의석을 가진 자유당에 의해 자치법안은 1913년 1월 하원을 통과했다. 그러나 북아일랜드의 합병주의자들이 자치법안에 반대하며 얼스터 의용군을 조직하는 등 저항했다. 이에 맞서 남아일랜드에도 의용군이 결성되었다. 남아일랜드 의용군의 다수파는 국민의용군으로 합법적 수단에 의한 자치운동을 전개하던 아일랜드의회당을 지지했다. 반면 소수파는 아일랜드 의용군으로 무력투쟁을 통한 영국으로부터의 독립을 추구했다.[222]

---

220) 아일랜드의회당(영어 : Irish Parliamentary Party ; IPP)은 아이작 버트(Isaac Butt)가 설립한 자치동맹(Home Rule League)을 기반으로 1874년 창당한 정당이다. 통칭 아일랜드인당(Irish Party), 자치당(Home Rule Party)이라고 했다.

221) 테오 W. 무디, 프랭크 X. 마틴 엮음, 박일우 옮김, 『아일랜드의 역사』, 한울, 2009 ; https://en.wikipedia.org/wiki/1918_ United_Kingdom_general_election

222) 아일랜드 민족운동의 경과에 대해서는 다음을 참조. 박지향, 『슬픈 아일랜드』,

    1914년 8월 영국이 제1차 세계대전에 참전하면서 아일랜드 자치법안의 논의와 실시가 전쟁 이후로 미루어졌다. 아일랜드 민족운동은 자치권 확보를 위해서는 영국군의 일원으로 전쟁에 참여하자는 아일랜드의회당과 전쟁의 혼란을 이용하여 무력투쟁으로 독립하자는 세력으로 양분되었다. 전쟁을 계기로 전시내각에 북아일랜드 자치반대파가 참여하고, 전시규제법으로 아일랜드에 대한 통제가 강화되면서, 아일랜드 사람들의 불만이 높아져갔다. 여기에 징병제 실시가 예고되었다.

    이런 가운데 아일랜드 의용군을 중심으로 1916년 4월 부활절봉기가 일어났다. 봉기에 대해 처음에는 아일랜드인의 다수가 지지하지 않았다. 그렇지만 봉기에 대해 영국이 광범하고 잔혹하게 탄압하면서 여론이 바뀌어갔다. 봉기가 일어난 곳뿐만 아니라 아일랜드 전역에서 아일랜드 민족운동가와 청년들에 대한 검거가 광범하게 일어났다. 봉기지도자뿐만 아니라 관련 없는 아일랜드 민족운동 지도자들 일부도 군사법정에서 사형에 처해졌다. 이를 계기로 아일랜드의 여론이 급격하게 변하였고, 아일랜드의회당의 지지는 하락했다. 그렇지만 독일군의 공세에 밀리던 영국은 아일랜드의회당의 반대에도 불구하고 1918년 4월 아일랜드 징병제 법안을 영국 의회에서 통과시켰다. 북아일랜드를 제외한 아일랜드 전역에서 이에 반대하는 저항운동이 일어났다. 제1차 세계대전의 급속한 종결로 징병제는 실시되지 못했지만, 그 과정에서 아일랜드인의 민족의식과 영국에 대한 저항의식은 급격히 고조되었다. 자치를 주장하던 아일랜드의회당의 몰락은 분명해졌다. 이에 반해 1917년 8월 독립을 명문화한 아일랜드 공화국 헌장을 발표한 신페인당의 인기는 급격히 높아졌다. 영국은 신페인당에 대해 광범한 체포

    새물결, 2002 ; 박지향, 「아일랜드·인도의 민족운동과 한국의 자치운동 비교」, 『역사학보』 182, 2004 ; 이태숙, 「조선·한국은 아일랜드와 닮았나?」, 『역사학보』 182, 2004 ; 최재희, 앞의 글, 2004 ; 홍영기, 「영국의 아일랜드 식민지 지배와 일본의 한국 지배 비교연구」, 『한일관계사 연구논집 8집 : 일제식민지지배의 구조와 성격』, 2005.

와 처형으로 대응했지만, 이는 신페인당의 위상만 더 높여주었다.[223]

이런 아일랜드 정세의 급변속에서 1918년 영국 하원 총선거가 실시되었다. 더불어 1918년 총선거는 21세 남성의 보통선거권과 30세 이상 재산소유자의 여성선거권이 부여되면서 선거권자가 크게 늘어난 선거였다. 선거에서 승리한 신페인당은 1919년 1월, 영국 의회에 합류하지 않고 독자적인 아일랜드 의회를 구성하였고, 얼스터 지방을 제외한 아일랜드 32개주로 구성된 아일랜드 공화국을 선포했다. 4월에는 드 벌레라(de Valera)를 대통령으로 하는 내각을 구성했다. 영국은 당연히 이를 승인하지 않고 탄압했다. 이에 맞서 신페인당은 정부 수립과 함께 아일랜드 공화국군을 조직하여 영국과의 독립전쟁을 전개하였는데, 이는 치열한 게릴라전쟁으로 이어졌다.

한편 영국의 보호령이었던 이집트에서는 1919년 3월, 대규모 반영폭동이 일어났는데, 이를 시발로 몇 개월에 걸쳐 팔레스타인, 이라크, 아프가니스탄에 이르는 광범한 지역에서 대규모 반식민지 저항 시위와 폭동이 격렬하게 일어났다. 1919년 4월, 인도 편잡 지방에서는 평화적 시위에 대해 영국군이 저지른 '암리차르 대학살'을 계기로 '인도의 부활절봉기'가 광범하게 일어났다. 1919년은 대영제국에 대한 전 세계 식민지에서의 저항이 물밀듯이 일어난 해였다. 영국은 대영제국을 유지하기 위해서는 일정한 후퇴를 선택할 수밖에 없었고, 어떻게 어디까지 후퇴할 것인가를 심각히 고려하면서 새로운 유화정책을 수립했다.[224]

영국 의회는 1920년 12월, 뒤늦게 아일랜드 자치법을 통과시켰고, 대다수 아일랜드인들의 반대에도 불구하고 계엄령 하에서 아일랜드 자치의회 구성을 위한 총선거를 실시했다. 영국의 자치제 시행은 아일랜드의 독립운동이 무력으로 더 이상 억누를 수 없을 정도로 되자, 마지막으로 시도한 개량적

---

223) 최재희, 「1916년 부활절 봉기, 아일랜드 민족운동의 전환점」, 『역사비평』 2004년 여름호, 241~258쪽.

224) 카키니시 테루마사저, 서재봉역, 『대영제국 흥망사』, 까치, 2000, 199~219쪽.

조치였다. 영국은 자치제를 통해 아일랜드 민족운동을 분열시키고 영국의 지배권을 유지시키려 했다.

그런데 이런 영국의 자치제 정책에 대해 분리 독립운동을 전개하던 신페인당은 영국의 자치정책을 완전히 거부하고 폭력투쟁으로만 나가거나, 아니면 반대로 자치제에 완전히 몰입하는 타협정책으로 가지 않았다. 신페인당은 자치제 총선거에는 일단 참여하는 전술을 선택했다. 그렇지만 자치제에의 순응이 아니라 아일랜드 독립을 주장하며 자치제 총선거에 참가하였으며, 선거 결과로 성립하게 되어 있는 자치의회 구성에는 참여하지 않는 전술을 구사했다. 즉 참여 전술을 구사는 하되, 영국에 협력하거나 타협하지는 않겠다는 것을 분명히 했다.

선거 결과 독립을 주장하는 신페인당이 130의석을, 이전에는 영국에 타협적인 자치주의 정당이었지만 이 시기 들어서는 변화되어 신페인당과 행동을 같이 하게 된 아일랜드의회당이 6석을 점한 반면, 자치에 찬동하는 북부 신교도 중심의 아일랜드통일당은 44석에 그쳤다. 다수를 점하는 신페인당이 자치의회 구성에 참여하지 않음으로써 자치제를 통한 영국의 마지막 아일랜드 포섭정책도 실패로 돌아가게 된다.

자치정책이 좌초되자 영국의 아일랜드 정책은 다시 크게 선회하게 된다. 1921년 7월 20일 로이드 조지 영국수상은 드 벌레라 아일랜드 공화국 대통령에게 아일랜드 문제 해결에 대한 협상과 조약 체결을 공식적으로 제안하게 된다. 이는 영국이 아일랜드 공화국의 실체를 인정하고 협상의 파트너로 받아들였다는 것을 의미했다. 이에 대해 벌레라 아일랜드 공화국 대통령은 아일랜드는 절대 독립을 요구한다고 하면서도, 영국으로부터의 분리권을 명확히 보장하고 얼스터 지방 소수민족(신교도)의 협상 비준 동의를 보장한다면 영국 및 외국에 대해 조약 체결을 제의할 용의가 있다고 하여 교섭 여지를 시사했다.[225] 이후 양자 간에는 수차례 상대방의 제안 거부와 대립이 진행되었지만, 9월부터는 교섭이 본격적으로 진행되기 시작했다. 협상 중에도 영국군의 군사작전은 계속되었고, 이에 대한 아일랜드의 저항도 격렬하게 전개되었다. 영국과 아일랜드간의 협상은 1921년 12월 6일 타결되었다.[226]

한편 이집트도 밀러협약을 통해 내정에서의 자치권을 인정하되, 재정과 사법권의 감독과 영군군의 주둔 및 수에즈운하의 관리를 하는 선에서 1921년 12월 영국과 이집트 간의 조약이 맺어졌고, 그에 따라 1922년 3월, 이집트는 입헌군주국으로 독립하게 되었다.

이렇게 전 세계적으로 제국주의체제의 식민지 지배가 동요하는 가운데, 동아일보는 창간 직후부터 제1차 세계대전 전승국 식민지의 민족운동에 대해 자세하게 보도했다. 그런데 이는 단순한 사실보도에 그치는 것이 아니라 조선의 민족운동의 방향과 관련하여 참고하고 운동 방법상 교훈을 얻으려는 탐구의 일환이었다.

우선 아일랜드에 대한 적극적 관심이 이루어졌다. 동아일보는 1920년 4월 9일부터 4월 21일까지 총 13회에 걸쳐 「애란(愛蘭)문제의 유래」란 제목으로 영국의 식민지인 아일랜드의 민족운동 문제를 자세히 고찰했다. 그 외에도 1920년에서 1922년까지로 한정해도 아일랜드에 대한 기사만 600여 건 이상을 보도했다.[227] 1923년부터 1930년 초까지도 300여 건 이상의 아일랜드 관련 기사를 보도했다. 월간지 『개벽』은 1920년대 중반까지 상당량의 아일랜드 관련 소식과 논설을 싣고 있고,『동명』,『삼천리』,『별건곤』 등에 아일랜드 관련 소식과 논설이 지속적으로 게재되었다.

인도의 경우에는 1920년 8월 30일부터 9월 25일까지 총 14회에 걸쳐 「대영과 인도」란 제목으로 인도의 독립 문제를 다각도로 살펴본 논설을 기재했다. 그 외에도 1920년부터 1922년 말까지 대략 300여 건의 인도

---

225) 「영란교섭의 경과」,『동아일보』1921. 8. 19.
226) 박지향, 앞의 책, 230~240쪽 ; 최재희, 앞의 글, 258쪽.
227) 네이버 뉴스라이브러리 참조.

관련 기사가 동아일보에 게재되었다. 또한『개벽』잡지에는 인도에 관한 소식과 논설이 상당수 실렸으며, 그 외『동광』,『별건곤』,『신민』등에도 관련 논설이 게재되었다.

한편 같은 영국의 식민지였던 이집트의 경우에는 동아일보에 1920년 4월 12일에서 13일에 걸쳐「자유를 열망하는 애급의 근황」이라는 2회 연재기사로 이집트의 민족운동을 고찰했다. 그 외에도 1920년부터 1922년 말까지 대략 160여 건의 기사가 보도되었다.

미국의 식민지였던 필리핀에 대해서는 동아일보에 1920년 6월 9일에서 11일까지 총 3회에 걸쳐「비율빈(比律賓) 독립요구」란 논설로 필리핀의 민족독립운동에 대해 살펴보았다. 그 외에도 1920년부터 1922년 말까지 150여 차례에 걸쳐 필리핀 문제를 다루고 있다.

2. 아일랜드 신페인당 현실주의 노선에 대한 평가

세계 식민지 민족운동에 대한 관심과 탐구를 통해 동아일보 주도세력이 각국의 민족독립운동에 대해 어떻게 인식하고 어떠한 평가를 내리고 있었는가를 아일랜드 민족운동에 대한 검토를 통해 살펴보자.

1919년 신페인당을 중심으로 아일랜드 공화국 수립이 선포되고, 이후 영국에 대한 게릴라투쟁을 비롯한 격렬한 저항이 전개되던 1920년 3월, 영국자유당은 아일랜드에 대한 제4차 자치안을 의회에 제출한다. 얼마 뒤 동아일보에 연재된「애란 문제의 유래」논설에서는 총 13회에 걸쳐 아일랜드 민족운동의 역사적, 민족적, 종교적, 경제적, 정치적 문제에 대해 자세히 살피는 가운데, 영국 의회에 제출된 제1차에서 제4차에 이르는 자치안에 대해서도 상세히 분석했다. 그렇지만 결론적으로는 영국의 자치안으로 영국과 아일랜드 관계가 해결될 수 없다고 하면서 그 이유로 다음

세 가지를 들고 있다.

첫째, 아일랜드인이 자치에 만족하기에는 영국·아일랜드의 역사가 너무 참담하다는 점, 둘째, 영국과 아일랜드 양 민족을 결속시킬 민족적 이익이 일치하지 못하는 점, 셋째, 현재의 시세가 민족자결주의에 따라 미국뿐만 아니라 식민지 본국인 영국에서도 노동자 다수와 급진적 정치가들이 아일랜드 독립을 찬성하고 있기 때문에 아일랜드인들은 열광적으로 독립을 요구하고 있으며, 자치안에 대해 독립사상을 박멸하려는 것으로 여기고 일소에 부치고 있다는 점이다. 이러한 평가에 더하여 논설은 "억(憶)라 영국은 자국의 부와 강(强)만 신(信)하고 자국의 이해만 고려하야 애란의 정당한 요구를 배척하다가 현금(見今) 애란의 독립요구가 극도에 달하고 세계대세가 자국에 불리케 됨에 부득이 하야 애란의 독립을 허(許)하는 대(代)로 자치를 허(許)에코저 하니 애란인이 어찌 만족하리요"[228]라고 하면서 "검을 쓰는 자, 검으로 망하노라"하여 일제와 총독부를 겨냥한 주장을 비유적으로 내비치었다.

이런 동아일보의 인식은 아일랜드 민족운동이 진전되면서 일정하게 변화하게 된다. 1920년 12월 영국 의회가 아일랜드 자치법을 통과시키고, 계엄령 하에서 아일랜드 자치의회 구성을 위한 총선거를 실시하였다. 앞서 언급한 바와 같이 신페인당은 아일랜드 독립을 주장하면서도 자치제 총선거에 참가했으며, 선거 결과로 성립하게 되어 있는 자치의회 구성에는 참여하지 않는 전술을 구사했다. 동아일보는 그 과정에 대해 자세하고 지속적으로 보도했다. 동아일보 사설은 신페인당이 독립을 주장함에도 자치제 총선거에 참여한 것이 아일랜드 민족운동에 대한 신페인당의 위력을 과시하고 아일랜드인의 다수가 자치에 반대한다는 것을 사실로 입증하기 위한 것으로 파악했다.[229] 아일랜드 신페인당은 합법적 정치공간에 대한 중요성을 잘

---

228) 「애란문제의 유래」 13, 『동아일보』 1920. 4. 21.
229) 「애란의 신의회」, 『동아일보』 1921. 6. 13.

알고 있었고, 의회전술을 행사하는 데 주저하지 않았다. 동아일보 주도세력은 신페인당의 활동을 보면서 합법적 정치운동과 의회전술의 중요성을 배우게 된다.

영국과 아일랜드 공화국군 간의 전쟁은 1921년 7월 휴전으로 종식되게 된다. 앞서 언급한 것과 같이 영국정부와 협상을 위해 그리피스를 중심으로 하는 신페인당의 대표가 런던에 파견되었다. 영국과 아일랜드간의 협상은 1921년 12월 6일 타결되게 되는데, 협정의 주요 내용은 아일랜드가 영연방의 캐나다와 같은 자치령적 지위를 가져, 캐나다 총독과 같은 방법으로 총독을 임명하며, 명목상의 원수는 대영제국의 황제임을 받아들이되, 아일랜드는 독자적인 입법권, 재정권을 가진 신정부를 1년 이내 총선거를 통해 수립하고, 또한 독자적인 육군을 편성한다는 것이었다. 그리고 해군은 5년간 영국에 위탁하도록 했다.

동아일보는 1921년 12월초부터 이에 대해 대대적으로 보도하기 시작했다. 12월 9일자 사설에서는 자치령적 제도를 기초로 교섭이 진행될 것으로 예측했는데, 그에 따라 진행되었다고 자평하면서, 영국은 아일랜드에 대해 캐나다같은 지위를 약속하고, 서남부 아일랜드 26개주에 대한 완전한 자치권을 보장하며, 자치령 내 아일랜드인은 영제국 자치령인과 동등하게 대우한다는 것을 약속함으로써 협상이 성립되게 되었다고 주장했다. 동아일보는 아일랜드가 분리권을 주장하다가 한발 물러나 자치령적 자유로 만족하고, 영국이 통일을 주장하다가 한발 물러나, 결국 아일랜드의 사실상 독립을 허용했다고 판단했다. 그리고 이는 영제국이 과거 제국과 달리 정치상으로 각 식민지의 주권이 연합하여 '자유국민의 연방'이 되었기 때문에, 세계의 대세에 순응하여 서로 양보할 수 있었다고 하면서, 권리에 자각하는 인민은 철저한 폭력으로도 억압되지 못하며, 진리에 자각하는 인민은 협력의 원칙을 잘 이해한다는 교훈을 얻었다고 주장했다.[230] 이런 동아일보의 주장은 당시 세계정세와 제국주의에 대한 낙관적 인식을 반영하는 동시에 아일랜드 문제 해결방식에 대한 그들의 긍정적 평가를 보여주는 것이라 하겠다.

1922년 1월 7일, 영국과의 협상안이 아일랜드 의회에서 64 대 57, 단 7표의 차이로 통과했다. 영국이 이를 받아들임으로써 1월 14일 아일랜드 자유국이 수립되었다. 영국군이 철수하고 아일랜드 군대가 통제권을 받았다. 임시정부는 조약의 승인을 선언했고, 이에 대한 국민의 의사를 묻고자 총선거 실시를 예고했다. 공화국 대통령 드 벌레라와 그의 지지자들은 조약 승인을 반대했고, 조약 승인을 둘러싸고 신페인당은 분열했다.[231]

당시 동아일보의 관심은 즉시 독립과 자치를 둘러싼 신페인당내의 분열과 대립, 그리고 아일랜드 신헌법의 제정에 모아졌다. 동아일보는 아일랜드의 신헌법이 "이상에 주(走)하지 아니하고 실지에 취하야 국민의 행복을 기도하되" 각 방면에 있는 민주주의의 최신의 원리원칙을 채용했다고 하면서, 그 예로써 실지의 자유와 행복을 목표로 남녀가 동등한 선거권과 공민권을 가지며,[232] 국가의사를 결정하는 대표기관인 국회의 조직을 소수자를 배려하기 위해 비례선거법에 의하여 구성하고, 순전히 하원으로서 내각을 구성했다는 것을 제시했다.[233]

동아일보는 아일랜드가 절대독립을 요구하는 것은 역사상, 민족성, 감정상으로 당연한 것이지만, 영국과의 입지상·안전상·존립상으로 조속한 독립이 어렵다는 사실을 인식하지 못하면 청년의 희생과 국부의 탕진, 영국의 반감만을 초래할 수 있으므로, 아일랜드인의 충분한 자유와 행복을 보장하는 경우에는 실리를 취하는 것이 '정치가적 식견'이며 '실지가(實地家)적

---

230) 「英愛협정 성립-영제국의 성질과 애란인민의 지위」, 『동아일보』 1921. 12. 9.

231) 테오 W. 무디, 프랭크 X. 마틴 엮음, 박일우 옮김, 앞의 책, 368쪽.

232) 아일랜드 자유국이 1922년 신헌법 제정에서 남성과 동등한 여성참정권을 부여한 것은 사실 대단히 선구적인 것이라 할 수 있다. 식민지 본국인 영국은 1928년에야 여성참정권이 보장되었으며, 근대혁명의 발상지인 프랑스는 한참 늦은 1946년에야 법률상 여성참정권이 보장되었다. 오직 미국만이 1920년에 남성과 동등한 여성참정권이 부여되었다.

233) 「애란헌법-실지적총명 최신의 조직-」, 『동아일보』 1922. 6. 22.

총명'이라 할 수 있다고 주장했다. 물론 영국의 태도와 심법이 도저히 아일랜드인과 양립할 여지가 없으며, 협력할 희망이 없으면 전 생명과 전 재산을 희생해서라도 분연히 일어나 투쟁해야 한다는 주장도 같이 하고 있었다.234) 이러한 동아일보의 주장은 아일랜드 민족운동에 대한 일련의 탐구를 통해 자치에 대해 최초의 부정적 사고에서 그 자치의 내용이 어떠하냐에 따라 변화될 수 있다는 것을 시사하는 것이었다. 이는 동아일보 주도세력의 현실주의적 사고를 여실히 보여주는 것이라 할 수 있겠다.

아일랜드는 1922년 6월의 총선거에서 58명의 조약찬성자와 36명의 조약 반대자, 17명의 노동당과 17명의 농민대표자 등이 선출되었다.235) 총선거 결과에도 불구하고 조약을 둘러싼 논란은 내전으로 발전했다. 동아일보는 아일랜드 자유국을 둘러싼 신페인당의 분열과 내란의 추이에 지속적으로 관심을 기울이고 있었는데, 내란이 자유국 승인을 지지하는 세력의 승리로 기울어지자 1922년 7월, 이를 지지하고 긍정하는 사설을 게재했다.

사설에서는 먼저 아일랜드 자유국은 영국이 일보 양보하고, 아일랜드가 일보 양보하여 출현한 것으로 절대의 자유국이 아니라, 영제국을 구성하는 일부로 분국에 불과하다는 것을 분명히 했다. 때문에 이에 찬성하거나 반대하는 아일랜드인들이 있어 내전이 일어났다고 파악했다. 이런 전제위 에서 사설은 영국과 아일랜드 자유국 수립의 조약체결을 한 대표들이 신페인당과 아일랜드 의용군을 창설하고 지도하는 사람들로 이상에 취하지 않고 현실에 취하여 제2의 최선을 구한 것이라고 설명했다. 사설은 아일랜드 인민이 최후까지 투쟁하지 않고 중도에 그쳐 타협하는 것에 대해 불가하다고 주장하는 것은 "인성을 부지(不知)하는 자이며, 더욱이 정치의 여하한 것을 각(覺)치 못하는 자"라고 혹평하면서, 레닌의 소위 '휴식정책'을 찬성하는 의미에서 아일랜드 자유국 수립을 '실지적 총명'으로 찬성한다고 주장했다.

---

234) 「애란헌법-실지적총명 최신의 조직-」,『동아일보』 1922. 6.22.
235) 테오 W. 무디, 프랭크 X. 마틴 엮음, 박일우 옮김, 앞의 책, 368쪽.

더 나아가 사설은 "장래에 완전한 자유, 최후의 승리를 득(得)할 때까지 연방(영연방 : 인용자)과의 협조를 지(持)하면서 자(自) 국사(國事)는 완전히 자결하는 조직을 득(得)할 때까지 그 민족발전에 그 문화향상에 최선의 역(力)을 가(加)하기를" 바란다고 주장했다.236) 이러한 동아일보의 평가는 아일랜드 자유국이 독립의 완전한 획득이라는 궁극적 목적을 달성하는 여정에서 현실적 조건에 근거해서 실질적인 '총명'한 선택을 한 것으로 판단하는 것이었다.

아일랜드 민족운동에 대한 탐구에서 드러나듯이 3·1운동 후의 국제적인 정세변화와 일본 정계의 변화 속에서 민족주의세력은 세계 민족운동에 대한 폭넓은 탐구를 통해 운동의 방향을 모색했다. 그리고 아일랜드 민족운동에 대한 지속적 관심과 탐구 속에 조선 민족운동의 방향을 투영하고자 했다. 이는 신페인당 주도의 아일랜드 자유국 수립에 이르는 과정에 대한 긍정적 평가로 나타났다. 그런데 주의할 것은 이런 평가를 내렸다고 해서 동아일보 주도세력이 곧 독립을 포기하고 자치운동으로 방향을 내세웠다는 것을 의미하는 것은 아니라는 점이다.

아일랜드 독립운동의 역사에서 명백히 드러나듯이 아일랜드 자유국의 주도권을 잡고 있었던 것은 19세기 이래 영국에 대해 타협적 자치를 주장하던 아일랜드의회당이 아니었다. 아일랜드의회당은 이미 아일랜드 민중들로부터 신뢰를 잃었고, 1918년 영국 의회 총선거에서 철저히 몰락했다. 영국에 대해 전투적인 신페인당이 아일랜드 민족운동의 주도권을 잡고 있었다. 그들은 아일랜드 공화국을 선포하고 영국에 대한 2년여 간의 독립전쟁을 전개했다. 그리고 영국이 통과한 자치제 법과 자치의회 선거를 무조건 배격하지 않았다. 자치의회 선거에는 참여해 압도적 우위를 과시했지만, 영국이 주도하는 자치의회 구성에는 참여하지 않는 정책으로 결국 영국의

---

236) 「평화의 애란」, 『동아일보』 1922. 7. 13.

타협적 자치제를 무력화시키는 주도면밀함을 보였다. 그리고 전쟁종식을 위한 타협의 결과물로 영국의 자치령인 아일랜드 자유국을 수용한 것이었다.

1922년 수립된 아일랜드 자유국은 외형상으로는 영국의 자치령의 성격을 가지지만 캐나다와 같은 지위를 부여받았고 실제로 거의 독립국이나 다름이 없었다. 일제의 식민정책학자뿐만 아니라 특권세력 및 군부세력, 정당핵심세력에서는 영국과 아일랜드의 경험을 보면서, 일본은 영국이 아일랜드에서 범한 실수를 반복하지 않아야 한다고 생각했다. 그런 의미에서 아일랜드의 자치는 독립의 과정에서 겪게 되는 과정적 의미에서의 자치였다. 신페인당의 민족운동을 타협적 자치운동으로 이해하는 것은 역사적 사실에 대한 커다란 왜곡이다.

아일랜드 신페인당과 인도의 간디나 네루 국민회의의 민족운동에 대해서 국내의 최초 연구들은 당시 사회주의자들의 민족주의세력에 대한 비판 주장을 무비판적으로 받아들여 타협적인 것으로 파악했다. 그렇지만 최근에는 실제 아일랜드 신페인당과 인도 국민회의의 민족운동과 자치운동을 살펴보면서 그렇지 않다는 것을 파악하는 추세라 할 수 있다. 문제는 그러한 연구들조차 조선의 민족주의세력, 특히 동아일보 주도세력이 이를 어떻게 인식하고 있었는가를 간과하고 있다. 아일랜드는 타협적이 아니었지만, 동아일보는 경성방직 대자본가의 이해를 반영하는 신문이니 무조건 타협적일 것이라는 대단히 선험적 가정 속에서 여전히 양자의 관계를 분절적으로 인식하고 있다. 이는 아일랜드 문제가 왜 동아일보에서 그렇게 중요하게 다루어졌는지, 동아일보 주도세력이 아일랜드 민족운동에 대한 고찰을 통해 무엇을 얻으려 했는지에 대해서 살펴보지 않았기 때문이다. 동아일보의 논설들만 찬찬히 읽어보아도 동아일보 주도세력들이 타협적 입장에서 아일랜드 문제를 보고 있지 않다는 것을 알 수 있다.

동아일보 주도세력은 아일랜드 민족운동에서의 자치의 의미를 잘 알고 있었다. 그들은 아일랜드 민족운동을 주도한 신페인당을 면밀히 관찰하고 있었다. 또한 영국과 타협하다가 몰락한 아일랜드의회당의 전철도 알고 있었다. 그들은 급진 민족주의정당인 신페인당에 주목했다. 신페인당의 정책은 맹목적으로 영국에 반대하고 무장투쟁만 한 것이 아니었다. 그들은 영국의 참정권의회나 자치의회 선거에 적극 참여했다. 그렇지만 그 참여는 타협을 위한 참여가 아니라, 독립을 위한 참여였다. 참여를 통해 광범한 아일랜드 민중들을 신페인당 주위로 결집시켰고, 여기에 시위와 무장투쟁을 안배하면서 결국은 독립운동의 과정으로서, 합법적 정치운동의 일환으로 선거투쟁을 전개했다.

　동아일보 주도세력은 아일랜드에 대한 집중적 탐구 속에 이러한 사실을 어느 정도 파악하고 있었다. 특히 신페인당 주도의 아일랜드 민족운동은 합법공간과 의회전술의 중요성, 참여하는 투쟁전술과 무장투쟁의 배합 등 그동안 민족주의세력들이 알지 못했던 민족운동의 새로운 내용을 보여주면서 아일랜드를 사실상 독립국가로 이끌었다는 점에서 주된 관심의 대상이었다. 신페인당이 참정권을 부여한 영국 의회에 대해 어떻게 참여하고 이를 사실상 무력화시켰는가, 영국의 자치정책에 대해 어떻게 대응하고 결국 무력화시켰는가를 분석하고 있었다. 동아일보 주도세력은 영국과 타협하다가 몰락한 아일랜드의회당이 아니라 급진 민족주의 정당의 성격을 갖는 신페인당 중에서 온건파의 현실주의 노선을 긍정적으로 평가했다.

7장 3·1운동의 경험이 남긴 교훈

　1920년대 이래의 민족주의세력, 그중에서도 동아일보로 대표되는 세력의 운동노선과 활동을 이해하기 위해서 이제까지 그들이 어떠한 사상적 이념적 배경에서 운동을 시작했는지를 살펴보았다. 마지막으로 그들이 일제하 최대 민족운동인 3·1운동을 경험하면서 어떠한 경험적 결론을 얻었는지를 살펴보도록 하자.

　1910년대 일본 유학의 경험을 통해 새로운 정치사상과 세계정세의 변화를 목도한 신지식층들은 3·1운동의 초기 국면에 상당히 중요한 역할을 담당했다. 김도연, 백관수, 이광수 등은 3·1운동의 신호가 되었던 도쿄유학생들의 2·8독립선언에서 큰 역할을 담당했다. 송진우, 현상윤 등과 천도교 신파의 최린, 최남선 등은 3·1운동의 기획과 점화에 있어 중요한 역할을 담당했다. 그들은 비록 독립선언서의 33인 민족대표에는 서명하지 않았지만 사실상 3·1운동의 핵심적 인물들이었다. 그 결과 그들은 3월 중순 일경에 체포되어 상당 기간 구금되게 된다.[237]

　송진우는 1년 7개월간의 옥살이를 한 후, 1920년 9월 30일 경성복심법원에서 '증거불충분'으로 무죄가 선고되면서 10월 1일 출감하게 된다. 그의 무죄에 대해 송진우전기에서는 당시 일제 치안관계법이 독립운동의 구체적 행위만을 중점적으로 처벌하고, 그 모의과정에 대한 처벌규정이 미약한

---

237) 고하선생전기편찬위원회, 앞의 책, 138~195쪽.

데 따른 것이었다고 주장한다. 또한 이들이 이런 법의 맹점을 이용하여 재판과정에서 3·1운동 준비과정에서의 주도적 역할을 부정하였기 때문이었다고 한다.[238] 송진우의 경성복심원 심문조사를 보면 송진우는 판사의 조선독립운동에 찬성한 사실이 있느냐는 질문에 "처음에는 최린의 권고로 찬성하였지만 중도에 그만두었다"고 대답했다. 또한 어느 때쯤 그만두었냐는 질문에는 대략 2월 중반쯤이라고 대답했다. 그러면서 최린, 최남선, 현상윤 등과 회합하여 독립운동을 모의한 것, 박영효를 찾아가 독립운동을 권고한 것, 최남선을 통해 이승훈과 독립운동을 모의한 것 등에 대해 만나기는 했으나 독립운동을 권유하거나 협의하지 않았다는 식으로 계속 답변했다. 그리고 손병희, 이승훈, 최린 등이 기도한 독립운동 모의과정, 독립선언서 발표와 청원서 작성 등에 대해서도 알지 못한다면서 관련을 부인했다.[239]

국내에서 일어난 3·1운동은 운동을 일으킨 48인 민족대표의 의도와 기대를 훨씬 뛰어넘어 전 민족적, 전국적 민중항쟁으로 발전하였으며, 해외에서 상해 대한민국임시정부 수립과 만주지역 무장독립운동으로 연결되었다. 그렇지만 국내의 만세시위와 대중투쟁은 일제의 가혹한 탄압 하에 수많은 인명피해를 내고 진압되었으며, 만주지역의 무장독립투쟁도 대규모 민간인 학살을 동반한 일본군의 군사적 토벌로 1921년 초부터 거의 소강상태에 접어들게 되었다. 한편 연합국에 대한 외교정책으로 독립을 달성하려던 임시정부의 정책도 강대국의 외면 속에 한계를 맞이하면서 상해임시정부도 1921년부터 내부 분열로 그 조직적 힘과 영향력이 사실상 약화되게 된다.[240]

---

238) 최형련, 「3·1운동과 中央學校」, 『三一運動 50주년기념논집』, 동아일보, 1969 ; 고하선생전기편찬위원회, 앞의 책, 106~137쪽 ; 인촌기념회, 『仁村 金性洙傳』, 인촌기념회, 1976, 119~142쪽 ; 장석흥, 「3·1운동과 국내민족주의계열의 독립운동」, 『한국독립운동사연구』 13, 1999 ; 김기승, 「현상윤과 3·1운동」, 『공자학』 15호, 2008.

239) 국사편찬위원회편, 『한민족독립운동사자료집』 12, 국사편찬위원회 한국사데이터베이스 http://db.history.go.kr/id/hd_012r_0010_0370

240) 장석흥, 「대한민국임시정부와 국내독립운동」, 『대한민국임시정부수립80주년기념논문집』 상, 1999 ; 이강훈, 『대한민국 임시정부사』, 서문당, 1999 ; 이현희, 『대한민

민족주의 지식인들은 1919년 3·1운동에서 1921년 초반에 걸친 민족독립운동의 일련의 역사적 경험을 직접적으로 체험하면서 그 경험을 바탕으로 정치적으로 형성되고 활동을 전개하게 된다. 때문에 이러한 3·1운동의 경험을 그들이 어떻게 인식하고, 이를 자신들의 활동에 준거로 삼았는지를 우선 살펴보는 것이 필요하다.

　　그런데 이와 관련된 동아일보계열의 자료는 대단히 부족하다. 일제는 문화정치를 실시함에도 불구하고 3·1운동에 대해서는 알레르기 반응을 보일 정도로 민감하게 대응했다. 매년 3월 1일이 다가오면 조선 전역에 최대의 경계령이 내려졌고, 3·1운동과 관련한 직접적 사설이나 논설은 신문과 잡지에 실리지 못하게 막았다. 3·1운동은 일제하 내내 논해서는 안 되는 금기의 대상이었다.

　　때문에 부득이 3·1운동 직후의 자료가 아니라 1925년경의 자료를 가지고 동아일보 주도세력이 3·1운동을 어떻게 보았는지를 살피고자 한다.[241] 그것은 이 논설 전후의 운동방침과 활동노선이 1920년대 초반의 운동방침과 활동노선을 계승하고 있으면서 유사한 모습을 보이고 있기 때문이다.

　　48인 민족대표인 송진우는 3·1운동에 대해 다음과 같이 평가한다. 그는 "적어도 1919년의 삼일운동은 조선민족에게 대하야 사천년 이래 윤회반복(輪回反覆)하여 오던 동양적 생활양식을 정신상으로나 문화상으로나 정치상으로나 근본적으로 민중적으로 파괴 건설하려 하는 내재적 생명의 폭발이었다"고 하면서, 3·1운동이 "조선역사에 있어서 처음 보는 운동일 만큼 그 의의가 심장(深長)하고 그 관계와 영향이 중차대한 것도 물론"이라고 높이 평가했다. 그러면서 그 이유로 과거 수천 년 간의 "기다(幾多)한 개혁과

국 임시정부사연구』, 혜안, 2001 ; 윤대원, 『상해시기 대한민국임시정부연구』, 서울대학교 출판부, 2006 ; 김희곤, 『대한민국임시정부연구』, 지식산업사, 2004 ; 김희곤, 『대한민국임시정부 1 : 상해시기』, 독립기념관 한국독립운동사연구소, 2008.
241) 여기에서 사용한 자료는 송진우가 동아일보 1925년 8월 28일자부터 9월 6일자까지 10회에 걸쳐 연재한 「세계대세와 조선의 장래」라는 장문의 논설이다.

전란"이 "소수계급의 정권 탈취의 변혁이 아니면 존주양이(尊周攘夷)의 사상에서 배태되며 출발"한 것이었지만, 이에 대해 3·1운동은 "그 내용과 형식을 일변하야 적어도 사상의 근저가 세계적 대 여론인 민족적 자존과 인류적 공영의 정의 인도의 관념 하에서 전국적으로 민중적으로 도검리(刀劍裡) 철소간(鐵銷間)에서도 의연히 입(立)하며 태연히 동(動)"하였기 때문이라는 것이다.[242]

이런 그의 주장은 두 가지 점에서 주목된다. 첫째, 3·1운동에 대해 종래 4천 년 간의 동양적 생활양식과 정치적 근왕주의를 세계적 추세인 민족적 자결주의와 민주적 정의와 인도 이념 하에 근본적으로 극복하게 한 운동으로 평가한 점이다. 이는 그가 명백히 구체제의 파괴를 전제로 한 부르주아민주주의 사상 및 공화주의 사상에 입각해서 3·1운동을 바라보고 있었다는 것을 보여준다. 이런 견지에서 보면 3·1운동은 '구세력의 파괴와 신문화의 수립의 접촉점'으로 볼 수 있다.[243] 둘째, 3·1운동이 소수의 운동이 아니라 일제의 가혹한 탄압에도 전국적 대중적 차원에서 진행되었다는 것을 들어 높이 평가하는 점이다. 이는 그가 민족운동이 가져야 할 대중적 지반과 대중운동으로서의 진행을 적극적으로 인식하고 있었다는 것을 의미한다. 송진우는 3·1운동에서 그가 일본 유학 중에 경험했던 일본 제1차 호헌운동과 다이쇼 데모크라시의 실천적 경험을 상기했을 것이다. 이는 뒤에서 살펴보겠지만 민족주의 진영이 1920년대 전반 전국적, 대중적 차원에서 민립대학 설립운동과 물산장려운동을 전개시킨 것과 관련시켜 볼 수 있는 대목이다. 민족주의세력들은 엘리트주의적 경향이 많았지만, 그렇다고 여론과 대중운동의 중요성을 간과하지 않았고, 이를 적극적으로 주도하려 했다.

그는 3·1운동을 계기로 민중적 차원에서 새로운 기운이 일어났다고 하면서 그 표증으로 "첫째는 교육적 각성이요, 둘째는 경제적 의식"이며, "재래의

---

242) 「세계대세와 조선의 장래」(3), 『동아일보』 1925. 8. 30.
243) 「세계대세와 조선의 장래」(4), 『동아일보』 1925. 8. 31.

역사적 감정으로만 훈련되었던 민족운동이 그 내용을 일변하야 경제적 의식, 곧 생활의 토대위에서 그 근저(根底)를 발견하게 된 것은 확실히 일대 진보인 것을 단언하는 바이다"라고 주장했다.[244] 이는 3·1운동을 계기로 민족운동이 종래 그 사회적, 경제적 토대가 취약한 우국지사적 정치운동에서 사회적, 경제적 토대를 갖는 민족운동, 다시 말하면 조선사회의 자본주의적 발전에 따라 형성되는 새로운 계층의 기반에 근거한 운동으로 변화하는 일대 계기를 마련하였고, 그런 의미에서 일대 진보를 이룬 것이라는 평가이었다.

그의 주장은 그가 3·1운동에 대해, 더 나아가 민족운동에 대해 어떠한 입장에서 바라보고 있는가를 상징적으로 드러내었다. 이는 갑신정변과 갑오농민전쟁에 대한 그의 평가에서도 드러난다. 송진우는 갑신정변에 대해서 그 "사상적 근저가 재래의 정권여탈과 존주양이(尊周攘夷)적 사상과는 그 범주를 달리하야 적어도 현대문명을 긍정하여 민족적 복리(福利)를 기도"하였고,[245] 그에 따라 "사천년래의 신기축을 전개하여 일대변혁을" 시도한 것으로 높이 평가했다.[246] 곧 갑신정변의 주도자들이 현대 문명을 긍정하였고, 조선 사천년 역사상 신기원을 이루는 일대 변혁을 시도한 것으로 평가했다. 그는 자신들의 민족운동이 갑신정변의 역사적 의의를 계승한 것으로 생각했다.

반면에 갑오농민전쟁에 대해서는 그것이 "쇄국양이의 구사상에서 그 운동의 배태가 생(生)한 결과, 한갓 일청전역(日淸戰役)의 대 사단을 야기"했다고 혹평했다.[247] 곧 갑오농민전쟁이 서양사상을 배척하는 봉건적 사상에 나왔고, 청일전쟁의 외세 간섭을 초래했다는 것이다. 앞서 자세히 살펴보았

---

244) 「세계대세와 조선의 장래」(4), 『동아일보』 1925. 8. 31.
245) 「세계대세와 조선의 장래」(3), 『동아일보』 1925. 8. 30.
246) 「세계대세와 조선의 장래」(2), 『동아일보』 1925. 8. 29.
247) 「세계대세와 조선의 장래」(2), 『동아일보』 1925. 8. 29.

지만 그는 1920년대 전반에 이미 독점자본의 제한과 민중생활 보장, 중요산업의 국가적 통제 등 국가개입을 주장하는 영국의 신자유주의 사상을 수용하고 있었다. 그럼에도 갑오농민전쟁을 비롯한 아래로부터의 변혁운동에 대해서는 비판적이었다.

다른 한편, 송진우는 3·1운동이 대중을 지도하고 운동을 통일·지속시킬 수 있는 조직 부재에 따라 한계를 노정했다고 평가했다. 그는 "우리가 지내간 삼일운동의 실제적 경험을 고찰하여 보아도 명료할 것이다. 선전이 부족한 것도 아니며 사상이 박약한 것도 아니건만은 최후의 절(切)을 주(奏)치 못한 것은 물론 대세의 관계도 불무(不無)할 것이나, 이 운동을 통일 계속할만한 중심적 단결력이 부족하였던 것이 불무(不誣)할 사실이다."라고 3·1운동의 실패 요인을 분석했다. 즉 3·1운동을 통해 구사상이 타파되고 근대 사회의 이념과 공화주의 사상이 전체적으로 공유되었지만, 3·1운동의 실제 진행과정에서 여실히 드러나듯이 운동은 중심조직이나 조직적 기반이 없이 자연발생적으로 진행되었기 때문에 독립이라는 최후의 목표를 달성하지 못했다는 것이다.

그에 따라서 그는 "그럼으로 우리는 이렇게 주장하고 싶다. 무엇보다도 모든 주의와 사상의 실현에 토대가 되고 근저가 될 만한 '힘', 곧 단결력을 준비하지 아니하면 아니 될 것"[248]이라고 주장했다. 이는 종래 개인과 집단의 자각과 실력양성을 통해 독립의 기회를 준비한다는 것에서 더 나아가, 그의 필수조건으로 대중을 자각시키고 동원하며 운동의 전 과정을 통일적으로 지속시킬 수 있는 '중심적 단결력', 곧 강력한 정치적 구심체의 건설에까지 그의 인식이 이르고 있음을 보여주는 것이라 할 수 있다.

---

248) 송진우, 「무엇보다 힘」, 『개벽』 제5권 4호, 1924년 4월호.

소결 :
민족운동 사상과 이념의 세계성과 지역성

1832년 영국에서 제1차 선거법 개정이 이루어졌다. 의회는 여전히 토지귀족의 영향력 아래에 있었고, 산업가와 부르주아지는 소수에 불과했다. 그럼에도 제1차 선거법 개정은 군주권에 대한 의회의 우위를 확립하고, 귀족과 상원의 권력 약화 및 하원과 내각의 권한 강화라는 20세기 초까지 이어지는 영국 의회정치 변화의 시발점이었다. 1838년 5월 '인민헌장'이 공포를 전후해서 남성 보통선거권과 인민의회 등을 요구하는 인민헌장운동, 곧 차티스트운동이 1848년까지 대규모 대중운동으로 진행되었다. 인민헌장운동은 실패하였지만, 소멸된 것은 아니었고, 남성 보통 참정권 획득에 초점을 맞추어 런던을 비롯한 도시선거구를 중심으로 지속되었다.

입헌공화정과 근대 국민국가를 수립하기 위해 프랑스와 독일을 비롯해 유럽에서 전개된 1848년 혁명은 실패로 끝났다. 프랑스는 나폴레옹 3세가 제2공화정을 붕괴시키고 절대왕정으로 복귀했다. 독일에서는 프랑크푸르트 국민의회를 통해 제국헌법을 공포하였고 프로이센 중심의 소통일주의를 결정하였지만, 정작 프로이센 국왕이 이를 거부하면서, 무위로 돌아갔다. 급진 자유주의자들과 민중들의 제국헌법 수호투쟁은 프로이센군대에 의해 진압되었다. 오스트리아에서의 봉기로 임시정부가 수립되었지만, 결국 입헌공화정 수립이 무산되고 절대군주제 국가로 회귀했다.

1848년 이래 몇 년간에 걸친 혁명은 결국 실패로 끝났다. 공화정의 이상은 무위로 되었고 기존 왕조가 유지되거나 왕조가 복고되었다. 그렇지만 혁명의 과정과 그에 대한 대응과정을 거치면서 헌법제정과 의회개설에 의한 입헌주의 체제, 보통선거권 등은 피할 수 없는 것이 되어갔다. 민중의 저항을 예방하기 위한 사회개혁입법도 필요한 것으로 여겨졌다. 파리코뮌 정부는 곧 진압되었지만, 1875년 제3공화국이 출범하게 되고, 1876년 의회선거에서 공화파가 다수를 점하면서 공화국체제가 정착되었다. 이후 일련의 개혁정책으로 입헌주의 근대 국민국가체제가 확고해졌다.

이는 독일연방 통일과정에서 구체적으로 드러났다. 1870년 프로이센이 프랑스와의 전쟁에 승리하면서, 독일 통일이 완수되었다. 1871년 1월 독일제국이 출범하였고, 3월 보통선거에 의해 제국의회 선거가 실시되었다. 독일제국은 위로부터의 개혁을 추진했다. 의회와 정부가 제국 정치의 중심으로 자리잡아 갔다.

영국에서도 1860년대 들어 무기명 비밀투표와 성인남성 참정권을 목표로 하는 제2차 선거법 개정운동이 일어났고, 1867년 도시에 1년 이상 거주하고 지방세를 내는 모든 가구 남성 가장과 10파운드 세금을 내는 세입자에게 선거권을 주는 제2차 선거법 개정이 이루어졌다. 1872년 비밀투표법이, 1883년에는 부패선거법이 제정되었고, 1884년 제3차 선거법 개정이 이루어지면서 성인 남성의 2/3 가량이 선거권을 갖게 되어 영국의 의회주의체제와 국민참정권도 확실해졌다. 1918년에는 제4차 선거법 개정이 이루어지면서 21세 이상의 모든 남성에게 보통선거권이 부여되었다. 1919년 3·1운동 이전에 이미 보통선거권에 기초한 입헌주의 근대 국민국가가 전 세계에서 이미 확고하게 자리잡으면서, 일본제국도 그 영향을 피할 수 없게 되었다.

19세기 급속히 확산되던 사회주의 사상과 운동은 19세기말에 이르러 또 다른 도전에 부딪쳤다. 유럽 자본주의는 불황을 타개하고 새로운 활기를 찾고 있었으며, 각종 정치·경제·사회적 개혁을 통해 혁명을 예방해갔다. 영국과 프랑스, 독일 등에서 의회주의와 국민참정권이 정착되었고, 의회의 역할이 강화되었다. 중앙과 지방정부의 역할이 커지면서, 의회와 국가가 대중의 삶과 이해에 밀접하게 개입했다. 이런 상황에서 사적유물론과 계급투쟁론에 근거하여 자본주의의 몰락이 필연적이라는 경제결정론 인식을 가지고 있던 19세기 정통 마르크스진영은 제대로 대응을 하지 못했다. 의회는 단순히 부르주아계급의 이해를 대변하는 곳이고, 국가기구는 계급 억압의 도구라는 도식은 영국과 프랑스, 심지어 독일제국에서도 도전을 받게 되었다.

이런 가운데 사회주의혁명을 기다리기보다는 현존하는 의회주의 질서체제에 참여하고, 이를 통해 의회와 지방 자치정부로 들어가서, 내부로부터 서서히 체제를 개혁하는 것을 통해, 사회주의로 나아가야 한다는 주장이 제기되었다. 영국의 페이비언과 영국노동당, 독일사회민주당의 베른슈타인, 프랑스 장 조레스 등이 이런 주장에 앞장섰으며, 이는 사회민주주의로 귀결되었다. 영국에서는 페이비언협회와 독립노동당, 영국노동조합회의 등이 연합하여 1900년 노동대표위원회를 결성하였고, 1906년 영국 하원총선거를 거치면서 노동당으로 명칭을 변경했다. 노동당은 영국 의회정치에 적극 참여하였고, 의회를 통한 국가와 사회의 변화를 추구했다.

독일 사회주의운동은 1878년 '사회주의 자탄압법' 시기에도 제국의회선거에 참여했다. 1890년 이 법이 폐지되면서 사회주의운동은 합법화되었다. 독일사회민주당은 마르크스주의에 토대를 둔 혁명적 사회주의 정당임을 천명했지만, 강령의 구체적 내용에서는 보통·평등·직접선거권, 지방자치 실현, 언론결사의 자유 등 진보적자유주의자들과 주장을 같이했다. 실천적 측면에서 이미 독일사회민주당은 의회주의에 토대를 둔 대중정당으로 변모해가고 있었다. 1912년 제국의회 선거에서 사회민주당은 자유주의 정당과의 선거 동맹과 선거협정을 통해 제1당의 지위에 올랐다. 그 결과 당내 우파와 수정주의자들 입장이 강화되었고, 카우츠키를 비롯한 중도파들도 의회를 통한 집권과 사회이행의 방향으로 기울어졌다. 의회주의와 사회개혁노선, 합법적 정치운동은 공산주의자들을 제외한 다수의 사회주의자들에게 있어 전 세계적으로 핵심적 주장이 되어 갔다.

1920년대 전반 정치적으로 형성된 민족주의세력의 주요 인물들은 대개 일본 유학의 경험을 갖고 있었다. 이들이 유학을 했던 1910년대에서 20년대 전반까지의 시기의 일본은 소위 다이쇼 데모크라시 시기로 부르주아 정당정치세력과 민중이 급속히 성장하던 시대였고, 민본주의 사상을 비롯한 일본 특유의 민주주의 사상이 크게 확산되던 시대였다. 조선의 유학생들은 이러한 동향에 상당한 영향을 받고 있었다. 송진우를 비롯한 민족주의세력의 주요 인물들은 제1차 호헌운동과 이후 계속된 특권 번벌세력에 대한 저항운동에 직접 참여하면서 시대의 변화를 몸으로 체험했다. 다이쇼 데모크라시 사상과 분위기가 그들을 지배했다. 요시노 사쿠조를 비롯해 다이쇼 데모크라시의 주도 인물들은 당시 재일조선인유학생들과 상당한 관계를 맺고 있었다.

19세기 말에서 20세기 초 서구로 유학을 갔다 왔거나, 당시의 학문적·정치 사상적 동향을 흡수한 지식인들이 다이쇼 데모크라시 시대의 일본 대학 강단과 언론 출판을 통해서 새로운 민주주의, 수정자본주의 사상인 신자유주의를 일본에 전파하였다. 영국 신자유주의의 대부 밀의 저작은 일찍부터 일본에 번역되고 있었다. 밀의 저작은 지속적으로 번역되면서, 그의 사상은 일본 대학 강단과 언론에서 큰 영향을 발휘했다. 그린의 저작도 번역되고 연구되어 공공선과 공동체 주장이 널리 소개되었다. 홉하우스의 저작과 홉슨의 저작도 번역되어 일본에 이미 소개되었다.

신자유주의자들은 스펜서의 사회유기체론, 사회진화론의 방법을 적극 받아들이면서도, 그 해석을 전혀 달리하였다. 적자생존의 원리를 비판하고, 사회적 진화의 과정은 개인과 사회, 부분과 전체가 유기적으로 조화를 도모하고 협력하는 윤리적 조화의 과정으로 파악했다. 이를 위해 국가가 적극적 역할을 담당해야 한다고 주장했다. 신자유주의는 완전한 자유를 위해서는 사회적 경제적 독립이 필수적이며, 이는 국가적 차원에서 추진되어야 한다고 주장했다. 신자유주의자들은 자유와 소유의 사회적 성격을 천명함으로써 사회구성원들의 정치적·사회적·경제적 평등을 위한 제반 권리를 주장했다. 그들은 통제되지 않는 자본주의의 경제적 불평등을 해소하기 위해, 사회적 도구로서 국가의 책무와 역할을 강조하였다. 그럼에도 그들은 자본주의와 재산의 소유 자체를 반대하지 않았다. 계급이익에 반대하고 사회적 공동선을 추구하는 일종의 윤리적 이상으로서의 사회주의는 찬성했지만, 이념과 운동으로서의 사회주의는 반대했다.

영국의 신자유주의(New Liberalism)는 단순한 지적 논구가 아니었다. 19세기 말에서 20세기 초 영국의 정치와 사회를 변화시키려는 사회개혁운동이었다. 신자유주의는 자유당 내 개혁파의 중요한 이념적 기반이 되었고, 신자유주의자들은 자유당을 개혁정당으로 변모시키기 위해 노력했다. 일본의 민본주의도 사회개혁운동으로서의 성격을 가졌다. 일본에 유학을 다녀온 대부분의 조선의 민족주의 신지식층들은 이에 영향을 받았다.

송진우는 인류의 진보가 19세기 자유권의 발전시대로부터 20세기 생존권의 확충시기로 들어섰다고 바라보았다. 곧 그는 현재의 독점자본주의 경제가 민중들의 생존권 각성으로 인해서 평등하게 분배되는 것은 반드시 도달할 것이라 전망했다. 신자유주의자들이 자유와 민중의 생존적 권리가 서로 모순되는 것이 아님을 주장한 것과 같이, 송진우는 자유권과 생존권이 서로 배치되는 것이 아닌, 상호 보완하면서 병행하는 권리라고 주장했다. 신자유주의자들이 자유주의의 모순과 자유경쟁의 불공평성을 지적하는 것과 같이, 송진우는 중산계급의 정치적 권리인 자유권이 극단적으로 발전하면서 대중들의 빈곤과 심각한 빈부격차를 가져와 결국에는 정치적 자유권마저 유린하게 하는 현상이 나타났고, 독점자본주의 자유경쟁 하에서는 출발선부터 노동이 자본에 비해 불리하다고 주장했다. 신자유주의자들이 사회와 국가가 모든 개인이 자아실현과 공동체의 복리 증진에 이바지하는 평등한 기회를 제공할 의무가 있다고 본 것과 같이, 사회도 개인의 생존을 보호할 의무가 있다고 파악했다. 그는 자본주의가 경제적 자본정복으로 변화하면서 민족의 대부분 구성원이 생존을 위협받는 무산계급으로 전락했다는 총체적 무산론을 주장하며, 종래 독립과 정치적 자유를 주장했던 민족운동이 필수적으로 경제적 생존권을 주장하게 되었다고 한다.

송진우의 '자유권과 생존권' 주장은 '자유사회주의'를 주장하며 자유주의와 사회주의의 이념의 통합을 구했던 신자유주의와 유사한 문제의식을 보여주는 것이었다. 그럼에도 신자유주의가 자유주의와 사회주의의 통합을 구했지만 결국 자유주의의 수정이자 자본주의의 체제내적 사상인 것처럼, 송진우의 자유권과 생존권 주장도 병립하는 것이 아니었다. 민중계급이 이해와 요구를 일정하여 받아들이는 민족주의운동의 일정한 수정을 통해서, 합법적 정치운동을 전개하는 일부 사회주의자와 사회주의운동을 민족(주의)운동 내부로 포괄하겠다는 주장이었다.

3·1운동 후의 국제적인 정세변화와 일본 정계의 변화 속에서 민족주의세력은 세계 민족운동에 대한 폭넓은 탐구를 통해 운동의 방향을 모색했다. 그리고 아일랜드 민족운동에 대한 지속적 관심과 탐구 속에 조선 민족운동의 방향을 투영하고자 했다. 아일랜드의 민족운동과 아일랜드 자유국의 주도권을 잡고 있었던 것은 전투적인 신페인당이었다. 19세기 이래 영국에 대해 타협적 자치를 주장하던 아일랜드의회당은 아일랜드 민중들로부터 신뢰를 잃고 몰락했다. 신페인당은 아일랜드 공화국을 선포하고 영국에 대해 독립전쟁을 전개했다. 그들은 영국의 참정권의회나 자치의회 선거에도 적극 참여했다. 그렇지만 그 참여는 타협을 위한 참여가 아니라, 독립을 위한 참여였다. 참여를 통해 광범한 아일랜드 민중들을 신페인당 주위로 결집시켰고, 여기에 시위와 무장투쟁을 안배하면서 결국은 승리했다. 신페인당 주도의 아일랜드 민족운동은 합법공간과 의회전술의 중요성, 참여하투쟁전술과 무장투쟁의 배합 등 그동안 민족주의세력들이 알지 못했던

민족운동의 새로운 내용을 보여주면서 아일랜드를 사실상 독립국가로 이끌었다는 점에서 주된 관심의 대상이었다. 동아일보 주도세력은 아일랜드에 대한 집중적 탐구 속에 아일랜드 민족운동과 자유국의 수립, 이후의 내전과정에 대해 비교적 소상히 알고 있었다. 동아일보 주도세력은 영국과 타협하다가 몰락한 아일랜드의회당이 아니라 급진 민족주의 정당의 성격을 갖는 신페인당 중에서 온건파의 현실주의 노선을 긍정적으로 평가했다.

1910년대 일본 유학의 경험을 통해 새로운 정치사상과 세계정세의 변화를 목도한 신지식층들은 3·1운동의 초기 국면에 상당히 중요한 역할을 담당했다. 송진우는 3·1운동을 계기로 민족운동이 종래 우국지사적 정치운동에서 사회적, 경제적 토대를 갖는 민족운동으로, 조선사회의 자본주의적 발전에 따라 형성되는 새로운 계층의 기반에 근거한 운동으로 변화하는 일대 계기가 된 것으로 바라보았다. 즉 그는 부르주아민주주의 입장에서 3·1운동을 바라보고 있었다. 다른 한편, 그는 3·1운동이 대중을 지도하고 운동을 통일·지속시킬 수 있는 조직 부재에 따라 한계를 노정했다고 평가했다. 이에 따라 대중을 자각시키고 동원하며 운동의 전 과정을 통일적으로 지속시킬 수 있는 '중심적 단결력', 곧 강력한 정치적 구심체의 건설을 주장했다.

2부

식민지 조선의 개혁을 주장하다

1장 제국 정치와 식민지 조선의 자치제 문제

1. 자치를 배격한 '내지연장주의'와 '문화정치'

조선인의 전 민족적 항쟁인 3·1운동이 발발하자, 일본 정계 일각에서는 식민지 조선에 자치제를 실시하자는 주장이 제기됐다. 헌정회 총재 가토 다카아키(加藤高明)는[1] 1919년 4월, 헌정회 동북지방대회 연설에서 3·1운동

---

1) 가토 다카아키(加藤高明)는 1860년 1월 25일 오와리번(尾張藩)의 하급무사 가문에서 태어났다. 나고야(名古屋) 양학교를 거쳐, 1881년 도쿄제국대학 법학부를 수석으로 졸업했다. 미쓰비시(三菱)에 입사한 후, 1883년 영국으로 해운업을 배우러 유학을 갔다. 1885년 귀국 후 미쓰비시 고베(神戶)지사 부지배인으로 있다가 미쓰비시 창업주 이와사키 야타로(岩崎弥太郎)의 장녀와 결혼해 사위가 되었다. 이 때문에 그는 후에 정적들로부터 '미쓰비시의 대번두(大番頭)'라고 공격을 받았다. 1887년, 오쿠마 시게노부(大隈重信) 당시 외상의 비서관겸 정무과장으로 정계에 입문하였고, 이후 주영공사를 역임했다. 1900년 제4차 이토 히로부미(伊藤博文)내각의 외상에 취임해 영일동맹의 추진에 진력했다. 그 후 『동경일일신문』 사장, 제1차 사이온지 긴모치(西園寺公望)내각의 외상, 주영공사, 제3차 가쓰라 다로(桂太郎)내각의 외상을 역임했다. 1913년 가쓰라 주도 하에 입헌동지회 결성에 참가하였고, 1913년 10월 가쓰라가 죽자 당 총재에 올랐다. 1914년 제2차 오쿠마 내각의 외상으로서 제1차 세계대전의 참전과 대중국 21개조 요구에 깊이 관여했다. 오쿠마 퇴진 후, 입헌동지 회와 중정회를 합동하여 창당한 헌정회의 총재가 되어 원로정치의 타파, 선거권 확대 등을 주장했다. 그렇지만 당 결성과정에서 이누카이 쓰요시와 대립하고, 총선거에 실패하면서 10여 년간 재야생활을 했다. 그렇지만 미쓰비시의 자금을 바탕으로 헌정회 자금의 상당수를 제공했기 때문에 총재직은 유지할 수 있었다. 1924년 제2차 호헌운동을 주도하여 기요우라 내각을 무너뜨리는 데 앞장섰으며, 1924년 6월 호헌3파 내각의 내각 총리대신에 올랐다. 이후 정우회와 헌정회의 내분으로 호헌3파 내각이 붕괴되자, 그를 호의적으로 본 마지막 남은 원로 사이온지의 도움으로 1925년 8월 헌정회 단독 내각을 수립했다. 그는 도쿄제국대학 출신의

의 대응책을 언급하면서 조선에 '십수 년 후에', 때를 보아 '어느 정도의 자치'를 허용할 것을 주장했다.[2] 그의 이런 주장에 대해서 일본 특권세력을 비롯해서 일본의 정계와 군부, 민간단체 등에서 극심한 반대가 일어났다. 때문에 가토는 1919년 7월, 헌정회 관서대회에서 자신의 주장이 독립은 물론 '셀프 거버먼트(self government)' 즉 자치를 의미하는 것이 아니고, 단지 무단통치로부터의 해방, 정치사상의 선도에 의해 조선인의 정치욕을 만족시켜 주는 적당한 방법을 강구하라는 의미에 불과하다고 후퇴했다.[3]

가토는 1920년 4월, 동아일보 창간호에 창간을 축하하는 기고를 게재하는데, 여기서 그는 일본의 조선 지배는 지정학 상이나 국제정세 상으로 필수불가결하다는 것을 전제로 하면서도, 다만 무단통치에 기초한 동화정책은 조선인들의 반감만 초래하기 때문에, 조선인에 대한 차별과 감정적 소외감을 완화시켜주는 식민 지배정책을 펼쳐야 한다고 주장했다. 그는 윌슨 미대통령의 민족자결주의에 대해서는 '공상가의 감언(甘言)'이라고 부정적으로 평가했다.[4] 가토는 그 이후 1924년 호헌3파 내각 성립 이후 수상에 오르지만, 급서할 때까지 조선 자치문제에 대해 언급을 하지 않는다.[5]

최초 수상이었다. 그는 일소조약을 체결하여 소비에트러시아와 국교를 수립하였고 보통선거법을 통과시켰다. 그렇지만 동시에 사회주의세력을 겨냥한 치안유지법을 제정하여, 이후 언론탄압과 노동운동 탄압의 기반을 마련했다. 그는 육군의 군축을 추진하면서도 다른 한편으로는 육군 현역장교의 학교배속령을 공포하였고, 중학교 이상에서 교련을 실시했다. 1926년 1월 22일, 제국의회 회의 중에 폐렴으로 쓰러져 6일 후 곧바로 죽었다. 가토의 생애와 활동에 대해서는 다음을 참조. 伊藤正德編, 『加藤高明』上·下, 加藤伯傳記編纂委員會, 寶文館, 1929 ; 野村乙二郎, 『近代日本政治外交史の研究 : 日露戰後から第一次東方會議まで』, 刀水書房, 1982 ; 近藤操, 『加藤高明』, 時事通信社, 1982 ; 御厨貴監修, 『加藤高明』, 歷代總理大臣傳記叢書 제15권, ゆまに書房, 2006 ; 奈良岡總智, 『加藤高明と政黨政治-二大政黨制への道-』, 山川出版社, 2006.

2) 『大阪朝日新聞』1919. 4. 14.

3) 「加藤子之辨明」, 『每日新報』1919. 7. 17 ; 「加藤總裁の演說お評す」, 『朝鮮公論』제7권 제8호, 1919. 8, 73~74쪽.

4) 『동아일보』1920. 4. 1.

5) 김종식·윤덕영·이태훈, 『일제의 조선 참정권 정책과 친일세력의 참정권 청원운동』, 동북아역사재단, 2022, 187~188쪽.

한편 모치지 로쿠사부로(持地六三郞) 같은 일부 토착 일본인 관료들도 자치제를 주장했다. 그러나 현직에서 물러나 사이토 마코토(齋藤實) 총독에게 의견서로 제출한 것에 지나지 않았고, 그의 의견이 총독부에서 정책으로서 검토된 적은 없다.[6]

3·1운동 직후 일본제국내 일부 조선 자치제 주장이 있었음에도 불구하고, 이는 극히 일부의 양상이었다. 조선 식민지 지배정책을 둘러싸고 일제 지배권력 핵심부나 조선총독부에서 다양한 논의가 전개된 것처럼 인식하는 것은 당시의 현실과 명백히 부합되지 않는다. 하라 수상은 조선총독부 관제가 추밀원을 통과한 1919년 8월 8일, 신임 총독과 정무총감으로 내정된 사이토와 미즈노 렌타로(水野鍊太郞)를 만나 '조선통치사견'을 제시했다. 여기서 하라는 '내지연장주의'에 근거한 동화정책을 조선통치의 근본 방침으로 제시했다. 그는 세간에 조선에 자치를 허용해야 한다는 주장들에 대해서 일본에서 실시하는 부·현제나 시정촌제 같은 지방자치를 실시하는 것에는 찬성했다. 그렇지만 구미제국에서 실시하는, 즉 인도와 같은 식민지에서 실시하는 중앙정치 차원의 자치제를 조선에 실시하는 것에 대해서는 명백히 반대했다. 이는 동화주의와 같은 조선지배의 근본적 주의를 그르치기 때문이었다.[7]

하라는 구체적인 정책을 15개 항목에 걸쳐 제시했는데, 그것은 총독의 권한 축소와 일본 본국정부 지배력 강화, 특별한 경우가 아닌 한 일본 본국과 동일한 법률제도의 실시, 사법과 재정에서 일본 정부와의 협의 강화, 헌병경찰의 폐지, 태형 등 야만적 제도 폐지, 교육과 관리 임용 등에서의 조선인에 대한 차별 폐지, 제한된 차원에서 지역단위의 지방제도의 점진적 실시, 지역유력자 및 명가 출신에 대한 은전 확대, 기독교 등 종교단체의 반대운동 참여 예방을 위한 소통확대와 차별 금지 등의 내용이었다.

---

6) 자세한 것은 다음 참조. 김종식·윤덕영·이태훈, 앞의 책, 190~191쪽.
7) 김종식·윤덕영·이태훈, 앞의 책, 179쪽.

즉 식민지 조선에 대한 안정적 지배를 위해 내지연장주의를 적용하여 제도를 정비하고, 종교계와 조선 내 유력자들을 회유하려는 것이었다.[8]

3·1운동에 놀란 일본 각 정치세력에서 식민지배정책의 변화를 둘러싸고 자치제 실시까지를 포함한 논의가 있었던 것은 분명한 사실이지만, 당시 일본 권력 핵심부인 특권세력과 하라 내각에게 있어서 이들의 논의는 처음부터 고려대상이 아니었다. 육군의 무단정치에 대한 비판과 책임문제는 고려되었지만, 일본 안보 및 국방상의 생명선과 같은 식민지 조선의 지배 체제를 흔들 수 있고, 대륙진출을 시도하는 일본 육군 군벌의 이해와 권한을 크게 침해할 수 있는 자치제 같은 정책들은 고려될 수 없는 것이었다.

미즈노 정무총감은 이미 일본 내각의 내무대신을 역임했던 거물급 관료로, 일본 지배권력의 한 축을 이루는 일본 문관관료의 대표적인 인물이었다. 그런데 조선총독부 정무총감보다는 내무대신의 영향력이 월등하다는 점에서 그의 기용은 대단히 이례적 인사였다. 하라는 미즈노를 설득하였고, 하라와 긴밀한 관계에 있던 미즈노는 결국 이를 수락했다. 대신에 조선총독부 인사를 일신하기 위해, 자신이 신임할 수 있는 다수의 관료들을 데려갈 수 있게 인사권 일체를 요구하였고, 하라와 사이토는 이를 수용했다.

미즈노는 정무총감에 임명되자마자, 하라 내각의 지원 하에 기존 총독부 관료들을 대거 경질하고, 일본 내무성 관료들을 대거 발탁했다. 미즈노가 발탁하여 조선으로 부임한 관료들은 1919년 8월부터 12월까지만 40명을 넘었고, 1922년까지는 거의 55여 명에 이르렀다. 미즈노가 뽑은 주요 관료들은 매우 유능한 자들로 일본의 엘리트 관료들이었다. 상당수가 조선 근무를 마치고 본국으로 돌아가서도 관료생활을 지속했다.[9]

---

8) 자세한 내용은 다음 참조. 김종식·윤덕영·이태훈, 앞의 책, 179~183쪽.

9) 자세한 것은 다음 참조. 李炯植, 『朝鮮總督府官僚の統治構想』, 吉川弘文館, 2013, 98~104쪽 ; 김종식, 「1920년대 초 일본정치와 식민지 조선지배-정무총감 미즈노 렌타로의 활동을 중심으로-」, 『동북아역사논총』 22, 2008, 317~318쪽 ; 김종식, 「3·1운동을 전후한 1910년대 식민지 조선을 둘러싼 일본의 정치 과정 연구-입헌 정우회와

기존 일제 식민정책사와 자치제 연구들 중에는 1920년대 조선총독 및 총독부 관료들과 일본의 정당정치세력의 대립구도를 상정한 위에, 조선총독과 관료들이 일본 정당정치의 개입으로부터 조선총독부의 위상을 독자화시켜 통치의 안정화를 추구했다는 것을 강조하는 연구들이 일본 학계를 중심으로 일정하게 이루어져 왔고, 현재 한국 학계에서 상당한 영향을 미치고 있다. 오카모토 마키코(岡本眞希子)와[10] 이형식 등의 연구가 이루어졌고, 마쓰다 도시히코(松田利彦)에 의해 묶어져 간행되기도 했다.[11]

미즈노 정무총감의 총독부 관료인사에서 보이듯이 총독부 관료는 단일한 세력이 아니며, 그 입지와 처지에 따라 종종 식민정책에 이해관계를 달리하기도 했다. 조선총독부 고위관료는 크게 보아 두 부류가 있었다. 우선 입관 초기부터 식민지 조선에서 관료 생활을 하던 총독부내 토착 일본인 관료를 지칭하는 하에누키(生え拔き) 관료가 있었다. 당시 조선 사람들은 이들을 '재래종(在來種)' 관료라 불렀다. 다음으로 1919년 이후, 조선총독이 부임할 때 대동하는 측근이나 기타 일정 기간 한반도로 왔다가 다시 일본 정부의 관료로 귀환하는 일본인 관료들이 있었다. 이들은 '본국조(本國組)' 또는 '신래종(新來種)' 관료라고 칭해졌다. 이들은 미즈노가 1922년 본국 내무대신으로 귀환 후에도 한동안 조선총독부에 남아서 활동하였고, 본국에 돌아가서도 관계와 중의원, 귀족원, 추밀원, 궁정 등에서 활동하면서 상당한 영향력을 행사했다. 미즈노파 또는 '본국조' 관료가 본국에서도 잘나가는 엘리트 관료로서의 이미지를 갖고 있는 반면, 토착 일본인 관료인 하에누키는 식민지에 뿌리를 내린 주변화 된 토착관료라는 이미지를 함의했

하라 다카시(原敬)를 중심으로-」, 『역사학보』 245, 2020, 111~113쪽.

10) 岡本眞希子, 「政黨內閣期における文官總督制-立憲政治と植民地統治の相剋-」, 『日本植民地研究』 10, 1998 ; 「總督政治と政黨政治-二大政黨期の總督人事と總督府官制·豫算-」, 『朝鮮史研究會論文集』 38, 綠蔭書房, 2000 ; 岡本眞希子, 『植民地官僚の政治史-朝鮮·臺灣總督府と帝國日本-』, 三元社, 2008.

11) 松田利彦, 『日本の朝鮮·臺灣支配と植民地官僚』, 思文閣出版, 2009.

다. 물론 토착 일본인 관료들도 도쿄제국대학 출신자를 포함해서 대부분 제국대학 출신자로서 엘리트였다. 다만 정치적 인맥과 줄, 첫 입관지에 따라 갈리는 경우가 많다고 할 수 있다.[12]

사이토 총독과 미즈노 정무총감은 관료 쇄신과 함께 일각에서 제기된 자치정책 주장을 배격하고 동화주의와 내지연장주의 정책을 추진했다. 하라의 내지연장주의 의견을 반영하여 무단정치를 철폐하고 '문화정치'를 시행했다. 이는 외형적으로는 헌병경찰제를 폐지하여 보통경찰로 전환하고, 조선인에 의한 언론과 출판을 부분적으로 허용한다는 것, 학교교육 기회를 확대하는 것, 각종 자문기관에 조선인의 참여를 확대한다는 것으로 나타났다. 그렇지만 가장 중요한 것은 다양한 형태의 친일세력을 육성하여 안정적인 통치기반을 마련한다는 데에 있었다. 우선 소수에 한정되었지만 조선인이 고위관료직에 임명될 수 있도록 하여 조선인 관료 내부의 충성 경쟁을 유도했으며, 관리들의 사상을 검토하여 일본에 절대 충성할 수 있는 자로 바꾸어 갔다. 그리고 친일 인물을 각 층에 침투시켜 친일 단체를 만들거나 친일화시키고, 매수와 회유를 통해 친일지식인을 육성했다.[13]

다른 한편으로 부와 지정면 협의회원에 대한 제한선거제 실시를 골자로 한 지방제도를 개편했다. 그런데 1920년 지방제도 개정은 일시동인과 내지 연장을 내세웠으면서도 일본 본국의 지방자치와는 차이가 나는 대단히 제한된 지방자치제도였다. 1,780만여 명으로 추정되는 1920년 당시 조선 내 총인구 중 부와 지정면에 살고 있는 총 6,347명의 조선인만이 투표권을 부여받았다. 한반도에서의 선거임에도 일본인 유권자 수와 당선자 수가 더 많도록 제도적으로 고려된 제도였다. 이런 양상은 1920년대 내내 크게 변화하지 않았다.[14]

---

12) 김종식·윤덕영·이태훈, 앞의 책, 23~24쪽.
13) 강동진, 『일제의 한국침략정책사』, 한길사, 1980, 182~201쪽, 219~264쪽 ; 이태훈, 『일제하 친일정치운동연구』, 연세대 사학과 박사학위논문, 2010, 95~109쪽.

미즈노 정무총감 시절의 조선 식민정책은 자치정책 주장을 배격하고 동화주의와 내지연장주의 정책을 추진하는 것이었다. 그러나 그 내지연장주의도 대단히 제한되고 한계가 많은 것이었다. 지방제도 개정에서 보이듯이 극히 제한된 선거권과 재조일본인의 우의를 보장하는 선거제도, 제한된 자문 내용과 제한된 권한, 각 단위 자문기관의 의장을 겸임한 행정기관장의 독단적 운영과 막강한 권한을 제도적으로 보장한 극히 비민주적인 지방자치제도였다. 내지연장주의의 궁극적 목표라 할 수 있는 중의원 참정권 부여는 결코 이루어질 수 없는 꿈이었다. '문화정치'로 포장된 지배정책 변화의 핵심도 조선의 발전이나 민중의 제 권리 향상에 있는 것이 아니라, 일제 식민통치의 안정화에 초점이 맞추어져 있었다.

2. 일본제국에서 식민지 조선의 위상, 불가능한 자치제

1922년 6월, 정우회가 분열하면서 다카하시 고레키요(高橋是淸) 내각이 붕괴하고, 중간 내각으로 가토 도모사부로(加藤友三郞) 내각이 성립되었다. 이때 미즈노 정무총감이 내무대신으로 입각했다. 그 후 미즈노의 추천으로 사이토 총독과도 오랜 연고가 있는 아리요시 주이치(有吉忠一)가 후임 정무총감으로 부임했다. 아리요시는 강제병합 전후 통감부에서 총무장관, 병합 후 총독부에서 총무부 장관을 역임했던 경력이 있었다. 일본에 돌아가서는 주로 지방 현의 지사를 역임했다. 그는 일본 중앙관료 생활을 거의 하지 못하고, 식민지와 일본 지방 관리로 보냈기 때문에 내각과 의회 교섭력이 대단히 떨어졌고, 미즈노의 협조에 의존할 수밖에 없었다.[15]

아리요시 정무총감 시절이 되자, 미즈노 계열의 내무성 출신 관료들과

---

14) 자세한 내용은 다음 참조. 김종식·윤덕영·이태훈, 앞의 책, 193~196쪽.
15) 李炯植, 앞의 책, 133쪽.

대립했던 토착 일본인 관료들도 점차 힘을 회복하고 자신들의 입장을 내기 시작했다. 당시 토착 일본인 관료들을 대표하는 인물이 오쓰카 쓰네사부로(大塚常三郎) 내무국장이었다. 1923년 말경 오쓰카는 「조선의회(참의원)요강(朝鮮議會(參議院)要綱)」이란 제목의 문건을 작성하여 사이토 총독에게 개인 의견으로 비밀리에 제출했다. 여기서 그는 제국의회 중의원 참정권을 반대하면서 '조선의회' 설치를 제안했다. 조선의회는 관선과 민선이 절반씩으로 구성되었는데, 자문기관으로 시작해서 장래 의결기관으로 발전시키는 것으로 계획되었다. 조선의 회의 권한에 대해서는 교육, 산업, 토목, 위생, 사회시설 등의 심의에 한정시켰는데, 일제의 통치와 관련된 거의 모든 주요 사항, 산업의 경우도 일본 본국과 연관된 부분은 모두 심의 대상에서 제외되었다. 또 의회의 권한을 제한하기 위해 총독의 원안 집행과 재의 명령, 해산 등의 감독 규정을 갖도록 했다. 오쓰카가 구상한 조선의회는 명목만 의회이지 실제 가진 권한은 대단히 제한된 것이었다. 또 그 권한과 구성도 총독부에 의해 철저히 통제되었다. 그의 안은 개인적인 사안으로 사이토에게 비밀리에 제출되었다.16)

오쓰카의 주장은 총독부 고위관리의 조선총독에 대한 정책건의안이었지만, 총독부 정책에 영향을 미칠 수 있는 수준의 것은 아니었다. 더구나 총독의 공식적인 지시를 받아 작성한 것도 아닌 말 그대로 사안(私案)이었다. 조선총독부 내에서 오쓰카의 사안을 정책으로 검토하고 고려한 적은 없다. 조선총독부 국장의 자리는 일본 내 현의 지사급에 비견되는 위치로, 당시 일본의 최고 엘리트 행정관료들은 식민지 조선으로 파견되는 것을 반기지 않았다. 식민지로 가게 되면 이후 본국 정부의 요직으로 갈 수 있는 기회가 줄어들기 때문이었다. 미즈노파 관료들은 일본 본국 정부의 요직으로 돌아갔고, 이후에도 각계에서 상당한 영향력을 행사했다. 그렇지만 토착 일본인

---

16) 김종식·윤덕영·이태훈, 앞의 책, 206~214쪽.

관료들은 본국 정부로 대부분 갈 수 없었고, 조선에서 관직을 마쳤다. 일본 정계와 관계에 대한 인맥과 영향력이 대단히 미흡했다.

메이지 천황정치 체제, 일본제국 정치가 20세기 전반에 걸쳐 상당한 변화를 거치지만 조선에 대한 식민지배 정책은 기본적으로 크게 변화하지 않았다. 일제는 식민지 조선을 대륙(러시아) 침략으로부터 일본을 지키고 대륙(중국) 진출을 위한 교두보로서 일본의 국방상·안보상 사활적 위치로 인식하고 있었다. 때문에 육군 군벌과 군국주의세력, 궁정과 추밀원, 귀족원의 특권세력들과 보수적 정당정치세력들은 대륙진출의 발판으로서 조선 식민지배에 큰 주의를 기울이고 있었다. 그들은 이런 조선의 전략적 중요성을 위협하는 식민정책의 변화는 결코 용납하지 않았다. 일본 육군 군벌과 그에 연결된 관료세력은 식민지 조선을 대륙정책을 위한 기반이자 정치적 기반으로 활용하고 있었다.[17]

물론 정당정치가 시대의 대세로 되고, 특권세력이 분열 약화된 것을 기화로 정당정치세력들의 식민지 조선에 대한 관심은 커져갔다. 특히 하라 수상은 조선에 대한 관심이 높았고 식민지에서의 정우회 세력을 확장하려고 했다. 이는 종래 육군 무관으로만 임명되었던 조선총독을 문관도 임명할 수 있는 것으로 바꾸는 관제개혁으로 나타났다.[18] 1919년 8월 관제개혁 이후 조선총독은 문관도 임명될 수 있었다. 그렇지만 일제시기 내내 조선총독은 사실상 군부 출신, 그것도 군부의 최고 지위와 내각 대신을 거친

---

17) 야마가타벌 관련 관료들의 조선에 대한 독점적 지배에 대해서는 大江志乃夫, 「山縣系と植民地武斷統治」, 『近代日本と植民地』 4, 岩波書店, 1993. 15~27쪽 참조.
18) 조선총독부 관제개혁과 당시 일본 정계의 동향에 대해서는 다음 참조. 春山明哲, 「近代日本の植民地統治と原敬」, 『日本植民地主義の政治的展開 1895~1934-その統治體制と臺灣の民族運動-』, アジア政經學會, 1980 ; 李熒娘, 「第一次憲政擁護運動と朝鮮の官制改革論」, 『日本植民地研究』 3, 1990 ; 李熒娘, 「原敬內閣期における朝鮮の官制改革論」, 服部龍二·土田哲夫·後藤春美編, 『戰間期の東アジア國際政治』, 中央大學出版部, 2007 ; 김종식, 「1919년 일본의 조선문제에 대한 정치과정-인사와 관제개혁을 중심으로」, 『한일관계사연구』 26집, 2007 ; 전상숙, 『조선총독정치연구』, 지식산업사, 2012, 119~126쪽.

사람만이 올 수 있었다.[19] 일본제국이 대륙으로 진출하는 기지로서, 일본 안보 및 국방상의 생명선과 같은 중요한 위상을 갖고 있는 식민지 조선의 총독에 군인 출신이 아닌 정당세력을 임명한다는 것은 일본 육군과 특권세력에게 결코 용납될 수 없는 것이었다. 원로를 비롯해 육군, 추밀원과 궁중, 귀족원의 특권세력들은 문관총독 임명을 바라지 않았다.

조선총독은 천황의 친임을 받는 존재로 명목상으로는 식민지 조선에 대해 절대적 권한을 갖고 있었지만, 실제로는 본국 정치, 그중에서도 메이지 천황제 지배구조에 강하게 영향을 받고 있었다. 때문에 일반적인 식민정책은 조선총독과 정무총감이 결정할 수 있었지만 지배체제의 커다란 변화, 예컨대 중의원 선거권을 식민지 조선지역에도 부여하는 참정권제, 독자적으로 운영되는 중앙정치 차원의 조선의회 설립, 즉 조선자치제 실시 등의 시행은 일제 지배 핵심 블록 내의 합의를 반드시 거쳐야 하는 것이었다. 그리고 문관 조선총독도 용납하지 않는 이들 세력이 식민정책의 상당한 양보를 전제한 중앙정치 차원의 조선의회 설립, 즉 자치제 실시를 받아들일 가능성은 거의 없었다. 그것은 1910년대와 같이 육군 군벌세력이 직접 조선을 통치하는 시기도 아닌 정당정치시대에, 일제의 대륙진출 발판으로서 식민지 조선에 조선인이 상당수 참여하는 자치의회가 수립된다면, 일제의 대륙진출 정책은 그 전도가 오리무중이 될 것은 분명하기 때문이었다. 더 나아가 식민지 조선에 대한 지배력 약화는 일제의 특수한 정치구조상 군부 및 특권세력의 약화를 반드시 가져오기 때문에 그들은 조선의회 같은 조치를 결코 허용할 수가 없었다.[20]

1920년대 정당정치시대가 도래했지만 중의원에 기반한 정당정치세력도

---

19) 이승렬, 「역대 조선총독과 일본군벌」, 『역사비평』 26, 1994 ; 강창일, 「일제 조선지배 정책-식민지유산 문제와 관련하여-」, 『역사와현실』 12, 1994 ; 강창일, 「일제초기 식민통치의 전략과 내용」, 『일제식민통치연구 1 : 1905~1919』, 백산서당, 1999.
20) 김종식·윤덕영·이태훈, 앞의 책, 219~220쪽.

조선 식민정책을 마음대로 좌지우지할 수 없었다. 정당세력은 내지연장주의의 입장에서 조선에 영향력을 강화하려 했지만, 그렇다고 중의원 참정권을 부여하거나 자치의회를 설치하는 정책을 크게 고려하지 않았다. 특히 자치제에 대해서는 부정적이었다.

1920년부터 1944년까지 친일조선인들과 재조일본인들은 참정권청원서를 일본 중의원에 지속적으로 제출했다. 아래 표는 그 내용을 보여준다.

〈표〉 조선인의 중의원 의원 참정권 청원문제 중의원 청원일람

의회	제출일	건명	청원자	소개의원	결과 (보고번호)
42통상	1920.2.5	중의원선거법을 조선에 시행하는 건	민원식 외 105명	齊藤珪次 외 2명	참고송부4
43특별	1920.7.8	상동	민원식 외 613명	牧山耕藏 외 1명	참고송부2
44통상	1921.2.15	상동	민원식 외 3,226명	大岡育造 외 16명	특별보고 384
45통상	1922.3.6	조선통치의 건	정훈모 외 42명	副島義一	심리미료 (審理未了)
52통상	1927.2.19	조선재주자에 대한 참정권 부여에 관한 건	경성大垣文夫 외 56명	松山常次郎	참고송부4
56통상	1929.2.25	조선에 참정권 실시에 관한 건	多木久米次郎	井上孝哉	참고송부5
58특별	1930.4.23.~5.6	조선에 참정권 실시 그 외 경륜에 관한 건	박근석 외 370명(9건 합계)	多木久米次郎	참고송부1,2,3
59통상	1931.2.21.~32.3.19	조선에 참정권 실시, 그 외 경륜에 관한 건	竹本作次郎 외775명(152건의 합계)	多木久米次郎	참고송부4,5,6,7
62입시	1932.6.1.~6.9	상동, 조선에 참정권 실시의 건	조재욱 외 4명, 神戸한인경 외 100명	多木久米次郎 中亥歳男	참고송부1 참고송부3
63임시	1932.8.25	조선에 참정권 실시 그 외 경륜에 관한 건	이정춘 외 6명	多木久米次郎	참고송부4
64통상	1933.2.7.~2.1 1933.2.7. 1933.3.16	조선에 참정권 실시 그 외 경륜에 관한 건, 조선에 중의원선거법 실시의 건, 조선에 참정권 실시 그 외 경륜에 관한 건	副島元市외10명(3건합계) 김명준외13명 충청남도 廣瀬健次郎외724명	多木久米次郎 박춘금 多木久米次郎	특별보고 245,588 참고송부 612로 분할 특별보고 189
67통상	1935.2.9 2.23	조선에 참정권 실시의 건. 상동	神戸한인경 외 120명. 김명준 외 1214명	박춘금 상동	특별보고 250 상동304

70통상	1937.2.25	조선에 중의원선거법 실시의 건	상동 외24,625명		守屋榮夫	특별보고 208
73통상	1938.2.19	조선에 중의원선거법 실시의 건	상동 외28명		박춘금	특별보고 279
74통상	1939.2.13	조선에 중의원선거법 실시의 건	상동 외41명		상동 외1명	특별보고 192
75통상	1940.3.9	조선에 중의원선거법 실시의 건	전복일외 56명		상동 외8명	특별보고 765
76통상	1941.2.18	조선에 중의원선거법 실시의 건	金田明외 35명		守屋榮夫외1명	특별보고 250
79통상	1942.2.14	조선에 중의원선거법 실시의 건	경성高島基 외 35명		박춘금	특별보고 246
84통상	1944.3.15	조선·대만에 중의원선 거법 시행을 위한 조사 촉진 청원	大西只雄		坂東幸太郎	참고송부3

출전 : 田中宏, 「日本の植民地支配下における國籍關係の経緯」, 『愛知縣立大學外國語學部紀要』 地域研究·關連諸科學編(9), 1974, 72~73쪽.(김종식·윤덕영·이태훈, 앞의 책. 131~132쪽 재인용)

청원서에 대한 결과는 참고 송부와 특별보고로 나타났다. 참고 송부는 청원위원회에서만 접수하여 바로 정부에 송부하는 것을 의미한다. 특별보고는 청원위원회에서 채택되어 본회의 의결을 거쳐 중의원의 총의로 의장이 수상에게 송부하는 것이다. 물론 '특별보고'로 채택되었다고 해서 그 청원서의 내용을 중의원에서 받아들였다는 의미는 전혀 아니다. 이런 청원서가 제출되었으니, 청원서 내용에 대해 내각에서 검토해보라는 의미에서 채택된 것이었다.

그런데 이런 청원서 중 유일하게 '참고 송부'도 되지 못하고 '심리 미료(審理未了)'로 끝낸 청원서가 하나 있었는데, 1922년 제45의회에 제출된 「조선통치건」이었다. 이는 동광회 조선총지부에서 확대 개편한 내정독립기성회가 제출한 것이었다. 표에서 보는바와 같이 중의원에 제출된 거의 모든 청원서가 제국의회 중의원을 선출할 수 있는 참정권을 요구하는 것이었는데 반해, 이것만은 내정 독립, 즉 식민지 자치의회를 주장했다. 때문에 심리 자체가 되지 못했고 정부에 보내지지도 않았다. 이는 정당세력들조차 식민지 조선에서의 자치의회 주장에 대해서는 부정적이었음을 보여준다.[21] 특권세력과 정당세력은 식민정책을 두고서 대립하였지만 결과적으로는 식민통치의 안정을 유지하는 선상에서 시대적 상황에 따라 타협했다. 1910년대 무단통치 및 1920년대 문화정치로 상징되는 식민정책 모두 이런 대립과 타협의 산물이었다.

3·1운동 이후 조선통치의 가장 큰 우선순위는 식민통치의 안정이었다. 때문에 내지연장주의에 따른 제도와 법령의 개편과 함께 식민지 개발, 우호세력 창출이 정책의 큰 줄기가 되었다. 그럼에도 정당세력의 과도한 간섭과 영향으로 본국 정치변동에 따라 식민통치의 안정이 저해되는 것을 경계했다. 조선총독이 천황의 직속으로 입법 행정 사법 3권을 망라한 강력한 존재임에도, 1920년대 이후 조선총독과 정무총감들은 본국 특권·군부세력과 정당세력의 동향을 고려하면서 조선통치정책을 집행했다. 조선참정권 정책 역시, 이들이 독단적으로 추진할 수 있는 것이 아니었고, 본국 정부 및 권력집단과의 사전협의와 본국의 결정에 의해서 진행될 수 있는 것이었다.[22]

이상에서 살펴본바와 같이 일상적인 식민지배정책이 아닌 자치정책 또는 중의원 참정권 정책과 같이 식민지배정책의 커다란 변화를 초래하는 정책은 총독부의 국장급 관료들이 결정할 수 있는 것이 전혀 아니었다. 더 나아가 총독이나 정무총감 수준에서도 결정할 수 없는, 본국 정부와의 협의와 승인이 반드시 필요한 것이었다. 따라서 조선총독부 국장급 관료들이 자치제를 주장하고 논의했다고 해서 이를 총독부의 정책으로 간주하는 것은 당시 일본 정치권력 구조와 식민정책의 결정 과정을 간과하는 것이다. 그렇기 때문에 앞서 살펴본 오쓰카 사안을 당시 총독부의 정책 방향으로 봐서는 안 되며, 당시 자치제를 주장했던 일부 토착 일본인 관료들의 의식과

---

21) 김종식·윤덕영·이태훈, 앞의 책, 133쪽.
22) 김종식·윤덕영·이태훈, 앞의 책, 421쪽.

내용을 살펴볼 수 있다는 한정된 의의가 있을 뿐이다.[23]

또한 관료들의 속성상 정책으로 결정되지도 않았는데 사전에 자치정책과 관련한 공개적 발언을 한다든지, 재조일본인과 친일정치세력의 관련 인물들을 만나 협의하고, 관련 운동을 전개하도록 언질을 준다든지 하는 행동도 있을 수 없었고, 실제 있기도 힘들다. 현재까지 조선총독부 관료들 중에 현직에 있을 때, 중앙정치 수준의 자치제 실시와 관련한 발언을 공개적으로 한다든지, 관련 운동을 지원한다든지 하는 행동을 한 관료들은 확인되지 않는다. 이런 행동이 확인되는 것은 뒤에 살펴볼 '대륙의 브로커' 아베 미쓰이에(阿部充家) 정도인데, 그는 관료가 아니고, 관료들에게 영향력도 크지 않았다.

---

23) 김종식·윤덕영·이태훈, 앞의 책, 213~214쪽.

2장 정치경제 분야에서의 '민족적 중심세력' 형성론

　2장부터는 본격적으로 민족주의세력의 민족운동과 정치운동을 살펴볼 것이다. 이를 진행하기에 앞서 이 책에서 주요한 개념으로 다루고 있는 정치운동, 합법적 정치운동에 대한 개념을 정리해보자.

　일제하 정치운동은 정당이나 정치세력을 통한 제반 정치적 활동과 국가건설운동의 총체라고 할 수 있다. 그 내용은 명확히 구분되는 것은 아니지만 대체로 보아 비합법적 영역과 합법적 영역으로 나뉜다. 비합법적 정치운동은 일제가 식민통치 내내 일체 허용하지 않았던 독립을 직접적 목표로 하는 독립만세시위나 무장투쟁 같은 직접적 독립운동과 비밀결사활동, 그리고 사회의 근본적 변혁을 추구하는 사회주의세력의 비밀결사활동인 공산당운동이나 당재건운동 등이 이에 해당한다.

　합법적 영역의 정치운동이 무엇인가에 대해서는 여러 논란이 있겠지만, 크게 보면 합법적으로 허용되는 대중의 당면한 일상적 이해와 제반 민주주의적 권리를 반영하는 운동과 투쟁을 말한다. 곧 언론·출판·집회·결사의 자유를 위한 운동, 공민권 및 보통선거권을 쟁취하기 위한 운동, 조선인 본위의 경제제도 및 교육제도 쟁취운동, 노동자 및 농민들의 생존권 보장과 단결권을 위한 운동, 자주적 협동조합의 제도적 보장운동 등을 말한다. 일본의 경우는 무산정당운동도 이에 포함된다.

　물론 일제는 이러한 합법적 영역의 정치운동조차도 식민지 조선의 경우는 1920년대 '문화정치' 기간 중에도 제대로 허용하지 않았지만, 그렇다고 이를 공개적으로 탄압할 수도 없었다. 일본 본국에 한정되지만 1910년대 중반에서 1920년대 중반의 일본 사회는 '다이쇼 데모크라시'로 상징되는 변화의 시기였다. 또한 보통선거법 제정과 보통선거 실시를 특권적 일본 권력핵심세력들이 받아들일 수밖에 없었던 것에서 드러나듯이, 1920년대로 한정한다면 민주주의는 천황제하 일본에서도 시대의 대세였다. 이런 추세는 1930년대 일제가 군국주의화 하면서 급격히 변화하게 되고, 때문에 합법적 영역의 정치운동도 비합법화 될 수밖에 없게 된다.

정치운동의 요체는 두 가지이다. 첫째, 그 중심을 이루는 세력과 조직의 문제이다. 여기서는 그 중심을 이루는 세력들이 얼마만큼 정치사상적으로 각성되고 대중에 영향력을 행사할 만큼 잘 교육되고 훈련되어 있는가, 조직 구성원들이 이념·노선상 공유를 제대로 하고 있으며, 조직적으로 잘 단결되어 있는가가 중요하다. 둘째, 대중운동으로서의 성격 문제이다. 정치운동이 성공하기 위해서는 각계각층이 광범하게 지지하고, 운동이 전국적으로 전개되는 것이 필요하다. 때문에 얼마나 광범한 대중의 이해와 요구를 제대로 반영하는 운동 방침과 투쟁노선을 세우고, 전국적이고 광범한 대중 기반을 현실적으로 마련하느냐가 운동 전개에 있어 중요하다고 하겠다. 이와 관련해서 정치운동은 합법적 형태를 지향할 수밖에 없는 속성을 가지고 있었다. 그것은 비합법 형태로 광범한 대중을 결속시키기 어렵기 때문이다. 합법적 대중운동은 정치운동의 기본 요체이다.

그러므로 합법적 대중정치운동은 1920년대 이래 일본의 무산정당운동에서도, 그리고 조선의 민족운동에서도 주된 화두였다. 사회주의세력들도 1920년대 중반부터 민족문제 인식과 민족통일전선에 대한 이해가 정립되면서, 합법적 대중정치운동에 대한 고민과 모색이 이루어지게 된다. 각계각층의 광범한 대중을 결집시켜야할 민족통일전선이 비합법적으로 결성될 수는 없기 때문이다.

잘 알다시피 신간회는 비타협주의와 기회주의 배격을 표방했지만, 그

형식은 일제의 승인을 받는 합법 운동단체로서 조직되었다. 그리고 해소될 때까지 합법의 형식을 결코 놓지 않았다. 이렇게 합법의 형식을 고집한 것은 비합법적 운동방식이나 혁명적 투쟁으로서는 광범한 대중을 결집시키기 어렵기 때문이다. 특히 다양한 사상과 계급적 이해관계를 달리하는 광범한 정치세력과 대중을 망라하는 민족협동전선이 되기 위해서는 합법적 틀과 합법적 운동방식의 유지가 중요했다. 그 결과 신간회는 백 수십여 개의 지부와 최대 4만여 명의 성원을 단일한 조직 내로 결집시킬 수 있었다.

문제는 합법적 운동경향이 곧 일제에 타협적 운동이냐는 점이다. 타협과 비타협은 분명 대립하는 개념이다. 그렇지만 합법과 타협은 항상 일치되는 개념은 아니다. 또한 고정된 개념도 아니다. 합법적이어도 상황에 따라서 비타협적일 수 있으며, 또한 다른 정세 속에서는 타협적일 수도 있다. 이를 잘 보여주는 것이 신간회 운동이다.

이런 사실은 합법운동이 곧 타협적 운동이라는 공식이 성립하지 않는다는 것을 보여준다. 때문에 합법의 틀을 유지하면서 합법적 정치운동을 전개하는 것이 곧 일제와 타협하는 것은 아니다. 합법적 영역에서도 비타협적으로 투쟁할 수 있으며 신간회 역시 그러했다. 합법적 정치운동을 주장하는 것과 일제에 타협하는 것은 즉자적으로 연결되는 것이 아닌 서로 다른 차원의 문제이다. 광범한 대중을 망라한 대중정치운동을 위해 합법적 정치운동이 고려되는 것이고, 광범한 대중정치운동을 위한 합법적 정치운동은 세계 민주주의 및 사회주의운동사에서 뿐만 아니라 1920년대 조선의 민족해방운동사에서도 중요한 문제가 되어 왔다.[24]

문제는 합법적 정치운동은 그 합법적 형식을 유지하기 위해 불가피하게 식민권력과의 타협과 협상을 필수적으로 동반할 수밖에 없는 점이다. 어느 정도 타협하느냐는 조성된 내외의 정세를 반영하고 운동을 추진하는 세력과

---

24) 윤덕영, 「신간회 창립과 합법적 정치운동론」, 『한국민족운동사연구』 65, 2010, 114~115쪽.

막으려는 통치세력과의 역관계 속에서 만들어지며, 주객관적 상황에 따라 변화했다. 이 때문에 합법적 정치운동단체라고 해도 항상 합법적 틀 내에서만 운동을 전개하는 것은 아니다. 때에 따라서는 지배세력이 허용하는 합법의 틀을 벗어나 비합법적 운동을 전개하기도 한다. 또한 정세의 진전에 따라 이전의 비합법적 영역이 합법 영역이 되기도 하고, 합법 영역이 비합법 영역이 되기도 한다. 이렇게 보면 합법적 정치운동은 지배세력과의 타협과 협상의 전제위에서 전개되는 일체의 합법운동 중에서 정치적 내용을 포함하거나, 지배세력과 정치적으로 부딪치게 되는 운동을 말하며, 운동세력과 지배세력의 역관계에 따라 그 영역이 변동한다고 할 수 있다.

식민지 합법적 정치운동은 그 내용에서 자치의회 선거 참여도 그 범주에 포함한다. 종래 자치운동에 대해서 일제의 지배를 용인하고 식민정책에 순응하는 타협적 정치운동으로만 평가해왔다. 친일정치운동세력과 재조일본인의 자치운동은 이런 평가가 타당하다. 그러나 앞서 살펴보았듯이 1920년대 국내 민족운동세력의 다수가 크게 관심을 기울였던 아일랜드 민족운동의 경험을 보면 꼭 그렇지만은 않았다. 당시 영국에 대해 무장투쟁을 포함하여 비타협적 투쟁을 전개하던 신페인당은 영국이 설정한 자치의회 선거에 참여했으며, 이를 적극 활용했다. 아일랜드 자유국도 영국과 타협의 결과였지만, 결국 독립국으로 기능했다. 문제는 앞서 살펴본 것처럼 일본제국 질서 속에서는 중앙정치 수준 차원의 식민지 자치의회가 성립하는 것 자체가 어렵다는 점이다.

1920년대 전반 민족운동의 지형과 양상을 어떻게 인식하고 바라보아야 하는가 문제는 그것이 이후 민족운동의 양상을 일정하게 규정하고 있다는 점에서 중요한 것이라 할 수 있다. 이와 관련하여 기존의 상당수 연구들에서는 대체로 민족주의세력을 부르주아민족주의 좌우파로 나누고, 그 분열이 1920년대 초반부터 이미 구체화되고 있었다고 주장했다.[25] 그리고 우파 민족주의세력의 주요 대상으로 동아일보계열이 다루어졌다.

그런데 민족주의 우파는 경제적 실력양성운동을, 민족주의 좌파는 정치적 실력양성운동을 전개했다는 기존 연구들의 주장과는 전혀 다르게, 동아일보계열들은 1922년부터 정치투쟁과 정치운동을 어느 세력들보다 먼저 제기하면서 이를 강력하게 추진하고 있었다. 그들은 어떤 민족운동세력들보다도 정치지향적이었다. 그 과정에서 국내 상해파를 제외한 사회주의세력과 격렬하게 대립했다. 본장에서는 이러한 양상을 살펴보도록 하겠다. 이러한 이 책의 시도는 신지식층으로 구성된 동아일보계열이 3·1운동 이후 변화된 정세 속에서 어떠한 정치적 입장과 노선을 정립하며, 어떠한 민족운동을 전개하려 했는가를 해명하는 것으로, 1920년대에서 해방직후에 이르는 이들의 정치활동의 출발점이라 하겠다.

1. '조선인산업대회' 경험과 일제 경제 침탈에 대한 위기감

사이토 총독 부임 이후 조선총독부의 정책은 그 식민지적 본질에서는 여전히 그 이전과 변화하지 않았다. 그렇지만 소위 '문화정치'에 따른 일종의 유화정책 때문에 이전과는 상이한 사회상과 운동 지형을 만들어가게 되었다. 즉 비록 검열과 탄압이 심했음에도 조선인 언론·출판이 허용되면서, 근대적 지식과 사상의 습득과 유통에 대한 식민지 조선 지식인과 청년층의 욕구가 급속하게 분출되었다. 또한 집회와 결사의 자유가 부분적으로나마 허용되면서 각종 청년단체, 지식인단체, 대중단체들이 합법적으로 결성되기 시작했다.[26] 이에 따라 1910년대 무단정치기와는 다른 부분적으로 열려

---

25) 김명구, 「1920년대 부르주아 민족운동 좌파계열의 민족운동론-안재홍을 중심으로」, 『한국사학보』 12, 2002, 174~181쪽 ; 박찬승, 『민족주의의 시대』, 경인문화사, 2007, 149~150쪽.
26) 1920년대 초반 청년회를 비롯한 각종 단체의 급속한 증가 현황에 대해서는 朝鮮總督府, 『朝鮮治安狀況』, 1922年, 173쪽, 179~180쪽, 「朝鮮人團體調査比較表」 참조.

진 공간이 조성되기 시작했다.

민족주의세력의 운동 방향 모색에 있어 주의 깊게 살펴야 할 사건이 1921년 중반에 있었다. 그것은 1921년 들어 일제 총독부가 한국 산업정책을 수립하기 위해 '산업조사위원회'를 구성하여 조선 산업의 정책을 결정한다는 발표를 하고, 이에 대응해 일부 민족주의세력 주도로 '조선인 산업대회'를 추진한 사건이다. 민족주의세력에게 있어 낙후된 조선사회의 경제적 발전은 무엇보다 중요한 의미를 갖고 있었다. 그들은 조선이 근대국가로 발전하기 위해서는 산업과 생산력의 발전이 필수적으로 전제되어야 한다고 판단하고 있었다.

총독부가 산업조사위원회를 구성한다는 발표를 하자, 동아일보를 중심으로 민족주의세력은 이에 일정한 기대를 갖고 적극적으로 대응했다. 동아일보는 여러 차례에 걸쳐 사설과 기고문 등을 통해 조선의 산업이 정치·사회적으로 보호받지 않으면 발전할 수 없다고 하면서 이것이 한·일 양국이 공존할 수 있는 길임을 누차에 걸쳐 주장했다. 그리고 이에 대한 조선인의 적극적 대응을 주문했다.[27] 그 결과로 1921년 7월 30일, '조선인 산업대회' 발족 창립총회를 개최할 수 있었다.[28]

동아일보는 조선인 산업대회 개최를 통해 총독부가 추진한 산업조사위원회에 조선인 자본가, 실업가의 이해를 반영시킬 수 있는 정책이 수립될 수 있도록 압력을 가했다. 산업조사위원회에 대해 일정한 기대를 가지고, 바라는 희망과 정책 대안을 지속적으로 제기했다.[29] 다른 한편으로는 조선

27) 「조선전도 실업가에 고하노라-산업조사회에 대한 준비」, 『동아일보』 1921. 4. 12 ; 「사활의 근본문제, 산업조사회의 설치와 우리의 각오(일기자)」, 『동아일보』 1921. 4. 19 ; 「산업조사회의 설치-문화정치의 표징乎」, 『동아일보』 1921. 6. 10.
28) 「조선인산업대회 개최에 대하야-전선실업가의 향응를 희망」, 『동아일보』 1921. 7. 1 ; 「조선인산업대회의 발기를 찬하야」, 『동아일보』 1921. 7. 6 ; 「조선인산업대회 발기총회」, 『동아일보』 1921. 7. 30 ; 「조선인산업대회총회-경과보고급임원선거」, 『동아일보』 1921. 8. 1 ; 「산업대회의 발기총회를 보고」, 『동아일보』 1921. 8. 2.
29) 「산업조사회에 대한 요망」 1~3회, 『동아일보』 1921. 7. 2~4 ; 「소작인을 위하야-산업

인 산업대회를 계기로 전국의 조선인 자본가와 실업가, 자산가, 부르주아지들과의 연대와 협력의 장을 마련하고, 이들의 대변자로서 민족주의세력의 정치적 지도력을 인정받으려고 했다.

조선인 산업대회는 총독부의 산업조사위원회가 열리기 직전인 9월 12일에 개최되었다. 대회에서는 '조선인 본위의 산업정책'을 추진할 것과 '상공업보호정책'을 수립하여 '경쟁의 참화를 제거'할 것 등의 결의문과 강령을 발표하였고, 이를 산업조사위원회에 제출했다.[30] 이러한 시도는 1920년 회사령 철폐이후 밀려드는 일본제품에 대한 조선인 자본가들의 바람을 반영한 것이기도 했다.[31]

그렇지만 9월 15일 개최된 산업조사위원회는 조선 산업정책의 기본방침은 일본제국의 산업정책에 순응하는 것이어야 한다며 "제국의 양식 충실에 공헌하기 위하야 산미(産米)의 개량증식"을 도모할 것 등, 일제 경제를 위한 산업정책이 추진될 것임을 분명히 했다.[32] 이런 총독부의 방침은 산업조사위원회에 상당한 기대를 걸고 있던 한국인 자본가와 민족주의세력들에게 큰 실망을 안겨주는 것이었다. 이에 따라 동아일보는 총독부의 정책이 조선인의 경제적 발달을 위주로 하는 것이 아니라 일본인의 필요에 의해 조선을 일본의 식량지나 원료지, 일본의 식민지로 만들겠다는 것이라

조사회에 희망」,『동아일보』1921. 9. 2 ;「조선공업을 위하야-산업조사회에 희망」,『동아일보』1921. 9. 4 ;「조선인상업가를 위하야-산업조사회에 희망」,『동아일보』1921. 9. 6 ;「조선인광업가를 위하야-산업조사회에 희망」,『동아일보』1921. 9. 9 ;「일본인의 우수한 경쟁적 세력에 대하여 조선인의 생존권 확보를 주장-산업조사회에 대한 희망」,『동아일보』1921. 9. 10 ;「조선인본위 산업정책의 의의-산조위원에게 與함」,『동아일보』1921. 9. 20.

30)「산업대회총회-산업의 개량안 산조에 건의결정」,『동아일보』1921. 9. 13 ;「산업대회결의안, 산업조사회에 건의」,『동아일보』1921. 9. 14 ;「조선인산업대회건의안」,『동아일보』1921. 9. 16 ;「산업대회건의안제출, 작일오전 水野위원장에게」,『동아일보』1921. 9. 16.

31) 박찬승,『한국근대정치사상사연구』, 역사비평사, 1992, 185~196쪽.

32)「산업조사회결의안-조선산업에 관한 일반방침」,『동아일보』1921. 9. 22.

면서, 이제 일본은 정치적, 군사적으로 조선을 지배할 뿐 아니라 경제적으로도 철저히 조선을 일본에 예속시켜, 조선인 그 전체의 생활을 일본인에게 예속시키겠다는 것이라고 맹비난하면서, 조선인 본위의 산업정책을 희망한 자신들의 우를 진실로 비웃는다고 자책했다.[33]

산업조사위원회와 조선인 산업대회를 계기로 동아일보계열은 일제가 조선에서 산업을 발전시킬 생각이 전혀 없을 뿐만 아니라, 일본 자본 위주의 정책과 경제적 침탈을 통해 조선의 예속을 더욱 강화시키려 한다는 생각을 굳히게 되었다. 이제 일본의 정치적 예속에 이어, 경제적 예속, 한일 간의 '경제적 전쟁'이 시작되었다고 파악했다. 정치적 권력을 가지지 아니하고는 도저히 경제적 발전을 도모하지 못할 것이라는 인식이[34] 확고해졌다. 이에 따라 일제 총독부 정책에 대해, 그리고 제반 경제적, 정치적 생존권과 자유를 위해 직접적인 비판의 날을 세워야 한다고 판단했다. 그리고 이는 1922년 초반의 동아일보를 통한 대총독부 비판과 각계각층에 대한 투쟁의 고취로 나타나게 된다.

2. 조선총독부 비판, 민주주의와 정치적 자유 제기

창간 때부터 지속적으로 세계 민족운동에 대한 폭넓은 탐구를 진행하던 동아일보는 아일랜드 민족운동이 아일랜드 자유국 수립으로 귀결되던 1922년 초부터 종래와 달리 정치문제와 정치운동에 대한 주장을 적극적으로 제기하기 시작했다. 우선 『동아일보』 1922년 1월 1일자부터 3월 1일자까지

---

33) 「산업조사회의 결의안-조선인 본위의 반대로 일본인 본위의 정책」, 『동아일보』 1921. 9. 23.
34) 「정치와 경제의 관계-조선인 본위의 보호정책을 제창하는 소이」, 『동아일보』 1921. 9. 13.

총 22회에 걸쳐서 「현대정치요의」제목으로 「국체와 정체」(1. 3, 1. 7), 「전제정치와 입헌정치」(1. 9, 1. 11, 1. 13), 「삼권의 분립과 민권의 신장」(1. 15~1. 17), 「의회와 참정권」(1. 18~1. 20), 「중앙집권과 지방분권」(1. 21~1. 23), 「대의정치와 민주주의」(1. 24), 「의회만능주의」(2. 1, 2. 5), 「의회주의의 파괴」(2. 20, 2. 22, 2. 28, 3. 1) 등 정치문제와 정치운동에서 제기될 수 있는 각 논점에 대한 고찰을 자세히 진행했다. 이는 그들이 추진하고자 하는 정치운동에 대한 이론적 기반을 마련하기 위한 것이라 할 수 있다.

이런 가운데 동아일보는 총독부를 직접적으로 겨냥한 사설을 게재하기 시작했다. 1922년 1월 11일자에서 13일자에 걸쳐 3회에 걸쳐 「총독정치의 제도적 비판」이란 제목으로 사이토 총독의 문화정치에 대해 직접적 비판을 가했다. 사설에서는 무단정치와 문화정치의 근본적 차이는 인민의 자유를 인정하는 여부에 있다고 하면서, 인민의 자유를 허용치 않는 정치는 어떠한 형식과 표방을 물론하고 전부 무단정치로 단정한다고 주장했다. 그러면서 무력에서 군대나 경찰은 하등 구별이 되는 것이 아니기 때문에, 헌병제를 경찰제로 바꾼 것으로는 현 총독정치가 전 총독정치에 비해 전진했다고 전혀 볼 수 없다고 주장했다.[35] 즉 정치적 자유, 인민의 자유라는 측면에서 보면 문화정치란 미사여구를 사용했다고 해도 이전과 변한 것이 없다는 것이다.[36] 다만 일보를 전진한 것으로 평가할 수 있는 것은 지방제도의 혁신에 있는데, 그렇지만 부나 면에 만들어진 협의회는 총독부의 정책에 대해 아무런 효과를 기대하지 못하고 단지 관청의 참고로만 활용되는

---

35) 「총독정치의 제도적 비판(상)」, 『동아일보』 1922. 1. 11.

36) 이와 관련하여 사설은 "국가는 요컨대 민중의 단결체이며, 조직체이오, 그 이상의 아모 것도 아니며, 소위 권력계급이라는 것도 그 당연한 의미에 在하야는 此 민중단체의 일 기관에 불과 하는 것이라. 然卽 민중이 그 자유의사로써 단체생활의 향방을 정하는 정치를 직접 좌우하고 그 결정에 의하여 단체의 기관이 행동을 정함이 可하지 아니한가"라고 주장했다(「총독정치의 제도적 비판(중)」, 『동아일보』 1922. 1. 12). 이런 주장에서 독일 옐리네크의 국가기관설과 일본 미노베 다쓰키치(美濃部達吉)가 주장한 천황기관설의 영향을 볼 수 있다.

자문을 하는 기관에 그치고 있다고 주장했다.

　사설은 현대정치가 정치상에서 민중의 자유를 인정하며, 그 입법상에 민중의 의사를 투철함에 있기 때문에 '민의의 창달'을 제도상에 보장하지 않는 문화정치는 그 특징을 상실한 것으로 무단정치와 구별되지 않는다고 주장했다.37) 또한 문화정치 하의 중앙정치는 우선 조선총독부의 예산이 세금을 납부하며 직접 생활에 영향을 받는 조선인에게는 아무런 발언권도 주지 않은 채, 일본 국회에서 일방적으로 결정된다는 점에서 조선인에게 자유와 권리가 전혀 보장되지 않는 것으로 무단정치와 변함이 없다고 주장한다. 다음으로 데라우치 총독 하에 제정 발표된 정치집회 금지의 명령이 여전히 효력을 발하고, 원고 검열의 법령과 신문 허가의 규정이 의연히 활용되고 있다면서, 언론의 자유와 정치적 집회 자유가 없다는 점에서 문화정치는 그 명(名)과 표방만 좋지, 실제로는 공허한 것이라고 비판했다. 그들은 문화정치와 무단정치의 구별이 '자유의 승인'에 있다고 하면서 정치적 자유의 허용을 주장했다.38)

　이 사설을 시발로 동아일보는 총독부의 문화정치를 비판하고 정치적 자유를 허용하는 정책 변화를 직접적으로 촉구하는 사설을 잇달아 집중적으로 게재했다. 1월 14일자에는 사이토 총독의 문화정치를 '일시적 미봉책', '고식계(姑息計)'에 불과한 회색정치에 비유하면서 비판했다.39) 1월 15일자에는 무단정치의 폭학(暴虐) 중 가장 심한 것이 정치적 집회를 금지한 것으로 이는 조선 인민을 '목장의 우양(牛羊)'으로 취급한 것과 다름없는 것이었는데, 사이토의 문화정치에서도 여전히 정치적 집회의 자유가 없다고 비판했다. 그들은 조선 정치의 목표가 되고 주체가 되는 것은 조선 민중이요, 그 공동생활이기 때문에 그 당연한 권리와 자유를 박탈하고

---

37) 「총독정치의 제도적 비판(중)」, 『동아일보』 1922. 1. 12.
38) 「총독정치의 제도적 비판(하)」, 『동아일보』 1922. 1. 13.
39) 「회색정치와 煩悶時代」, 『동아일보』 1922. 1. 14.

압박하는 것은 조선민중에 대한 대(大)모욕이라고 주장하면서 정치적 자유를 허용할 것을 주장했다.[40)

이런 정치적 자유 주장에 뒤이어 1922년 1월 16일자에는 일제와 친일세력의 시기상조론, 즉 조선 민중의 정치적 훈련이 부족하여 정치적 권리를 부여하면 혼란과 부패의 불상사를 야기하며, 조선 민중의 지식 정도가 아직 유치하여 언론의 자유를 허용하면 취사선택을 하지 못하고 일부 선동자의 주장에 경거망동하며, 조선인의 부력(富力)은 빈약하여 정치적 각종 기관을 개방하여도 이를 능히 수행할 수 없다는 주장에 대해 조목조목 적극 반박했다. 사설은 민중의 지식 정도의 기준은 수치로서 측정하기 어려운 것으로서 이에 대한 시기상조론은 주관적 독단에 불과하며, 정치적 훈련은 권리와 자유를 얻지 않고 어떻게 훈련을 쌓을 수가 있는가라고 반박했다. 또한 조선인의 부력(富力)의 빈약에 대해서는 조선 정치의 주요 기관은 조선 민중의 경제력으로 지지되는 것이 사실인즉, 비록 빈약하다 하더라도 그 부담하는 만큼의 권리를 향유해야 한다고 주장했다. 그러면서 영국과 프랑스혁명의 사례를 들어 그때도 혁명에 반대하는 시기상조를 주장했다면서 시기상조론은 독단적 판단에 따른 구실에 불과하다고 반박했다.[41) 1월 11일부터 집중된 총독부에 대한 비판은 이후에도 일정기간 계속되었다.[42)

이렇게 정치적 자유에 대해 일제와 총독부의 정책에 대한 비판과 함께 동아일보는 정치운동을 추진할 수 있는 내부의 역량을 강화하기 위해 조선인 각계각층의 분발과 궐기를 촉구하는 사설도 집중적으로 게재하기 시작했다. 1월 2일자에 「민중의 력(力)을 갱신하라-민유방본(民惟邦本)」이

---

40) 「정치적 집회를 허하라-민중에 대한 모욕」, 『동아일보』 1922. 1. 15.

41) 「시기상조론의 근거여하오-회피의 구실이 아닌가」, 『동아일보』 1922. 1. 16.

42) 동아일보는 1월 17일자에는 「언론자유에 철저하라-치안방해의 정도여하」란 제목으로, 1월 18일자에는 「경제적 특별 보호의 의사가 無한가-조선인의 생존권」이란 제목으로 일제 정책에 대한 비판을 다방면으로 계속했다.

란 사설을 통해 국가의 권력이 민중을 토대로 할 때 권위가 있으며, '부호의 부'도 민중을 기초로 하여 산출된 것이라 주장했다. 또한 국가는 '일절 민중의 단결'이요, '부강'은 '일절 노력의 결정'이기 때문에 민중은 '문명의 기초'이며, '국가사회의 토대'라고 주장했다. 이렇게 민중의 힘은 강대하지만 민중이 사리에 어둡고 어리석을 것 같으면, 그 힘이 오히려 우리들의 향상에 해가 될 것이기 때문에 '민중력의 갱신'을 제창한다고 했다. 그리고 이를 위해 '조선민중'이 '단결'해야 한다고 주장했다.

이런 전제 위에서 동아일보는 '민중력의 갱신'을 위한 각 분야와 각계에 대한 주장을 잇달아 게재했다. 1월 4일자에는 조선민중의 힘을 갱신하여 그 이상을 실현하는 제1의 방법은 '부력(富力)의 증진'이라 하면서, 경제가 조선 민족의 최고 이상에 도달하기 위한 제1착의 수단이기 때문에 이를 위해 첫째, 조선인 상점을 통해 매매하고, 둘째, 조선인의 제작품을 사용하며, 셋째, 일면으로 근검 검소 저축 협동하며, 다른 면으로 경제적 지식과 과학적 경영방법을 채용할 것을 주장했다.[43] 이런 주장은 뒤에서 살펴볼 물산장려운동의 주장으로 연결되는 것이라 할 수 있다. 곧 1922년 초부터 그들은 물산장려운동을 기획하고 있었다.

1월 5일자에는 교육 분야에 대해 조선 민중의 대부분이 문맹상태로, 조선인의 생활을 구할 것은 일본인도 미국인도 아닌, 오직 스스로의 교육이며 산업이며 단결이며 용맹이라고 하면서, 이를 위해 도처에 학교를 세워 청소년의 취학의 기회를 보장할 것을 주장했다. 사설은 의무교육은 '오인(吾人) 향상'의 출발점이요, "학문의 독립은 오인(吾人) 문화사의 종결점"이라고 강조했다.[44] 이런 그들의 주장은 이후 1928년 문맹퇴치운동으로 구체화된다.

---

43) 「경제적 각성을 촉하노라-금년에 결행할 강령」, 『동아일보』 1922. 1. 4.
44) 「교육에 철저하라-첫째 학교를 세우고 둘째 취학에 열심하라」, 『동아일보』 1922. 1. 5.

1월 6일자에는 '문사(文士)', 즉 지식인층을 겨냥하여 조선사회가 암흑에 있음에도 '혁명가'가 발생하지 않는 것은 '조선 문사'의 '심정이 천박'하고 그 '감각이 미련하고 둔'하기 때문이라고 비판한다. 그들은 지식인이 조선 민중의 궐기를 촉구하며 그 향상을 구하는 데 중요한 임무를 수행하여야 한다고 역설하면서, 지식인들이 '혁신의 북'을 울릴 것을 주장했다.[45]

1월 7일자에는 「종교가여 가도(街道)에 출(出)하라−생명화(生命火)를 투하라」라는 제목으로 종교계에 대한 사설을 게재했다. 이 사설은 다분히 3·1운동 발발의 주요 기반이었던 종교계 세력을 겨냥해서 제목 자체에서 드러나듯이 종교계가 현실 사회의 개조와 변화에 적극 나설 것을 주문한 것이었다.

잇달아 1월 8일자는 여성계에 대해서,[46] 1월 9일자는 청년층을 겨냥해서 무의미하게 백 년 동안 살기보다는 의미 있는 죽음을 선택해서 천하 민중의 운명을 개척하라는 선동적인 사설을 게재했다.[47] 그리고 1월 10일자에는 '만 백성'의 향상과 해방과 행복과 평화를 위하여 전 세계 민중과 함께 "자유의 파도를 제창함이 가"할 것이며, 사회의 일절 불의와 계급을 소탕하여, "민중문명의 새로운 서막"을 열고 "민중 환호의 함성"을 높이자고 주장했다.[48]

동아일보의 정치운동에 대한 주장은 1월 20일자 「자유와 권리를 위하여 조선민중은 궐기하라」란 사설에서 최절정에 이르렀다. 거의 선언서와 같은 수준의 이 사설은 당연히 일제 총독부의 사전 검열에 걸려 압수되어 보도되

---

45) 「文士는 何在오−혁신고를 鳴하라」, 『동아일보』 1922. 1. 6.
46) 「조선여자여 태양에 면하야 立하라−구각을 탈하고 신생을 始하라」, 『동아일보』 1922. 1. 8.
47) 「청년의 기개가 如何오−무의의 生보다는 寧히 유의한 死를 取할지어다」, 『동아일보』 1922. 1. 9.
48) 「세계민중은 자유의 波를 揚할지어다−경계를 撤하고 握手하라」, 『동아일보』 1922. 1. 10.

지 못했다. 사설에서는 "조선민중에게 민중의 권능을 거부하는 사회는 그 발달을 거부하는 사회, 즉 생명과 인격을 무시하는 사회"라고 하면서 이는 세상의 가장 큰 굴욕이요, 비리라고 주장했다. "제군은 자유롭게 의사를 발표할 수도 없고, 자유롭게 모일 수도 없고, 자유롭게 여행할 수도 없다"고 하면서 조선민중에게 기력과 용맹이 있다면, "조선민중의 기력을 위해 분발하여 일어날" 것이며, "조선민중은 의를 품고, 이(理)를 내걸고, 그 권위와 자유를 위하여, 현 총독정치에 육박"할 것을 주장했다.[49] 각계각층에 대해 제반 민주주의적 권리와 정치적 자유를 위한 투쟁에 나설 것을 촉구하는 동아일보의 이런 주장은 이후에도 일정기간 지속되었다.[50]

3. '민족적 중심세력'론의 제기와 민족 담론

동아일보계열의 언론·출판·집회·결사의 자유를 비롯한 제반 민주주의적 권리 쟁취를 위한 정치투쟁에 대한 주장은 1922년 중반에 이르러, 이러한 당면의 민족운동을 지도하고, 문화 발전을 주도할 '민족적 중심세력'을 형성하여 정치운동을 추진해야 한다는 것으로 구체화하기 시작했다. 1922년 7월 6일자 「정치와 중심세력―조선인의 반성처」 제하의 동아일보 사설은 이런 주장의 시발점이었다.

사설에서는 동아일보계열이 지속적으로 관심을 기울여 온 아일랜드 자유국을 둘러싼 신페인당의 분열과 내란, 독일사회민주당 주도의 공화국 정부에 대한 제정파의 저항, 러시아혁명 후 전개된 내전을 차례로 들면서, 이들 국가에서 혁명 초기에는 혼란과 내전이 잇달았지만 현재는 안정을

---

49) 「자유와 권리를 위하여 조선민중은 궐기하라」, 『동아일보』 1922. 1. 20(『일정하 동아일보 압수사설집』, 동아일보사, 1978, 42~43쪽.

50) 「전제정치를 타파하라―권리에 각성하라」, 『동아일보』 1922. 2. 7.

찾아가고 있는 것은 각국에 중심세력이 있어 가능한 것이라고 주장했다. 이는 아일랜드 내전이 아일랜드 자유국을 지지하는 온건파의 승리로 귀결된 상황과 러시아혁명이 볼셰비키 주도 하에 내전에서 이기고 안정되어 영국과 통상 교섭이 추진되는 상황을 다분히 전제로 한 것이었다.

그에 따라 "정치는 요컨대 세력관계라, 국민적 세력에 의하여 취하는 국가적 생활의 근본"이라고 하면서 '국민적 중심세력'을 가진 자는 그 임무를 담당할 수 있을 것이라 하여, 국민 다수의 지지를 받을 수 있는 중심세력 형성의 중요성을 강조했다. 그리고 정치는 이상을 목표로 하지 않고 '실지(實地)'를 위주로 하는 것이며, '절대'를 주장하지 않고 '시세'를 고려하는 것이라 정리하면서, '국민적 중심세력'이 현실에 기반할 것을 주문했다. 그리고 '국민적 중심세력'은 그 이상과 사상을 다수가 수긍하고 공명할 뿐 아니라 다수의 훈련을 통해 세력을 형성한 조직적 중심세력이라 하면서, 혁명과 모든 사회운동 즉 노동운동, 교육운동, 종교운동, 정치상 개혁운동, 경제상 개혁운동 모두가 중심세력을 형성해야 성공할 수 있다고 주장했다. 이러한 주장은 근대정치사상에서 제기된 대중정치론의 주장을 조선의 현실에 맞추어 제기한 것이라 할 수 있다.

이런 민족적 중심세력 형성 주장에 이어서 7월 25일자 사설에서는 민족주의가 '대사상', '대정신'의 세계의 대세라면서 민족적으로 수립하며, 민족적으로 경쟁하고, 민족적으로 그 생존을 보장하여 문화를 발전시키는 것이 '대세'라고 주장했다. 그러므로 민족적으로 각성하고 민족적으로 단결할 때만이 권리를 획득할 수 있고, '자산(自山)'을 향유하며, 문화를 건설할 수 있다고 주장했다.[51]

이런 주장은 두 가지 점에서 중요한데, 첫째, 세계의 대세를 민족문제를 중심으로 파악하고 있는 점이다. 민족주의세력이 1910년대 이래 민족문제

---

51) 「민족적 자각을 促하노라-조선인은 단결하라」, 『동아일보』 1922. 7. 25.

에 대한 깊은 관심과 주장을 해 온 것은 주지의 사실이다. 이에 반해 상해파 고려공산당을 제외하고,[52] 1920년대 초반 대부분의 사회주의세력은 민족문제의 중요성을 인식하지 못하고, 노동자·농민·혁명적 분자 대 일제와 타협한 귀족·부르주아지·개량주의자들의 좌우 대립의 이분법적 구도 하에서 조선 문제, 조선의 민족해방운동을 바라보고 있었다. 사설의 내용은 이러한 사상의 조류에 대해, 조선의 현재 기본 문제는 노동자·농민과 부르주아지, 좌와 우의 문제가 아니라, 민족의 문제라는 것을 분명히 하는 것이었다.

둘째, 현재의 문제가 민족의 문제이기 때문에 민족적으로 각성하고 단결해야 한다는 점이다. 당시 동아일보 주도세력은 조선이 경제적으로 낙후되고 자본주의적 발달이 미약한 상태에 있기 때문에 사회주의적 변혁이라든지, 민족운동의 분화에 대해서는 상정될 수 없다고 판단했다. 따라서 현재의 민족적 과제, 즉 조선민족이 타민족과 같이 모든 권리와 자유를 획득하여 정신적으로나 물질적으로 행복한 생활을 위해서는 민족적으로 각성하고 단결하는 것이 무엇보다 긴요하다고 파악하고 있었다.

민족문제 해결을 위한 민족적 중심세력 형성 주장은 이어 조직 결성 주장으로 발전하게 된다. 8월 2일자 사설에서는 "조선민중은 그 가슴속에 열렬한 이상을 가지고 있으며, 그 눈속에 간절한 희망을 가지고 있으나, 그 희망과 그 이상을 위하여 위대한 힘을 발휘하고, 위대한 힘을 모을 위대한 민족적 조직"과 민족적 단결이 필요하다고 주장했다. 사설은 조선은 현재 십만 명 이상이 참여하는 조직이, 정치는 고사하고 경제, 교육, 종교 방면에도 없다고 하면서, 산만하고 무조직의 민중으로는 조선인의 각종 목적을 달성할 수 없다고 주장했다.[53] 조선의 민중적 단결과 조직 결성이

---

52) 상해파 고려공산당은 총체적 무산자론에 입각해서 식민지에서의 민족부르주아지를 혁명적 요소로 평가하였고, 단계적 혁명론에 따라 당면의 혁명은 민족해방혁명으로 광범한 민족 통일기관을 창출하여 먼저 일본제국주의를 구축하는 것을 선결과제로 삼았다. 임경석, 『한국 사회주의의 기원』, 역사비평사, 2003, 441~446쪽.
53) 「조선민중에 조직이 有乎-목적과 노력 노력과 조직」, 『동아일보』1922. 8. 2.

어려운 것은 조선 민중이 이를 위한 지식과 훈련, 경험이 없기 때문이라고 파악하였다. 그러므로 민중을 계몽하여 조직에 들어오게 하도록 노력하고, 훈련을 가하면 조직적 민중과 견고한 단결을 이룰 것이라 주장하면서, 그동안 조선의 '지사'들이 이에 대한 인식과 노력이 부족했다고 지적했다. 또한 현재 상황이 금전, 인재, 지식, 경험, 훈련이 결핍된 것이 아니라면서, 조선 민중 전체를 하나의 목적 하에 각 지방 각 방면으로 단결하는 조직을 결성할 것을 강력히 주장했다.

4. 민족운동의 기반으로서 물산장려운동과 민립대학설립운동

민족적 중심세력으로서 정치조직을 결성하려는 동아일보 주도세력의 주장은 쉽게 결실을 맺을 수 있는 것은 아니었다. 그것은 무엇보다도 정치세력이 결성될 수 있는 지반이 너무 빈약하기 때문이었다. 낙후된 조선의 경제발전 상황과 이에 연관된 민족부르주아지의 미성장, 극소수의 인재들만이 유학이라는 경험을 통해 근대적 사상과 이론, 학문에 대해 학습할 수 있는 현실, 민족적으로 각성된 엘리트들이 대단히 부족한 상황, 민족운동세력의 훈련과 정치적 상호 연대·협력의 경험이 대단히 부족한 상황에서 정치운동의 추진은 사실상 불가능한 것이었다. 때문에 이들은 우선 정치운동의 지반을 마련할 수 있는 운동에 착수하게 되는데, 그것이 바로 민립대학설립운동으로 나타나는 교육운동과 물산장려운동으로 나타나는 경제적 실력양성운동이었다. 이들 운동은 1922년 12월 들어 나란히 본격적으로 추진되었다.

물산장려운동에 대해서는 기존 연구들을 통해 그 전개과정과 추진세력, 물산장려운동 내부의 이념적 편차, 물산장려운동을 둘러싼 민족주의와 사회주의세력 및 사회주의세력 내에서의 논쟁 등이 자세히 밝혀졌다.[54]

또한 물산장려운동을 주도한 조선청년회연합회와 국내 상해파의 인식과 이를 서구 사회민주주의 사상과 비교한 연구도 제출되었다.[55] 이 책에서는 민족적 중심세력 형성이라는 민족운동세력의 정치운동과 관련된 부분만을 살펴보도록 하겠다.

조선에서 물산장려운동은 1920년 7월 30일, 기독교 민족주의자 조만식의 주도로 평양에서 조선물산장려회 발기인대회가 열리면서부터 시작되었다. 평양의 물산장려회는 평양지역에서 민족운동을 주도했거나 1920년대 사회운동에 참여하는 인물들이 다수 참가했다. 그렇지만 일본 당국의 견제를 받아 활동을 제대로 하지 못하다가, 1922년 5월에 발기인대회를 다시 개최하고 6월 20일에 창립총회를 열게 된다. 1920년대 평양 물산장려운동은 기독교와 밀접히 연관된 민족주의 지식인과 자본가 계급이 합작하여 자본주의 생산력증대를 도모한 전형적인 민족·자본주의 경제자립운동이었다. 이때까지만 해도 동아일보계열의 물산장려운동에 대한 관심은 제한적이었다. 동아일보의 보도는 조그만 일단 기사에 불과했다.

이러한 물산장려운동이 전국적 운동으로 확산된 것은 1922년 12월 들어 청년회연합회가 물산장려운동에 적극적으로 참여하면서부터였다. 그리고 동아일보가 관련 기사를 내면서 앞장서서 여론을 환기시켰다. 그리고 그 배후에는 국내 상해파 주류세력들과 이들과 제휴한 동아일보 주도세력이 있었다.

1922년 4월 청년회연합회 제3회 정기총회가 개최되었다. 회의에서 국내

54) 물산장려운동의 연구사와 그 평가에 대해서는 다음 참조. 방기중, 「일제하 물산장려운동과 민족주의 경제사상」,『근대 한국의 민족주의 경제사상』, 연세대학교 출판부, 2010, 39~55쪽 ; 윤덕영, 「1920년대 전반 조선물산장려운동 주도세력의 사회운동론과 서구 사회주의 사상과의 비교-'국내 상해파'와 '조선청년회연합회'를 중심으로-」, 독립기념관 한국독립운동사연구소 편,『한국독립운동사 재조명, 3·1운동과 1920년대 국내사회운동』, 독립기념관, 2022, 158~170쪽.
55) 윤덕영, 「1920년대 전반 조선물산장려운동 주도세력의 사회운동론과 서구 사회주의 사상과의 비교」,『동방학지』187, 2019.

상해파 장덕수는 "조선은 아직 혁명시기가 성숙하지 않았으므로 문화계몽운동을 통해 민중의 경제적 생활수준의 향상과 민족의 잠재력 육성"에 노력해야 한다고 주장했다. 반면에 조선공산당(중립당) 김사국은 "혁명적 투쟁방식에 의한 완전한 독립국가의 달성"을 주장하며 맞섰다.[56] 국내 상해파가 장악한 청년회연합회 제3회 총회에서는 집행위원회 제출의 건의안 형식으로 산업분야에 대해 다음의 일반원칙과 실제적 정책을 제안했다. 동아일보는 이에 대한 사설을 1922년 6월 6일과 7일에 연속 게재했다.[57]

청년회연합회는 1922년 12월 1일 창립 2주년을 맞이하면서 물산장려운동에 대한 정책을 보다 구체화하기 시작했다. 이는 동아일보에 '조선물산장려 표어 현상 모집' 광고를 청년회연합회 이름으로 게재하는 것이었다. 이 광고는 청년회연합회와 동아일보 주도세력이 물산장려운동을 앞장서서 적극적으로 전개하겠다는 것을 내외적으로 공포한 것이었다. 12월 25일에 조선물산장려 표어 현상당선작이 동아일보에 발표되었다. 동아일보는 다음 날인 26일, 「내살림은 내 것으로」라는 사설을 게재했다.[58] 사설의 주장은 민중의 경제적 생활수준 향상과 이를 위한 생산력 발전을 혁명의 선결적 과제로 두고 있는 국내 상해파의 주장과 연결되어 있었다. 동아일보 사설은 청년회연합회의 물산장려운동 추진노선을 적극 지지하고 확대하기 위해 쓰여진 것이었다. 누가 썼는지는 불명확하지만 동아일보와 청년회연합회에 영향을 미치고 있는 국내 상해파 주류세력의 입김이 반영되어 있는 것은 확실했다. 이 사설을 전후로 동아일보는 물산장려운동에 대한 사설과 논설, 기사를 적극적으로 게재하기 시작했다.[59]

---

56) 박철하, 『한국독립운동의 역사 30, 청년운동』, 한국독립운동사편찬위원회, 2008, 19쪽.
57) 사설의 내용과 의미에 대해서는 윤덕영, 앞의 글, 2019, 13~14쪽.
58) 「내살림은 내것으로-조선청년회연합회의 물산장려표어」, 『동아일보』 1922. 12. 26.
59) 자세한 것은 윤덕영, 앞의 글, 2019, 14~17쪽.

1923년 1월 20일과 23일 이틀에 걸쳐 조선물산장려회(이하 물산장려회) 창립총회가 개최되었다. 물산장려회의 창립준비위원은 이종린, 박동완, 한인봉, 고용환, 김동혁, 김윤수, 김철수(金喆壽), 정노식이었다. 창립총회에서의 전형위원은 이종린, 박동완, 한인봉, 고용환, 김동혁, 김윤수, 이재갑, 김용채, 김철수, 정노식이었고, 20인의 이사를 선임했다.[60]

바로 다음날인 1월 24일 동아일보는 사설을 게재하여 물산장려운동을 지원했다.[61] 사설은 물산장려운동이 이론에서 실제운동으로 착수되었다고 하면서, 운동을 촉진하기 위해서 "우리가 취한 태도의 제일 요건은 확고한 신념과 면밀한 조사의 착수"가 필요하고, 이후에는 대대적으로 선전하여 "조선인 전체의 경제적 자각을 촉진"할 것을 주장했다. 그리고 물산장려는 생산 및 소비의 양 방면에 공히 관련되는 문제로 "생산방면에서는 자본·기술 ·원료·기관 등의 각종 복잡한 문제"가 일어날 것이고, "소비방면에 있어서는 가격·기호·습관 등의 문제"가 일어날 것이기 때문에, 일조에 해결할 수 없고 점진적 태도를 취하여야 한다고 주장했다. 이러한 사설의 주장은 물산장려회의 창립을 맞아 물산장려운동의 성격과 그 대체적 방향을 제시한 것이라 할 수 있다.[62]

물산장려운동과 관련하여 동아일보의 전선은 두 면에 걸쳐 있었다. 총독부 권력은 물산장려운동을 일종의 일화배척운동으로 간주하고 이를 탄압했다. 이에 대해 동아일보는 적극적으로 총독부를 비판하며 대응했다.[63] 다른 하나는 사회주의세력의 물산장려운동에 대한 공격이다. 물산장려회

---

60) 오미일, 『한국독립운동의 역사 36, 경제운동』, 한국독립운동사편찬위원회, 2008, 75~82쪽.
61) 「조선물산장려운동의 단서」, 『동아일보』 1923. 1. 24.
62) 윤덕영, 앞의 글, 2019, 18쪽.
63) 「조선물산장려의 행렬, 금지 편견의 경찰당국」, 『동아일보』 1923. 2. 15 ; 「옥외집회도 色色인가, 불통일의 경찰취체 평양과 경성의 물산장려회에서 본바」, 『동아일보』 1923. 2. 16.

창립을 전후로 물산장려운동을 둘러싼 사회주의세력내의 논쟁이 동아일보 등 공개 언론을 통해 치열하게 전개되었다. 주로 국내 상해파 주류세력이었던 나경석에 대하여 같은 상해파에서 갈라져 나온 '신생활사그룹'과 뒤이은 '민중사그룹'의 이성태와 주종건, 북성회의 박형병과 장일환(장적파) 등이 치열하게 논전을 전개했다.[64]

동아일보는 논설을 통해 나경석의 주장을 지원했다. 사회주의세력의 공격에 대한 동아일보 주도세력의 반격 논점은 두 가지에 있었다. 첫째는 조선의 경제단계가 아직 자본주의적 단계에 이르지 못해 생산력이 낮은 수준에 있다는 것이다. 둘째는 현재의 세계는 의연히 민족 대 민족, 국가 대 국가의 대립의 문제가 제1의 문제로 되고 있다는 것이다. 프랑스의 로렌 점령에 대해 프랑스의 무산계급과 독일의 무산계급이 악수하였는가를 반문하면서 계급문제가 민족문제를 넘어서지 못한다고 주장했다. 때문에 계급의 분열투쟁을 획책하기보다는 경제적 실력을 양성하는 것이 당면의 과제라고 주장했다.[65]

동아일보 주도세력은 물산장려운동에서도 사회주의세력의 연이은 공격을 받게 되었다. 그들 입장에서 보면 밖으로는 총독부권력의 탄압에 대항하여 투쟁하면서, 안으로는 사회주의세력의 공격에 대응해야 하는 곤란한 처지에 놓이게 된 것이라 할 수 있다. 이러한 상황은 사회주의세력의 입장에서 보면 이는 민족부르주아지와 민족주의세력의 한계를 폭로하여 민족해방운동의 주도권을 약화시킨다는 것이었다. 그렇지만 동아일보 주도세력의 입장에서는 국내 상해파를 제외한 다수의 사회주의세력이 당면의 경제발전

---

64) 논쟁의 내용과 전개과정에 대해서는 다음 참조. 류시현, 「나경석의 '생산증식'론과 물산장려운동」, 『역사문제연구』 2, 역사문제연구소, 1997 ; 전상숙, 「물산장려논쟁을 통해서 본 민족주의세력의 이념적 편차」, 『역사와 현실』 47, 한국역사연구회, 2003 ; 박종린, 「1920년대 전반기 사회주의사상의 수용과 물산장려논쟁」, 『역사와 현실』 47, 2003.
65) 윤덕영, 앞의 글, 2019, 32~33쪽.

단계와 민족문제의 중요성을 외면하고 민족의 분열을 초래하며, 총독부의 분할 통치에 놀아나는 것으로 인식되었다. 때문에 민족주의세력의 사회주의세력에 대한 인식은 그 초기적 상황부터 부정적인 것으로 인식되었다.

물산장려운동을 결산하면서 동아일보는 다음과 같이 주장했다. 그들은 3·1운동 이래 일반 민중의 열광적 지지를 받은 민족적 운동은 없었다면서, 이 운동이 시대와 민중의 요구에 부합한 운동이었다고 자평했다. 또한 물산장려운동이 시장경제원리의 경제학적 법칙을 무시한 것도 아니며, 경제학의 원리와 사회주의의 원리와 배치되지 않는다고 주장했다. 그럼에도 운동이 부진하게 된 것에 대해 동아일보는 일제에 의한 외부의 방해도 원인이지만 보다 중요하게는 "첫째, 물산장려운동의 지도자들이 일반 민중에게 대하여 철저한 신망을 가진 자가 적던 것"과 "둘째, 지도자들이 헌신적으로 무실적으로 노력"하지 않고, "일시적 대효과를 얻으려고만 급급"하였기 때문이라고 파악했다.[66] 곧 운동 지도자의 자질과 리더십, 준비정도, 성실성과 조급성 문제로 운동이 실패했다고 파악했다. 운동 지도부의 부재에 대한 이런 동아일보 인식은 이후 민족적 중심세력론 형성의 근거로 작용하게 된다.

그런데 동아일보 주도세력의 상당수는 물산장려운동에 직접 관여하지 않았다. 이는 경성방직과 관계된 대부르주아, 민족자본가의 일원으로서 운동에 직접 참여하는 것이 세간의 오해를 불러올 수 있다는 판단이 내재되었을 것이다. 다른 한편으로는 경제 활동이 정치권력과 무관하게 이루어질 수 없다는 것을 누구보다 잘 알고 있는 그들로서는 물산장려운동의 한계를 이미 예측했을 수도 있다. 실제로 물산장려운동은 여러 난관에 봉착하면서 곧 열기가 식게 되어 1924년에 이르면 거의 활동 중단 상태에 들어간다.

동아일보 주도세력의 지도자인 송진우는 정치지향적 성향이 강한 인물이

---

66) XYZ, 「과거 일년간 민족적 제운동의 회고와 비판」, 『동아일보』 1924. 1. 1.

었다. 그는 대학에서 법학을 전공했을 뿐만 아니라, 직접적 활동을 통해 사회개혁, 민족운동을 이끌겠다는 의지가 강했다. 때문에 그는 청년 엘리트와 지식인을 계몽하고 여론을 주도하는 언론활동을 대단히 중요시 했다. 그는 경제운동의 필요성은 인정했지만, 큰 관심이 없었다. 고당 조만식이 간디의 운동방식에 심취해있던 반면, 일본 유학 시 그와 절친했던 송진우는 간디의 운동방식에 큰 기대를 하고 있지 않았다. 유진오는 그의 회고에서 송진우에 대해 "철저한 정치우월론"적 경향을 가지고 있다고 회고했다.[67]

물산장려운동보다도 동아일보 주도세력이 더 중요시했던 것은 민족의 인재를 양성하는 교육운동이었다. 민족적 중심세력을 형성하기 위해서는 민족적 각성과 민족의 미래를 짊어질 인재가 필요한데, 이는 교육을 통해서 가능하기 때문이었다. 민족교육에 대한 관심은 1910년대 이래 민족주의세력에 있어 최대의 관심이었는데, 1922년 시점에 이르러 이는 민립대학설립운동으로 집약되어 나타났다.[68]

동아일보는 이미 1922년 1월 5일자 논설에서 학문의 독립을 주장했었다.[69] 1922년 2월 3일자 사설에서는 민립대학의 설립을 주장하는 사설을 게재했다. 사설에서는 민중의 향상과 사회의 행복은 교육과 지식을 기본으로 하여 생기며, 정치적 예속과 경제적 예속은 시대의 변동과 대세의 '추이'에 따라 면할 수도 있지만, 정신적 예속은 영구적 굴복을 낳기 때문에 학문의 독립이 절대 필요하다고 주장한다. 그리고 생활의 기본이 되고 자유의 근거가 되는 학문의 독립을 위해서는 일본의 사례에서도 보이듯이 민주주의

---

67) 유진오, 『양호기』, 53쪽.

68) 민립대학설립운동에 대해서는 김준엽·김창순, 「민립대학설립운동」, 『한국공산주의운동사』 제2권, 고대아세아문제연구소, 1972 ; 김호일, 「일제하 민립대학설립운동에 대한 일고찰」, 『중앙사론』 1, 1974 ; 노영택, 「민립대학설립운동」, 『국사관논총』 11, 1990 ; 이명화, 「민립대학 설립운동의 배경과 성격」, 『한국독립운동사연구』 5, 1991 ; 박찬승, 앞의 책, 2007, 111~117쪽.

69) 「교육에 철저하라-첫째 학교를 세우고 둘째 취학에 열심하라」, 『동아일보』 1922. 1. 5.

를 자유로이 교육할 수 있는 민립대학이 설립되어야 한다고 주장했다.[70]

동아일보 주도세력은 민족적 중심세력의 결집을 통해 민족운동의 정치적 구심체, 정치단체를 결성하고 준비하는 데 있어, 민족 중심세력을 지속적으로 배출해내고 이의 기반이 될 수 있는 민족의식을 갖는 민족엘리트의 육성이 보다 시급한 것으로 생각했다. 그 결과 그들은 당시 급속히 확산되던 교육적 자각과 각급 사립학교 설립운동을 바탕으로 민립대학설립운동을 1922년 말에 이르러 본격적으로 전개하게 된다.

1922년 11월 23일, 이상재, 송진우, 현상윤, 최규동 등이 중심이 되어 '민립대학기성준비회'가 결성되었다. 그런데 주목할 것은 민립대학기성준비회가 민립대학설립을 전 국민적 운동으로 전개시킬 것을 결의한 점이다. 곧 각 군별로 2~5인의 발기인을 선발키로 하고, 그 선발을 각 군의 민간단체에게 의뢰했다. 이에 따라 각 군에서는 지방의 청년회를 중심으로 긴급회의를 열어 군내 유지들을 초청, 협의하여 발기인을 선정했다. 이런 경과를 거쳐 각 지방에서 1,170명의 발기인이 선출되었고, 이 가운데 462명이 모여 1923년 3월 29일 민립대학 발기총회가 개최되었다. 이러한 방식은 민립대학 설립과정을 통해 전국적 차원에서 민족적 관심과 호응을 이끌어내고, 그 과정에서 전국 각지의 유지와 유력인사들의 전국적 연결을 모색하기 위해서였다. 즉 비록 교육부문에 한정되었지만, 그동안 민족주의세력이 주장해오던 전국적 조직 결성 경험의 장으로 민립대학설립운동을 활용했다. 동아일보 주도세력은 잇달아 적극적 지지 사설을 실어 운동을 적극 주도했다.[71]

---

70) 「민립대학의 필요를 제창하노라-부호의 一考를 促함」,『동아일보』1922. 2. 3.
71) 「민립대학의 期成-위원 派遣에 대하야」,『동아일보』1922. 12. 16 ;「민립대학에 대한 각지의 열성-철저를 희망」,『동아일보』1923. 1. 14 ;「민립대학의 기성총회-전도각군의 참가를 요망」,『동아일보』1923. 2. 23 ;「민립대학발기총회-민중문화운동의 선구」,『동아일보』1923. 3. 28 ;「민립대학에 대한 吾人의 이상-신문화운동의 제일선」,『동아일보』1923. 3. 29 ;「연내에 일천만원 계획, 민립대학기성회성립」,『동아일보』1923. 4. 4 ;「민립대학의 성패-민족적 능력의 시금석」,『동아일보』

민립대학설립운동은 동아일보에서 지속적으로 주장하는 '민족적 기치하의 대단결', '민족적 중심세력'의 결집과 무관한 것이 아니었다. 이들은 민립대학설립운동을 통해 미래의 민족엘리트를 배출하는 동시에, 전국 각지의 민족운동세력의 연결과 결집, 민중들의 민족적 각성과 민족운동의 부흥을 꾀하는 계기로 모색하려고 했다. 그리고 다른 한편으로는 사회주의 사상의 유입에 따라 분열과정에 있던 민족운동의 사상적 경향을 부르주아민족주의 사상의 주도아래 통합하고자 했다.

그러나 민립대학설립운동은 1923년 하반기부터 점차 약화되게 된다. 우선 일제는 각 지방에서의 모금활동을 직간접적으로 방해하였고, 민립대학기성회 취지를 선전하는 강연회도 중단시켰다. 그리고 민립대학설립운동에 대항하여 1923년 11월 관립대학 창설위원회를 발족하고, 1924년 4월 경성제국대학을 사실상 개교했다. 운동 내적으로도 지방조직의 결성이 계획대로 진척되지 못하고 지방 부호들의 후원도 기대에 못 미쳤으며, 당시 잇따른 자연재해로 모금도 여의치 않았다. 더군다나 각 지방의 청년회 중 상당수가 1923년 봄부터 조선청년당 대회에 가담하여 종래의 운동노선에서 사회주의노선으로 선회하면서 지방조직이 내부 분열되어 갔다. 이렇게 하여 동아일보 주도세력의 민립대학설립 계획은 사실상 실패로 돌아갔다. 그렇지만 그들은 그 과정에서 확보된 민족주의세력의 전국적 연결망과 민족운동에 대한 지도력을 바탕으로 민족적 중심세력 형성을 추진하게 된다.

1922. 6. 4.

3장 민족운동의 두 갈래 길

1. 초기 국내 사회주의세력의 분파 대립과 '김윤식사회장'의 의미

러시아혁명이후 사회주의는 식민지·반식민지 약소국가들에 있어 새로운 대안체제로 등장했다. 식민지 조선에도 사회주의 사상이 본격적으로 소개되어 수용되었다. 박종린은 사회주의 사상의 수용이라는 관점에서, 1920년대까지의 사회주의운동의 시기구분에 대해 다음 세 단계로 구분했다. 1) 다양한 사회주의 사상이 수용되는 가운데 민족해방운동과 관련하여 마르크스주의가 급속히 주류적인 위치로 자리하는 단계, 2) 다양한 사회주의 사상이 급속히 마르크스주의로 전일화되면서 공산주의 그룹들 사이에 마르크스주의 인식의 편차를 둘러싸고 계속적인 논쟁이 전개되는 단계, 3) 마르크스주의 인식이 심화되면서 레닌주의를 수용하는 단계.[72] 본장에서 다루는 것은 제1단계의 시기의 사회주의세력의 동향이다.

문화정치에 따라 부분적으로나마 열려진 공간에서 청년단체, 대중단체들이 급속히 결성되었다. 1920년부터 '조선노동공제회', '조선청년회연합회'와 같은 전국적 규모의 대중운동단체들도 결성되었다.[73] 그리고 이들 조직의

---

72) 박종린, 「1920년대초 공산주의 그룹의 맑스주의 수용과 '유물사관요령기'」, 『역사와
   현실』 67, 2008, 78쪽.
73) 조선노동공제회와 조선청년회연합회에 대해서는 다음을 참조. 박애림, 「조선노동
   공제회의 활동과 이념」, 연세대학교 사학과 석사학위논문, 1992 ; 안건호, 「조선청년
   회연합회의 조직과 활동」, 『한국사연구』 88, 1995 ; 박철하, 『청년운동』, 독립기념관

이면에는 사회주의 사상을 선전 보급하는 사회주의, 공산주의 그룹들이 존재하고 있었다. 3·1운동 이후부터 1921년까지의 기간에 서울에는 '서울공산단체'-'이르쿠츠크파 고려공산당 국내뷰로', '조선공산당', '사회혁명당'-상해파 고려공산당 국내지부, '마르크스주의 크루조크(小組)'-'재일본조선인공산단체', '이영 소그룹' 등 5개 정도의 주요한 공산주의 그룹이 존재했다.[74] 이들은 각종 대중매체들을 통해 사회주의 사상의 보급과 선전에 나서는 한편, 각종 청년단체와 대중단체의 주도권을 장악하여 갔다.

1920년대 초반 국내 사회주의운동 태동기에서 큰 영향력을 행사한 것은 앞서 언급한 사회혁명당과 뒤이은 상해파 고려공산당 국내 지부였다. 그런데 이들 단체는 외형은 공산주의 단체이었지만 내부적으로는 마르크스레닌주의가 아닌 신자유주의 또는 사회민주주의 정치이념을 갖고 있는 장덕수, 최팔용 등과 마르크스레닌주의 사상으로 무장하여 가는 김명식, 유진희 등의 서로 다른 이념적 성향을 가진 사람들이 모여 있는 조직이었다.

물론 당시 조선의 상황에서 이런 모순된 모습은 오래갈 수 있는 것이 아니었다. 마르크스주의에 대한 이해가 깊어지고 사회주의운동이 확산되면서 공산주의 단체 내의 비(非)마르크스주의적 요소에 대한 마르크스주의자들의 투쟁이 전개될 수밖에 없는 것이었고, 이는 세계 사회주의운동과 공산당의 역사 속에서 거의 공통적으로 확인되는 것이다. 다양한 사회주의 사상, 혁명적 민족주의 사상, 급진 자유주의 사상이 초창기에는 혼재되어 수용되었다가, 운동이 진행되어 가면서 마르크스레닌주의가 급속히 주류적인 위치로 되어가고, 사상의 전일화가 이루어지게 된다. 이런 과정에서 다양한 사상과 이념을 가진 사람들은 마르크스레닌주의자로 변모하던지, 아니면 공산주의운동에서 이탈하게 된다.

그런데 문제는 이런 대립과 투쟁이 사회주의세력 내의 당내투쟁 또는

한국독립운동사연구소, 2009.
74) 임경석, 『초기 사회주의운동』, 독립기념관 한국독립운동사연구소, 2009, 43쪽.

내부투쟁으로만 전개된 것이 아니라, 민족운동의 주도권을 둘러싼 사회주의세력과 민족주의세력의 대립과 중첩되어 표출되었다는 점이다. 이를 상징적으로 보여주는 것이 1922년 1월의 '김윤식사회장' 논쟁이었다.

동아일보가 일제 총독정치에 대한 직접적 비판을 가하면서 민족운동에 대해 정치적 자유와 민주주의를 위한 투쟁, 정치운동으로 전환을 촉구하는 가운데 1922년 1월 21일, 온건개화파의 중진이자 문장의 대가인 운양 김윤식이 죽었다. 그리고 민족주의세력의 주도로 '김윤식사회장'이 추진되었고, 이를 계기로 일대 논전이 전개된다.

'김윤식사회장'에 대해서는 기존 연구들을 통해 그 내용과 경과, 이후 1922년 4월 '사기공산당사건'에 이르는 과정, 이들 사건을 통한 사회주의세력의 재편 과정 등이 대체로 밝혀졌다.[75] 특히 김윤식사회장을 계기로 민족주의세력과 사회주의세력이 최초로 충돌하였을 뿐 아니라, 사회장을 둘러싸고 상해파 국내지부와 서울파, 화요파, 북풍회파, 이르쿠츠크파 국내지부 간의 충돌이 전개되었다는 것이 밝혀졌다.

다만 김윤식사회장위원회의 주도세력을 둘러싸고는 의견이 엇갈리고 있다. 박종린은 동아일보 주도세력(송진우, 김성수, 이상협, 김동성, 장두현)과 정치단체를 준비하고 있던 민우회 주도세력(박영효, 유진태, 최진, 이범승)이 중심이 되어, 여기에 조선인 산업대회, 경성상공업회의소, 조선경제회, 유민회 등에 참여하고 있던 부르주아지들, 그리고 참정권론자들과 내정독립론자들을 제외한 민족주의세력 거의 전부를 포괄하는 방대한 구성이었다고 한다. 그리고 여기에 장덕수, 오상근 등 국내 상해파 일부가

---

75) 이상일, 「'김윤식사회장' 문제에 대한 일고찰」, 『죽당이현희교수화갑기념 한국사학논총』, 동방도서, 1997, 393~394쪽 ; 박종린, 「'김윤식사회장' 찬반논의와 사회주의세력의 재편」, 『역사와 현실』 38, 2000 ; 박종린, 『일제하 사회주의사상의 수용에 관한 연구』, 연세대학교 대학원 사학과 박사학위논문, 2007 ; 임경석, 「운양 김윤식의 죽음을 대하는 두 개의 시각」, 『역사와현실』 57, 2005 ; 김현주, 「김윤식 사회장 사건의 정치문화적 의미」, 『동방학지』 132호, 2005.

가담했다고 한다.76) 이에 대해 임경석은 김윤식사회장위원회가 당시 존재하던 모든 민족주의 그룹을 망라한 것이 아니라, 3·1운동 당시 민족대표를 구성한 3대 민족주의세력 가운데 뒷날 흥업구락부를 결성한 민족주의 기호파 세력만이 참여하였고, 수양동우회계열의 민족주의 서도파나 천도교세력은 참여하지 않았다고 하면서, 김윤식사회장위원회의 성격은 민족주의 기호파와 사회주의 상해파만이 참가한 민족주의세력과 사회주의세력 사이에 맺어진 한시적인 민족통일전선 기관이었다고 주장한다.77)

필자는 동아일보계열이 기호파 세력과는 명백히 구분되는 세력이며, 한편 동아일보계열은 서북 기독교세력과 1910년대 이래 해방직후에 이르기까지 여러 측면에서 상당히 가까웠다고 보기 때문에, 김윤식사회장위원회를 기호파 세력만의 조직으로 보는 것은 타당하지 않다고 본다. 동아일보계열의 주도성을 보다 강조하는 입장이다.

동아일보 주도세력은 그의 죽음을 애도할 뿐 아니라,78) 그의 장례를 사회장으로 치르고자 했다. 김윤식사회장위원회 구성에서부터 사회장 추진 과정에 이르기까지 동아일보가 이를 주도한다는 것은 당시의 민족주의세력뿐만 아니라, 사회주의세력, 일제 총독부에게79) 있어서도 공공연한 사실이었다. 사회장 반대를 주도한 사회주의자들은 동아일보의 사장, 주필, 편집장이 귀족 및 부르주아 계급과 결탁하여 김윤식사회장을 주도했다고 파악했다. 당시 사장은 송진우, 주필은 장덕수, 편집국장은 이상협이었다. 사회주의자들은 동아일보를 가리켜 이번 사건의 '수괴'라고 지목하고 맹렬히 비난했다.80) 그리고 그에 대한 책임을 물어 동아일보 사장은 즉시 사직하거나

---

76) 박종린, 앞의 박사학위논문, 44쪽.

77) 임경석, 앞의 글, 2005, 107쪽

78) 「운양선생의 長逝를 悼하노라-조선의 문장 사회의 원로」, 『동아일보』 1922. 1. 23.

79) 朝鮮總督府 警務局, 『大正11年朝鮮治安狀況』(1), 고려서림, 1989, 21~22쪽.

80) 김윤식사회장 반대회, 「선언」, 『매일신보』 1922. 1. 31.

평소 자임해 오던 '이천만 민중의 표현기관'임을 취소할 것을 주장했다.[81] 더 나아가 동아일보 구독을 거절하는 불매운동을 벌이기로 결의하기까지 했다.[82] 재미있는 것은 당시 이러한 사회주의자들의 활동을 일제의 기관지인 매일신보가 적극 보도하고 있다는 점이다.

그러면 동아일보 주도세력이 왜 사회장을 들고 나왔는지 살펴보도록 하자. 사회장이란 장례 형식과 명칭은 당시 조선에서 처음 보는 것이었다.[83] 그리고 김윤식이 사회장 반대운동자들이 주장하는 바와 같이 사회장으로 거행할만한 자격을[84] 갖고 있는지도 논란이 있었다. 김윤식이 사회장의 대상으로 추대 받은 것은 조선 최고라는 문장 실력과 '만절(晩節)', 즉 3·1운동 당시 자작이었던 김윤식과 이용직 두 사람이 일본 총리대신 앞으로 「조선독립청원서」를 제출한 행위로 정치적인 박해를 받아 투옥된 것 때문이었다. 김윤식의 인생 말년에 벌어진 이 사건으로 김윤식은 그동안의 기회주의적 이미지를 만회하였다.

동아일보는 김윤식에 대한 비판에 대해 장점과 단점이 함께 있는 것이 '인류의 특색'이라면서, 실패와 착오에 대해서 허용할 여지나 관용의 도리가 없으면 사회는 방종에 이르러 암흑에 쌓인다고 하여, 인생의 마지막까지 깨닫고 수련하여 "암흑에서 광명으로 추악에서 선미(善美)로" 나아갔다는 의미에서 가장 귀중한 여기는 바는 가 '만절(晩節)'이라고 약간의 궤변을 섞어가며 김윤식을 옹호했다.[85]

물론 이런 옹호를 떠나 사회장을 주도한 동아일보조차도 김윤식이 사회장

---

81) 김윤식사회장 반대회, 「사회장 반대결의」, 『매일신보』 1922. 1. 30.

82) 「동아일보비매동맹결의문」, 『매일신보』 1922. 2. 3.

83) 임경석의 지적처럼 사회장위원들이 염두에 둔 장례식은 1922년 1월 10일 죽은 후, 일본에서 성대히 거행된 오쿠마 시게노부(大隈重信)의 국민장이었다.(임경석, 앞의 글, 89쪽) 입헌개진당의 지도자이자 와세다 대학의 설립자였던 오쿠마는 일본 유학을 경험했던 조선의 민족운동가와 민족엘리트에게 익히 잘 알려진 인물이다.

84) 「金子爵 등 판결」, 『매일신보』 1919. 7. 12.

85) 「인물비판의 표준」, 『동아일보』 1922. 1. 31.

의 대상, 즉 민족운동가로서, 민중에 기념 받을 정도가 되지 못한다는 것을 누구보다 잘 알고 있었다. 공개적으로도 김윤식이 "허다한 실패와 허다한 하자" 있는 줄은 안다고 하면서, 그 실패에 대해 운양을 위해 비통하고 슬퍼하며, 그 하자와 그에 부속되는 굴욕에 대해 "선생을 위하야 분하고자 하며, 노하고자 하노라"라고 주장했다. 곧 "오직 그 실패와 하자를 유감"으로 생각하고 동시에 분노함보다는 차라리 울고자 한다고 하면서, 김윤식의 자격없음을 공개적으로 표현하기도 했다.[86]

이렇게 김윤식의 한계를 누구보다 잘 알고 있는 동아일보 주도세력이 굳이 사회장을 추진한 것은 어떤 이유에서일까? 여기서 사회적으로 저명한 인사의 장례가 갖는 정치·사회적 의미를 살펴보아야 한다. 잘 알다시피 3·1운동의 배경에는 고종황제의 인산날이라는 배경이 있었다. 인산날에는 수많은 사람들이 거리에 모일 수밖에 없었고, 그런 가운데 사회와 체제에 대한 불만과 항의가 자발적으로 나올 수밖에 없었다. 1926년 6월 10일의 6·10만세운동도 순종의 인산날에 거사가 이루어졌다. 식민지 시기의 사회적 저명인물의 장례식은 그 자체로 사회적 소요의 훌륭한 계기가 되었다. 그리고 이를 준비하는 과정에서 준비세력 간의 연대와 협력도 이루어지게 된다. 김윤식이 죽기 열하루 전에 죽은 일본 총리대신 오쿠마 시게노부의 경우에도, 국민장으로 치러진 그의 장례식에는 식장에만 20만 명의 군중이 모였고, 장례식장에서 장지인 호국사(護國寺)에 이르는 연도에는 150만 명의 인파가 거리를 뒤덮었다.[87]

동아일보 주도세력은 1922년 1월 내내 동아일보 지면을 통해 언론의 자유, 정치적 집회의 자유를 주장하면서 일제와 총독부에 대해 직접적 비판을 가하고 있었다. 또한 각계각층에 대해 민중의 권리와 자유를 위해 적극적으로 떨쳐 일어날 것을 촉구하고 있었다. 이런 가운데 김윤식이

---

86) 「雲養先生葬送에 對하야-感激하는 社會가 必要」, 『동아일보』 1922. 1. 26.
87) 임경석, 앞의 글, 89쪽 ; 『동아일보』 1922. 1. 19.

죽었고, 장례 문제가 떠오르게 되었다. 이미 고종 인산날을 매개로 3·1운동을 주도한 바 있는 민족주의세력에게 있어 이는 단순히 고인을 기리는 장례의 문제로 한정될 수 없는 것이었다. 장례식은 민중의 다수가 문맹인 상태에서, 일부만이 볼 수 있는 한정된 신문 지면이 아니라, 대규모 대중모임의 공간에서 자신들의 주장을 공론화시키고, 확산시킬 수 있는 공간으로 활용될 수 있었다. 1922년 1월 이후 각종 논설을 통해 정치운동의 필요성과 민족운동의 정치운동으로의 전환, 조선민중의 대단결을 전 방위적으로 주장하던 동아일보 주도세력은 김윤식사회장을 민족운동세력의 정치적 결집과 그들 주장의 사회적 확산의 계기로 활용하려고 했다.

동아일보 주도로 김윤식의 사회장이 추진된 것에 대해 단순히 그들의 친일의식이 부족하고, 정치사상적으로 한계가 있었기 때문이라고 파악하는 것은 대단히 피상적인 생각이다. 송진우가 "이 경성에 우리 70여 명 위원을 제한 외에 여론을 일으킬 능력을 가진 자가 누가 있느냐'며 장례와는 아무런 상관도 없는 주장을 왜 했는지를 생각해야 한다.[88] 송진우는 분명한 목적을 가지고 사회장 문제를 제기한 것이었다. 그들은 이미 일본 유학 중부터 제1차 호헌운동과 그 이후 일본 민본주의자들의 특권 번벌세력에 대한 투쟁을 경험하고 참여했었다. 그리고 3·1운동의 발화를 주도했었다.

물론 이들이 3·1운동과 같은 직접 독립을 목표로 대규모 정치투쟁을 전개하려는 것은 아니었다. 앞서 살펴보았듯이 그들은 3·1운동의 경험을 통해 정치적 경제적 기반이 없고, 정치적 중심이 없는 가운데 전개한 독립투쟁은 무모한 것이라는 것이라고 판단하고 있었다. 때문에 이들이 직접 독립을 주장하는 비합법적 정치투쟁을 전개할 가능성은 없었다. 이미 1월 20일자 총독부에 압수된 동아일보 사설에서도 "오인(吾人)의 전쟁은 폭력의 전쟁이 아니고 의리의 전쟁이다. 총화의 교환이 아니고 논란의 공격이므로

---

88) 『매일신보』 1922. 2. 1.

조선민중은 의를 품고 이(理)를 내걸고 그 권리와 자유를 위하여 현 총독정치에 육박할지어다"[89]라고 하고 있었다. 그들이 생각한 것은 그들의 일본 유학 경험 속에 누차 경험했던 부르주아 정당정치세력과 민본주의자들이 번벌 정치체제 타파와 정치적 자유를 외쳤던 대중연설, 대중시위이었을 것이고, 장례를 통해 마련되는 광범한 대중적 정치공간이었을 것이다.

2. 사회주의세력과의 최초 대립과 민족운동의 분화

김윤식사회장을 주도하는 민족주의자들의 움직임에 대해 상당수 사회주의자들이 전면 제동을 걸고 나왔다. 동아일보 주도층에 있어 총독부의 반대만 고려되었지, 정작 이런 민족운동 내부로부터의 저항은 미처 생각하지 못한 것이었다. 당시 국내 상해파를 제외한 사회주의자들은 연합하여 사회장 반대운동을 격렬하게 전개했다.[90] 그들은 조선사회가 한편으로 귀족, 부르주아지, 그들의 충실한 앞잡이 인텔리 장덕수가 있고, 다른 한편에는 사회주의자, 프롤레타리아트, 혁명적 분자들이 있다고 파악했다.[91] 그리고 김윤식사회장 반대운동이 귀족사회를 파괴하고 자본가 계급을 타파하며 사회개량가를 매장하기 위한 투쟁이라고 주장했다.[92]

당시 국내 상해파를 제외한 신흥 사회주의자들의 사회장 반대운동은

---

89) 「자유와 권리를 위하여 조선민중은 궐기하라」, 1922. 1.20. 『일정 하 동아일보 압수사설집』, 동아일보사, 1978, 43쪽.

90) 사회주의세력의 사회장 반대운동에 대해서는 다음을 참조. 박종린, 앞의 글, 2000, 263~270쪽 ; 임경석, 앞의 글, 2005, 95~106쪽 ; 최선웅, 앞의 글, 305~308쪽.

91) 1922. 10. 15, "Перевод с Корей ского письма из Корей на имя тов. Тену"(조선에서 온 한글 편지의 번역), 3쪽(РГАСПИ ф.495 оп.135 д.63) 임경석, 앞의 글, 105쪽에서 재인용.

92) 무산자동지회 위원 金翰, 「고 김윤식씨 사회장 반대에 즈음하여 이 글을 일반민중에게 보낸다」, 『조선일보』 1922. 2. 3 ; 조선총독부 경무국 도서과, 『諺文新聞差押記事輯錄 (朝鮮日報)』 조사자료 제30집, 1932, 58~61쪽.

두 개의 층위를 갖고 있었다.

첫째, 부르주아민족주의에 대한 투쟁의 측면이다. 그들은 조선사회를 귀족, 부르주아지, 지주를 한편으로 하고, 프롤레타리아트, 농민, 혁명적 분자를 다른 한편으로 하는 사회로 대단히 이분법적이고 도식적으로 파악했다. 그들은 식민지 조선의 민족주의자들이 반일운동의 동맹자가 될 가능성을 전혀 인정하지 않았고, 때문에 부르주아민족주의자들을 적대시했다.[93] 그들 눈으로 볼 때 사회장 반대운동은 민족부르주아들이 친일파 귀족들과 연합하여 김윤식의 장례를 치르는 것으로 보였고, 이는 부르주아지의 친일파 귀족과의 타협으로만 인식되고 있었다. 아직 대중운동과 민족운동의 경험이 일천한 사회주의자들은 사회장운동의 대중운동적 성격을 제대로 이해하지 못하였거나, 설혹 인식하고 있었더라도 민족주의자들이 광범한 대중운동의 공간을 통해 민중들에게 영향력을 행사하는 것을 저지하려고 했다.

코민테른의 민족문제에 대한 방침과 정책이 아직 제대로 수용되지 못한 상태에서, 신흥 사회주의자들은 마르크스레닌주의의 초기적 이해 수준을 보이고 있었다. 이미 1920년 7월의 코민테른 제2차 대회에서 '민족·식민지문제에 대한 테제'가 발표되었고, 식민지·반식민지에서의 민족통일전선 방침이 작성되었지만, 1922년 초반 조선의 사회주의자들은 이를 받아들여 적용할 수준에 이르지 못했다. 그들은 조선에 있어 계급운동, 사회운동을 본격화하는 데 있어 민족주의세력, 부르주아세력을 일제와 마찬가지로 부정하고 비판해야 할 대상으로만 여겼다. 민족통일전선 전술의 의의와 유용성을 승인하지 않았다.

국내 상해파는 민족문제에 대한 인식과 함께 민족통일전선에 대해 유연한 사고를 하고 있었지만, 코민테른의 조선지부를 지향함에도 불구하고 장덕

---

93) 임경석, 앞의 글, 106쪽.

수를 국내지부의 지도자로 끌어들였다는 점과 사회주의 이념과 이론에 대한 한계 때문에 기본적으로 사회주의운동을 주도할 수 없었다. 김윤식사회장 은 당시 조선 사회주의운동의 미숙성을 여러 면에서 드러내는 계기였다.

둘째, 기존의 연구들에서 밝혀졌듯이 사회주의세력 내의 분파투쟁, 그리 고 사회주의운동의 전열을 가다듬는 측면이 강하게 작용하고 있었다. 즉 사회주의운동의 주도권을 둘러싸고 상당한 영향을 행사하던 국내 상해파에 대한 여타 사회주의세력의 투쟁이 작용했다. 또한 사회주의운동 내에 들어 와 있는 이질적 요소, 즉 국내 상해파 지도자인 장덕수로 대변되는 비사회주 의적 이념적 요소를 사회주의운동에서 청산하려는 내부 이념투쟁이 동시에 작용하고 있었다. 그런데 공교롭게도 장덕수는 국내 상해파 공산당의 지도 자인 동시에 부르주아민족주의세력의 대변지인 동아일보의 주필을 맡고 있었다. 때문에 사회장 반대운동의 화살은 장덕수와 그가 몸담고 있는 동아일보에 집중되었다.

이렇게 사회장 추진에 대한 비판 여론과 함께 사회주의자들의 도전이 격렬하게 일어나자, 동아일보는 이에 대해 대응하기 시작했다. 우선 1922년 1월 27일에 「실지(實地)에 취하라-철저 하라-」란 제목의 사설을 게재했다. 여기서는 조선인의 결점이 이론에만 강하고 실제 현실에는 약한 것이며, "언론에 강하고 실행에 약한 것"이라 하면서, 현재 조선사회의 불의와 도리 없음을 능히 알면서도 모여 이를 토로하는 데 그쳐, "천하의 동지를 규합"하 는 데 나아가지 못하고, 실행의 굳센 힘이 없다고 주장했다. 때문에 '공론과 공담'을 없애고, 가두로 나아가 민중에 대해 선전하고 "대중을 종합하고 출진곡을" 울려야 한다고 주장했다.[94] 이러한 동아일보의 주장은 뒤에서 비판만 하면서 실제 민족운동에 행동으로 나서지 못하는 세력들을 다분히 겨냥한 것이었다.

---

94) 「실지(實地)에 취하라-철저 하라-」, 『동아일보』 1922. 1. 27.

1월 30일자 사설에서는 현재 조선의 실상이 조선인의 정치적 활동이 일절 금지되었기 때문에 현재 필요한 것은 정치나 정치가가 아니라 '문화의 발전'이라는 주장은 일면 진리를 가지지만, 정치는 생활의 전부를 지배하거나 긴밀한 관계에 있기 때문에 정치를 떠나서는 "과연 적당한 문화가 발달할 수 있으며", 정치에 관여하지 않고 민중의 문화적 향상을 가히 희망할 수 있는가에 의문이 된다고 주장했다. 또한 문화발달에 가장 중요한 요소를 점하는 것이 교육인데, 교육의 주지(主旨)를 정하고, 교육의 범위와 정도를 정하며 이를 실시하는 것은 국가기관이기 때문에 이는 정치가적 활동에 의지할 수밖에 없다고 주장한다. 또한 교육을 실시함에는 물질적 기초로서 금전이 필요한데, 이는 경제적 활동과 시설에 의존하며, 경제적 시설은 정치적 활동과 시설에 의존하는 것이라고 주장했다. 때문에 문화운동자와 같이 정치운동자도 필요한데, 정치가는 혁명운동과 달리 '경제발달'에 대한 문제나 '교육진흥'에 대한 문제, '인권옹호'의 문제, '자유신장'의 문제에 대해 정치가적 수완과 재능을 발휘해야 한다고 주장했다. 이를 위해서 '실지의 총명'을 가지고 '대세에 통달'하고 '사실에 입각'한 "위대한 정치가적 인물이 조선사회에 필요"함을 절실히 느낀다고 주장했다.[95]

이런 동아일보의 주장은 몇 가지 특징을 가진다. 첫째, 당시 동아일보계열은 일제에 대한 제반 민주주의적 과제 해결을 위한 정치투쟁과 정치운동의 필요성과 중요성을 대단히 강조하고 있었다는 점이다. 이는 당시 그들의 행동을 민족운동 참여를 배제하거나 뒤로 미루는 준비론적 문화운동과 실력양성론이라고 규정한 기존 연구들과 크게 궤를 달리하는 것이다. 1920년대 전반 민족주의세력의 실력양성론을 단순한 경제적·문화적 준비운동론으로 이해하는 것은 표면적이고 단순한 파악이다. 그들의 실력양성론이 지금 당장의 무장투쟁론, 즉시독립론이 아닌 것은 분명하다. 그러나 이미

---

95) 「조선 정치가의 결핍—실지적 총명이 필요」, 『동아일보』 1922. 1. 30.

3·1운동 직후의 혁명의 시기는 지나갔다. 만주의 무장독립투쟁도 시들어졌고, 대한민국임시정부 주도의 민족운동도 불가능해졌다. 운동은 다시 수세기로 들어갔다. 이런 상황에서 그들은 3·1운동의 경험을 통해 정치적 경제적 기반이 없고, 정치적 중심이 없는 가운데 전개되는 즉시 독립투쟁과 무장투쟁은 무모한 것이라는 평가를 내리고 있었다. 중요한 것은 장래의 혁명적 시기를 대비하여 민족운동의 정치적 경제적 기반을 마련하는 것, 정치적 중심을 결성하는 것이다.

이렇게 보면 이들의 실력양성론은 상당한 정치적 지향성을 갖고 있었다. 물론 민족주의 각 계열별로 이런 인식에는 일정한 편차가 존재했다. 흥사단·수양동우회계열 중 이광수로 대표되는 그룹은 정치활동보다는 각 개인적 수양과 실력양성에 중점을 두고 있었다. 그렇지만 보다 정치성을 띤 그룹도 존재했다. 동아일보 주도세력은 상당한 정치적 지향을 일찍부터 드러내고 있었다.

둘째, 정치운동을 사회의 변혁을 기하는 사회주의세력의 혁명운동과 구분하고 있으며, 경제, 교육, 인권, 자유 등의 대중의 당면의 현실 문제, 제반 민주주의적 과제의 해결을 위한 사회개혁운동으로 바라보고 있는 점이다. 즉 그들은 일제로부터의 독립이라는 근본적 문제 해결을 위한 정치운동을 제기한 것이 아니라, 식민지 지배 하에서 제기되는 당면의 현실적 문제들의 해결을 위한 사회개혁투쟁으로써 정치운동을 제기하고 있었다. 이런 그들의 주장은 근본적 혁명투쟁에만 매달리지 않고 대중이 당면한 현실문제에 대한 투쟁을 전개한다는 점에서는 의의가 있었지만, 현실문제에 매몰되어 개량화할 수 있는 소지는 분명 있었다.

셋째, 운동에서 이론만을 가지고 공허한 주장과 말만 하지 말고 민족운동의 구체적인 실천과 실행을 하라는 점이다. 이는 다분히 구체적 사회적 실천과 행동도 없이 혁명적 언사만을 사용하면서 뒤에서 비판만 하는 사회주의세력의 비실천성을 겨냥한 것이었다.

한편 사회장 반대운동을 주도한 사회주의세력에 대해서도 비판을 구체화했다. 2월 15일자 사설에서는 '부랑신사'와 '완고신사' 같은 '불량신사'를 배격해야 한다면서, 이들이 "하등의 의미가 없고 하등의 이유가 없는 지방당을 수립"하였으며 공공연히 "경쟁렬을 고취하야 출세의 방편을 만들며 활동의 근거를 고집하였기" 때문에 "절대로 배척"할 것을 주장했다. 사설은 그들에 대해 민족운동 내부에서 분란을 일으키지 말고, "군 등이 진정한 불평이 있으면 강적을 향하야 대항할 것이요 확실한 분개(奮慨)가 있으면 민중을 합하야 단결"할 것을 주장했다.[96) 이는 김윤식사회장 반대를 주도한 세력에 대해 경쟁심에서 민족운동의 분열을 일으키지 말고, 민중을 결합시켜 일제에 대해 투쟁할 것을 주문한 것이었다. 결론적으로는 "불량한 사조를 소탕하고 적극적으로 건전한 정신을 함양하는 것이 사회발전의 제일보"라고 주장했다.

김윤식사회장 추진은 반대 여론에 부담을 느낀 김윤식 가족들의 거부로 결국 성사되지 못했다. 결과적으로는 사회장 반대를 주도한 신흥 사회주의세력의 의도가 관철되었다. 그런데 사회장 반대회의 활동을 적극 홍보한 것은 조선총독부 기관지인 매일신보였다. 매일신보는 사회장 반대운동을 자극적 제목과 함께 연일 크게 보도했다.[97)

동아일보 주도세력은 1922년 1월 들어 정치적 자유를 위한 투쟁을 적극적으로 고취하기 시작했고, 때문에 일제 총독부는 이들 민족주의세력의 움직임에 경계하지 않을 수 없었다. 더군다나 고종의 인산날에 3·1운동의 대투쟁을 경험한 총독부로서는 3·1운동을 주도한 전력이 있는 민족주의세력의

---

96) 「불량신사를 배척하라-사회발전의 제 일보」, 『동아일보』 1922. 2. 15.

97) 매일신보는 1월 31일자에 사회장 반대회의 「선언」을 전문 수록했고, 「사회를 무시한 망동」, 「책임회피의 궤변」 등의 기사를 게재했다. 2월 1일자 신문에는 「사회장문제 분규」라는 표제아래 무려 5단에 걸쳐 반대운동을 상세히 보도했다. 2월 2일자, 3일자에도 「사회장위원에 충고」, 「민중의 격」, 「제2차 반대강연」, 「동아일보 비매동맹회 결의문」, 「학생대회도 궐기」, 「사회장폐지결정」 등의 기사로 도배되어 있다. 매일신보의 보도는 사회장 반대회의 영향력 확산에 크게 기여했다.

김윤식사회장 추진은 크게 우려되는 것이었다.

그렇지만 총독부가 손을 쓰기도 전에 국내 상해파를 제외한 사회주의세력이 사회장 추진을 반대하고 나왔기 때문에, 이는 총독부의 걱정을 덜어주는 꼴이 되었다. 때문에 총독부 기관지인 매일신보를 통해 적극 이를 보도한 것이었다. 신흥 사회주의세력은 민족운동에 있어 민족부르주아지·민족주의세력의 투쟁을 좌절시키고, 주도권을 약화시키는 데 집중했지, 자신들의 행동이 결과적으로는 일제의 분할통치의 대상이 되어 일제에 의해 이용될 수 있다는 사실을 간과했다. 신흥 사회주의자들이 민족주의세력을 일제와 타협한 개량주의세력, 반동적 세력으로 비판하였지만, 실제 일제 식민통치세력의 지지를 받는 것은 일제에 대해 혁명적이라 스스로 자부하던 신흥 사회주의자들의 행동이라는 완전히 모순된 상황이 연출되었던 것이다.

동아일보의 당면의 현실적 문제 해결을 위한 정치운동의 제기와 김윤식사회장을 매개로 한 대중운동의 시도는 그들이 사회주의자들보다 정치적인 감각이나 운동전개에 있어 유연하다는 것을 보여주었다. 그런데 문제는 이 과정에서 그들은 친일정치세력을 너무 쉽게 끌어들였고, 사회의 기득권층인 자산가와 사회적 명망가에 과도하게 의존했다는 점이다. 이미 3·1운동에서 드러나듯이 운동이 확산되고 지속화되기 위해서는 민중적 지지와 참여가 필수적이었다. 이는 사회 유지와 명망가들의 힘으로만 이루어질 수 없는 것이었다. 민중세력을 끌어들여야만 민중적 지지 기반 하에서 운동의 확산을 이루어낼 수 있었다. 그렇지만 동아일보 주도세력은 김윤식사회장위원회의 구성과 운동 전개를 사회적 유지, 명망가들에게만 과도하게 의지했다. 대중정치운동을 위해서는 민중적 참여를 고려했어야 하는데 이에 대한 인식은 제한적이었다. 민중을 계몽의 대상으로만 여겼다. 이는 당연히 민중운동세력과 사회주의세력의 반발을 불러올 수밖에 없는 것이었다. 이런 점에서 신흥 사회주의자들의 반대는 근거가 없는 것은 아니었다.

김윤식사회장 사건은 근대개혁론이 일제하 민족·자본주의 노선과 사회주의 노선으로 재편된 이후, 양 노선이 처음으로 부딪친 사건이었다. 양 세력이 현 단계 민족독립과 신국가건설운동에 있어서도 협력 대상이기보다는 경쟁상대가 될 수 있다는 것을 확인시키는 계기였다. 같은 민족운동의 일원인 민족주의자와 사회주의자가, 각기 민족운동가와 사회운동가로 명백히 구별되기 시작했다. 물론 이는 사회주의세력 내에서의 노선 대립과 중첩되어 복잡한 구도로 나타났다. 민족주의세력과 사회주의세력의 조우는 이런 복잡하면서도 격렬한 대립과 함께 시작되었다.

4장 '민족적 중심세력'론의 구체화와 '연정회' 구상

　김윤식사회장의 실패에도 불구하고 1922년 중반부터 동아일보계열의 언론·출판·집회·결사의 자유를 비롯한 제반 민주주의적 권리와 정치적 자유를 위한 정치투쟁과 정치운동의 필요성에 대한 주장은 당면의 민족운동과 문화 발전을 주도할 '민족적 중심세력'을 형성하여 정치운동을 추진해야 한다는 것으로 구체화하기 시작했다. 그리고 그의 구체적 조직적 형태로 연정회 조직이 구상되었다.

　기존 대다수 연구들에서는 동아일보계열이 중심이 되어 추진한 소위 '연정회' 계획에 대해서 이를 일제와 타협한 자치운동단체 추진 계획으로 평가했다.[98] 더 나아가 당시 일부 사회주의세력의 주장을 그대로 인용하여 '연정회' 계획을 동아일보측이 일제 총독부관리와 협의하여 추진한 자치운동으로 보기도 했다.

　그러나 이러한 평가는 여러 가지 측면에서 재검토의 여지가 있다.

　첫째, 당시 조선총독부는 자치정책을 계획하지도 추진하지도 않았기 때문이다. 이 시기는 1924년 들어 제2차 호헌운동이 일어나서 호헌3파

---

98) 박찬승,『한국근대정치사상사연구』, 역사비평사, 1992, 330~335쪽 ; 김동명,『지배와 저항, 그리고 협력–식민지 조선에서의 일본제국주의와 조선인의 정치운동』, 경인문화사, 2006, 196~218쪽 ; 김인식,「신간회의 창립과 민족단일당의 이론」,『백산학보』78, 2007, 227~228쪽 ; 조규태,「1920년대 민족주의세력의 자치운동의 전개양상」, 민세안재홍선생기념사업회 편,『신간회와 신간회운동의 재조명』, 선인, 2018, 131~138쪽.

세력이 형성되고, 이들이 중의원 총선거에서 승리해 호헌3파 내각을 구성하기 이전이다. 일본제국 특권세력의 영향력이 아직 강대하고, 보수 정당세력이 의회와 내각을 장악하고 있었다. 자치정책을 배격하고 내지연장주의 식민정책을 집행했던 미즈노 렌타로가 내무대신으로 있으면서 조선 식민정책에 직접적 영향을 미치고 있었다. 당시 사이토 총독은 조선 자치제에 대한 어떠한 계획도 갖고 있지 않았다. 또한 아리요시 주이치 정무총감은 앞서 살펴보았듯이 미즈노에 의존하고 있었다. 한편 미즈노의 직계인 마루야마 쓰루키치(丸山鶴吉)가 총독부 경무국장에 재임하면서 조선 민족운동을 탄압하고 있었다. 그는 내정독립론을 비롯한 조선 자치정책에 부정적이었다.

둘째, 평가가 당시 동아일보계열의 주장에 대해서는 파악이 거의 이루어지지 않은 가운데, 이에 대척점에 서있는 일부 세력의 일방적이고 사실과 다른 잘못된 주장에 근거하는 경우가 많다는 점이다. 당시 동아일보 주도세력은 1922년 1월 '김윤식사회장사건'과 1923년 물산장려운동을 둘러싸고 사회주의세력과 대립하고 있었다. 그러므로 동아일보계열에 전방위 공격을 가하는 사회주의자들의 잘못된 주장이나 동아일보와 경쟁관계에 있던 일부 인사들의 주장만을 가지고 동아일보계열을 평가하는 것은 문제가 있다.

셋째, '김윤식사회장사건'과 물산장려운동에 대한 최근의 연구에서 밝혀졌듯이 이를 둘러싼 논쟁은 단순히 타협적 자치운동세력과 사회주의세력 사이의 논쟁이 아니라, 그 내부에는 사회주의세력 내부의 당면의 민족운동을 바라보는 노선대립과 긴밀히 연결되어 있었다. 곧 초기 물산장려운동을 주도한 동아일보 논설진과 조선청년회연합회 우파의 주요 인물들이 상해파 고려공산당 국내지부에 속해 있었으며, 이들은 단계적 혁명노선과 통일전선운동노선에 따라 김윤식사회장과 물산장려운동을 전개했다는 것이다. 이러한 연구는 개별적 사건과 운동 연구에 한정되지만, 1920년대 전반 동아일보계열의 민족운동과 노선을 일제에 타협한 노선과 운동으로 바라보는 인식에 의문을 제기하는 것이었다.

본장에서는 1920년대 전반 동아일보 주도세력을 중심으로 정치운동과 '민족적 중심세력'론 주장이 확산되는 과정과 그러한 운동론이 소위 '연정회' 구상과는 어떠한 관련을 갖고 있으며, 어떠한 내용을 갖는 것인지, 또한 어떠한 정치적 지향과 성격을 갖고 있으며 그 한계는 무엇이지를 해명하고자 한다.

1. 정치운동과 민족적 중심세력 결성 주장의 확산

물산장려운동과 민립대학설립운동이 전개되면서 민족적 중심세력 형성과 정치운동의 추진에 대한 민족주의세력의 구상도 점차 구체화되어 갔다. 이런 구체적 주장이 가장 먼저 제기된 것은 천도교의 기관지인 『개벽』을 통해서였다. 1923년 4월호에는 「곳 해야 할 민족적 중심세력의 작성」이란 제목의 필자미상의 논설이 게재되었는데, 여기서는 "조선에는 정치적 또는 사회적 중심세력이 없다. 중심세력이 없는 민중은 민족도 아니다. 더구나 한 국민은 아니다"면서 "중심세력이 없이 결코 일 민족이 통일되어 민족적 생활과 사업을 성취하는 법은" 없다고 주장했다. 인도에는 간디의 국민회의가, 아일랜드에는 신페인당이, 러시아에는 볼셰비키당이, 유대민족에는 시온당이 중심세력을 이룬다고 하면서, 조선에는 동화주의, 자치주의, 독립주의, 사회주의의 여러 단체가 있지만 다 중심세력이 되지 못한다고 주장했다. 중심세력이 되기 위해서는 "동 주의를 위한 각원의 일심과 그 주의를 달하기 위하야 내는 회원의 금전과 시간"이 절대 필요하며, "단체생활의 요건은 (1) 주의의 일치 (2) 일심 (3) 규칙의 엄수"와 "회원 상호간의 믿음과 사랑"이라고 주장했다.[99]

---

99) 「곳 해야 할 민족적 중심세력의 작성」, 『개벽』 34, 1923. 4, 5~13쪽.

99) 「곳 해야 할 민족적 중심세력의 작성」, 『개벽』 34, 1923. 4, 5~13쪽.

바로 다음 호에서는 "우리가 고조하는 문화운동"은 "너무나 원칙이오 너무나 평범"하며, "막연하게 문화운동을 말하며, 민족일치를 말하며, 대동단결을 말한다"면서, 이는 "흘러가는 물에 글씨를 씀과 같은" 것이라 비판했다. 대신에 여기서 더 나아가 "바라볼 유일한 표준점을 인식하고 거기에 도달할 유일한 방도를 발견하여, 꼭 동일한 신념과, 꼭 동일한 조직과, 꼭 동일한 각오의 밑에서, 절대의 약속을 가지고 새로이 내회(來會)하는 주의적 단결"이 필요하다고 주장했다. 이것이 "조선의 민중을 정치적 또는 경제적의 쇠패(衰敗)에서 구출하는 유일한 힘"이라고 주장했다. 그리고 "주의적 단결이 우선 만 명만 넘으면, 조선에는 벌서 중심세력이 생긴 것"으로 믿어도 좋을 것이라면서 주의적 단결을 강조했다.[100]

이러한 주장은 그동안 추진한 문화운동만으로는 조선 문제의 해결을 볼 수 없으며 더 나아가 정치운동의 추진이 필요하다는 것과 정치운동의 주체로서는 막연한 민족단결과 민족적 중심세력이 아닌, 사상과 이념을 같이하고 운동 원칙과 경험을 공유하는 '주의적 단결' 세력이어야 한다는 것을 제시한 점에서 기존 동아일보에서 주장한 정치운동, 민족적 중심세력 결집 주장과 입장을 같이하며, 구체화한 것이라 할 수 있다. 그렇지만 이런 주장이 물산장려운동과 민립대학설립운동이 한창 진행되는 와중에 있던 1923년 전반의 상황에서는 아직 민족주의세력에게 구체화되어 제시되지는 못했다.

물산장려운동과 민립대학설립운동은 한편으로는 운동 그 자체로는 성과 목표를 달성하지 못하고 사실상 실패로 돌아갔다. 그러나 다른 한편으로는 운동 과정을 통해서 운동추진세력에 대한 대중의 적극적 지지와 운동의 전국적 확산 및 결집을 부분적으로 이뤄냈다. 동아일보의 경우는 이런 바탕위에서, 1923년 10월 중반 들어서면서부터 민족단결과 민족적 중심세

---

100) 「민족일치, 대동단결을 운위하는 이에게」, 『개벽』 35, 1923. 5, 13~19쪽.

력 결성의 주장을 본격화하기 시작했다.

동아일보 1923년 10월 17일자 사설에서는 일천 칠백만 민족의 '자체의 각성'을 이루고 '일심'과 '일력(一力)'으로 결합하여 '전진'할 때만이 민족의 '활로'가 열어질 것이라고 주장했다.[101] 10월 27일자 사설은 당시 민족주의 세력의 위기의식과 현실인식을 잘 드러내고 있었다. 사설은 현재 "조선은 다만 경제적 공황에 처할 뿐 아니오 동시에 사상적 공황에" 빠져 있다고 주장한다. 사설은 그 결과로 첫째, 민족을 위해 활동하던 지사들이 은둔생활에 들어갈 것이고, 민중은 '공적 흥미'를 잃고 '사적 이욕'에만 빠지게 되어 조선의 민족적인 모든 운동이 불가능하게 될 것이며, 둘째, 지사나 민중이 자포자기하게 되면서 민족적 통일의식이 해체되는 결과를 가져오게 될 것이라고 주장했다. 사설은 조선의 민족적 의식이 일제 통치하에 들어간 이후 발달하였기 때문에, 조선 민족은 확고한 핵심세력이 없이 일부 지사계층의 불충분한 핵심으로 유지되어 왔는데, 이제는 이마저 해체의 위기에 처했다고 한다. 그러므로 시급히 할 것은 민족적 단결의 핵심을 만들어 민족적 이상을 세우고 그 이상을 실현할 실력과 일대 단결을 조직할 것을 주장했다.[102]

이러한 주장은 한편에서는 그들이 주도하던 실력양성운동과 민립대학운동이 1923년 하반기 들어 일제 총독부의 탄압과 사회주의세력의 공격에 의해 사실상 급속히 약화된 현실을 반영하는 것이었다. 다른 한편으로는 대중의 지지를 받았던 이들 운동을 통해 확인된 전국적 지지와 결집을 기반으로 민족적 핵심세력 결성을 통해 위기를 극복하자는 주장이었다.

민족적 중심세력 결성의 주장은 11월 들어 더욱 강화되었다. 동아일보 사설은 조선 민족이 민족 전체의 생명재산에 대해 어떠한 위험이 닥치더라도 '다스리는 자'의 선의적 처분만을 기다리지, 어떠한 '발언권'이나 '강구책'을

---

101) 「우리의 활로, 단결과 전진」, 『동아일보』 1923. 10. 17.
102) 「민족적 해체의 위기」, 『동아일보』 1923. 10. 27.

가지고 있지 못하다고 하면서, 조선 민족의 생존권을 보장하기 위해서는 조선 민족의 '권리'와 '자유'를 주장하며, '복리'를 증진할 수 있는 민족적 중심세력이 출현하기를 절규한다고 주장했다.103) 민족적 중심세력 결성에 대한 주장은 이후에도 계속되었다.104)

송진우는 1924년 4월, 『개벽』에 「무엇보다 힘-최근의 감(感)」이라는 제목의 논설을 발표했다. 여기서 그는 "우리가 무슨 주의니 사상이니 하여 여하히 선전하며 여하히 고취한다 할지라도 이 모든 주의와 사상을 실현할만한 단결력이 없어서는 가난한 스님의 공염불에 불과할 것"이라면서, "무엇보다도 모든 주의가 사상의 실현에 토대가 되고 근저가 될 만한 '힘', 곧 단결력을 준비하지 아니하면 안 될 것"이라고 주장했다. 그는 "오늘날 우리의 결함은 봉공(奉公)의 부족"에 있으며, "우리를 약하게 한 자는 우리요, 다른 사람이 아니"라면서 "강자가 되자면 힘이 있어야 되겠고, 힘이 있자면 단결하여야 되겠고, 단결하자면 각 개인의 봉공심(奉公心)을 환기"해야 한다고 주장했다.105) 이는 그가 구체적 정치조직 결성의 필요성을 언급하고, 이를 위해 행동하고 있다는 것을 시사하는 것이라 할 수 있다.

2. '민족적 중심세력'론으로서 '연정회' 구상의 성격

동아일보 주도세력의 민족적 중심세력론 주장은 언론의 글로 한정된 것이 아니었다. 송진우는 각계의 민족주의자들과 '유력한 민족단체' 결성을 협의하여 갔다. 일제 관헌기록은 1924년 1월 중순에 동아일보의 송진우,

---

103) 「중심세력 작성의 필요-생존권 보장을 위하야」, 『동아일보』 1923. 11. 2.
104) 「大難에 處하는 도리-합리적 노력과 단결」, 『동아일보』 1923. 11. 3 ; 「대동단결의 기운-형제여 맹성하라」, 『동아일보』 1923. 11. 17.
105) 「무엇보다 힘-最近의 感」, 『開闢』 46, 1924. 4.

김성수, 천도교의 최린, 이종린, 기독교의 이승훈, 평양 조만식, 대구 서상일, 그 외 신석우, 안재홍 등이 모임을 주선하여 정치 결사의 조직문제를 협의했다고 한다.[106] 한편 『인촌 김성수전』에서는 1923년 12월 하순, 김성수, 송진우, 최원순, 신석우, 안재홍, 천도교의 최린, 이종린, 기독교의 이승훈, 법조계의 박승빈, 평양의 조만식, 대구의 서상일 등 16~17명이 모여 김성수가 내놓은 2만원을 비롯하여 10만원을 경비로 합법적 정치단체인 연정회를 결성하기로 했다고 한다. 연정회의 배경으로 첫째는 3·1운동 이래의 민족의 열망을 승계 발전시키고, 둘째는 인도의 합법적 민족운동에서 깊은 시사를 받은 것이고, 셋째는 당시 북경에서 합법적 민족운동을 구상하던 안창호의 시사를 받은 것이라고 했다. 그리고 인촌이 구상하던 정치적 결사란 인도 국민회의의 비타협적 불복종운동 같은 것을 염두에 둔 것으로, 정치적 활동을 떠난 민족운동은 일시적인 것일 수밖에 없고 총독정치 하에서 정치적 결사를 가지려면 합법적인 것일 수밖에 없다는 것이 전제로 되었다고 설명하고 있다.[107]

　　송진우는 소위 연정회에 대해 훗날 다음과 같이 회고했다.

　　"소위 「연정회사건」이란 것이 일어났습니다. 그해 신년에 동아일보 지상에 이광수군의 집필로 엿새 동안을 계속하여 「민족적 경륜」이란 일문(一文)이 실리었고, 그 뒤 미기(未幾)에 반동세력이 하도 발호하기에 이렇게 있어서만 아니 되겠다고, 경향 각처의 유지가 한번 모이어 본 일이 있지요. 출석자는 서울 있는 분으론 김성수, 허헌, 백관수, 장두현, 안재홍, 최린, 신석우 등 제씨를 위시하야 평양으로 조만식, 김동원, 정주로 이승훈, 또 대구 기타 각지로 스물다섯 분인가 모았었지요. 그래서 여러 가지로 이야기 한 끝에

106) 「獨立運動終息後ニ於ケル民族運動ノ梗槪」, 『齋藤實文書 10(民族運動 2)』, 高麗書林, 1990, 225~233쪽.
107) 인촌기념회 편, 『인촌 김성수전』, 인촌기념회, 1976, 260~268쪽.

재경인으로서 간사 몇 분을 뽑고, 지방 인사로써 많은 날을 체경하기 곤란한 사정도 있어서 흩어진 일이 있습니다. 그때 간사로 뽑힌 사람 중에 나도 끼었든 것이외다. 그리하였든 이것이 세상에 와전이 된 모양으로 「연정회」 운운하는 말이 퍼지었습니다. 「연정회」라 함은 우리는 그 명칭도 모르는 말이었습니다."[108]

송진우의 회고를 보면 전국 각지의 민족주의자 25명이 회합을 열었고, 송진우를 포함하여 간사 몇 명까지 선임했는데, 그 배경은 반동세력, 곧 친일정치세력의 발호였다. 그렇지만 구체적인 조직결성까지는 이루어지지 않은 것으로 되어있다. 다만 명칭도 모르는 말이라는 언급은 그의 노회한 정치력을 볼 때 다분히 총독부와 사회주의세력을 의식한 허언이라 보인다. 아무튼 두 차례의 회동이 있었는지, 아니면 동일한 모임을 다르게 기록하고 있는 것인지는 확실하지 않지만, 당시 각계의 민족주의자 대표들이 모여 유력한 민족단체 결성을 모색한 것은 분명한 사실인 것 같다. 그리고 모임 결성에 있어 안창호의 민족운동 노선과 인도 국민회의 노선이 참고가 되었던 것으로 보인다.

기존 상당수 연구들에서는 '연정회'를 일제와 협력한 자치운동 조직으로 파악했다. 그러나 당시 일제와 협력한 근거는 없다. '연정회' 구상으로 참여한 인물들을 일제 관헌기록과 당시 회고에 따라 보면, 소위 대표적 비타협적 민족주의자들이라고 일컬어지는 안재홍, 천도교의 이종린, 기독교의 이승훈, 조만식 등이 포함되어 있었다. 이 모임이 자치운동 조직이라면 안재홍과 이종린 등 소위 비타협적 민족주의자들도 자치운동 조직에 참여한 것이 된다. 때문에 구상단계에 그쳤던 이 모임은 자치운동을 위한 타협적 자치주의자들의 모임이 아니라, 실제로는 국내 민족주의 각 세력의 대표적

---

108) 「최근 십년간 필화, 설화사」, 『삼천리』 14, 1931. 4, 17쪽.

인물들이 참여한 일종의 준비모임이었다.

그렇지만 이런 민족주의세력의 활동은 1924년 1월 새해 벽두 이광수가 쓴 「민족적 경륜」이 동아일보에 연재되고,[109] 이에 대한 광범한 논란이 전개되면서 더 이상 진행되지 못하고 흐지부지되고 말았다. 안창호계열 수양동우회의 주요 인물인 이광수는 논설에서 우리 민족이 '무계획 상태'로 민족적 일생에 한번이나 조우할 위기에 처해 있으며, 이를 헤쳐 나갈 '민족백년대계'를 수립해야 한다고 주장했다.[110] 그는 조선민족에게 '정치적 생활'이 없는 것은 모든 정치활동을 금지한 일본 때문이지만, 모든 정치적 활동을 거부하는 강렬한 절개의식(節介意識)도 원인이 있다고 한다. 그는 일본을 적대시하는 정치운동은 해외에서 가능하지만 국내에서는 비밀결사운동일 수밖에 없다고 하면서, 무슨 방법으로든 조선 내에서 전민족적 정치운동을 하는 것이 필요하고 이를 위해 "조선 내에서 허하는 범위 내에서 일대 정치적 결사를 조직하여야 한다는 것이 우리의 주장"이라고 했다. 그는 이러한 조직을 결성하는 것은 "(1) 당면의 민족적 권리와 이익을 옹호하기 위하여, (2) 조선인을 정치적으로 훈련하야 민족의 정치적 중심세력을 작(作)하야 장래 구원(久遠)한 정치운동의 기초를" 이루기 위한 것이라고 주장했다.[111]

이광수는 몰락해 가는 조선 경제를 일으키기 위해 (1) 소극적으로는 보호관세의 효력을 하는 '조선산품사용동맹자'를 얻으면서, (2) 적극적으로는 조선에서 가능한 산업기관을 일으킬 자금의 출자자를 얻기 위한 일대 '산업적 결사'를 조직할 것을 주장했다.[112] 또한 민중에게 과학적 지식을 보급하는 대운동을 일으키기 위해 민중(특히 농민을 중심으로) 교육을

---

109) 「민족적 경륜」,『동아일보』 1924. 1. 2~1. 6.
110) 「민족적 경륜(一)-민족백년대계의 要」,『동아일보』 1924. 1. 2.
111) 「민족적 경륜(二)-정치적 결사와 운동」,『동아일보』 1924. 1. 3.
112) 「민족적 경륜(三)-산업적 결사와 운동」,『동아일보』 1924. 1. 4.

4장 '민족적 중심세력'론의 구체화와 '연정회' 구상   257

목적으로 하는 대결사를 조직할 것을 주장했다.[113] 그는 이러한 '정치적 결사', '산업적 결사', '교육적 결사'는 조선민족의 백년대계의 삼위일체라고 주장했다. 이 결사는 단순한 조직이 아닌 전국 각지에 회원을 가진 전국적 차원의 광범한 대중조직으로서 "산업적 결사도 그 최후의 목적은 전조선내 모든 산업의" 통제에 있는 강력한 조직이고, "정치적 결사는 전조선민족의 중심세력이 되기를 기약하여야 할 것이니 이 결사의 의견이 곳 조선민족의 의견이오, 이 결사의 행동이 곳 조선민족의 행동이 되기를 기약"하는 조직이 어야 한다고 주장했다. 그는 이 세 가지 사업을 최고 간부의 지도하에 동시에 일으키되, 산업적 결사와 교육적 결사는 정치적 색채를 띠지 않는 것이 좋을 것이라고 주장했다.[114]

이광수의 「민족적 경륜」은 크게 보면 동아일보가 1922년 이래 주장해 온 '민족적 중심세력'론의 연장선상에 있는 것이었다. 물산장려운동과 민립 대학설립운동을 통해 '산업적 결사'와 '교육적 결사'의 결성운동을 전개한 것을 바탕으로, 이제 민족적 중심세력으로서 '정치적 결사'를 조직하자는 것이라 할 수 있다. 여기에 당시 동아일보계열과 안창호계열의 민족운동노 선상의 공유점이 있다고 할 수 있다.

그런데 이광수의 사설은 기존의 동아일보 주장에서 한 걸음 더 나간 부분이 있었다. 그것은 바로 "조선 내에서 허(許)하는 범위 내에서 일대 정치적 결사를 조직"하자는 것이었다. 이는 일제가 허용하는 범위 내에서, 즉 정치적 결사를 합법적 차원에서 조직하자는 것이라 할 수 있다. 바로 이 점에서 이광수의 사설은 자치운동을 주장하는 타협주의로서, 사회주 의자들로부터 심한 공격을 받고 논란의 중심에 서게 되었다.

이에 대해 동아일보는 1월 중에 여러 차례의 사설을 통해 이광수의 사설을 해명하고 나섰다. 1924년 1월 24일자 사설에서는 정치는 일인 또는

---

113) 「민족적 경륜(四)-교육적 결사와 운동」, 『동아일보』 1924. 1. 5.
114) 「민족적 경륜(五)-교육산업정치의 관계」, 『동아일보』 1924. 1. 6.

수인의 독점물이 아니라, "정치의 주체는 일반 민중"에 있다고 하면서, 일반 민중은 직간접적으로 정치에 관여할 책임이 있으며, 이 책임을 다하기 위해 실제 정치의 감시와 비판을 쉬지 않아야 한다고 주장했다. 그렇지만 평소에 어떠한 감시와 비판을 하였는가를 반문하면 그동안은 인권과 생명과 재산의 침해를 당하여도 의례적으로 생각하였고, 이 같은 태도가 관권으로 하여금 더욱 도발을 조장하게 하여 일반 민중의 생명재산은 더욱 위기에 처하게 되었다고 주장했다. 이에 따라 일반 민중의 정치적 자각이 박약한 처지에서, 일반 민중의 인심은 그 돌아갈 바를 잃고 무기력·무이상에 빠지게 되었다고 한다. 그러므로 이 같은 민중의 의식을 '환기'하기 위해서는 "실생활에 기초한 정치적 자각"을 절규케 되었다고 주장했다.[115] 이러한 동아일보의 주장은 민주정치의 가장 기본적 원리인 대중정치론에 근거해서 민중의 일상적 정치활동을 통해 정치적 자각을 달성한다는 대중정치운동론의 기본적 방향을 설명한 것이라 하겠다. 또한 합법적 정치운동의 방향과 방침이 어떠한 것인지를 설명하는 것이기도 했다.

1월 29일자 사설에서는 보다 구체적으로 「민족적 경륜」에 대한 해명에 나섰다. 사설은 "우리 민족의 정치적 최고이상"은 "민족 자체의 결정으로부터 해결될 것은 확연한 사실"이며, 이는 '시세의 변천'에 동요될 것도 아니라는 것은 추호도 의심할 것 아니라는 점을 먼저 분명히 했다. 여기서 그들이 말하는 정치적 최고 이상은 물론 조선의 독립이다. 사설은 이런 정치적 최고 이상을 해결하는 방법으로 민족적 단결을 확고히 하면서 당면의 정치 경제적 제 권리와 이익을 증진할 필요가 있다고 주장한다. 사설은 민립대학운동이나 물산장려운동을 우리 자체의 '단결력'으로 통일적으로 완성 발전하기 위해서는 민족적인 일대 단결과 일대 기관을 설립하여야 하며, 정치적 결사는 이런 의미에서 주장한 것에 불과하다고 해명했다.

---

115) 「민중과 정치적자각-비판과 단결」, 『동아일보』 1924. 1. 23.

사설은 (조선독립이라는) 최고의 정치적 이상이 있어도 이것을 논의할 자유가 없다는 것을 숙고하여야 하며, 정치적 결사를 다른 의미, 즉 자치운동 조직으로 오해하지 말 것을 주문했다.[116)]

그렇지만 이광수의 논설과 이를 변호하는 동아일보의 일련의 주장은 동아일보가 주장하는 정치투쟁과 정치운동의 내용과 실체에 대한 의혹을 충분히 불러 일으킬만한 것이었다. 3·1운동과 해외에서의 무장독립투쟁의 여진이 민족운동자들 가슴속에 아직 가라앉지 않은 시점에서 "허하는 범위 내에서 일대 정치적 결사를 결성하자는 것"은 일제의 지배를 용인하고 일제가 허용하는 범위 내에서만 활동하자는 것으로 받아들여질 수도 있었다. 더구나 일제가 문화정치의 미명하에 친일세력을 육성하고 민족운동의 예봉을 꺾으려는 시도를 하고 있었기 때문에 이런 주장은 오해받기 좋은 것이었다.

3. 친일세력의 '자치주의'와 동아일보계열의 '독립주의'

1920년대 초반 민족주의세력의 아일랜드 민족운동과 자치제에 대한 탐구, 그리고 정치운동 주장과 민족적 중심세력 형성 주장에 대해 독립을 포기하고 자치운동으로 나아가기 위한 행위로 선험적으로 단정하는 것은 일제하 민족운동과 정치사를 이해하는 데 여러 문제를 야기할 수 있다. 가장 큰 문제는 친일정치세력의 내정독립론 또는 자치운동 주장과 민족주의세력의 합법적 정치운동 주장이 층위 구분 없이 동일하게 취급되어 버린다는 점이다.

1920년대 전반 조선의 경우에 내정독립론, 즉 조선자치를 주장하는 친일

---

116) 「'정치적 결사와 운동'에 대하야」, 『동아일보』 1924. 1. 29.

정치세력이 정치적 실체로서 현존하고 있었다. 이들은 조선에서 신페인당의 자치제 같은 것이 나타나지 않기 위해서는 일본이 앞장서서 조선에 자치제를 시행해야 한다고 주장했다. 중요한 것은 이들은 민족운동세력이 아닌 친일정치세력이라는 점이다.[117] 조선의 민족주의세력, 특히 조선에서 아일랜드 민족운동에 대한 탐구와 연구를 집중적으로 했던 동아일보 주도세력이 내정독립론, 자치론을 주장하던 친일정치세력과 같은 수준에서 고민을 했다고 보는 것은 전제가 아주 잘못된 주장이다. 상해파 공산당 국내부 그룹을 제외해도 마찬가지이다.

1920년대 초반에 민족주의자들은 양자를 명백히 구분하여 바라보고 있었다. 1920년대 초반 민족적 중심세력 결성을 주장하는 『개벽』의 논설에서는 이를 다음과 같이 언급하고 있다.[118]

"조선에는 정치적 또는 사회적 중심세력이 없다. 중심세력이 없는 민중은 민족도 아니다. … 그럼으로 인도의 국민의 의사를 알려거든 간디에게 물으면 된다. 간디는 인도국민의 중심세력인 국민회의의 수령인 까닭이다. 애란민족의 이상을 들으려거든 데 발레라에게 가거라. 그의 말은 곳 애란민족의 말이다. 그러나 조선민족의 의사를 누구에게 물으랴. 이완용(李完用)에게 물으랴, 김명준(金明濬)에게 물으랴. 또는 독립주의란 동아일보 사장이나 동명 주간에게 물으랴, 또는 사회주의라는 신생활잡지 사장에게 물으랴. 물으면 각각 대답은 하리라. 그러나 그것은 개인의 대답이다. 그네의 대답을 아무도 조선민족을 대표한 대답이라고 허락하지 아니 할 것이다. 만일 이완용이나 김명준이 조선민족의 중심세력이 될 만한 대 단체를 대표하는 자라 하면 그의 의사를 조선민족의 의사라 할 수 있을 것이다. 그러나

---

117) 1920년대 친일정치세력의 자치론과 자치운동에 대해서는 이태훈, 「일제하 친일정치운동 연구」, 연세대학교 사학과 박사학위논문, 2010, 118~143, 206~232쪽 참조.
118) 「곳 해야할 민족적 중심세력의 작성」, 『개벽』 34, 1923년 4월호, 6쪽.

그네는 개인이다. 개인은 오직 개인의 자격으로는 결코 민족을 대표하지 못하는 것이다. 독립주의자나 자치주의자나 사회주의자도 그와 같아서 그네의 의사가 조선민족의 의사가 되려거든 위선(爲先) 그네의 주의로 조선민족의 중심세력이 될 만한 대단체를 만들어야 할 것이다. 어떤 신문이나 잡지도 그것이 중심세력 되는 단체의 의사를 발표하는 것일 때에 비로소 그것이 여론을 대표하는 것이 될 것이다. 조선민족은 민족적 의사를 충분히 표시하여야 할 시대에 있다. 그것이 동화주의든지 자치론이든지 독립주의든지 사회주의든지를 물론하고 조선인은 이 중심에 어느 것 하나를 취하야 민족적 의사를 만들어야 할 것이다."

논설에서는 우선 당시 조선의 대표적 사상적 정치적 조류를 크게 동화주의, 자치주의, 독립주의, 사회주의로 구분하여 인식하고 있다는 것을 보여준다. 이들이 서로 다른 정치적 노선이라는 것을 명백히 구분하여 인식하고 있으며, 이것이 공공연한 사실임을 보여주고 있다. 다음으로 중요한 것은 동화주의를 대표하는 것으로 친일파 이완용과 참정권운동을 전개하였던 『시사신문』의 부사장 김명준을 들고 있고, 사회주의를 대표하는 것으로 신생활 사장을 거론하고 있는 데 반해, 독립주의를 대표하는 것으로 동아일보 사장과 동명 주간을 들고 있다는 점이다. 당시 동아일보 사장은 송진우였다. 논설은 독립주의를 알기 위해서는 송진우에게 물어봐야 한다는, 곧 송진우가 독립주의를 대표하는 인물 중 하나로 공공연히 논해지고 있다는 것을 말해주고 있다.

한편 3·1운동 직후 한때 친일단체 유민회의 자치청원운동이 전개되었다가 소멸되었는데,[119] 1922년에 오면 일본 국가주의세력인 우치다 료헤이(內田良平)의 동광회가 1922년 3월 동광회 조선총지부를 '내정독립기성회'로

---

119) 유민회에 대해서는 이태훈, 「1920년대 초 자치청원운동과 유민회의 자치구상」, 『역사와 현실』 39, 2001. 참조.

확대개편하고, 일본제국 중의원에 '조선내정독립청원서'를 제출하는 내정독립운동, 곧 자치청원운동을 전개했다. 그런데 앞서 살펴보았듯이 청원서는 중의원 청원위원회에서 심사되지도 못했다. 그럼에도 불구하고, 동광회 관련자들이 조선에 들어와 내정독립기성회의 확대를 도모했다. 조선총독부는 이들의 사이토 총독 비판과 3·1운동이후 일제의 식민정책인 '내지연장주의'와 다른 내정독립론 주장에 제동을 걸었다. 그리고 10월 27일 내정독립기성회의 해산을 명령했다.[120]

동아일보는 이런 동광회와 내정독립기성회의 활동에 대해 대단히 비판적이었다. 1922년 10월 28일 「내정독립운동은 하(何)」란 제하의 기사에서는 우선 내정독립운동에 대해 "그 내막을 소개하는 것이 일 없는 사람들의 소일거리가 될가"하여 소개한다면서, 자신들의 관심거리가 아님을 드러내고 있었다. 그리고 내정독립운동의 시초가 "내선인간에 융화를 도모한다(민족적 결합에 의하여 내선융화)는 목적을 가지고 설립한 동광회"에 있다면서, "소위 목적이라는 것만 보아도 요령을 알 수 없고 그 취지가 어떠한 것인지 현명한 독자는 짐작할 터"이라고 주장했다. 또한 "세상에 이름도 못들은 사람 사십여 명이 그 국회에 내정독립청원서라는 것을 제출하였는데, 그 청원서 비두에는 「천황폐하 통치아래에 조선의 내정을 독립할사」이라 하고" 있고, "어리석은 사람들을 수백 명씩 모아다"가 환영회를 한다고 비꼬면서, 내정독립운동자들의 경비의 출처는 "일찍이 일한병합을 열심히 주창하여 성공을 한 줄 알았다가 제 뜻 같지 못하고, 제 욕심 채움이 부족하니까 근일에 반목하는 태도를 보이어 조선 자치운동을 하느니, 정무총감 운동을 하느니, 무슨 회를 조직하느니 하는 모 귀족의 주머니 속에서 나오는데, 그 돈이 직접 그 회로 오면 세상의 의혹을 받을 까 염려하여 그 귀족이 직접 관계하는 모 회의 손을 거치어 이천 원을 내었다하며, 또 일본인에게서

120) 자세한 것은 이태훈, 앞의 박사학위논문, 128~143쪽 참조.

도 나온다는 말이 있으며, 그 회원 중에는 경찰 관리도 있다"고 주장했다.[121]

동아일보의 이런 주장은 내정독립운동자가 사실상 친일파라는 것을 밝히면서 그들의 주장은 고려할 가치도 없다는 것을 언급한 것이라 할 수 있다. 다음날에는 동아일보는 내정독립기성회를 직접 방문하여 간부 이기만(李起晩)과의 인터뷰기사를 싣고 있는데, 이를 시간이 갈수록 더욱 괴이해지는 변명이라면서 여러 의혹을 제기했다.[122] 한편 같은 일자 동아일보는 내정독립기성회가 돌연 경무국에 해산되었다는 기사를 함께 개제했는데 이를 두고 "근래 자칭 명사라고 서투른 정치운동을 하러 다니던 일파의 소일거리도 없어지게 되었다"라고 하면서 비꼬았다.[123]

또한 총독부에 압수된 1922년 10월 30일자 사설에서는 일본 천황 하에서의 '내정독립'은 천황의 주권행사가 일본 '국무대신의 보필'과 '국회의 협찬'을 얻어 행해지는 것인 만큼, 이는 독립이 아니고 일본 영토의 일정한 정무의 자치를 의미하는 것에 불과한 것이라고 주장했다. 사설은 내정독립이 일본 천황이 내정에 대해 감독권을 갖고, 일본 주권의 통일성에 위배되는 사실에 대해서는 파기를 명할 것이며, 국제관계에 발언권이 없고 일본이 외교와 군사관계에 간섭하므로 내정독립은 조선의 독립과는 그 '성질'과 '정신'에서 '천양의 차'가 있다고 판단했다. 때문에 조선의 일부 인사가 이 운동을 시도하는 것에 대해 조선 민중의 대부분은 이에 같은 행동을 취하지 않고 그 동기를 불순한 것으로 보고 있다고 주장했다. 그들은 내정독립 주장이 일본 정객 일부의 권고에 따라 "무성의, 무주견(無主見), 무책임"하게 주장된 것으로, 이에 단순히 반대하는 것을 넘어 '일종의 반감'을 가지고 있다고 주장했다.[124] 여기서의 내정독립론은 조선 독립을 포기하고 일제의

121) 「내정독립운동은 何」, 『동아일보』 1922. 10. 28.
122) 「愈出愈怪한 변명」, 『동아일보』 1922. 10. 29.
123) 「돌연 해산」, 『동아일보』 1922. 10. 29.
124) 「내정독립도 독립인가-당국의 기이한 해석」, 『동아일보』 1922. 10. 30. 『일정하 동아일보 압수사설집』, 동아일보사, 1978, 56~59쪽.

지배를 인정한 위에 자치를 주장하는 친일단체의 자치 주장을 말한다. 그들은 자신들이 볼 때는 친일단체인 내정독립운동단체조차도 허용하지 않는 총독부의 정책은 문화정치의 미명하에도 조선에서는 어떠한 정치적 결사의 자유가 허용되지 않는다는 것을 단적으로 보여주는 것이라며 총독부의 조치를 비판했다.

1920년대 초반 민족주의자들의 내정독립론이나 자치제에 대한 거부감은 실제 행동에서도 드러나는데, 3·1운동에 대한 무마책으로 1920년 7월 실시된 지방제도의 개정으로 도평의회와 부면협의회의 지방 자문기관이 결성되었을 때, 상당수의 조선인이 이에 진출하였지만, 민족주의세력은 참가하지 않았다. 평양의 김동원, 대구의 서상일, 그리고 동아일보의 김성수 등이 공인추천에도 불구하고 출마를 한사코 거절했다. 동아일보는 지방자문기관에 대해 종래의 중추원과 다를 바가 없다면서 비판했다.[125]

친일정치세력과 민족주의세력의 지향은 근본적으로 큰 층위를 갖는 것이었다. 아일랜드 민족운동에서 영국이 실시한 자치의회 정책과 신페인당이 추진한 자치의회 참여전술이 근본적 차이를 가진 것처럼, 당시 자치운동으로 일제가 일괄해서 파악하던 정치운동도 친일정치세력이 인식하는 것과 민족주의세력이 인식하는 것에는 넘을 수 없는 커다란 간극이 있었다. 이런 차이를 간과하면 친일정치세력의 정치운동과 민족주의세력의 합법적 정치운동이 동일선상에서 다루어지게 되며, 이후 일제하 민족운동 전개, 더 나아가 신국가건설을 지향하는 민족내부의 민족주의와 사회주의의 두 가지 흐름에 대한 실체적 접근이 어렵게 된다. 잘못하면 일제하 민족 대 반민족의 기본적 대립구도가 사라지는 결과를 가져올 수 있다.

동아일보계열을 비롯해서 민족주의세력이 주장한 '민족적 중심세력'론이 어떠한 정치적 지향성을 가지고 있었는지를 좀 더 살펴보도록 하자. 기존

---

125) 「지방자문기관-官選乎 民選乎」, 『동아일보』 1920. 5. 16.

일부 연구들에서와 같이 이를 일제에 타협한 자치운동론, 더 나아가 당시 일부 사회주의세력의 주장을 그대로 인용하여 동아일보측이 일제 총독부관리와 협의하여 추진한 자치운동으로 평가하는 것이 과연 타당한 것일까?

우선 당시의 정치적 현실을 살펴보자. 1924년 들어 총독부 경무국의 조종 하에 친일세력들의 움직임도 점차 활발해지고 있었다. 1924년 3월 25일 재경 11개 친일단체가 연합하여 '각파유지연맹'을 결성하였는데 이는 조선의 독립사상과 사회주의를 공격하고 총독부를 원조하여 그의 시정을 돕는 것을 목표로 했다.126) 그런데 동아일보는 각파유지연맹에 대한 비판에 가장 앞장섰다. 연이은 사설을 통해 이들이 주목할 필요도 없는 총독부의 앞잡이이며, 파렴치한 정상배라고 공격했다.127) 동아일보의 공격에 대해 각파유지연맹의 친일세력들은 폭력으로 대응했다. 각파유지연맹을 공격하는 동아일보의 두 번째 사설이 나간 1924년 4월 2일 밤, 친일파 박춘금은 동아일보 사장 송진우와 대주주 김성수를 식도원으로 불러 집단 폭행을 가하고 권총으로 위협하는 '식도원 육혈포 협박사건'을 일으켰다.128)

이런 각파유지연맹의 행동은 조선사회의 공분을 일으켰다. 4월 9일 민족주의계열의 인사 40여 인이 모여 '각파유지연맹의 응징을 위한 민중대회 개최', '폭행에 대한 당국의 태도를 규탄'한다는 결의를 하고 이종린, 김기전, 김철수, 안재홍, 양원모, 고한, 김원벽, 김승묵, 김양수, 이대위의 10인으로 민중대회발기회를 조직했다.129) 4월 22일 조선변호사협회에서도 각파유지연맹의 폭행사건에 대해 임시총회를 개최하고 당국자의 문책을 요구했

---

126) 「내선융화의 십일개 단체연맹」, 『매일신보』 1924. 3. 29. 각파유지연맹에 대해서는 이태훈, 앞의 박사학위논문, 184~188쪽 참조.

127) 「소위 각파유지연맹에 대하야」, 『동아일보』 1924. 3. 30 ; 「관민야합의 漁利運動」, 『동아일보』 1924. 4. 2.

128) 박춘금의 동아일보 협박 과정과 육혈포협박사건의 내용에 대해서는 다음을 참조. 고하선생전기편찬위원회, 『독립을 향한 집념 : 고하 송진우 전기』, 동아일보사, 1990, 231~243쪽 ; 인촌기념회 편, 앞의 책, 268~278쪽.

129) 『동아일보』 1924. 4. 11.

다.130) 그러나 일제는 4월 24일로 예정된 민중대회를 금지했다. 또한 총독부 기관지인 매일신보는 동아일보에 대한 공격 및 흠집 내기에 앞장섰다.131)

그런데 동아일보 주도세력에 대한 공격은 일제 총독부와 친일세력에게서만 제기되지 않았다. '김윤식사회장' 사건에서와 같이 사회주의세력 내에서도 강하게 제기되고 있었다. 1924년 4월 20일 개최된 조선노농총동맹 회의에서 김종범은 동아일보 문제에 대한 진상조사에서 송진우 등이 1923년 12월 24일 모여 연정회 조직을 계획하였고, 그에 대해서 총독부 경무국장 마루야마 쓰루키치 등으로부터 상호 협조의 양해를 얻었으며, 이를 선전하기 위해 동아일보에 「민족적 경륜」의 사설을 게재했다고 주장했다.132) 그는 동아일보는 친일단체인 국민협회가 경영하는 시사신문과 조금도 다를 바 없기 때문에 동아일보의 중요 간부를 사회에서 매장할 것과 동아일보 비매동맹을 결성할 것을 주장했다. 사회주의세력은 각파유지연맹에 대해 박멸 주장과 함께 동아일보 주도세력에 대한 타격을 동시에 전개하고 있었다. 그러자 동아일보는 그렇지 않다는 해명 기사를 게재했다.133)

동아일보 주도세력에 대한 친일세력과 사회주의세력의 공격이 전개되는 가운데 동아일보 기자들의 동아일보 개혁운동이 전개되었다.134) 또한 동아일보 창간부터 큰 영향을 행사하던 편집국장 이상협이 조선노농총동맹의 결의와 동아일보 사원들의 개혁운동을 이용하여 동아일보의 경영권을 장악하려 했다. 이들 모두는 송진우가 식도원 육혈포 협박사건에서 친일파 박춘금에게 써준 사담(私談) 형식의 각서를 거론하며 송진우를 비판했다.135)

---

130) 『동아일보』 1924. 4. 25.

131) 『매일신보』 1924. 4. 7 ; 1924. 4. 13.

132) 『조선일보』 1924. 4. 22.

133) 「양 문제의 진상」, 『동아일보』 1924. 4. 23.

134) 자세한 경과는 장신, 『조선 동아일보의 탄생-언론에서 기업으로』, 역사비평사, 2021, 71~86쪽 참조.

135) 송진우가 각파유지연맹에 대한 동아일보 사설의 비판에 대한 박춘금의 사과와 협박 요구, 폭력 위협에 못이겨 써준 각서의 내용은 다음과 같다. "私談. 주의

그에 따라 4월 25일 동아일보 임시중역회의에서 송진우 이하 중역들의 사퇴가 결정되었다. 이렇게 밀려나는 형국을 취했지만 송진우와 김성수는 사원들의 개혁 요구를 거부하고 도리어 이를 계기로 동아일보에 대한 지배권을 강화하는 일련의 조치를 취하게 된다.[136]

'식도원 육혈포 협박사건'과 각파유지연맹을 타파하기 위한 민족주의자들의 활동에서 드러나듯이 1924년 시점에 동아일보계열은 친일세력 및 이를 배후 조종하는 총독부와 가장 대척점에서 대립하고 있었다. 때문에 당시의 민족주의자들은 친일세력과 동아일보계열을 명백히 구분하고 있었다.

다음으로 당시 사회주의자들이 주장한 동아일보와 조선총독부의 상호 협의 주장에 대해서 살펴보자. 이광수의 사설이 동아일보 사장 송진우의 허락 하에 발표된 것은 사실일 것이다. 그러나 그 시점에 송진우가 총독부와 연계되어 자치론을 주장했다고 보는 것은 납득하기 어렵다. 우선 총독부의 정책은 앞서 살펴본바와 같이 내지연장주의의 입장에 있었다. 일본 정계에서 조선 자치제 주장은 1920년 초반 일부 헌정회 인사나 자유주의 지식인이 제기하였으나, 특권과 군부세력, 보수정당세력, 보수화하는 국민정서 때문에 곧 대부분 철회되었다. 당시 일본에서는 아직도 특권세력의 영향력이 강했고, 수구 정당세력인 정우회가 의회와 내각을 장악하고 있었다. 이들의 영향력이 급속히 줄어든 것은 1924년 5월의 총선거에서 호헌3파가 압승하고 헌정회 연립내각이 성립하면서부터였다.

한편 3·1운동 직후 조선 정무총감으로 부임하여 내지연장주의정책을 집행했던 미즈노 렌타로는 1922년 6월 가토 도모사부로 내각과 뒤이어 1924년 1월에 성립한 기요우라 게이고(淸浦奎吾) 내각에서도 연이어 내무대

주장은 반대하나 인신공격한 것은 온당하지 못한 줄로 證함."이었다. 동아일보 내외의 송진우반대자들은 이 각서의 내용이 친일파와 타협한 것이라고 주장하면서 송진우의 사장 사퇴를 주장했다.

136) 김성수와 송진우의 동아일보 재장악 과정은 장신, 앞의 책, 86~95쪽 참조.

신에 재임했다. 후임 정무총감인 아리요시 주이치는 일본 정계에 기반이 없어 미즈노에 의존했다. 미즈노의 조선에 대한 영향력은 1924년 중반까지 지속되었다.

더군다나 협의 대상자로 지목된 마루야마 경무국장은 미즈노의 직계로 철저히 내지연장주의에 입각해서 조선 정책을 집행하던 정우회계열의 인물이었다.[137] 조선의 민족운동을 곧잘 탄압해서 당시 민족주의자들에게 악명이 높았던 마루야마가 이 시기 자치론이나 내정독립론을 주장한 근거는 없다. 당시 '식도원 육혈포 협박사건"으로 동아일보를 누차 협박하였던 유명한 친일파 박춘금은 마루야마 경무국장의 노골적인 비호를 받고 있었다.[138] 당시 총독부는 마루야마 경무국장의 주도로 문화정치라는 허울을 벗어버리고 조선인 언론과 결사에 대해 대대적인 탄압과 공작을 전개하고 있었다.[139] 때문에 이에 대한 민족운동세력의 반발도 민족주의세력이나 사회주의세력을 막론하고 거세게 전개되고 있었다.[140] 또한 그는 조선 식민정책과 강압적 통치방침을 둘러싸고 민본주의자 요시노와 공개적인 논쟁을 전개하기까지 했다.[141] 그런 그가 자치정책을 입안해서 추진한다는 것은 상정될 수 없는 것이었다.

다음으로 동아일보 주도세력의 입장에서 볼 때도 자치제 실시를 주장하기

---

137) 마루야마의 조선근무 경력 및 독립운동에 대한 인식과 활동에 대해서는 다음을 참조. 松田利彦, 「丸山鶴吉の朝鮮獨立運動認識-'文化政治'期の植民地警察官僚」, 『조선민족운동사연구』 6, 1992 ; 松田利彦, 『日本の朝鮮植民地支配と警察』, 校倉書房, 2009, 389~435쪽 ; 김종식, 「근대 일본 내무관료의 조선 경험-마루야마 쯔루키치(丸山鶴吉)를 중심으로」, 『한일관계사연구』 33, 2009.

138) 松田利彦, 위의 책, 422쪽.

139) 일제의 조선어신문 압수기사는 1920년 26건, 1921년 42건, 1922년 30건, 1923년 39건에서 1924년 127건, 1925년 132건, 1926년 93건, 1927년 108건으로 급증했다. 朝鮮總督府 警務局, 『諺文新聞差押記事輯錄』, 1932.

140) 1924년 일제의 언론탄압과 그에 대한 민족운동의 투쟁에 대해서는 장석흥, 「1924년 언론집회 압박탄핵운동의 전개와 성격」, 『한국학논총』 21, 1998 참조.

141) 논쟁의 전개와 내용에 대해서는 한상일, 『제국의 시선』, 새물결, 2004, 312~327쪽 참조.

위해서는 일제의 식민지 조선 정책의 변화, 그 배경으로 일본 기존 정계 구도의 변화를 전제로 하는 것이었다. 그런데 자치제는 물론 어떠한 종류의 참정권조차 허락하지 않는 보수적이고 특권세력이 지배하는 일본정부를 상대로 분명히 내외에서 비판이 제기될 것임을 뻔히 알면서 자치제 실시를 목표로 운동을 전개했다는 것은 상정하기 어렵다. 아니 불가능하다.

동아일보 주도세력은 일제 특권세력은 말할 것도 없고 의회와 내각을 주도하던 정우회에 대해 조선의 정치적 자유와 권리를 가로막는 '수구세력', '보수세력'으로 대단히 경원시하고 있었다. 신지식층으로 '조선 민중의 표현 기관'임을 자부했던 동아일보계열이 운동을 벌일 수 있는 아무런 조건과 기반도 없이 무모하게 자치제 실시를 목표로 총독부와 타협하여 정치단체를 건설하려 했을 만큼 어리석지는 않다. 실제적으로는 타협하려고 해도 이를 받아줄 총독부 세력이 없었다. 당시 시점에서 민족주의세력들이 자치운동 을 전개했다고 주장하는 것은 당시 일본과 조선총독부 구조와 정치 현실을 이해하지 못하는 비현실적 주장이다.

반면 당시 아직 민족문제와 민족통일전선에 대한 이해가 부족한 상당수 사회주의자들은 민족자본가, 민족부르주아지에 대한 계급투쟁을 전개하기 위한 방편으로 민족주의세력을 자치주의자로 몰아가고 있었다. 때문에 당시 사회주의세력의 동아일보 공격은 이후 공산주의운동 내에서도 비판을 받게 된다.

1926년 12월 27일 남만춘이 코민테른에 보고한 「코민테른 집행위원회 동방비서국에 보내는 조선공산당 활동에 관한 안내 자료에서」는 '민족단체 들과 당의 관계' 단원에서 "(당이) 1924~1925년 '자치주의'의 '정치연구회'와 연관되어 신문을 비판하는 캠페인을 제기함으로 인해 (당과 신문사와의 관계가)처음으로 악화되었습니다. '조선일보'와의 사정이 더 낫습니다. 우 리 동무들은 자신들의 과오를 깨닫고 이제 그들과 다시 가까워지려 시도하고 있습니다."라고 평가하고 있었다.[142] 곧 공산주의자들도 연정회를 매개로 동아일보를 공격했던 사회주의자들의 행동을 '과오'로 평가하고 있으며, 이때 공격했던 사회주의자들도 그 자신의 과오를 깨닫고 이제는 동아일보와 가까워지려고 노력하고 있다고 말하고 있다. 사회주의자들이 동아일보를 공격한 지 3년도 되지 않아 그들의 행동이 잘못된 것을 알고, 민족협동전선을 위해 그들과 다시 협력하려한다는 것이다. 더 재미있는 것은 당시 동아일보 공격에 앞장섰던 김종범이 해방직후에는 동아일보계열이 중심이 되어 결성한 한민당에 가입해서 활동한다는 점이다.

4. '민족적 중심세력'론의 정치적 지향과 한계

민족적 중심세력론으로 표출된 동아일보계열 정치론의 특징은 그것이 기존 민족주의세력이 주장하던 정치운동의 필요성과 민족적 중심세력의 조직 결성 주장에서 한 걸음 더 나아가 일종의 합법적 공간에서의 정치운동을 지향했다는 점에서 찾을 수 있다. 동아일보계열은 아일랜드 민족운동의 경험을 비롯해서 각국의 민족운동의 탐구를 통해 합법적 운동공간과 정치공간을 창출하고 이를 장악하는 것의 중요성을 알고 있었다. 그들은 민족적 중심세력으로서의 정치조직이 전 조선민중을 지도할 수 있는 민족적 중심 조직이 되기 위해서는 수만, 수십만의 광범한 대중을 포함할 수 있는 대중조직이어야 한다고 주장했다.

이렇게 많은 수의 대중은 비합법적 조직으로는 결코 조직할 수 있는 것이 아니었다. 1910년대 이래 일본 유학의 경험과 일본 부르주아 정당정치세력의 정치활동, 민본주의자들의 정치사상 등을 통해 근대 자유주의 사상과 정치이념을 습득하고 민주주의적 가치관을 가지고 있는 그들에게는

---

142) 강성희 편역, 『러시아문서 번역집 XXI, 러시아국립사회정치사문서보관소』, 선인, 2015, 155쪽.

합법적 대중정치론은 어찌 보면 당연한 것이라 할 수 있다. 이런 합법적 정치운동의 지향을 곧바로 일제의 식민통치를 인정하고 타협한 자치론으로 규정하는 것은 정치운동과 사회개혁운동의 진행에 대한 편협하고 단선적 인식이라 하지 않을 수 없다.

그들이 정치운동을 조선 민중의 생활상의 운동으로 간주한 것은 이런 연유에서였다. 그들은 '생활문제의 최후 결전은 정치문제'이기 때문에 경제적 실력 양성을 뒷받침할 정치운동의 전개를 주장했다. 또한 단결된 정치적 구심, 정치조직의 통일적 지도가 부재했기 때문에 결국 실패로 끝날 수밖에 없었던 3·1운동의 전철을 밟지 않기 위해서는, 사회의 급속한 개조와 대변화가 그 실질적 효과를 얻기 위해서는 "그 기회가 오기 전에 상당한 준비가 있어야 할 것"[143]이라면서 정치적 준비가 절실한 것으로 인식했다. 그런 의미에서 동아일보 주도세력의 민족적 대단결, 민족적 중심세력 형성, 합법적 유력 민족단체 건설 등의 주장은 3·1운동과 실력양성운동의 경험을 거치면서 형성된 당시 민족주의자들 일반의 정치적 각성과 별 차이가 없는 것이었다. 이들은 국내외 정세 변화에 대비한 '준비운동으로서의 정치운동', 정치적 실력양성운동을 모색한 것이었다.

그런데 이런 합법운동의 모색은 조선에 대한 국내외적 정세 변화를 전제로 하는 것이었다. 이는 어떠한 정치적 권리와 자유도 허락하지 않는 일제의 대조선 정책이 변화하지 않은 한 전혀 성립할 수 없는 것이기 때문이다. 때문에 그들은 국제정세의 변화에 대해 지속적이고 끊임없는 관심을 기울이면서 일본 정계와 대식민지 조선정책의 변화를 주시하고 있었다. 이 점에서 동아일보 주도세력의 모색은 한계가 있는 것이었다. 그들의 활동은 기본적으로 정세의 변동과 밀접하게 관련되어 있었고 정세의 진전에 구속되어 있었다. 합법적 정치운동을 추진할 만한 정세가 조성되면

---

143) 「自覺과 準備-오는 時代에 對하야」, 『동아일보』 1924. 9. 10.

효용을 발휘할 수 있지만, 그렇지 못하면 공허한 준비론에 귀착될 한계를 이미 내포하고 있었다.

동아일보가 정치적 최고의 이상은 조선의 독립에 있으며 이는 시대의 변화에 결코 동요되지 않는 것이라고 주장했지만, 동아일보의 정치운동 주장과 민족적 일대 단결과 일대 기관 결성 주장에는 커다란 한계와 위험 요소가 있었다. 곧 그들이 상정하는 정치적 결사가 광범한 대중을 망라하는 민족적 일대 단결로만 한정되어 있다는 점이었다. 광범한 대중을 망라하는 민족운동단체를 결성하는 것은 민족운동의 비약적 발전을 위해서는 반드시 필요한 것이지만 문제는 일제가 독립을 주장하는 어떠한 정치적 결사도 허용하지 않는 당시의 상황에서는 이는 결성할 수가 없을뿐더러, 설혹 결성된다고 하라도 합법적 영역의 틀 안에서 조직되고 활동할 가능성이 높다는 점 때문이다. 이는 광범한 대중을 망라하는 민족적 단결을 위해서는 현실적으로 그 조직은 합법적 형태를 가질 수밖에 없다는 사정에서 연유하며, 비합법적인 조직으로 광범한 대중을 망라하는 것은 현실적으로 불가능하기 때문이다. 때문에 중요한 것은 이런 합법적 대중정치조직 주장에 더하여 이를 보완해 줄뿐만 아니라 이끌어갈 비합법적인 형태가 아니더라도 중핵적 조직이 함께 고려되고 모색되어야 했다. 그럴 때야 합법적 영역에 머무르더라도 조직의 건강성을 유지하면서 비타협적으로 투쟁하고 이후에 비합법적 영역을 개발 발전시켜 나갈 수 있었다. 이런 점에서 동아일보가 상정하는 조직은 한계가 있었다.

동아일보 주도세력은 아일랜드 신페인당을 모델로 삼아 연구했음에도 신페인당이 합법과 비합법 영역을 포함하여 포괄적 정치투쟁을 전개하는 전투적 정당으로서 활동하고 있었다는 것을 생략한 채, 비합법적 영역의 투쟁은 먼 미래의 과제로 넘기고 당면의 일상적 투쟁을 위해 합법적 대중정치조직을 결성하겠다는 것에 머물러 있었다. 이 경우 단계론적 운동에 머물거나 타협할 가능성도 배제할 수 없는 것이었다. 합법과 비합법의

운동 영역을 포괄하고 비타협적으로 투쟁할 수 있는 핵심세력의 구축에 대해 적극적으로 사고하거나 준비하지 못했다. 이를 위해서는 사상과 이념의 공유와 함께 핵심조직에 대한 준비가 고려되어야 하는데 이에 대한 구체적 준비는 거의 없었다.

그들은 천도교나 기독교와 달리 구체적 운동조직을 가지지 못했다. 기호지방의 기독교 세력이 해외의 이승만과 연계하여 흥업구락부를, 서북지방의 기독교 세력은 수양동우회를, 최린의 천도교 세력조차도 천도교청년당을 상황에 맞게 조직하여 자신들의 핵심 정치조직으로 육성하고 발전시키고 있었다. 이에 반해 동아일보계열은 합법적 언론에 기반하는 한계를 벗어나지 못했다. 때문에 비합법적 영역에 대한 고려를 사실상 하고 있지 않았다. 그들이 국내에 정세에 대한 폭넓은 파악과 뛰어난 분석을 하고, 대중과 현실에 기초한 운동 노선을 일정하게 제기하고 있었음에도, 이를 실현시킬 수 있는 구체적 정치조직에 대한 고려는 구체적이지 못했다. 그들은 계몽적 위치에서 여타 민족주의 정치세력에게 방향을 제시할 뿐이었다. 이는 언론기관을 중심으로 전개되는 민족운동이 기본적으로 내재할 수밖에 없는 전형적 한계이기도 했다. 그런 측면에서 동아일보 주도세력의 한계는 분명했다.

소결 :
민족주의세력의 정치적 형성과 정치적 민족운동

  3·1운동이 발발하자, 1919년 4월 헌정회 총재 가토 다카아키는 3·1운동의 대응책을 언급하면서 조선에 '십수 년 후에', 때를 보아 '어느 정도의 자치'를 허용할 것을 주장했다. 그의 주장에 대해 일본 특권세력을 비롯해서 일본의 정계와 군부, 민간단체 등에서 극심한 반대가 일어났다. 그는 자신의 발언을 무단통치로부터의 해방이라고 변명했다. 이후 그는 수상이 되고, 급서할 때까지 조선의 자치제 문제에 대해 어떠한 정치적 발언이나 행동을 하지 않았다. 가토 사례를 거치면서 일본 정계와 국민을 의식해야 하는 일본 정당정치가에게 있어 식민지 조선에서 자치제 시행과 관련한 언급은 정치를 포기하지 않는 한 사실상 하기 힘든 상황이 되었다.

  하라 수상은 조선에 자치제를 실시하자는 주장을 배격하고 '내지연장주의'에 근거한 동화정책을 조선통치의 근본 방침으로 제시했다. 사이토 총독과 미즈노 렌타로 정무총감은 하라의 방침에 맞추어 자치 주장을 배격하고 조선에 '내지연장주의' 정책과 '문화정치'를 실시했다. 다른 한편 부와 지정면협의회에 대한 제한선거권을 골자로 하는 제1차 지방제도 개편을 했다. 그러나 이 지방제도 개편은 내지연장을 내세웠으면서도 일본 본국의 지방자치와는 차이가 큰 대단히 제한된 지방자치제도였다. 한반도에서의 선거임에도 일본인 유권자 수와 당선자 수가 더 많도록 제도적으로 고려된 제도였고, 이런 양상은 1920년대 내내 크게 변화하지 않았다.

일제는 식민지 조선을 대륙으로부터 일본을 지키고 대륙진출을 위한 교두보로서 일본의 국방상·안보상 사활적 위치로 인식하고 있었기 때문에 육군 군벌과 군국주의세력, 궁정과 추밀원, 귀족원의 특권세력들과 보수적 정당정치세력들은 이런 조선의 전략적 중요성을 위협하는 식민정책의 변화는 결코 용납하지 않았다. 1920년대 정당정치시대에, 일제의 대륙진출 발판으로서 식민지 조선에 조선인이 상당수 참여하는 자치의회가 수립된다면, 일제의 대륙진출 정책은 그 전도가 오리무중이 될 것은 분명하기 때문이었다. 더 나아가 식민지 조선에 대한 지배력 약화는 일제 메이지 천황제의 특수한 정치구조상 군부 및 특권세력의 약화를 반드시 가져오기 때문에 그들은 조선의회 같은 조치를 결코 허용할 수가 없었다.

조선총독은 식민지 조선에 대해 절대적 권한을 갖고 있었지만, 실제로는 본국 정치에 강하게 영향을 받고 있었다. 때문에 일반적인 식민정책은 조선총독과 정무총감이 결정할 수 있었지만 중의원 참정권제, 중앙정치 차원의 조선의회 설립 같은 조선자치제 실시 등의 시행은 일제 지배 핵심 블록 내의 합의를 반드시 거쳐야 하는 것이었다.

1920년대 정당정치시대가 도래했지만 중의원에 기반한 정당정치세력도 조선 식민정책을 마음대로 좌지우지할 수 없었다. 일제 정당정치세력 중 상당수는 식민지 조선에 중의원 참정권을 부여하거나 자치의회를 설치하는 정책을 크게 고려하지 않았다. 특히 자치제에 대해서는 부정적이었다. 1920년부터 1944년까지 친일조선인들과 재조일본인들은 일본 중의원에 참정권청원서를 거의 매년 지속적으로 제출했다. 이중에 조선에 내정독립인 식민지 자치의회 설립을 주장하는 청원서는 단 1건에 불과했다. 그것도 중의원 청원위원회에서 심사도 되지 못하고 폐기되었다. 정당세력들은 식민지 조선에서의 자치의회 주장에 대해서 논의하는 것이 불필요한 오해를 불러일으킨다고 판단했으며, 때문에 논의조차 하지 않았다.

총독부 관료는 단일한 세력이 아니며, 그 입지와 처지에 따라 종종 식민정책에 이해관계를 달리하기도 했다. 미즈노파 본국형 관료와 달리 하에누키라 불리는 토착 일본인 관료들은 상당수가 본국 정부로 대부분 갈 수 없었고, 조선에서 관직을 마쳤다. 일본 정계와 관계에 대한 인맥과 영향력이 대단히 미흡했다. 때문에 그들 중 일부는 자신들의 기득권을 위해 식민지 조선에 자치제 시행을 희망했다. 이에 1923년 말 토착 일본인 관료들을 대표하는 인물인 오쓰카 쓰네사부로 내무국장은 조선의회안을 사이토에게 비밀리에 제출하기도 한다. 그러나 그의 주장이 총독부의 정책으로 검토된 적은 없다. 일제시기를 통틀어 현재까지 조선총독부 관료들 중에 현직에 있을 때, 중앙 정치 수준의 자치제와 관련한 발언을 공개적으로 한다든지, 관련 운동을 지원한다든지 하는 행동을 한 관료들은 확인되지 않는다.

사이토의 '문화정치'가 시행되면서 조선인 언론·출판이 허용되고, 집회와 결사의 자유가 부분적으로나마 허용되면서 각종 청년단체, 지식인단체, 대중단체들이 합법적으로 결성되기 시작했다. 때문에 상당수 연구자들은 이 점에 주목하여 조선에서 다이쇼 데모크라시 일본 본국과 좀 차이는 있지만 열려진 공간이 마련되고, 좀 자유로운 분위기가 형성되었다고 판단하고 있다. 그렇지만 당시의 민족엘리트들과 민족운동가들은 전혀 그렇게 생각하고 있지 않았다. 다이쇼 데모크라시의 본국 일본의 신문과 언론과 달리 조선의 신문과 언론들은 엄청난 검열과 탄압에 시달렸다. 정치단체를 결성할 자유도 없었다. 일반 대중단체들만 허용되었을 뿐이다. 그들은 오늘날의 연구자들처럼 무단통치와 문화정치를 그렇게 크게 구분하고 차이를 두고 있지 않았다. 이에 그들은 민주주의를 위해, 정치적 자유를 위해 투쟁했다. 동아일보는 1920년대 초반부터 이런 투쟁을 앞장서서 제기하고 이끌었다.

동아일보는 아일랜드 민족운동이 아일랜드 자유국 수립으로 귀결되던 1922년 초부터 정치문제와 정치운동에 대한 주장을 적극적으로 제기하기 시작했다. 사이토 총독의 문화정치를 무단정치와 다를 바 없는 '일시적 미봉책', 회색정치에 비유하면서 언론·출판·집회·결사의 자유를 비롯한 제반 민주주의적 권리를 허용할 것을 강력하게 주장했다. 지식인과 종교계, 여성계 등 각계각층에 민주주의를 위한 정치투쟁에 적극 나설 것을 촉구했다. 민주주의를 위한 정치투쟁에서 그들이 특히 관심을 갖고 강조한 것이 교육과 경제 분야였다.

그런 가운데 '김윤식사회장'을 둘러싸고 논란이 있게 된다. 동아일보 주도세력은 일본 유학 경험 속에 누차 경험했던 부르주아 정당정치세력과 민본주의자들이 번벌 정치체제 타파와 정치적 자유를 외쳤던 대중연설, 대중시위를 모방했다. 민중의 다수가 문맹인 상태에서, 일부만이 볼 수 있는 한정된 신문 지면이 아니라, 대규모 대중모임의 공간에서 자신들의 주장을 공론화 시키고, 확산시킬 수 있는 공간으로 활용하려 했다.

김윤식사회장을 주도하는 민족주의자들의 움직임에 대해 국내 상해파를 제외한 상당수 사회주의자들이 공격했다. 이들은 조선사회를 귀족, 부르주아지, 지주를 한편으로 하고, 프롤레타리아트, 농민, 혁명적 분자를 다른 한편으로 하는 사회로 대단히 이분법적이고 도식적으로 파악했다. 코민테른의 민족문제에 대한 방침과 정책이 아직 제대로 수용되지 못한 상태에서 이들은 민족주의세력을 일제와 마찬가지로 부정하고 비판해야 할 대상으로만 여겼다.

이에 대해 동아일보 주도세력은 식민지 조선의 제반 민주주의적 과제를 위한 정치운동의 필요성과 중요성을 강조했다. 그들의 실력양성론이 지금 당장의 무장투쟁론, 즉시독립론이 아닌 것은 분명했다. 그들은 정치운동을 경제, 교육, 인권, 자유 등의 당면의 민주주의적 과제 해결을 위한 사회개혁운동으로 바라보았다. 그들은 구체적 사회적 실천과 행동도 없이 혁명적 언사만을 남발하며 비판만 하는 사회주의세력의 비실천성을 공격했다.

1922년 중반부터 동아일보 주도세력의 정치투쟁과 정치운동의 필요성에 대한 주장은 당면의 민족운동과 문화 발전을 주도할 '민족적 중심세력'을 형성하여 정치운동을 추진해야 한다는 것으로 구체화되었다. 그들은 세계의 대세를 민족문제를 중심으로 파악하고 있었고, 현재의 문제가 민족의 문제이기 때문에 민족적으로 각성하고 단결해야 한다는 점을 강조했다. 자본주의적 신국가 건설을 지향했던 자유주의세력은 민족의 담론을 선점하고 이를 강화함으로써 민족주의세력으로서 자신들의 대내외적 인식을 변화시켰다. 민족문제 해결을 위한 민족적 중심세력 형성 주장은 이어 조직 결성 주장으로 발전하게 된다.

그러나 이런 조직 결성은 민족적으로 각성된 엘리트들이 대단히 부족한 상황, 민족운동세력들의 훈련과 정치적 상호 연대·협력의 경험이 부족한 상황에서 쉽게 이루어질 수 있는 것이 아니었다. 이런 상황에서 그들의 주장하는 정치운동의 추진은 사실상 불가능했다. 때문에 민족주의세력들은 우선 정치운동의 지반을 마련할 수 있는 운동에 1922년 12월 들어 본격적으로 착수하게 되는데, 그것이 바로 민립대학설립운동과 물산장려운동이다.

평양의 민족주의자들이 처음 시작했던 물산장려운동이 전국적 운동으로 확산된 것에는 1922년 말 들어 조선청년회연합회가 물산장려운동에 적극적으로 참여하면서 부터였다. 그리고 동아일보가 관련 기사를 내면서 앞장서서 여론을 환기시켰다. 청년회연합회는 국내 상해파가 장악하고 있었고, 장덕수를 비롯한 국내 상해파가 동아일보에서 활동하고 있었다.

물산장려운동에 대해 일제도 탄압했지만, 사회주의세력도 물산장려운동을 공격했다. 동아일보를 중심으로 물산장려운동을 둘러싼 논쟁이 전개되었다. 동아일보는 논설을 통해 물산장려운동을 옹호하는 상해파 주류인 나경석의 주장을 지원했다. 동아일보 주도세력의 사회주의세력의 공격에 대한 반격의 논점은 첫째, 조선의 경제단계가 아직 자본주의적 단계에 이르지 못해 생산력이 낮은 수준에 있다는 것이고, 둘째, 현재의 세계는 의연히 민족 대 민족, 국가 대 국가의 대립의 문제가 제1의 문제로 되고 있다는 것이었다. 그들의 물산장려운동의 실패 원인에 대해 일제의 방해 외에도 운동 지도자의 자질과 리더쉽, 준비정도, 성실성과 조급성 문제로

운동이 실패했다고 파악했다. 운동 지도부의 부재에 대한 이런 동아일보 인식은 이후 민족적 중심세력론 형성의 근거로 작용하게 된다. 그런데 동아일보 주도세력, 특히 송진우는 경제운동의 필요성은 인정했지만, 큰 관심이 없었다. 조만식이 간디의 운동방식에 심취해있던 반면, 일본 유학 시 그와 절친했던 송진우는 간디의 운동방식에 큰 기대를 하고 있지 않았다. 그는 '정치우월론'적 경향을 가지고 있었다.

물산장려운동보다도 동아일보 주도세력이 더 중요시했던 것은 민립대학 설립운동이었다. 1922년 일찍부터 민족적 각성을 한 인재를 키우기 위해 학문의 독립과 민립대학 설립을 주장했다. 민족적 중심세력의 결집을 통해 민족운동의 정치적 구심체, 정치단체를 결성하기 위에서는 이를 맡아 조직 하고 활동할 민족의식을 갖는 민족엘리트의 육성이 보다 시급한 것이기 때문이었다. 그 결과 그들은 당시 급속히 확산되던 교육적 자각과 각급 사립학교 설립운동을 바탕으로 민립대학설립운동을 1922년 말에 이르러 본격적으로 전개하게 된다. 그들은 민립대학 설립을 전 국민적 운동으로 전개시킬 것을 구상했다. 이는 민립대학 설립과정을 통해 전국적 차원에서 민족적 관심과 호응을 이끌어내고, 그 과정에서 전국 각지의 유지와 유력인 사들의 전국적 연결을 모색하기 위해서였다. 민립대학설립운동은 동아일보 에서 지속적으로 주장하는 '민족적 기치하의 대단결', '민족적 중심세력'의 결집과 관련되어, 미래의 민족엘리트를 배출하는 동시에, 전국 각지의 민족운동세력의 연결과 결집, 민중들의 민족적 각성과 민족운동의 부흥을 꾀하는 계기로 모색하려 했다.

동아일보 주도세력의 민립대학설립 계획은 실패로 돌아갔지만, 그들은 그 과정에서 확보된 민족주의세력의 전국적 연결망과 민족운동에 대한 지도력을 바탕으로 민족적 중심세력 형성을 추진하게 된다. 1923년 10월부 터 여러 차례 동아일본 논설을 통해 민족적 단결의 핵심을 만들어 민족적 중심세력을 결성할 것을 주장했고, 송진우도 구체적 정치조직의 결성을 주장했다.

그 결과 1923년 가을부터 송진우를 비롯한 전국의 대표적 민족주의자들은 유력한 민족단체 결성을 협의하여 갔고, 이는 '연정회' 계획으로 구체화되었다. 기존 상당수 연구들에서는 '연정회'를 일제와 협력한 자치운동 조직으로 파악했지만, 당시 이 조직이 일제와 협력한 근거는 없다. '연정회'에는 대표적 비타협적 민족주의자들이라고 일컬어지는 안재홍, 천도교의 이종린, 기독교의 이승훈, 조만식 등이 포함되어 있었다. 그러므로 구상단계에 그쳤던 이 모임은 자치운동을 위한 타협적 자치주의자들의 모임이 아니라, 실제로는 국내 민족주의 각 세력의 대표적 인물들이 참여한 일종의 준비모임이었다.

그렇지만 이런 민족주의세력의 활동은 이광수가 쓴 「민족적 경륜」에 대한 광범한 논란이 전개되면서 더 이상 진행되지 못하고 흐지부지되고 말았다. 「민족적 경륜」은 크게 보면 동아일보가 1922년 이래 주장해 온 '민족적 중심세력'론의 연장선상에 있는 것으로 여기에 당시 동아일보계열과 안창호계열의 민족운동노선상의 공유점이 있었다. 그렇지만 이광수의 사설은 기존의 동아일보 주장에서 한 걸음 더 나가 정치적 결사를 합법적 차원에서 조직하자고 주장했다.

1920년 전반 '민족적 중심세력'론으로 동아일보를 중심으로 표출된 정치운동 구상은 송진우로 대표되는 동아일보 주도세력과 장덕수로 대변되는 상해파 공산당 국내부 내 일부 민족적 성향을 가진 인사들이 결합하여 추진된 것이었고, 점차 동아일보 주도세력의 영향력이 강화되었다. 그러나 상당수 사회주의세력들은 이들을 일제에 타협한 자치주의자로 몰아가고 있었다. 여기에는 사회주의자들의 민족주의세력에 대한 투쟁과 함께 사회주의세력 내부의 분파투쟁이 중첩되어 개제되어 있었다.

1924년 당시 동아일보계열은 각파유지연맹을 비롯하여 참정권 및 내정독립 자치론을 주장하는 친일정치세력과 가장 대립적 위치에 있었다. 송진우는 독립주의를 대표하는 인물로 논해졌고, 당시 사람들은 자치주의자(내정 독립론자)와 독립주의자를 명백히 구분하고 있었다. 당시는 수구세력이라는 정우회가 정권을 잡고 있던 시절이었고, 총독부의 정책은 내지연장주의의 입장에 있었다. 식민지 참정권이나 자치권 정책은 전혀 시도되지 않았다. 더구나 동아일보계열과 자치론을 협의했다는 대상자로 지목된 마루야마 경무국장은 미즈노 전 정무총감의 직계로 도리어 철저한 내지연장주의에 입각해서 동아일보의 정치운동을 탄압하던 정우회계열의 인물이었다. 비민주적이고 억압적 식민통치로 요시노 사쿠조로부터 공개적 비판을 받았고 공개적인 논쟁을 전개했던 그가, 자치정책을 입안해서 추진한다는 것은 상정될 수 없는 것이었다.

민족적 중심세력론으로 표출된 동아일보계열 정치론의 특징은 그것이 기존에 민족주의세력이 주장하던 정치운동의 필요성과 민족적 중심세력의 조직 결성 주장에서 한 걸음 더 나아가 일종의 합법적 공간에서의 정치운동을 지향했다는 점에서 찾을 수 있다. 아일랜드 민족운동의 경험을 비롯해서 각국의 민족운동의 탐구를 통해 합법적 정치공간을 창출하고 이를 장악하는 것의 중요성을 알고 있던 그들은 전 조선민중을 지도할 수 있는 민족적 중심조직을 만들기 위해서는 광범한 대중이 참여할 수 있는 합법적 조직으로 결성해야 한다고 인식했다. 이런 합법운동의 모색은 조선에 대한 국내외적 정세 변화를 전제로 하는 것이었기 때문에 그들의 활동은 기본적으로 정세의 변동과 밀접하게 관련되어 있었고 정세의 진전에 구속되어 있었다. 또한 그들은 합법적 대중정치조직 주장에만 머물러 있었고 이를 이끌어 갈 중핵적 조직에 대해서는 적극적으로 사고하거나 준비하지 못했다. 비합법적 영역의 조직 결성과 투쟁은 먼 미래의 과제로 넘기고 당면의 일상적 투쟁을 위해 합법적 대중정치조직을 결성하겠다는 것에 머물러 있었다. 이는 언론기관을 중심으로 전개되는 민족운동이 기본적으로 내재한 한계였다.

3부

민족적 중심단체 결성과 민족협동전선운동

1장 1920년대 중반 일본 정계변화와 그 제한성

    그동안 학계는 물론 일반에서도 심지어 한국사교과서에서도, 사이토 총독시절 일제와 총독부 권력이 자치정책을 추진했다는 것이 당연하게 논하여져 왔다. 문화정치의 특징으로 여겨지기도 했다. 즉 사이토 총독의 조선총독부가 다른 시기의 총독부와 달리 식민지 조선 거주 조선인과 일본인들에게 일본 중의원 의원을 선출할 수 있는 참정(투표)권리를 부여하거나, 식민지 조선에 자치의회를 설립하여 일본제국의 자치령으로 통치하려 했다는 것이다. 이를 근거로 일제의 자치정책에 호응하여 자치운동을 추진하는 세력들이 형성되었고, 일제하 민족운동세력이 일제의 자치정책에 타협하는 타협적 민족주의세력들과 이를 거부하는 비타협적 민족주의세력으로 구분되었다는 주장이 일반화되었다. 문제는 이런 인식이 실제 역사적 사실에 근거한 것인가 하는 점이다.

    이런 인식이 정착되는 데 선구적인 연구를 한 것은 강동진이었다. 그는 일제의 '문화정치'에 대해 3·1운동에 따른 지배체제 위기의 수습책이자 일본의 조선지배에 대한 열강의 비난에 대처하기 위한 선전적 대응책이라고 규정했다. 그는 사이토 총독시기의 통치는 1910년대나 1930년대 이후의 식민통치와 구별되는데, 그 기본 내용은 반일역량의 분열을 주목적으로 하는 분열통치였다고 주장했다. 이를 위해 식민지 조선 거주 조선인과 일본인들에게 일본 중의원을 선출할 수 있는 참정권리를 부여하거나, 식민지 조선에 자치의회를 설립하여 일본제국의 자치령으로 통치하려 했다고 주장했다. 그는 사이토 비밀문서와 아베 미쓰이에(阿部充家)의 서간 등을 이용하여 조선총독부가 추진한 정치선전 강화, 친일세력의 육성·보호·이용, 참정권 정책과 지방제도의 개편, 계층분단 정책과 분할통치에 대한 정책을 다각도로 분석했다.[1] 강동진의 연구는 이후 많은 국내외 연구들에 계승되었다.

강동진의 연구는 일제의 통치정책의 변화와 분열통치의 실상을 밝힌 선구적 업적을 가졌다. 그럼에도 불구하고 일본제국의 정치구조와 통치행위, 일제 권력구조의 변화와 특징, 식민지 조선의 특수성, 식민정책을 둘러싼 일본본국과 조선총독부 여러 세력 간의 관계, 식민정책의 실제적 내용 등에 있어서 여러 한계를 남겼다. 특히 아베의 주장에만 너무 의존하여 역사적 사실과는 너무나 다른 역사상을 만들었다.

본장에서는 일제하 민족주의세력을 타협과 비타협적 세력으로 구분하는 데 결정적 근거가 되었던 일제의 식민지조선 자치정책의 실제적 내용을 해명하려고 한다. 이를 통해 일제가 일제시기 내내, 곧 사이토 총독시기에도 실제 자치정책을 추진하지 않았다는 점을 해명하려고 한다. 일부 토착 일본인 관료들이 조선자치제를 선호하기는 했지만, 그들의 영향력은 미약했다.

앞서 살펴보았듯이 일본 본국에서도 3·1운동 직후, 가토 헌정회 총재가 조선 자치제 주장을 했었지만, 엄청난 비난과 공격을 받자 곧바로 철회하고, 죽을 때까지 조선자치제를 언급하지 않는다. 일본 천황제의 특권과 군부세력은 대륙진출의 발판이 되어야 할 식민지 조선에, 자치의회가 수립되면 대륙진출이 불가능해질 뿐만 아니라, 자신들의 세력 약화로 이어진다는 점에서 자치정책을 철저히 배제했다. 정당정치세력의 대부분도 조선 자치제에 대해 부정적이었다. 이런 연유로 재조일본인과 친일정치세력의 자치

---

1) 강동진, 『일제의 한국침략정책사』, 한길사, 1980.

청원 자체도 거의 없었지만, 제출된 자치청원은 중의원에서 심의되지도 못했다. 일부 식민정책학자들만이 조선 자치제를 주장하였지만, 이들의 영향력은 거의 없었다.

첫 번째 장에서는 우선 1925년 전후를 중심으로 헌정회정권 성립과 보통선거법의 통과라는 일본 정계의 전반적 변화양상과 그 성격, 한계 등을 살펴보려고 한다. 다음으로 일본 내 극히 일부에서 제기된 자치 주장 및 그 제한성, 헌정회의 식민지조선 정책의 제한성에 대해 파악하려고 한다. 다음으로 헌정회계열 시모오카 정무총감의 자치제 관련 언명의 실제적 내용을 해명하려고 한다. 이를 통해 일본제국 정치구조 속에서 헌정회 조선정책이 갖게 되는 구조적 한계와 내용을 파악하려고 한다. 그리고 1925년 미쓰야 경무국장과 아베 미쓰이에, 소에지마가 관련된 자치공작의 실상을 해명하려고 한다. 마지막으로 1927년 3월 사이토 총독이 측근 비서관 나카무라를 통해 입안한 '조선지방의회'안의 입안과정과 그 내용, 그 성격과 한계, 본국 정부와 협의도 못해보고 폐기된 상황 등을 해명하려고 한다. 이런 해명을 통해 기존 일제가 사이토총독시기 자치정책을 실시했다고 알려진 인식이 역사적 사실과 상당히 다르며, 때문에 이에 근거한 일제하 민족주의세력 구분도 역사적 분석이 되지 못한다는 것을 밝히고자 한다.

1. 일본 헌정회 내각의 등장과 정계 변화의 성격

1923년 9월 1일, 관동대지진을 수습하기 위해 급히 조각된 사쓰마벌 출신 야마모토 곤베(山本權兵衛) 내각이 일종의 거국내각 형태를 가지면서 정우회는 내분에 휩싸이게 된다. 1923년 12월 야마모토 내각이 당시 섭정이었던 황태자 암살미수사건인 도라노몬 사건(虎ノ門事件)으로 총사직하고, 1924년 1월 추밀원 의장인 기요우라 게이고가 내각을 조각하게 되었다.

기요우라 내각은 그가 과거 야마가타벌의 주요 인물이고, 정당에 소속되지 않은 귀족 출신이라는 점, 또한 육군과 해군, 외무대신을 제외한 나머지 대신 모두가 귀족원 의원이라는 점에서 특권내각의 시비를 불러일으켰다. 이에 정우회 내분이 격화되어 분당하는 사태에 이르게 되었다. 도고나미 다케지로(床次竹二郞)를 중심으로 한 정우회의원 149명은 탈당하여 정우본 당을 결성하고 기요우라 내각과 제휴하여 여당이 되었다. 잔존 정우회는 다카하시 고레키요(高橋是淸) 총재와 요코다 센노스케(橫田千之助)를 중심으로 129명의 의원으로 구성되었다.[2]

1924년 1월 18일 정우회의 다카하시 고레키요, 헌정회의 가토 다카아키(加藤高明), 혁신구락부의 이누카이 쓰요시(犬養毅)의 각 당 당수는 추밀원 고문관이던 미우라 고로(三浦梧郞)의 주선으로 3당 영수회의를 개최했다. 이 회의에서 정당 내각제를 확립한다는 합의가 이루어졌다.[3] 이것이 제2차 호헌운동의 시발이었다. 1924년 1월 22일, 3파 영수협의회에서는 "정당 내각제를 확립할 것, 특권세력의 전횡을 저지할 것, 이 목적을 관철하기 위하여 장래에도 또한 일치된 태도를 취할 것, 이상의 취지에 따라 기요우라 내각을 부인할 것" 등을[4] 결정했다. 그러나 보통선거의 시행에 대해서는 이전까지 보통선거에 반대했던 정우회를 배려하여 언급을 하지 않았다.[5]

그렇지만 제2차 호헌운동은 제1차 호헌운동과 같이 광범한 대중의 참여와 투쟁 속에 진행되지 못했다. 그것은 제2차 호헌운동 자체가 정우회 내부의 세력다툼과 분당과정에서 일어났고, 상대방을 제압하기 위한 명분을 마련하기 위한 방편으로 호헌운동이라고 칭했기 때문이었다. 헌정회는 이런 싸움에 편승해 어부지리를 얻으려 했다. 투쟁의 대상인 특권 번벌세력은

---

2) 升味準之輔 著, 이경희 역, 『일본정치사』 III, 형설출판사, 1992, 23~32쪽.

3) 『大阪朝日新聞』, 1924. 1. 19.

4) 橫山勝太郞監修, 「第二護憲運動秘史」, 憲政會史編纂所(『憲政會史』, 付錄), 1926, 25쪽.

5) 김종식·윤덕영·이태훈, 『일제의 조선 참정권 정책과 친일세력의 참정권청원운동』, 동북아역사재단, 2022, 108쪽.

정당세력과의 제휴 속에 이미 독자적 실체가 거의 사라진 상태였다. 곧 제2차 호헌운동은 제1차 호헌운동과 다르게 정당정치 세력 간 권력투쟁의 성격이 더 강했다. 한편 기요우라 내각은 제2차 호헌운동에 대항해 1924년 1월 31일 중의원을 해산했다.[6] 총선거에 임하는 호헌3파는 보통선거에 대하여 원칙적으로 동의했다.[7]

1924년 5월에 실시된 총선거에서, 보통선거 실시를 주장한 헌정회가 151석의 의석을 얻어 제1당이 되었다. 다른 호헌3파 정당인 정우회는 101명, 혁신구락부는 29명의 의석을 얻었고, 기존 여당이었던 정우본당은 114명의 의석을 얻어 제2당으로 밀려났다. 총선거 결과 호헌3파가 압승하면서 1924년 6월 11일, 헌정회총재 가토 다카아키를 수반으로 하는 호헌3파 연립내각이 수립되었다.

호헌3파 연립내각이 성립될 당시에 이르면 보통선거제 실시의 필요성은 여야를 막론하고 폭넓게 확산되고 있었다. 호헌3파는 보통선거법을 제정하기 위하여 1924년 6월 30일 「3파보선위원회」를 설치했다. 이 위원회는 7월 10일 이후 정부와 관계없이 조사를 진행하여 9월 1일 보통선거법 전체 요강의 심의를 끝냈다. 한편 7월 27일 내무성에서 지방국·경보국 관계자회의를 열어 근본방침을 협의 결정하여 입안했다. 8월 22일 내무성내 수뇌회의에서 원안을 심사했다. 중의원에 제출할 법안은 9월 4일과 8일 정부와 협의하고, 내무성과 사법성에서 작성한 원안과 3파 위원회안을 합쳐서 만들어졌다. 일련의 수정을 거쳐 중의원 선거법 개정 법률안이 1924년 12월 12일 각의에서 결정되었다. 정부는 보통선거법안을 1924년

---

6) 松尾尊兌, 『普通選擧制度成立史の硏究』, 岩波書店, 1989, 292~298쪽 ; 升味準之輔 著, 이경희 역, 『일본정치사』 Ⅲ. 32~33쪽.

7) 정우회는 2월 12일 정우회·헌정회 양당 최고수뇌부의 비밀회의에서, 보통선거법을 제정하는 것에 원칙적으로 동의했다.(橫山勝太郎監修, 「第二護憲運動秘史」, 憲政會史編纂所, 『憲政會史』, 付錄, 1926, 28쪽). 헌정회는 1924년 2월 9일 선거위원회에서 보통선거 즉시 실행을 내걸었고, 혁신구락부도 보통선거의 단행(납세자격의 무조건철폐)를 결정했다. 김종식·윤덕영·이태훈, 앞의 책, 109쪽.

12월 16일 추밀원에 송부했다. 추밀원은 보통선거 실시에 따른 사회주의 사상의 확산을 우려하여 정부에 대하여 교육의 정비, 사상통제의 법규 제정과 단속을 요구했다.[8] 정부는 추밀원의 요구에 대해 치안유지법 제정을 보통선거법 제정 전에 통과시킬 것을 약속했다.[9] 1925년 2월 20일 보통선거 법안은 추밀원을 통과했다.

정부는 중의원선거법 개정법률안을 2월 21일 중의원에 제출했다. 논란의 과정을 거친 후에 1925년 3월 29일, 보통선거 실시를 위한 중의원 선거법 개정안이 중의원과 귀족원을 통과했다. 보통선거법의 개정을 통해 종래 300여만 명의 유권자 수가 1,240여만 명으로 급증했다. 그럼에도 유권자의 비율은 여전히 전 인구의 21%에 머물렀다. 이는 부인참정권이 없었고, 유권자 연령도 25세 이상으로 제한되었으며, 그나마 빈곤으로 부조를 받거나 일정한 주거를 갖지 않는 자를 유권자에서 제외하여 25세 남자인구 중 12%가 선거권의 제한을 받았기 때문이었다.[10]

호헌3파 내각이 성립되면서부터 일본 정계는 확실히 정당정치시대로 접어들었다. 과거의 특권 번벌세력은 정치적 영향력을 상실하였고, 일부는 정당정치에 합류했다. 분열 후 제3당으로 세력이 약해진 정우회가 1925년 4월, 과거 조슈·야마가타벌의 핵심 인물이자 육군의 실력자였던 다나카 기이치를 총재로 영입한 일은 그 상징적 사건이었다. 이후 일본의 정치는 1932년 5월 15일 소위 '5·15사건'으로 이누카이 내각이 붕괴될 때까지 정당세력간의 대립과 이합집산으로 진행되었다.

그런데 이러한 일본 정계의 변화가 정당정치세력과 부르주아민주주의체제가 일본정치의 전반을 장악했다는 것을 의미하는 것은 결코 아니었다.

---

8) 김종식·윤덕영·이태훈, 앞의 책, 110~111쪽.
9) 치안유지법은 1925년 3월 19일에 제정되었다. 보통선거법은 10일 후인 3월 29일에 제정되었다.
10) 김종식, 『1920년대 일본의 정당정치』, 제이엔씨, 2007, 83~90쪽.

헌정회의 가토 총리조차도 보통선거법을 중의원 본회의에 제출하면서 권력의 소재는 천황에게 있다는 것을 전제로 보통선거법이 입법되었다고 해명했다.[11] 또한 내무대신인 와카쓰키 레이지로(若槻禮次郎)는 보통선거가 "민주주의를 토대로 입안되어진 것이 아닌가라는 질문이 있었는데 전혀 그렇지 않다." "국민에게 보통선거제도를 실행하는 것은 일본이 입헌정치를 편당초부터 결국 도달해야 할 당연한 행로라고 생각한다. 결코 근거가 민주주의 등에 있을 이유가 없다."고 주장했다.[12] 이런 주장은 주권재민의 국민의 권리로서의 보통선거권이 아니라, 천황의 국체는 그대로 두고 국민의 책임과 의무로서의 보통선거를 주장하는 제한된 권리의 보통선거제를 의미하는 것이라 하겠다.[13]

때문에 당시 일본 정계의 변화는 한편으로는 메이지시대 이래 일본 특유의 절대적 천황제 권력체제 하에서 기존의 특권세력이 의회제와 정당정치체제를 받아들여 자기 변신을 한 것이었다. 다른 한편으로는 정당정치세력이 기존의 특권세력 및 절대 천황제와 타협한 것이었다. 이는 국체로서의 천황제, 국가권력의 소재로서 천황제를 용인하면서 부르주아민주주의를 추구했던 일본 정당세력의 자유주의가 현실 정치에 부딪쳤을 때, 실제적으로 기능하지 못하고 현재의 체제를 그대로 용인해버리는 결과를 가져온 것이라 하겠다.

한편 호헌3파의 한 축을 이루고 있지만 제3당으로 밀려나 있던 정우회는 1925년 5월 14일에는 호헌3파의 또 다른 한 축인 이누카이 쓰요시의 혁신구락부와 중앙구락부를 흡수 합동했다. 정우회의 보수화는 노골화되었으며, 정우회와 헌정회간의 연립내각 붕괴는 시간 문제였다. 동아일보는 정우회

---

11) 김종식·윤덕영·이태훈, 앞의 책, 111쪽.
12) 『衆議院議事速記錄』 제45·46권, 367쪽, 1925. 2. 21.
13) 당시 보통선거제를 둘러싼 논의에 대해서는 다음 참조. 김종식, 『1920년대 일본의 정당정치』, 67~81쪽.

와 헌정회가 "국책상 혹은 정책상" 서로 받아들일 수 없는 점을 갖고 있으며, 정우회가 적극적 확대정책을 펼치고 '선전을 포고'하였기 때문에 연립정권은 붕괴하겠지만, 일단 헌정회의 단독내각은 성립할 것으로 전망했다.[14] 그들의 전망과 같이 1925년 8월 2일, 헌정회만의 단독내각이 출범했다. 그리고 시데하라 기주로(幣原喜重郞) 외상의 영미협조, 중국내정불간섭을 표방하는 유화적 외교정책이 전개되었다.[15]

2. 일본 내 일부 조선 자치 주장과 헌정회 조선정책의 제한성

일본 자유주의세력과 헌정회 내에서는 동화주의와 내지연장주의 정책의 문제를 지적하면서 자치정책을 주장하는 일부의 사람들도 있었다. 1924년 12월 말, 일본 내각 척식국 사무국장인 하마다 쓰네노스케(浜田恒之助)가 만주를 경유하여 서울에 도착했다. 그는 시모오카 정무총감 및 오쓰카 내무국장 등과 회담했다. 하마다는 당시 회담 분위기에 대해서 "현재 총독부 당국자들 대부분이 동화정책이 성공하지 못했다는 것을 알고 있으며, 그 대신에 동화주의나 문화주의, 내지연장주의를 새로운 방향으로 전환해야 한다고 주장했다"라고 회고했다. 그는 1925년 8월 식민지 지역 시찰보고서를 가토 수상에게 제출했다. 그는 보고서에서 "조선과 대만의 풍속·관습, 문물제도를 일본화하려고 한 결과, 유형·무형의 파괴가 일어나 토착민들의 반항을 초래했다"면서, "이 같은 식민지통치책을 적당한 정책으로 바꾸지 않으면 50년, 100년 되어도 성공하지 못할 것"이라고 주장했다. 그러면서

---

14) 「일본 加藤內閣의 수명 여하」, 『동아일보』 1925. 7. 30.
15) 橋川文三, 「근대일본정치사의 전개」, 차기벽·박충석편, 『일본현대사의 구조』, 한길사, 1983, 39~40쪽 ; 酒井哲哉, 『大正デモクラシ―體制の崩壊 : 內政と外交』, 東京大學出版部, 1992, 151~162쪽. 가토내각의 구성과 주요 활동내역에 대해서는 鳥海靖, 『歷代內閣·首相辭典』, 吉川弘文館, 2009, 224~239쪽 참조.

동화정책과 내지연장주의 정책을 폐기하고, 민족이 협동하여 동일 국민으로서 이해와 감정, 이상을 함께하는 다민족국가체제를 구상했다.[16] 그러나 그의 구상은 헌정회의 식민정책으로 반영되지 않았다. 하마다는 그 직후인 1925년 9월, 히로시마 지사로 발령받아 식민정책에서 멀어졌다.

헌정회 지도자 중에서 당시 조선에서의 자치제 실시를 구체적으로 언급한 거의 유일한 사람으로는 오자키 유키오(尾崎行雄)가 있었다. 그는 헌정회 내에서도 독자적으로 행보했다. 1924년 10월 2일, 조선을 방문한 그는 동아일보 기자와 짧은 문답을 했다. 그는 현재 조선의 절대 독립은 중국과 같은 혼란한 사태를 초래할 것이라면서 반대했다. 대신에 "지금 조선의 정치를 군사와 외교만 일본중앙정부에 위임하고 내정은 완전히 자치를 한다면 적당한 일이 아니될까(물론 나의 우견(愚見)으로 이것을 지금 실시하라고 주장하는 것은 아니지만), 이러한 정치적 형식으로 말하면 현 세계 각처에서 성공하고 있으니, 하고(何故)로 조선인 제군이 이러한 실제사정에 연구를 하지 않고, 절대 독립만을 주장하는 것은 감정에만 끌리는 것 같다"[17]라고 주장했다.

오자키는 지금 당장 실시하는 것은 아니라면서도 내정독립, 자치제의 가능성을 언급했다. 또한 조선인들이 감정에 이끌리어 절대 독립을 주장하지 말고, 내정 자치를 연구하라고 주문했다. 그렇다고 자치제 문제를 자신이 추진한다거나, 일본 헌정회가 이를 추진해야 한다고 언급한 것은 아니었다. 또한 공식적인 기자회견을 한 것은 아니었고, 동아일보 기자와의 짧은 간담 과정에서 나온 것이기 때문에, 그의 진의를 기자가 제대로 전달하였는지도 확실하지는 않다.[18] 헌정회에 대한 오자키의 영향력은 제한적이었고, 실제 조선 자치제 문제와 관한 어떠한 행동도 하지 않는다.

---

16) 李炯植, 『朝鮮總督府官僚の統治構想』, 吉川弘文館, 2013, 178~180쪽.
17) 『동아일보』 1924. 10. 4.
18) 김종식·윤덕영·이태훈, 앞의 책, 221~222쪽.

헌정회 주요 지도자들은 번벌과 군부의 무단통치에 기반한 동화정책을 맹비난했다. 그렇다고 동화정책 자체를 전면 부정한 것은 아니었고, 무력이 아닌 도덕과 문화에 따른 동화정책 추진을 주장했다. 그렇기 때문에 그들은 내지연장주의에 기반한 사이토 총독의 '문화정치'를 환영했다. 또한 사이토 총독 개인에 대해서는 별다른 비판을 하지 않았다.[19] 심지어 무단통치를 실시한 데라우치 총독에 대해서도 비판을 주저했다.[20]

헌정회 지도자들과 그와 관련된 조선총독부 관료들의 기본적 출발점도 내지연장주의의 전면적 실현에 따른 일선융화와 동화에 있었다. 조선인에 대한 교육 기회 확대, 조선인과 일본인의 혼합교육 실시, 언론통제 완화, 조선에서의 산업 육성과 일본 경제권 편입 강화 등의 내지연장주의에 따른 동화정책은 헌정회를 비롯한 일본 정당정치세력과 자유주의세력들에게 있어서도 함께 공유하는 바탕이었다. 조선 민족운동세력과 언론의 기대와 달리, 일본제국 내에서 헌정회의 정치적 영향력은 제한적이었다. 헌정회 내각이 조선에서 자치제 실시를 구체적으로 구상하고 정책으로 추진했다는 증거는 현재까지 찾아보기 어렵다. 그들은 천황제하 정당정치 구도에 편입되어 가면서 일본 특권세력과 군부세력을 의식해서, 또한 점차 보수화하는 일본 국민들의 정서를 반영하여 조선 참정권정책의 변화에 대해 극도로 조심하게 된다.[21]

보통선거법이 통과된 1925년 3월, 제국의회 제50회 회의에서 헌정회 와카쓰키 내무대신은 "조선, 대만의 선거권에 대해서는 곧바로 선거권을 부여하기에는 이르다고 생각하는데, 그들이 본법의 시행에 따라 더욱 희망을 가질지도 모르겠지만, 일에는 순서가 있다"고 하여 조선에 대한 참정권 기대에 찬물을 끼얹었다.[22] 소수 약체 내각인 헌정회 내각은 식민정책의

---

19) 김종식·윤덕영·이태훈, 앞의 책, 224쪽.
20) 이규수, 「민본주의자 요시노 사쿠조의 조선인식」, 『역사비평』 88, 2009, 319쪽.
21) 김종식·윤덕영·이태훈, 앞의 책, 225쪽.

변화를 가져오지 못했다.

3. 조선 자치제 주장의 실상과 일시적 자치 공작

1924년 헌정회 중심 호헌3파 연립내각이 수립되면서 헌정회 중진의원인 시모오카 츄지(下岡忠治)가 정무총감으로 부임했다. 그는 관료 출신으로 농상무성과 내무성 차관을 역임한 행정 경력을 가지고 있었다.[23] 그는 호헌3파 연립내각에 대신으로 입각 하마평에도 올랐고, 대만총독을 바라볼 만큼 중량감이 있었다. 시모오카는 부임 후 미즈노 인맥 관료들을 정리하면서 대대적인 총독부 기구 개편을 단행하고,[24] 산업제일주의를 전면에 내세웠다.[25]

1924년 말 시모오카는 식민지 조선에서 참정권을 실시하는 문제에 대해, 우선 "논자에 따라 내지연장주의인가, 조선의회의 개설인가 말하고 있지만, 이들의 논의를 지금 용인하는 것은 있을 수 없다"고 주장했다. 또한 "내지와 같은 지방자치제를 시행하여 선거권을 부여하는 문제는 그 파급되는 바가 심대하며, 국시(國是)의 근본에 관한 문제이기 때문에 지금 언급하는 것도, 또 실시하는 것도 할 수 없다"고 단정했다. 그러나 "시대의 진보에 따라 조선인에 대하여 어느 정도의 정치상의 발언권을 주는 것은 반드시 필요한 것이라 생각한다"고 하면서, "요약하면 이들 제 문제에 대하여 이미 연구를

22) 마쓰다 도시히코 저, 김인덕 역, 『일제시기 참정권 문제와 조선인』, 국학자료원, 2004, 169쪽.

23) 三峰會編, 『三峰 下岡忠治傳』, 三峰會, 1930 ; 秦郁彦 編, 『日本近現代人物履歷事典』, 東京大學出版會, 2002, 267쪽.

24) 森山茂德, 「日本の朝鮮統治政策(1910-1945)の政治史研究」, 『法政理論』 第23卷 第3·4號, 1991, 87쪽.

25) 三峰會編, 앞의 책, 1930, 408~417쪽.

진행해 구체적인 의견도 가지고 있으며, 여러 방면의 의견도 참고하여 어느 시기에는 이들 제 문제를 원만히 해결하여 조선인에 대하여 정치상의 발언권을 부여하는 기회를 만들려고 생각한다"는 의사를 표명했다.[26] 그렇지만 시모오카는 1925년 11월, 병으로 죽을 때까지[27] 그 구체적 내용을 진행시키지 않았기 때문에 그가 생각했던 복안이 드러나지 않았다.

기존의 연구들에서는 "조선인에 대하여 어느 정도의 정치상의 발언권을 주는 것은 반드시 필요한 것이라 생각한다"는 그의 주장을 들어 총독부가 구체적으로 자치정책을 검토하기 시작한 것을 파악했다. 그러나 그의 주장을 자세히 보면 전혀 그렇지 않다. 바로 앞의 구절을 보면 "논자에 따라 내지연장주의인가, 조선의회의 개설인가 말하고 있지만, 이들의 논의를 지금 용인하는 것은 있을 수 없다"고 하여 내지연장주의에 입각하여 중의원 선거권을 부여하는 것이나, 조선의회 개설 같은 식민통치의 큰 변화를 초래하는 정책의 논의를 용인하지 않겠다는 것을 분명히 하고 있다. 그리고 다음 구절에서는 "내지와 같은 지방자치제를 시행하여 선거권을 부여하는 문제는 그 파급되는 바가 심대하며, 국시(國是)의 근본에 관한 문제이기 때문에 지금 언급하는 것도, 또 실시하는 것도 할 수 없다"로 주장한다. 조선의회 같은 자치제가 아니라 일본 본토에서 시행하고 있는 지방자치 수준의 지방자치제의 시행조차도 파급력이 크고 '국시의 근본'과 관련한 문제라고 하여, 실시하는 것은 물론 언급하는 것도 할 수 없다고 주장한 것이다.

일본 본토에서 시행하고 있는 지방자치제를 식민지 조선에 시행하는 것도 국시의 근본에 관한 문제이기 때문에 실시는 물론 언급할 수도 없다는 시모오카의 주장을 놓고 볼 때, 그가 말하는 "조선인에게 정치상 발언권을 주는 문제"가 조선의회 같은 중앙정치 수준의 자치 문제를 고려하지 않은

---

26) 三峰會編, 앞의 책, 1930, 263~264쪽.
27) 『동아일보』 1925. 11. 23.

것은 분명하다. 아니 생각조차 할 수 없는 일이다. 일본 지방자치제 수준의 조치도 고려하고 있지 않다는 것도 명백하다. 때문에 그의 발언은 식민지 조선에서 자치정책 실시 검토와 연결시킬 수 있는 것이 아니다. 아무튼 그가 죽으면서 그 내용은 드러나지 않게 되었다.[28]

일본 헌정회 내각과 이와 연결된 조선총독부 시모오카 정무총감 라인에서 조선 식민정책의 변화나 중앙정치 수준의 자치제 실시를 구체적 정책으로 마련한 증거는 없다. 1925년 11월 22일 시모오카 후임 정무총감으로 유아사 구라헤이(湯淺倉平)가 임명되었다. 그는 1927년 12월 23일까지 재임했다.[29] 유아사도 조선 참정권 문제에 관련한 구체적인 식민정책 변화를 시도하지 않았다. 헌정회 내각과 조선총독부가 조선에서 자치제 실시를 구체적으로 구상하고 정책으로 추진했다는 증거는 현재까지 찾아보기 어렵다. 이렇게 해서 조선에서의 조선 참정권과 관련한 식민정책 변화는 공식적으로 이루어지지 않았다.[30]

반면에 총독부의 경무라인, 구체적으로는 1925년 미쓰야 미야마쓰(三矢宮松) 경무국장 시절 조선의 민족운동을 분열시키기 위한 공작으로 자치정책이 한시적으로 추진되었다. 사이토 총독의 정치 고문이자 '제국의 브로커' 아베 미쓰이에(阿部充家)는[31] 조선인 자본가나 실업가, 유력자 등에 대한

---

28) 김종식·윤덕영·이태훈, 앞의 책, 228~229쪽.

28) 김종식·윤덕영·이태훈, 앞의 책, 228~229쪽.

29) 林茂, 『湯淺倉平』, 湯淺倉平傳記刊行會, 1969 ; 秦郁彦 編, 『日本近現代人物履歷事典』, 2002, 554~555쪽 ; 伊藤隆·李武嘉也編, 『近現代日本人物史料情報辭典』 1, 吉川弘文館, 2004, 432~433쪽.

30) 김종식·윤덕영·이태훈, 앞의 책, 230쪽.

31) 아베 미쓰이에(阿部充家)에 대해서는 심원섭 책과 이형식의 일련의 다음 글을 참조, 심원섭, 『아베 미쓰이에(阿部充家)와 조선』, 소명출판, 2017 ; 이형식, 「메이지·다이쇼 초기 아베 미쓰이에(阿部充家)의 궤적 ; '민권'과 교사에서 '권력정치가'에 접근한 정치기정기자로」, 『일본역사연구』 42, 2015 ; 이형식, 「경성일보,매일신보 사장 시절(1914.8~1918.6)의 아베 미쓰이에(阿部充家)」, 『사총』 87, 2016 ; 이형식, 「'제국의_브로커' 아베 미쓰이에(阿部充家)와 문화통치」, 『역사문제연구』 37, 2017 ; 이형식, 「1920년대 중후반 아베 미쓰이에(阿部充家)의 조선에서의 정치 행보」, 『민족문화연구』 78, 2018 ; 이형식, 「『동명』·『시대일보』 창간과 아베 미쓰이에(阿部充家)」, 『근대

경제적 지원과 회유를 주장했다. 반면에 총독부 내 미즈노파 관료들의 국민협회 참정권청원 지원에 대해서는 비판했다.[32] 강동진을 비롯한 일부 연구들에서 아베의 주장이 곧 조선총독부의 정책으로 실행되었다고 보는데, 이는 잘못된 것이다. 아베의 의견이 사이토에게 수용된 경우도 있었지만, 기본적으로 총독부 내 관료들은 아베에 상당한 거리를 두고 있었고, 특히 미즈노파 관료들은 그의 활동을 제지하기도 했다. 사이토 역시 그에게 전적으로 의존한 것은 아니었다. 주요한 정보원이자, 제한된 정치고문이었다. 1925년 들어 아베는 자치제를 내세워 천도교 신파의 지도자인 최린과 김성수·송진우를 연합시켜 민족운동 진영에서 분열시키려 했다.[33] 그러나 이는 사이토 외에는 조선 내 기반도 없는 그가 할 수 있는 일이 아니었다. 미쓰야 경무국장을 비롯한 총독부 관료들도 적극적으로 협조하지 않았다.[34]

1926년 1월 일본에서 중앙조선협회(中央朝鮮協會)가 결성되었다. 아베는 조직 결성에 주요한 역할을 담당하고, 협회 전무이사에 선임되었다. 아베는 1927년 사이토가 조선총독을 사임하면서부터 영향력을 크게 잃었다. 그는 이제 사이토의 사적인 고문 역할을 할 수 없었기 때문에 활동무대를 일본의 중앙조선협회로 옮기며 조선인들의 진정과 청원 창구 역할을 했다.[35] 그러다가 1929년 사이토가 조선총독으로 재부임하자 조선을 세 차례 방문하면서 영향력을 키우려 했다. 하지만 사이토와의 의사소통이 원활하지 않았고, 역할도 제한적이었다. 또 총독부 내에서의 평판도 좋지 않았다.[36]

서지』 18, 2018.

32) 이형식, 위의 글, 2017, 462~468쪽.

33) 「1925년 8월 17일자 사이토 앞 아베 서한」, 이형식 편저, 『齋藤實·阿部充家 왕복서한집』, 아연출판부, 2018, 142쪽.

34) 자세한 내용은 다음 참조. 김종식·윤덕영·이태훈, 앞의 책, 234~236쪽.

35) 李炯植, 앞의 책, 232쪽.

36) 이형식, 앞의 글, 2018, 180~188쪽.

경성일보 사장 소에지마 미치마사(副島道正)는 1925년 11월『경성일보』에 「總督政治の根本義」란 논설을 발표하여, 조선의 식민정책에 변화를 주어 홈룰(Home Rule) 형태의 자치제를 실시할 것을 주장했다. 그는 논설 발표 이틀 전인 11월 24일, 미쓰야 경무국장과 만나 자치론 발표에 대해 상의하고, 미쓰야의 찬성을 얻어냈다.[37] 강동진은 소에지마가 총독부 당국과 빈틈없이 사전협의하고, 동아일보 간부와도 사전에 논의하여 제기된 것이라고 주장했다.[38] 그의 주장은 별다른 논란이 없이 이후의 상당수 연구에서 그대로 받아들여졌다. 그러나 조성구와[39] 이형식의[40] 연구를 통해 소에지마의 논설은 소에지마가 주도적으로 발표했고, 그 과정에 총독부의 미쓰야 경무라인이 개입했으며, 총독부 관료들 사이에 자치제에 동조하는 기류가 있었다는 것이 대체로 밝혀졌다.

소에지마의 구미 유학과 그 이전의 주장 등을 관련하여 볼 때, 그의 논설은 조선 식민정책에 대한 평소 생각을 공개적으로 주장한 것이었다. 그는 식민지 조선의 현지 언론사 사장으로서 조선 민족운동의 고양과 조선인들의 민심 이반을 피부로 느끼고 있었고, 이에 식민정책의 변화가 일정하게 필요하다는 점을 제기했다. 물론 그는 자치제를 선호하는 총독부 일부 토착 일본인 관료들의 동조 분위기도 알고 있었을 것이다.[41]

그렇지만 그의 논설이 공개적으로 발표된 데에는 이를 이용하여 민족운동을 분열시키려는 미쓰야 경무국장의 역할도 크게 작용했다. 미쓰야 경무국장은 소에지마의 논설에 대해 총독부의 제도가 시대의 추이와 조선의 발달 상태, 심리적 추이에 따라서 '다소의 손질'이 필요하다고 하면서, 소에지마의 본지(本旨)는 '제국의 전도(前途)'를 생각한 것이라며 옹호했다.[42] 그러

---

37) 李炯植, 앞의 책, 182쪽.
38) 강동진, 앞의 책, 345-353쪽.
39) 趙聖九, 『朝鮮民族運動と副島道正』, 研文出版, 1998, 151-172쪽.
40) 李炯植, 앞의 책, 182쪽.
41) 김종식·윤덕영·이태훈, 앞의 책, 252쪽.

나 소에지마 논설은 재조일본인 사회로부터 격렬한 비판을 받았다. 갑자구락부를 비롯한 재조일본인과 친일정치단체가 비판과 배척에 앞장섰다. 반면 일본 내 언론은 별 반응이 없었으며, 『오사카아사히신문』만이 지지를 표했다.[43]

  소에지마의 논설을 계기로 총독부 내 토착 일본인 관료들 일부와 아베 등이 조심히 논의하던 조선에서의 자치제 실시 문제가 공개적으로 나오게 되었다. 그의 주장이 미쓰야 경무국장의 방조 하에 이루어졌지만, 그렇다고 자치제 문제가 총독부 내에서 구체적으로 논의된 것도 아니었다. 더군다나 정책결정권자인 사이토 총독이나 시모오카와 뒤이은 유아사 정무총감은 아직 식민정책의 변화를 고려하고 있지 않았다. 앞서 살펴본 바와 같이 일본 정계 구조와 식민지 조선의 전략적 위상 때문에 자치제 정책은 쉽게 모색될 수 있는 것이 아니었다.

  1927년 3월 사이토는 그의 비서관 출신인 총독부 관방 문서과장인 나카무라 도라노스케(中村寅之助)를 통해 조선 참정권 문제에 대한 의견서를 비밀리에 작성했다.[44] 총독부 업무상으로 보면 조선 참정권 문제는 토착 일본인 관료의 대표주자인 이쿠타 세이사부로(生田淸三郎) 내무국장이나 미쓰야 후임인 아사리 사부로(淺利三郎) 당시 경무국장 등이 협의해서 그 안을 만들어야 했다. 그렇지만 사이토는 이들을 배제한 채 자신의 비서관 출신인 나카무라만을 호출하여 비밀리에 의견서를 작성했다.[45] 나카무라는 미즈노파 관료나 토착 일본인 관료파와도 일정하게 거리를 둔 사이토의 최측근이었다.[46]

---

42) 『朝鮮及滿洲』 제228호, 1926년 1월, 70쪽.

43) 趙聖九, 앞의 책, 172~173쪽.

44) 「朝鮮在佳者の國政竝地方行政參與に關する意見」, 『齋藤實文書』 2권, 고려서림, 1990, 427~480쪽.

45) 財團法人齋藤實子爵紀念會, 『子爵 齋藤實傳』 2, 1941, 664~667쪽.

46) 김종식·윤덕영·이태훈, 앞의 책, 266~267쪽.

나카무라 의견서에서는 홋카이도 및 각 부·현의 지방자치제와 비슷한 형태로 조선을 전 구역으로 하는 '조선지방의회'를 설치하는 방안을 제기했다. 그렇지만 나카무라 의견서에서 상정하고 있는 자치제는 인도나 아일랜드에서 실시한 중앙정치 차원의 자치제가 아니었다. 조선지방의회는 실질적인 법률 제정 권한도 없었다. 토목, 산업, 교육, 위생, 구제 등의 분야에 한정된, 1927년도 전체 총독부 예산의 25%에 불과한 예산과 결산에 대한 심의만 할 수 있었다. 조선총독은 조선지방의회 결정에 대해서 취소 및 재의 명령, 원안의 집행, 정회, 해산 등 무제한의 감독 권한을 가지고 조선지방의회를 언제라도 무력화시킬 수 있었다. 또 의원의 1/3은 관선으로, 나머지 2/3는 대부분 간접선거로 선발하게 되어 총독부가 선거에 개입할 수 있게 했다. 또 선거에서도 소수의 일본인이 다수의 조선인보다 유권자가 더 많도록 안배된 불공정한 선거를 통해, 일본인이 우위에 있도록 했다. 때문에 나카무라 의견서에서 제시하는 조선지방의회안은 그 영역이 조선반도 전역에 걸쳐 있을 뿐이지, 일제 지방자치제도의 왜곡된 조선지역 확대판에 지나지 않았다.[47)]

그런데 사이토 총독은 이런 제한된 변화조차도 마음대로 결정할 수 없었다. 1927년 4월 정우회 다나카 내각이 수립된 후, 사이토는 와카쓰키 전 수상과는 구두로만 협의했고, 사이온지 원로에게만 의견서 1부를 전달했다. 그렇지만 껄끄러운 관계에 있는 다나카 신임 수상과는 어떠한 협의도 하지 않았다.[48)] 당시 사이토는 일본 해군 측의 간청을 받아들여 제네바군축회의에 참석하기 위해 임시로 총독에서 물러난 상태였다. 4월 15일에 우가키 가즈시게(宇垣一成) 전 육군대신이 사이토를 대신하여 임시 조선총독으로 임명되었다. 이 때문에 사이토는 협의를 진척시킬 수 있는 권한도 없었다. 이렇게 되면서 나카무라 의견서는 만들어지자마자 제대로 논의도 하지

---

47) 자세한 내용은 다음 참조. 김종식·윤덕영·이태훈, 앞의 책, 267~273쪽.

48) 財團法人齋藤實子爵紀念會, 앞의 책, 664~667쪽.

못한 채 폐기되고 말았다. 그러므로 사이토 총독의 식민지 조선에 대한 지배정책은 1920년대 초반 이래 내지연장주의에 따른 식민지배정책 기조를 그대로 유지하게 되었다.

1927년 12월, 야마나시 한조(山梨半造) 총독과 이케가미 시로(池上四郎) 정무총감이 임명되었다. 그들은 종래 부분적으로 검토되었던 자치론을 일체 부정하고, 내지연장주의에 따른 동화주의 정책의 강화를 조선 식민정책의 기본 통치방침으로 삼았다. 그리고 이는 '조선인 교육 제일주의'로 표방된 조선인에 대한 보통교육 확대 정책으로 나타났다. 이에 총독부 주변에서 자치제를 추진하려는 움직임은 중단되었다. 이쿠타 내무국장을 비롯한 총독부 토착 일본인 관료들도 조선 자치제 문제에 대해 특별히 입장을 표명하거나 건의를 하지 않았다.[49]

더 이상의 자치공작도 없었다. 소에지마의 논설을 방조함으로써 자치제 공작을 전개했던 미쓰야 경무국장은 이미 한참 전인 1926년 9월, 조선을 떠나 일본 궁내부 임야국장으로 이임했다. 육군 출신의 총독들은 조선 자치제 실시를 전혀 고려하지 않았고, 관료들의 건의조차 불가능한 상황이었다.

---

49) 자세한 내용은 다음 참조. 김종식·윤덕영·이태훈, 앞의 책, 275~279쪽.

2장 일본 보통선거와 무산정당운동에 대한 관심

　본장에서는 동아일보 주도세력이 1920년대 중반 일본 정계변화를 어떻게 인식하고 있었는지, 보통선거 실시와 그 영향에 대해 어떻게 바라보고 있었는가를 해명하고자한다. 동아일보 주도세력을 포함해서 민족운동세력은 조선의 식민정책을 규정하는 것이 일본 본국의 정세에 달려있다는 것을 잘 알고 있었다. 때문에 그들의 관심은 총독부의 동향보다는 무엇보다 일본 정계의 변화에 항상 가있었다. 일본 특권세력의 동향, 1920년대 일본 정당정치세력의 성장과 변화, 보통선거운동의 동향과 보통선거제 실시 여부 등에 항상 주의를 기울였다. 그리고 그러한 변동이 식민지 조선에 어떠한 영향을 미칠 것인지 생각하고 있었다. 그리고 일본 정계의 변화는 영국과 독일, 프랑스, 미국, 러시아 등 세계정세의 변화와 긴밀한 영향을 주고받는다는 점에서 각국의 정세 동향에도 주목했다.

　마지막으로 보통선거 실시를 겨냥하여 일본 무산정당운동이 대두되는 과정과 이에 대한 동아일보계열의 인식을 살펴보려고 한다. 이런 파악을 통해 일본 무산정당운동의 성장이 식민지 조선의 정치변동과 어떠한 관련을 갖고 있는가, 당시의 동아일보계열이 이를 어떻게 인식하고 있었는가를 해명하려고 한다.

1. 일본의 보통선거와 정계변화에 대한 주시

동아일보는 창립 초기부터 보통선거 문제에 주목했다. 1920년 5월 22일자 논설에서는 일본 헌정회와 국민당이 1920년 2월 25일에 제출한 보통선거안에 대해, 일정한 연령에 이른 국민에게 평등하게 '정치적 인격'을 인정하자는 것으로 그 당위성을 설명했다. 그리고 보통선거를 통해 일본에 민주적 정치가 실현되면, 조선에도 민주적 변화가 있을 것이기 때문에 일본의 '보선문제'는 '조선정국'에 다대한 관계가 있다는 것을 환기시켰다. 또한 일본 정당구도를 보선파—헌정회·국민당—신기운과 반보선파—정우회—구세력으로 정리하면서, 보선 실시가 천하의 대세라고 주장했다.[50] 이런 주장은 시일이 걸리지만 보통선거가 일본에서 실시될 것이며, 다수의 무산대중이 참여하는 보통선거를 통해 일본의 특권정치가 민주적으로 재편될 것이고, 이에 따라 조선에 대한 식민정책도 크게 변화하리라는 인식과 기대를 보여주는 것이었다. 또한 일본 헌정회를 보선파의 중심인 신세력으로, 정우회를 특권정치를 추구하는 보선반대파의 구세력으로 파악하는 인식은 이후 민족운동세력에게 상당 기간 지속되었다.

이와 관련하여 일본 헌정회계열의 일본 정당정치세력과 조선의 민족주의 진영과의 일정한 관계도 주목해야 한다. 일본 부르주아민주주의 정당세력의 대표적 지도자인 헌정회의 가토 다카아키와 오자키 유키오, 시마다 사부로(島田三郎) 등은 일제히 동아일보 1920년 4월 1일 창간호에 창간을 기념하는 글을 나란히 기고하였는데, 이는 이런 연결 관계를 상징적으로 보여주는 것이었다.

동아일보는 일본의 보통선거운동 관련 소식과 그 경과를 거르지 않고 지속적으로 보도했다. 1922년 2월 16일자 논설에서는 일본 민중의 '보선운

---

50)「보통선거의 의의와 그의 장래 운명」,『동아일보』1920. 5. 22.

동'과 피압박 약소민족의 해방운동 사이에는 '동일한 생맥(生脈)'이 있다면서, 일본인의 보선운동이 민중의 자각에 기초한 국가생활의 '자결자치'를 의미한다면, 각 민족의 해방운동도 역시 "동일한 자각에 기본한 민족적 단체생활의 자결자치를 의미"한다고 주장했다. 때문에 일본 보선운동에 '심대한 주의'를 기울이는 동시에 그 귀결로써 '천하대세의 추이변동'을 꾀하고자 한다고 주장했다.[51] 1922년 2월 23일, 헌정회에 의해 보통선거법안이 일본 의회에 상정되자, 동아일보는 2일 연속하여 이와 관련한 논설을 게재했다.[52] 또한 보통선거와 더불어 치안유지법 제정이 추진되는 것에 대한 비판도 제기하기도 했다.[53]

1923년 초 일본의 보통선거운동이 활발해지자 이에 대해 집중 보도하면서, 사설을 통해 보통선거운동의 당위성을 직접 논설하기도 했다.[54] 그리고 10월 말의 사설에서는 보통선거제가 실시된다면 이론적으로는 일본이 '데모크레시화'하는 것으로 "국력의 지배력이 소수의 귀족과 재산가의 독점으로부터 전국민"에게 돌아가게 된다면서, 그의 실질적 실현은 "오직 정치의 주인 이오" '목적물'인 '인민의 교양과 훈련'에 의존한다고 주장했다. 그런데 이는 "교육의 힘과 아울러 실제 참정의 경험으로만" 얻을 수 있는 것이기 때문에, 시기상조는 '요당성'을 갖지 못하는, 교만한 강자의 자기의 특권옹호의 수사에 불과하다고 주장했다. 사설은 "물론 보선이 전체"는 아니며, "정치적 자유와 평등을 의미할 뿐"이라면서 경제적, 사회적, 도덕적 개조문제도 있지만, 정치적 평등과 자유는 이 모든 문제를 포괄하는 것이며, 그 '선결문제'가 되는 것이라 주장했다.[55]

---

51) 「일본의 보선운동-민족자결운동과의 맥락」, 『동아일보』 1922. 2. 16.
52) 「일본청년과 조선청년-보선운동을 보고서」, 『동아일보』 1922. 2. 26 ; 「인권옹호와 변호사계-보선운동의 일측면」, 『동아일보』 1922. 2. 27.
53) 「보선조사와 과격주의의 취체, 一理의 양면 모순」, 『동아일보』 1922. 8. 19.
54) 「보선운동, 이론과 실지가 모다 可」, 『동아일보』 1923. 2. 28.
55) 「일본의 보선문제」, 『동아일보』 1923. 10. 30.

1924년 1월 기요우라 게이고 내각이 성립되고 정우회가 분당이 되는 상황에 대해서도 상세히 분석했다.[56] 동아일보는 기요우라 내각의 성립을 보통선거 실시에 따른 일본정치의 민주화에 반대하는 반동세력의 발호로 파악했다. 때문에 이에 대한 비판과 타파를 주장했다.[57] 동아일보 주도세력 은 기요우라 내각의 중의원 해산 후 1924년 5월 10일에 실시된 일본 중의원 총선거에 대해 비상한 관심을 기울이고 있었다. 그들은 기요우라 내각이 일반 국민의 대표기관인 중의원에 근거를 두지 않고 소수의 특권계급의 이익을 옹호하는 귀족원에 내각의 근거를 두고 있다는 점에서 입헌정치의 원리를 어긴 '저열한 의미의 전형'이라고 혹평했다. 그리고 총선거 결과가 발표되기 전부터 총선거가 "정당정치와 벌족정치"의 대립이라면서, 총선거 가 호헌3파의 승리로 귀결되어 정당정치가 확립될 것이며, 이는 보통선거의 조기 실시에 밀접한 영향을 미칠 것이라고 전망했다.[58] 1924년 5월에 실시된 일본 중의원 총선거에서 호헌3파가 압승한 선거 결과가 발표되자, 동아일보 주도세력은 사설을 통해 총선거가 "일본 헌정사상 일시기를 획한 것"이라고 평가하면서 기요우라 내각에 대해 호헌3파에게 속히 정권을 이양할 것을 주장했다.[59]

동아일보는 일본 정우회에 대해서는 '구세력', '수구세력', '특권세력'으로 강한 거부감을 보였지만, 헌정회에 대해서는 상당한 기대감을 보였다. 헌정회를 제3계급, 즉 일본 부르주아지의 이해를 대변하는 정당으로 일본 특권정치세력과 앞장서서 싸우는 '신기운', '신세력'의 자유주의 정당으로 표현했다. 그들은 헌정회 내각이 집권함에 따라 식민지 조선에 대한 지배정 책도 일정하게 변화할 것으로 기대했다. 동아일보는 1926년 1월 28일 헌정회

---

56) 「일본 정계의 신기운-정우회의 분열」, 『동아일보』 1924. 1. 21.
57) 「반동세력의 발호, 전세계의 고민」, 『동아일보』 1924. 1. 15 ; 「반동세력의 박멸, 남선노농동맹의 결의」, 『동아일보』 1924. 3. 15.
58) 「일본 총선거의 의의-입헌정치의 전환기」, 『동아일보』 1924. 5. 13.
59) 「일본 총선거의 결과와 금후의 정국」, 『동아일보』 1924. 5. 15.

가토 수상이 죽자, 그의 죽음을 애도하는 사설을 바로 다음날 게재하기도 한다.[60] 장례식장에 조화를 보내기도 했다.[61]

이렇게 헌정회 집권에 따른 변화의 기대는 동아일보 주도세력에 한정된 것이 아니었다. 이관용(李灌鎔)은 헌정회에 대해 다음과 같이 전망했다. "가장 희망적인 정당이고 가토 자작이 이끌고 있는데, 그는 보통선거법을 적극 지지하며 일본 자본가들의 부도덕한 착취의 멍에에도 불구하고 제3계급의 이해를 대변한다. 또한 가토 자작은 광범한 독립운동이 일어난 1919년에 완전한 자치가 조선에 실시되어야 한다고 말했다. 우리는 이 발언을 에누리해서 받아들였다. 왜냐하면 그것은 단순한 아이디어일 뿐만 아니라 선거 캠페인을 목적으로 말한 것이라는 것을 알고 있었기 때문이다. 그럼에도 가토 내각은 조선에 많은 변화를 야기시킬 것이고, 정우회 사람인 사이토 총독은 소환될 것이다."[62] 물론 이관용의 기대와 전망은 이루어지지 않았다. 가토는 사이토를 유임시켰고, 조선사회에 큰 변화를 가져오지 않았다.

또한 시대일보는 사설을 통해 '헌정 옹호'는 관료벌에 대한 자본가의 정치적 세력의 옹호로, 호헌3파의 기요우라 내각에 대한 반대도 그 하나에 지나지 않는다고 혹평했다. 그렇지만 가토 내각이 성립된다면 보통선거 실시의 실현이 곧 이루어질 것이며, 제4계급의 정당(무산정당-인용자)을 보게 될 것도 멀지 않을 것이라고 주장했다. 시대일보는 가토 자작이 3·1운동 당시 조선의 자치를 주장했었고, 가토 내각이 실현된다면 조선의 식민정책에 변동이 있을 것이라 전망하면서, 일본 정계의 추이를 주목할 필요가

---

60) 「加藤수상의 서거」, 『동아일보』 1926. 1. 29.
61) 1926년 1월 헌정회 총재 가토가 죽었을 때를 묘사한 다음과 같은 글이 있다. "어떤 총독부 관리가 동경에 갓을 때 마침 당시 총리대신 加藤高明氏가 죽었는데, 朝野 吊客이 문이 메이었다. 그때 齋藤총독도 그 자리에 있었는데 未幾에 조선 동아일보사에서 증정하는 화환이 들어와서 앞저든 齋藤氏도 그 機敏에 놀래였다고 한다." 『삼천리』 제10호, 1930년 11월호.
62) 이관용, 「일본의 총선거와 기 결과」(下), 『동아일보』 1924. 5. 20.

있다고 강조했다.[63] 이런 시대일보의 주장은 헌정회 내각 성립에 따른 보통선거 실시와 무산정당 출현과 같은 일본 정계의 변화가 조선 식민정책의 변화를 가져올 것이라는 기대를 반영하는 것이었다.

2. 일본 무산정당의 진출과 식민지 조선 정치변화에 대한 기대

헌정회를 중심으로 한 정당세력의 보통선거 실시 주장에 맞추어 일본 사회주의운동도 1924년부터 크게 선회하고 있었다. 1924년 2월, 일본 무산계급의 최대 조직인 일본노동총동맹(이하 총동맹)은 방향전환에 관한 선언을 발표하여 노동운동이 대중운동으로 나아가야 하며, 이를 위해 개량적 정책을 적극적으로 이용하고, 부르주아 의회에 대한 대책을 세워야 한다고 주장했다.[64] 이는 총동맹 내 사회민주주의 성향의 우파와 공산주의적 성향의 좌파 모두에게 공통된 것이었다.

1924년 6월 28일, '일본정치연구회'를 개칭한 '정치연구회'가 창립총회를 개최했다. 이들은 보통선거의 실시를 기대하며 무산정당 결성을 주장했다. 당시 사회주의 좌우파 모두에서 무산정당 결성이 주장되었지만, 무산대중정당 건설은 쉽지 않았다. 가장 유력한 조직기반이 되어야 할 총동맹이 1925년 5월 분열되어, 좌파들이 별도의 일본노동조합평의회(이하 평의회)를 결성했다. 총동맹도, 분리되어 나간 평의회도 모두 무산정당 결성을 지지했지만, 그 성격과 주도권을 두고 사회주의 좌우파의 대립이 심화되면서 무산정당 결성도 우여곡절을 겪게 된다.

사회주의 좌파 내부에서 무산정당 논의를 주도한 것은 최초의 일본공산당

---

(63) 「일본 총선거와 정국의 장래」, 『시대일보』 1924. 5. 15.

(64) 總同盟50年史編輯委員會, 『總同盟五十年史』 第1卷, 總同盟50年史刊行委員會, 1964, 35~36쪽.

(이하 일공)에서 활동했던 사회주의운동의 주요 지도자, 야마카와 히토시(山川均)이었다. 그는 1924년 들어 통일전선의 일본적 특수형태로 '협동전선당', '공동전선당'으로서 '단일무산정당'론을 주장했다. 이는 무산계급이 정치세력으로서 주체를 확립하기 위해 부르주아지의 정치적 영향력에서 벗어나서, 정치적으로 자립적인 정치조직을 독립적으로 결성하는 것, 그리고 그 정치조직이 조직노동자와 농민, 미조직 노동자와 농민, 중산계급의 최하층, 식민지 민중까지 포함하는 무산계급의 모든 요소는 포용하는 것으로 설정되었다. 동시에 무산계급 내 여러 정치 사회세력의 공동전선 형태를 갖는 합법적 단일 무산정당을 의미하는 것이었다. 그의 주장에서 중요한 것은 그가 혁명주의가 대중에게서 유리되는 것에 대해 극도로 경계하면서 대중적 차원에서 무산정당 결성을 주장하고, 보통선거에 참여할 수 있는 합법적 형태의 당 결성을 주장하고 있는 점이다. 그의 주장은 당시 코민테른의 지지를 받았고, 좌파 전반에 영향력을 가졌다.[65]

1925년 12월 1일 주요한 몇 노동단체가 불참하기는 했지만, 35개 단체 18만여 명을 대표하는 일본 최초 전국적 무산정당인 농민노동당 결성이 시도되었다. 그렇지만 농민노동당은 일부 공산주의적 정책과 공산주의자의 개입을 명분으로 내세운 일본 정부의 해산명령에 의해, 3시간만의 단명으로 끝나고 만다.

그 후 우여곡절을 겪은 후에 1926년 3월 5일, 전국적 무산정당인 노동농민당(이하 노농당)이 결성되었다. 중앙집행위원회의 의장으로 일본농민조합(이하 일농)의 스기야마 모토지로(杉山元治郎), 총비서로 총동맹의 미와 주소(三輪壽壯)가 선임되었다. 전체적으로 사회주의 우파가 주도권을 갖고 있었다. 사회주의 우파들은 합법성을 명분으로 무산정당 결성과정에서 사회주의 좌파들을 배제하려고 했다. 당시 좌파들은 당 결성과정에 농민노

---

65) 岡本宏, 『日本社會主義政黨論史序說』, 法律文化史, 1978, 137~150쪽 ; 小山弘健 著, 한상구·조경란 역, 『일본마르크스주의사개설』, 이론과 실천, 1991, 42~58쪽.

동당의 해산 전철을 고려하여 일시적 후퇴를 했다.

동아일보는 무산정당의 대두에 큰 관심을 기울이고 있었다. 당시 동아일보의 정세인식을 잘 보여주는 것이 보통선거법안이 정부안으로 작성되어 일본 중의원 상정이 예견된 1925년 1월 11일자 사설이다. 사설에서는 일본의 보통선거법안이 무사히 통과될 것이며, 이에 따라 일본에서도 무산정당의 출현이 기정사실화 되었다고 판단했다. 그리고 무산정당이 출현하면 보수와 진보, 무산의 3개 정당이 '정족(鼎足)의 세'로 서로 각축할 것이며, 시대의 진전에 따라 무산정당이 '불원한 장래'에 '우이(牛耳)'를 잡게 될 것이지만, 보통선거가 시행되는 초기에는 실제 정치세력에서는 미미하리라고 전망했다. 그것은 선거권을 얻게 되는 무산자들이 자신 계급의 이해에 대한 계급의식이 철저하지 못하기 때문이다. 그렇지만 일본 경제공황의 영향과 일반 사상계의 진보가 증가속도에 있기 때문에 예상이상의 진보가 있을지도 모른다고 전망했다. 사설은 이렇게 무산정당이 출현하여도 무산정당의 정강 중에 식민지에서 자치를 시행한다고 한 것에서 드러나듯이 "식민지문제에 있어 근본적 해방을 주장"하지 않을 가능성도 높다고 전망했다. 그러나 실제문제에서는 무산정당과 많은 관계가 있게 될 것인데, '토지국유문제'가 그 중의 하나가 될 것이라고 판단했다.[66]

동아일보 주도세력이 보통선거 문제와 당시 정세변화를 바라보는 관점의 특징은 다음 네 가지였다. 첫째, 보통선거 실시를 통해 일본 정치가 민주적 방향으로 진전할 것이고, 무엇보다 보통선거 실시에 따라 무산대중이 대거 선거에 참여하게 됨으로써 이들의 이해를 대변하는 합법적인 무산정당이 출현할 것이라는 점이다. 둘째, 합법적 무산정당은 새로운 정치세력으로서 무산계급의 계급적 의식의 불철저로 초기에는 미미하겠지만, 시대의 진전에 따라 세력을 급속히 확장하여 기존의 보수와 진보 정치세력과 각축하게

---

66) 「일본 정계의 장래와 조선문제-보선이 실시되면」, 『동아일보』 1925. 1. 11.

될 것이며, 종국에는 무산정당 대 '자본주의' 비무산정당으로 정국이 재편될 것이라고 전망하는 점이다. 셋째, 일본정치의 민주화와 무산정당의 출현은 식민지 조선정책에 큰 변동을 가져와 식민지의 '근본적 해방', 즉 '독립'은 아니더라도 참정권 부여나 자치제 실시와 같은 합법적 정치공간이 창출될 것이라는 점이다. 넷째, 일본의 무산정당의 출현과 정치적 영향력 확대가 조선에 정치적 자유와 권리의 부여를 비롯한 큰 변화를 가져오는 동력이 될 것이라는 것에서 기대를 가지고 바라보는 점이다.

그런데 동아일보 주도세력의 이러한 정세변화에 대한 인식은 일본 정계에 대한 파악에서만 나온 것은 아니었다. 그들은 영국과 독일 등 세계 각국에서의 정세 변화를 지켜보면서 비슷한 판단을 내리고 있었다.

영국의 경우 1923년 12월 6일 총선거가 실시되었다. 동아일보는 총선거 전부터 보수당의 보호무역주의와 자유당의 자유무역주의 중 어디가 승리할 것인지, 또한 제3당인 노동당이 약진하여 영국헌정에 일대 혁명을 일으키게 될지에 대해 깊은 관심을 표명하면서, 이의 결과가 전 세계적 영향을 미칠 것이라고 전망하고 있었다.[67] 총선거의 결과 의회의 절대 다수를 점하던 보수당이 과반수 이하로 약화되었고 자유당과 노동당이 약진하였는데, 동아일보 주도세력은 사설을 통해 앞으로 보수당과 자유당의 연립내각이 출현할 것과 이를 둘러싼 양 당의 내분이 일어나서 결국은 보수·자유·노동의 3당 구도가 노동 대 비노동의 양 대립으로 가게 될 것이라는 전망했다.[68]

1924년 1월 22일, 영국 최초로 맥도널드(Ramsay MacDonald) 노동당 당수를 수상으로 한 노동당과 자유당의 연립내각이 출범했다. 이에 대해 동아일보는 사설을 통해 "영국 정계에 신기원을 획"하는 것으로,[69] 이후 영국의 정치는 '자본 대 노동', '현상유지 대 현상타파'의 양대 세력으로

---

67) 「영국 총선거의 전도-전세계적 영향」, 『동아일보』 1923. 11. 23.
68) 「영국 총선거의 결과-노동 대 비노동의 신 대립」, 『동아일보』 1923. 12. 12.
69) 「구주정국의 신 전환-양대 痼疾의 절개」, 『동아일보』 1924. 3. 6.

재편되었다고 하면서, 영국사회는 점차로 민중화화고 사회화할 것이며, '영국의 국민성'이 '점진'될 것이라고 전망했다.[70] 노동당의 집권은 "온건한 입법의 수단으로 경제혁명의 제일보"를 나선 것으로 '급격과 폭력'으로 동일한 목적을 달성한 러시아혁명과 대조를 이룬다고 하면서, 세계는 "혹은 러시아식으로 혹은 영국식으로 조만간 이것을 완성"하고 말 것이라고 주장했다.[71]

동아일보 주도세력의 눈으로 볼 때, 일본과 세계정세는 보통선거의 실현, 무산대중의 정치적 권리와 자유의 신장, 무산정당의 출현과 급속한 정치적 영향력 확대가 이루어지는 급변의 상황에 있었다. 이제 세계는 우여곡절을 겪더라도 노동당의 입법적 수단에 의한 권력 장악과 같은 영국식 개혁의 모델과 러시아식의 폭력혁명을 통한 급진적 변혁의 모델로 가는 듯이 보였다. 그리고 이러한 변화를 기대했다. 그것은 이러한 일본과 세계정세의 급격한 변화가 조선에 대한 일제의 식민지 정책과 조선사회의 큰 변화를 가져올 수 있기 때문이다. 이런 변화를 통해 동아일보 주도세력은 그들이 1920년대 초반부터 주장해 왔던 민중의 정치적 자유와 권리의 획득을 위한 정치투쟁과 민중이 정치적 훈련을 할 수 있는 정치적 자유의 공간이 마련될 수 있을 것으로 기대했다.

그렇지만 정우회로 대표되는 일본 수구세력이 일본 정계를 장악하는 한, 식민정책과 조선사회의 어떠한 변화도 기대할 수 없는 것이었다. 동아일보는 당시 일본의 정당에 대해서는 그 사상적 체계로 보면 정우본당으로 대표되는 '봉건사상' 정당과 호헌3파로 대표되는 '자본주의'의 2종으로 나누어지고, 정치적으로는 정우본당과 호헌3파의 정우회는 보수적 당파로, 나머지 호헌3파인 헌정회와 혁신구락부 등은 진보적 당파로 각기 구분했

---

70) 「영국 총선거 결과와 국민성」, 『동아일보』 1924. 11. 2.
71) 「영국 노동당내각의 출현과 레닌씨의 死-폭력적 혁명과 입법적 혁명」, 『동아일보』 1924. 1. 25.

다.[72] 헌정회로 대표되는 자유주의세력에 대한 기대는 그들이 보통선거 실시로 대표되는 일본 정계의 민주적 변화를 주도한다는 점에서는 긍정적이었다. 그러나 그들이 식민지 조선에 대해 정치적 자유와 권리를 부여할 것인가에 대해서는 의구심을 버리지 못하고 있었다.

그런 점에서 조선에 대한 자치제 실시와 더 나아가 '식민지문제의 근본적 해방', 즉 조선독립을 표방할지도 모르는 일본 무산정당의 출현은 고무적인 것이었다. 동아일보는 1924년 12월부터 일본의 무산정당 결성 움직임을 주시하고 있었다. 1924년 12월 22일자 기사에서는 이제 창당의 초기단계에 있는 일본의 무산정당에 대해 선언과 강령을 소개하면서 사회민주당적 색채가 있으며, 강령 중에 식민지문제에 대해 '식민지의 자치'를 주장한다고 보도했다.[73]

1925년 3월 6일부터 8일까지는 3차례에 걸쳐 일본의 무산정당 동향에 대한 자세히 설명하는 사설을 내보냈다. 사설에서는 무산계급의 생활투쟁, 정치투쟁에서 정치활동을 부정하는 비의회주의(무정부주의)와 정치운동을 부인치 않는 의회이용주의(제3인터내셔널), 정치운동으로서 '종국'을 삼는 의회주의(제2인터내셔널)가 있다고 파악했다. 그리고 일본 무산정당이 영국 페이비언협회의 사상을 배경으로 한 정치연구회와 일본노동총동맹의 보통선거를 주장하던 우경분자가 주축이 되었다고 보았다. 이들은 독일의 사회민주당과 영국의 노동당 같은 '제2국제당' 즉 제2인터내셔널의 주의인 '의회주의'에 가깝다고 인식했다.[74]

일본의 무산정당과 우리와의 관계에 대해서는 "조선과 일본의 강제된 유기관계로 말미암아 공통된 권력에 대하게 되는 관계상 매우 접근"하게

---

72) 「일본 정계의 장래와 조선문제-보선이 실시되면」, 『동아일보』 1925. 1. 11.

72) 「일본 정계의 장래와 조선문제-보선이 실시되면」, 『동아일보』 1925. 1. 11.
73) 「무산정당 선언강령-사회민주당적 색채」, 『동아일보』 1924. 12. 22.
74) 「일본의 무산정당」(上), 『동아일보』 1925. 3. 6 ; 「일본의 무산정당」(中), 『동아일보』 1925. 3. 7.

될 것이라고 파악했다. 그러면서도 그들은 일본의 무산정당이 조선의 '해방운동'을 찬동함으로써 일본 내 다른 계급의 중상이나 무자각한 노농계급의 이반을 두려워하여 '공리적 행동'을 취할 것이라고 우려했다. 곧 무산정당이 일본의 여타 정치세력의 비판과 일반 노농대중의 반발이 두려워서 조선의 해방운동에 미온적 태도를 보일 것이라는 것이다. 이에 일본의 정세도 그렇지만, 이때까지의 무산정당의 주의주장으로 보아, 식민지 조선에 대해 대담히 '근본적 해방', 즉 독립을 앞장서 논하지 못할 것이라고 판단하고 있었다.75) 대신에 그들은 일본에서 출현하는 무산정당이 식민지 조선에 대해 자치제 실시를 주장할 것으로 대체로 판단하고 있었다.76)

---

75) 「일본의 무산정당」(下), 『동아일보』 1925. 3. 8.
76) 『개벽』에 소개된 일본의 무산정당의 정강 초안에서는 "식민지 자치제도의 자립"이 명기되어 있었다. 「새 소식·새 경향 其二-새로 닐아나는 일본의 무산정당」, 『개벽』 64, 1925년 12월호.

3장 민족적 중심단체 결성과
합법적 정치운동의 전망

일제 강점 하 민족운동단체 중에서 그동안 가장 주목을 받았던 것은 주지하다시피 신간회였다. 신간회는 좌·우 대립과 남북분단 체제를 넘어 통일을 지향해야 한다는 현재적 관심과 맞물려 그동안 많은 조명을 받아왔다. 그 결과 신간회 창립에 이르는 과정과 다양한 논쟁에 대해서는 그동안 상당한 연구가 축적되어 왔다.[77] 민족주의세력이 신간회 창립에 이르는 과정에 대해서는 민족주의세력에 대한 좌파와 우파론이 적용되었다. 우파는 문화운동과 같은 실력양성론에 기반하여 일제에 타협적 자치운동을 추진하는 세력으로, 좌파는 자치론에 대항하여 비타협적 정치투쟁을 강조하는 세력으로 규정하면서, 비타협적 민족주의자들인 민족주의 좌파가 타협적 민족주의세력들인 민족주의 우파의 자치운동에 대항해서 사회주의 세력과 연합하여 신간회를 창립했다고 보았다.[78] 최초의 신간회 창립이

---

77) 신간회에 대한 연구성과 및 과제와 전망은 다음을 참조. 강만길, 「신간회운동」, 『한국사연구입문』, 지식산업사, 1981 ; 역사문제연구소 민족해방운동사 연구반, 『쟁점과 과제 민족해방운동사』, 역사비평사, 1990 ; 이균영, 『신간회연구』, 역사비평사, 1993 ; 이현주, 「신간회운동 연구의 성과와 과제」, 『한국근현대사연구』 2, 1995 ; 윤효정, 「신간회 지회연구의 성과와 과제」, 『역사문제연구』 18, 2007 ; 임경석, 「식민지시대 민족통일전선운동사 연구의 궤적」, 『한국사연구』 149, 2010.
78) 조지훈, 「한국민족주의운동사」, 『한국문화사대계』 1, 고대민족문화연구소, 1964 ; 송건호, 「신간회운동」, 윤병석 등 편, 『한국근대사론』 2, 지식산업사, 1977 ; 강만길,

비타협 좌익 민족주의세력에 의해 민족주의운동단체로 출발했다는 견해도 제기되었다.[79]

그렇지만 앞서 정치세력 분류에서 언급했듯이 타협적 민족주의 우파는 자치운동을 추진하였고 비타협적 민족주의 좌파는 신간회 운동을 전개했다는 주장은 2000년대 이후 기독교, 천도교, 동아일보 연구들을 통해 실증적으로 한계에 부딪쳤다. 그리고 민족주의세력을 타협과 비타협으로 나누는 것의 문제점도 지적되었다.

본장에서는 헌정회 집권과 보통선거법 제정이라는 일본 정계의 변동에 발맞추어, 1920년대 중반 신간회로 수렴되는 합법적 정치운동과 그 실현 형태로서 민족적 중심단체를 결성하기 위한 동아일보계열의 준비활동을 살펴보려고 한다. 우선 1925년 8월말에서 9월초에 걸쳐 동아일보에 연재된 송진우 논설에 대해 자세히 살펴보려고 한다. 기존 연구들에서도 이 논설을 언급하기도 했지만, 대부분 자치운동 관련으로 언급하거나, 제한된 범위에서 파악했다. 그러나 이 논설은 1920년대 전반 활동의 총결인 동시에 이후 국내외 정세에 대한 전망과 그에 따른 활동 방향을 제시하는 아주 중요한 논설이다. 그리고 논설직후 송진우는 논설에서 제기한 활동을 시작하는데, 그것이 바로 '조선사정조사연구회' 결성이었다. 본장에서는 양자가 밀접한

「신간회운동」,『한국사연구입문』, 지식산업사, 1981 ; 이지원, 「일제하 안재홍의 현실인식과 민족해방운동론」,『역사와현실』 6, 1991 ; 박찬승,『한국근대정치사상사연구』, 역사비평사, 1992 ; 박찬승, 「1920년대 중반~1930년대초 민족주의 좌파의 신간회운동론」,『한국사연구』 80, 1993 ; 김명구, 「1920년대 부르주아 민족운동 좌파계열의 민족운동론-안재홍을 중심으로-」,『한국사학보』 12, 2002 ; 박찬승,『민족주의의 시대』, 경인문화사, 2007 ; 신용하,『신간회의 민족운동』, 독립기념관 한국독립운동사연구소, 2008.

79) 김인식, 「신간회의 창립과 민족단일당의 이론」,『백산학보』 78, 2007 ; 김인식, 「이승복과 신간회 창립기의 조직화 과정」,『한국민족운동사연구』 58, 2009 ; 김인식, 「이승복과 신간회 강령의 이념노선」,『한국민족운동사연구』 62, 2010 ; 김인식, 「창립기 신간회의 성격 재검토」, 민세안재홍선생 기념사업회편,『신간회와 신간회 운동의 재조명』, 선인, 2018.

관련을 갖고 있었다는 것을 해명하고자 한다. 또한 이러한 송진우의 활동이 일제 지배세력들과 어떠한 관련이 있는가에 대해서 기존의 이해들의 문제점과 한계를 밝히면서, 새로운 이해를 시도하려고 한다. 소에지마의 자치제 주장과의 관련성, 이노우에 준노스케와 아베 미쓰이에, 중앙조선협회와의 관련에 대해서도 해명하려고 한다.

1. 조선사정조사연구회 결성과 송진우

1924년 4월 동아일보에서 물러났던 송진우는 10월, 고문으로 다시 동아일보에 공식적으로 돌아온다. 그리고 1925년 4월에는 주필이 되어 동아일보를 다시 장악한다. 그는 1925년 7월 하와이에서 개최된 제1회 태평양회의에 참석했다가 8월에 귀국했다.[80] 그리고 8월 28일부터 9월 6일까지 10회에 걸쳐, 「세계대세와 조선의 장래」라는 장문의 논설을 발표한다.

이 논설은 단순히 송진우의 생각을 표출한 것이 아니라, 동아일보계열은 물론 당시 민족주의세력의 정세인식과 운동방향을 상징적으로 보여주는 글이다. 송진우는 우선 제1차 세계대전이 세계에 기여한 바는 침략적 군국주의인 독일과 러시아의 붕괴라고 판단했다.[81] 민족운동에 있어서는 발칸반도 국가들의 독립, 폴란드의 독립, 핀란드의 독립, 이집트의 독립, 아일랜드의 독립이 속속 완성되었고, 인도의 '비 협동운동'과 필리핀의 독립운동도 갈수록 맹렬하게 확대되고 있다고 파악했다. 노동운동에서도 적색러시아가 완성되었을 뿐 아니라, 국제적으로나 국내적으로 노동문제가 중심의 논제가 되어 각국의 정계가 노동문제를 중심으로 '회전할 조짐'이 현저한 것이

---

80) 고하선생전기편찬위원회, 『독립을 향한 집념-고하송진우전기』, 동아일보, 1990, 254~262쪽.
81) 「세계대세와 조선의 장래」(7), 『동아일보』 1925. 9. 3.

3장 민족적 중심단체 결성과 합법적 정치운동의 전망 317

현재의 '대세'라고 파악했다.[82]

그리고 군국주의의 '신참견습(新參見習)'으로 "재래로 군국주의를 유일한 신조로 신봉하는" 일본은 군벌파의 대중외교와 시베리아 출병의 연속 실패로 인해 국가의 위신이 떨어지고 국가의 재화가 소실되어, 반항의 기운과 사회주의 수입이 가속도로 증가했다고 파악했다. 그리고 날로 악화되는 사상계의 '사상적 완화책'으로 보통선거가 단행되었는데, 향후 보통선거 실시 후 일본의 정계가 "적로의 사회주의적 색채가 농후하여질 것인가 혹은 미국의 자본주의가 그대로 적용될 것"인가에 따라 보통선거가 일본의 운명을 결정할 '분기점'이 될 것이라고 전망했다.[83]

이러한 송진우의 정세인식은 기존에 동아일보를 통해 주장하던 정세인식, 곧 세계정세가 한편으로 식민지 독립이 대세로 되어가고, 다른 한편으로는 각국에서 사회주의 사상과 운동이 확산되어 각국의 정계가 자본주의적 정당과 사회주의적 정당의 대립구도로 변화하게 될 것이라는 기존의 전망과 궤를 같이하는 것이었다.

더 나아가 송진우는 20세기는 '적로(赤露)' 사상의 발전시대라면서, 세계가 자본주의의 모범인 미국과 사회주의의 대표인 러시아로 재편되어 세계 대세의 운명이 이에서 결정될 것이며, 인류의 문화상 총결산이 이에서 결정될 것이라고 전망했다. 그리고 일본에 대해서는 '국제적 중산계급'으로 미국과 경쟁 발전하는 것도 실력이 모자라고, 볼셰비키 러시아와 협력하는 것도 위험하기 때문에 '좌고우면(左顧右眄)'하는 처지에 놓여있다고 보았다. 그는 이민문제와 중국문제로 일본이 미국의 자본적 제국주의와 충돌하고, 영국이 미국과 일본의 충돌을 촉진시키고 있기 때문에, 일미 충돌은 예상하기 어렵지 않다고 주장했다. 그는 충돌의 도화선이 중국문제가 될 것이며, 러시아의 외부적 활동이 활발할 때, 미국 해군의 확장계획이 완성되고

---

82) 「세계대세와 조선의 장래」(6), 『동아일보』 1925. 9. 2.
83) 「세계대세와 조선의 장래」(7), 『동아일보』 1925. 9. 3.

영국의 군항계획이 확립될 때, 중국정계가 동요될 때, "중국방면의 일점암운 (一點暗雲)이 태평양상의 풍우"를 크게 만들 것이라고 전망했다.[84] 그는 "조선 내부의 사회적 변혁과 세계대세의 추이와 동양정국의 위기"로 볼 때, 4~5년을 지나지 않아 태평양을 중심으로 '세계적 풍운'이 일어날 것으로 전망했다.[85] 이러한 그의 국제정세에 대한 전망은 4~5년이란 단정적인 시간과 몇 가지 소소한 오류를 제외한다면, 이후 국제정세의 진행에 대해 상당히 근접하게 전망한 것이라 할 수 있다.

송진우는 이런 정세인식하에서 일제가 "가장 민족적 관계가 밀접하고 문화적 은택이 막심한 조선민족을 유린 압박하는 것"은 "반만년 역사적 배경과 이천만 민중의 총명을 가진 조선민족으로서는 철골(徹骨)의 한"이 된다고 하면서, 조선 문제를 그대로 두고서는 '중일친선'과 '동양평화'도 '구두탄'이 될 것이라고 주장했다.[86] 또한 이웃나라를 약탈하고 사람의 피를 흡수하는 동물적 만행을 배척한다고 하면서 이는 "일본의 군벌일파의 침략적 군국주의를 배척"하는 것이라고 주장했다. 그는 우리의 주의와 목표가 민족적으로 자유·생존·평화의 3대 사상에 출발점이 있으며, 이런 의미에서 "첫째로 민족적 자유를 해결할 것이오, 둘째는 사회적 생존권을 보장할 것이요 셋째로 세계적 평화에 노력할 것"이라고 주장했다.[87]

마지막으로 이러한 세계적 변화에 대하여 두말할 것 없이 "사상적 훈련과 민족적 단결"로 준비할 것을 주장했다. 그를 위해 현재의 복잡한 사상계를 정리하고 통일하는 조사와 비교 연구를 할 것, 그리고 이렇게 정리 통일된 사상 하에서 '중심적 단결'을 만들어 단체적 배경 아래 모든 일을 추진할 것을 주장했다. 그는 "외세의 파동보다 타력의 원조보다, 중심세력의 확립과

---

84) 「세계대세와 조선의 장래」(8), 『동아일보』 1925. 9. 4.
85) 「세계대세와 조선의 장래」(9), 『동아일보』 1925. 9. 5.
86) 「세계대세와 조선의 장래」(9), 『동아일보』 1925. 9. 5.
87) 「세계대세와 조선의 장래」(10), 『동아일보』 1925. 9. 6.

자체세력의 해결"이 무엇보다 필요하며, "조선 문제는 민족자체의 단합이 확립하는 그날부터 해결"될 것이라고 주장했다.[88]

송진우의 논설은 조선 역사를 바라보는 관점, 3·1운동의 경험에 대한 평가, 국내외 정세에 대한 인식, 민족운동의 방향 등에 대해 1920년대 전반기 동아일보의 주장을 집대성한 것이라 할 수 있다. 송진우는 이 논설을 통해 민족주의세력의 인식 공유와 운동 방향의 공감대를 형성하려고 했다.

송진우는 논설 발표와 함께 곧바로 행동에 착수했다. 그는 논설 발표 직후인 9월 15일, 백관수(白寬洙), 최원순(崔元淳), 안재홍, 백남운(白南雲) 등과 함께 논설에서 언급한 사상계를 정리하고 통일하는 조사와 비교하는 연구 조직으로서 조선사정조사연구회(朝鮮事情調査研究會)를 결성한다.[89] 조선사정조사연구회가 단순한 학술단체가 아니라는 것은 기존의 연구들에서도 누차 지적되었다. 일부 연구에서는 이를 타협적 자치운동단체로 보기도 했다.[90] 그러나 조선사정조사연구회에 대한 여러 연구들을 통해 조선사정조사연구회가 자치운동과는 관련이 없는 조직임이 밝혀졌다. 일제관헌기록도 조선사정조사연구회의 "진의는 장래 민족운동의 기관으로 삼는 데 있다"고 했다.[91] 이에 따라 기존 연구들에서는 조선사정조사연구회를 비타협 민족주의자 또는 민족주의 좌파가 주도하여 결성한 단체로 보았다. 그러나 이는 부분적으로만 맞는 주장이다.

---

88) 「세계대세와 조선의 장래」(10), 『동아일보』 1925. 9. 6.

89) 조선사정조사연구회에 대해서는 다음을 참조, 주혁, 「조선사회사정연구회의 연구」, 한양대 석사학위논문, 1991 ; 고정휴, 「태평양문제연구회 조선지회와 조선사정연구회」, 『역사와현실』 6, 1991 ; 방기중, 『한국근현대사상사연구』, 역사비평사, 1992, 75~76쪽 ; 이수일, 「1920~30년대 한국의 경제학풍과 경제연구의 동향」, 『연세경제연구』 4권 2호, 1997, 169~170쪽.

90) 김동명, 『지배와 저항, 그리고 협력-식민지 조선에서의 일본제국주의와 조선인의 정치운동』, 경인문화사, 2006, 310~315쪽.

91) 일제 관헌기록은 조선사정연구회의 "眞意는 장래 민족운동의 기관으로 삼는 데 있다"고 했다. 「獨立運動終息後ニ於ケル民族運動ノ梗槪」, 『齋藤實文書』 10 民族運動 2, 高麗書林, 1990, 235쪽(이하 「民族運動ノ梗槪」로 약칭).

왜냐하면 첫째, 일제 관헌의 기록에 동아일보의 송진우와 최원순이 주도적으로 참여하고 있음을 명시하고 있는 점이다.[92]

둘째, 송진우의 논설에서 그 조직 결성을 구체적으로 적시하고 있는 점이다. 그는 "사상적 훈련과 민족적 단결"로 준비하기 위해 복잡한 사상계를 정리하고 통일하는 조사와 비교의 연구에 착수할 것을 구체적으로 언급하고 있다. 9월 6일 논설 발표가 끝나자마자 며칠 후, 바로 조선사정연구회가 발족되는 정황을 놓고 볼 때, 그는 논설 발표 이전부터 조직을 준비하다가 논설 발표와 함께 구체적 조직 결성에 착수한 것으로 보인다.

셋째, 연구회의 창립이념에 극단적인 공산주의를 주장하고 외국의 제도 문물 학설을 그대로 받아들이는 과격한 주장을 하는 사람들을 배격한다는 점을[93] 명시하고 있는 점이다. 이는 1922년 이래 누차에 걸친 사회주의자들과의 대립 속에서 계급적 관점, 극단적 관점의 배격을 주장하던 동아일보 주도세력의 평소 인식을 반영하고 있다. 그리고 당시 사회주의와 민족주의의 대립구도 속에서 이런 조직의 모색은 민족주의자 내부에서 일정한 공감대를 형성하고 있었다.

송진우의 논설에서 언급한 사상의 통일과 단결의 강조는 동아일보 1925년 9월 27일자 사설에서 보다 구체적으로 제기되었다. 사설은 우리 사회에 민족운동의 조류와 사회운동의 조류가 있는데, 이 두 조류는 '해방의 근본적 정신'에서는 조금도 다를 바 없지만, 운동의 방법과 이론적 해석에서 차이를 보여 운동전선의 혼란과 '당파적 분규'를 낳는다고 평가했다. 그러면서 유일한 논점은 우리 사회에 있어 민족운동이 '주된 조류'가 되느냐, 사회운동이 '주된 조류'가 되느냐에 있다고 파악했다. 이에 대해 사설은 세계대세로 보아서는 사회운동이 '주된 조류'가 되지만, 우리 사회에 한해서는 "민족운동의 주된 조류에 합류치 아니하면 그 운동 자체의 실제적 세력을 완성시키기"

---

92) 「民族運動ノ梗槪」, 235쪽.
93) 慶尙北道警察部 編, 『高等警察要史』, 1934, 47쪽.

어려울 것이라고 주장했다. 그것은 조선사회가 불합리한 '전제정치' 하에서 신음하고 있고, '권력의 횡포'가 '자본의 발호'보다 일층 가혹하기 때문이다. 사설은 "조선에 한해서는 민중의 생명과 자유를 창달하는 근본적 방법이 자본세력의 배제보다도 권력관계의 제한"에 더 급선무가 있다고 주장했다. 그러므로 세계대세에 순응 합류하는 방법도 먼저 내부적으로 민족운동의 주도하에 민족적 단결을 하여야 한다고 주장했다.[94] 사설은 현재의 조선사회는 식민지의 전제정치 하에 놓여 있어 민중의 자유와 권리가 일제 권력의 횡포에 의해 심히 억압받고 있기 때문에, 민족주의세력의 주도하에 민족적으로 단결하여, 일제의 전제정치 타파와 정치적 자유와 권리를 위해 투쟁하자는 동아일보 주도세력의 인식과 주장을 잘 드러내고 있었다.

민족주의세력 중심의 민족적 단결, 단일한 정치조직 결성을 주장하는 동시에 동아일보 주도세력은 이러한 조직을 대중적 차원에서 조직하고자 했다. "시대는 걸음걸음 대중적으로 기울어진다"는[95] 주장에서 상징되듯이, 그들은 대중적 선전과 대중적 결집을 중요하게 생각했다. 대중을 휘어잡고 격동시킬 수 있는 대중적 연설, 언론을 통한 계몽과 선전 등은 그들이 중요시하는 것이었다. 이렇게 대중정치를 주장하는 그들에게 있어 합법적 대중운동의 모색은 어찌 보면 당연한 것이었다. 전 민족적 단결, 민족적 중심세력을 지향하는 대중적 조직이 비합법 형태로는 만들어질 수 없기 때문이었다. 그런데 이렇게 직접적 독립을 지향하는 비합법적 영역의 정치운동이 아니라, 합법적 영역에 있는 합법적 대중정치운동을 주장하였기 때문에 일제 관헌은 이러한 움직임을 독립운동이 아닌 자치운동으로 파악하고 있었다. 그리고 그 시초가 1925년 가을부터라고 하고 있다.[96]

동아일보 주도세력은 일본에서 보통선거가 실시되고 무산정당이 급속히

---

94) 「우리 운동의 방향-단결과 합류」, 『동아일보』 1925. 9. 27.

95) 「시대의 頂針-누가 그 맡은 자이뇨」, 『동아일보』 1925. 11. 21.

96) 「民族運動 / 梗槪」, 237쪽.

성장하여 정계의 민주적 재편이 이루어지면 식민지 조선에 대한 일제 정책의 큰 변화를 수반할 것이고, 이에 따라 모든 정치적 활동을 금지하는 전제주의적 식민지배체제가 무너지고 어떠한 형식이든 조선에서 정치적 권리와 자유가 보장될 것으로 보았다. 그렇다면 이렇게 조성되는 정치적 공간, 합법적 공간에 대해 어떻게 주도적으로 준비하고 임할 것이냐가 큰 화두로 다가올 수밖에 없었다. 물론 헌정회가 집권함으로 일본 정계는 확실히 정당정치시대로 돌입하였지만, 대조선 식민정책은 여전히 요지부동이었다. 식민지에 조그마한 정치적 자유와 권리를 부여하는 어떠한 조치도 취해지고 있지 않았다. 그렇지만 당시 민족주의세력들은 정세의 변동에 대해 상당히 낙관하고 있었다. 1925년에서 1926년 상반기의 시점에서 그들은 이후 일본 무산정당이 사분오열하고, 이후 1928년에 실시된 보통선거에서 참패하면서 소규모 정치세력으로 전락할 줄은 예상하지 못했다.

헌정회 단독 내각의 성립과 송진우의 논설 이후 민족주의세력의 정치적 움직임이 점차 활발해지기 시작했다. 이는 단순히 동아일보계열에 한정된 것이 아니라, 조선사정조사연구회의 결성에서 보이듯이 민족주의세력 전반과 일부 사회주의자들을 아우르는 가운데 진행되었다. 세계정세의 변화와 일본 정계의 변동, 그리고 사회주의와 민족주의의 사상적 대립의 해결에 대해서는 대부분의 민족주의세력이 인식을 같이하고 있었다. 그들은 물산장려운동과 민립대학설립운동의 실패 이후 일시 침체된 민족운동의 새로운 발흥을 모색하려고 했다. 이렇게 해서 1920년대 초반 이래 민족주의세력이 주장해오던 '민족적 중심세력'론은 민족주의세력의 주도하에 정치적, 민족적으로 단결하는 '민족적 중심단체'를 건설하자는 주장으로 민족주의세력 전반에 점차 확산되어 갔다.

2. 일제 지배세력과 무관한 합법적 정치운동

그러면 이러한 동아일보 주도세력의 움직임이 당시 일제 총독부 권력과는 어떠한 관련성을 가지고 있었는가를 살펴보자. 소에지마 논설의 배경에 대해서 조성구는 소에지마 관련 문서들을 폭넓게 분석하여, 그가 평소 조선 자치제 시행에 소신이 있었고, 이를 알고 있던 사이토의 정치 참모인 아베와 경무국장 미쓰야가 이를 민족운동의 분열정책으로 이용하기 위해 논설을 발표하게 했다고 했다. 다만 이 과정에서 동아일보와의 사전협의는 없었다고 주장했다.97) 이형식도 당시 총독부 관료들이 자신의 필요와 요구에 따라 식민정책 변화와 자치제에 대한 의지가 있었으며, 소에지마는 이런 총독부 관료들의 자치제 동조 분위기를 고려하고, 『매일신보』의 경영난을 타개하기 위해 논설을 발표했다고 주장했다. 더불어 미쓰야 경무국장에 의해 민족주의자를 자치론으로 유도하려는 민족운동 융화책으로 이용되었다고 파악했다.98) 이들 연구들을 통해 소에지마의 논설이 동아일보와의 사전 협의는 없었다는 것은 대체로 밝혀졌다고 하겠다.

소에지마와 동아일보 주도세력의 관계가 협력적이지 않다는 것은 소에지마가 자치제를 주장한 논설에서도 구체적으로 드러난다. 소에지마는 논설 중에 조선인 중에는 '독립'을 꿈꾸는 자들이 있다면서 조선의 국가로서의 독립은 꿈에서도 이뤄질 수 없는 것이라고 주장했다, 그는 독립을 꿈꾸는 조선인들이 "일미전쟁에 의해 조선의 독립운동을 기대하는 것은 일소(一笑)의 가치도 없는 것이다"며, "일미전쟁이 불가능한 까닭은 분명하다. 일미전쟁은 세계혁명을 야기할 것이며, 문명은 종언에 이를 것"이라고 경고했다.99) 그는 '일미전쟁은 불가능'하며, 조선 독립은 있을 수 없는 공상이라면서,

---

97) 趙聖九, 앞의 책, 151~172쪽.
98) 李炯植, 앞의 책, 182쪽.
99) 副島道正, 「總督政治の根本義」, 『朝鮮統治問題論文集』 제1집, 101쪽.

조선인 중에 이런 공상에 취해 정치적 이상을 실현하려는 세력이 있다고 비판했다. 그의 이런 주장을 뒤집어보면 일미전쟁 발발에 의해 조선의 독립을 기대하는 조선 사람들이 있다는 것을 보여주고 있으며, 그는 논설을 통해 그런 사람들에게 헛된 기대를 품지 말라고 공개적으로 경고했다.

당시 일미전쟁론은 조선의 신지식층에 있어 상당히 넓게 퍼져있었다. 앞서 살펴본 송진우의 논설도 그러한 인식의 전형을 드러내고 있었다. 즉 동아일보 주도세력도 일미전쟁의 발발에 의해 조선의 독립을 기대하고 있는 사람들 중 하나였고, 소에지마의 논설은 다분히 동아일보를 포함한 한국의 지식층, 민족운동세력을 겨냥한 것이었다. 그러므로 소에지마의 논설은 우파 민족주의세력의 자치제 요구 주장을 반영한 것이 아니라,[100] 역으로 동아일보계열을 비롯한 민족주의세력에게 세계정세의 변화에 따른 독립을 기대하지 말고, 현실적으로 조선 자치제를 받아들여 타협하라는 요구였다. 물론 이는 민족주의세력과의 관련에 한정한 것이고, 또 다른 측면에서는 소에지마의 논설은 일본 본국정부와 총독부에 식민정책 변화를 촉구하기 위한 것이기도 했다.

일부 연구들에서 1925년 중반 총독부 측과 한국인 자치론자들 간에 교섭을 담당한 인물로 소에지마 외에 일본 중의원 의원 이노우에 준노스케(井上準之助)를 거론하고 있다.[101] 이에 대해 살펴보자. 이노우에는 일본은행 총재와 대장대신을 두 번이나 역임한 대표적인 경제계 인물로서 중앙조선협회 위원 중 정치적 색깔이 비교적 적었다. 때문에 헌정회계열과 일정한 유대관계를 표명하던 동아일보계열을 비롯한 조선의 민족주의자들이 그와

---

100) 김동명, 앞의 책, 324~331쪽.
101) 박찬승은 제2차 조선공산당 사건의 강달영신문서에 나오는 이종린의 전언을 토대로 이노우에가 총독부와 동아일보 주류세력간의 자치교섭을 담당했다고 주장한다.(박찬승,『한국근대정치사상사연구』, 역사비평사, 1992, 336쪽) ; 또한 김동명은 최린이 이노우에와 소에지마, 동아일보 간부들과 빈번히 교류하면서 자치운동의 전개를 모색하고 있었다고 주장했다. 김동명, 앞의 책, 346쪽.

만났을 가능성은 크다. 특히 경성방직을 경영하던 김성수는 반드시 만나야할 일본 경제계의 중요 인물이었다.[102]

그렇지만 이러한 만남을 곧 자치제 교섭을 위한 만남으로 상정하는 것은 대단히 무리다. 그는 대장상을 여러 차례 지냈지만 금융계통에 오랫동안 종사한 전문 금융인, 재정통이었다. 당시 일본정치 상황에서 조선의 자치제 실시문제는 권력이나 정치에 관련된 사람들 입장에서는 언급하기도 쉽지 않은 극히 민감한 정치문제였다. 앞서 살펴보았듯이 친일조선인들과 재조일본인들이 일본 중의원에 보낸 참정권청원서 중 자치를 주장하는 청원서는 심의조차 되지 못하고 폐기될 정도로 중의원에서조차 식민지 자치의회 설치 문제에 대해 부정적이었다. 궁중과 추밀원의 특권세력, 군부세력, 귀족원 등은 더 부정적이었다.

또한 송진우로 대표되는 동아일보 주도세력이 그와 자치제문제를 긴밀히 진행시켰을 가능성도 낮다. 동아일보는 1925년 7월 18일과 19일, 2회에 걸친 「천박한 조선사정 선전—井上准之助의 망론(妄論)」이란 제목의 사설을 통해, 이노우에를 정우회 계통의 인물로 지목하면서, 그가 연설에서 일본 국민 생활과 물자 공급을 위해 조선 개발을 추진해야 하며, 조선인을 북방노령으로 이주시키되 그 자리는 일본인이 차지하고 조선의 교육은 과도히 발달되어 도리어 폐해를 일으킨다고 주장한 것에 대해 조목조목 강하게 비판하면서 그의 '망언'을 규탄했다.[103] 동아일보 주도세력이 개인의 발언에 이례적으로 2회에 걸친 1면 사설을 통해 '망언'으로 강력히 규탄하는 바로 그 시점에, 송진우로 대표되는 동아일보 주도세력과 이노우에가 자치제 실시 논의를 긴밀히 진행했다는 것은 상식적으로 가능하지 않은 일이다. 이면교섭을 하였을 가능성도 거의 없다.[104]

---

102) 김종식·윤덕영·이태훈, 앞의 책, 239쪽.
103) 「천박한 조선사정 선전—井上准之助의 妄論」, 『동아일보』 1925. 7. 18.~19.
104) 김종식·윤덕영·이태훈, 앞의 책, 239~241쪽.

동아일보 주도세력과 총독부 권력와의 관련을 말하는 또 다른 주요 인물로는 사이토 총독의 정치자문이자 '대륙의 브로커'인 아베 미쓰이에가 있다. 1926년 이전 동아일보 주도세력이 자치운동을 주장하였고, 총독부와 관련을 맺었다는 연구들의 근거를 찾아보면 상당수 아베의 서한이나 활동에 근거하고 있다.[105] 앞서 언급한바와 같이 1925년 들어 아베는 자치제를 내세워 천도교 신파의 지도자인 최린과 동아일보계열의 김성수·송진우를 연합시켜 민족운동 진영에서 분열시키려 했지만, 이는 사이토 외에는 조선 내 기반도 없는 그가 할 수 있는 일이 아니었다.

미쓰야 경무국장을 비롯한 총독부 관료들도 적극적으로 협조하지 않았다. 미쓰야 경무국장은 11월 18일 사이토에게 보고한 서한에서 "아베 미쓰이에와는 두 번 간담했습니다. 분부하신 것도 이야기해 두었습니다. 최린과의 이야기도 들었습니다. 송진우도 끌어들일 생각인 것 같습니다만 구체적으로는 아무것도 진행되고 있지 않은 것 같습니다. 저희로서도 지장이 없다면 충분히 원조하고 싶지만 이 점이 어렵기에 상황을 잘 지켜봐 달라고 이야기해 두었습니다"라고[106] 보고했다.

미쓰야 경무국장의 보고에서 몇 가지를 알 수 있는 점이 있다. 첫째, 사이토의 명에 의해 아베를 만났지만, 그가 구체적으로 아무것도 진행하지 못하고 있었다는 점이다. 둘째, "저희로서도 지장이 없다면 충분히 원조하고 싶지만 이 점이 어렵"다고 완곡하게 표현하고 있지만, 총독부 경무국이 아베의 활동을 지원하고 있지 않다는 점이다.[107]

미쓰야 경무국장은 아베와 만난 며칠 뒤 도쿄에서 경성으로 귀선하는

---

105) 아베는 송진우가 1925년 7월의 태평양문제조사회의에 참석했다가 귀국길에 도쿄에서 자신을 방문하여 자치제와 조선의회에 대해 논의했다고 한다. 「1925년 7월 30일자 사이토 앞 아베 서한」, 이형식 편저, 앞의 책, 2018, 137쪽.
106) 「1925년 11월 18일 사이토 앞 미쓰야 서한」, 『齋藤實關係文書』 1470-2.(이형식, 앞의 글, 2018, 165쪽 재인용)
107) 김종식·윤덕영·이태훈, 앞의 책, 235~236쪽.

소에지마에게 전보를 보내 만날 것을 요청하고, 11월 24일 만나서는 자치론 발표에 대해 협의했다.[108] 기존 일부 연구에서는 아베의 지시를 받아 미쓰야가 소에지마를 만났다고 주장하는데, 현재까지 밝혀진 근거가 없다. 기존 연구 대부분이 자료적 근거 없이 그랬을 것이라고 추론할 뿐이다. 아베가 미쓰야 경무국장을 만난 일을 사이토에게 보고하는 1925년 11월 17일자 서한에서도 소에지마와 관련한 얘기는 나오지 않는다.[109] 아베의 성향이나 다른 서한으로 미루어볼 때, 자치제를 공론화하는 중차대한 일을 미쓰야 경무국장과 상의했다면 아마 사이토에게 직접 보고했을 것이다. 그런데도 내용이 없다는 것은 미쓰야가 아베와 상의하지 않았을 가능성도 엿보게 한다. 이런 점에서 아베와 미쓰야는 각기 독자적으로 행동했을 가능성이 크다. 식민통치를 직접 담당한 고급 관료들의 입장으로 볼 때, 아베는 총독이 데려온 낙하산, 그것도 연로한 참견자로 보았을 것이다.[110]

아베는 1927년 사이토가 조선총독을 사임하면서부터 영향력을 크게 잃었다. 1920년대 아베가 조선에서 일정한 역할을 한 것은 사실이지만 그것은 제한적이었다. 사이토의 사적인 정치고문이자 브레인의 위상도 한계가 있었고, 총독부 관료들을 장악한 것도 아니었다. 조선의 엘리트들과 민족운동세력이 그를 이용한 측면도 강했다. 때문에 아베는 역할이 제한된 연로한 '제국의 브로커'로서 파악해야 한다.

앞서 언급한 중앙조선협회에 대해서도 좀 더 살펴보자. 이 단체의 초대 회장은 번벌세력의 최고 원로였던 야마가타 아리토모의 양자이자, 1910년대 무단통치기에 조선 제1대 정무총감을 지냈던 야마가타 이사부로(山縣伊三郎)였다. 이사나 고문을 맡은 초기 주요 인물은 무단통치기 관료였던 우사미 가쓰오(宇佐美勝夫)와 세키야 데이자부로(關屋貞三郎), 그리고 3·1운

108) 趙聖九, 앞의 책, 168쪽.
109) 「1925년 11월 17일 자 사이토 앞 아베 서한」, 이형식 편저, 앞의 책, 2018, 149~151쪽.
110) 김종식·윤덕영·이태훈, 앞의 책, 236쪽.

동 이후 내지연장주의 정책을 추진한 제2대 정무총감 미즈노 렌타로와 그의 측근들인 모리야 에이후(守屋榮夫) 전 총독비서관, 마루야마 쓰루키치(丸山鶴吉) 전 경무국장, 또 제2차 호헌운동의 빌미가 된 야마가타벌 귀족원의 중심인물인 전 수상 기요우라 게이고(淸浦奎吾), 그리고 이노우에 준노스케(井上準之助)와 일본 재무 관료 및 은행가를 역임한 재벌 시부사와 에이이치(澁澤榮一) 등이었다.[111] 일부에서는 중앙조선협회를 일본인 자치론자들이 결성한 조직으로 그 구성목적이 조선의 자치운동 지원에 있다고 주장하지만,[112] 실제로는 이와 거리가 멀었다. 일부 헌정회계열 인사들도 있었지만, 정우회계열도 있었고, 특권세력 출신도 있었다. 전체적으로 보면 당시 일본 정계의 보수화가 반영되어 보수적 성격이 강했다. 조선에 근무했거나 이해관계를 가진 사람들의 모임이었다.[113]

중앙조선협회는 특별조사위원회를 설치하였는데, 정치 및 행정을 연구하는 제1부는 조선에서의 참정권 문제를 담당했다. 제1부 위원은 이즈미 아키라(泉哲), 나가이 류타로(永井柳太郎), 야마모토 미오노(山本美越乃) 등 식민정책학자를 비롯하여 소에지마 경성일보 사장, 야마가타 이소오(山縣五十雄) 전 서울프레스 사장, 바바 에이이치(馬場鍈一) 식산은행 이사, 오자키 다카요시(尾崎敬義) 등이었다. 이 중에서 소에지마, 바바, 이즈미 등이 식민지 조선에서의 자치의회 설치를 언급했다.[114] 그렇다고 중앙조선협회가 식민지 조선에서 자치제 실시를 지지한 것은 결코 아니었다. 1929년 10월, 고다마 히데오(兒玉秀雄) 당시 조선총독부 정무총감이 일본으로 가서 하마구치 오사치(濱口雄幸) 수상 및 마쓰다 겐지(松田源治) 척무대신 등 내각 요인들과 미즈노 렌타로와 우사미 가쓰오 등 중앙조선협회 요인들을 만나 조선에서

111) 李炯植, 「戰前期における中央朝鮮協會の軌跡-その設立から宇垣總督時代まで-」, 『朝鮮學報』 204, 朝鮮學會, 2007.
112) 박찬승, 앞의 책, 1992, 337쪽.
113) 김종식·윤덕영·이태훈, 앞의 책, 238~239쪽.
114) 이형식, 앞의 글, 2018, 168~169쪽.

의 참정권 문제를 협의한 바 있다. 그때 중앙조선협회의 미즈노와 우사미 등은 조선에서의 자치제 실시를 강하게 반대했다. 조선지방의회에 대한 것은 조선인들에게 충동을 일으켜 장래 화근이 될 가능성이 있다는 것이었다.[115] 일부가 조선자치의회를 주장했지만, 전체적으로 보면 중앙조선협회는 이에 비판적이었으며, 일본 정부의 기본 입장을 따르고 있었다.[116]

동아일보계열은 1925년 11월에 급서한 시모오카 츄지(下岡忠治) 정무총감의 후임으로 12월에 부임한 유아사 구라헤이(湯淺倉平) 정무총감이나, 1926년 1월에 발족한 일본정객들의 중앙조선협회에 대해서도 부정적이었다.[117] 동아일보는 논설을 통해 유아사 구라헤이 정무총감이 "조선인의 정치적 능력이 발달됨을 기다려 운운"했다고 비판했다. 또한 중앙조선협회가 그 말하는 바가 "의연히 그네의 전례대로 늘 하는 말(例談)"에 그쳤다고 하면서, "시운(時運) 무서운 줄 모르는 것이 소아의 범 무서운 줄 모르는 이상임에 또 한 번 가엽게 여기어 웃음(憫笑)를 금"하기 어렵다고 맹렬히 비판했다. 동아일보는 얼마의 굴곡과 마찰을 거칠지는 모르지만 "완전한 상태에 있는 조선인의 조선의 실현이 그 유일한 귀착점"이라면서, 조선의 모든 것은 이것을 출발점으로 삼아야 한다고 주장했다.[118] 이런 주장은 그들이 민족의 자결이라는 대전제 위에 서있으며, 조선인의 제반 민주주의적 정치적 자유와 권리의 보장이 핵심적 당면 요구사항임을 의미하는 것이었다.

동아일보계열은 이전에 그랬던 것처럼 내부 사상과 이념의 통일을 기하면서 국제정세의 변화와 일본 정계의 변동에 주목하고 있었다. 그들이 기다리고 있는 정세는 일본에서의 보통선거의 실시와 중국 정세의 변동이었다.

---

115) 李炳植, 앞의 책, 235쪽.
116) 김종식·윤덕영·이태훈, 앞의 책, 239쪽.
117) 중앙조선협회의 활동에 대해서는 李炳植, 앞의 글, 2007 참조.
118) 「그 愚를 웃자-되풀이 하는 헛수고, 현하 조선문제」, 『동아일보』 1926. 1. 30.

4장 일본과 중국의 정세 변동과
합법적 정치운동의 구체화

　민족주의세력, 그중에서도 동아일보계열의 정치세력은 1910년대에서
20년대 초반에 걸친 일본 유학의 경험과 영국의 신자유주의를 비롯한
서구 근대사상의 수용, 3·1운동에 대한 반성적 평가와 아일랜드 민족운동을
포함한 1920년대 초반의 세계 전승국 식민지 민족운동에 대한 지속적인
탐구를 통해 민족운동의 노선과 방침을 발전시켜 오고 있었다. 그리고
이는 1922년 언론·출판·집회·결사의 자유를 비롯한 제반 민주주의적 권리
에 대한 정치투쟁과 정치운동의 제기로 표출되었고, 조직적으로는 '민족적
중심세력 형성'론으로 전개되었다. 그리고 이는 1920년대 중반 '민족적
중심단체' 건설 주장으로 발전했다. 이러한 움직임은 타협적 자치운동을
위한 것보다는 합법적 대중정치운동론의 전개과정과 관련되어 있는 것이었
다. 또한 합법적 정치운동론은 동아일보를 중심으로 논의가 진행되었지만
이는 민족주의세력 전반의 기류 및 정서와 관련되어 있었다. 민족주의세력
은 국내외 정세 변동을 살펴보면서, 헌정회 단독정부 수립과 무산정당의
성장이라는 조건의 변화 속에서 이를 구체적 운동 형태로 기획했다. 조선사
정조사연구회의 활동은 그 출발이었다.
　본장에서는 이상의 인식을 바탕으로 신간회 창립의 직접적 전사를 이루는
1926년의 민족주의세력, 특히 기존에 자치운동의 일환이라고 평가되었던

동아일보계열의 활동을 새롭게 조명함으로써 신간회가 어떠한 민족운동의 맥락에서 창립하게 되는지를 해명하고자 한다. 기존 연구들에서는 이를 '연정회 부활' 운동이라고 하여, 1923~24년의 연정회를 이은 제2차 자치운동으로 파악하고 있다.[119)]

본장에서는 우선 동아일보계열이 일본과 중국의 정세에 대해 어떻게 인식을 하고 어떠한 영향을 받고 있는지, 그리고 '연정회 부활' 계획으로 알려진 1926년 9~10월의 동아일보계열이 주도한 민족주의세력의 정치적 활동이 실제 자치운동과 관련되어 있지 않다는 점을 면밀히 검토하고자 한다. 이를 통해 동아일보계열을 중심으로 1925년 후반부터 전면화된 민족주의세력의 정치운동인 '민족적 중심단체', 합법적 정치운동단체 건설 제기가 1920년대 전반 '민족적 중심세력'론을 계승하는 것인 동시에 1926년에 이르러 조직적인 형태로 구체화되고 있었다는 것, 그리고 이것이 타협적 우파 민족주의자들만의 동향이 아니라 최린과 천도교 신파를 제외한 거의 모든 민족주의세력이 같이 동의하고 함께 참가한 활동이라는 것을 밝힘으로써 신간회 창립의 구체적 전사를 해명하고자 한다. 그리고 이런 민족주의세력 전반의 정치운동론의 내용과 한계에 대해서도 살피고자 한다.

1. 일본 보통선거 실시와 정계 변동에 대한 전망

1925년 3월 보통선거법이 통과되고 1925년 8월 헌정회 단독 내각이 수립되었지만, 보통선거의 실시는 아직 구체화되지 않았다. 헌정회의 보수화에서 드러나듯이 일본 정계의 전체적 보수화가 노골화되고 있었고, 소수 약체 내각인 헌정회 내각은 식민정책에 어떠한 진전도 가져오지 못하고

---

119) 박찬승, 앞의 책, 1992, 336~343쪽.

있었다. 더군다나 동아일보 주도세력과도 일정한 교류가 있던 헌정회의 가토 수상이 1926년 1월에 급서하면서 헌정회에 대한 기대도 사라져 갔다. 후임 수상인 와카쓰키 레이지로(若槻禮次郎)는[120] 같은 헌정회이지만 대장성 관료 출신으로 식민지 조선정책의 변화를 모색할 만한 정치력에는 전임 가토 총리대신보다는 한계가 있었다.[121]

그렇지만 동아일보계열은 보통선거가 실시되어 일본 무산대중이 대거 선거에 참여하게 됨으로써 이들의 이해를 대변하는 합법적인 무산정당이 출현할 뿐 아니라, 시대의 진전에 따라 세력을 급속히 확장하여 의회에 대거 진출함으로써 종국에는 일본 정계가 사회주의 무산정당 대 자본주의 비무산정당으로 재편될 것이라고 전망했다. 그리고 이러한 일본정치의 민주화와 무산정당의 출현은 식민지 조선정책에 큰 변동을 가져와 조선에 정치적 자유와 권리의 부여를 비롯한 큰 변화를 가져오는 동력이 될 것이라고 기대했다. 동아일보계열은 보통선거의 구체적 실시를 기다리면서 정중동했다. 더군다나 조선공산당의 관여로 일어난 6·10만세운동을 계기로 민족운동과 사회운동에 대한 일제의 대대적 탄압과 검속이 전개되면서

---

120) 와카쓰키 레이지로(1866~1949)는 고등학교와 대학교에서 항상 수석을 도맡았던 수재로 1892년 도쿄제국대학 법학과를 수석으로 졸업했다. 수차례 내무대신을 역임하였고 3·1운동 후 조선 정무총감을 역임한 미즈노 렌타로와 대학동기였다. 곧바로 대장성에 들어가 관료로 국장과 차관을 역임하고, 제1차 호헌운동 당시 제3차 가쓰라 다로(桂太郎) 내각의 대장대신이 되었다. 1914년 제2차 오쿠마 시게노부(大隈重信) 내각에서도 대장대신을 역임하였고, 1916년 가토의 헌정회 창당에 가담하게 된다. 1924년 가토 내각에서는 내무대신으로 보통선거법안과 함께 치안유지법 입안을 주도했다. 가토 사후 내각 총리대신을 계승하였지만 1927년 4월 昭和금융공황의 책임을 지고 총사직했다. 1931년 4월 헌정회의 후신인 입헌민정당의 하마구치 오사치(濱口雄幸) 내각이 물러나자, 민정당 총재로 취임하여 제2차 와카쓰키 내각을 조각했다. 그렇지만 군부에 의해 일어난 만주사변에 대해 확전 반대 방침을 밝히면서 견제를 받아 12월에 조기 총사직하고 말았다. 1934년 7월에는 민정당 총재에서도 사직했다. 이후 중신회의에 참석하여 일본 군국주의화를 방조했다. 若槻禮次郎,『明治·大正·昭和政界秘史 古風庵回顧錄』, 讀賣新聞社, 1950(講談社 學術文庫, 1983) ; 豊田穰,『宰相·若槻礼次郎 ロンドン軍縮會議首席全權』, 講談社, 1990.

121) 김종식·윤덕영·이태훈, 앞의 책, 226쪽

사회 분위기가 움츠러들었기 때문에 정치활동은 더욱 힘들어졌다.

여기서 동아일보계열의 정치활동, 대중운동의 특징을 살펴볼 수가 있다. 그들은 국내외 정세에 대한 폭넓은 분석과 판단 속에 이슈를 선점하면서 민족주의세력의 전반에 영향력을 행사하는 데는 장점을 가지고 있었다. 그렇지만 그들의 활동은 여론 활동을 통해 민족엘리트들과 지식인들, 그리고 민족주의 정치세력에 영향력을 확대하는 데 머물러 있었다. 민족운동과 정치활동이 대중적 기반 위에서 전개되어야 한다는 신념은 확고했지만 이를 여론과 연설을 통해 획득하려고 했지 구체적 대중조직에 대한 고려는 취약했다. 그들에게 대중은 계몽의 대상이자 여론 정치의 대상이었지 운동의 조직적 참여자가 아니었다. 민립대학설립운동 당시에도 각 지역의 민족 유력자를 활용하려고 한 점은 진일보한 것이지만, 거기에 그치고 말았다. 때문에 민립대학설립이 무산되자 조직적 기반 구축도 거기가 끝이었다. 재건된 물산장려운동에도 미온적이었다.

천도교같이 확실한 대중적 기반도 갖고 있지 못했고, 수양동우회같이 정예의 기반도 갖고 있지 못했다. 동아일보라는 가장 큰 여론을 형성하고 있는 언론매체를 장악하였지만, 여론 선도만으로는 한계가 있을 수밖에 없었다. 의회주의와 정당정치에 대해 강한 집착을 가졌지만 이를 가능하게 하지 못하는 식민지적 현실 속에서 어떻게 이를 돌파할 것이냐, 그의 대중적 지반은 어떠해야 하는가에 대한 인식이 부족했다. 때문에 헌정회를 비롯한 일본 부르주아 정당정치세력이 의회주의에 대한 함몰 속에서 특권 천황 정치체제에 타협해가면서 대중적 기반을 사회주의세력과 군국주의자들에게 내주었던 것처럼, 동아일보 주도세력은 식민지적 현실에서 사회주의세력과 천도교, 기독교 등 여타 종교세력에게 민족운동의 대중적 기반을 내줄 수밖에 없었다.

한편 헌정회는 정우본당과의 연립내각 교섭이 실패로 돌아가자,[122] 1926년 6월에 이르러 의회 해산과 보통선거법에 의거한 총선거 실시를 계획하기 시작했다. 그리고 9월 경부터는 노동농민당을 중심으로 즉각 총선거 실시를 요구하는 대중적 정치투쟁으로 의회 해산 청원운동이 크게 일어나고 있었다. 이제 동아일보 주도세력이 기다리던 보통선거의 실시가 구체화되기 시작한 것이다. 당시 정황에서 볼 때, 1927년 초반에 의회 해산과 최초 보통선거가 실시될 것으로 보였다.[123] 이러한 일본 정세의 진행은 조선에 그대로 전해지고 있었고 일본 국내의 정치정세의 변동 방향은 모두 일제의 조선지배 정책의 변화를 예고하고 있었다.[124]

그런 가운데 1926년 9월 3일 도쿄 서남부 시즈오카현의 하마마쓰(濱松)시에서 시의원 선거를 일본 최초로 보통선거로 실시하게 되었다. 동아일보는 그 결과에 대해 사설을 통해 의미를 부여했다. 사설은 전체 36명의 시의원 중 이전의 의원은 13명에 불과하고 23명은 새로운 의원이며, 이중 노동계급의 배경으로 당선된 사람이 4명이라 하면서, 이는 일본 무산계급의 자각이 자본가나 권력자가 생각한 것보다 빈약하지 않은 것이라 주장했다. 사설은 보통선거가 실시되어 정치적 무대에서 무산계급의 맹장들이 '기염'을 토하고 그 언론의 힘이 다시 사회에 반영될 때에는 가속도로 일본 무산계급의 정치적 각성이 촉진될 것이며, '굳세게 나아가는 힘(猛進力)'으로 일본의 정계가 바뀔 것이라고 주장했다. 그리고 일본에서 무산계급이 점차 대두되면 일본 국민에 해가 되는 일본의 제국주의 대륙정책이 실시되기 어려울 것이라면서 이에 따라 조선도 영향을 받을 것이라고 전망했다.[125]

이런 주장은 보통선거를 바라보는 동아일보계열의 입장과 바람을 잘 보여주는 것이라 하겠다. 동아일보는 일본의 중의원 해산과 보통선거 실시가 필연적일 것이라면서 보통선거는 현재 여당인 헌정회와 야당인 정우회의

---

122) 「일본정계의 전도-憲本 연립의 교섭·파열을 보고」, 『동아일보』 1926. 5. 29.
123) 「보선을 앞에 두고 각 정당 해산 선후책 강구」, 『조선일보』 1926. 7. 1.
124) 한상구, 앞의 글, 145쪽.
125) 「일본 濱松의 보선 결과」, 『동아일보』 1926. 9. 8.

싸움으로, 정우본당은 양 세력에 의해 분해 작용을 겪게 될 것으로 전망했다. 그렇지만 신흥세력, 즉 1926년 3월 5일 결성된 무산정당인 노농당의 활동에 주목해야 한다면서, '훈련된 통제력'과 '확고한 단결력'이 없는 이상 일거에 천하를 얻는 것은 불가능하지만, 정우·헌정 양당의 각축 속에 어부지리를 얻어 의외의 성과를 얻을지도 모른다고 기대감을 표시했다.126)

2. 중국 국민정부의 북벌이 조선 민족운동에 미친 영향

그런데 일본의 보통선거 문제보다 훨씬 더 크게 민족운동세력을 격동시키는 사건이 1926년 7월에 일어나게 된다. 그것은 중국 남쪽 끝 광둥성에 위치한 중국 국민정부의 중국통일을 위한 북벌이다.

국민정부는 국공합작과 소련의 군사적 재정적 지원을 기반으로 군대를 양성하고 정부의 체계를 마련하고 있었다. 국민당은 1925년 3월 쑨원(孫文)이 죽고 난 후에는 집단 지도체제를 마련했다. 그러나 8월 랴오중카이(廖仲愷) 암살사건과 뒤이은 후한민(胡漢民)의 외유 이후에는 장제스(蔣介石)와 왕징웨이(汪精衛)의 연합 지도체제를 이루었다. 그리고 1926년 3월 중산함사건을 계기로 왕징웨이가 외유를 떠나면서 장제스가 권력을 장악하게 되었다.127)

장제스는 2차례에 걸친 광둥성 동쪽지역에 대한 군사행동이 성공적으로 수행되어 광둥성 일대를 안정적으로 장악하게 되자, 1926년 초부터 적극적으로 즉각적인 북벌 단행을 주장하게 된다. 이는 북벌을 통해 분열되어

---

126) 「일본정국의 장래, 보선의 결과는 如何」, 『동아일보』 1926. 10. 31.
127) 배경한, 『장개석연구-국민혁명시기의 군사 정치적 대두과정-』, 일조각, 1995, 66~97쪽 ; 楊天石, 「中山艦事件'之謎」, 楊天石, 『找尋眞實的蔣介石-蔣介石日記解讀』, 三聯書店, 2008, 131~154쪽 ; 楊奎松, 「蔣介石走向'三二0'之路」, 楊天石, 『國民黨的聯共與反共』, 社會科學文獻出版社, 2008, 97~126쪽.

있는 국민혁명군의 군권을 통합하고 확대하여 자신의 군사적 정치적 기반을 확대하기 위한 것이었다. 이에 대해 코민테른과 소련 군사고문, 중국공산당, 국민당 좌파세력은 시기상조를 주장하며 장제스를 견제했다. 그렇지만 일정한 타협이 이루어지면서 장제스의 북벌 주장을 받아들여 6월 국민당은 북벌을 결의하고, 장세스를 국민당 중앙상무위원회 주석 겸 국민혁명군 총사령에 임명했다.[128]

1926년 7월, 8군으로 편성된 중국혁명군이 세 방향으로 북벌을 단행했다. 북벌군은 각지 노동자·농민·청년·학생 등의 전폭적인 지지와 지원 속에 파죽지세로 진격하여 7월 12일에는 후난(湖南)성의 창사(長沙)를 점령했고, 8월 중순에는 중남부의 요충지이자 장시(江西)성의 성도인 난창(南昌)을 일시 점령했다. 이렇게 되자 후난성과 장시성의 군벌 군대들이 투항하여 국민혁명군으로 재편되면서, 국민혁명군은 8월말에는 11군 20여만 명으로 급속히 확대되었다.

식민지 조선의 민족 언론들은 이미 1926년 초부터 중국의 정세를 주시하고 있었다. 동아일보는 연초부터 일본의 중국 출병에 따라 배일감정이 일어나고, 반일운동이 일어나는 상황에 주목했다.[129] 6월 말부터 시작된 상하이파업에 대해서는 1925년 5·30운동 때와 같이 전국적으로 확대되지 못하고 남방에 국한될 것으로 전망했다.[130] 국민혁명군의 북벌 직전에는 사설을 통해 중국의 대표적 군벌인 우페이푸(吳佩孚)와 장쭤린(張作霖)의 연합을 분석하기도 했다.[131] 그런 가운데 국민정부의 북벌이 시작되었다.

동아일보는 북벌 초기에는 우페이푸와 장쭤린으로 대표되는 중국의 군벌들의 세력이 막강하고, 이들이 각기 영국과 일본의 후원을 받는 것에 비해,

---

128) 배경한, 앞의 책, 97~107쪽.
129) 「중국의 일본출병과 배일운동」, 『동아일보』 1926. 1. 3 ; 「해동기와 중국의 정국」, 『동아일보』 1926. 2. 20.
130) 「확대되는 상해파업」, 『동아일보』 1926. 7. 2.
131) 「吳佩孚 張作霖의 회견과 중국 政狀」, 『동아일보』 1926. 7. 3.

국민당군은 러시아의 후원을 받고는 있지만 상대적으로 세력이 약하다는 점에서, 국민당의 북벌 승리를 전망하지 못했다.[132] 이런 전망은 8월 말까지는 지속되었다. 국민혁명군이 군벌군의 반격 속에 8월 중순에 난창이 군벌군에 다시 함락당하고 국민혁명군이 패퇴했다. 그러자 동아일보는 이제 북벌군(국민혁명군)이 회복하는 것은 불가능하며 중국은 다시 봉건군벌의 할거 체제로 돌아갈 것으로 전망하기도 했다.[133] 그럼에도 기대를 가지면서 북벌의 진행과정에 대해 날마다 상세히 보도했다. 동아일보 사설은 중국 군벌들이 모두 제국주의 열강의 세력을 배경으로 하기 때문에 민중의 토대가 없으며, 민중의 '의식적 토대'에 서있는 자만이 전 중국의 통일을 기대할 수 있다고 하여, 중국 국민혁명군의 민중운동과의 결합을 강조했다.[134] 이는 국공합작에 기반해서 전 민중적 지원 하에서 북벌을 추진하고 있는 국민혁명군에 정당성과 도덕성을 부여하는 것이었다.

8월 말부터 전세는 다시 역전되었다. 민중운동과 결합한 북벌군은 점점 더 강화되었으며, 중국 중부의 요충지 후베이(湖北)성 우창(武昌) 인근까지 진출했다. 이때부터 동아일보는 중국 정세가 크게 변화할지도 모른다는 전망을 하기 시작했다. 중국 중남부의 대표적 군벌인 우페이푸 군대의 연이은 패배를 지켜보면서, 그의 몰락과 동북 삼성의 지배자 장쭤린의 약화가 가져올 중국의 변화, 더 나아가 이들과 연결된 일본과 영국 등 외세의 동향에 주목했다.[135] 동아일보 1면 기사의 상당부분은 연일 중국 북벌 관련 기사로 채워졌다.

드디어 9월 중순 우창과 한커우(漢口)가 국민혁명군에 의해 처음 점령되자, 3회에 걸쳐 중국 정세를 점검하는 특집기사를 내보냈다.[136] 물론 동아일보는 국민혁명군의 북벌이 일거에 성공을 거둘 것으로 보지는 않았다.

---

132) 「중국의 새로운 政狀, 馮·蔣·孫의 연결소식을 듯고」, 『동아일보』 1926. 7. 20.
133) 「군벌의 중국과 인민의 중국」, 『동아일보』 1926. 8. 25.
134) 「중국과 중국군벌」, 『동아일보』 1926. 7. 26.
135) 「중대화하는 중국풍운」, 『동아일보』 1926. 9. 9.
136) 「무한함락과 중국문제의 전도」(1)~(3), 『동아일보』 1926. 9. 19~21.

완전한 북벌을 이루기에는 실력이 부족하기 때문에 어느 정도에 이르면 휴전을 하고 후일을 기약할 것으로 보았다. 그럼에도 중국 자체가 각성하여 진보하고 있다고 높이 평가했다.[137]

우페이푸군의 뒤를 이어 또 다른 군벌인 쑨촨팡(孫傳芳)군이 북벌에 개입했음에도 공방전 끝에 10월 초, 국민혁명군은 우한을 사수하고 일대를 확실히 점령했다. 이에 동아일보는 장장 7회에 걸친 사설을 통해 중국 혁명의 유래와 정세, 전망을 상세히 분석했다.[138] 사설은 현재의 중국은 열강의 '고압정책'과 군벌의 '횡포한 태도'로 말미암아 중국 민족이 구문화에 대해 반항운동을 시작하고, 신문화에 대한 수입 보급에 '맹진'하고 있으며, 현재 중국민족을 통일 부활하게 하는 사상은 쑨원(孫文)의 '삼민주의(三民主義)'라고 판단했다.

쑨원의 '삼민주의'사상에 대해서는 중국민족을 통일 부활하게 하는 사상으로 첫째, 구미의 민주주의 사상을 섭취한 '민권의 자유', 둘째, 러시아혁명으로부터 시작된 '세계대세의 귀추'를 예상한 '민생의 공산', 셋째, 국제적으로 민족적 감정을 내다 본 '민족의 평등'이라고 하여, 중국의 사상계는 쑨원의 삼민주의 하에 조화 통일된 것으로 보았다. 동아일보는 삼민주의가 혁명운동의 전선을 통일하고 세계대세의 추이를 명찰하며 이상적 문화를 건설하는 점에서 위대하며,[139] 세계의 대세와 합한 것일 뿐 아니라 중국의 전통에 근거한 사상으로 평가했다.[140] 이런 그들의 주장은 중국의 국민혁명이 쑨원의 삼민주의에 의해 민족주의 우위 하에 국공합작을 이룬 것같이, 사회주의와 민족주의가 대립하는 조선의 현실에서 하나의 시사점을 찾으려는 시도라 할 수 있다.

---

137) 「日本의 대중책동」, 『동아일보』 1926. 9. 30.
138) 「중국문제와 장래」(1)~(7), 『동아일보』 1926. 10. 19~26.
139) 「중국문제와 장래(7) 竟是 국민당천하」, 『동아일보』 1926. 10. 25.
140) 「주의와 권력, 중국국민당의 範」, 『동아일보』 1926. 11. 16.

쑨원의 활동은 식민지 조선 언론에 일일이 셀 수 없을 정도로 비교적 자세히 보도되고 있었다. 당시 동아일보에서 가장 많이 언급된 인물이었으며, 그 일거수일투족이 관심의 대상이었다. 1925년 들어 쑨원이 병석에 눕자 동아일보는 생중계하듯이 그의 상태를 수시로 보도했다. 쑨원이 1925년 3월 12일에 죽자, 동아일보는 즉각 「아? 손문선생이여」라는 제하의 사설을 게재하여 쑨원을 정치부문에서 인류사에 가장 기여한 인물로 꼽으면서 쑨원의 죽음은 인류사회의 막대한 손실이라고 추모했다.[141] 앞서 언급했듯이 송진우가 유일하게 존경하는 사람은 쑨원이었다. 그와 관한 책을 항상 곁에 두고 보았다. 1925년 쑨원이 죽었을 때는 한국에서도 추도회가 민족주의자들을 중심으로 추진되기도 했다.[142] 이후에도 쑨원 관련 보도는 간간히 그러나 지속적으로 이루어지고 있었다. 특히 1929년 6월에 쑨원 유골이 남경에 안치된 것을 기념하는 날에는 며칠에 걸쳐 특집기사와 사설을 게재했다.[143]

동아일보계열은 1926년 후반의 시점에 국제정세가 다시 변화하고 있다고 판단했다. 중국에서 국민당의 북벌은 '본질적 대혁명'으로 국민당군이 중국을 통일하면 중국은 아시아 제민족의 중심으로 막대한 영향을 끼칠 것이라 하면서 중국의 변화에 주목했다. 또한 일본에서 무산정당운동이 활발히 전개되면, 비록 일본 무산정당이 과반수 의석을 점하는 것은 요원하지만, 캐스팅보트를 행사할 수 있는 세력으로 '불원한 장래'에 성장할 수 있을 것으로 전망했다. 그들은 미국 윌슨 대통령의 민족자결주의와 러시아 레닌의 정치적 경제적 평등사상을 통해 대두한 신세력이 10년도 지나지 않아 꽃을 피웠다고 평가했다. 그러면서 제1차 세계대전 후의 7년간의 반동기가

---

141) 「아? 孫文先生이여」, 『동아일보』 1926. 3. 14.
142) 배경한, 『쑨원과 한국』, 한울, 2007, 205~210쪽.
143) 「孫氏의 일생」 1~4, 『동아일보』 1929. 5. 28~31 ; 「신흥중국 건설자 손씨의 일생」 1~2, 『동아일보』 1929. 6. 4~5.

지나가고, 민족적·개인적·정치적·경제적 자유평등운동이 이제 본무대에 들어설 것으로 기대했다.[144]

12월 7일 중국 국민혁명군은 난창(南昌)을 완전히 점령하여 양자강 중부 유역을 장악했다. 그리고 국민정부도 우한으로 이전하여 1927년 1월 1일, 우한 국민정부 수립이 공포되었다. 이제 국민정부는 화남에서 화중까지를 장악한 중국의 중심적 정치세력이 되었다. 그동안 중국을 분할하여 통치해 왔던 군벌정부의 몰락은 시대의 대세였다. 동아일보는 국민당의 북벌과 중국 정세에 대해 자세하고 방대한 기사를 지속적으로 내보냈을 뿐 아니라, 누차의 사설을 통해서 계속 중국 문제를 다각도로 분석했다.[145]

동아일보의 1927년 1월 1일 신년사설은 이런 정세 변화를 반영하고 있었다. 사설은 과거의 극동은 제정러시아와 영국 및 일본이 각축하던 곳이었던 것에 반해, 금일의 극동은 중국 국민혁명군의 승세로 인하여 대변동의 추세와 '신 형세'에 놓여 있다고 보았다. 사설은 중국 혁명군의 세력이 불원한 장래에 중국 전역을 통일할 것이며, 그렇게 되면 혁명정부는 제국주의 타파 정책을 시행할 것이고, 이에 따라 "20여년을 두고 만몽에서 닦아온 일본의 이권은 근본적으로 동요될 것"으로 전망했다. 따라서 일본은 현재의 제국주의정책을 국내외를 막론하고 크게 고치고 바꿀 수(大改修)밖

---

144) 「신세력의 대두」, 『동아일보』 1926. 11. 29.

145) 1926년 11월부터 상하이 점령으로 1차 북벌이 마무리되는 1927년 3월까지 당시 동아일보의 중국문제에 대한 주요한 논설을 보면 다음과 같다. 「主義와 權力, 中國國民黨의 範」, 『동아일보』 1926. 11. 16 ; 「漢口罷業」, 『동아일보』 1926. 11. 27 ; 「新勢力의 擡頭」, 『동아일보』 1926. 11. 29 ; 「他山之石-英國의 對中政策」, 『동아일보』 1926. 12. 29 ; 「漢口의 英租界事件과 英國의 急所」, 『동아일보』 1927. 1. 10 ; 「醒覺한 獅子-새로 覺醒한 獅子로서의 中國」, 『동아일보』 1927. 1. 13 ; 「日本의 對中政策」, 『동아일보』 1927. 1. 22 ; 「中國問題의 將來」, 『동아일보』 1927. 1. 26 ; 「中國人의 强點 自主精神의 勝利」, 『동아일보』 1927. 1. 27 ; 「紛紜한 戰爭說에 對하야」, 『동아일보』 1927. 1. 29 ; 「國民政府의 對外宣言」, 『동아일보』 1927. 1. 31 ; 「國民軍 成功의 要素」, 『동아일보』 1927. 2. 12 ; 「杭州陷落」, 『동아일보』 1927. 2. 19 ; 「南方中心人物」(1)~(21), 『동아일보』 1927. 2. 18.~5. 9 ; 「上海의 今後와 列國」, 『동아일보』 1927. 3. 26.

에 없고, 일본 국내의 보통선거 실시는 이런 형세를 피할 수 없는 것으로 할 것이라고 전망했다. 이렇게 하여 약소민족으로 열강의 압박을 받던 중국 인민이 자주권을 회복하면, "적어도 극동의 정세가 일변할 것은 단언할 수 있는 사실"로 되어, "일본의 조선에 대한 정책도 변경하지 아니할 수 없는 필연적 국면에 다다를 것"으로 전망했다. "이 대세는 일보 또 일보로 익어가고" 있기 때문에, 이 "대세에 순응하여 조화하여 가는 가, 가지 못하는 가"를 맹렬히 반성해야 하며, 현재는 그 때를 예상하고 새로운 각오를 민족적으로 가져할 시기라고 주장했다.[146] 이런 동아일보의 전망은 동아일보 논설위원 최원순이 1927년 1월 1일부터 12일에 9회에 걸쳐 연재한 장문의 논설에서 보다 구체화된다.[147]

그런데 이러한 전망은 동아일보계열에 한정된 것이 아니었다. 국외의 민족주의세력들도 비슷한 전망을 하고 있었다. 만주의 민족주의운동계열은 만주지역이 러·일 사이에 충돌이 발생할 수 있는 중심지대로서, 중국의 국민혁명과 서로 호응하여 중국혁명이 승리하면 '고려혁명의 문'은 열릴 것이고, 나아가 동양혁명의 도화선이 될 것이라고 보았다.[148]

일본에서 보통선거 실시의 가시화와 무산정당운동의 진전, 그리고 무엇보다도 그동안 미약했던 중국국민당이 전 국민적 지지 속에 북벌을 전개하여 군벌군을 물리치고 승리를 하고 있는 국제정세의 변화는 동아일보계열의 민족주의세력, 더 나아가 당시 국내외 민족운동세력 전반을 크게 고무시키는 것이었다. 이러한 유리한 국제정세의 진전에 맞추어 민족운동을 한 단계 더 진전시켜야 한다는 의식과 의지가 민족운동세력 전반에 팽배해졌다. 이에 따라 민족주의세력의 민족적 중심단체, 정치조직의 결성을 위한 움직임도 구체화되기 시작했다.

---

146) 「극동의 대세와 민족적 각오」, 『동아일보』 1927. 1. 1.

147) 최원순, 「극동정국의 장래」(1)~(9), 『동아일보』 1927. 1. 1~12.

148) 신주백, 『만주지역 한인의 민족운동사 : 1920~45』, 아세아문화사, 1996, 104쪽.

3. 사회주의계열의 민족통일전선과
동아일보계열의 민족적 중심단체 구상

1920년대 중반 들어 민족운동세력 전반에서 민족문제의 중요성과 민족협동전선 전술의 필요성에 대한 인식이 확산되었다. 사회주의세력들도 1926년 들어서는 민족주의세력과 협동을 통해 구체적 민족운동 조직을 추진하기 시작했다.[149] 강달영을 책임비서로 한 재건 화요회계의 조선공산당은 1926년 2월 26일 3차 중앙집행위원회에서 민족운동과 사회운동을 통일하기 위한 국민당 형태의 민족통일전선을 조직할 것과 이를 위해 천도교를 기초로 삼을 것을 결정하였다. 그리고 강달영이 천도교 구파와 조선일보, 흥업구락부·기호파 기독교계열의 인물들과 접촉하여 민족운동단체 결성을 논의했다.[150]

한편 서울파의 전위조직인 고려공산동맹은 화요파의 노선을 극좌적이라 비판하면서 보다 적극적인 통일전선전술을 주장했다.[151] 그들은 천도교 내부의 분파를 비타협과 타협적 부류로 나누지 않고 모두 혁명적 민족단체로 간주했다. 도리어 신파에 대해 교도 숫자도 압도적으로 많고, 가장 활력 있는 천도교청년당도 그 영향력 아래 있으며,『개벽』등 영향력 있는 언론기관을 장악하고 있다는 점에서 높이 평가했다. 수양동우회의 이념도 '독립사상'이며 언론 매체를 통해 그 사상을 선전하고 있다고 평가했다.[152]

---

149) 이를 상징적으로 보여주는 것이 1925년 6월「치안유지법의 실시와 금후의 조선 사회운동」제하의『개벽』의 설문조사이다. 설문에서 화요회계의 권오설, 조봉암, 김찬, 북풍회계의 신철, 서울청년회계의 김사국, 이정윤, 이영 등은 대체로 사회운동과 민족운동의 협력을 긍정하고 있었다.

150) 김창순·김준엽,『한국공산주의운동사』2, 고려대학교 아세아문제연구소, 1973, 453~457쪽 ; 김정인,「일제강점기 천도교단의 민족운동 연구」, 서울대학교 국사학과 박사학위논문, 2002, 190~196쪽 ; 임경석,「강달영, 조선공산당 책임비서」,『역사비평』58, 2002년 봄호. 262~263쪽.

151) 전명혁,「서울파의 민족통일전선론 연구」,『역사연구』6, 1998, 99~103쪽.

그런 가운데 고려공산동맹은 1926년 7월 명제세를 중심으로 한 조선물산장려회의 일부 민족주의자들과 협동하여 '조선민흥회'를 발족하게 된다.[153] 고려공산동맹은 일제를 구축하기 위해서는 공산주의자와 혁명적 민족주의자가 서로 제휴하여 공동전선을 만드는 것이 절대 조건이며, 민족단체를 총집중할 통일적 표현기관이 필요하다면서 각 혁명적 민족단체 내의 우수한 분자와 협동하여 민흥회를 발기하게 되었다고 평가했다.[154]

당시 사회주의세력은 민족통일전선을 당연히 표면운동, 즉 합법운동조직으로 구상하고 있었지 결코 비합법 조직으로 결성하려 하지 않았다. 그것은 민족통일전선 전술방침 자체가 광범한 대중을 당면의 민족혁명과정에 참여시키고, 그 과정에서 사회주의세력의 영향력을 확대하기 위한 방침이기 때문이다. 민족주의세력과의 정치적 연합을 통해 광범한 대중을 정치운동에 나서게 하고 결집시키는 데 있어, 비합법적인 운동방식으로는 커다란 한계를 가지기 때문에 당연히 합법적 형태를 가져야 한다고 인식하고 있었다.

이렇게 사회주의운동 진영에서 민족통일전선으로서 민족운동단체 결성이 추진되는 가운데 민족주의세력의 민족적 중심단체, 민족적 정치운동단체를 결성하려는 움직임도 구체화되기 시작했다. 이런 민족주의세력의 정치적 활동은 크게 보아 몇 개의 세력을 중심으로 진행되었다. 첫째는 송진우로 대표되는 동아일보계열, 둘째는 기독교세력, 즉 조병옥, 주요한, 이광수 등으로 대표되는 수양동우회와 그 배경이 되는 안창호의 흥사단

---

152) 임경석, 앞의 글, 2002, 264쪽.

153) 조선민흥회에 대해서는 다음을 참조. 이균영, 『신간회연구』, 역사비평사, 1993, 86~94쪽 ; 방기중, 「1920·30년대 조선물산장려회 연구」, 『국사관논총』 67, 1997, 97~104쪽 ; 이현주, 「'서울파'의 민족통일전선운동과 신간회(1921~1927)」, 『한국근현대사연구』 7, 1997, 181~190쪽 ; 전명혁, 앞의 글, 1998, 103~107쪽 ; 전명혁, 『1920년대 한국사회주의 운동 연구』, 선인, 2006, 357~368쪽.

154) 전명혁, 앞의 글, 1998, 105쪽.

및 서북지방 기독교세력, 그리고 이들과 경쟁관계에 있으며 구미 이승만의 동지회와 연결되어 있는 흥업구락부 및 기호지방 기독교세력, 셋째는 천도교세력, 곧 최린으로 대표되는 천도교 신파와 이종린 등의 천도교 구파세력이다. 각 정치세력의 활동에 대해서는 기존의 연구들로 대신하고 본장에서는 동아일보계열의 활동에 초점을 맞추어 살펴보도록 하겠다.

1925년 하반기부터 정치운동의 필요성을 본격적으로 제기하고 대중의 정치적 자각을 고취하면서 민족적 중심단체를 건설하자는 동아일보의 주장은 1926년 들어서도 계속되었다. 동아일보는 청년들을 향해 침체한 사회와 횡폭한 전제정치 하에서 선결문제는 '제도의 개조'와 '생활의 원활'에 있다면서, 청년들이 이를 수행할 사회적 의식을 강렬히 가지고, 의에 살고 불의에 죽는 의협심과 용단을 가질 것을 주장했다.[155] 또한 민족운동 내부 분열에 대해서는 "국토를 떠난 지방열 혹은 정치가 없는 정당열"[156]이라면서 민족적으로 대동단결할 것을 주장했다. 동아일보계열의 핵심인 송진우도 『개벽』의 신년 소감에 대한 설문에서 경제와 정치가 파멸되는 것이 문제가 아니라 '민족의 원기 소멸'이 큰 걱정이라면서, "단결의 훈련이 없으면 아무리 주의가 신성하고 사상이 철저할지라도" 그 목적한 바를 성공하지 못할 것이라면서 '원기 진작'과 '단결의 훈련'을 주장했다.[157]

그렇지만 동아일보 주도세력은 구체적 조직 결성에는 유보적이었다. 동아일보는 1월 7일자 논설에서 단결의 필요를 절감한 지 오래되었고 그동안 너무 많이 말하고 들어왔지만 단결의 실현은 '기대하는 희망(企望)'에도 상당한 거리가 있다고 판단했다. 때문에 현재 기도할 수 있는 단결은 권력이 중심이 되는 단결이 아니라, 개인이나 소수의 단체의 자유가 보존되

---

155) 「의기와 용단」, 『동아일보』 1926. 1. 11.
156) 「대국에 착안하야 私爭을 棄하라-내외형제에게 고함」, 『동아일보』 1926. 1. 19.
157) 송진우, 「현하 조선에 대한 우려점과 희열점-원기진작과 단결의 훈련」, 『개벽』 66, 1926년 2월호, 39쪽.

고 각자의 입장을 인정하면서 상호 제휴하는 것이어야 한다고 주장했다. 이는 정치운동을 추진할 만한 정치적 공감대와 이념의 일치가 미흡하다는 판단에서였다.158)

4. '연정회 부활' 계획 참여 세력

민족적 중심단체, 즉 민족운동의 정치적 조직 결성을 위한 민족주의세력의 움직임은 일사불란한 것이 아니었다. 각 정치세력의 처지와 입장에 따라 논의를 진행할 수밖에 없는 것이었고, 각 세력의 고질적 분파 대립을 반영할 수밖에 없었다. 더군다나 조선의 상황에서는 민족운동의 한 축을 이루는 사회주의세력의 활동이 함께 엮어져 진행되었기 때문에 사회주의세력 내의 파벌경쟁이라는 또 다른 이해관계도 중첩되어 전개될 수밖에 없었다.

1926년 하반기 민족주의세력의 활동을 보여주는 것으로 기존 연구에서 주로 인용한 것은 일제 총독부 관헌기록인 「獨立運動終息後ニ於ケル民族運動ノ梗概」의 자치운동 부분에 대한 사료이다. 그 외에도 여러 사료가 있지만, 대부분 이 사료의 내용을 기반으로 재정리하거나 요약한 것이기 때문에 이 사료가 주로 인용되었다. 사료에서는 1925년 이래 송진우 등이 안창호 일파의 '절대독립 불능론'에 따라 자치운동으로 전환하였고, 1926년 9월 말 자치운동단체를 조직할 것을 결의하여 10월 초부터 그 조직 준비에 착수하여 여러 사람들과 회합하여 상호 의견을 교환하였으며, 10월 14일에 '시사간담회'를 열어 준비위원회 개최를 발기하려 했다고 한다. 그리고 조선일보의 안재홍과 김준연이 계획에 반대해서 비밀리에 이를 민흥회에

---

158) 「단결의 의의」, 『동아일보』 1926. 1. 7.

알려주어 이들이 시사간담회 개최를 저지하였고, 몇 사람만이 모여서 민족운동단체의 유보를 결정했다고 한다.[159]

　기존 연구들은 관헌사료의 이 부분에 기반하여 당시 일제 총독부와 연계하여 우파 민족주의세력이 자치운동을 전개한 것으로 설명하면서 이를 '연정회 부활' 운동으로 보고 있었다.[160] 이에 대해 한상구는 '연정회 부활' 계획 속에서 소위 타협과 비타협 인사들의 행동은 자치와 반자치의 입장에서 선명히 대립선을 긋고 있지 않았으며, 10월 14일 모임에서 발기하고자 한 단체도 자치운동단체라기보다는 적어도 외형상으로는 민족주의단체의 결성이었다고 의문을 제기했다. 그는 신간회 창립과정의 안재홍 주장을 검토하면서 비타협 민족주의자들이 타협적 민족주의세력 내에서 자치운동자를 분리해서 보고 있었고, 연정회 부활 계획 중에 크게 문제가 되었던 것은 그 계획 자체가 아니라 최린과 아베 미쓰이에(阿部充家)의 존재였다고 주장했다.[161]

　본장에서는 한상구의 선행 연구를 기반으로 하면서도 관헌사료를 다시 면밀히 재검토하여 그가 주목하지 못한 여러 점들을 발굴하고자 한다. 우선 관헌사료의 「4. 자치운동단체 조직계획」을 보면 처음부분에 "송진우, 최린, 김성수, 최남선, 이종린 등이 대정 14년(1925)이래 회합하여 조선 현하의 상태에서는 독립운동을 절대 불가능하다고 언급한 안창호 일파의 포섭에 따라 자치운동으로 방향을 전환하려는 연구를" 했다고 되어있다.[162]

---

159) 「獨立運動終息後ニ於ケル民族運動ノ梗概」, 『齋藤實文書』 10 民族運動 2, 高麗書林, 1990(이하 「民族運動ノ梗概」로 약칭), 237~240쪽.

160) 박찬승, 앞의 책, 1992, 338~339쪽 ; 심재욱, 「1920~30년대 초 고하 송진우의 사상과 활동」, 『한국민족운동사연구』 22, 1999, 227~231쪽 ; 김동명, 앞의 책, 351쪽 ; 김인식, 앞의 글, 2007, 230~231쪽 ; 조규태, 「1920년대 민족주의세력의 자치운동의 전개양상」, 민세안재홍선생기념사업회 편, 『신간회와 신간회운동의 재조명』, 선인, 2018, 146~147쪽.

161) 한상구, 앞의 글, 150~154쪽.

162) 「民族運動ノ梗概」, 237쪽.

여기서 주의 깊게 보아야 할 부분이 두 가지 있다. 첫째는 자치운동을 처음 시작했던 인물들로 기존 연구들에서 언급했던 송진우, 김성수, 최린, 최남선 외에 아마 기존 연구들이 논지를 맞추기 위해 의도적으로 뺀 것 같은 천도교 구파의 지도자 이종린이 들어 있다는 점이다. 그렇지만 이는 한상구도 간략히 언급한 바와 같이 연구자들이 쉽게 뺄 수 있는 사안이 아니며 잘못 기록된 것도 아니었다.163) 이종린이 들어간 것이 관헌기록자가 잘못하여 넣은 것이라 볼 수도 없는 것은 당시 이종린이 공개적으로 자신은 타협이거나 비타협이거나 할 것 없이 정치운동과 관련 없다는 담화를 발표할 정도로 그와 관련된 소문이 파다했다는 점이다.164)

그렇다고 해서 이것이 곧 이종린이 자치운동과 관련되었다는 것을 의미하는 것은 아니다. 여기서 확인하려고 하는 것은 관헌사료에서 언급한 소위 '자치운동'을 처음 모의했다는 사람들 중에 이종린이 함께 들어 있다는 점이다. '제2차 조선공산당 사건'의 강달영조서에서 보이듯이 이종린은 자치운동에 대해 대단히 부정적 의사를 표명했고 최린에 대해 공개적으로 격렬하게 비판하고 있었다.165) 그런 이종린이 이 모의에 들어가 있다는 것은 이 모의가 총독부 관헌이 볼 때는 자치운동으로 비추어 보였지만, 실제로는 자치운동에 대한 모의가 아닐 수도 있다는 사실을 일정하게 보여주는 것이기 때문이다. 더군다나 이종린이 견원지간인 최린과 나란히 들어있는 서술도 문제이다. 이종린이 최린과 협의를 했을리는 없을 것이고, 했다고 하면 아마도 송진우 등의 동아일보계열과 모의를 했을 것이다.

---

163) 한상구, 앞의 글, 150쪽, 각주 38) 참조.
164) 『동아일보』 1926. 10. 24. 이종린은 담화에서 타협이거나 비타협이거나 할 것 없이 정치운동과는 자신이 관계가 없다고 하면서 혐의를 부정하고 있다. 이종린은 1926년 3월 조선공산당의 국민당 결성 움직임부터 시작해서 1927년 2월 신간회 창립에 이르기까지 민족운동의 정치조직을 결성하려는 각종의 활동에 참가하고 있었다. 때문에 정치운동과 관련 없다는 그의 담화는 전혀 사실과 다르다.
165) 김준엽·김창순편, 『한국공산주의운동사』 자료편 II, 고려대학교출판부, 1980, 120쪽.

둘째는 관헌사료에서는 자치운동자들의 출발점이 "조선 현하 상태에서는 독립운동은 절대 불가능하다"는 안창호 일파의 포섭에 따라 자치운동으로 방향 전환한 것으로 되어 있다. 사료를 곧이곧대로 믿으면 안창호가 타협적 자치운동의 원조라는 말이 된다. 그렇지만 이런 관헌사료의 주장은 안창호와 그의 민족운동에 대해 관련 사료를 폭넓게 검토한 여러 연구들을 통해 잘못된 것이라는 것이 밝혀졌다.166) 또한 당시 안창호의 국내조직인 수양동우회와 핵심인물인 조병옥의 연구를 통해 이들이 자치운동단체 설립을 지향하지 않았다는 것이 밝혀졌다.167)

사실 기존 연구에서는 이 연정회 부활 계획을 자치운동의 일환으로 규정하기 위해 아마 의도적으로 사료에서 언급하는 안창호의 존재를 뺏을 것이다. 당시 안창호는 '대혁명당 결성'을 주장하며 1926년 7월부터 중국과 만주에서 민족유일당 결성운동을 앞장서서 전개하고 있었기 때문이다.168)

---

166) 도산사상연구회편, 『변혁기의 개혁운동과 도산사상』, 범양사, 1993 ; 도산사상연구회편, 『도산안창호의 사상과 민족운동』, 학문사, 1995 ; 유병용, 「대공주의 정치사상연구」, 『한국근현대사연구』 2, 1995 ; 이명화, 「안창호연구의 성과와 과제」, 『한국근현대사연구』 6, 1997 ; 장규식, 『일제하 한국 기독교민족주의 연구』, 혜안, 2001 ; 이명화, 「중국에서의 안창호의 독립운동연구(1919~1932)」, 홍익대 사학과 박사학위논문, 2002 ; 이명화, 『도산 안창호의 독립운동과 통일노선』, 경인문화사, 2002 ; 이명화, 「도산 안창호와 민족통일전선운동」, 『한국독립운동사연구』 18, 2002 ; 이명화, 「도산 안창호에 대한 '비판적' 인식과 연구동향」, 『도산사상연구』 8, 2002 ; 이윤희, 「도산 안창호의 독립운동사상에 관한 고찰」, 『한국사상사학』 18, 2002 ; 손동유, 「안창호의 정치활동연구」, 홍익대 사학과 박사학위논문, 2004 ; 장규식, 「1900~1920년대 북미 한인유학생 사회와 도산 안창호」, 『한국근현대사연구』 46, 2008 ; 유병용, 「도산 안창호의 민족주의 정치사상과 독립운동」, 『한국근현대 민족주의 정치사상』, 경인문화사, 2009.

167) 김상태, 「1920~1930년대 동우회·흥업구락부연구」, 『한국사론』 28, 1992 ; 조배원, 「수양동우회·동우회 연구」, 성균관대 사학과 석사학위논문, 1998 ; 장규식, 『일제하 한국기독교 민족주의 연구』, 혜안, 2001 ; 이수일, 「1920년대 중후반 조병옥의 민족운동과 현실인식」, 『실학사상연구』 15, 2000 ; 이현주, 「일제하 (수양)동우회의 민족운동론과 신간회」, 『정신문화연구』 92, 2003 가을호 ; 김권정, 「일제하 조병옥의 민족운동과 기독교사회사상」, 『한국민족운동사연구』 64, 2010.

168) 김희곤, 「한국 유일독립당 촉성회에 대한 일고찰」, 『한국학보』 33, 1983 ; 황민호, 「만주지역 유일당운동과 3부통합운동」, 『爭點 한국근현대사』 4, 한국근대사연구소,

민족유일당운동을 선도하는 안창호를 관헌사료는 독립이 절대 불가능하다는 자치론자로 규정하고 있다. 내용의 시작부터 잘못된 것이다. 때문에 이 사료는 아주 엄밀하게 비판적으로 검토해서 보아야 한다.

한편 관헌사료에 등장하는 인물의 면면을 보면 다음과 같다. 처음 자치운동을 모의한 사람들과 함께 논의를 해 간 사람들을 관헌사료에 나온 순서대로 보면 사전 모의자로 송진우, 최린, 김성수, 최남선, 이종린 등이 등장하고, 다음으로 박희도, 김준연, 조병옥, 김여식, 최원순, 한위건, 심우섭, 최남선, 이광수, 변영로, 김찬영, 홍명희, 박승철, 백관수, 민태원, 홍병선, 김필수 등이 보인다. 그리고 10월 14일 소위 '시사간담회'에 참석했던 사람들은 안재홍, 김준연, 유억겸, 김여식, 조병옥 등이다. 관헌사료에 등장하는 인물 모두를 1926년 10월 당시를 기준으로 사회적·조직적 인간관계를 기준으로 계열별로 나누어 보면 다음과 같이 나눌 수 있다.

○ 동아일보계열 : 송진우, 김성수, 최원순, 한위건

　※ 한위건은 조선공산당계열과 중복

○ 조선일보계열 : 안재홍, 백관수, 민태원, 김준연

　※ 김준연은 조선공산당계열과 중복

　※ 안재홍은 흥업구락부·기호지방 기독교계열과 중복

○ 기타 언론계열 : 홍명희(시대일보 사장 역임), 심우섭(매일신보 주간 역임), 최남선

○ 흥사단·수양동우회와 서북지방 기독교계열 : 조병옥, 이광수, 김여식, 김

1994 ; 김영범, 「1920년대 후반기의 민족유일단운동에 대한 재검토」, 『한국근현대사연구』1, 1994 ; 김영범, 「대한민국 임시정부와 민족유일당운동」, 『대한민국임시정부 수립 80주년 기념논문집』하, 1999 ; 김희곤, 「안창호와 중국 관내지역의 통일운동」, 『도산사상연구』5, 1998 ; 이명화, 「안창호와 만주지역의 통일운동」, 『도산사상연구』5, 1998 ; 이명화, 「도산 안창호와 민족통일전선운동」, 『한국독립운동사연구』18, 2002 ; 한시준, 「민족유일당운동가 홍진」, 『한국독립운동사연구』20, 2003.

필수(장로회, 기독신보 주간)

○ 동지회·흥업구락부와 기호지방 기독교계열 : 유억겸, 박승철, 홍병선 (YMCA, 감리교), 박희도(3·1운동 기독교대표-신생활사 사장), 안재홍

   ※ 안재홍은 조선일보계열과 중복

○ 천도교 신파 : 최린

○ 천도교 구파 : 이종린

○ 조선공산당계열 : 김준연(조선일보), 한위건(동아일보)

   ※ 한위건은 동아일보계열과 중복, 김준연은 조선일보계열과 중복

○ 기타 : 김찬영(변호사), 변영로(이화여전 교수, 재일본상해파 출신)

이렇게 분류해서 보면 몇 가지 특징을 발견할 수 있다. 첫째, 당시 민족운동의 주요 세력들인 기독교와 천도교의 각 계열별 주요 인물들, 그리고 각 언론계의 주요 인물들이 거의 망라되어 있다는 점이다. 기독교의 경우 중요한 두 개의 그룹인 흥사단·수양동우회와 서북지방 기독교계, 그리고 동지회·흥업구락부와 기호지방 기독교계의 주요 인물들이 포함되어 있다. 천도교의 경우 신파를 대표하는 최린과 구파를 대표하는 이종린이 포함되어 있다. 한편 민족운동에서 주요한 역할을 담당했던 언론기관의 경우 동아일보와 조선일보의 주요 인물들이 역시 망라되어 있다. 더불어 정간 중인 시대일보의 사장 홍명희 등도 포함되어 있었다.

둘째, 1927년 2월 결성된 신간회 창립에 참여하는 인물들도 상당수 있다는 점이다. 관헌사료에서 계획에 반대했다고 언급한 안재홍과 김준연을 제외하고도 백관수, 최원순, 홍명희, 이종린, 조병옥, 유억겸, 박희도 등도 신간회 창립에 적극 참가한다. 특히 신간회 창립에 핵심적 역할을 했던 홍명희도 이 연정회 부활 계획에 참여했다. 관헌사료의 주장을 그대로 믿으면 1926년 10월 당시에는 안재홍과 김준연을 제외한 이들이 자치운동을 추진하다가 갑자기 마음을 바꾸어 신간회에 합류하게 되었다는 식이 된다. 이는 상식적

으로 납득이 되지 않을뿐더러 개개인의 당시 행적을 보아도 신빙성이 전혀 없다.

셋째, 조선공산당의 간부인 한위건이 동아일보 정치부장 신분으로, 김준연이 조선일보 논설기자 신분으로 참여하고 있는 점이다. 이들은 동아일보와 조선일보에 재직하고 있지만 명백한 공산주의자들이었다. 김준연은 서울파의 전위조직인 고려공산동맹의 책임비서를 역임하였고, 서울파의 일원으로 통일조선공산당 결성에 가담하여 선전부장으로 활동한다. 과거 상해파 공산당원이었던 한위건은 1920년 중반에는 공산당 세력의 통일을 목표로 한 레닌주의동맹의 일원이자 조선공산당원으로, 역시 통일조선공산당에 가담하여 중앙집행위원으로 활동한다. 1926년 10월의 시점이면 통일조선공산당을 정식으로 결성하기 위한 지하활동이 활발하게 전개되었던 시점으로 이들 간에도 일정한 교류가 있었다.[169] 주목할 것은 이들이 각기 동아일보와 조선일보에 속해 있지만, 당시 운동 이론이나 방침에서 보조를 같이하는 입장이었다는 점이다. 때문에 사료에서 언급하는 것과 같이 자치조직의 계획에 김준연이 반대했다면, 역시 한위건도 반대해야 앞뒤가 맞는다.

넷째, 송진우, 백관수, 유억겸, 조병옥, 최원순, 홍명희, 김준연, 한위건 등은 조선사정조사연구회의 회원이라는 점이다. 이는 조선사정조사연구회에서의 교류관계가 이 모임을 만드는 데 큰 기반이 되고 있다는 점을 보여준다. 기존 조선사정조사연구회의 모임을 바탕으로 그 외 각계 세력을 대표할만한 인물을 추가로 망라한 형태로 협의가 이루어지고 있었다고 볼 수 있다. 앞서 살펴보았듯이 조선사정조사연구회의 결성에는 송진우를 비롯한 동아일보계의 역할이 크게 작용했다. 그렇게 본다면 이러한 조직결성 활동은 조선사회에 대한 객관적 연구를 통해 사회운동과 민족운동의

---

169) 박종린, 「1920년대 '통일'조선공산당의 결성과정」, 『한국사연구』 102, 1998, 233~256쪽. 서울파의 김준연은 1926년 10월 14일 조선공산당에 가입한다.

이념적 대립을 극복하고 민족운동의 지도이념을 정립하기 위해 만든 조선사정조사연구회의 연장에 놓여 있는 것이라 할 수 있다. 앞서 살펴보았듯이 조선사정조사연구회는 자치운동조직이 아니었다. 일제 관헌들도 조선사정조사연구회에 대해서는 민족운동 준비기관으로 보고 있었다. 그렇다면 조선사정조사연구회의 연장선상에 있는 1926년 10월의 조직 결성 활동도 관헌의 관측과는 달리 자치운동 조직 결성 움직임이 아니라 민족운동 결성 움직임이었다고 보는 것이 논리적으로 맞을 것이다.

5. '연정회 부활' 계획에 대한 재해석

다시 관헌사료로 돌아가서 보자. 관헌사료에서는 안재홍으로부터 모임을 전해들은 민흥회의 명제세가 최린에 대해 절대 반대의 의사를 표명하면서 시사간담회를 실력으로 저지시키는 데 여기서 몇 가지 주목할 부분을 발견할 수 있다.

첫째, 실력 저지를 위해 간 사람들 중에 명제세 외 수 명의 민흥회원 말고도 전진회 이영 외 십여 명이 더 있었다는 점이다. 이영은 주지하다시피 김사국 사후 서울계 구파의 지도자로 당시 레닌주의동맹 등과 통합하려는 서울계 신파와 치열하게 대립하고 있는 상태였다. 그런데 서울계 구파의 영수 이영이 자신과 치열한 경쟁·대립 관계에 있는 김준연과 레닌주의동맹의 한위건이 참여하려는 모임에 왜 직접 와서 반대하였을까? 관헌사료에서 언급한 것처럼 김준연이 자치단체 조직을 반대해서 이를 민흥회에 알려준 것이라면 더욱 나타날 필요가 없었을 것이다. 왜냐하면 이는 자신과 심각하게 대립하고 있는 김준연을 도와주는 꼴이 되기 때문이다. 경쟁상대를 도와주러 온다는 것은 당시 사회주의자들 간의 대립과 경쟁을 놓고 볼 때 있을 수 없는 일이다. 당시 김준연과 한위건은 지하에서 통일조선공산당을 결성하는 비밀활동을 함께 전개하는 중이었다. 상식적으로 생각하면 이영은 자신과 경쟁관계에 있는 통일조선공산당으로 합류하는 김준연과 레닌주의동맹의 한위건이 추진하는 민족주의자들과의 민족통일전선 결성 움직임을 저지하러 왔다고 보는 것이 합리적일 것이다.

둘째, 명제세와 이영은 서로 연결되지 않은 다른 계통의 인물이라는 점이다. 민흥회는 명제세의 조선물산장려회와 서울계, 엄밀히 말하면 서울계 신파가 장악한 고려공산동맹이 합작하여 결성한 조직이다. 때문에 명제세는 고려공산동맹의 책임비서였던 김준연과 연결되는 인물이지 이영과는 연결되는 인물이 아니다. 그런데 엉뚱하게 김준연의 경쟁상대인 서울계 구파의 이영과 같이 행동한 것으로 관헌사료에는 묘사되고 있는 점이다. 이는 서로 다른 움직임, 즉 김준연과 한위건을 겨냥한 이영의 활동과 최린을 겨냥한 명제세의 활동을 구별하지 못하고 함께 처리했기 때문에 발생한 오류였다.

셋째, 명제세가 시사간담회 모임에 항의하였을 때 그 항의의 이유로 드는 것이 일본인 아베 미쓰이에가 이 조직 결성에 개입하고 있어 근본적으로 잘못되었고, "자치의 정신을 무시하는 불순한 운동으로 자신들의 주장과 전혀" 용납할 수 없다고 하는 점이었다. 즉 아베가 개입하고 있는 점을 명분으로 반대하고 있는 점이다. 최린이 아베와 깊이 관련되어 있는 것은 분명하다. 김동명은 아베의 일자불명 서한의 분석을 통해 총독부 당국이 아베를 통해 조선에서의 자치제 실시를 최린과의 회담에서 이때 처음으로 언급했다고 주장했다.[170] 그러나 아베 미쓰이에 서한을 편찬한 이형식은 아베와 최린의 회담 서한이 작성된 날짜를 1926년이 아닌 1925년으로 추정했다.[171] 최린이 아베와 어울린다는 것은 당시 민족주의세력에게는

---

170) 「齋藤實宛阿部充家書簡」, 『齋藤實文書』 書簡／部, 283~298쪽(김동명, 앞의 책, 348~350쪽에서 재인용).
171) 이형식 편저, 앞의 책, 2018, 153쪽.

공공연히 알려진 바였다. 이를 놓고 보면 명제세는 아베와 어울리는 최린에 대해 반대한 것이지, 모임에 참석하는 모두에 대해 반대한 것이 아니었다.

넷째, 천도교 내에서 최린과 심각한 대립과 반목을 거듭하고 있는 천도교 구파의 이종린이 안재홍과는 부부라는 평을 들을 만큼 각별한 사이라는 점이다.[172] 당시 천도교 구파 인사들은 안재홍, 이관용, 홍명희, 박동완, 신석우, 허헌 등과 어울렸다. 이런 점을 놓고 볼 때, 안재홍이 이종린과 견원지간으로 대척점에 있는 최린과 더불어 일을 도모할 가능성은 거의 없다. 더군다나 최린이 총독의 정치자문 내지는 '대륙의 브로커'인 아베와 어울리는 것도 그를 충분히 의심하게 하는 것이다. 안재홍 입장에서는 이렇게 의심스러운 최린과 같이 조직을 만든다는 것은 선택하기 어려운 것이었을 것이다.

안재홍과 조선일보는 1925년 말부터 타협운동의 대두를 지속적으로 경계하였는데, 타협운동을 추진하는 세력으로 우선 '내지연장주의'자들, 각파유지연맹이나 시국대동단을 들면서 이들은 대중적 영향력에서 큰 문제가 되지 않는다고 한다. 또한 각종 협의회, 도평의원, 기타 공직자들이 타협운동의 중견세력이 될 것이라고 보았다. 그는 타협에서 가장 문제가 되는 것은 '식자계급' 또한 '지사의 부류'에서 나온 것이라고 주장했다.[173] 그는 현재에 전해지는 바와 같이 앞서의 친일세력과는 다른 방면의 인물들이 정당 방식으로 타협적 민족주의운동 즉 자치운동을 시작하게 되면 그 반향이 클 것으로 전망했다.[174] 안재홍이 민족운동 내에서 나올 타협운동세력에 대해 명시적으로 지적한 것은 없지만, 당시의 정황을 볼 때, 대체적으로 최린의 천도교 신파를 겨냥한 것으로 판단할 수 있다. 이는 ① 안재홍과 이종린을 비롯한 천도교 구파와의 관계, ② 아베와 어울리는 최린의 행적에

---

172) 김정인, 앞의 박사학위논문, 199쪽.
173) 「조선 금후의 정치적 추세」(3), 『조선일보』 1926. 12. 18.
174) 안재홍, 『은둔생활과 투쟁생활」, 『조선지광』 61, 1925. 11, 5쪽.

대한 거부감, ③ 천도교 신파가 천도교청년당이라는 당적 형태의 합법적 조직을 만든 것 등을 놓고 볼 때, 거의 확실하다. 그렇다면 안재홍은 최린을 배제하는 길을 택하지 않았을까?

다섯째, 관헌사료에서 10월 14일 회합에 안재홍, 김준연, 조병옥, 유억겸, 김여식 5인이 참석한 점과 그들이 민족주의단체의 즉각적인 조직의 필요성과 실현가능성을 논의한 다음, 단체 시도를 보류하고 있는 점도 주목해서 보아야 한다. 만약 이 날 모임이 자치조직 결성 모임이라면, 이를 반대한 안재홍과 김준연이 왜 굳이 참석했는가 하는 의문이 당장 들 수밖에 없다. 또한 한상구가 지적한 것과 같이 이들 5인은 회합에서 자치운동단체 발기의 부당성을 성토하거나 자치운동에 대한 상호 대립된 입장으로 논란하지 않았다. 그리고 '민족주의단체' 조직을 유보했을 뿐이다.[175] 이것은 그 날 발기하고자 했던 단체가 자치단체가 아니라는 것을 일정하게 반증한다고도 할 수 있다.

여섯째, 조선일보의 논설위원으로 이 모임을 반대해서 이를 명제세에게 알려주었다는 조선공산당의 김준연이 이날 모임에 참석했을 뿐 아니라 신간회 창립시기까지는 조선일보에서 활동하지만 신간회 창립 직후 1927년 5월에는 동아일보의 조사부장으로 자리를 옮겼고, 10월부터는 이광수의 뒤를 이어 동아일보 편집국장이라는 최고위직에까지 오르게 된다는 점도 주목해야 한다.[176] 그는 1928년 2월 통일조선공산당 사건으로 구속되어

---

175) 한상구, 앞의 글, 151쪽.

176) 김준연(1895~1971)은 전남 영암출생으로 경기공립고등보통학교를 졸업하고 일본에 유학하여 1917년 도쿄제국대학 법학부 독법과에 입학했다. 일본유학시 재일조선인유학생의 모임인 학우회의 총무와 회장을 역임했다. 1921년 독일로 유학가 베를린대학 법과에서 학위를 받았다. 1925년 귀국한 후 조선일보에 입사하였고 곧 소련특파원으로 파견되었는데, 이때 관련 논설을 많이 발표하여 필명을 얻었다. 그는 서울파의 공산주의운동에 가담하여 1926년 서울파의 전위조직인 고려공산동맹의 책임비서를 역임했다. 또한 제2차 조선공산당이 붕괴된 후, 김철수 주도하에 제3차 통일조선공산당 재건이 추진되자 이에 적극 가담하여 선전부장이 되었다. 1927년 신간회 발기인, 신간회 창립시 중앙본부 간사를 역임했다. 1927년 5월에는 동아일보

6년간 수감되었다가 출소하게 된다. 그 후 1934년 10월에 동아일보에 다시 재입사하였고, 1935년 3월부터는 동아일보 주필로 재직하면서 이후 송진우의 최측근으로 이전과 인생행로를 달리했다.

1926년 10월의 모임을 주도한 것은 동아일보의 송진우였다. 관헌사료대로 이해한다면 김준연은 안재홍과 함께 송진우의 활동을 좌절시킨 장본인이라 할 수 있다. 그런데 이런 김준연을 송진우는 얼마되지도 않은 1927년 5월 경쟁신문인 조선일보에서 동아일보 조사부장으로 스카우트했고, 곧바로 기자들과 편집진의 최고 지위인 편집국장에 임명한다. 김준연이 송진우가 심혈을 기울여 추진한 일을 좌절시킨 당사자라면 이것이 가능할 수 있는 일일까?

김준연에 대한 송진우의 신뢰는 각별했다. 송진우는 김준연이 조선공산당사건으로 감옥에 있다가 나온 후에 총독부의 강한 압력과 위협에도

의 조사부장으로 적을 옮겼다. 10월에 송진우가 동아일보 사장으로 복귀하게 되는데, 그를 동아일보 편집국장에 임명했다. 그 사이 김준연은 안광천의 뒤를 이어 조선공산당의 책임비서가 되었다. 1928년 2월에 조선공산당 사건으로 일제에 체포되었고, 복역 후 1934년 7월에 출소했다. 10월에 송진우에 의해 동아일보에 재입사하였고, 1935년 3월에는 주필이 되었다. 1936년 손기정일장기말소사건으로 책임을 지고 주필에서 물러났고, 일제 말기까지 경기도 전곡의 김성수 농장관리인으로 피신해있으면서 친일위협을 피해갔다. 8·15 해방 전후 그는 송진우의 최측근으로 조선총독부 및 여운형과의 교섭에 관여하였고, 국민대회준비회의 실질적 운영을 전담하면서 장안파공산당 및 좌파계열 정치세력과의 협의창구 역할을 담당했다. 1945년 12월 애국금헌성회의 부위원장을 역임했고, 임정세력 주도의 신탁통치반대 국민총동원위원회의 부위원장에 선임되었다. 1946년 비상국민회의 최고정무위원, 남조선대한국민대표민주의원, 미소공동위원회에 파견할 민주의원 5인 대표에 선임되었다. 1947년 반탁독립투쟁위원회 지도위원, 한민당 선전부장을 역임했다. 1948년 5·10 제헌의회 선거에서 당선되었고, 이승만의 이범석 총리지명에 반대하여 기획처장 취임요청도 거절하며 이승만과 대립했다. 한민당의 민주국민당으로의 합당에 앞장섰고 민국당 상무위원에 선임되었다. 이를 전후하여 그는 국회 소장파 의원들과 대립하였고, 1950년에는 민국당의 내각책임제 개헌에 반대하여 대통령제 지지를 표명했다. 그 결과로 11월 법무장관에 임명되었다. 1955년 야당세력의 통합으로 민주당이 창당되자 최고위원에 선출되었다. 1956년 대통령선거에서 이승만을 지지하는 돌출행동을 하여 민주당에서 제명되었다. 그후 통일당을 창당했다. 그는 공산주의에서 전향 후 반공적 경향을 강하게 드러냈다.

불구하고 김준연을 동아일보의 주필로 기용했으며 끝까지 그를 신용하고 곁에 두었다. 김준연은 해방 직후에는 송진우가 결성한 국민대회준비회를 실질적으로 담당하면서, 송진우가 주장한 대한민국임시정부 지지론과 국민대회를 통한 정계개편운동을 앞장서서 추진했다. 김준연은 1930년대 이후에는 명실공히 송진우의 최측근으로 활동한다.[177] 이런 사실들은 김준연의 행동에 대한 일제 관헌기록이 역사적 사실과 배치된다는 것을 보여주는 것이다.

마지막 일곱째, 아베 외에 다른 총독부 관계자들이 이 모임에 관여하였는지에 대해서도 상당한 의문이 든다는 점이다. 앞서 언급한 바와 같이 1925년 12월 소에지마의 자치제 주장 논설 발표에는 총독부의 미쓰야 경무국장이 일정 부분 개입하고 있었다는 것은 사실로 밝혀졌다. 그렇지만 이때도 그러했을까? 이와 관련해 주목할 것은 상당한 정치적 수완을 갖고 있는 미쓰야 경무국장이 연정회 부활 계획이 모색된다는 1926년 9월 말부터 국내에 없다는 점이다. 미쓰야는 1926년 9월 18일, 조선을 떠나 일본의 궁내부 임야국장으로 이임해 갔다. 그리고 후임 경무국장인 아사리 사부로(淺利三郎)는 10월 1일자로 임명된 후, 10월 10일 경에 조선에 부임해 오게 된다. 조선에 처음 부임한 아사리가 업무를 파악하고 제대로 활동을 하게 되는 것은 아마 한참 뒤일 것이다.

연정회 부활 계획에 조선총독부 관계자들이 관계했다고 가정하면, 이는 조선총독부 입장에서 보면 대단히 중요한 정치공작을 총책임자라 할 수 있는 총독부의 경무 수장이 없는 상태에서 추진한 꼴이 된다. 더구나 후임 아사리 경무국장은 전임 미쓰야 경무국장만큼 정치적 수완이 좋은 사람이 아니었다.[178] 이를 놓고 볼 때 당시 총독부 경무 라인이 당시 이 연정회

---

177) 김준연은 1947년에 간행된 그의 저서 『독립노선』을 암살된 송진우에게 헌정했다.
178) 아사리 사부로는 1882년 이와테(岩手)현에서 태어났다. 미에(三重)현의 속관으로 관직을 시작했다. 야마가타(山形)현 사무관, 오사카(大阪)부 이사관을 역임했고,

부활 계획으로 일컬어지는 이 '자치단체' 조직 과정에 개입할 가능성은 거의 없다. 경무국장에 어떤 사람이 부임할지도 모르는데, 일본 특권세력 입장에서 보면 상당한 양보책인 자치정책과 관련한 중요한 정치공작을 경무 라인의 실무 담당자들이 자발적으로 앞장서서 진행했을 가능성은 없다.

당시의 시점이면 일본 본국에서는 조선에서의 자치제 실시 주장은 일부 자유주의 식민학자나 무산정당운동을 추진하는 사회주의세력 외에는 거의 찾아보기 어렵게 된다. 특히 조선에 부임하는 소위 내지관료들은 일본 본국으로 돌아가기를 희망하였기 때문에 조선 식민정책에 있어 보수적 성격이 더욱 강했다. 도리어 전후 사정을 보면 경무국장의 이취임을 계기로 총독부 경무 라인이 비는 것을 틈타 민족운동세력이 민족운동 조직을 결성하려 했던 것으로 추정된다.

이상의 논의를 정리하여 재구성하면 다음과 같다. 일본에서 보통선거 실시가 가시화되고, 기대하지 않았던 중국 국민혁명군의 북벌이 성공적으로 수행되어 중국 정세가 크게 변화하는 것에 고무된 조선의 민족주의세력이, 1926년 9월 말 들어 조선총독부의 경무국장이 공석인 상황에서 민족적 중심 단체, 민족협동전선 조직 결성에 나서게 된다. 동아일보계열을 중심으로 한 언론계, 천도교와 기독교계의 주요 인물들이 "상호 생각하는 바를 말하고 또는 상호 왕래하면서 의견을 교환"하였고, 단체의 발기준비위원회 결성 모임을 갖는 것까지 합의에 이르게 된다. 이는 동아일보계열 민족주의

___

이바라키(茨城)를 비롯한 여러 부·현의 경찰부장 등을 지낸 후 가가와(香川)현 지사로 승진했다. 1926년 10월 1일 조선총독부 경무국장에 임명되어, 10월 10일 경성에 부임했다. 이후 사이토 총독 밑에서 6개월 정도 근무했고, 1927년 4월부터 12월까지는 우가키 임시총독 밑에서, 그리고 1927년 12월부터는 야마나시 총독 밑에서 근무했다. 3명의 총독 모두 서로 다른 입장과 개성을 갖고 있었기 때문에 총독부 최고위 간부로서, 3명의 총독을 모시느라 몹시 힘들었다고 한다. 1929년 10월 30일 경무국장을 사임하고 일본으로 건너가 1931년 도치기(栃木)현 지사에 임명되었다. 국사편찬위원회 한국사데이터베이스(http://db.history.go.kr).

세력에 한정된 것이 아니었고, 기독교 양대 계파와 천도교 양대 계파, 언론계의 동아일보와 조선일보계열을 망라한 것이었고, 민족주의세력 전반의 자발적 동의에 기초한 것이었다. 민족주의자들은 이런 활동을 자치운동의 시도로 전혀 생각하지 않았고, 민족운동 조직 결성으로 상정했다. 더불어 한위건과 김준연 같은 조선공산당의 인물들도 깊이 관련되어 있었다.

이렇게 보면 '연정회 부활 계획'으로 알려진 1926년 9월에서 10월에 걸친 정치단체 결성 추진은 자치운동단체의 결성이 아니라, 국제적 정세의 변동에 고무된 민족주의세력이 1925년 하반기이래 추진해온 민족운동의 정치단체를 결성하려는 일련의 활동의 결과이었다. 이를 주도한 것은 송진우 등의 동아일보세력이었지만 조선일보와 기타 언론계, 천도교와 기독교계 양대 세력을 비롯한 다수의 인사들이 망라되고 있었고, 조선공산당의 인물들도 연계되어 있었다. 통일조선공산당으로 합류하는 세력들도 이전의 '국민당' 계획의 일환으로 참여하였다. 민족주의세력은 '민족적 중심단체' 결성의 일환으로, 사회주의세력은 민족통일전선 결성의 일환으로 참여해서 일정한 합의를 했고, 이를 실제로 추진하려고 했던 것이다.

그런데 이런 과정에 '대륙의 브로커'인 아베와 접촉하며 자치운동의 의혹을 받고 있는 최린이 참여하면서 논란이 되기 시작했다. 당시 천도교 신파의 최린에 대해 심각하게 대립하던 천도교 구파의 이종린, 그리고 이종린과 긴밀한 관계에 있는 안재홍은 최린에 대한 의혹을 갖고 있었으며, 최린의 참여를 조선민흥회의 명제세에게 알렸다. 명제세 역시 최린에 대해 의혹을 갖고 있었기 때문에 최린의 참여를 저지하려했다. 송진우는 당시 조선 내 최대 대중조직을 갖고 있던 천도교 신파를 끌어들이는 것이 필요하다고 보았지만, 최린의 행보에 의혹의 눈총을 보내는 안재홍·명제세·이종린 등의 반발을 고스란히 받아야 했다.

한편 조직 결성 과정에는 통일조선공산당으로 결집하는 레닌주의동맹의 한위건과 서울계 신파의 김준연이 참석하고 있었다. 이들과 대립하던 서울계 구파의 이영은 조선공산당이 주도하는 새로운 민족통일전선 조직이 결성되는 것을 바라지 않았고 이들의 활동을 저지하기 위해 모임 방해에 나섰다.

이렇게 민족주의세력과 사회주의세력 내의 대립이 중첩되면서 민족운동의 단체를 결성하기 위한 발기준비위원회 회합은 결렬되었고, 일부 참석자들은 민족운동단체의 결성을 유보한다고 결정했다. 이것이 '연정회 부활'로 말해지는 민족운동단체 결성의 실제 내용이다.

5장 합법적 정치운동론의 한계와
신간회 창립전후 동향

1927년 신간회 창립으로 귀결되는 1920년대 중반의 민족운동의 흐름을 이해하는 데 있어서는 몇 가지 점이 고려되어야 한다.

첫째, 1926년 들어 조선공산당의 관여로 일어난 6·10만세운동은 일제 식민지배에 동요를 가져오기는 했지만, 이를 계기로 민족운동과 사회운동에 대한 일제의 대대적 탄압과 검속이 전개되면서 사회 분위기가 움츠러들었기 때문에 일제에 대한 직접적 정치활동은 더욱 힘들어졌다. 이 때문에 국내에 한정하여 본다면 민족운동은 독립을 내걸은 무장투쟁과 만세시위 등의 직접적·비합법적 정치투쟁이 여의치 않고, 독립을 내세운 광범한 대중정치조직 결성도 어려워졌다.179)

이렇게 직접적 투쟁이 어려워진 상황에서 이를 어떻게 돌파하느냐가 민족운동세력 전반에 큰 과제로 제기되었다. 여기서 민족주의세력이나 사회주의세력 모두 대중의 당면한 일상적 이해와 제반 민주주의적 권리를

---

179) 사회주의운동에서 당 활동 같은 비합법적 운동 영역이 차지하는 부분은 중요한 부분임에도 일부분이다. 대부분의 사회주의자들은 소위 '표면단체'라는 합법적 사상단체, 대중단체 등을 중심으로 활동하였고 일부 사회주의자들만이 비합법적 당운동에 참여했다. 사회주의운동이 비합법적 정치운동과 정치투쟁에만 주력했다고 보는 것은 일제하 사회주의운동을 대단히 협소화시키는 것이다. 마찬가지로 일제에 대한 무장투쟁, 비합법적 정치투쟁 역시 일제시기 민중과 민족운동세력이 전개한 전체 투쟁 영역에서 주요한 것이지만 일부였다.

반영하는 운동과 투쟁에 관심을 기울일 수밖에 없었다. 곧 언론·출판·집회·결사의 자유를 위한 운동, 노동자들의 단결권과 단체행동권을 위한 운동, 조선인 본위의 경제제도 및 교육제도 쟁취운동, 자주적 협동조합의 제도적 보장운동 등 제반 민주주의적 권리를 위한 운동과 투쟁 등이다. 이는 앞서 언급한 합법적 영역에서의 정치운동이라 할 수 있는 부분이다. 신간회는 이러한 내외의 상황을 반영하여 일제 지배의 틈새를 비집고 합법적 영역을 최대한 이용하여 창립된 정치운동단체였다.

둘째, 민족주의세력과 사회주의세력 모두 신간회를 당시의 표현에 따르면 '민족적 표면운동'단체, 즉 민족적 형태의 합법적 정치운동단체로 고려하고 있었다는 점이 제대로 조명되어야 한다. 한상구와 김형국의 연구 등에서 이미 지적된 바와 같이 신간회 창립을 주도한 세력들은 비타협운동과 좌익민족전선을 표방함에도 불구하고 그들은 비합법적 영역의 조직을 구상하지 않았고 '표면운동'단체, 즉 합법적 정치운동의 차원에서 신간회의 형식과 내용을 고려하고 있었다. 사회주의세력도 신간회를 시종일관 합법적 형태의 민족통일전선체로 구상하였지, 비합법적 형태의 조직으로 상정하지 않았다. 그 결과 신간회는 비타협주의와 기회주의 배격을 표방했지만, 그 형식은 일제의 승인을 받는 합법적 운동단체로서 조직되었다. 신간회 창립을 주도한 세력들은 원래 '신한회'로 계획된 명칭도, 또한 신간회의 강령에 있어서도 총독부 당국과 사전에 협의하였으며, 총독부의 수정 요구를 받아들여 명칭도 바꾸고, 강령도 수정하면서까지 합법 단체로 발족했다.

신간회는 창립이후에도 지방 지회단위에서 일부 합법의 틀을 벗어난 경우가 종종 있었지만, 중앙 단위는 물론 전체적으로 보면 해소될 때까지 합법의 틀을 유지했다. 이렇게 합법의 틀을 유지한 이유는 운동에 광범한 대중들을 참여시키기 위해서는 비합법적 운동방식이나 혁명적 투쟁으로서만 되지 않기 때문이었다. 특히 다양한 사상과 계급적 이해관계를 달리하는 광범한 정치세력과 대중을 망라하는 민족단일당, 민족협동전선이 되기 위해서는 합법적 틀과 합법적 운동방식의 유지가 중요했다. 그 결과 신간회는 백수십여 개의 지부와 최대 4만여 명의 성원을 단일한 조직 내로 결집시킬 수 있었다.

신간회는 합법적 정치단체이기 때문에 장점과 단점을 동시에 가졌다. 광범한 대중을 민족운동의 장으로 결집시킬 수 있다는 점에서는 민족해방운동의 성장에는 커다란 기여를 담당하였지만, 동시에 합법적 틀 내에서 머물러 있을 수밖에 없기 때문에 그 활동에는 제약과 한계가 분명히 있었다.

신간회 연구는 이런 점을 함께 살펴보는 것이 중요하다. 기존 연구들에서 민족운동의 목표를 구현한 이상적 단체로서 신간회에 절대적 의미를 부여하는 것이나, 반대로 민족운동이 노동계급 헤게모니하의 민족해방운동으로 전환·발전되어가는 과정에 있어서 고려되었던 전술적 통일전선체로서 과정적 성격만을 강조하는 것은, 모두 다 신간회의 의의와 한계에 대한 일면적 파악이다.

셋째, 민족주의세력에 있어 신간회의 창립과 신간회운동론은 자치세력의 대두에 따른 대항 활동과 반자치운동 노선으로만 논해져서는 곤란하며, 그보다는 1920년대 초반 이래 민족주의세력 전반이 공유하고 발전시켜온 민족운동의 노선이자 활동의 결과라는 차원에서 파악되어야 한다는 점이다. 신간회 창립이 1926년 하반기 들어 최린과 천도교 신파로 대변되는 자치운동세력의 대두에 대한 우려를 직접적 배경으로 이루어진 것은 사실이지만, 그것은 단순한 반자치론이라는 일종의 수동적 노선의 입장에서 제기된 것만은 아니었다.

앞서 살펴보았듯이 민족주의세력은 1922년 초부터 언론·출판·집회·결사의 자유를 비롯한 제반 민주주의적 권리에 대한 정치투쟁과 정치운동을 적극적으로 제기하기 시작했고, 이는 1920년대 초반 '민족적 중심세력 형성'론으로 정립되었고, '연정회' 구상으로 구체화되었다. 그리고 이는 1920년대 중반 '민족적 중심단체' 건설 주장으로 보다 진전되었다. 1926년 10월에는

'연정회 부활' 계획으로 구체화되었다. 그들은 이를 통해 합법적 대중정치론을 발전시키고 있었다. 주로 동아일보를 중심으로 논의가 진행되었지만 이는 민족주의세력 전반의 기류 및 정서와 관련된 것이었다. 민족주의세력은 일본과 중국의 정세 변동을 살펴보면서, 이를 배경으로 구체적 운동 형태를 지속적으로 기획하고 추진했다. 그 결과 합법적 정치운동론은 1926년에 이르러서는 민족주의세력에게 일반화되기에 이르며 신간회 창립으로 구체화 되게 된다.

본장에서는 이러한 인식의 바탕위에서 동아일보계열이 주장하는 민족중심단체론의 성격, 그 논의에 나타난 대중정치 지향성을 살펴보고, 이러한 합법적 대중정치론의 내용과 그 한계를 살펴보고자 한다. 또한 동아일보계열이 신간회 창립에 왜 부분적으로 참여하게 되었으며, 어떠한 정세인식과 입장을 가지고, 신간회 창립에 대해 어떠한 논의를 전개하였으며, 그 한계는 무엇인가를 해명하려고 한다.

1. 민족적 중심단체론의 대중정치 지향과 한계

동아일보계열이 중심이 되어 민족적 중심단체, 민족협동전선을 결성하려는 활동은 1926년 10월 14일의 모임이 결렬되었다 하더라도 중지될 사안이 아니었다. 이에 대한 민족주의세력의 전반적 공감대가 있었기 때문이다. 일본 보통선거의 실시는 가시화되고 있었고, 중국 혁명의 진전은 민족운동 세력 전반을 크게 고무시키고 있었다. 때문에 반드시 다른 형태로 다시 진행될 수밖에 없는 것이었다. 실제 민족운동 중심단체 결성 시도를 전후로 하여 동아일보 주도세력은 동아일보를 통해 자신들의 입장을 집중적으로 천명하기 시작했다.

10월 초 사설에서는 지금 조선인이 나갈 길이 분명한 이상 "우리 민족이

일대 결심을 확고하게 가져야 할 시대"라고 하면서, 이를 위한 철저한
자각을 주장했다. 사설은 자각을 통해 우리가 어떠한 환경에 있으며, 얼마나
'독하게 단련해야할 환경'에 있는지를 알아야 하며, 우리에게 있는 무기가
무엇인지, 무엇밖에 가지지 못했는지, 어떠한 방법으로 싸워야 하는지를
명확하게 알 것을 주장했다.[180] 이런 주장은 국내외 정세에 비추어 볼
때, 일대 결심을 할 시기에 놓여있으며, 이를 위해서는 현실적 상황을
냉정히 판단할 것을 요구하는 것이었다.

　이런 주장은 10월 말에 가면 보다 구체화된다. 동아일보는 조선 민족이
경제적으로 '파멸의 참경'에 처해 있고, 정치적으로 참을 수 없는 혹독하고
원통한 환경에 있는데, 이를 해결할 것은 오직 '스스로의 힘(自力)'에 있기
때문에 '스스로의 힘을 자각'할 것을 주장했다.[181] 그리고 조선을 통일되고
부강하고 정치와 문화가 있는 조선을 만들기 위해서는 스스로의 힘의
근원이 되는 개인의 힘을 기르는 것과 함께,[182] 유력한 개인들의 대단결의
힘을 기르는 데 활동을 집중할 것을 주장했다.[183] 그러면 이런 힘은 어떻게
길러지는가? 그것은 '민족적 훈련'을 통해 민족을 사랑하고 민족에 헌신할
수 있는 민족적 대감정을 가지게 하고, 혁명을 완성하는 자유 평등 박애의
대사상과 현대 입헌정치의 '훌륭한 제도(良制)'를 수립할 수 있는 입법 행정
사법의 삼권분립의 대이상을 배워나갈 때 가능한 것이라고 주장했다.[184]
곧 민족적 훈련을 통해 입헌주의 근대 국민국가를 건설해 나가야 한다는
것이었다.

　동아일보의 이런 '자각'과 '민족적 훈련'에 대한 강조는 민족적 일대 결심을
통해 결성할 민족운동 조직이 어떠한 역할을 담당하는 조직이어야 하는지의

---

180) 「반성과 그 기회」, 『동아일보』 1926. 10. 6.
181) 「자력에의 자각(一) 참회와 갱생」, 『동아일보』 1926. 10. 26.
182) 「자력에의 자각(二) 개인의 力」, 『동아일보』 1926. 10. 27.
183) 「자력에의 자각(三) 단결의 力」, 『동아일보』 1926. 10. 28.
184) 「대 감정과 대 이상을 把持하자-민족적 훈련」, 『동아일보』 1926. 10. 17.

방향을 제시하는 것이었다. 이렇게 보면 그 조직은 일제와 직접 대결하는 투쟁조직이 아니며 때문에 비합법적으로 조직하거나 운영할 필요가 없는 조직, 즉 합법적 조직일 수밖에 없었다. '자각'과 '민족적 훈련'을 담당할 조직이기 때문에 광범한 대중을 망라하기 위해, 더욱 더 합법적 조직이어야 한다는 자연스런 결론이 나오게 된다.

동아일보 주도세력에게 있어 민족운동의 정치조직은 민중의 자각 정도도 낮고 민중의 단결력도 미흡하고, 민족 독립을 수행할 수 있는 군대도 만들 수 없는 상황에서, 이를 극복하기 위한 조직이었다. 또한 일본에서의 무산정당이 의회에 진출하여 조선 정책이 바뀌어질 때, 더 나아가 한반도를 둘러싼 국제정세가 크게 변동될 때를 대비하여 민중의 정치적 '자각'과 '민족적 훈련'을 담당하는 실력양성, 미래를 위한 준비 조직으로서의 의미를 갖는 것이었다. 때문에 그들은 아무런 준비도 없는 상태에서 일제와 직접적으로 대립하고 싸우는 것을 무모한 것으로 보았다. 합법운동 조직을 모색하는 이상 그들에게 있어 타협과 비타협의 문제는 선차적인 것이 아니었다. 합법을 위해 독립을 포기하고 일제와 타협한다면 큰 문제라는 점은 분명하게 인식했다. 그렇지만 '대중의 자각'과 '민족적 훈련'을 목표로 하는 민족운동 조직을 조직하는 한, 합법적 영역에서 불필요한 마찰을 배제하여야 하며, 이를 위해서는 타협과 협상은 불가피한 것으로 보았다.

그럼에도 불구하고 그들이 일제와의 타협과 협상을 아무런 담보도 없이 당연한 것으로 여기고 있다는 점에서 위험요소를 안고 있었다. 일제의 회유와 위협에 타협하지 않고 개량화하지 않을 수 있는 담보에 대한 고려, 즉 핵심조직의 준비 및 핵심 준비 구성원들 간의 사상적·운동노선상의 이념적 공유와 행동의 통일이 고려되지 않을 때, 합법적 영역에의 매몰은 개량화와 일제에 대한 타협의 위험에 노출될 수 있었다.

그들은 아일랜드 신페인당을 모델로 삼아 연구했음에도 당면의 일상적 투쟁을 위해 대중적 정치조직을 결성하겠다는 것에 머물러 있었다. 아일랜드 신페인당은 합법과 비합법 영역을 포괄하면서 무장투쟁까지를 포함한 포괄적 정치투쟁과 정치운동을 전개시키고 있었고, 의회전술의 일환으로 참정권의회와 자치의회선거에 참가하고 있었다. 때문에 신페인당이 영국과의 협상과 타협 속에서 아일랜드 자유국을 받아들였음에도 영국에 타협한 독립불능노선이 아닌 독립의 과정으로서 건강성을 유지할 수 있었고, 기본적으로 영국에 대한 비타협적 기조를 유지할 수 있었다.

그렇지만 동아일보계열의 합법적 대중정치운동론은 비합법운동 영역까지를 포괄하는 정치세력론에 기초한 것이 아니었다. 이를 사실상 배제한 채 합법적 영역에서의 대중운동과 정치투쟁에만 한정했다. 그들이 해외에서 전개된 민족유일당운동과의 연계를 도모한 움직임이나, 비합법적 영역까지를 포괄하는 정치적 결사의 조직이나 연계 시도는 현재까지 찾아볼 수 없다. 사회주의세력이 그들에 대해 민족개량주의라고 누차 비판한 것은 데마고기적 요소가 컸지만, 사실과 전혀 무관한 것은 아니었다. 분명 타협과 개량화의 위험이 내재되어 있었다. 그리고 이런 한계는 동아일보계열만의 문제가 아니었다. 동아일보계열은 민족주의세력 중에서 정치운동과 민족적 정치운동단체 결성 주장에서 가장 진전되고 구체적 논의를 전개하고 있었다. 때문에 이들이 이런 한계를 가지고 있다는 것은 여타 민족주의세력 전반도 동일한 한계를 가지고 있다는 것을 의미하는 것이기도 했다.

동아일보계열은 민족운동의 조직이 어떻게 전국적이고 광범한 대중적 기반을 갖느냐의 문제에만 집중했다. 동아일보는 이 점에서 식민지 조선이 산업이 형성되지 못해 도시의 노동자 무산대중은 소수이며, 대중의 대부분은 글도 깨우치지 못한 미각성된 농민이라는 사실에 주목했다. 때문에 그들은 '유지청년'들이 농촌에 들어가서 그들의 문맹을 깨우치고, 농촌문화를 촉진시키는 것이 가장 시급하다고 생각했다. 그리고 청년회를 조직하고, 교육기관과 교회를 설립하여 근대사상을 가르치는 것이 필요하다고 주장했다.185) 그들은 농민들의 '실제 운동'도 필요하지만, 농민들을 근대사

상과 민족의식으로 교육하여 지식을 높여 '계급적 자각'을 갖게 하는 것이 더 필요하다고 주장했다.[186]

그렇지만 이들이 주장하는 농민의 '계급적 자각'은 사회주의자들이 주장하는 농민의 '계급적 자각'과는 큰 차이를 갖는 것이었다. 동아일보 측이 주장하는 것은 문맹퇴치와 교육을 통해서 근대사상과 민족의식을 갖게 함으로써 이루어지는 자각이었다. 또한 자각에 이르는 과정도 교육과 언론을 통한 계몽이 중시되었다. 그렇지만 동아일보의 농민운동은 구체적으로 추진되지 않았다. 동아일보는 1930년대에 가서야 '브나로드운동'을 4차례에 걸쳐 추진한다. 그럼에도 구체적 농민조직 결성에는 이르지 못했다. 이는 대중운동의 중요성을 인지하면서도 실제적 대중적 지반을 확보하는 데 취약한 그들의 운동방식을 여실히 보여주는 것이라 하겠다.

대중적 자각과 훈련을 위한 농민운동 필요성에 대한 동아일보의 인식은 당시 민족주의세력에 있어 공통된 것이었다. 기독교의 경우도 1925년경부터 신흥우를 비롯한 흥업구락부 인사들을 중심으로 YMCA 농촌사업이 전개되기 시작했으며, 조만식 계열의 기독교농촌연구회 그룹과 수양동우회의 인사들을 중심으로 장로회계열의 농촌운동이 전개되었다.[187] 천도교 신파의 경우도 1925년 10월 조선농민사를 조직하고 농촌운동을 전개하기 시작했다.[188]

더 나아가 동아일보는 민족운동의 두 기반인 유산계급과 무산계급이 이에 합류할 것을 촉구하기도 했다. 동아일보는 1926년 11월 초 사설에서

---

185) 「먼저 농촌으로 향하라, 유지청년에게 告함」, 『동아일보』 1926. 10. 9.
186) 「계급운동의 과학적 과정」, 『동아일보』 1926. 10. 12.
187) 한규무, 『일제하 한국 기독교 농촌운동 1925~1937』, 한국기독교역사연구소, 1997 ; 방기중, 『배민수의 농촌운동과 기독교사상』, 연세대학교출판부, 1999, 83~134쪽 ; 장규식, 앞의 책, 2001, 323~376쪽.
188) 조선농민사에 대해서는 다음을 참조. 지수걸, 「조선농민사의 단체 성격에 관한 연구」, 『역사학보』 106, 1985 ; 박지태, 「조선농민사의 조직과 활동」, 『한국민족운동사연구』 19, 1998 ; 김정인, 앞의 박사학위논문, 164~175쪽.

"청년사회의 실 세력은 교육받은 청년과 다수인 민중에게 있는 것"이라면서, 한편으로는 청년을 단합하고 훈련하고, 다른 한편으로는 농민을 단합하고 훈련하는 것이 모든 일의 기초로, 이것이 없으면 아무리 자본가 기술이 있더라도 조선에서 산업을 발달시키는 것이나 정치적 자유를 획득하는 것이나 얻을 수 없다고 주장했다. 그리고 유산계급이 그들의 소유한 재산을 이런 민족적 사업에 사용할 것을 촉구했다.[189] 이는 유산계급에 대해 현재 추진되고 있는 민족운동의 중심단체 건설에 참여하여 물적으로 실질적 도움을 주어야 한다는 요구라 할 수 있다.

며칠 후 사설에서는 사회가 발전하여 개성이 발달되면 두 가지 이상의 '주의'가 나올 수밖에 없지만, '주의'는 '이상을 실제화'한 것에 불과하기 때문에 이상과 실제를 연결하는 '생활운동'이 있어야 하며, 이 '생활운동'을 진전시키기 위해서는 자기가 신봉하는 '주의'에 노예가 되지 말고, 현실생활에 정확히 입각하여야 한다고 주장했다. 이런 주장은 '주의'만을 앞세우며 현실 정치를 도외시하는 사회주의자들을 직접 겨냥한 것이었다. 곧 사회주의자들로 하여금 현재 민족주의세력이 추진하는 현실 정치운동 조직에 참여할 것을 요구하는 것이라 할 수 있다. 동아일보는 이런 현실 생활에 기초한 정치운동이 '구차한 타협' 또는 '협조라고 하는 것에 상관없이 움직일 수 없는 '엄숙한 사실'이라고 주장했다.[190]

동아일보계열이 이렇게 합법적 정치운동에 대해 구체적 모색을 하면서 그들은 그 전까지는 방관하고 기피하였던 일제의 지방통치기구인 부협의회에도 관심을 기울이기 시작했다. 동아일보는 사설을 통해 1926년 11월 20일 전후에 실시 예정인 부협의회에 대해, 부협의회가 결정권이 없고 관선 임용의 제도라는 근본적인 한계를 갖지만, 부협의회가 부민들의 현실 생활에 직접적인 영향을 끼치므로 '청렴하고 곧은' 공정한 인물을 추천하여

189) 「유산계급의 각성을 促함」, 『동아일보』 1926. 11. 6.
190) 「주의와 생활운동의 실제」, 『동아일보』 1926. 11. 12.

보내자고 주장했다. 사설은 그들이 협의회 내에서 부 행정을 근본적으로 혁신하고 새로운 제도와 조직을 창출해야 한다고 주장했다.[191] 이런 주장은 조선에 자치제가 실시될 경우 '조선의회'의 하부조직이 될 부협의회를 내부적으로 개선하자는 것으로 식민지 통치체제에 대한 참여 전술을 명백히 천명한 것이라 할 수 있다.[192] 그렇지만 동아일보는 민족적 중심단체 결성을 위한 구체적 조직 활동을 지속할 수 없었다. 그것은 동아일보계열의 핵심인 송진우가 일제에 의해 구속되어 감옥에 들어갔기 때문이다.

2. 송진우의 구속과 신간회 창립의 부분적 참여

1920년대 전반 동아일보계열에 의해 주장되기 시작한 합법적 정치운동론은 1926년 들어 민족주의세력 일반에게 널리 확산되고 있었다. 조선일보의 대표적 논자이자 흥업구락부의 일원이기도 한 안재홍은 이 시기 들어 '정치적 운동'을 하자고 적극 주장했다. 그는 일본으로 건너가 '양해운동'을 전개하던 최린과 천도교 신파를 겨냥하면서, 기회주의를 배격하는 비타협적 민족좌익전선 결성을 주장했다. 그렇지만 그가 상정한 것이 합법적 틀 내에 있는 표면운동단체를 벗어난 것은 아니었다. 때문에 그 실제 내용은 당시 동아일보계열이 1920년대 초반 이래 주장해 오던 표면운동단체, 즉 합법적 정치운동단체 결성 주장과 차이가 거의 없었다.[193]

안재홍이 최린 일파를 겨냥하여 비판한 것은 분명히 드러나고 있지만, 동아일보계열에 대해서는 어떠했을까? 이에 대한 그의 구체적 언급은 없다.

---

191) 「부협의원 선거에 際하야-공정을 기하라」, 『동아일보』 1926. 10. 15.

192) 한상구, 앞의 글, 152쪽.

193) 자세한 것은 다음 참조. 윤덕영, 「신간회 창립과 합법적 정치운동론」, 『한국민족운동사연구』 65, 2010, 127~153쪽.

아니 없는 것이 당연할지도 모른다. 그는 동아일보 주도세력에 대해서 타협적 세력이라 언급할 수도 없었고 그렇게 주장할 수도 없었다. 왜냐하면 동아일보계열의 핵심인 송진우는 그 당시에 일제에 의해 구속되어 감옥에 있었기 때문이다. 그것도 다른 사건도 아닌 일제하 최대 민족운동인 3·1운동 관련 사건으로 구속되어 있었다.

1926년 3월 3일 동아일보에 소련에 있는 국제농민본부가 3·1절을 기념하여 조선농민에게 보내는 전보 메시지가 전송되었다. 송진우는 이 전보 메시지를 번역하여 3월 5일자 동아일보에 게재하도록 했다. 동아일보는 1926년 3월 5일자에 '국제농민본부로부터 조선농민에게'라는 제목으로 기사를 전보사진과 함께 2면 맨 윗단에 개제하였다. 그 내용은 다음과 같다.

"오늘 귀 국민의 제 칠회의 슬픈 기념일을 당하여 국제농민회본부는 세계 사십개국의 조직된 농민단체를 대표하여 가장 깊은 동지로서의 동정을 농업국민인 조선동포에게 들이노라. 이 위대한 날의 기념은 영원히 조선 농민에게, 그들의 역사적인 국민적 의무를 일깨워줄 것을 믿으며, 자유를 위하여 죽은 이에게 영원한 영광이 있을지어다. 현재 재감(在監)한 여러 동지와 분투하는 여러 동제에게 형제적 사랑의 문안을 들이노라."194)

동아일보는 이 기사 때문에 제2차 무기정간을 당하게 된다. 3월 7일부터 시간된 무기정간처분은 4월 20일까지 계속되었다. 당시 주필인 송진우는 보안법 위반 혐의로 1926년 4월 26일자로 불구속 기소되었다. 송진우는 1심에서 징역 8개월을 선고받았지만, 불복 항소하여 2심에서 징역 6개월의 실형을 선고받았다. 그리고 11월 13일에 서대문 형무소에 수감되었다. 사회주의세력과 일정한 대립각을 세우고 있는 민족주의세력의 지도자를,

---

194) 『동아일보』 1926. 3. 5.

다른 이유도 아닌 사회주의계열 국제농민단체의 3·1운동 관련 전보를 게재했다는 이유로 일제 총독부가 구속 수감했다는 점에서 이는 이채롭고 상징적인 것이었다.

송진우는 감옥에 들어가는 감회에서 우리 사회에 너무도 분규와 반목이 많고 동지 간에 서로 중상과 비난을 일삼는 예 역시 적지 않다면서, "만일 내가 우리 사회의 어떤 일부에서 무슨 비난을 받고 있었다면 이번 입감(入監)은 그 비난을 완화 혹은 소멸"케 할 것이라고 했다.[195] 이런 송진우의 언급은 1920년대 초반 이래 그가 추진한 합법적 정치운동과 관련해서 이를 타협적 자치운동으로 보는 일부의 비난을 의식해서 말한 것이라 하겠다.

송진우 구속 사건에서 먼저 확인할 수 있는 것은 1925년 후반 이래 추진해온 송진우 주도의 합법적 민족운동단체 결성 활동이 일제 총독부와는 연결되지 않고 상당한 긴장관계를 형성하고 있다는 점이다. 더구나 송진우의 구속은 소위 '연정회 부활' 운동으로 회자되던 1926년 10월 14일 모임의 실패직후 이루어졌다. 만약 '연정회 부활' 계획이 일제의 공작에 의한 것이라거나 그와 일정한 연계관계를 갖고 있는 것이라면 그의 구속은 있을 수 없는 일이다. 송진우의 입감 언급에서 드러나듯이 그의 구속으로 그가 추진한 합법적 정치운동이 타협적 자치운동이라는 혐의는 사실상 벗어졌다.

동아일보 주도세력 중 정치 사회적 영역에서 송진우가 차지하는 비중은 절대적이었다. 이런 송진우가 수감되게 되자 민족적 중심단체, 합법적 정치단체 건설을 위한 동아일보계열의 구체적 활동은 일시 중단될 수밖에 없었다. 역사에서 가정이 성립될 수 없기 때문에 송진우가 구속되지 않았으면 동아일보계열이 신간회의 창립에 어떻게 대응하고 어떤 영향을 미쳤을지는 확실히 알 수 없다. 확실한 것은 송진우가 타의, 즉 일제의 구속에

---

195) 송진우, 「감옥으로 들어가면서」, 『신민』 20, 1926년 12월호.

의해 신간회의 일련의 창립 과정에서 원천 배제된다는 점이다. 그리고 신간회 창립에는 경쟁신문인 조선일보가 거의 주도하시피 관여하고 있었다. 그래서인지 그와 가까웠던 서북지역 기독교세력들, 흥사단과 수양동우회 세력은 신간회 창립에 미온적이었다. 아무튼 송진우의 구속으로 인해 동아일보계열은 신간회 창립에 부분적으로밖에 참여하지 못하게 된다.

기존에는 신간회 창립에 동아일보계가 전혀 참여하지 않은 것으로 알고 있는 경우가 많았는데, 동아일보계도 신간회 발기인으로는 참여하고 있었다. 조선일보에 최초로 발표된 신간회 발기인 명단에는 최원순과 한위건이 발기인에 참가하고 있으며,[196] 1927년 2월 1일자 총독부 종로경찰서 보고에서는 이들의 소속을 동아일보로 명기하고 있다.[197]

그런데 묘하게도 당시 상황에서는 이들이 동아일보의 입장을 대외적으로는 대변하는 위치에 있었다.[198] 사장인 김성수는 일제시기 내내 민족운동의 전면에 나선 적이 한 번도 없었다. 정치사회운동은 송진우의 몫이었지

---

196) 『조선일보』 1927. 1. 20.

197) 京鍾警高秘 제1400호, 「사상문제에 관한 조사서류」(2), 「신간회 조직계획에 관한 건」, 국사편찬위원회 한국사데이터베이스(http://db.history.go.kr) 「국내외 항일문서」. 이 자료를 토대로 사이토 마코토 총독의 문서철 중 「獨立運動終息後ニ於ケル民族運動ノ梗槪」에도 발기인을 동일하게 수록하고 있다.[『齋藤實文書』10, 民族運動 2, 高麗書林, 1990, 244쪽]. 그 수록 명단은 다음과 같다. 權東鎭(천도교), 金明東(충북, 유생), 金俊淵(조선일보), 金澤(황해), 文一平(평북), 朴東完(경성), 朴來弘(朴寅浩의 둘째 아들), 白寬洙(조선일보), 申錫雨(조선일보), 申采浩(북경), 安在鴻(조선일보), 兪億兼(경성), 李甲成(경성), 李灌鎔(연희전문학교교사), 李商在(기독교), 李錫薰(현대평론), 李順鐸(연희전문학교교사), 李昇馥(원 시대일보), 李昇薰(기독교), 李淨(경성), 李晶燮(중외일보), 李鍾麟(천도교), 李鍾穆, 張吉相(경북), 張志暎(조선일보), 鄭在龍(경북, 유생), 鄭泰奭(상주), 曹晩植(평양), 崔元淳(동아일보), 崔善益(중외일보), 河載華(경북, 유생), 韓基岳(경성), 韓龍雲(승려), 韓偉健(동아일보), 洪命憙(원 시대일보), 洪性憙(원 시대일보).

198) 1927년 2월 현재 동아일보 간부진 구성을 보면 사장 겸 전무·상무에 김성수, 주필 송진우, 편집국장 이광수, 정치부장 한위건, 경제부장 국기열, 사회부장 설의식, 지방부장 박찬희, 학예부장 허영숙, 정리부장 정우택, 논설반 최원순, 윤홍렬, 지배인 겸 영업국장 양원모 등이었다. 동아일보사, 『동아일보사사』 1권, 동아일보사, 1975, 411~417쪽.

대자본가인 김성수는 자신의 재산을 지키며 교육과 경제 일에만 매진했다. 또한 그는 기질과 성품으로나 운동의 전면에 나서서 주도적으로 활동하는 것을 꺼려했다.[199] 동아일보의 실질적 운영자이자 동아일보계열의 핵심 지도자인 송진우는 일제에 의해 구속 중이었고, 신간회 창립 직전인 1927년 2월 7일에야 석방된다.

김성수와 송진우 다음으로 동아일보를 대변할 수 있는 편집국장 이광수는 동아일보계열 인물이 아니라 수양동우회계열 주요 인물이었다. 그는 수양동우회 내에서도 정치참여를 반대하는 입장을 대변하고 있었기 때문에 신간회에 가담하지 않고 있었다. 당시 이광수는 수양동우회 내에서 신간회에의 참여를 둘러싸고 조병옥·주요한 등과 대립했다.[200]

이광수 다음 위치가 묘하게도 정치부장 한위건과 논설반 위원 최원순이다. 물론 한위건은 동아일보계열이라기 보다는 명백히 조선공산당의 핵심 간부이며, 그의 활동은 동아일보계열의 활동이 아닌 조선공산당의 통일전선정책의 일환으로 보는 것이 타당하다. 그럼에도 불구하고 한위건은 대외적으로는 동아일보 정치부장으로 재직하면서 민족주의자로 행동하고 있었다. 묘하게도 그 시점 그의 활동은 동아일보계열의 활동과 맞물려 있었다.[201] 이렇게 이들이 당시 동아일보를 대변하는 위치에 있었기 때문에 동아일보계가 신간회에 참여하지 않았다고 할 수는 없다. 그러나 신간회 발기인회까지 참여하였던 동아일보계열은 이후 신간회 창립에는 수양동우

---

199) 송진우와 김성수의 성격과 성품을 비교한 것은 白菱, 「東亞日報社長 宋鎭禹氏 面影」, 『혜성』 제1권 1호, 1931년 3월호 참조.

200) 장규식, 「신간회운동기 기독주의 사회운동론의 대두」, 『한국근현대사연구』 16, 2001, 91~92쪽.

201) 이는 1920년대 초반 상해파 공산당의 국내책임자로서 장덕수와 그 뒤를 이은 나경석의 활동이 동아일보계열이 주장하던 정치운동, 물산장려운동 등과 맞물려 있던 것과 유사한 것이라 할 수 있다. 윤덕영, 「1920년대 전반 조선물산장려운동 주도세력의 사회운동론과 서구 사회주의 사상과의 비교」, 『동방학지』 187, 2019. 참조.

회 및 서북지역 기독교세력과 함께 구체적으로 참여하지 않는다.

이러한 부분적 참여에도 불구하고 동아일보는 신간회 창립전후에 신간회 창립을 주도한 조선일보 보다 더욱 적극적으로 민족적 중심단체, 민족협동전선에 대한 논의를 진행한다. 동아일보계열이 신간회 창립 전후 어떠한 논의를 전개하고 있었는지를 일부만 살펴보자.

1926년 12월 6일의 논설에서는 조선인의 현상에서 7~8년 전보다 자각도 있고 진보도 있지만 '의식적 단결력'은 오히려 부족하다면서, "개인적 입장에서 주의주장이 다를지라도 대국의 이해득실에서 관찰하여" 서로의 주장을 생각하고 인내하여 우리 민족 장래의 행복을 위하는 것이 무엇보다 급무라고 주장했다. 그리고 정세 변화에 따라 "우리에게 오는 서광을 능히 흡수할만한" 스스로의 자양분이 있어야 하기 때문에, 이것이 우리들이 "항상 자각 있는 민족단합을 형성하여야 된다고 절규하여 온" 까닭이라고 주장했다.[202] 논설의 이런 주장은 중국 정세의 급변에 따라 조선에 큰 변화가 초래될 현재에 있어, 이런 정세 변화를 흡수할 만한 민족단합, 민족적 단결력을 이루어야 한다는 것이었다.

1927년 들어 신간회 결성이 구체화되기 시작하자 동아일보의 주장도 보다 구체화되기 시작했다. 신간회 결성에 맞추어 동아일보는 민족적 단결 주장에서 더 나아가 이러한 민족적 단결을 이루기 위해서는 어떠한 내용을 가져야 하며, 그를 저해하는 것은 무엇인가에 대한 구체적 의견을 제기하기 시작했다. 1월초 국내외 민족운동세력을 겨냥한 논설에서는 조선 민족이 민족적 참상을 이루고 있는 가장 큰 원인은 협동적 생활, 즉 조직적 생활에 능하지 못한 것에 있다면서, 협동적 생활, 조직의 건설에 민족의 운명이 달려있다고 주장한다. 그런데 해내와 해외를 물론하고 모두가 민족적 단결, 동지의 협동일치를 말하지만, 실제로는 비단결·비협동·비일치적 행동을

---

202) 「현실과 반성」, 『동아일보』 1926. 12. 19.

보이고 있다면서 그 원인을 다음과 같이 분석했다.

첫째, 주장이 불확실한 것, 즉 그 단체에 속한 대다수가 일정한 주의·정견에 굳게 서지 못하고 표방하는 주의강령에 충실하지 못하기 때문이라는 것이다. 이렇게 되면 조직은 협동적 행동, 일치적 활동을 하지 못해 결국 실패하고 말 뿐 아니라, 그에 속한 개인의 신의까지도 훼손시키게 된다. 둘째, 그 표방하는 주의강령이 실제적 행동과 부합하지 않기 때문이라는 것이다. 이는 조직 자체가 표방만 세우고 그 표방을 실행하지 않거나, "실제에 있어서 있지도 아니한 것을 있는 것처럼 가상하여 가지고 당치도 아니한 사람을 세상에다가 오해시키고 중상하고 모함하는 데 이르게 하는 것"으로 나타났다고 한다. 셋째, 자기주장과 반대되는 자의 주장과 존재가 '사회진화'상 피치 못할 것이면 과학적 방법에 의해 비판하여야 하는데, 자기주장과 다른 것은 수단과 방법을 가리지 않고 격멸하려 했기 때문이라는 것이다. 사설은 열정과 감격과 정의감을 잘못 사용하면 민족에 참상을 더욱 잘못되게 하는 결과를 초래할 수 있다고 경고했다.[203]

1월 19일 신간회 발기대회가 개최되자, 동아일보의 주장은 보다 더 적극적이고 구체적으로 진행되어 갔다. 신간회 창립 전후 조선일보와 동아일보의 논조를 비교해보면 조선일보는 우선 조직의 결성에 모든 주안점이 두어져 있었다. 그렇지만 모여서 무엇을 하고 어떻게 활동을 전개할 것인가에 대한 구체적 제시는 거의 이루어지지 못하고 있었다. 아직 대두하지도 않은 자치운동에 대한 경계심만 강조하면서 이에 대비한 민족좌익전선 결성만을 강조하고 있지, 그 좌익전선이 어떠한 내용의 활동을 하는 조직이며, 어떻게 활동할 것인지에 대한 비전은 제시되고 있지 못했다.

반면에 동아일보는 1920년대 초반부터 정치투쟁을 제기하면서 합법적 정치운동에 대한 인식을 발전시켜 왔다. 때문에 그들은 합법적 민족운동단

---

203) 「해내해외 투사에게」, 『동아일보』 1927. 1. 7.

체가 어떠한 역할을 수행해야 하며, 어떻게 구성되고 운용되어야 하는지에 대해, 여타 다른 민족운동세력들보다 상대적으로 구체적이고 현실적인 방침을 제기하고 있었다. 그렇지만 이 부분은 이 책의 구성을 벗어나는 관계로 이에 대해서는 생략한다. 필자의 관련 논문을 참고하기 바란다.[204]

---

204) 윤덕영, 「신간회 창립과 합법적 정치운동론」, 『한국민족운동사연구』 65, 2010 ; 윤덕영, 「신간회 창립 주도세력과 민족주의세력의 정치 지형」, 『한국민족운동사연구』 68, 2011.

소결 :

일본, 중국의 정세변화와 조선 민족운동의 국제성

1920년대 중반 들어 일본 특권 번벌세력이 해체되고 정당정치시대가 되었지만, 보수적인 정우회는 말할 것도 없고, 3·1운동 직후 조선에서 자치제 실시를 주장하기도 했던 헌정회계열의 인사들조차도 식민지 조선이 일본의 안보·국방상 갖는 전략적 위치, 군부의 반발, 특권세력의 거부감, 우경화하는 국민정서 등에 의해 식민지 조선에서의 자치제 주장을 거둬들이고 있었다. 당시 일본 정치구조나 현실정치에서 식민지 조선의 자치제 실시 주장은 무산정당운동을 추진하는 사회주의세력 외에는 거의 찾아보기 어렵게 된다.

동아일보 주도세력은 1920년대 중반 국제정세와 일본 정계의 변화를 면밀히 주시하고 있었다. 그들은 헌정회 주도의 호헌3파 연립내각 수립과 보통선거법의 통과를 지켜보면서, 그리고 영국의 노동당의 급격한 성장과 노동당·자유당의 연립내각의 성립을 지켜보면서 세계의 대세가 진보적으로 바뀌고 있다고 확신했다. 그들은 보통선거 실시를 통해 무산대중의 이해를 대변하는 합법적인 무산정당이 출현하고 시대의 진전에 따라 세력을 급속히 확장하여 일본 정계를 개편할 것으로 보았다. 그리고 일본정치의 민주화가 식민지 조선정책에 큰 변동을 가져와 식민지의 근본적 해방, 즉 독립은 아니더라도 식민지 조선에 일정한 정치적 자유와 권리를 부여되는 합법적 정치공간이 창출될 것으로 전망했다.

그들은 이런 세계적 정세 변화에 능동적으로 대처하고 이를 주체적으로 준비하기 위해서 1924년 초 이후 잠잠했던 '민족적 중심세력'론을 발전시켜 민족운동의 정치조직 건설을 1925년 하반기부터 구체적으로 제기하기 시작했다. 1925년 송진우의 「세계대세와 조선의 장래」 제목의 동아일보 논설은 이런 정세인식과 운동방침을 잘 드러내고 있었다. 그들은 조선사정조사연구회를 발족함으로써 구체적인 준비에 착수했다. 이런 측면에서 그들의 주장은 즉각적 독립운동이 불가능한 현실 속에서 단계적인 정치투쟁, 정치적 실력양성운동의 측면을 가지고 있었다. 이런 합법적 대중정치운동에 대한 전망은 하루아침에 나타난 것이 아니었다. 일본 유학의 경험, 영국의 신자유주의를 비롯한 서구 근대사상의 수용, 3·1운동에 대한 반성적 평가, 아일랜드 민족운동을 포함한 1920년대 초반의 세계 전승국 식민지 민족운동에 대한 지속적인 탐구 결과 나타난 것이었다. 이를 기반으로 그들은 1920년대 초반 '민족적 중심세력 형성론'과 1920년대 중반 '민족적 중심단체' 건설 주장으로 나타난 합법적 대중정치론을 발전시키고 있었다. 그리고 국내외 정세 변동을 살펴보면서 지속적으로 구체적인 운동 형태로 기획되고 추진되었다.

1926년 들어 사회주의운동 진영에서 민족통일전선으로서 민족운동단체 결성이 추진되는 가운데 민족주의운동 진영에서도 민족적 중심단체, 민족협동전선을 결성하려는 움직임이 구체화되기 시작했다. 동아일보계열은 일본 보통선거의 구체적 실시를 기다렸다.

그런 가운데 1926년 7월, 봉건적이고 특권적인 군벌세력을 몰아내고 중국을 통일해서 근대국가를 수립하기 위한 중국 국민정부의 북벌이 소비에트러시아의 원조 속에서 단행되었다. 북벌은 동아일보의 기대를 넘어 우여곡절을 겪지만 성공적으로 수행되었다. 동아일보계열은 1926년 후반의 시점에 국제정세가 크게 변화하고 있다고 판단했다. 중국에서 국민당의 북벌은 '본질적 대혁명'으로 국민혁명군이 중국을 통일하면 중국은 아시아

제민족의 중심으로 막대한 영향을 끼칠 것이라 하면서 중국의 변화에 주목했다. 북벌과 중국 국민혁명을 통해 중국이 통일되면 중국 동북을 지배하고 있던 장쭤린 군벌은 해체될 것이고, 그렇게 되면 군벌을 지원하면서 중국에 대한 영향력을 행사하던 일본의 군부와 특권세력은 크게 타격을 받을 것으로 판단하였다. 이런 중국에 대한 영향력 약화는 대륙진출을 매개로 확장을 모색하던 일본 군부와 특권세력 및 보수적 정당세력의 약화로 연결될 것이고, 일본의 민주화를 앞당길 것으로 전망되었다. 이는 식민지 조선 정책의 긍정적 변화로 연결될 것으로 인식되었다. 때문에 이러한 국제정세의 변화는 동아일보계열을 비롯하여 당시 조선의 민족운동 세력 전반을 크게 고무시키는 것이었다.

1926년 9~10월의 소위 '연정회 부활'로 나타난 정치단체 결성 추진은 일제의 공작에 의해 진행된 자치운동이 아니라, 국제적 정세의 변동에 고무된 민족주의세력이 1925년 하반기 이래 추진해온 민족적 중심단체, 민족운동의 정치조직을 결성하려는 구체적인 활동의 결과였다. 이를 주도한 것은 송진우 등의 동아일보세력이었지만 조선일보와 기타 언론계, 천도교와 기독교계 양대 세력을 비롯한 다수의 인사들이 망라되고 있었고, 조선공산당의 인물들도 연계되어 있었다. 즉 좌우를 떠나 민족운동세력은 민족운동 정치단체의 결성에 일정한 합의를 하고 있었고 이를 실제로 추진하려고 했던 것이다. 그렇지만 이 과정에 '대륙의 브로커'인 아베와 접촉하며 자치운동의 의혹을 받고 있는 천도교 신파의 최린이 참여하면서 논란이 되었고, 안재홍과 명제세는 이를 저지했다. 또한 김준연과 한위건의 활동에 대한 서울계 구파의 반대활동도 전개되었다. 이렇게 민족주의세력과 사회주의세력 내의 대립이 중첩되면서 민족운동의 단체를 결성하기 위한 회합은 결렬되었다.

동아일보 주도세력에게 있어 민족운동의 정치조직은 민중의 자각 정도도 낮고 민중의 단결력도 미흡하고, 민족 독립을 수행할 수 있는 군대도 만들

수 없는 상황에서, 일본에서의 무산정당이 의회에 진출하여 조선 정책이 바뀌어질 때, 더 나아가 한반도를 둘러싼 국제정세가 크게 변동될 때를 대비하여 민중의 정치적 '자각'과 '민족적 훈련'을 담당하는 실력양성, 미래를 위한 준비 조직으로서의 의미를 갖는 것이었다. 그렇지만 핵심조직의 준비 및 핵심 준비 구성원들 간의 사상적·운동노선상의 이념적 공유와 행동의 통일이 고려되지 않을 때 합법적 영역에의 매몰은 개량화와 일제에 대한 타협의 위험에 노출될 수 있었다. 동아일보계열은 국내외 정세에 대한 폭넓은 분석과 판단 속에 이슈를 선점하면서 민족주의세력의 전반에 영향력을 행사하는 데는 장점을 가지고 있었다. 그렇지만 그들의 활동은 여론 활동을 통해 민족엘리트, 지식인, 민족주의세력에 영향력을 확대하는 데 머물러 있었다.

1926년 들어 조선일보의 대표적 논자이자 흥업구락부의 일원이기도 한 안재홍은 이 시기 들어 '정치적 운동'을 하자고 적극 주장했다. 그는 일본으로 건너가 '양해운동'을 전개하던 최린과 천도교 신파를 겨냥하면서, 기회주의를 배격하는 비타협적 민족좌익전선 결성을 주장했다. 그렇지만 그가 상정한 것이 합법적 틀 내에 있는 표면운동단체를 벗어난 것은 아니었다. 때문에 그 실제 내용은 당시 동아일보계열이 1920년대 전반 이래 주장해 오던 합법적 정치운동단체 결성 주장과 차이가 거의 없었다.

그런 의미에서 신간회의 창립은 단순히 반자치론의 입장에서 반자치운동으로만 나타난 것이 아니었다. 1920년대 초반 이래 민족주의세력의 내에서 제기된 민족적 중심세력론 및 민족적 중심단체 결성 주장, 즉 합법적 정치단체 건설론의 연장선상에 있는 것이었다. 1925년 하반기의 조선사정조사연구회의 활동과 1926년 하반기의 '연정회 부활' 계획은 이와 밀접한 관련이 있었다. 그리고 이는 1920년대 초반 이래 동아일보계열이 중심적으로 주장했던 합법적 정치운동론이 민족주의세력 전반에 일반화된 것을 의미한다고 할 수 있다.

민족적 중심단체를 결성하려는 동아일보계열의 활동은 1926년 11월 송진우가 구속되면서 일시 정지될 수밖에 없었고, 다른 정치세력에 의해 신간회 창립으로 이어지게 된다. 그럼에도 불구하고 사회주의세력에서의 민족문제와 민족통일전선에 대한 인식의 발전과정이 신간회의 창립으로 일정하게 귀결된 것처럼, 민족주의세력에서도 이러한 인식과 역사적 활동이 신간회 창립의 직접적 배경을 이룬다고 하겠다.

　신간회 창립시점까지 신간회 창립을 주도했던 그룹이나 그들을 대변했던 조선일보는 조직의 결성에만 모든 주안점을 두었지, 민족좌익전선으로서 민족적 중심단체가 어떠한 내용과 활동을 하여야 하는지에 대해 구체적 전망이나 비전을 제시하지 못했다. 반면에 동아일보계열은 그들이 오랜 기간 이런 논의를 주도해온 만큼 정치적 민족운동단체가 어떻게 구성되고, 어떠한 역할을 수행해야 하며, 어떻게 운용되어야 하는지에 대해 상대적으로 구체적이고 현실적인 방침을 제기하고 있었다. 그렇지만 동아일보계열은 광범한 대중을 망라하는 합법적 정치운동론에만 머물렀고, 비합법적 정치운동의 영역을 사실상 배제한 채 당면의 일상적 투쟁과 제반 민주주의적 권리를 위한 대중정치조직을 결성하겠다는 것에 머물러 있었다.

4부

합법적 정치운동에서 민족주의 문화운동으로

1장 제2차 지방제도 개정으로 귀결된
총독부 자치정책과 그 비판

    일제하 식민정책과 이에 대한 민족운동에 대한 연구 중에서 가장 논란이 되어 왔던 부분은 사이토 총독 시절의 일제의 자치정책과 그에 관련된 자치운동 움직임이다. 특히 1929년 사이토가 조선총독에 재차 부임하면서 총독부 관료들을 대거 동원하여 식민정책의 변화를 꾀한 사실에 대한 이해와 파악이 중요하게 논의되었다. 사이토와 총독부 관료들은 조선에서의 참정에 관한 몇 개의 방안을 마련하였고, 최종적으로 소수의 인원을 제국의회의 귀족원에 참여시키는 방안과 '조선지방의회' 설립에 대한 방안을 마련했다. 그리고 이를 바탕으로 사이토는 자치제 문제에 대해 일본 본국의 주요 인사들과 협의를 하게 된다.

    당시 조선총독부가 구상한 방안과 그 귀결에 대해서 강동진은 사이토가 그동안 정략적으로밖에는 이용해오지 않았던 참정권 문제를 형식적으로나마 현실화하지 않을 수 없다는 것을 잘 알았기 때문에 명목뿐이나마 자치제 안을 만들었다고 한다. 그렇지만 귀족원과 중의원에 소수의 의원을 보내는 방안과 조선지방의회안은 대단히 한계를 가진 것으로 사이비 참정권 구상에 지나지 않았다고 주장했다.[1] 김동명은 이들 방안이 명확히 내지연장주의에

---

1) 강동진, 『일제의 한국침략정책사』, 한길사, 1980, 360~368쪽.

의한 조선인의 제국의회 중의원에의 참가에 반대하고 적극적으로 조선지방의회 설치를 제안하고 있기 때문에, 이는 총독부가 그동안 표방해온 동화주의지배체제에 확실히 반하는 것으로 자치주의지배체제로의 실질적인 전환을 의미하는 것이라고 평가했다.[2] 모리야마 시게노리(森山武德)는 일본의 조선지배의 특질은 제도적으로는 '총독의 독단전제'라는 측면이 있지만, 현실에서는 일본정부의 의향, 조선총독부내 자치운동에 대한 대응의 상위, 재조일본인의 동향, 만주사변후의 국제환경의 변화 등에 제약을 받고 있었다고 주장했다. 조선의회 설치 방안은 내지연장주의를 고수하는 일본 정치지도자들과 일본 군부의 반대, 특권적 지위상실을 우려한 재조일본인들의 반대 등 때문에 실시될 수 없었고, 따라서 지방자치제도의 확립으로 조선자치론은 축소될 수밖에 없었다고 한다. 또한 그는 조선민족운동은 총독부의 자치정책에 따라 분열되었고, 자치운동을 추진하는 세력은 총독부에 적응하여 갔다고 주장했다.[3]

기존 연구 중에서는 조선총독부가 자치정책을 실제 실시하려 했고, 그에 맞추어 상당수 민족운동세력이 자치운동을 전개했다고 보는 견해가 일반적으로 제기되었다. 그렇지만 이형식, 전상숙 등의 연구에 의해 조선총독부 자치정책 실시에 대한 한계 및 자치주의정책으로의 전환에 대한 근본적 의문이 제기되었다. 이형식은 총독부 조선형 관료들은 '정당화'되어 가는 조선통치에 대해서 위기감을 느꼈으며, 민족운동에 대한 대응과 정당세력이 조선통치를 혼란하게 하는 것을 방지하고자 조선지방의회 설치를 구상했다고 주장했다. 그렇지만 일본 정부 내 주요 인사들의 반대로 지방자치 확대라는 방향으로 축소되었다고 한다. 그는 조선총독부의 자치제안은

---

2) 김동명, 『지배와 저항, 그리고 협력-식민지 조선에서의 일본제국주의와 조선인의 정치운동』, 경인문화사, 2006, 446~454쪽.

3) 森山武德, 「日本の政治支配と朝鮮民族主義-1920年代の'朝鮮自治論'を中心として-」, 北岡伸一編, 『戰爭·復興·發展-昭和政治史における權力と構想』, 東京大學出版會, 2000.

조선의 민족운동과 일본 정당세력의 식민지 진출에 직면하고 있던 총독부가 한편으로는 내각의 재정정책과 관계없이 긴급예산을 안정적으로 확보하기 위해서, 다른 한편으로는 민족운동세력을 회유·분열시키기 위해서 고안한 궁여지책으로 이해해야 한다고 주장했다.[4]

전상숙은 '조선지방의회' 설치 구상에 대해 조선총독부가 자치주의 지배 정책으로 전환하고자 했다는 기존의 주장을 비판하면서, 조선지방의회를 조선의회로 보는 것은 '외지'에 별개의 '의회'를 설립할 수 없는 메이지 헌법 하에서는 불가능한 발상이기 때문에 사실상 실체가 없는 것이라고 주장했다. 또한 총독부의 참정권 부여안은 '제국의 이해'에 반하지 않을 것, 제국의 통일적 지배에 필요한 사항에 혼란을 초래하지 않을 것을 전제로 제안된 것이라 파악했다. 조선지방의회는 한정적인 '지방자치제'의 틀을 벗어나지 않은 것으로 일본의 지방자치제도를 염두에 둔 것이며, 지방자치 수준에서 조선인의 정치적 욕구를 흡수한 것으로 보아야 한다고 주장했다.[5]

본장에서는 이러한 문제제기를 보다 구체화시켜 우선 조선총독부의 자치 정책과 그 귀결로서 1930년 제2차 지방행정제도 개선이 가져온 정치공간의 변화를 살펴보려고 한다. 그리고 상당수 민족운동세력이 자치운동을 전개 했다고 하는 가설에 대해서, 이러한 주장이 타당한 것인가를 당시 자치운동 의 일 주역으로 지목되었던 동아일보계열의 총독부 자치정책과 지방제도 개정에 대한 대응을 살펴봄으로써 재검토하고자 한다.

---

4) 李炯植, 『朝鮮總督府官僚の統治構想』, 吉川弘文館. 2013, 227~243쪽.
5) 전상숙, 「1920년대 사이토(齋藤實)총독의 조선통치관과 '내지연장주의'」, 『담론 201』 11-2, 2008, 26~33쪽.

1. 조선총독 선임에 대한 인식과 무관총독 비판

일본 정우회 다나카 기이치(田中義一) 내각은 1929년 들어 한계를 드러내고 있었다. 특히 1928년 6월에 발생했던 중국 동북삼성을 지배하는 군벌 '장쭤린(張作霖) 폭살 사건' 처리 문제에 대해, 정치력의 한계를 드러냈다. 이에 쇼와 천황이 다나카를 질책하면서 다나카 내각이 총사직하게 되었다.[6] 1929년 7월, '헌정(憲政)의 상도(常道)'에 따라 민정당의 하마구치 오사치(濱口雄幸) 내각이 수립되었다.

동아일보계열은 그들이 반동적이라 규정하고 있는 정우회 다나카 내각이 물러가고 상대적으로 덜 보수적인 하마구치 내각이 수립되었지만, "색채와 정강이 대동소이한 민정당의 시대에 대하야 기대할 것이 별로" 없을 것이라 판단했다. 그것은 대중국 외교에서 불간섭주의로 돌아갈 수 있지만, 만몽문제에 대한 기득권은 절대 옹호하기 때문에 실제 외교정책에서는 큰 차이가 없을 것으로 전망했기 때문이다. 또한 신흥세력, 즉 사회주의세력에 대한 탄압은 일시 완화될 수 있지만, 그리 오래되지 않아 "다시 역류"할 것이며, 식민지에 대한 탄압도 계속될 것으로 보았기 때문이다. 다만 민정당 내각의 수립으로 "기성정당의 분해 작용이 촉진"될 것이고, 이 때문에 의회가 가까운 장래에 해산될 것인데, 그때에는 "무산파의 진출이 괄목상대"할 것으로 전망했다.[7]

즉 보수정당인 민정당에게 기대하지는 않지만 민정당 내각의 수립으로 기존 정치판의 분해 작용이 가속화되어 조기에 의회 해산으로 갈 것이고, 그렇게 되면 점차 성장하는 무산정당세력이 보통선거를 배경으로 의회에

---

6) 다나카 내각의 사임 과정, 그를 둘러싼 정당세력과 천황 측근의 궁중세력, 원로, 군부세력의 동향에 대해서는 다음 참조. 야스다 히로시 지음, 하종문·이애숙 옮김, 『세 천황 이야기』, 역사비평사, 2009, 248~258쪽.
7) 「민정당내각의 출현」, 『동아일보』 1929. 7. 3.

크게 진출하여 정계의 변화를 불러올 것이라는 차원에서 민정당 하마구치 내각의 수립 의의를 평가하고 있었다.

민정당 내각이 수립되면서 정우회와 밀접한 야마나시 한조 조선총독의 경질이 구체화되었다. 동아일보는 민정당 내각이 수립되자마자, 육군대신 출신인 야마나시 총독의 후임 총독으로 누가 올지에 대해 촉각을 세우고 있었다. 그것은 후임 총독이 어떤 인물이 오느냐에 따라 조선 식민지배정책이 어떻게 전개될 수 있을지 가늠할 수 있기 때문이다. 그들이 가장 관심을 가졌던 것은 군 출신이 오느냐, 아니면 민간 출신이 오느냐의 여부였다.

동아일보 7월 5일자에는 4일자 도쿄발 기사로 후쿠다 마사타로(福田雅太郎) 육군대장과 와카쓰키 레이지로(若槻禮次郎) 전임 헌정회 내각 수상이 유력하다는 기사가 게재되었다.[8] 그리고 그 다음날인 7월 6일자에 바로 후쿠다 마사타로 육군대장의 총독 임명설을 강하게 비판하는 사설을 게재했다. 동아일보는 후쿠다가 독립군 토벌의 사령관이자, 1923년 관동대지진 때의 계엄사령관으로 조선인과는 악연이 있다면서, 이는 조선의 통치를 일층 무단화시키려는 전제가 아니냐면서 강하게 비판했다.[9] 사설의 그 다음 내용부터가 일제 경찰에 압수되어 현재 알 수가 없는데, 아마도 일제 정책에 대한 비판의 강도를 더욱 높였을 것으로 추정된다. 이런 사설의 의도는 명백했다. 총독으로 거론되는 인물 중에서 육군 출신을 거부한다는 것을 분명히 함으로써 민간인 출신이 총독으로 부임했으면 하는 의사를 표시한 것이었다.

하마구치 수상은 민정당계 인물인 전 대만총독 이자와 다키오(伊澤多喜男)를 후임 총독으로 임명하려 했다. 동아일보 7월 8일자에는 문관총독설이 대두되었다는 것을 기사제목으로 하여 민정당계 인물인 전 대만총독 이자와

---

8) 『동아일보』 7월 5일자에는 「조선총독에 若槻禮次郎說, 福田雅太郎 대장도 유력」이라는 기사가 게재되었다.

9) 「福田雅太郎 대장의 총독설」, 『동아일보』 1929. 7. 6.

다키오가 유력하다는 기사를 게재했다. 7월 14일에는 민정당내에서 문관총독설이 대부분 유력하다면서 역시 이자와가 제1후보라는 기사를 게재했다.[10] 그렇지만 이자와의 임명에 대해 일본 내 군부와 추밀원 등 보수세력의 반대가 거세지자, 8월 6일자부터는 이자와의 총독 기용에 대한 각계의 반대가 있다며, 와카쓰키 전 수상의 기용설을 보도하기 시작했다.[11]

그렇지만 이런 동아일보의 기대에도 불구하고 문관총독의 임용은 이루어지지 않았다. 문관총독 임명에 대한 일본 군부의 반대는 거셌다. 추밀원에서도 반대가 강했고, 쇼와 천황의 반대가 결정적으로 작용하면서 하마구치는 자신의 주장을 철회할 수밖에 없었다.[12] 결국에는 1929년 8월 사이토가 조선총독으로 재임명되게 되었다.[13] 사이토의 재임용은 하마구치 내각이 군부와 추밀원 등 보수세력의 문관총독 임명 반대 주장을 꺾지 못했다는 것을 상징적으로 드러내는 것이었다. 군부를 통제할 수 없는 하마구치 내각은 정당정치세력과 그나마 관계가 무난하고, 육군이 아닌 해군출신의 사이토를 선택할 수밖에 없었다.

이는 1920년대 일본에 정당정치시대가 열렸음에도 불구하고 정당정치세력은 일본 정치의 전반을 통제할 수 없는 취약한 존재라는 것을 여지없이 보여주었다. 또한 식민지 조선정책에 있어 일본 특권 보수세력이 여전히

---

10) 「조선총독후임 문관제설 유력」, 『동아일보』 1929. 7. 14 ; 동아일보는 이후에도 이자와의 문관총독 기용설에 대한 기사를 게재하며 추이를 주목했다. 「문관총독설 점차 유력 진전」, 『동아일보』 1929. 8. 2 ;「伊澤多喜男氏의 총독설 농후」, 『동아일보』 1929. 8. 13.

11) 「若槻씨 조선총독에 기용?」, 『동아일보』 1929. 8. 6 ; 8월 12일자에도 비슷한 기조의 기사를 게재했다. 「조선총독 후임 若槻禮次郎 씨에게 懇望」, 『동아일보』 1929. 8. 12.

12) 加藤聖文, 「植民地統治における官僚人事-伊澤多喜男と植民地」, 『伊澤多喜男と近代日本』, 芙蓉書房, 2003, 118쪽.

13) 자세한 것은 다음을 참조. 岡本眞紀子, 앞의 책, 三元社, 2008, 526~528쪽 ; 李炯植, 「政党内閣期岡における植民統治」, 松田利彦, 『日本の朝鮮·臺灣支配と植民地官僚』, 思文閣出版, 2009, 576~578쪽.

큰 영향력을 행사한다는 것을 드러냈다. 하마구치 민정당 내각이 출범했지만, 천황을 정점으로 내각과 군부가 각기 권력을 갖고 병립하고 있는 일본의 특수한 정치구조는 여전히 개선되지 않았다. 전임 다나카 기이치 수상은 조슈 번벌과 육군대신 출신으로 군부에 강력한 기반과 권한을 갖고 있었음에도 군부를 제대로 통제하지 못했다. 다나카도 못한 군부 통제를 허약한 민정당의 정치가들이 한다는 것은 일본 천황체제하에서는 처음부터 불가능한 것이었다.[14]

동아일보는 문관총독이 좌절되고 다시 사이토가 총독이 임명되자, 기존에 총독임명 추이를 비교적 상세히 보도하던 것과 달리 1면 밑쪽에 다섯줄 1단기사로 간략히 보도했다. 동시에 같은 날, 「관습적 제 법령을 개신하라」라는 사설을 게재했다. 사설은 민중을 '부자유의 곤경'에 빠지게 하고, '반동적 기세'를 심하게 하는 '시대착오의 완고'한 악법들이 제정된 지 20년이 된 지금까지 폐지 또는 개정되어야 함에도 하등 대책이 없다고 주장했다. 그러면서 보안법, 출판법, 인민의 자유를 구속하는 민사령 등을 예로 들었다.[15]

이는 그동안 1920년대 전반부터 동아일보계열이 주장해온 정치적 자유, 즉 언론·출판·집회·결사의 자유를 구속하는 일제의 법령에 대한 폐지 주장과 맥을 같이 하는 것이라 할 수 있다. 또한 사설은 조선이 신문화를 수입하여 민중의 각성이 점점 증대함에도 공장노동자의 적당한 계약관계를 규정하는 공장법, 지주의 무제한의 착취를 제한하는 소작법, 차가인(借家人)의 권리를 보장하는 차지차가법(借地借家法) 등이 아직 제정되지 않는 이유가 무엇이냐며 비판했다. 그러면서 이런 시대에 뒤떨어진 '악법령'과 '관습적 악제도'를 가지고 민중을 지배한다면 이는 "악풍의 조장이오, 선정이 아니라 악정"이라

---

14) 김종식·윤덕영·이태훈,『일제의 조선 참정권 정책과 친일세력의 참정권 청원운동』, 동북아역사재단, 2022, 286~287쪽.

15) 『동아일보』1929. 8. 17.

고 비판했다. 그러므로 언론·집회·출판·결사·매매·이혼·거주의 제 자유를 방해하는 제 법령을 전부 개폐할 것을 주장했다. 이것이 "조선에 시급한 정치상, 사회상 가장 시급한 요구"라고 주장했다.[16]

동아일보가 사이토 총독의 임명 발표를 간략히 보도하면서 정치·경제적 제 권리와 자유를 강력히 주장하는 사설을 개재한 것은 다분히 의도적이라 할 수 있다. 지난 8년여 간 조선총독으로 있으면서 조선인의 민주주의적 제반 권리와 정치적 자유를 신장하는 데 아무런 역할도 하지 않고, 도리어 후퇴시킨 사이토의 총독 재임명에 대한 실망감을 표시하는 동시에, 총독부 에 대해 제반 악법 철폐와 민중생존권을 보장하는 입법을 제정하라는 강력한 의사 표시였다. 이미 오랜 기간 사이토 총독을 겪어본 동아일보 주도세력은 사이토의 재부임에 대해 별 기대를 가지지 않고 있었다.

2. 총독부의 자치제 모색의 한계와 제2차 지방제도 개정

사이토 총독은 9월에 부임하면서 조선 지배정책의 변화를 예고했다. 사이토는 동아일보 기자와의 간담에서 "일본 내지 동향의 경향으로는 할 수 없으나, 개선할 것은 개선하겠다."고 하고 참정권 문제에 대해서도 "자기 에게 생각이 있으나 각 기관과 협의하여 서서히 실현할" 것이라고 했다. 동아일보는 사이토가 도·부·면을 대상으로 자치제를 시행할 의사가 있으며, 이는 종래 조선의 도, 부, 면의 자문기관인 평의회나 협의회를 의결기관으로 개정하고 선거권·피선거권을 확장하여 자치제를 확립하는 것이라고 했다 고 보도했다. 그리고 우선 경성과 평양, 대구와 부산의 4부에서 자치제를 시행할 것인데, 이 4부는 이미 부협의회를 실질적으로 의결기관으로 운영·

---

16) 「慣習的 諸法令을 改新하라」, 『동아일보』 1929. 8. 19.

준비하는 상황이기 때문에 자치제를 시행해도 아무 불안이 없다고 하면서, 4부의 운영상 효과를 본 후에 점차 다른 지역으로 확대할 것이라고 사이토가 말했다고 보도했다.[17]

그런데 동아일보에 보도된 사이토 총독의 이런 언급은 그가 식민통치정책 개편, 즉 자치제 문제에 대해 대단히 조심스럽게 접근하고 있다는 것을 보여주는 것이었다. 사이토는 조선의회도 아니고 지방제도 개정, 그것도 일부인 경성 등 4부에 한정되어 부협의회를 자문기관에서 의결기관으로 바꾸는 정도의 것도, 이미 실질적으로 그렇게 운영되고 있어 별 변화가 없는 것이니 아무 불안이 없을 것이라는 식으로 언급하고 있었다. 이는 그가 자치제 문제를 조선인이나 조선의 민족운동, 또한 자치운동세력을 의식해서 주장하고 있다고 생각할 수 없게 한다. 자치운동을 하는 조선인들의 기대에 부응하기 위해 자치제 주장을 한 것이라면 정치적으로 노련한 사이토가 결코 이런 식으로 언급하지 않았을 것이다. 그는 조선에서의 자치제 실시는 말할 것도 없고 심지어 지방제도 개선 자체도 의구심을 갖고 거부하고 있는 일본 정부 내의 보수세력들을 다분히 의식하고 있었다.[18]

사이토가 조선총독에 부임할 때 식민지 조선에 대한 군부세력의 영향력과 관심은 여전했다. 만주침략을 앞두고 있는 군부세력에게 관동군의 후방을 위협할 수 있는 식민정책의 커다란 변화는 용납할 수 있는 것이 아니었다. 당시 하마구치 내각의 육군대신이던 우가키 가즈시게(宇垣一成)는 "현상에 조선인에게 참정·자치를 허용하는 것은 하늘이 나에게 내린 명을 저버린 것이다. 반도 2천만 동포로 하여금 내쟁(內爭)과 혼란과 기근과 쇠망으로 이끌어 가는 것 외에는 어떠한 것도 수습하기 힘들다."라고 단정했다.[19] 이는 식민지 지배정책의 변화에 대해 반대하고 용납하지 않겠다는 군부의

---

17) 『동아일보』 1929. 9. 9.
18) 김종식·윤덕영·이태훈, 앞의 책, 285~286쪽.
19) 角田順校訂, 『宇垣一成日記』 1, 국학자료원, 1993, 1929. 11. 8.

의지를 대변하는 주장이었다. 때문에 재부임한 사이토는 이런 본국의 상황을 반영하여 조심스럽게 식민지 조선의 지배 정책 변화를 모색했다.

1929년 10월 15일 고다마 히데오(兒玉秀雄) 정무총감이 일본으로 건너갔다. 그는 하마구치 수상과 마쓰다 겐지(松田源治) 척무대신 등 내각의 요인들과 미즈노 렌타로(水野錬太郎)와 우사미 가쓰오(宇佐美勝夫), 세키야 데이자부로(關屋貞三郎) 등 중앙조선협회 요인들을 만나 조선에서의 자치제 실시를 협의하였지만, 강한 반대에 부딪쳤다. 내각에서는 마쓰다 척무대신과 우가키 육군대신이 부정적이었고, 미즈노 등도 조선의회 등과 같은 것은 조선인들의 충동을 일으켜 장래 화근이 될 가능성이 있다면서 반대했다.[20]

고다마 정무총감은 11월 7일 일본에서 돌아왔는데, 조선 지배정책 변화를 위한 구체적인 방안을 마련하기 위해 소위원회가 다시 구성되었다. 이마무라 다케시(今村武志) 내무국장을 비롯해서 총독부내 관련 부서 책임자들이 다수가 동원되었다.[21] 여러 개의 안이 만들어졌는데, 최종적으로는 「조선에서의 참정에 관한 제도의 방책」으로 정리되었다. 이는 소수의 귀족원 칙선의원을 선임하는 것과 조선지방의회를 개설하는 것, 그 하부단위의 지방제도를 개정하는 것이었다.[22]

그렇지만 이들이 마련한 '조선지방의회'안은 중앙정치 차원의 자치제 방안이 아니었다. 조선지방의회는 실질적인 법률 제정 권한도 없었고, 법률과 제령에서 정하는 것을 제외한 조선지방비에 속한 지방세, 사용료, 수수료 부과·징수 등에 관한 총독부령만을 심의할 수 있을 뿐이었다. 조선지방의회가 심의하는 총독부 예산은 토목, 위생 및 병원, 교육, 권농, 구제 등의 분야에 한정된 1929년도 전체 총독부 예산의 7%에 불과했다. 심지어

---

20) 森山武德, 앞의 글, 23~24쪽 ; 李炯植, 앞의 책, 235쪽.
21) 자세한 경과는 다음 참조. 김동명, 앞의 책, 439~454쪽 ; 李炯植, 앞의 책, 234~243쪽 ; 이태훈, 앞의 글, 233~243쪽.
22) 자세한 내용은 다음 참조. 김종식·윤덕영·이태훈, 앞의 책, 292~297쪽.

지방의회 권한에 속한 사항이라도 임시시급을 요하는 경우, 총독이 전결처분할 수 있는 권한이 부여되었다. 조선지방의회는 총독에게 의견서를 제출할 수 있었지만, 총독은 조선지방의회 결의에 대한 취소 및 재의 명령, 원안 집행, 정회, 해산 등의 막강한 감독 권한을 가졌다. 조선지방의회에는 행정부에 대한 감시와 견제의 기능이 부여된 것이 아니었다. 삼권을 총괄하는 총독의 감독 하에서 총독부 조선특별회계 예산의 일부분만을 심의하는 기능만을 부여했다. 1927년의 '나카무라안'보다도 대폭 후퇴된 구상이었다. 그것도 10년 후에나 실시한다는 대단히 기만적인 것이었다.[23]

1929년 12월 사이토는 일본으로 건너가 '조선지방의회'안을 하마구치 수상과 마쓰다 척무대신, 우가키 육군대신 등 정부 요인 및 미즈노 렌타로를 비롯하여 조선관련 여러 주요 인사들과 협의했지만, 강력한 반대에 부딪쳤다. 이에 사이토는 조선지방의회안을 곧바로 포기하고, 마쓰다 척무대신과 조선 지방제도 개정만을 하기로 대체적 합의를 본 후에 조선으로 돌아왔다.[24]

당시 언론에서는 총독부가 마련한 조선지방의회 설치안과 일본 귀족원 의원 참정 문제에 대해서는 전혀 다루지 않았다. 다만 도평의회와 부협의회, 지정면협의회의 의결기관화로 나타나는 지방자치제도 확충 문제만 보도되었다. 동아일보도 2면에 조그맣게 보도했다.[25] 사이토는 자치정책에 대해 대단히 조심스럽게 접근했다. 사이토는 물론 총독부 고위 관료들도 당시 언론 어디에도 지방제도 개정 이상을 말한 적이 없었다. 조선의회는 물론 조선지방의회에 대해서도 공개적으로 언급한 적이 없다. 사이토는 1930년 2월 다시 일본으로 갔다. 2월 방일 시에는 29년 12월 방일과 달리 일본 정부 주요 인물들에 대한 적극적 만남이 없었다. 그리고 2월 27일 마쓰다

23) 김종식·윤덕영·이태훈, 앞의 책, 298~308쪽.
24) 김종식·윤덕영·이태훈, 앞의 책, 309~313쪽.
25) 『京城日報』1929. 12. 14 ; 『매일신보』1929. 12. 14 ; 『동아일보』1929. 12. 14.

척무대신과 도평의회와 부협의회, 지정면협의회를 의결기관화를 하는 지방제도 개선방안만을 합의한다.[26]

조선지방제도 개정안은 1930년 3월 일본 내각에 제출되었고, 11월에 각의를 통과했다. 제2차 지방제도 개정안이 3월에 알려질 때만해도 일부 조선인 도평의회 의원이나 부·지정면의 의원들은 도회, 부회, 읍회로의 의결기관화가 장차 조선의회로 가는 과정으로 인식하기도 했다. 사이토와 총독부 고위관료들은 조선의회도 아니고 극히 제한된 조선지방의회안조차 그들이 포기했다는 사실을 알리지 않았다. 아니 조선지방의회안을 처음부터 언론에 전혀 언급조차 안했기 때문에 포기 여부를 알릴 필요가 전혀 없었다. 이런 상황을 모르는 하급 조선인 관료, 도평희외와 부회 등에 참여한 조선인 의원들, 친일정치운동세력들이 스스로의 기대와 희망으로 자가발전했을 뿐이다.

그렇지만 11월에 각의를 통과하면서 구체적으로 드러난 제2차 지방제도 개정안은 조선의회로 가는 과도적 안이 아니었다. 그것으로 종료되는 지방제도 개정안이었다. 이로써 식민지 조선의 지방제도 개정이 자치의회 정책과 사실상 관련이 없음이 보다 분명해졌다. 더구나 1931년 조선총독으로 부임한 우가키가 조선 참정권에 대한 논의를 금지하자 총독부와 그 주변의 자치제 실시 주장도 사라졌다.[27] 조선자치의회 설립의 기대는 물 건너갔고, 이를 기대하였던 자치제 주장이나 운동도 그 명분과 동력이 크게 상실되었다. 사실 제2차 지방제도개정안이 제출된 시점부터 총독부에서의 자치제 움직임은 거의 사라지게 된다. 총독부내 토착 일본인 관료들도 더 이상 자치제 주장을 하지 않게 된다.

이상에서 살펴본바와 같이 일제와 총독부 권력이 자치정책을 전개했다는 것은 사실상 그 근거가 희박한 것이다. 그리고 일제는 물론 총독부도 자치정

---

26) 김종식·윤덕영·이태훈, 앞의 책, 311~312쪽.
27) 김종식·윤덕영·이태훈, 앞의 책, 313~316쪽, 405~406쪽.

책을 실제 추진하고 있지 않은데, 조선의 민족운동세력이 자치를 목표로 하는 자치운동을 전개했다는 것은 앞뒤가 잘 맞지 않는 주장이라 여겨진다. 뒤에서 살펴보겠지만 당시 조선의 민족운동세력은 이런 상황을 잘 알고 있었다. 일제하 주요 민족운동세력 중에서 자치운동을 전개한 것은 천도교 신파가 거의 유일했다.

제2차 조선지방제도 개정에 따라 1931년 4월 1일자로 지방제도 개정이 이루어지게 되었고, 5월 21일에 부와 읍, 면의 지방의원 선거가 예정되었다. 조선의 지방제도 개정은 일본 국내가 25세 이상 남성을 대상으로 제한 없는 보통선거를 실시한 것과 달리, 5원 이상 납세자를 대상으로 하는 제한선거권을 규정하고 있었다. 여기서 더 나아가 총독부는 조선인의 학교 비와 일본인의 학교조합비를 부세에 통합하는 것을 통해 일본인 선거권자를 대폭 확대했다. 그 결과 경성을 비롯한 대부분의 부에서 일본인 선거권자가 조선인 선거권자 수를 압도하는 결과를 가져왔다.[28] 조선의 경우 부로 한정하면 부거주 조선인의 약 2.7%만이 선거에 참여할 수 있었다. 반면에 부거주 일본인의 경우는 약 14%가 선거에 참여했다. 그 결과 전국 각부의 유권자 비율은 조선에서의 선거임에도 불구하고 실제 거주자에 상관없이 일본인이 62.5%를 점하였고, 조선인은 그 절반 조금 넘는 37.5%에 그쳤다.[29] 과거 지정면이었던 곳에는 의결기관으로서 읍회가 설치되었지만, 보통면에 는 자문기관으로서 면협의회가 설치되었다. 일본인은 읍지역에서 10% 내외, 면지역에서도 5~10%가 선거권을 가졌던 반면에, 조선인은 읍과 면 모두에서 2% 미만이 선거권을 가졌다.[30] 지방행정기관의 최고기관인 도제

---

28) 경성의 경우 1929년 부협의회 선거에서는 조선인 유권자 4,660명, 일본인 5,885명으로 크게 차이가 없었던 반면, 1931년 선거에서는 조선인 7,890명, 일본인 14,843명으로 2배로 차이가 벌어졌다.

29) 손정목, 『한국지방제도·자치사연구 : 갑오경장~일제강점기』(상), 일지사, 1992, 240~272쪽.

30) 허영란, 「일제시기 읍·면협의회와 지역정치-1931년 읍·면제 실시를 중심으로」,

의 시행은 더 미루어졌고, 1933년 2월 1일자 총독부령으로 공포되어, 4월 1일부터 시행되었다.

일제의 1930년 전후 지방제도 개정은 몇 가지 결과를 가져왔다. 첫째, 식민지 외지에 거주한다는 것 때문에 정치적 권리를 상실한 재조일본인들의 정치적 요구를 일정부분 충족시켰다. 재조일본인들은 상당한 선거권의 확대가 이루어졌고, 의결기관화된 부회와 읍회, 도회의 의원으로 이전보다 더욱 진출할 수 있었다. 1930년 지방제도 개정의 최대 수혜자는 사실 재조일본인이었다. 둘째, 한계가 많고 제한된 것이지만 의결권을 가진 도회와 부회, 읍회가 구성되어 지방정치의 공간이 형성되었다. 이는 정치적 참여를 희망하는 식민지 조선인들의 참여 공간이 제한적이지만 만들어졌다는 의미이며, 일제는 조선인 지역유력자들을 이 공간으로 끌어들이려 했다.[31] 셋째, 만들어진 합법 정치공간이 극히 제한되고, 권한에 한계가 있어 실제적인 지방자치의 정치공간으로 작동하기 어렵게 되었다는 점이다. 도회와 부회, 읍회가 의결기관이기는 했지만, 그 권한이 제한되었고, 식민관료인 도지사와 부윤, 읍장이 의장을 겸임하면서 감독권을 비롯한 절대 권한을 가졌다. 더군다나 조선인이 다수를 점하는 면협의회는 의결기관도 아닌 자문기관이었다. 이런 극히 제한되고, 권한도 별로 없는 지방정치 공간은 지방정치 참여의 의미를 사실상 무의미하게 만들었다. 이런 상황은 1920년대 합법적 정치운동을 전개하던 좌우의 식민지 민족운동세력에게 커다란 제약으로 다가왔다. 사실상 합법적 정치공간 창출이 불가능해졌다.[32]

『역사문제연구』 31, 2014, 137쪽.

31) 이태훈, 「1930년대 일제의 지배정책 변화와 친일정치운동의 '제도적' 편입과정」, 『한국근현대사연구』 58, 2011, 151~152쪽.

32) 김종식·윤덕영·이태훈, 앞의 책, 317~319쪽.

3. 동아일보의 제2차 지방제도 개정 비판

동아일보는 사이토의 1929년 12월 방일 때부터 그의 동향과 자치권 확장 문제에 대해 지속적으로 보도했다.[33] 1930년 1월 9일에는 관련 사설을 개제하여, 사이토가 당초 민의창달, 민심일신을 내세우며 조선에 재임하였을 때와 금일의 논의되는 지방자치권과는 상당한 차이가 있다고 주장했다. 그러면서 도·면 등의 기관을 결의기관으로 하는 것에 대해서 비판하면서, '중앙의회' 차원의 자치권에 대해서는 문제도 삼지 않았기 때문에 민중의 관심은 훨씬 더 멀게 되었다고 주장했다.[34] 당시의 동아일보 보도를 면밀히 살펴보면, 동아일보는 총독부가 조선지방의회안을 만들고, 일본 본국과 협의했다는 사실을 전혀 알고 있지 못했다는 것을 알 수 있다. 또한 처음부터 지방행정제도 개정으로 총독부의 움직임을 파악하고 있었다. 이는 그들의 당시 활동이 총독부의 자치정책 모색과 직접적으로 관련되어 있지 않다는 것을 반증한다는 점에서 중요하다.[35]

1930년 3월 11일, 조선총독부가 '조선지방자치권 확장안'을 일본 각의에 제출하면서 지방행정제도 개정의 구체적 내용이 일반에 알려졌다. 동아일보는 3월 13일, 이를 강력히 비판하는 관련 사설을 개제했다. 사설은 "선거라 하되 선거의 허명뿐이오 그 실이 없으며, 결의기관이라 하되 결의의 형식뿐이오, 질이 없는 목우(木偶)적 괴물을 작성하였으니 민중을 우롱"했다고 강하게 비판했다. 또한 내용에 대해서도 조목조목 비판했다. 첫째, 부회와 읍회, 도회를 결의기관으로 한다면서 의장을 도지사와 부윤으로 지정하고, 소위 감독권으로 만능적 권리를 부여한 것은 의결기관의 존재 필요를

---

33) 자세한 내용은 다음 참조. 김종식·윤덕영·이태훈, 앞의 책, 309~310쪽.

34) 「지방자치권 확장안」, 『동아일보』 1930. 1. 9.

35) 윤덕영, 「1930년 전후 조선총독부 자치정책의 한계와 『동아일보』계열의 비판」, 『대동문화연구』 73. 2011, 379쪽.

없게 하는 것으로 의결기관은 '완전한 사물(死物)'인 것이 명약관화하다고 비판했다. 둘째, 도회의원의 1/3을 관선으로 임명하고, 대다수의 보통면에는 자문기관으로 면협의회를 존치한 것은 지방자치의 확장이 질과 양에서 이름에 불과한 것이라 비판했다. 셋째, 현재 국세 5원의 선거권 자격 제한을 그대로 둔 것은 극단의 제한선거를 존속시키겠다는 것으로 대부분의 조선민중을 배제하는 유명무실의 눈가림 정책이고 민중우롱책이라고 강력히 비판했다. 3월 13일 논설에서는 일제의 지방제도 개정안이 실시되면 조선인에 어떠한 영향이 미칠 것인가를 상세히 분석했다.[36]

그런데 3월 13일 논설 이후 지방제도 개정과 관련한 기사는 동아일보에서 한동안 거의 나오지 않는다. 만약 그들이 지방제도 개정과 관련한 자치운동을 전개하려고 한다면, 창간이래의 그들 보도태도를 놓고 볼 때, 대대적인 관련 기사나 논설을 개제했었을 것인데 거의 기사가 없다. 이는 자치제도 개정에 대한 그들의 관심이 멀어졌다는 것을 보여준다.

다시 기사가 나오는 것은 지방제도 개정안이 내각을 통과하여 공포되는 11월 말에서 12월 초였다. 그들은 일제의 지방제도 개정안의 문제점을 다시금 제기했다.[37] 지방제도 개정안이 발표되자 이를 소개하는 기사와 함께 조선인 유권자가 일본인 유권자의 60%밖에 되지 않는다는 자세한 통계표를 같이 보도함으로써 개정된 지방제도의 부당함을 적극 알렸다.[38] 1931년 1월 29일자 사설에서는 각부 유권자조사회의 조사 결과, 경성부의회의 총유권자 19,500여 명 중, 일본인 유권자는 14,300여 명이고, 조선인 유권자는 5,200여 명이라는 조사 결과를 얻었다고 하면서, 이는 동아일보

---

36) 김종식·윤덕영·이태훈, 앞의 책, 315~316쪽.

37) 「지방자치제실시로 일본유권자 배증-1천2백명이나 돼 주인 바뀔 평양부」 ; 「자랑튼 우세도 일거에 전복-소위 자치제의 「효능」은 일본 십칠, 조선 십삼」, 『동아일보』 1930. 11. 28.

38) 「조선인유권자 일본인의 6할 약-부회의원선거유권자 사만칠천 對 이만팔천, 개정 후 차이 현격」, 『동아일보』 1930. 12. 2.

12월 2일자의 통계에서 예상한 60% 수준보다도 훨씬 더 차이가 나는 것이라고 주장했다. 사설은 이번 조사 결과로 일본인 유권자 수의 점증이 예상된다면서 이는 제도적으로 보장된 것이니 "새삼스러이 무엇을 괴이"하게 여기겠느냐고 조소했다. 동아일보는 새로운 제도의 "자치제가 많은 감독권, 많은 제재권이 있어", 자치라는 실제가 결여되었다고 하면서 "유권자수에도 조선인이 일본인에 대등치 못한 제도를 만든 지방자치제에 대하여서는, 오인은 더구나 관심이 적어짐을 금치 못한다."라고 주장했다.[39]

동아일보는 일제 지방제도 개정의 문제점과 한계를 이미 명확히 알고 있었다. 일본 정계의 변동 없이 실시되는 조선총독부의 자치정책이 얼마나 기만적이고 한계가 많은 것인지를 확실히 알고 있었다. 더군다나 조선지방의회도 무산되고 지방제도 개선으로 귀결된 식민통치의 기만적 행태를 보면서도 아무것도 모르고 끌려들어갈 만큼 한심하거나, 총독권력 하의 허울뿐인 하위 권력을 지향하는 정치세력은 더더욱 아니었다.

그리고 이는 동아일보계열뿐만 아니라 일제하 민족운동을 전개하는 대부분 민족주의와 사회주의세력도 마찬가지였다. 조선민족운동세력 대부분은 1910년대 이래 근대 서구 사상의 훈련을 받은 신지식층으로 구성되어 있었으며, 세계정세의 변화와 새로운 신사상의 사조에 대해 기본적 지식과 소양을 갖고 있는 사람들로 당시 민족 최고의 엘리트층이었다. 각자의 사상과 이념에 따라 일본 본국에서 전개되는 자유주의와 사회주의 사상 및 운동을 공유하는 세력들이었다. 그들은 식민지 조선의 중요 정책이 총독부가 아닌 일본 본국에서 결정되고 있다는 것을 이미 잘 알고 있었으며, 때문에 그들의 시야는 총독부가 아닌 일본 본국 정계에 향해 있었다.

---

39) 「유권자수로 본 경성 府議-자치제도와 조선인」, 『동아일보』 1931. 1. 29.

2장 1930년 전후 국제정세 전망과 민족운동의 분화

1930년 전후의 민족운동의 양상과 신간회 해소에 대한 연구들의 상당수는 몇 가지 입론에 기초하여 있다. 1929년 12월 민중대회사건이후 신간회 지도부는 급격하게 우경화되었고, 합법운동의 테두리에 머물러 있었으며 타협적 경향을 보였다는 것이다. 그리고 이런 경향성은 당시 김병로 중심의 신간회 지도부에 한정된 것이 아니라, 근우회, 기독교계의 수양동우회와 기독신우회, 동아일보, 물산장려회 등의 민족주의세력들, 그리고 사회주의 세력인 조선청년총동맹(이하 청총)의 집행부에게까지 광범하게 퍼져 있었다. 또한 이들 중 일부는 최린의 천도교 신파와 연결되어 있었으며, 결국 일제의 지원을 받는 타협적인 자치운동을 전개하려 했다는 것이다.[40] 당시

---

[40] 대표적으로 박찬승은 1929~32년 제3차 자치운동이 전개되었다면서 천도교 신파의 최린과 송진우 등 동아일보 간부가 자치운동의 주역으로 적극 활동했다고 주장한다. 그는 일제 관헌 기록에 근거해서 기독교의 수양동우회와 신우회도 최린 및 천도교 신파의 자치운동과 맥을 통하고 있다고 정리했으며, 자치운동 관련 움직임이 신간회 김병로지도부 체제에 파급되어 합법주의로의 경사되게 되었으며, 청년총동맹까지 파급되었다고 한다. 결론적으로 그는 "제3차 자치운동에는 천도교 신파의 최린을 중심으로 하여 동아일보 간부, 수양동우회 일부 회원, 신우회의 일부 기독교세력, 신간회 일부 간부, 청년총동맹의 허일 일파 등 상당한 광범한 세력이 관련되어 있었다"고 주장한다(박찬승, 『한국근대 정치사상사 연구』, 역사비평사, 1992, 343~351쪽). 신간회에 대한 중요한 저작을 출간한 이균영도 김병로 지도부가 최린 일파가 주장하는 자치운동에 협력하는 합법운동을 주장했다는 일제 관헌사료를 인용하여, 신간회 본부가 천도교청년당과 밀접한 관계를 가지며 방향전환했으며, '온건화' 되었다고 주장했다(이균영, 『신간회연구』, 역사비평사, 1993, 382~385쪽). 이후 오랫동안 많은 연구들이 이 논지를 별 의문 없이 그대로 따랐다.

관헌사료들이 이들의 움직임을 자치운동으로 기술하였기 때문에 이런 입론은 거의 기정사실처럼 인식되었다. 이렇게 당시 타협적 자치운동이 민족운동세력 내부에 광범하게 전개되었고, 신간회의 지도부도 이에 영향을 받고 있었기 때문에 결국 이런 우경화된 신간회의 해소는 불가피하다는 논의로 이어졌다.

그러나 앞에서 살펴보았듯이 이러한 입론은 그 근거에서부터 한계에 부딪쳤다. 1929년 사이토가 조선총독으로 재차 부임하면서, 총독부 관료들을 동원하여 비밀리에 중앙정치 차원의 조선의회가 아닌 대단히 한계가 많고 기만적인 조선지방의회안을 만들었지만, 본국과의 협의가 여의치 않자 금방 포기하고 만다. 사이토 총독은 물론 총독부 고위관료 중에서 이를 공개적으로 언급한 사람은 없다. 아니 언급한다는 것을 생각하기도 어렵다. 일본 본국의 특권세력과 군부세력을 물론 대부분 정당정치세력들도 자치정책을 반대했다. 소에지마 논설에 대한 재조일본인과 일본 국내의 반응에서 보이듯이 언급하는 순간 엄청난 비난과 공격을 감수해야 했다. 관직을 벗을 생각을 하지 않는 이상, 총독부 관료들이 이를 공표하거나 흘릴 수도 없다. 또한 당시 총독부 관료들은 재조일본인과 친일세력의 자치운동을 지원하지도 않았다. 이런 상황을 놓고 보면 총독부와 연계된 광범한 자치운동이 전개되었다는 주장은 성립할 수 없는 가설이 된다.

1930년 당시 신간회 지도부가 합법적 운동 경향을 보인 것, 또한 청총의 간부를 비롯해서 일군의 사회주의자들이 합법적 운동 경향성을 보인 것은 역사적 사실이다.[41] 그렇지만 이들의 합법운동을 중요시하는 운동 경향이

---

41) 합법운동 동향에 대해서는 다음 참조. 이애숙, 「1930년대 초 청년운동의 동향과 조선청년총동맹의 해소」, 한국역사연구회 근현대청년운동사 연구반 지음, 『한국근현대청년운동사』, 풀빛, 1995, 376~379쪽 ; 김형국, 「1929~1931년 사회운동론의 변화와 민족협동전선론」, 『국사관논총』 89, 2000, 270~281쪽 ; 윤덕영, 「1930년 전후 '합법운동론'을 둘러싼 논쟁과 신간회 및 조선청년총동맹 해소 문제」, 서울대학교 인문학연구원 국제학술회의 『논쟁으로 본 식민지 조선의 사회주의』 발표논문집, 48~59쪽.

일제 총독부의 지원을 받는 타협적 자치운동과 연결되어 전개되었는가 하는 의문이 제기된다. 더 나아가서 당시 동아일보계열과 서북기독교세력의 수양동우회, 기독교 연합단체 신우회, 신간회 간부들이 참여한 광범한 자치운동이 실제 전개되었는가 하는 점도 의문 대상이다. 이는 당시 민족주의세력과 신간회 중앙집행부가 당시 국내외 정세를 어떻게 파악하고 있었는가, 그에 맞추어 어떻게 운동 방침을 정하고 어떻게 활동했는가 하는 부분도 제대로 해명되지 못했기 때문이다. 또한 신간회 김병로 중앙집행부가 최린 및 천도교 신파 간부들과 접촉하려고 했던 실상에 대해서도 제대로 파악되고 있지 못하다.

본장에서는 우선 기존의 연구들에서는 전혀 다루지 않았던 1930년 2월 제2차 중의원 보통선거를 둘러싼 일본 국내정세의 변화를 무산정당의 활동을 중심으로 살펴보고, 이러한 변화를 동아일보를 비롯한 당시 민족언론에서 어떻게 인식하고 파악하고 있었는지를 해명하려고 한다. 이러한 검토를 통해 1930년의 민족운등의 객관적 현실에 대한 인식, 즉 당시가 천도교 및 기독교계열, 동아일보계열, 신간회 등의 광범한 세력이 관련된 자치운동이 전개될 수 있는 정세가 아니었다는 것을 해명하고자 한다. 다음으로 합법정치를 둘러싼 천도교계열 및 기독교세력, 동아일보계열의 동향을 살펴보면서 이들의 활동을 일제의 지원을 받는 타협적 자치운동과 관련시키는 주장의 문제점을 검토하고자 한다.

이에 대신하여 1930년 전후 천도교와 기독교계열, 동아일보계열 등 민족주의세력의 실제 활동 양상과 주장을 복원하고, 합법정치를 둘러싸고 민족운동세력이 분화하는 양상을 해명하려고 한다. 특히 동아일보계열과 천도교세력이 합법적 정치운동을 바라보는 인식의 같은 점과 차이점을 비교해서 살피려고 한다. 이를 통해 신간회 해소에 대한 양 세력의 입장 차이도 규명하고자 한다.

1. 중국과 일본 정세변화 인식과 무산정당에 대한 기대와 비판

　동아일보계열의 동향과 관련하여 주목해야 할 것은 당시의 시점에서 동아일보계열이 자치운동을 전개할만한 국제정세의 변화가 없었다는 점이다. 국제정세에 민감한 동아일보 주도세력은 일본 정계의 동향과 중국에서의 국민혁명의 정세를 주의 깊게 항상 관찰하고 있었다. 당시 동아일보계열은 1930년 전후 조선 정세에 큰 영향을 미칠 수 있는 두 개의 외부적 계기에 대해 부정적인 전망을 하고 있었다. 하나는 중국 국민혁명의 미완성이고, 다른 하나는 일본 무산정당의 분열이었다.

　1928년 12월로 중국 국민정부와 장제스(蔣介石)의 북벌은 공식적으로는 완료되었지만, 이는 종래 지방군벌세력을 그대로 받아들인데 따른 미완의 승리였다. 지방군벌들은 1929년 2월부터 수차례에 걸쳐 반란을 일으켰다. 1930년에는 과거의 군벌세력들이 대거 연합하여 반란을 일으킴으로써 국민당군과 반란군사이에 '남북대전'이라는 대규모 전쟁이 벌어지기도 했다. 때문에 장제스는 공산당 세력의 진압보다도 지방 군벌의 제압에 더 많은 주의를 기울여야 했다. 수차례 일어난 반란은 1930년 9월에야 진압되었고, 이때서야 비로소 장제스는 중앙집권적 통치체제의 기틀을 만들 수 있게 되었다.[42] 한편 중국공산당 세력은 국민당과 대립하고 있었다. 중국공산당은 1930년 8월에 '리리싼(李立三)노선'에 따라 도시 공격을 재개하여 후난(湖南)성의 수도에 장사소비에트를 수립하기도 하지만, 곧바로 국민당군의 반격을 받아 진압되고 말았다. 장제스는 1930년 겨울부터 1931년 9월까지 세 차례에 걸쳐 중국공산당 토벌에 나섰고 거의 성공하는 듯 했으나, 1931년 9월 18일 일본군의 만주침략이 발발하면서 결국 무산되게 된다.

　동아일보는 중국이 궁극적으로 좌우대립으로 가겠지만, "중국의 현 계단

---

42) 佐伯有一·野村浩一 외 저, 오상훈 역, 『중국현대사』, 한길사, 1980, 341~355쪽.

은 통일정부의 수립시대"이기 때문에 통일정부가 수립되어야 한다고 하면서 이 점에서 중국민의 고난과 시련이 있다고 했다. 또한 일본의 무산정당운동이 구노농당계가 비합법운동으로 전환되고, 무산당 중간파를 통합했던 일본대중당이 다시 분열하면서 일본 무산계급운동이 수난기에 빠지게 되었다고 평가했다.[43] 이 두 계기 모두 조선의 정세 변화와 긴밀히 연결되어 있다는 점에서 동아일보 주도세력에게는 남의 일이 아니었다.

동아일보계열이 일본 정계 변화와 관련하여 주목하는 바는 무산정당의 의회 진출이었다. 그들은 일본 무산정당의 귀추에 지속적인 관심을 기울이고 있었다. 그에 관한 기사를 지속적으로 게재하였으며, 간간히 사설을 통해 무산정당운동의 전개과정과 과제, 전망 등을 제시했다.[44]

1928년 2월의 제1차 중의원 보통선거에서는 정우회가 219석, 민정당은 216석을 차지하면서 기존 보수정치세력의 압도적 우의를 보여주었다. 무산정당에 대해서는 일제의 각종 제재와 선거 방해가 이루어졌다. 그렇지만 무산정당은 노농당 2석과 사회민중당 3석 등 총 8석을 얻었다. 당선 의석은 적었지만, 총 46만여 표를 얻어 전체 득표율에서는 약 5%를 차지하는 기대 이상의 성적을 기록했다.[45] 노농당, 일본노농당, 사회민중당 간에 선거협정이 체결되었고, 노동자들의 일상투쟁과 연계된 총선거 투쟁이 전개되었다. 무산정당의 의회 진출을 큰 위협으로 받아들인 일제 권력집단은 3·15탄압사건을 일으켜 공산당에 대한 대대적 탄압과 함께 노농당을 해산시켰다.

일본공산당 세력은 당을 재건하였지만, 1929년 4·19탄압사건, 1930년

---

43) 「민중의 시련기, 국민정부의 내홍과 일본무산당의 분열」, 『동아일보』 1929. 5. 18.
44) 「일본 무산정당의 귀추-결국소당분립 호아」, 『동아일보』 1929. 9. 4 ; 「일본 무산계급운동의 최근, 노농당의 성립 등」, 『동아일보』 1929. 11. 14 ; 「일본 무산 정당운동의 近情」, 『동아일보』 1930. 1. 7.
45) 四本四郎 저, 이종석 역, 『일본정당사』, 예문관, 1986, 334쪽.

2·26탄압사건으로 궤멸적 타격을 받았다. 탄압이 극심해지자 일공의 투쟁은 점점 비합법 투쟁 일변도로 전환하기 시작했고, 해산된 노농당 대신 1928년 12월 결성한 노농동맹은 당의 투쟁 도구로 작동했다. 오야마 이쿠오(大山郁夫), 가와카미 하지메(河上肇) 등이 당내의 민주화와 합법적인 노농당 수립을 주장하다가 제명되었다.

1929년 1월 전국적 무산정당인 일본노농당과 일본농민당, 무산대중당, 그리고 구주민헌당과 중부민중당 등 지방 4정당들을 합동해서 일본대중당이 결성되었다. 그렇지만 일본대중당은 결당직후부터 분열에 휩싸였고, 구 무산대중당 계열과 구 일본농민당계열이 탈당 또는 제명되면서 사실상 합당전의 상황에까지 이르게 된다. 이렇게 해서 일본 사회주의세력의 좌파, 중간파, 우파가 모두 분열했다.

그런 가운데 1930년 2월 20일 제2차 중의원 보통선거 실시가 예정되었다. 제1차 보통선거를 통해 8석의 적은 의석이지만 5% 가까운 득표율을 보인 무산정당이 이번에는 얼마나 약진할 수 있을지가 동아일보의 최대 관심 사항이었다.[46]

보통선거 실시가 확정되자 바로 발표한 1930년 1월 24일자 보통선거에

---

46) 동아일보는 1928년 2월, 제1차 중의원 보통선거를 앞두고는 일본 무산정당에 대해 많은 지면을 할애하여 무산정당의 주장과 선전, 각종 활동을 집중적으로 소개했다. 선거일자가 확정된 1월 말부터 2월 초에 걸쳐 「큰 포부로 궐기한 무산당의 인물들」이라는 제목으로 대중에게 잘 알려지지 않은 일본 무산정당의 주요 인물들을 1회에 1명씩, 총 13회에 걸쳐 매일 소개하는 특집기사도 게재했다.(「큰 포부로 궐기한 무산당의 인물들」(1)~(13), 『동아일보』 1928. 1. 26.~2.8.). 이에 반해 헌정회의 후신인 민정당 관련 기사는 적었다. 더 나아가 동아일보는 무산정당간의 협정이 점차 파괴되면서 무산정당이 분열하고, 서로 대립 경쟁의 愚를 연출하는 것, 그리고 무산정당의 유일한 무기인 언론문서의 내용이 '矯激'한 것이라 하여 정부의 '취제'를 받게 되어 언론전을 제대로 진행할 수 없는 것을 지적하면서 무산정당이 승리하기 위해서는 작전을 변경할 필요가 있다는 기사까지 작성했다.(「작전변경을 요하는 무산당」, 『동아일보』 1928. 2. 8.). 이러한 동아일보의 보도 태도는 일본 총선거에서 무산정당이 최대한 성과를 얻기 바라는 동아일보계열의 의지를 노골적으로 드러내는 것이었다.

관한 사설은 신흥세력, 즉 무산정당에 초점이 맞추어져 있었다. 사설은 제2회 보통선거가 일찍 실현된 것은 일본 민중의 정치적 훈련으로 의미 있는 것이고, 신흥정당 진출의 기간을 더 빠르게 할 것이라면서, 제1차 보통선거의 경험을 얻은 무산정당의 분전에 따라 일본 정계에 전기를 마련할 수도 있다는 기대를 보이고 있다. 그렇지만 무산정당에 대해 정우회와 민정당이 연합전선을 펴고 있고, 무산정당 각파 간의 내홍이 있어 곤란이 있다면서, "무산 각파는 모름지기 적은 이해(小異)를 내리고 대동에" 나설 것을 주장했다. 그러면서 이번 총선거는 무산정당의 증가하는 세력을 가속하는 의미에서 의의가 있다고 평가했다.[47] 같은 날짜에는 12~16명 사이의 당선을 예상하는 기사를 크게 싣기도 했다.[48] 이런 기대는 일본 무산정당의 진출에 따라 일본 정계가 변화하면, 이에 연동되어 식민지 조선의 지배정책과 정치지형도 변화할 것이라는 기대 때문이었다.

이런 인식은 조선일보도 비슷했다. 1월 25일자 「무산 선거운동」 제하의 권두 시평을 통해, 무산정치운동 특히 선거운동이 3가지 중대한 의의가 있다고 했다. 첫째는 무산계급의 대표자를 의회에 보내는 것이고, 둘째는 선거운동을 통해 무산계급을 정치적으로 동원하는 것, 셋째는 기성정당의 정치적 허위와 추태를 폭로하는 것이다. 시평은 일반 무산정치전선의 전위들이 1회 보통선거의 쓰라린 경험으로, 무산정당 각파의 선거협정의 파괴로 후보가 난립하는 사태가 없을 것이기 때문에, 적어도 1회 보통선거의 2배의 성적을 돌파할 것으로 전망했다. 그러면서 "조선의 인민은 일본 기성정당에 대하여 역사적으로 불평을 가진 자"로 "신흥 일본 무산정당에 대하여 많은 흥미를 가지는 동시에 일본정치의 올바른 길(公道)을 그들에게만 기대할 것"이라고 주장했다. 또한 "정치의 공도를 전망함에 있어서 조선은 그 전망대요, 정치의 추한 모습(醜狀)을 폭로함에 있어서 조선은 그 확대경이다.

47) 「일본의 제2회 보선총선거」, 『동아일보』 1930. 1. 24.
48) 「기성당 暴醜시대 무산파 약진 호기」, 『동아일보』 1930. 1. 24.

전망대에 올라 확대경을 보라"고 주장했다.[49] 시평은 일본 무산정당에 대한 기대를 보이는 동시에, 그들에 대한 기대가 식민지의 문제 해결과 밀접하게 연결되어 있다는 것, 무산정당세력이 이를 자각하기 바란다는 희망을 내포하고 있었다. 조선일보의 제2회 보통선거에 대한 낙관과 기대는 계속되었다. 누차 관련 기사를 내보냈고, 선거 직전에는 도쿄발 기사를 인용하여 12~13명의 당선이 확실하다고 전망했다.[50]

그러나 이런 민족언론 세력들의 기대와는 달리 앞서 살펴본바와 같이 일본 무산정당은 내부의 파쟁과 분열로 공동전선을 형성하는 데 실패했다. 동아일보는 이러한 일본 사회주의세력의 분열 양상을 알고 있었다. 그들은 무산 각파가 총선거 정책에서도 공동 대응하지 못할 뿐 아니라 상호 비판하고 있다면서 무산파가 의회진출을 부인한다면 모르지만 이미 정당운동을 개시한 이상, "전 무산계급이 일치하야 다수의 의원을 선출하는 것이 무산계급의 이익"이라고 주장했다. 또한 "진심으로 대중의 이익"에 관심을 갖는다면 "모름지기 적은 이해(小異)를 내리고 대동에" 나설 것을 다시한번 강조했다. 사설은 "실패의 쓴맛을 보지 않으면 깨달음이 없으려는가"라는[51] 말로 사설을 맺으면서 일본 무산정당세력의 현상을 비판했다. 이후 동아일보의 무산정당에 대한 기사는 지속적으로 게재되었지만, 점차 비관적으로 흐르고 있었다.

1930년 2월 20일 두 번째 보통선거로 중의원 총선거가 치러졌다. 결과는 민정당 272석, 정우회 172석으로 민정당이 압승했다. 반면에 무산정당은 사회민중당이 2석, 일본대중당이 2석, 노농당이 1석, 총 5석에 불과했다. 무산정당은 이제 찻잔속의 태풍신세가 되었다.

동아일보는 선거 결과가 전해지자마자 사설을 통해 우선 민정당이 압승한

---

49) 『조선일보』 1930. 1. 25.
50) 『조선일보』 1930. 2. 22.
51) 「일본무산정당의 난전-대동에 취하라」, 『동아일보』 1930. 1. 28.

선거결과를 구인물의 대거 낙선과 신인물의 등장, 철새정치인의 몰락, 중간파의 격감, 정책 본위 정치의식 증대 등으로 분석했다.[52] 무산정당에 대해서는 이틀 뒤 별도의 사설을 통해 상세히 분석했다. 사설은 보선 전에 기성 정당이 미증유의 추태를 노정하였음에도 무산정당이 예상보다 훨씬 적은 총 5명의 당선자만을 낸 것이 놀람을 넘어 '괴이'하다고 평가했다. 그러면서 그 주된 원인을 일본 무산정당이 내세운 대중의 무자각과 기성 정당의 매수정책에 돌리는 것에 반대했다. 그보다는 지난 선거보다도 득표율에서는 3만 표 이상을 얻었음에도 의석을 적게 얻은 것은 지도자의 책임, 즉 분열과 대립, '불 협정과 무 양보'가 최대 원인이라고 분석했다. 이제 무산정당은 기성 정당의 위협거리가 되지 못할 뿐 아니라, 운동의 기초공사조차도 완성하지 못한 상태에 있게 되었다고 비관적으로 평가하면서, 대중의 무지를 탓할게 아니라 지도자의 과오를 자각하고 합동으로 나갈 것을 주장했다.[53]

조선일보도 비슷한 논조에서 총선거를 평가했다. 선거 직후 사설을 통해 민정당의 압승이 자신들의 예상과 달랐다고 하면서, 무산정당도 최소 12~13인의 당선을 예상했는데 5인밖에 당선되지 못한 것이 예상과 달랐다고 자평했다. 사설은 무산정당의 실패가 전선통일의 실패로 인해 서로 대립하고, 무산계급의 신뢰를 잃었기 때문이라고 분석했다.[54] 다음날 조선일보는 별도의 사설을 통해, 무산정당 각파의 유력후보들이 '동지상잔(同志相殘)'으로 인한 득표의 분할로 선거에서 낙선했다고 분석했다. 사설은 무산정당의 득표율이 제1회 보통선거 때보다 3만 3천여 표가 증가한 50만 4천여 표임에도 불구하고, 기대이하의 성적을 거둔 것은 무산 각파의 '동지적 협동'

---

52) 「일본총선거의 결과」, 『동아일보』 1930. 2. 24. 동아일보는 민정당의 배경은 금융자본이고, 정우회의 배경은 산업자본이라고 파악하면서, 이번 선거가 금융자본의 산업자본에 대한 승리로 보고 있었다.

53) 「일본무산계급운동전망-분열에서 합동?」, 『동아일보』 1930. 2. 26.
54) 「민정당의 승리」, 『조선일보』 1930. 2. 24.

또는 '합동결속'하여 전선의 통일을 실현하는 것이 시급 또는 중대한 문제임을 깨닫게 하는 것이라 했다. 사설은 일본 국민 대부분이 아직 봉건적 사상 감정과 자본주의적 의식 하에 생활하기 때문에 무산정당을 지지하지 않는다면서, 근로대중이 무산당을 향하기 위한 선결적인 최대조건은 당과 당을 지도하는 전위적 투사들이 스스로 '힘'을 구현하고, 겸하여 그 진용을 선명 고양하는 것이 필요하며, 분열과 서로에 대한 적대적인 조소가 그들에게 큰 타격이 된다고 주장했다.[55]

일본 무산정당의 통일을 바라는 조선일보의 주장은 계속되었다. 1930년 3월초 조선일보 사설은 일본 무산정당이 그 내부에 좌우의 구별이 있고, 단체의 구분이 있지만, 기성정당의 폭정에 대항하기 위한 선거합작은 절박한 것이었다면서, 분열의 쓰라린 실패를 딛고 힘 있는 합동을 할 것을 주문했다. 사설은 우리도 분열의 쓰라린 경험을 가지고 있다면서, 일본 무산정당운동의 경험을 통해 우리의 운동을 반추할 것을 주문했다.[56]

그렇지만 일본 무산정당간의 합동은 이후에도 제대로 진행되지 않았다. 또한 보통선거 직후인 2월 26일, 공산주의세력에 대한 일본 정부의 대대적인 검거가 전개되었다(2·26사건). 이 때문에 일본 무산정당의 진출을 통해 일본 정계의 변화가 이루어지고 그 결과로 조선정책의 변화를 기대했던 동아일보의 기대는 점차 약화되어 갔다.[57] 조선일보는 상대적으로 동아일보 보다 무산정당 합동의 기사를 지속적으로 내보내고 있었지만, 역시 그 전망에 대해서는 점차 부정적으로 바라보기 시작했다.[58] 그런 가운데 동아일보는 4월 4일부터 6일까지 김장환의 1920년대 세계 무산정당의 정권 장악에 대한 논설을 3회에 걸쳐 게재했다. 다분히 세계 무산정당이

---

55) 「분열의 화-무산당 실패의 의의」, 『조선일보』 1930. 2. 25.

56) 「힘 있는 합동론」, 『조선일보』 1930. 3. 4.

57) 「일본무산정당 합동문제, 당분간실현 무망」, 『동아일보』 1930. 3. 28.

58) 「좌익? 우익? 중간? 무산당합동의 전도」, 『조선일보』 1930. 3. 29.

어떻게 정권을 장악했는가를 돌아봄으로써 현재의 무산정당운동에 교훈을 주겠다는 의도였다.[59] 그렇지만 식민지 조선 동아일보의 주장이 일본 무산정당 및 국내외 사회주의세력에게 어떠한 영향도 미칠 수 없는 것은 불문가지였다.

이제 동아일보 주도세력에게 있어 무산정당의 발전은 점점 기대할 수 없는 것이 되어갔다. 조금 늦은 시기이지만 송진우는 1932년 5월, 삼천리 잡지의 "무산당, 정우회, 민정당 삼정당 중에 우리는 어느 정당에 관심을 가질 것인가"라는 설문조사에서 "정우회와 민정당은 물론이요 무산당의 발전이 다소 정국의 변화를 일으킬 것임으로 다소의 주목되는 점은 없지는 아니할 것 같으나, 그다지 기대할 바는 없겠지요"라고 하여,[60] 이제 무산정당의 진출에 대한 기대를 접고 있음을 그대로 드러내었다.

민족언론세력들의 일본 정계에 대한 전망은 1930년 2월, 제2차 중의원 보통선거의 결과를 계기로 부정적으로 변화하기 시작했다. 무산정당의 참패는 일본 정계의 민주적 변화 전망을 어둡게 하는 것이었다. 이는 곧 식민지 조선정책의 변화나 진보가 가능하지 않을 것을 의미하는 것이었다. 일본 정계가 민주적으로 변화하지 않는 한, 조선의회 같은 자치제 실시는 결코 이루어질 수도, 기대될 수도 없는 것이 되었다.

2. 천도교계열의 자치운동 구상 배경

많은 연구자들이 지적해온 것처럼, 천도교 신파의 지도자 최린은 사이토

---

59) 김장환, 「세계의 今昔 ; 1920년~30년 무산정당의 정권장악」(상)·(하), 『동아일보』 1930. 4. 4~6.
60) 「무산당 정우회 민정당 삼정당 중에 우리는 어느 정당에 관심을 가질 것인가(諸氏見解)」, 『삼천리』 제4권 제5호, 1932. 5.

총독이 재차 부임한 이후 조선에서의 자치제 실시를 전망했다.[61] 일제 관헌사료에서는 최린이 장래 조선민족의 진로는 자치로 나아가는 길 외에 다른 선택이 없다고 결의하였으며, 1930년 초에는 이런 의견을 비공식적으로 주변에 토로하였고, 구파의 권동진을 방문하여 양해를 구했으며. 송진우 및 이정섭과 비밀리에 의견을 교환하면서 점차 일반에 알려지게 되었다고 한다.[62]

문제는 앞서 살펴보았듯이 1930년 3월 들어 사이토의 조선 지배정책 변화가 조선지방의회 설립이 아니라, 조선 지방제도 개정으로 결론 났다는 것이 확인되었음에도 최린의 자치문제에 대한 의지가 계속되었다는 점이다. 1930년 4월 천도교 기념일을 위해 천도교 지방 지도자들이 상경하자, 최린은 1930년 4월 4일 주간포덕사회에서 자치운동에 관한 논의의 필요성을 제기했다. 관헌자료에서는 주간포덕사회에서 최린이 천도교의 갱생을 위해 조선현하 정세에 적합한 자치운동에 대한 결의 의중을 피력하여 동의를 구했다고 파악하고 있다.[63] 많은 연구들이 일제의 관헌자료를 인용해서 이 부분을 지적하면서 최린이 이때부터 자치운동을 본격화했다고 보고 있다.

최린의 발언이 확대된 것은 잘 알려져 있다시피 이에 대한 천도교 구파의 적극적인 반대행동 때문이었다. 구파의 이종린이 반대 담화를 발표했고, 4월 8일 천도교청년동맹은 자치운동 절대반대를 결의했다.[64] 이에 4월 9일 청년단 본부의 당원 다수가 청년동맹 결의의 진부를 질문한다며 청년동

---

61) 관헌사료에 따르면 최린은 1930년 1월 '自治運動速進會'를 만들어 자치제 실시에 대한 여론을 만들어 나가야 한다고 주장했다고 한다. 京城鐘路警察署長, 「自治運動速進會設立ニ關する件」, 1930.1.14, 京鐘警高秘 604호. 국사편찬위원회, 한국사데이터베이스, http://db.history.go.kr/id/had_142_0260

62) 京畿道警察部, 『治安狀況』, 박경식 편, 『朝鮮問題資料叢書』 6권, アジア問題研究所, 1982, 292쪽.

63) 京畿道警察部, 앞의 책, 293쪽.

64) 『조선일보』 1930. 4. 9 ; 『동아일보』 1930. 4. 9.

맹 사무실로 찾아가서 양측 간의 난투극이 벌어져 다수의 중경상자가 발생했다.[65] 천도교 내부 세력에서 크게 밀리고 있던 구파세력은 최린의 발언을 신파 공격의 좋은 매개로 적극적으로 이용했다.

이런 상황을 제대로 이해하기 위해서는 우선 천도교내의 분파 대립과 천도교 신파의 주장을 정리할 필요가 있다. 1925년 말 제2차 분규를 계기로 신파와 구파로 분리된 천도교는 1920년대 후반 들어 신파의 교세는 크게 증가했다.[66] 신파는 천도교인 전체의 80%이상을 확보한 주류였으며, 천도교청년당은 '민족운동중심세력론'과 전위당론에 입각해서 전위조직으로 역할을 수행했다. 최린을 중심으로 한 청년당의 주요 지도자들은 김기전, 이돈화, 박달성, 박시직, 조기간, 방정환, 이두성 등으로 방정환을 제외한 이들 대부분은 이북출신의 천도교 최고 엘리트였다.[67]

천도교 구파는 천도교 신파에 비해 절대적인 약세에 있었다. 구파는 신파가 내세운 인내천주의나 수운주의를 그대로 수용 답습하였으며, 독자적인 교리나 사상을 정리하지 않았다. 대신에 대동단결과 대동주의에 기반하여 여타 민족주의 및 사회주의세력과의 민족협동전선 결성에 적극적이었고, 신간회에 적극 참여했다.[68] 그러나 신간회 본부에서의 영향력이 크지 않았던 천도교 구파 세력은 일부 민족주의자 및 사회주의자들과 손을 잡고 신간회 경성지회에 주력했다. 구파 지도자 이종린은 1930년 4월 12일 개최된 신간회 경성지회 임시대회에서 경성지회 집행위원장에 선임된다.[69] 당시 경성지회는 전임 집행위원장 조병옥이 1929년 광주학생운동을 지원하

---

65) 『조선일보』 1930. 4. 10.
66) 자세한 내용은 다음 참조. 김정인, 『천도교 근대 민족운동 연구』, 한울아카데미, 2009, 193~272쪽 ; 성주현, 『근대 신청년과 신문화운동』, 모시는 사람들, 2019, 157~208쪽.
67) 성주현, 앞의 책, 175~176쪽 ; 조규태, 『천도교의 문화운동론과 문화운동』, 국학자료원, 2006, 155~163쪽.
68) 김정인, 앞의 책, 254~259쪽.
69) 『조선일보』 1930. 4. 14.

기 위해 신간회 본부가 전개하려 했던 민중대회 모의사건으로 구속되어 공석 상태였다. 그들은 신간회의 힘을 빌려 최린과 신파를 저지하려 했다. 더 나아가 신파와 신간회 중앙본부간의 연계 가능성을 차단하려 했다. 1930~1931년 초의 신간회 본부와 경성지회와의 대립에는 천도교 내 신·구파 대립이라는 요소가 크게 작용하고 있었다.

반면에 천도교 신파와 청년당 지도자들은 민족협동전선운동에 비판적이었다. 그들은 민족주의자와 사회주의자들이 연합해 조직한 신간회 같은 민족협동기관은 주의와 정책, 전술이 다른 세력들이 막연하게 합동하였기 때문에 민족단일당으로서의 발전 가능성이 없다고 주장했다. 그 대신에 종교 및 각 부문운동 대중단체를 공고히 하는 가운데, 그 단체들을 토대로 전 민족적 협동기관을 두어 일치행동을 할 것을 주장했고, 천도교청년당이 독자적으로 그 역할을 담당하고 있다고 주장했다. 때문에 그들은 청년당 산하에 청년, 농민, 노동 등 7개 부문운동의 전개와 조직의 정비, 세포조직의 확대 등으로 신간회를 중심으로 한 민족연합전선운동에 대응했다.[70]

사실 각 부문운동과 대중단체에 기반하여 정치단체를 결성하여 민족운동을 전개하겠다는 것은 천도교 신파나 여타 민족주의자들이나 더 나아가 사회주의자들이나 마찬가지였다. 다만 그 정치단체의 내용과 성격에 대해 민족주의자들과 사회주의자들은 이를 민족협동전선으로 보았고, 천도교 신파는 천도교청년당으로 본 것이었다. 천도교 신파는 동아일보계열이나 기독교계열과 달리 다른 제 사회세력과의 연대보다는 자신들의 세력 기반을 공고히 하기 위한 독자 활동에 주력했다. 그것은 자신들의 주의·주장이 가장 옳은 것이라는 종교적 신념에서 출발한 것이면서도 자신들의 조직이 조선의 정치를 담당할 수 있다는 자신감에서 나온 것이었다.[71]

---

70) 성주현, 앞의 책, 232~236쪽.
71) 정용서, 「일제하 천도교청년당의 운동노선과 정치사상」, 『한국사연구』 105, 1999, 259~260쪽.

그들은 기본적으로 종교적 신념으로 뭉쳐 있는 집단이었기 때문에 정치조직에서 흔히 볼 수 있는 이념과 노선이 다름에도 이루어지는 정치적 타협이나 흥정을 하려고 하지 않았다. 그들에게 있어 신간회는 이념과 노선이 혼재되어 있는 조직이고, 자신들이 극복해야 할 경쟁대상이었을 뿐이었다. 신간회 안으로 들어간다는 것은 처음부터 주된 고려 대상이 아니었다.[72] 이런 사정이 1930년 2월, 신간회 중앙본부로부터 천도교 신파의 입회 권유, 즉 청년당과 신간회와의 협동 제의를 받았음에도 이를 거절하면서 반(反)신간회 운동을 지속 전개한 주된 이유였다.

1930년 3월부터 11월까지 친일정치세력의 자치운동을 제외하고 당시 민족주의 민족운동세력 내부에서 자치운동과 관련한 구체적 활동은 거의 드러나지가 않는다. 최린의 발언을 계기로 한 천도교 신파에 대한 의혹이 알려진 정도이다. 만약 이들이 실제 자치운동을 전개했다면, 보다 구체적이고 활발한 움직임이 있어야 했다. 이는 당시 기대를 갖고 상대적으로 활발히 발언하고 활동하였던 친일정치세력들의 자치운동을 놓고 보면 알 수 있다. 만약 식민지 조선에 조선의회(조선지방의회)가 결성된다고 하면 친일정치세력은 천도교의 유력한 경쟁자이기 때문이다.

일부 연구에서는 1930년 10월 들어 전개된 천도교 신파의 청년당과 구파의 청년동맹의 합동제기와 일련의 과정을 자치운동의 일환으로 파악하고 있다. 그렇지만 이를 자치운동의 일환으로 보기에는 무리가 많다. 우선 자치운동에 비판적인 천도교 구파가 통합에 적극 호응했다는 점이다. 천도교 신파와 구파는 1930년 10월 16일과 11월 11일, 수뇌부의 비공식 회합을 거쳐 합동준비위원회를 구성하고 절충을 거쳐 12월 23일 신구파의 합동대회를 개최해 전격 합동을 결의했다. 1931년 2월 16일에는 신파의 천도교청년당

---

72) 물론 천도교 신파의 인물 중 개별적 차원에서 신간회 지회에 참가하여 활동한 사람들은 상당수 있다. 이에 대해서는 다음을 참조. 성주현, 「1920년대 천도교의 협동전선론과 신간회 참여와 활동」, 『동학학보』 9권 2호, 2005, 212~220쪽.

과 구파의 천도교청년동맹이 합동하여 천도교청우당을 결성했다. 이런 합동이 가능한 것은 최린과 천도교 신파가 압도적 교세의 차이에도 불구하고 대폭 양보하여 교직을 신·구 양파에 균분하자는 조건을 제시하고 박인호의 승통기념일을 천도교의 기념일로 하는 것을 받아들였기 때문이었다.[73]

천도교 신파는 합동을 통해 본래 신간회를 대신하여 민족적 중심단체로서 자신들의 천도교청년당과 그들 뒤이은 천도교청우당을 위치지으려는 노선을 천도교 전반에 관철시켰다. 한편 이런 합동은 구파의 입장에서도 필연적인 것이었다. 신파가 대폭 양보를 했을 뿐만 아니라, 당시가 신파에 대항하기 위해 자신들이 협동의 대상으로 선정했던 공산주의세력들이 자신들과 협동하기보다는 고립화 전술, 타격 전술을 통해 자신들을 공격해 들어오는 상황이었기 때문이었다.[74]

최린은 이렇게 결집된 천도교계의 힘을 바탕으로 1931년 5월, 직접 도쿄로 건너가 일본 정계 인사들을 상대로 정치적 교섭활동을 하였는데, 사실상 조선에서의 자치 실시를 주장했다. 문제는 조선 지방제도 개정안이 공포되면서는 일제의 지방제도 개정이 조선의회와는 무관하다는 것이 명백히 판명되어, 식민지 조선에서 자치운동을 전개할 만한 객관적 조건이 만들어지지 못한 상황에서, 왜 자치문제를 제기하고 이를 위한 정치적 교섭을 하였는가 하는 것이다.

이에 대해 정용서는 당시 최린과 천도교청년당 지도자들이 원래부터

---

73) 성주현, 앞의 책, 194~195쪽.

74) 조규태는 "천도교 구파가 갑자기 신파와 합동하였던 것은, 신파가 박인호의 승통기념일 인정과 교직의 균분이라는 파격적인 조건을 제시하여, 교회의 운영과 관련하여 명분과 실리를 모두 얻을 수 있었던 점이 가장 큰 이유일 것이다. 그러나 이것과 관련하여, 1929년의 세계적 경제공황 이후 통제를 강화한 일제의 통치정책에 대한 두려움, 또 1930년 11월 말 이운혁 그룹이 조합청년부 활동을 강조하며, 민족개량주의자뿐만 아니라 좌익민족주의자도 대중에게서 고립시키는 좌·우익민족주의 고립화 전술을 택한 것도 부르주아민족주의 좌파의 하나인 천도교 구파가 신파와 합동한 하나의 이유가 아닐까 한다."고 주장했다. 조규태, 「신간회 경성지회의 조직과 활동」, 『국사관논총』 89, 2000, 255쪽.

현실적으로 일제의 지배하에 있는 '조선민족 자치'를 구상하고 있었다고 한다. 그들은 일본의 제국주의 질서를 거부했을 뿐만 아니라 민족국가 단위의 민족주의나 세계질서도 부정했다. 그들은 양자를 모두 비판하는 가운데 '세계일가'를 건설하기 위한 준비과정으로서 '조선민족 자치'를 주장했다. 최린과 청년당에 있어 독립과 자치는 서로 다른 가치의 것이 아닌 '세계일가'를 이루기 위한 동일한 가치의 것이었다. 이런 인식의 이면에는 낙관적 세계관과 일본의 시혜적 정책에 대한 기대가 암묵적으로 전제되어 있었다고 한다.[75]

이런 의미에서 그들은 일본 정계의 동향이나 객관적 정세 변화와 크게 상관없이 자치제를 주장하며 이를 실현시키려 했다. 뒤에서 살펴볼 동아일보계열이나 여타의 민족주의세력에게 있어 일본 정계의 동향이나 식민정책의 변화는 자치운동을 전개하는 데 사전에 이루어져야 할 필수 전제조건이었다. 이러한 변화가 없다면 자치와 관련한 활동을 생각할 필요조차 없는 것이었다. 이에 반해 천도교 신파에게 있어서 자치운동은 무조건적으로 추진해야 하는 것이었다. 이러한 차이는 천도교청년당세력들은 기본적으로 정치세력 이전에 천도교에 기반한 종교운동단체의 성격을 갖고 있었기 때문이었다. 또한 천도교청년당-천도교청우당과 조선농민사로 대변되는 자신들의 조직적 힘에 대한 자신도 크게 작용했다. 그들은 자신들의 조직이 민족협동전선인 신간회를 대신할 수 있다고 생각했다.

최린은 자치운동의 가능성이 완전히 사라진 1934년에도 일본이 조선인의 본국 정치 참여를 허용할 리가 없으므로 일제가 조선통치제제를 바꾼다면 그것은 자치제일 수밖에 없다고 주장했다.[76] 그리고 일제에 대한 타협의 길로, 더 나아가 친일의 길로 갔다.

---

75) 정용서, 앞의 글, 253~261쪽.
76) 이태훈, 앞의 글, 2011, 157쪽.

3. 기독교계열의 동향과 기독교 민족운동의 침체

일제 관헌사료에는 천도교 신파의 자치운동이 기독교 방면의 민족주의자에도 침투하여 윤치호와 박희도를 중심으로 신우회를 표현단체로서 각파 합동전선을 전개했다고 파악하고 있다.[77] 여러 연구들이 이 자료에 기초해 기독신우회가 자치운동에 가담한 것으로 서술하고 있다. 이 부분을 제대로 이해하기 위해서는 1920년대 기독교계열의 민족운동에 대한 이해가 전제되어야 한다.

1920년대 기독교계열의 주요 세력은 크게 둘로 나뉘는데, 하나는 안창호를 지도자로 하는 국외 흥사단과 그 국내기반인 수양동우회세력, 그리고 이와 긴밀히 연결된 조만식으로 대표되는 서북지방 기독교세력이다. 다른 하나는 이승만을 지도자로 하는 국외 동지회와 그 국내 기반인 흥업구락부세력, 그리고 이와 연결된 기호지방 기독교세력이다. 신간회 창립시에는 흥업구락부와 기호기독교세력이 적극적으로 참여했다. 1927년 말에는 민족적총역량 집중론에 따라 서북지역 기독교세력과 수양동우회 일부가 신간회에 참여했다.

기독교의 사회참여를 제시한 1928년 3월 예루살렘국제대회 이후, 조선의 기독교세력들은 농촌부를 설치하는 등 민중에 대한 직접적 영향력 강화에 나섰다. 1929년 5월에는 수양동우회계열을 중심으로 흥업구락부계열을 포괄하는 기독신우회가 결성되었다. 최초에 기독신우회는 전국 각지에 지회를 결성해 신간회에 상응하는 기독교계의 협동전선으로 구상되었지만 실제로는 경성지회를 결성하는 데 그쳤다.[78] 즉 기독신우회는 기독교계의

---

77) 朝鮮總督府 警務局 編, 朴慶植 解說, 『朝鮮の治安狀況 : 昭和5年版』, 不二出版, 1984, 43쪽 ; 朝鮮總督府 警務局 編, 『最近における朝鮮治安狀況-昭和 8·13년』, 巖南堂書店, 1966, 72쪽. 1930년(소화5년)판의 기술내용이 1938년판에 거의 똑같이 기술되어 있다.

78) 장규식, 『일제하 한국 기독교민족주의 연구』, 혜안, 2001, 196~200쪽.

합법적 정치운동조직을 지향하며 출발했지만, 확대에는 실패했다. 조병옥과 정인과 등이 중심이었는데, 주요 간부 상당수는 이미 신간회 본부나 지회에 참여하고 있었다.

1929년 11월에는 수양동우회가 동우회로 개편되었는데, 안창호가 민족유일당운동을 추진하면서 제기한 사회대공주의 이념이 약법 조항으로 삽입되었다.[79] 이런 일련의 과정은 민중에 대한 영향력을 강화하는 사회주의자들의 활동 및 반(反)기독교운동에 대한 사회복음에 기반한 기독교계열의 대응과정이며, 동시에 농민을 비롯한 민중에 대한 영향력 강화 과정이었다. 당시 천도교세력이 그러했던 것처럼 기독교세력도 민중운동에 적극 나섰으며, 다른 한편 신간회에 대한 참여와 영향력 강화도 꾀했다.

1929년 1월 25일, 신간회는 간사회를 열어 비어있던 총무간사에 오화영과 조병옥을 선임했다.[80] 기호 기독교세력인 흥업구락부와 서북 기독교세력인 수양동우회의 인물이 나란히 선임된 것이 눈에 띈다. 조병옥은 6월 29일 복대표대회를 통해 새로 결성된 허헌 중앙집행부에서 교육부장에 선임된다. 허헌은 조병옥을 중앙집행위원 후보위원으로 직접 지명하고, 부서장에 임명하여 수양동우회계열을 배려했다. 흥업구락부원인 박희도도 비슷한 케이스로 출판부장에 임명된다. 이들 모두 기독신우회 회원이었다. 7월 21일 조병옥은 경성지회의 집행위원장에도 선임되었다.[81] 조병옥은 신간회 본부 교육부장 자격으로 7월 24일 장성을 시작으로 8월 16일 강진지회까지 전라도지역 23개 지회의 순회강연에 나서기도 했다. 9월 9일에는 중앙상무집행위원으로 보선되었고 교육부장을 겸임했다.[82] 이렇게 신간회 본부와 경성지회에서 적극적으로 활동하던 조병옥은 1929년 12월 민중대회

79) 이현주, 「일제하 (수양)동우회의 민족운동론과 신간회」, 『한국학(구 정신문화연구)』 92, 2003, 196~203쪽.
80) 『조선일보』 1929. 4. 13 ; 『동아일보』 1929. 4. 13.
81) 『조선일보』 1929. 7. 23 ; 『동아일보』 1929. 7. 13.
82) 『조선일보』 1929. 9. 12.

사건으로 일제에 구속되어 재판에 회부되었다.[83]

1930년 직전의 기독교운동 상황에 대해, 일제 관헌사료의 "자치운동이 기독교 방면의 민족주의자에도 침투하여 윤치호와 박희도를 중심으로 신우회를 표현단체로서 각파합동전선을 전개"했다는 서술을 검토해보자. 우선 장규식이 이미 지적한 대로 윤치호는 기독신우회원이 아니다. 반면에 조병옥을 비롯한 기독신우회의 다수인물은 신간회에서 활동하고 있었다. 때문에 이는 일제가 기독신우회 인사들을 신간회 내부의 합법파로 분류하고, 그것을 민족주의운동 내부의 자치운동 경향으로 한데 묶었을 가능성이 높다. 그리고 기독신우회가 자치운동의 표현단체로 활동을 전개했다는 관헌사료의 주장도 신간회운동에 호응하여 기독교계 민족운동의 전위를 자임하며 출발한 기독신우회의 노선과도 맞지 않는다.[84]

기독신우회와 신간회에서 적극적으로 활동하던 동우회의 조병옥이 구속된 이후 1930년 기독교계의 동향은 어떠했을까? 기독신우회의 동향부터 살펴보자. 신우회는 별다른 활동을 하지 않는다. 1930년 5월 30일 제2회 정기대회를 개최하였는데, 기존 수양동우회계열 인물들이 물러나고, 흥업구락부 인물들이 이사진에 다수 참가한다. 창립대회 당시 이사진은 수양동우회계열 조병옥, 정인과, 이용설, 이대위, 흥업구락부계열 김인영, 전필순, 기타 이시웅이었다. 제2회 대회 이사진에서 수양동우회계열은 이용설만 남는다. 반면에 흥업구락부계열에서 기존 전필순 외에 박희도, 박연서, 심명섭이 추가된다. 기타 옥선진, 최상현이다. 평의원에도 흥업구락부계열이 기존 오화영, 정춘수에 더하여 김수철, 신석구가 추가된다.[85] 수양동우회 독주에 대한 불만을 무마시키기 위한 것이었는데, 수양동우회계열 이용설

---

83) 이 시기 조병옥의 활동에 대해서는 다음 참조. 이수일, 「1920년대 중후반 조병옥의 민족운동과 현실인식」, 『실학사상연구』 15, 2000, 423~438쪽.

84) 장규식, 앞의 책, 196쪽.

85) 『기독신보』 1930. 6. 4 ; 『조선일보』 1930. 6. 5.

이 이사장으로 있어 신우회의 주도권을 완전히 내려놓은 것은 아니었다.

　신우회 지방지회 결성은 그 시도조차 보이지 않는다. 만약 일제 관헌자료의 기록대로 신우회가 자치운동을 전개하려고 했다면 어떤 모습이든 적극적 활동을 했어야 했다. 지역마다 지회를 결성한다거나, 각종 행사를 개최해야 했는데, 거의 활동을 하지 않는다. 언론에 알려진 행사가 거의 전무하다시피 하다. 장규식은 기독신우회의 이런 부진에 대해 수양동우회계와 흥업구락부계를 정점으로 한 지역·교파·당파 간의 융합도 문제지만, 무엇보다 기독교계 내부에서 나타나기 시작한 보수와 혁신의 대립구도에서 비롯된 것이라 파악했다. 즉 기독계 일반의 개인복음주의노선이 사회복음주의를 내세운 신우회 활동을 강력히 제약했다는 것이다.[86] 이런 상황은 신우회를 중심으로 자치운동이 전개되었다는 일제 관헌의 기록이 잘못되었음을 보여준다.

　일제 관헌자료에서 윤치호와 함께 기독교계 자치운동의 핵심인물로 지목한 흥업구락부계열의 박희도의 행적을 살펴보자. 당시 중앙보육학교 교장인 박희도는 1929년 7월 신간회 허헌 집행부가 구성될 때, 중앙집행위원 겸 출판부장에 선임된다. 1929년 8월 21일에는 신간회 회보 편집위원에 선임된다.[87] 9월 9일에는 신간회 출판부장에서 사임하지만,[88] 신간회 본부에서 계속 활동했다. 신간회는 1929년 11월 23일 복대표대회 이후 제2회 중앙집행위원회를 개최하였는데, 박희도는 중앙상무집행위원 전형위원으로 박문희와 한병락과 함께 참가하여, 중앙상무집행위원과 조사부장 출판부장 및 부원 선임에 참여한다. 전형위원의 다른 두 사람이 중앙상무집행위원인 것으로 보아 그도 중앙상무집행위원이었을 것으로 추정된다.[89] 10월 31일에는 조선어사전 편찬 발기인으로 참여한다.[90] 1929년 12월 민중대회사건으로

---

86) 장규식, 앞의 책, 200~201쪽.
87) 『동아일보』 1929. 8. 24.
88) 『조선일보』 1929. 9. 12.
89) 『조선일보』 1929. 11. 26.
90) 『동아일보』 1929. 11. 2.

체포되었지만 곧 석방되었다. 앞서 언급한 대로 1930년 6월, 기독신우회 2차대회에서는 이사로 선임되었지만 특별한 활동을 하지 않는다. 10월에는 고아들을 위한 조선고아원 설립에 참여하여,[91] 이사로 선임되었다.[92] 1931년 1월 24일에는 신간회 경동동지회의 집행위원장에 선임되었다.[93]

박희도는 1929년에서 1931년 초반까지 언론 잡지에 농촌과 농민문제, 산업진흥, 실업, 기독교, 교육, 여성문제 등에 다양한 글을 기고했다. 그러나 정치활동과 관련한 특별한 주장이 없다. 자치제 주장은 전혀 없다. 다만 1931년 1월 1일 신년담화에서는 "중심세력이 없고 권위가 없는 사회에서 무슨 말을 한 대야 소용이 없거니와 아무튼 변천이 없으니까 별다른 소감도 없습니다."라고[94] 회의적 시선을 보이고 있다. 그는 민족적 대협동기관 조직의 필요와 가능여부에 대해서도 늦었다고 판단했다.[95] 1929년 하반기에서 1931년 신간회 해소 전까지 그의 행적을 언론에 알려진 한에서 살펴보았지만, 자치운동과 관련한 행적은 찾을 길이 없다. 그는 신간회에서 계속 활동하고 있었고, 교육자로의 행적만 확인된다. 그가 만약 천도교 신파와 기맥을 통하면서 자치운동을 추진하고 있었다고 하면 어떠한 행동이라도 했어야 했는데, 그와 관련된 어떠한 행동도 찾아지지 않는다.

다음으로 1920년대 후반 조병옥과 함께 수양동우회의 정치세력화를 주도하였던 주요한의 행적을 보자. 동아일보 평양지국장이던 주요한은 이광수의 뒤를 이어 1928년 5월부터 1929년 12월까지 동아일보의 편집국장으로 재임한다.[96] 그는 편집국장이지만 동아일보의 논조나 기사방향에 대한 영향력은 미약했다. 동아일보는 송진우가 사장으로서 경영은 물론

---

91) 『조선일보』 1930. 10. 26.
92) 『조선일보』 1930. 11. 19.
93) 『조선일보』 1931. 1. 26.
94) 『별건곤』 36, 1931년 1월호.
95) 『혜성』 1-1, 1931년 1월호.
96) 동아일보사, 『동아일보사사』 1권, 동아일보사, 1975, 411~413쪽.

논지에 직접 개입하고 있었다. 주요한은 신간회 허헌 집행부 때인 1929년 8월 21일 신간회 회보 편집위원에 선임된다.[97] 1929년 12월 민중대회사건으로 신간회를 비롯한 사회단체 간부들이 체포될 때, 그는 사장 송진우와 함께 체포되었고, 구속·송치되었다. 그렇지만 1930년 1월 6일 경성지방법원 검사국에서 천도교 지도자 권동진 등과 함께 석방된다. 이후 동아일보의 논설기자로 지내면서 소설과 기행문 등을 연재했다. 또한 각종 잡지에 국제정세, 문학, 신문, 농촌·농민문제, 기행문 등 다양한 글을 기고한다. 그렇지만 민족운동이라든지 자치운동에 대한 언급은 없다. 실천운동은 물론 동우회활동에도 특별하게 하는 것이 없다. 1930년 11월에는 동우회의 기관지 격인 『동광』의 속간에 편집책임자로 참여한다.[98]

이런 상황을 종합적으로 놓고 보면 기독신우회가 천도교 신파와 연결되어 자치운동을 추진했다는 일제관헌 기록은 일제가 잘못 파악한 것으로 판단된다. 기독신우회 주요 관련자들도 신간회에서의 활동 행적만 찾아지지, 자치운동과 관련한 행적은 보이지 않는다. 반면에 당시 기독신우회 활동에서 두드러지게 보이는 점은 자치운동과의 관련성이 아니라, 천도교와 대비되는 기독교 사회운동의 침체된 모습이다. 일부 연구에서는 기독신우회가 기독교계열 민족운동의 새로운 조직으로 조직적 활동을 크게 한 것처럼 파악하고 이를 인용하고 있다. 그렇지만 기독신우회는 기호 기독교세력과 서북 기독교세력, 흥업구락부와 동우회의 틀을 벗어나 새로운 조직으로 전혀 활동하지 못했다. 여전히 이전의 대립구도가 남아있었다.

1930년에서 1931년 신간회 해소기까지 기독교계의 사회운동과 민족운동 자체가 침체상태에 있었다. 이전 시기와 달리 사회참여를 반대하며 개인의 종교적 이해에 안주하는 보수기독교세력이 다수를 점하고 있는 상황을 반영하고 있었다.

---

97) 『동아일보』 1929. 8. 24.
98) 『조선일보』 1930. 11. 6.

4. 동아일보계열의 합법적 정치운동에서의 후퇴

1930년 전후 동아일보의 동향과 관련하여 기존 연구에서는 일제 관헌사료를 인용하여 동아일보가 1930년 여름에서 가을까지 지방발전좌담회를 개최하여 자치제 실시에 대비하여 지방사회의 유력자 포섭에 나섰다고 주장했다.[99] 더 나아가 다른 연구에서는 1930년 여름에서 가을까지 전국적으로 진행된 좌담회에는 현직 지방자문기관의 협의회원, 학교평의원, 의사, 지주, 자본가 등 지역유지자세력들이 대거 참여하였는데, 이들은 지방선거에 참여할 예비후보군으로, 동아일보는 사실상 선거유세라 할 수 있는 순회좌담회를 통해 지방선거 국면에 개입하여 정치적 입지를 확보하려 했다고 주장했다.[100]

이 주장의 사실관계를 확인해보자. 이 좌담회는 1930년 여름과 가을이 아니라, 1930년 9월 16일 평양을 시작으로 1931년 4월 4일 군산을 마지막으로 전국 31개 도시에서 동아일보 지국 주최로 개최되었다. 그리고 그 내용이 동아일보 1930년 9월 19일자부터 1931년 4월 23일자까지 157회에 걸쳐 비교적 상세히 보도되었다.

참여자를 보면 제1회 평양좌담회에서는 신간회 평양지회장 조만식, 숭실전문 문과장 채필근, 광성고보교장 김득수, 변호사 한근조, 평양고무공업 사장 김동완, 평양금성병원장 정세윤, 평양상공회장 오윤선 등이 참석했다.[101] 모두 서북 기독교세력과 그와 연결된 인물들이다. 이들 중 1931년 지방선거에 나간 사람은 아무도 없다. 김성업 동아일보 평양지국장 사회로 진행된 좌담회에서 논의된 내용을 보자. 가장 먼저 조선인 본위의 금융기관인 은행 설립 문제가 다루어졌다. 다음으로는 평양의 조선인 산업현황

---

99) 박찬승, 앞의 책, 346쪽.
100) 이태훈, 앞의 글, 151쪽.
101) 『동아일보』 1930. 9. 19.

문제, 평양의 사립중등학교 증설 및 운영 문제, 평양 유흥도시 방지책, 위생사상 보급문제, 전기와 수도문제, 여론을 형성할 조직문제 등이 논의되었다. 조만식은 사람을 양성할 사상문제연구회 결성을 주장했다.[102] 부회나 읍회, 도회는 전혀 논의조차 되지 않았으며, 이를 통해 지역의 문제를 해결하자는 주장도 없었다.

좌담회가 개최된 다른 도시들의 참석자들도 지역의 신간회 지회장과 관련자, 지역의 민족운동가들이 다수 참여했다. 물론 지역의 유지들과 산업가들도 적지 않게 참여했다. 논의의 내용도 각 도시의 조선인 산업을 비롯한 지역 상황과 현안들이 논의되었지만, 역시 부회나 읍회, 도회에 대한 논의는 없었다. 이를 이용해서 무엇을 해야 한다는 주장들도 거의 없었다. 때문에 이를 지방선거에 참여할 예비후보군들이나 자치선거 참여자의 선거유세라고 볼 수 없다.

이와 관련해서는 일단 그 시점이 민족운동 내 각 세력이 자신들의 대중적, 정치적, 전국적 기반을 마련하기 위해 적극적으로 활동하던 시기였다는 것이 확인될 필요가 있다. 농민을 비롯한 각 부문운동을 가장 정력적으로 전개하던 천도교세력은 물론이고, 기독교세력들도 대중적 기반을 확대하기 위한 활동을 강화하고 있었다. 사회주의세력들은 '노동자·농민 속으로'란 구호아래 노동자 농민에 기초한 농민조합 및 노동조합운동, 당재건운동을 전개했다. 즉 식민지 노동자 농민 대중에 대한 영향력을 강화하기 위해 민족운동 내 각 세력이 각개 약진하던 시기였다.

좌담회를 주최한 동아일보세력들의 행동도 이런 영향력 확대 시도와 관련이 있다. 동아일보세력은 자신들의 대중적, 전국적 영향력을 확대하기 위해 1928년 문맹퇴치운동, 1931년 이래 브나로드운동 등을 전개했다. 동아일보 세력들은 부르주아 자산계급층에 계급적 근거가 있고, 1920년대

---

102) 『동아일보』 1930. 9. 24.

전반 이래 합법적 정치운동을 추진했다. 그들은 좌담회를 통해서 각 지역의 민족운동가들과 지역의 유지층에 자신의 영향력을 확대하려고 했다. 합법운동을 추구하던 그들의 속성상 그들의 공략대상은 일제가 포섭하려고 했던 지역 유력자층과 중첩된다.

동아일보 주도세력의 민족운동 기본 입장은 광범한 대중을 민족운동으로 끌어들이기 위해서 합법적 정치운동을 전개해야 한다는 것이었다. 일본 무산정당의 진출에 따라 일본 정세가 변화하고, 중국 국민혁명에 따라 중국 정세가 변화하면서 그와 연관해 식민지 조선정책이 변화하여 조선에서 자치제가 실행되면, 그들은 자치 국면에 적극 대응하려고 했다. 즉 정세 변화에 따라 그들의 합법적 정치운동은 자치운동이 될 수도 있지만, 정세가 변화하지 않으면 자치운동의 모색은 생각할 수 없는 것이었다. 그들은 자본주의가 발전하고 국제적 연대를 지향하는 사회주의가 전개되었지만, 여전히 세계는 민족 단위로 움직이고, 세계대세는 민족자결에 있기 때문에 조선은 민족국가로서 독립해야 한다는 것이 그들의 지향하는 목표였다. 자치는 일본 정계의 변동에 따라 주어진 상황이고, 아일랜드 신페인당이 그러했던 것처럼 이를 최대한 이용해야 한다는 것이 그들의 입장이었다.

그렇지만 제2차 중의원 보통선거에서 기존 지배정당들이 압승하고, 무산정당이 분열하여 지리멸렬한 상황을 지켜보면서 동아일보 주도세력은 식민지 조선정책의 변화를 가져올 수 없는 상황이 되었다고 판단했다. 또한 일제의 1930년 지방행정제도 개정은 자치의회를 비롯한 합법적 정치운동의 공간을 사실상 불가능하게 만들었다고 인식했다. 조선에서 합법적 정치공간의 확대는 이제 전혀 기대할 수 없게 되었으며, 그 전망도 비관적이었다. 동아일보 주도세력은 이러한 점을 잘 알고 있었다. 송진우가 "본래 조선의 정치라 하면 일본의 정치이겠지요. 그러면 조선의 정치는 일본의 정치를 따라가는 것밖에 더 있겠습니까?"라고[103] 말한 것은 그가 식민지 조선의 정치, 곧 일제의 식민정책 변화의 동인을 잘 인식하고 있기 때문이었다.

때문에 그들은 합법적 정치운동에서 사실상 후퇴했으며, 일제와의 타협의 가능성도 멀어졌다.

동아일보 주도세력은 최린을 비롯한 신파 주도세력과 인식을 같이 하는 점과 달리하는 점이 분명했다. 그들은 합법적 정치운동이 광범한 대중을 동원하는 데 유효한 수단이며 반드시 필요한 것이라는 데에는 의견을 같이했다. 조선의회나 조선지방의회 같은 자치제도 조건이 되면 받을 수 있다는 입장이었다. 그들 모두는 타협과 대결의 경계선을 걷고 있었다.

그러나 최린과 천도교 신파 중심인물들은 정세의 변화에 크게 구애됨이 없이 천도교의 힘을 믿고 '세계일가'라는 자신의 사상과 이념에 따라 자치운동을 그대로 밀고 나갔다 반면에 동아일보 주도세력은 일본 정계의 변화와 조선정책의 변화에 주목하면서 정세의 변화에 따라 자신의 운동 노선과 방향을 수정하여 갔다. 이렇게 해서 1920년대 중반 이래 진행되어 온 민족주의세력의 합법적 운동 노선과 활동도 분화하게 된다.

양 세력의 동질성과 차이는 신간회를 바라보는 입장과 신간회 해소 문제에서도 그대로 드러났다. 천도교 신파의 중심인물 중 이돈화(李敦化)는 신간회에 대해 "신간회 같은 반항운동단체가 꾸준히 결합하려면 정확한 주의가 있어야 하고 그 주의가 민족적 특수환경에 영합되어야 하고 최종적으로는 주의와 생명이 일치되는 의지력이 절대적 권위"를 가져야 한다면서, "신간회는 그 자체의 목적 회의 조직 및 그 단원된 자의 훈련이 그 목적과 융화되지 못한 미숙한 개성의 집단"[104]이라고 혹평했다. 김병순(金炳淳)은 "민족주의자와 사회주의자가 피차에 주의가 다르고 정책과 전술이 다른 이상에는 무조건 막연하게 합동하여 민족단일당 같은 것을 조직한다는 것은 사실에 될 수 없는 일"[105]이라면서, "조선 현실에서 민족적 구심으로

---

103) 「조선은 어데로 가나?」, 『별건곤』 34, 1930. 11.
104) 이돈화, 『단체생활과 의지력』, 『혜성』 1권 2호, 1931. 4.
105) 김병순, 「대협동기관조직의 필요와 가능如何-各團을 토대로」, 『혜성』 1권 1호, 1931.

필요한 단일당은 대중조직을 기반으로 한 단일 전위당이 되어야 하고 이 전위당은 조직된 대중 속에서 정련 분자를 뽑아서 결성되어야 하며, 운영 원리는 중앙 집중적이어야 한다"고 주장했다.[106]

천도교 신파는 신간회가 사회주의자와 민족주의의자를 망라만 했지, 명확한 사상과 노선에 근거하지 못했다고 비판했다. 신간회를 대신해서 단일한 이념과 노선의 기치 하에 대중조직을 기반으로 단일한 전위적 정치조직을 건설할 것을 주장했다. 천도교 신파는 천도교청년당이 이런 전위당에 부합하는 조직이라고 자평하고 있었다. 때문에 천도교 신파는 신간회에의 합류나 통합은 전혀 생각하지 않고 있었다. "천도교는 과거 수십 년간의 운동 경험에서 대중조직과 전위당을 발견"했기 때문에 천도교 만이 민족을 대표하는 진정한 민족운동단체의 자격을 가졌다고 자부하고 있었다.[107]

동아일보 주도세력도 신간회에 대해 부정적이기는 마찬가지였다. 송진우는 "전민족의 협동기관이라 하면 외면으로는 물론 좋고 다수인의 결합이니까 힘이 강할 것 같지마는 실상은 아무 힘도 없고 그냥 또 시시부지하고 말기가 쉽다"고 주장한다. 그러면서 "막연하게 우리가 같이 단결하여야 되겠다고" 하여서 모이면, "개인본위의 결합이나 단체본위의 결합이나 결국은 아무 실력 없이 제2의 신간회가 되고 말 것"이라면서 좌우합작의 신간회에 대해 혹평했다. 그는 정치운동 조직이 "최초 일어날 때에도 결코 양을 취할 것이 아니요 질을 취할 것"이라면서 중국의 국민당도 본래에는 쑨원을 중심으로 몇 개의 동지로 규합된 것이라며, 여타 다른 민족도 대개 그렇게 민족운동의 중심조직을 결성했다고 했다. 때문에 그는 "민족적으로 무슨 운동을 한다면 그 단체의 구성분자가 철저한 의식과 주의가 서고 생명과

3.
106) 김병순, 「피xx계급의 운동방략은 어떻게 할 것 인가」, 『농민』 1931. 8.
107) 김병순, 「피xx계급의 운동방략은 어떻게 할 것 인가」, 『농민』 1931. 8.

2장 1930년 전후 국제정세 전망과 민족운동의 분화 431

재산을 거기에 희생하겠다는 각오를 가진 인물들이 아니면" 안된다고 주장했다. 또한 "사회주의자고 민족주의자고 먼저 의무이행 잘 할 사람으로만 그 단체를 조직"할 것을 주장했다.[108]

신간회가 단일한 이념과 노선에 의해 조직에 헌신적인 사람들로 구성되지 못했다고 비판하는 점에서 송진우는 천도교 신파와 입장을 같이하고 있었다. 그렇지만 천도교 신파와 달리 송진우는 삼민주의 이념 하에 쑨원을 중심으로 단결해 있던 초기 중국국민당을 이상적 모델로 하면서, 제1차 국공합작에 기반한 것과 같은 차원의 민족단일당을 결성하자고 했다.

사실 민족협동전선에 대한 송진우의 생각은 그가 주장하는 민족주의 이념과 민족주의자들의 주도 대신에 노동계급의 헤게모니와 사회주의 이념을 넣으면 당시 공산주의자들의 주장과 거의 유사했다. 공산주의자들은 민족협동전선이 노동계급의 헤게모니를 대변하는 전위세력의 지도하에서 결성 운영되어야 하며, 지도에 대한 규율과 의무 이행, 희생을 강조하고 있기 때문이다.

그렇지만 신간회 해소 문제에 가서는 그들의 입장은 명확히 갈렸다. 천도교 신파에게 있어 신간회는 빨리 없어져야 할 그들 운동의 걸림돌이었다. 그들의 사상과 이념에 비추어 볼 때 쓸데없는 민족협동의 사상을 설파하는 신간회 같은 조직은 빨리 해소되어야 할 대상에 지나지 않았으며, 남아 있으면 자신의 경쟁 상대일 뿐이었다. 이 점에서 전혀 극에 있는 공산주의자들의 신간회 해소운동과 그들은 이해를 같이하고 있었다.

이에 반해 동아일보 주도세력의 입장은 신중했다. 송진우는 공산주의자들의 해소 이유가 "신간회는 소뿌르적정치운동의 집단으로서 하등의 적극적 투쟁이 없고 전 민족적 총역량을 집중한 민족단일당이란 미명하에 도리어 노농대중투쟁의 의욕을 말살 식히는 폐해를 끼친다"는 것에 공통된

---

108) 송진우, 「대협동기관조직의 필요와 가능 여하?」, 『혜성』 1권 1호, 1931. 3.

다고 보면서, 그렇지만 "현하 조선의 정세로 보아서 해소까지는 깊이 생각할 문제"라고 했다. 그는 신간회가 "적극적 투쟁을 못한 것은 내재적 역량의 부족도 부족이지만은 외압의 심한 것이 큰 원인"이라면서, "해소론자의 주장과 같이 신간회를 해소하고 계급운동으로 나아간다 하여도 그 진출은 보다 이상으로 더 지장과 곤란"이 있을 것이라고 전망했다.109) 그는 공산주의자들의 해소론이 "일본의 노농당 해소의 이론을 조선의 신간회 해소에 그대로 이식했다면 그거야 큰 과오"라고 주장했다.110)

동아일보 주도세력은 일본 노농당을 둘러싸고 전개된 일본 공산주의세력의 해소운동을 알고 있었다. 계급 대 계급 전술과 사회파시즘론에 입각해서 여타 사회주의세력을 배격하는 일본 공산주의자들의 무모한 행동은 조선의 정세와 직결되어 있는 일본 무산정당운동의 실패를 결과하는 잘못된 것인데, 이제 조선의 공산주의자들도 그 대열에 합류한 점에서 큰 과오를 저지르는 것으로 보았다. 그들은 신간회에 대해서는 비판적이기는 했지만 맹목적 해소는 반대였다. 현재의 정세 하에서 신간회 같은 힙법적 정치단체를 다시 조직할 수 있을지 의문 사항이기 때문이었다.

이런 인식은 동아일보 주도세력뿐만 아니라 광범한 민족주의자들에게 공통된 것이었다. 그들은 민족혁명 단계에 있는 조선의 상황에서, 또한 모든 운동이 일제의 탄압을 받는 상황에서 계급투쟁의 이론으로 편중되어 신간회를 공격하고 해소시키는 것은 무모한 좌익소아병으로 보았다. 공산주의세력의 계급 대 계급 전술로의 전환과 그 최종 귀결로서 신간회 해소에 이르기까지의 과정에서 전개된 공산주의자들의 좌익소아병적 언사와 행동은 거의 모든 조선의 민족주의세력에게 커다란 충격과 상처를 남겨주었다. 그들은 더 이상 공산주의자들을 민족운동의 동반자로 신뢰하지 않게 되었으며, 신국가건설운동에서 협동할 대상으로 인정하지 않게 되었다.111) 민족주

109) 「신간회해소 가부론-맹목적 해소는 문제」, 『별건곤』 제37호, 1931. 2.
110) 「신간회해소와 조선운동의 금후전망-예측키 어렵다」, 『혜성』 1권 4호, 1931. 6.

의자들과 계급 노선을 앞세운 공산주의자들은 이제 돌이킬 수 없는 루비콘
강에 발을 내딛기 시작했다.

<hr />

111) 대공황기에 공산주의자들의 전투적 무신론에 입각한 반종교 투쟁에 대해서 가장
    강경하게 싸운 것은 체제내화 되고 있는 근본주의적 기독교인도, 개인주의적 중산층
    기독교인도 아닌 기독교 사회주의 성향을 다분히 띠고 있는 진보적 기독교인들이었
    다. 통칭 비타협적 기독교 민족주의자라고 불리는 이들은 유물론과의 이념투쟁을
    선언하고 공산세력과 선두에 서서 대립했다. 대공황기 공산주의세력의 반종교운동
    은 진보와 보수를 막론하고 기독계 전반에 공산주의에 대한 반공의식이 자리
    잡게 되는 계기였다. 장규식, 앞의 책, 205~211쪽.

3장 파시즘 대두에 대한 인식과 파시즘 비판

정치세력이나 정치사회적 활동을 하는 인물들의 특정 시점에서의 활동이나 행적을 살펴보고 평가함에 있어, 그들이 당시 변화하는 국내외 정세를 어떻게 바라보고 있었으며, 조성된 정세를 어떻게 평가하고 있었는가, 그리고 그러한 정세인식이 어떠한 변화과정을 거치고 있었는가를 파악하는 것은 상당히 중요하다. 그것은 그들의 정치 사회활동을 제대로 이해하고 평가하는 준거가 되기 때문이다.

세계대공황이후 1930년대의 민족운동에 대한 연구도 마찬가지이다. 이 점에 일찍부터 착목하여 임경석은 1930년대 초반시기의 사회주의자와 민족주의세력의 정세인식을 그들의 정치적 태도와 관련하여 비교사적으로 해명했다.[112] 세계대공황의 성격과 전망을 둘러싸고 당시 사회주의세력은 '혁명적 시기'로 파악하고, 혁명적 시기론에 조응하는 전술방침으로 대중폭동노선을 주장하게 되었다고 파악했다. 반면에 민족주의세력은 세계대공황을 주기적 공황의 일환으로 이후 자본주의의 안정화를 전망하였는데, 이러한 공황론의 차이가 양 세력의 행동의 차이를 낳는 사상적 동기가 되었다고 이해했다. 임경석이 정세인식에 주목한 것은 대단히 중요한 것이지만, 1990년대의 연구사적 한계에 의해 그 자신도 후에 부정한 민족주의세력의 타협, 비타협 구분을 도식적으로 적용하고,[113] 1930년대 정세인식과 관련하

---

112) 임경석, 「세계대공황기 사회주의·민족주의세력의 정세인식」, 『역사와현실』 11, 1994.

여 가장 중요한 변수인 파시즘의 문제를 거의 해명하지 못했다.

이태훈은 민족주의세력들이 세계대공황이후 기성의 자본주의체제와 국제질서를 보다 비관적으로 인식하기 시작했으며, 자본주의근대 세계관과 미래전망의 혼란 속에서 독재주의, 반자본주의, 통제경제, 국민주의로 대표되는 파시즘의 세계화를 맞게 되었다고 한다. 이에 이광수와 신흥우 등은 파시즘의 적극적 수용을 주장했지만, 송진우와 안재홍을 비롯한 다수의 민족주의세력은 기존 민족주의세력의 기득권과 계급적 이해관계의 다양성 및 이익 추구 권리를 제도적으로 보장하는 자유주의적 정치질서를 염두에 두고 파시즘에 비판적이었다고 한다. 그렇지만 이들 역시 파시즘의 특성인 국가의 경제통제의 효용성을 인정하면서 총독부의 통제경제정책으로 흡수되는 한계를 가지고 있었다고 파악했다.114) 이태훈의 연구는 파시즘에 대한 인식문제를 전면화하고 민족주의세력의 인식 편차를 살펴본 점에서는 의의를 가지지만, 민족주의 각 정치사회세력 및 주요 인물에 대한 본격적인 분석이 이루어지지 않으면서 제한된, 부분적인 논의에 머물렀다.

홍종욱은 그동안 단편적으로 언급되던 1930년대 동아일보의 국제정세 관련 논설을 파시즘과 사회주의 인식에 초점을 두고 포괄적으로 분석했다. 그는 동아일보의 기사들이 세계대공황이후 자본주의체제가 더 이상 지속되기 어려울 것으로 파악하고, 그 대안으로 사회주의와 전체주의에 대한 관심을 가지고 있었으며, 히틀러의 집권을 계기로 파시즘에 대한 관심이 폭발적으로 늘어났고, 세계체제의 블록화와 무한경쟁의 시대로 접어들었다는 인식이 확산되었다고 파악했다.115) 홍종욱의 연구가 동아일보의 국제정세 인식을 자세히 살펴본 것은 의의가 있지만, 국내 민족운동의 역사적

---

113) 임경석, 「식민지시대 민족통일전선운동사 연구의 궤적」, 『한국사연구』 149, 2010.
114) 이태훈, 「1930년대 전반 민족주의세력의 국제정세인식과 파시즘논의」, 『역사문제연구』 19, 2008.
115) 홍종욱, 「1930년대 '동아일보'의 국제정세인식」, 『한국민족운동사연구』 58, 2009.

맥락을 사상함으로써 동아일보를 단순한 신문으로 파악하여 그 의미를 파악하는 데 한계를 보이고 있다. 또한 최근 일본학계에서116) 종래의 강좌파 마르크스주의의 '천황제 파시즘론'과 전후 시민사회파의 '일본파시즘론' 등의 전후 역사학의 파시즘 인식을 부정하는 가운데, 주로 사용하던 현상유지, 현상타파 개념을 그대로 적용시킴으로써 정세인식 파악에 일정한 혼란을 불러오고 있다.117)

본장에서는 우선 1931년 '3월사건'과 '10월사건'으로 드러난 일본 국가주의의 정치 개입 과정을 살펴보고 그 배경과 의미를 정리하려고 한다. 또한 일본 군부의 만주침략 준비과정과 일본 정계의 동향을 간략히 살펴보겠다. 그리고 이에 대한 동아일보의 인식을 해명하도록 하겠다. 다음으로 1932년 2월 일본 중의원 총선거의 양상과 정우회의 이누카이 쓰요시 내각의 수립

---

116) 일본 파시즘 연구 경향에 대해서는 安部博純, 『日本ファシズム研究序説』, 東京 : 未來社, 1975, 제1편 ; 粟屋憲太郎, 「日本ファシズム」, 歷史學硏究會編, 『現代歷史學の成果と課題』, 東京 : 靑木書店, 1975 ; 江口圭一, 「敗戰後の『日本ファシズム』研究」, 『歷史科學大系 第12 卷 : 日本ファシズム論』, 東京 : 校倉書房, 1977 ; 安部博純, 『日本ファシズム論』, 東京 : 影書房, 1996, 제1장 ; 池田順, 『日本ファシズム體制史論』, 東京 : 校倉書房, 1997, 序 ; 안자코 유카, 「일본파시즘론 연구동향」, 『역사문제연구』 6, 2001 ; 高岡裕之, 「ファシズム·總力戰·近代化」, 『歷史評論』 645, 2004 ; 방기중·전상숙, 「일본 파시즘 인식의 혼돈과 재인식의 방향」, 『식민지파시즘의 유산과 극복의 과제』, 혜안, 2006.

117) 강좌파 마르크스주의의 '천황제 파시즘론'과 전후 시민사회파의 '일본파시즘론' 등의 전후 역사학의 파시즘 인식이 여러 한계를 드러내고 있는 것은 분명하다. 그리고 현재의 탈근대, 탈민족의 문제제기와 함께 '총력전체제론'의 문제 제기와 역사연구 방법도 많은 시사점을 주고 있는 것도 사실이다. 한국 학계에서도 이의 영향이 상당한 정도로 커져있다. 그렇지만 방기중과 전상숙이 지적했듯이 이러한 논리는 일본 중심의 지배질서 공간인 '전시체제'의 혁신성·효율성, '총력전체제'의 근대성·합리성만을 강조함으로써 식민지·동아시아의 역동적 역사상을 왜곡하거나 배제시키는 문제점을 보이고 있다. '총력전체제론'에서의 식민지 조선인과 민족운동세력은 일제의 국가적 체제에 포섭되고 규정된 피동적·정태적 존재로만 인식되고 있다. 일국사적 인식을 비판하는 '시스템사회론' '총력전체제론'은 제국주의 본국을 중심으로 지배질서의 근대적 시스템화 문제에 시야를 한정하는 입론의 성격상, 그 비판적 문제의식과는 달리 오히려 식민지·동아시아 역사상을 일본과 중국, 한국간의 관계 속에서 역동적·능동적으로 인식하지 못하고 그것을 일제·일본 중심의 정태적·피동적인 시각 속에서 파악하는 방법론적 모순과 한계를 내포하고 있다. 방기중·전상숙, 앞의 글, 61~65쪽.

전후의 일본 정계의 국가주의화, 반동화 양상을 정리하면서, 이에 대한 동아일보의 인식을 살펴보겠다. 그리고 '5·15사건'에 따른 이누카이 내각의 붕괴와 그 처리과정에서 보인 일본 정계의 변동양상, 일본 관료사회에서의 국가주의세력의 성장과정을 간략히 정리하겠다. 그리고 이들 일본 국가주의의 성장에 대한 동아일보의 인식과 전 세계적 파시즘 대두에 대한 그들의 경계심을 살펴보겠다. 더불어 '5·15사건'으로 성립된 사이토 내각에 대한 동아일보의 인식도 살펴보겠다.

마지막으로 전 세계적인 파시즘 대두 양상 속에서 1933~34년 들어 동아일보의 국제정세 인식이 변화하는 양상을 살펴보도록 하겠다. 파시즘 대두에 대한 그들의 우려와 불안한 정세를 살펴보면서, 세계의 대세가 민주적으로 발전할 것이라는 1920년대 이래의 그들의 국제정세 전망이 크게 바뀌는 양상을 살펴보겠다. 파시즘 대두에 따른 민족주의세력의 분위기가 변화하는 것도 함께 살펴보도록 하겠다. 이런 상황에서 동아일보가 이탈리아를 비롯한 세계의 파시즘에 대한 분석과 비판을 적극화하는 하는 양상도 해명하도록 하겠다.

1. '3월사건'과 '10월사건', 만주침략에 대한 인식

1930년 제2차 지방제도 개정으로 조선에서 자치제 실시가 물 건너간 후, 1931년부터 일본 정계 및 국내외 정세는 크게 변화하기 시작했다. 언론에 알려지지 않았지만 1931년 3월에 소위 '3월사건'이 일어났다. 이는 쇼와유신과 일본 국가 개조를 주장하며 국가주의운동을 전개하던 오가와 슈메이(大川周明)와 육군참모본부의 중견 장교들이 추진한 쿠데타 모의사건으로, 쿠데타를 통해 우가키 가즈시게(宇垣一成) 육군대신 중심의 내각을 수립하려고 했다. '3월사건'은 우가키 외에도 고이소 구니아키(小磯國昭)

군무국장, 니노미야 하루시게(二宮治重) 참모차장 등 군부 최고위층의 암묵적 양해에서 추진되었지만, 마지막에 쿠데타에 부담을 느낀 우가키의 거부로 취소되었다. '3월사건'은 민간에서 추진되어오던 국가주의운동이 일본 군부와 결합하여 직접 행동에 옮겨진 최초의 사건이자 이후 전개된 일본 군부의 직접적이고 무력적인 정치개입의 신호탄이었다.[118] 이 사건은 일본 내 국가주의세력의 성장과 지향, 일본 정당정치의 균열을 보여주는 것이었다.

1920년대 이후 일본 정당정치에서는 정우회 내각은 미쓰이 내각, 민정당 내각은 미쓰비시 내각으로 불리어질 만큼 정당정치세력과 재벌은 밀착되어 있었고 정치인들의 부정부패 사건은 끊이지 않았다. 종래의 특권 번벌세력에 대신해서 '당벌'과 '재벌'이 서로 밀착해 새로운 지배세력을 형성하였으며, '금권이 정치를 좌우'했다. 정당에 대한 민중들의 기대와 신뢰는 땅에 떨어졌다. 일본 정당정치세력들은 권력의 근원을 민주주의 정치질서와 대중의 지원에서 찾기보다는 일본 천황제 정치질서와 타협하고 보수적 관료집단 및 군부와의 타협과 유대관계에서 찾으려고 했다. 때문에 정당정치세력은 관료나 군부세력을 제어할 수 없었다. 그리고 제1차 세계대전이후의 전후공황과 뒤이은 1927년부터의 쇼와 금융공황, 1929년의 세계대공황은 재벌의 비정상적 비대 성장과 부의 극심한 편중 현상을 초래해, 사회적 불안을 조성하고 사회 불만계층을 확대시켰다.

한편 요시노의 민본주의 사상을 비롯한 다이쇼 데모크라시의 자유주의 사상은 정당정치세력에 뿌리내리지 못했을 뿐만 아니라 천황제 체제를 인정하고 '소수 현자'의 정치를 추구하는 등 민주주의 대중정치론으로도 한계를 가지고 있었다. 시대의 대세와 함께 급속하게 확산된 사회주의 사상과 운동은 무산정당의 분열에서 드러나듯이 극심한 내부 분열과 대립에

---

118) 한상일, 『일본의 국가주의』, 까치, 1988, 221~240쪽 ; 升味準之輔 著, 이경희 역, 『日本政治史』 III, 형설출판사, 1992, 161~170쪽.

시달렸다, 공산주의세력은 코민테른 6회 대회 전후부터 '계급 대 계급' 노선에 따라 좌편향적 투쟁을 전개하였고, 통일전선 결성에도 실패했다.

이런 가운데 강력한 국가 통치체제의 확립과 이를 위한 의회 정치와 경제 구조 개편을 주장하는 국가주의 사상이 청년학생과 군부를 중심으로 급속하게 확산되고 있었다. 사회주의 우파계열의 사회민중당 서기장인 아카마쓰 가쓰마로(赤松克麿)는 1931년 국가주의세력과 함께 일본사회주의 연구소를 설립하고, 국가사회주의를 주장하며 이 대열에 합류했다. 1932년 사회민중당을 탈당한 그는 전국노농대중당을 탈당한 고이케 시로(小池四郎), 일본농민당 간사장과 일본대중당의 간사장을 지낸 히라노 리키조(平野力三) 등과 함께 1932년 5월, 일본국가사회당을 결성했다.

1931년 6월에는 사이토 조선총독이 사임하고, '3월사건'의 거부로 군부 내에서 곤경에 처한 우가키가 조선총독으로 부임했다. 우가키는 육군대신을 4차례나 역임할 정도로 육군의 실권자였으며, 육군내에 '우가키파'라고 하는 독자적 정치적 기반을 구축했다. 그렇지만 그는 런던군축회담의 결과에 따른 군비축소에 합의하고, '3월사건'에서의 유유부단하고 불투명한 처신으로 육군 내 각 파벌로부터 집중 공격을 받았다. 그 결과 이제 우가키 파벌이 와해될 지경에 이른다. 우가키의 조선총독 부임은 이런 상황을 타개하기 위한 그의 고육책이자, 조선총독의 성과를 바탕으로 다시 재기하려는 행동이었다.

민정당 내각의 군축과 만몽 문제에 대한 유화적 대응에 대한 군부의 반발은 점차 구체화되고 조직화되었다. 육군 참모본부는 1931년 6월 「만주문제해결 방침의 대강」을 작성하여 만주에서의 군사행동에 대한 기본 방침을 작성하였고, 이는 1931년 6월 임명된 미나미 지로(南次郎) 육군대신 이하 육군 수뇌부의 허가를 받았다. 이렇게 시기 문제일 뿐 만주에서 군사행동에 대한 육군 내부의 합의가 이루어진 가운데 1931년 9월 18일, 일본 관동군 고급·중견장교들이 치밀한 계획 하에 주도적으로 만주침략을 감행했다. 그리고 관동군의 지원 요청을 받은 조선주둔군도 독단으로 동참했다.

관동군의 만주침략은 일본 정부의 통제를 벗어난 독단적 행동이었다. 그렇지만 1931년 4월 조각된 와카쓰키 레이지로(若槻禮次郎) 내각은 전혀 이를 통제할 수 없었다. 육군 수뇌부는 관동군의 행동을 사실상 묵인했다. 추밀원과 귀족원, 정우회 등의 보수세력은 관동군의 행동을 적극 지지했다. 만주침략에 큰 이해를 가진 재계도 적극 지지했다. 만주침략을 계기로 표면화된 일본 보수 강경세력의 공세에 대중적 지지 기반이 취약한 민정당 내각은 무력할 수밖에 없었다.

1931년 하반기 들어 동아일보도 군부와 민정당 내각의 대립에 주목하고 있었다. 만주침략 직전의 9월 15일자 사설에서 그들은 "재정문제와 만몽외교 문제는 현 내각의 운명을 결정하는 유일한" 아킬레스건이라면서, 재정문제 해소의 핵심은 군비 축소에 있고, 만몽 외교문제도 군부와 갈등을 부르기 때문에 이 두 문제는 모두 군부와 관련이 된다고 분석했다. 현 내각의 운명은 군부와의 관계가 가장 중요하다고 하면서 '금융자본을 대표하는' 민정당 내각이 이에 어떻게 대응할지에 주목했다. '봉건유제'에 불과한 군부의 세력을 '일패도지'의 운명에 몰아넣을 용기가 있는지, 아니면 이와 합작하여 타협할 것인지가 주목의 초점이라고 주장했다.[119]

동아일보는 9월 18일, 일본의 만주침략이 시작되자 초기에는 그 정확한 정황을 파악하지 못하고 있었다. 이를 중국의 국권 회수열과 일본의 기득권 옹호에 따른 일중간의 충돌로 인식했다.[120] 그들은 일중간의 충돌이 일본 정계에 대중국 강경 내각을 출현시킬 가능성이 있다는 것, 그리고 국제연맹과 강화조약이 국제분쟁을 막지 못해 유럽에서도 국가 간 충돌이 일어나고 있어 세계는 또 다시 '대전'의 길로 가는 것이라고 예상했다.[121] 그러면서

---

119) 「다난한 민정당내각, 정부대군부 항쟁 격화」, 『동아일보』 1931. 9. 15.
120) 「일중충돌과 극동의 지위, 의연한 구미의 働勢」, 『동아일보』 1931. 9. 21.
121) 「국제정국의 전도, 다난의 秋」, 『동아일보』 1931. 10. 15.

만몽 문제와 이를 둘러싼 국제 관계에 대한 탐구를 진행시켰다.[122]

만주침략이 진행되는 와중에 '3월사건'의 주모자들이 다시 쿠데타를 시도하다가 체포된 '10월사건'이 일어났다. '3월사건'과 달리 '10월사건'은 언론에 공개되었고, 군부의 쿠데타에 사회가 큰 충격을 받았다. 그렇지만 민정당 내각은 사후 처리에 전혀 힘을 쓸 수가 없었다. 쿠데타 모의세력들에게 군 지휘부는 거의 처벌을 하지 않았지만, 정당내각은 이런 군부의 조치에 어떠한 행동도 취할 수 없었다. 일본 천황제 질서 하에서 천황의 칙임을 받는 군부는 내각의 통제 밖에 있었지만, 이전까지는 여론의 견제 때문에 내각과 의회가 주도하는 정치 영역에는 개입하지 못했다. 그러나 정당정치 세력에 대한 국민의 불신이 높아지고 의회제를 부정하는 국가주의 사상과 운동이 대중의 힘을 얻어가면서, 국가 개조의 주역으로서 군부가 정치에 관여하기 시작했다. 그렇지만 재벌과의 결탁, 특권세력과의 야합에 의해 정권을 유지하던 정당정치세력은 이를 막을 능력도, 신념도 가지고 있지 못했다. 정당내각이 무력하다는 것이 확인되면서 군부에 동조하는 세력이 급속히 늘어갔다.

2. '5·15사건'과 파시즘에 대한 경계심

육군의 만주침략을 통제하지 못하고, '10월사건'도 제대로 처리하지 못하면서 민정당 내각은 위기에 몰렸다. 그리고 내부의 의견 차이가 심해지면서

---

122) 배성룡, 「만몽문제 錯綜한 국제관계와 이권 及 투자의 분야」(1)~(4), 『동아일보』
1931. 10. 10~17 ; 1932년 신년 초에는 「만몽문제의 총관」 특집으로 만주문제를
다각도로 다루었다. 김장환, 「만주와 열국관계, 과거와 현재와 장래」(1)~(3), 『동아
일보』 1932. 1. 1~3 ; 鍾山生, 「만몽시국관-독립운동의 현장」, 『동아일보』 1932.
1. 1~2 ; 金佑坪, 「八方으로 본 字源-급격한 근대자본화」(1)~(3), 『동아일보』 1932.
1. 1~3 ; 文一平, 「만주와 조선민족」(1)~(2), 『동아일보』 1932. 1. 2~3.

1931년 12월, 와카쓰키 내각은 붕괴되었고, 정권은 정우회의 이누카이 쓰요시(犬養毅) 내각으로 넘어갔다. 소수 내각인 이누카이 내각은 약세를 만회하고자 1932년 1월, 중의원을 해산했다.

1932년 들어 일본 정계의 국가주의화, 반동화에 대해서 민족주의세력 전반의 관심이 커지고 있었다. 『삼천리』는 1932년 2월호에 「일본에 독재정치가 실현될가」라는 설문에 대한 각계 민족주의자들의 의견을 게재했다. 답변자들 상당수가 일본에서의 군부 중심의 내각 결성을 전망하고 있었다.[123]

동아일보 주도세력들도 1932년 들어 일본 정계와 일본 사회가 크게 변동하기 시작했다는 것을 서서히 깨닫기 시작했다. 1932년 2월 중의원 총선거를 앞두고, 동아일보는 정우회가 만주에 대한 '적극정책'의 대간판을 내걸고 군부의 호감을 얻는다면 선거에서 대승을 거둘지도 모른다는 전망을 하고 있었다.[124] 그들은 만주사변 이래 일본 정계의 이누카이 내각, 정우회 뿐만 아니라 민정당까지도 대외정책에 있어서는 이견이 없을뿐더러, 도리어 군부의 행동에 대한 일치된 후원과 찬양을 하고 있다고 파악했다. 그리고 이런 경향이 정치뿐만 아니라 모든 일본 언론에서도 동일하게 '만몽생명선설', '난국에 대한 거국일치설'을 주장하고 있다면서, 이는 일본에 '국민주의'가 다시 부활한 것으로 파악했다.[125]

그렇지만 동아일보는 제1차 세계대전 이래 '국민주의'를 들고 나온 것은 파시스트당이라면서, 이 부활한 '국민주의'는 제1차 세계대전 이전의 '국민주의'와는 일정한 차이를 갖는다고 분석했다. 그러면서 그 특징에 대해 첫째, 새로운 '국민주의'에서는 군부와 그 후원 하에 '유식·무산계급'과 노동층의 '단일당적 결성'이 중심이 되기 때문에 자본가를 배경으로 한

---

123) 「일본에 독재정치가 실현될가–설문」, 『삼천리』 제4권 제2호, 1932. 2.
124) 「의회 해산과 총선거 전망」, 『동아일보』 1932. 1. 23.
125) 「국민주의의 범람」, 『동아일보』 1932. 2. 7.

정당이 분해될 것이다. 둘째, 새로운 '국민주의'는 유·무산계급 양자의 투쟁을 완화하기 위해 농업 및 생활필수품 생산 분배의 국가 통제와 자본의 횡포를 억압하여 농민대중의 생활을 보장하는 사회정책을 시행할 것이라고 파악했다.126)

1932년 2월 20일 일본 중의원 총선거에서는 정우회가 301석을 얻어 압승하였고, 민정당은 절반에도 못 미치는 146석밖에 얻지 못했다. 무산정당은 5명밖에 당선 못시키는 등 여전히 지리멸렬이었다. 동아일보 주도세력은 1932년 2월 중의원 총선거 결과를 보면서 무산정당의 진출에 따른 일본 정계 변화에 대한 기대를 접었다.

중의원 총선거를 전후하여 국가주의자들의 직접 행동은 더욱 심해져 갔다. 1932년 2월 9일 재벌 미쓰비시 회장의 동서이자 전 대장상인 이노우에 준노스케(井上準之助)가 극우세력인 혈맹단(血盟團)에게 암살당했다. 동아일보는 사설을 통해 "입헌정치는 여론에 의하여 나아가고 여론에 기하야 후퇴한다"면서, "음모와 폭력이 유행한다"면 '전제정치'와 다를 바 없다면서, "비입헌정치가 반동적"이라고 주장했다. 그리고 이 사건이 세계공황을 계기로 "세계적으로 유행하기 시작한 파씨즘적 경향이 일본에도 반영"된 것 같다면서, 이는 일본에 반동 경향의 증대를 보이는 것으로 일본 정계의 '암류'라고 파악했다.127) 3월 5일에는 일본 최대 재벌인 미쓰이 총수 단다쿠마(團琢磨)가 역시 혈맹단에게 암살되었다.

동아일보는 일본 사회의 파시즘화 경향이 커다란 조류를 형성하고 있다는 것을 깨닫기 시작했다. 그들은 파시즘이 정통 자본주의 지배 형태와는 다르고, 자본계급의 정치적 무능력과 부패에 대한 반감, 그리고 주관적으로는 봉건적 패권사상의 재현에서 연유한 것으로 보았다. 그리고 만주사변 이래 '군국(軍國)'의 기운이 왕성한 가운데, 재향군인과 청년단을 중심으로

126) 「국민주의의 범람」, 『동아일보』 1932. 2. 7.
127) 「일본정계의 암류」, 『동아일보』 1932. 2. 11.

한 운동뿐만 아니라, 사회주의세력의 국민사회주의운동과 사회민중당의 국가주의화 경향 등도 모두가 이런 파시즘적 경향이라고 파악했다. 이런 인식위에서 그들은 정당정치가 중에 대인물이 없고 정당 자체의 행동이 저조하기 때문에 앞으로 파쇼화 경향이 일본 정국에서 득세할지도 모른다는 전망을 하기 시작했다.[128] 동아일보는 군국주의의 경향이 독일, 러시아, 중국을 비롯한 세계적 경향이라면서, 파시즘은 '비전제군주제', "비민주적이면서 국민주의적인 이른바 국민군국주의"와 "비자본, 비공산, 비국제주의적인 국민사회주의"의 양자가 합류한 것으로 파악했다.[129]

1932년 5월 15일, '3월사건'의 민간 주도세력인 오가와 슈메이 등과 해군청년장교들이 중심이 된 쿠데타가 일어나 이누카이 수상이 암살되는 '5·15사건'이 일어났다. 별 준비 없이 진행된 '5·15사건'은 쉽게 진압되었지만, 그 처리 과정에서 일본 정계의 큰 변동을 초래했다. 쿠데타 주도세력은 군 지도부의 동조 하에 가벼운 징계만을 받아 국가개조라는 미명하에 진행된 정치폭력을 정당화시켜 주었다. 그리고 후임 내각 결성에서 육군은 공개적으로 '거국일치내각, 반정당, 통제경제, 만주국 대책, 건전한 국민사상 함양 및 사회정책'의 내각 구성 5원칙을 발표하는 등 '정당내각 절대 반대'를 내세우며 적극 개입했다. 육군의 강한 압력 속에 내각 상주권을 가진 유일한 원로 사이온지 긴모치(西園寺公望)와 중신들은 정당 내각을 포기하였다. 다만 일종의 타협책으로 군부의 원로이자 각 정치세력과 관계가 원만한 사이토 마코토를 수상으로 한 거국일치내각을 출범시켰다.[130]

그러나 내각과 일본 관료사회에서도 이미 국가주의세력이 급속히 성장하고 있었다. 소위 '신관료' 또는 '혁신관료'라 불리는 일군의 관료들이 형성되기 시작했는데, 1932년 1월 17일 창설한 국유회(國維會)가 그 모태였다.[131]

---

128) 「일본사회의 파쇼화 경향」, 『동아일보』 1932. 3. 13.
129) 「신군국주의와 국민사회주의-세계를 풍미하는 파시즘」, 『동아일보』 1932. 4. 27.
130) 한상일, 앞의 책, 291~318쪽.

고토 후미오(後藤文夫), 요시다 시게루(吉田茂), 유자와 미치오(湯澤三千男) 등의 내무 관료그룹과 고노에 후미마로(近衛文麿), 오카부 나라카게(岡部長景), 사카이 다다마사(酒井忠正) 등의 귀족원 의원 그룹이 중심이 되었다.132) '혁신관료'의 중심인물은 고토 후미오로, 그는 사이토 내각에서 농림대신으로 발탁되고, 뒤이은 오카다 게이스케(岡田啓介) 내각에서 내각의 핵심인 내무대신을 지냈다. 그를 중심으로 한 '혁신관료'들은 '전국청년단'과 산업조합 운동의 적극적 추진을 통해 농촌의 정당정치 기반을 크게 약화시키고 파시즘 세력이 농촌을 장악하는 데 일조했다.133)

동아일보는 이제 파시즘적 경향이 일본 사회의 주요한 경향이 되고 있다고 파악하게 되었다. 그들은 파시즘이 '세계적 경향'이고, 이탈리아와 독일에서는 현저한 것이라 하면서, 일본에 파쇼운동이 일어난 것은 기성 정당의 부패에 대한 국민의 증오와 실망, 그리고 군부의 득세와 이에 대한 국민의 호의와 신임 때문이라고 보았다.134) 의회정치의 부패와 '5·15사건'은 정당정치를 초월한 협력 내각을 요구하여 사이토 내각이 출범하였고, 이제 일본 정치는 다시 과거의 '초연내각시대'로 되돌아갔다고 파악했다.135)

1920년대 전반 일본에 '초연내각'이 성립되었을 때와 달리 사이토 내각의 환경은 크게 달라져 있었다. 이전과 달리 정당정치세력은 자신의 주장을 과감히 내지 못하고, 군부의 눈치만 살피고 있었다.136) 현상윤은 군인이

---

131) 鈴木正幸는 國維會가 의회 권한의 축소를 목표로 부패한 기성정당에 대신하여 정치적 자립을 꾀한 新官僚의 결집모체이며 관료의 정치적 자립화를 정당화하는 이데올로기로 일본주의라는 사상을 선택했다고 한다. 鈴木正幸, 『近代天皇制の支配秩序』, 校倉書房, 1986.

132) 이들에 대해서는 다음을 참조. 伊藤隆, 『大正期 革新派の成立』, 塙書房, 1978 ; 원지연, 「근대일본 파시즘 형성기 내무관료의 정치화와 한계」, 『일본어문학』 30, 2006.

133) 升味準之輔 著, 이경희 역, 『일본정치사』 Ⅲ. 200~202쪽 ; 池田順, 「ファシズム期の地方支配」, 『政治経済史學』 337~340호, 1994.

134) 「일본정계 전망-기성 정당과 파쇼운동」, 『동아일보』 1932. 5. 21.

135) 「齋藤實내각 출현, 장래의 운명 여하」, 『동아일보』 1932. 5. 24.

136) 만주사변 이후의 일본의 국제연맹 탈퇴와 만주국 수립, 새로운 국제질서 모색에

정치에 개입한 '5·15사건'이 일어난 것에 대해 "상식적인 규칙(常則)으로 말하면 육해군의 행동에 대하야 맹렬한 탄핵이 있고, 따라서 육해군의 예산에 대하야 삭감의 결의가 있어야" 할 것이지만, 귀족원과 중의원에서는 "하등의 질문이나 결의"가 없었다고 하여,[137] 이미 군부가 정당 세력의 통제를 벗어난 정도가 아니라 상호 관계가 역전된 것으로 인식했다.

이런 상황은 이누카이 내각의 아라키 사다오(荒木貞夫) 육군대신이[138] '5·15사건'의 책임이 있음에도 사이토 내각에서도 여전히 육군대신의 지위를 유지하고 있는 것에서도 단적으로 드러났다. 조선의 민족주의자들은 이제 일본이 "육해 군인을 중심으로 한 파쇼"가 '절대한 위력'으로 '잠재'한 상태에 있으며,[139] "파쇼화도 멀지 않다고 관측함이 정당"[140]한 것으로 전망했다.

사이토 내각은 아라키 육군대신을 중심으로 한 육군 내 황도파와 정당정치세력, 관료세력이 기묘하게 동거한 내각이었다. 군부는 아직 적극적으로 내각에 개입하지는 않았다. 이렇게 서로 다른 이념과 노선을 가진 정치세력들이 모여 있었기 때문에 사이토 내각은 불안정하고 동요할 가능성이 많은 내각으로 비추어졌다.

이런 측면에서 동아일보 주도세력은 사이토 내각 수립이 된지 얼마 지나지 않아서부터 내각의 조기 퇴진을 전망하기 시작했다. 사이토 내각은

대해서는 김영숙, 『근대 일본의 동아시아 정책』, 선인, 2009, 23~78쪽 참조.

137) 현상윤, 「일본정국의 전망 其一, 중대사변의 이면과 영향」, 『동광』 제35호, 1932. 7, 22쪽.

138) 아라키 사다오는 육군 내 反조슈 파벌인 사쓰마·사가 파벌의 중심인물로 1920년대 후반 형성된 육군 황도파의 배후였다. 황도파는 비육군대학 출신의 중견 및 청년장교들의 지지를 받고 있었는데, 그들은 관념적 정신적 혁신론에 따라 적극적이고 파괴적 국가 개조를 주장하고 있었다. 한상일, 앞의 책, 75~78쪽 ; 이승렬, 앞의 글, 149~151쪽.

139) 현상윤, 앞의 글. 22쪽.

140) 이인, 「일본정국의 전망 其二, 빈사상태의 기성정당」, 『동광』 제35호, 1932. 7, 22쪽.

농어촌 및 중소상공업자에 대한 구제라는 대내 문제와 만주문제라는 대외문제의 급한 불을 끄기 위한 과도기적 내각으로 판단했다.[141] 그리고 정당세력 중 민정당은 조직 자체가 분열되어 약체화되어 버렸고,[142] 거대 정우회도 분화되면서 정권의 주도권을 갖고 있지 못하기 때문에, 동아일보는 의회 내 정치세력의 동향보다도 '의회 이외의 제 정세의 동정'에 주의를 기울여야 한다고 주장했다.[143] 그런 측면에서 동아일보는 사이토 내각 뒤에 있는 "지금은 숨어 나오지 않는 모종의 세력"이 단독으로 정권을 잡거나, 아니면 그 세력과 파쇼적 색채를 띠는 세력들이 정권을 장악하는 두 경향이 올 것이라고 전망했다.[144]

동아일보의 이런 전망은 1932년 후반에 가면서 '5·15'사건의 충격이 가라앉으면서 수정되었다. 그들은 파쇼운동이 정계를 좌우하는 신흥세력이지만, 아직 적극적으로 정계를 지배하려는 준비는 없는 것으로 파악된다면서, 정권을 인수할 세력이 분명치 않기 때문에 사이토 내각이 "불안정한 중에 안전을 지속"한다고 인식했다. 의회의 다수를 점하는 정우회도 내각 불신임 후 자신들이 정권을 잡는다는 보장이 없기 때문에 정부와 정면 충돌을 피할 것이라고 전망했다.[145]

사이토 내각을 둘러싼 총사직설과 신내각 구성설은 1933년 들어서도 계속되었다. 그렇지만 동아일보는 "어떠한 중심세력이 있어 정권접수를 준비하고 있고 있지 않는데, 정권을 내놓을 자"가 어디 있겠냐며 사이토 내각의 유지를 전망했다.[146] 그들은 '헌정(憲政)의 상도(常道)'는 이미 폐기되었고, 내외의 반대 때문에 정우회 단독 내각은 성립하기 어렵고, 군부내각도

---

141) 「위기를 전하는 齋藤內閣」, 『동아일보』 1932. 9. 11.
142) 「민정당의 분열」, 『동아일보』 1932. 6. 26.
143) 「齋藤實內閣과 임시의회」, 『동아일보』 1932. 8. 23.
144) 「동경정국의 금후-재 동요의 機는 언제」, 『동아일보』 1932. 8. 10.
145) 「齋藤實內閣과 정우회 책동-정국의 장래 여하」, 『동아일보』 1932. 11. 26.
146) 「齋藤實內閣의 사직설」, 『동아일보』 1933. 1. 5.

내외 정국에 급격한 변화가 없는 한 정치의 제일선으로 나서지 않을 것이라고 판단했다. 설혹 사이토 내각이 물러나도 비슷한 성격의 군부의 양해를 받는 거국적이고 협력적인 모양을 갖춘 내각이 수립될 것으로 전망했다.[147] 동아일보는 일본 내각 수립을 결정하는 원로, 중신, 귀족원세력과 군부가 정우회나 민정당을 신임하지도 않지만, 파쇼적 정권도 수긍하지 않는다면서 사이토 내각이 유지될 것으로 보았다.[148]

3. 전 세계적 파시즘 대두에 대한 경계와 비판, 민주주의 옹호

1933년 들어 세계정세에 대한 동아일보 주도세력의 전망은 확실히 비관적으로 바뀌어 가고 있었다. 신년 초부터 그들은 현하 국제정세가 '각국 간 이해관계의 불일치'에 의해 국가 간 대립이 심화되고 있다고 보았다.[149] 군축과 배상문제는 해결의 기미를 보이지 않고 있으며, 현상을 유지하려는 세력과 현상을 타파하려는 세력 간의 대립은 격화되어 갔다고 전망했다.[150] 동아일보는 경제적 공황에 따른 정치적 위기, 각국의 대립과 충돌이 세계가 국가주의로 환원한 것에서 연유한 것이고,[151] 제1차 세계대전 전의 정세를 방불케 하는 것으로 파악했다.[152] 그들이 볼 때 세계는 이제 대전의 길로 가고 있었다.

그런데 동아일보 주도세력에게 있어 이런 세계대전의 전망은 새로운

---

147) 「의회 후의 정국, 일본정계의 특수상」, 『동아일보』 1933. 3. 21.
148) 「일본정계의 전망-필경 齋藤內閣의 연장인가」, 『동아일보』 1933. 5. 5 ; 「동경정국일시안정?」, 『동아일보』 1933. 5. 23.
149) 「국제정국의 전망-前途遽然 낙관을 불허」, 『동아일보』 1933. 1. 8.
150) 「국제정국의 추세」, 『동아일보』 1933. 1. 12.
151) 「국가주의의 환원-경제회의 실패의 귀착점」, 『동아일보』 1933. 7. 17.
152) 「국제정국의 불안-대전직전의 형세」, 『동아일보』 1933. 3. 20.

것은 아니었다. 송진우는 이미 1925년 8월에 발표한 「세계대세와 조선의 장래」의 논설에서 중국 문제를 도화선으로 미·일 간의 충돌, 더 나아가 미국과 러시아의 충돌을 예상했었다. 그렇지만 똑 같이 세계대전의 전망을 하고 있음에도 양자 간에는 아주 큰 결정적 차이를 가지고 있었다. 앞서 살펴보았듯이 1925년의 논설에서는 세계대전에 따른 세계 변화가 세계사 발전과 조선 정세에 긍정적 영향을 미칠 것이라는 미래에 대한 낙관적 전망이 가득 배어 있었다. 즉 1925년의 논설에서는 민족자결과 민중의 권리 향상이라는 진보적이고 긍정적 세계 대세 속에, 세계대전으로 이르는 국제적 변화는 일본에 큰 압력을 가하고, 이는 조선 정세의 긍정적 변화, 조선에서의 민주주의 발전을 가져올 것이라는 확신 속에서 세계대전을 전망했다. 세계대전은 소멸해가는 수구 일본 제국주의세력과 성장하는 미국과 러시아를 중심으로 한 민주주의세력의 대립으로 이해되었다.

이에 반해 1933년 전후의 동아일보 사설에서 보이는 세계대전에 대한 전망은 세계사의 발전과 미래에 대한 비관적 전망 위에서, 세계대전의 전망이 조선 정세 변화에 긍정적이지 않을 것이라는 인식이 깔려 있었다. 파시즘의 전 세계적 대두라는 조건 속에서 세계의 대세는 그 이전의 민족자결, 세계개조, 민주발전이라는 진보적 긍정적 변화에서 돌변하여 국가주의적 블록화,[153] 독재화, 반동화로 나가고 있는 것으로 보였다. 때문에 국내외적으로 점차 몰락해가는 제국주의세력 및 수구세력과 성장해가는 민주세력 및 민족운동세력 간의 대립이라는 종래의 대립구도가 깨지고, 성장해가는 국가주의 파시즘세력이 유력한 사회 변화의 원동력으로 역사의 전면에 등장하게 되었다.

이전의 진보적 세계대세의 흐름 속에는 민족운동과 민중운동이 국내외 여론과 명분의 우위에 서서, 민중의 절대적 지지를 받으며 전개될 수 있다는

---

153) 「대국주의의 풍미」, 『동아일보』 1932. 3. 7 ; 「뿌락 경제와 개인, 경제정책의 획기적 전환」, 『동아일보』 1933. 8. 16.

기대와 비전을 가지고 있었다. 그렇지만 이제 일부 사회주의세력까지 포함하여 광범한 대중의 지지와 동원 속에 파시즘 운동이 전개되고, 파시즘세력이 유력한 사회 변화의 원동력이 되는 상황이 벌어지게 되었다. 이제 세계 대세는 진보적 흐름에서 반동적 흐름으로 돌아서는 것으로 판단되었다. 그리고 이런 국내외적 정세 변화는 민족운동과 민중운동의 발전적 전망과 기대를 사실상 크게 제한하는 것으로 받아들여졌다. 파시즘세력의 대두가 조선에서는 식민지 억압을 강화시키고 모든 민주적 권리를 말살해 가는 반동적 체제를 강화시킬 것이 분명하기 때문이다. 이제 조선에서의 민족자결, 민족자치, 민주적 권리의 신장은 기대할 수 없는 것이 되었다.

　파시즘의 대두가 이탈리아, 독일, 일본에 한정된 것이 아닌 세계적 조류인 만큼 얼마나 성장하고 확대될지 알 수 없는 것이었다.[154] 1934년 3월자 동아일보 사설은 자유주의적 경제정책으로 '세계경제의 기축'을 잡게 된 미국도 대공황의 위기 속에서 '자유주의적 경제주의'를 버리고 국가적 산업 통제를 하고 있다면서, 이것이 "자유주의적 경제주의의 '필연적' 포기를 의미하는 동시에, 자유주의적 정치주체의 필연적 변질화를 의미하는 것"라고 주장했다. 그들은 미국 루스벨트 대통령에게 강력한 독재권이 승인되었다면서, 이런 "독재주의의 뒷 막음은 그 이상의 고도의 독재주의가 아니면 불가능"하다면서 "민주주의는 이제야 그 운명이 거의 결정되었다고 하여도 과언"이 아니라고 주장했다. 때문에 "자유주의는 그 심장을 바꾸어 놓지 않으면 안 될 중대 위기에 직면하였으며 이것이 소위 국가자본주의 내지 국가사회주의의 이론이며, 또 이와 동시에 그 두뇌를 개혁하지 않을 수 없으니, 이것이 소위 강력정치 내지 독재정치의 주장"이라고 했다. 그러면서

---

154) 「신군국주의와 국민사회주의-세계를 풍미하는 파시즘」, 『동아일보』 1932. 4. 27 ;
　　「국제정국의 추세」, 『동아일보』 1933. 1. 12 ; 「파쇼의 파도-전 세계를 석권」, 『동아일보』 1933. 8. 13 ; 「독재주의의 세계적 경향-민주주의의 역사적 조락」, 『동아일보』 1934. 2. 4.

3장 파시즘 대두에 대한 인식과 파시즘 비판　451

"우리는 차라리 자유주의의 다음의 정치적 경제적 내지 사회적 단계를 맞아들일 모든 준비가 필요할 것"이라고 주장하여 세계정세가 어떠한 방향으로 갈지 모른다는 우울한 전망을 하고 있었다.[155] 이제 세계대전은 그 승패뿐만 아니라 방향도 알 수 없는 것이 되었다.

이 사설은 서서히 파시즘적 성향을 보이던 수양동우회계열의 이광수가 1933년 8월로 편집국장에서 물러난 후 써진 것이기 때문에,[156] 기존 일부 연구에서 지적하는 것과 같이 파시즘에 대한 기대나 파시즘적 의식이 투영된 것으로 볼 수 없다. 그보다는 파시즘 대두에 따른 세계정세의 혼돈, 세계와 역사 발전에 대한 혼란과 불안을 여지없이 드러내는 사설이었다. 또한 대공황기 미국 루스벨트와 뉴딜정책을 파시즘의 세계사적 대두와 관련시켜 보편적 세계동향으로 파악하는 이런 인식은 대단히 예리한 파악이라 할 수 있다.[157] 그들의 파시즘에 대한 분석은 후대의 연구자들 못지않았다.

1917년 러시아혁명과 제1차 세계대전 종전 후 민족자결의 풍조 속에 세계의 지식인과 청년·학생들, 그리고 국내 사회주의자뿐만 아니라 민족주의자들도 사로잡았던 '데모크라시', '세계개조' 등의 세계와 역사 발전에 대한 기대와 전망은 파시즘의 대두와 함께 점차 사라져갔다. 파시즘의

---

155) 「자유주의의 뒤에 올 자-전환기의 역사 단계」, 『동아일보』 1934. 3. 29.

156) 동아일보 편집국장을 맡기도 했던 이광수가 당시 파시즘적 경향을 보인 것은 주지의 사실이다.(이지원, 『한국근대문화사상사연구』, 혜안, 2007, 349~358쪽 ; 박찬승, 『민족주의시대』, 경인문화사, 2007, 363~388쪽.) 그런데 주의할 것은 이광수는 1920년대 이래 안창호·수양동우회 우파의 주요 인물이었지, 동아일보의 주도세력은 결코 아니었다는 점이다. 그는 정치사회활동에 미온적이었을 뿐만 아니라 사이토 총독의 정치고문 아베 미쓰이에(阿部充家)와 밀접한 관계를 갖고 있으면서, 점차 민족운동에서 이탈하여 갔다. 그러므로 이광수의 인식을 가지고 동아일보의 파시즘 인식을 논하는 것은 전혀 맞지가 않다.

157) 미국의 뉴딜정책을 독일의 나치즘과 이탈리아의 파시즘을 공통적 기반 위에서 벌어졌던 보편적 세계사로서 살펴본 연구로는 볼프강 쉬벨부시 지음, 차문석 옮김, 『뉴딜, 세 편의 드라마』, 지식의 풍경, 2009. 참조.

대두 속에 한때 세계 민주주의 발전과 세계 개조의 원조자·지원자로 인식되던 소비에트러시아는 이제 우익 전체주의 국가와 다를 바 없는 좌익 전체주의 국가로 인식되게 되었다.

시대와 역사의 흐름이 민족자결과 민주주의 발전이라는 진보적 방향으로만 흐르지 않는다는 점이 확인되면서 일부 지식인, 청년학생들은 미래에 대한 두려움에 빠지게 되었고, 패배의식에서 절망하게 된다. 파시즘 사상은 그 틈을 비집고 들어와 기존 세계질서의 파괴와 국가 주도의 새로운 비전을 제시했다. 1930년대 사회주의세력의 전향과 민족주의세력의 변절이라는 좌우를 막론한 상당수 민족운동세력의 변화의 심연에는 1910년대 후반 이래 민족운동세력이 신봉해온 민주주의 세계 대세와 역사발전에 대한 좌절이 자리 잡고 있었다.[158]

그 결과 종래 민주주의 발전과 결합되어 있던 민족주의 이념과 가치 중에서는 도리어 파시즘적 국수주의와 배타적 민족주의 이념으로 변질되기 시작하는 부분이 나타났다. 이에 민족주의운동에서 일탈하여 일본 파시즘의 조류에 빠져 들어가는 사람들도 나타나게 되었다. 이러한 상황은 식민지 조선에 한정된 것은 결코 아니었다. 일본에서도 구체적 모습과 형태는 다르지만, 본질적으로는 비슷한 양상이 일본 천황제와 국가주의 논리와 결합하여 더욱 광범하고 극심하게 나타났다. 독일과 이탈리아, 프랑스를 비롯한 서구에서도 역시 그 구체적 모습과 형태는 다르지만, 유사한 양상이 나타나고 있었다.

이러한 점을 간과하고 민족운동세력 중에 타협적 의식을 가졌던 세력은 전향하거나 변절하고, 비타협적 의식을 가지거나 절대독립을 견지한 세력

---

158) 당시 사회주의자들의 전향과 관련해서는 다음 참조. 홍종욱, 「중일전쟁기(1937~41) 조선사회주의자들의 전향과 그 논리」, 『한국사론』 44, 2000 ; 전상숙, 「식민지시기 좌파 지식인들의 전향 현상과 논리」, 『일제시기 한국 사회주의 지식인 연구』, 지식산업사, 2004.

은 변절하지 않았다는 식으로 판단하는 것은 당시의 사상과 운동 지형, 역사적 현실에 대한 편협한 인식이다. 실제 연구자들이 비타협 민족주의자로 설정했던 많은 사람들이 전향했다. 일본과 조선에서 수많은 자유주의자들과 민족주의자들뿐만 아니라 사회주의자들이 전향하고 변절한 사상사적 배경과 계기에 대한 폭넓은 조망이 요구된다고 하겠다.

동아일보 주도세력에게 전 세계적인 파시즘의 대두는 우려할만한 상황이었다. 이탈리아에 이어 독일에서도 1933년 1월, 파시스트 정당이 정권을 장악하고 독재정치를 실시하기 시작한 것은 세계 민주 발전을 후퇴시키고, 시대에 역행하는 것뿐만 아니라 무엇보다도 조선 정세의 장래를 불투명하게 하는 것이었다. 일제는 1933년 3월 1일 만주국 괴뢰정부의 수립을 강행하였고, 3월 27일에는 국제연맹에서 탈퇴했다. 때문에 동아일보는 1933년경부터 파시즘에 대해 본격적으로 비판을 하기 시작했다.

이탈리아의 무솔리니에 대해서도 "중부 유럽의 파시스트 제국을 규합하야 일개의 파시스트연맹"을 조직하려는 것은 "확실히 무솔리니씨의 계산착오가 아니면 틀림없는 얕은 생각의 망상(淺慮忘想)"이라고 비판했다.159) 동아일보는 파쇼독재가 한편으로는 "대의정치의 부패, 의회주의의 무기력을 태반"으로 발생하였고, 다른 한편으로는 근대 민주정치에서 정치상의 정당정치와 경제상의 자유주의가 무시되고, 정치는 '금융과두정치가'가, 경제는 '소수 금융자본가'가 독점한 것에 대한 반동으로 파시즘이 나왔다고 분석했다.160) 그리고 "독재의 출현은 비상사태를 전제"로 한 것이기 때문에 '비상시기'가 사라짐에 따라 독재 역시 '생사기멸(生死起滅)'의 필연적 궤도를 따라갈 것으로 보았다.161) 즉 파쇼정치는 "그 국내의 특수성에 의한 일시적 반동현상이요 결코 영구적 정규적"인 것이 아니기 때문에, "그 국내의 특수성

---

159) 「中歐聯盟의 계획-무솔리니氏의 淺慮忘想」, 『동아일보』 1933. 9. 28.
160) 「파쇼의 파도-전 세계를 석권」, 『동아일보』 1933. 8. 13.
161) 「독재와 비상시」, 『동아일보』 1933. 3. 29.

과 불안적 경제상태가 제거되는 날에는 파쇼정치도 더 지속하지 못하고 자연히 무산 소멸"될 것이라고 주장했다.[162]

동아일보 주도세력은 파시즘이 역사 발전에 역행하는 '반동사상'이며, 민중의 헌법적 권리행사를 유보시키는 '근대화한 전제주의'로서 '정치적 복고주의'에 지나지 않는다고 명백히 규정했다. 파시즘의 급속한 세계화 과정은 "역사의 앞 덜미를 채찍질하여 뒷걸음질 치게 하는 것"으로 그 과정에서 발생하는 "제 국제적 모순은 더욱 심각한 불안과 공포를 발생시켜 문명을 파괴할 경지"에 이르게 하기 때문에 '인류문화의 완성'이란 견지에서 한탄할 수밖에 없는 것이라고 주장했다. 그들은 파시즘의 대두가 세계적 현상일 뿐 아니라 식민지 조선을 지배하고 있는 일본도 그 길을 앞장서서 걷고 있는 것을 우려하고 있었다. 그들은 언론의 검열로 일본의 파시즘화와 군국주의화에 대한 직접적 비판은 할 수 없었다. 그렇지만 "근년 일본 의회는 너무나 무력화하야 군부의 지도공작 하에서 오로지 추종하기만 급급"하고 있다고 혹평하면서, "이 경향대로 나아간다면 전 국민을 대표한 의원 제군의 정치적 의의가 어디서 발견"할 수 있냐고 주장하고, "비상시 일수록 빛나는 존재가 되어야 할 그들의 정치적 사명은 어디서 찾아" 보아야 하냐며 비판했다.[163]

동아일보는 1934년을 전후로 파시즘의 세계적 대두 양상과 각국의 국가주의운동, 그리고 그에 따른 국제정세의 변동을 비판적 견지에서 지속적으로 광범하게 분석했다.[164] 그리고 국제적 국가주의화에 따른 세계와 조선의

---

162) 「中歐聯盟의 계획-무쏠리니氏의 천려망상」, 『동아일보』 1933. 9. 28.

163) 「독재주의의 세계적 경향-민주주의의 역사적 조락」, 『동아일보』 1934. 2. 4.

164) 이에 대한 1934년에서 1935년 초까지의 대표적 사설만을 보면 다음과 같다. 「三三年 정국의 특질 평화국제주의의 상실」, 『동아일보』 1933. 12. 31 ; 김장환, 「구주정국의 위기 ; 佛獨英伊의 상반한 이해관계」(1)~(5), 『동아일보』 1934. 1. 1~5 ; 「각국의 국가 주의운동」(1)~(3), 『동아일보』 1934. 2. 1~4 ; 「독재주의의 세계적 경향-민주주의의 역사적 조락」, 『동아일보』 1934. 2. 4 ; 「구주 불안 去益甚-도화선도 사방에서」, 『동아일보』 1934. 2. 10 ; 「나치스 독일의 고립-구주정국의 전도 여하호」, 『동아일보』

경제적 변화에 대해서도 분석을 진행했다.165) 이런 사설과 논설의 목적은
이를 통해 세계정세의 변화가 미칠 동북아 정세의 변화, 식민지 조선 정세의
변화를 가늠하고 파시즘에 대한 일반과 대중의 경각심을 높이기 위한
것이었다.

1934. 3. 4 ;「구주의 파쇼화 위기-주목되는 佛國의 동향」,『동아일보』1934. 3.
9 ;「금후의 국제정국-평화공작의 전도 여하호」,『동아일보』1934. 5. 15 ;「중국의
신생활운동-「파쇼」화의 서곡」,『동아일보』1934. 6. 7 ;「일본의 신정당 수립에
대하야」,『동아일보』1934. 12. 26 ;「세계정국의 회고」,『동아일보』1934. 12. 31 ;
「중구문제와 佛伊의 제휴, 구주정국의 一轉期」,『동아일보』1935. 1. 8 ;「'빨칸'정국과
희랍내란」,『동아일보』1935. 3. 7 ;「독일 재군비선언 구주정국에 그 영향 여하」,
『동아일보』1935. 3. 18 ;「청천벽력과 같은 독일의 재군비선언, 아연 긴장된 국제정
국」(1)~(4),『동아일보』1935. 3. 18~21.

165) 동아일보는 1935년 신년특집으로 이를 주제로 한 논설을 집중으로 게재했다. 최순
주,「극단의 국가주의적 열강의 무역정책」(1)~(4),『동아일보』1935. 1. 1~4 ; 노동규,
『조선경제와 통제경제』(1)~(4),『동아일보』1935. 1. 1~4 ; 이훈구,「세계경제동향의
管見 ; 자유주의에서 국가주의로」(1)~(4),『동아일보』1935. 1. 3~6.

4장 민족운동의 대중적 기반과 '브나로드운동'

인구의 절대 다수인 농민층을 장악하는 문제는 일제 권력뿐만 아니라 운동의 대중적 기반을 확보하기 위한 차원에서 민족주의세력과 사회주의세력 모두에 있어서 절대적 과제였다. 더군다나 1929년 대공황이후 농촌사회의 급격한 붕괴와 농민들의 몰락은 농민문제와 농민운동의 시급성을 더하고 있었다. 사회주의세력은 1920년대 초중반의 지식인 중심적 운동 관행을 탈피하고, 이미 1920년대 후반부터 본격적으로 '농촌으로', '대중 속으로' 들어가고 있었다. 다른 한편으로 천도교에서도 조선농민사를 중심으로 농민운동을 활발히 전개하고 있었고,[166] 기독교계의 농민운동도[167] 전개되

---

166) 조선농민사 중심의 천도교 농민운동에 대해서는 다음을 참조. 조동걸, 「조선농민사의 농민운동과 농민야학」, 『한국사상』 16, 1978 ; 지수걸, 「조선농민사의 단체성격에 관한 연구 ; 천도교청년당 과의 관계를 중심으로」, 『역사학보』 106, 1985 ; 노영택, 「일제하 천도교의 농민운동연구 1」, 『한국사연구』 52, 1989 ; 노영택, 「일제하 천도교의 농민운동연구 2」, 『차문섭교수회갑기념 사학논총』, 신서원, 1989 ; 주봉로, 「1920년대 '조선농민사'의 농민사회교육활동에 관한 연구」, 단국대학교 박사학위논문, 1990 ; 유현정, 「일제하 조선농민사 운동의 전개와 성격 변화」, 동국대학교 석사학위논문, 1994 ; 박지태, 「조선농민사의 조직과 활동」, 『한국민족운동사연구』 제19집, 1998 ; 정혜정, 「일제하 천도교 농민교육운동 : 조선농민사를 중심으로」, 『한국민족운동사연구』 제29집, 2001 ; 정용서, 「1930년대 천도교세력의 농업문제인식」, 『동방학지』 117, 2002 ; 조성운, 「일제하 맹산군농민사의 활동과 민족운동」, 『정신문화연구』 제26권 제2호 통권91호, 2003 ; 정용서, 「1930년대 천도교세력의 농업문제 인식과 농업개혁론」, 『동방학지』 117, 2002 ; 조성운, 「일제하 조선농민공생조합의 조직과 활동」, 『동학연구』 13, 2003 ; 정용서, 「조선농민사의 농민공생조합운동」, 『한국협동조합운동 100년사』 1, 가을의 아침, 2019.

167) 기독교계의 농민운동은 기호지방·흥업구락부계 인사들에 의해 주도된 YMCA 농촌

고 있었다. 동아일보의 브나로드운동도 마찬가지 성격을 가졌다.

동아일보는 1931년 7월부터 1934년까지 매년 한 차례씩 4년여 간에 걸쳐 농촌계몽운동인 '브나로드운동'을 대대적으로 전개했다. 브나로드운동에 대해서는 기존의 연구들을 통해 브나로드운동의 전체적 양상과 특징, 학생들의 참여 동기, 민중야학과의 대비 등 여러 점이 밝혀졌다.168) 본장에서는 우선 세계대공황 전후 농촌문제와 이에 대응하여 전개된 총독부의 농촌진흥운동의 정치적 성격에 대해 살펴보도록 하겠다. 다음으로 '브나로드운동'의 전사(前史)를 이루는 1928년 '문맹퇴치운동'의 주장과 내용을 살펴보도록 하겠다. 이 운동은 사전에 일제의 금지로 실시되지 못했지만, 농촌문제와 농민운동에 대한 동아일보의 인식과 주장을 잘 살펴볼 수 있는 중요한 운동이다. 마지막으로 브나로드운동에 대해 동아일보 주도세력의 정치적 관점과 관련한 부분만 살펴보고자 한다.

1. 세계대공황 전후 농촌문제와 동아일보의 '문맹퇴치운동'

1929년에 시작된 세계대공황은 식민지 조선에서도 심각한 피해를 낳았

사업과 수양동우회와 조만식계 인사들에 의해 주도된 장로회 농촌운동이 대표적이다. 이에 대해서는 다음을 참조. 한규무, 『일제하 한국 기독교 농촌운동 1925~1937』, 한국기독교역사연구소, 1997 ; 장규식, 『일제하 한국 기독교 민족주의 연구』, 혜안, 2001.

168) 동아일보가 전개한 브나로드운동에 대해서는 다음을 참조. 최민지·김민지, 『일제하 민족언론사론』, 일조각, 1978 ; 권희영, 「1930년대초 언론기관의 농촌계몽운동」, 『해군 제2사관학교 논문집』 1호, 1979 ; 지수걸, 「일제시기 브나로드운동, 재평가해야」, 『역사비평』 11, 1990년 여름호 ; 최석규, 「1930년대 전반기 민중교육운동」, 『한국학연구』 제6·7합집, 1996 ; 강선보, 「농촌계몽운동에 나타난 계몽주의 사조 고찰-브나로드운동을 중심으로」, 『한국교육학연구』 3권 1호, 1997 ; 신용하, 「1930년대 문자보급운동과 브나로드 운동」, 『한국학보』 31권 3호, 2005 ; 김현경, 「민중에 대한 빚-브나로드운동의 재조명」, 『언론과사회』 16권 3호, 2008.

다. 도시에서는 공장이 문을 닫거나 조업 단축이 계속되어 실업자가 급증하였고, 농촌에서는 농산물 가격이 폭락하여 상당수 농가가 치명적 타격을 받고 몰락했다. 많은 농민들이 농가수지 적자에 따른 부채 증가로 결국은 땅을 잃고 빈농으로 전락하여 갔다. 자작농, 소작농뿐만 아니라 농촌지주조차도 적자를 보는 가운데, 춘궁농가와 토지에서 완전히 유리된 농민들도 엄청나게 증가했다. 수십여 만 명의 농민들이 일터를 찾아 북부지방으로, 만주로, 일본으로 떠나갔다. 소작권 이동과 지주들의 착취는 더욱 심해졌고, 이에 저항하는 자연발생적 소작쟁의가 폭발적으로 증가했다.

이를 '혁명적 시기'로 인식한 공산주의세력의 혁명적 농민운동과 노동운동이 북부지방을 중심으로 전국에 급속히 확산되었다. 일부 지역에서 농민들의 자연발생적 투쟁은 공산주의자들의 지도하의 혁명적 농민운동과 결합하면서 대중적 폭동투쟁으로 발전했다.[169]

이런 상황 속에서 1931년 6월, 육군의 실력자 우가키 가즈시게(宇垣一成)가 총독으로 부임했다.[170] 그에게 농촌의 혁명운동을 진압하고 농촌사회를 안정시키는 것은 급선무의 과제였다. 그는 한편으로는 총독부의 경찰력과 행정력을 총동원하여 혁명적 농민운동과 공산주의운동을 철저히 억압하고 탄압했다. 그 결과 전국적으로 연결되지도 못하고 '계급 대 계급 전술'로 광범한 계급적 지원 세력도 얻지 못한 채 무모한 대중폭동 전술을 전개하던 혁명적 농민운동은 일제의 무력 앞에서, 각개 격파되고 만다.

다른 한편으로 우가키는 "조선인에게 적당한 빵을 주는" 방안을 강구하기

---

169) 이준식, 『농촌사회변동과 농민운동』, 민영사, 1993 ; 지수걸, 『일제하 농민조합운동 연구-1930년대 혁명적 농민조합운동』, 역사비평사, 1993.

170) 우가키의 조선지배 방침과 경제정책의 내용에 대해서는 다음을 참조. 이승렬, 앞의 글, 1996 ; 福島良一, 「宇垣一成における朝鮮統治方針」, 堀眞淸 編, 『宇垣一成とその時代 : 大正·昭和前期の軍部·政黨·官僚』, 新評論, 1999 ; 李淳衡, 「植民地工業化論と宇垣一成總督の政策」, 堀眞淸 編, 위의 책 ; 방기중, 「1930년대 조선 농공병진정책과 경제통제」, 『동방학지』 120, 2003 ; 이윤갑, 「우가키 가즈시게(宇垣一成) 총독의 시국인식과 농촌진흥운동의 변화」, 『대구사학』 87, 2007.

시작했다. 민중들의 계급투쟁과 혁명운동에의 참여가 높은 의식에서 나오는 것이 아니라, 극심한 생활고에서 나오는 것이기 때문에 이들의 생활고를 완화시켜주면서 식민지 지배체제 내로 포섭할 필요가 반드시 있기 때문이다. 그렇지만 이는 단순히 농민들의 물질적 궁핍만을 해결하기 위한 것이 아니었다. 이를 매개로 농민들의 계급의식과 민족의식을 말살하고 '내선융화'와 '사상의 통합'을 이루어 농민을 식민지 지배체제로 포섭하는 정치적, 이데올로기적 목적을 가진 것이었다.[171]

이런 목적 하에서 우선 신속히 1932년 4월 '조선소작쟁의조정령'을 제정하였고, 1932년 7월부터 농가갱생 계획을 중핵으로 하는 농촌진흥운동을 본격적으로 추진하기 시작했다.[172] 농촌진흥운동은 농촌문제를 일제 식민

---

171) 이윤갑, 앞의 글, 2007, 42~43쪽.

172) 농촌진흥운동에 대해서는 다음을 참조. 宮田節子, 「1930年代 朝鮮における農村振興運動の展開」, 『歷史學硏究』, 1965 ; 宮田節子, 「朝鮮における農村振興運動」, 『季刊現代史』 2, 1973 ; 富田晶子, 「農村振興運動下の農村中堅人物の養成」, 『朝鮮史硏究會論文集』 18, 1981 ; 지수걸, 「1932~35년간의 조선농촌진흥운동」, 『한국사연구』 46, 1984 ; 이현옥, 「일제하 1930년대 농촌진흥운동에 관한 연구」, 서울대 석사학위논문, 1985 ; 한도현, 「1930년대 농촌진흥운동의 성격에 관한 연구」, 서울대 석사학위논문, 1985 ; 양영환, 「1930년대 조선총독부의 농촌진흥운동」, 『숭실사학』 6, 1990 ; 정문종, 「1930년대 조선에서의 농업정책에 관한 연구-농가경제안정화정책을 중심으로」 서울대학교 박사학위논문, 1993 ; 박섭, 「1930년대 초반의 농업 불황과 농촌 진흥운동」, 『인제논총』 10권 1호, 1994 ; 한긍희, 「1935-37년 일제의 '心田開發' 정책과 성격」, 서울대학교 국사학과 석사학위논문, 1995 ; 김용철, 「宇垣一成의 조선통치관과 '농촌진흥운동'」, 『전통문화연구』 6, 1999 ; 이정환, 「식민지 국가권력과 관제자치 : 1930년대 한국 지방농촌사회의 국가-사회 관계 연구」, 서울대학교 석사학위논문, 2001 ; 김민철, 「조선총독부의 농촌 중견인물 정책 연구」, 『한국민족운동사연구』 제41집, 2004 ; 이송순, 「1930년대 식민농정과 조선 농촌사회 변화」, 『현대문학의 연구』 제25집, 2005 ; 문영주, 「1930년대 도시금융조합의 예금흡수기관으로의 전환과 농촌진흥운동자금의 공급」, 『사총』 제60집, 2005 ; 김민철, 「일제의 농민조직화 정책과 농가지도, 1932~1945」, 『역사문제연구』 18호, 2007 ; 정충실, 「1933년-1937년 농촌진흥운동에서 농가갱생계획의 성격」, 서울대학교 석사학위논문, 2007 ; 김민철, 「조선총독부의 촌락지배와 촌락사회의 대응 : 1930~40년대를 중심으로」, 경희대학교 박사학위논문, 2008 ; 이윤갑, 「농촌진흥운동기(1932~1940)의 조선총독부의 소작정책」, 『대구사학』 제91집, 2008 ; 이윤갑, 「조선농촌진흥운동기(1932~1940) 경상북도 지역의 농업변동과 농민층 분해」, 『대구사학』 제95집, 2009.

지 농정의 구조적 모순과 수탈체제에서 구하는 것이 아니라, 농가 경영방식이나 농민의식의 한계에서 기인한 것으로 규정하고, 농업 생산에서 농민들이 근검 역행하는 것을 기본으로 하면서, 고리채 정리사업과 자작농지 창정사업 등의 제한적 경제지원책을 병행 실시하는 것을 주요 내용으로 했다. 또한 1934년 4월 '조선농지령'을 공포하고 10월부터 실시했다.[173] 이는 소작관계의 개량화를 통해 소작쟁의를 체제내화 하려는 것이었다.[174]

농촌진흥운동은 농민들의 계급적 의식과 민족의식을 말살하고, '내선융화'의 기치 하에 황국신민의 충성심과 도덕심을 배양시켜 농민들을 식민지 지배체제에 편입시키려는 관제 사회농정책이었다. 그리고 이는 국체 관념의 명징, 경신숭조 사상 및 신앙심 함양 등 천황제 이데올로기를 조선 민족에게 주입하고자 총독부가 추진한 1932년 '국민정신작흥운동' 및 1935년 '심전개발정책'과 맞물려 있었다.[175] 일제는 농촌진흥운동을 통해 지방의 유지들을 끌어들여 관료-유지 지배체제를 구축하고 농민들을 통제했다.[176]

---

173) 조선농지령 제정 배경과 내용, 시행이후 변화에 대해서는 다음 참조. 최은진, 「1930년대 조선농지령의 제정과정과 시행결과」, 한양대학교 사학과 박사학위논문, 2020.

174) 후일 당시의 상황을 회고하면서 우가키 총독은 "반도에서 사상의 혼탁은 돌아보면 쇼와(昭和) 4년 경부터 한층 고조되어 동 5년 말 경에 절정에 이르"렀는데, 당시 "농민조합이 곳곳에 출현해 지주와 소작인 사이가 첨예화하고 계급 항쟁이 시작되고 있었다"고 하고, 그 상황에서 "계급투쟁이 야기되는 것을 방지하기 위해 선수를 쳐 소작령의 제정을 기획했다"고 술회했다. 宇垣一成, 『宇垣一成日記』2권, みすず書房, 1970. 1933년 9월 2일, 1934년 2월 4일.

175) 한긍희, 앞의 석사학위논문 ; 이지원, 「파시즘기 민족주의자의 민족문화론」, 방기중 편, 『일제하 지식인의 파시즘체제 인식과 대응』, 혜안, 2005, 402~405쪽 ; 이지원, 『한국근대문화사상사연구』, 혜안, 2007, 275~282쪽.

176) 지수걸, 「일제하 전남 순천지역의 소작인조합운동과 '관료-유지 지배체제'」, 『한국사연구』 96호, 1997 ; 지수걸, 「일제하 충남 서산군의 '관료-유지 지배체제'-『서산군지』(1927) 분석을 중심으로」, 역사문제연구소 편, 『역사문제연구』 3, 1998 ; 지수걸, 「일제의 군국주의 파시즘과 '조선농촌진흥운동'」, 『역사비평』 47, 1999년 여름호 ; 지수걸, 「일제시기 충남 부여·논산군의 유지집단과 혁신청년집단」, 『한국문화』 36, 2005 ; 「일제하의 지방통치 시스템과 군 단위 '관료-유지 지배체제'」, 『역사와현실』 63, 2007.

이런 일제 농촌지배정책은 일본을 비롯해서 세계 곳곳에서 전개된 파시즘의 농촌, 농민 장악 운동과 궤를 같이하는 것이었다. 파시즘 운동이 대중적 지반과 힘을 얻어간 것에는 몰락 위기에 처해 사회적 불만이 팽배한 청년과 농민 속에 파고든 파시스트 청년운동, 농민운동이 큰 역할을 담당하고 있었다.

이러한 총독부 농촌진흥운동에 대한 동아일보의 대응이 브나로드운동이었다. 그런데 브나로드운동은 1931년에 처음 기획된 것이 아니었다. 이미 1927년경부터 준비되어 왔고, 1928년 3월 들어 문맹퇴치운동이란 명목으로 전면적으로 시도하려 했다. 동아일보는 1928년 3월 16일, 4월 1일을 기해, 본사와 전국 300여개 지사를 총동원해서 문맹퇴치운동을 전개할 것이라는 기사를 내보내고, 문맹퇴치가 모집을 대대적으로 공고했다. 3월 23일에는 2일간 개최될 문맹퇴치대회의 순서와 이를 알리는 수 만장의 포스터를 전국에 살포한다고 했다. 3월 25일부터 28일까지는 문맹퇴치운동 행사에 관한 기사를 4일 연속 보도했다. 그렇지만 이런 동아일보의 행사에 대해 일제는 3월 28일 문맹퇴치운동이 불온하다는 이유로 일절 금지시켰다.[177] 당시의 사설들은 운동에 대한 동아일보의 의도를 어느 정도 드러내 보이고 있었다.[178]

동아일보는 "민족적으로 평등한 권리를 운위"하기 위한 든든한 기초를 가지기 위해서는 먼저 문맹을 퇴치하는 것이 필요하다고 주장했다.[179] 또한 "현대의 정치는 그 특색이 평등과 자유"에 있고, "기회균등과 자치가 현대 정치의 골수"라면서, 민주제나 군주제의 형식 할 것 없이 모두 그

---

177) 『중외일보』 1928. 3. 30.

178) 문맹퇴치운동의 개시를 알리고 소개하는 동아일보 3월 17일자 「文盲退治의 運動」 제하의 사설은 중간 20~30여 줄이 일제 경무당국에 압수되어 정확한 내용을 파악할 수 없다. 정치적 내용의 사설도 아닌 문맹퇴치운동에 관한 사설의 내용이 압수될 정도이면 상당히 정치적 내용이 들어가 있을 것으로 추정된다.

179) 「문맹퇴치의 운동」, 『동아일보』 1928. 3. 17.

내용에서는 "국민의 의사가 모든 정책의 실제를 결정"하기 때문에 "국민의 자치적 능력과 국민의 협력"이 없이 오늘날의 정치를 말할 수도, 운용할 수도 없다고 파악했다. 이렇게 현대의 정치가 소수 의사나 지식으로가 아니라, 일반 국민의 판단과 일반 국민의 손으로 '국가의 정사'를 실행하기 때문에 모든 국민은 국가 정사에 대해 이해를 가지고 그 정책운용에 자발적으로 협력하고, 자기의 맡은 바 임무에 대해 확고한 견해와 책임을 가질 수 있다고 주장했다. 그런 측면에서 문맹은 '국가사'를 이해도 협력도 못하게 하여, '산업의 발달과 교통의 원활', '국가의 융성'을 기대할 수 없게 한다고 주장했다. "민족이 흥하려면 민족으로서의 정치적 능력이 많아야 할 것이오, 정치적 능률이 높아야 하는 것"이라면서, 8할 이상 문맹을 가진 조선 민족은 정치상 견지에서 크게 반성할 필요가 있다고 주장했다.[180]

한편 현대의 경제적 생활은 생산과 소비와 교환의 세 방면으로 이루어지는데, 이런 경제적 생활의 향상과 진보를 위해서는 먼저 문맹을 타파해야 한다면서, 노동자 농민이 문자를 알지 못하면 모든 운동 토대가 빈약하게 된다고 주장했다.[181] 동아일보는 문맹퇴치운동에서 가장 곤란한 부분인 공부할 교실과 시설 문제에 대해 전국에 산재해 있는 교회당을 개방할 것을 주장하기도 했다.[182] 이러한 문맹 퇴치에 대한 동아일보의 주장은 현대의 정치적 경제적 운동의 토대는 광범한 대중 참여에 의한 국민운동 대중운동에 있으며, 이를 위해 인구의 다수를 차지하는 노동자 농민들의 문맹을 먼저 시급히 퇴치해야 한다는 것이라 할 수 있다.[183]

일제의 저지에 의해 동아일보의 문맹퇴치운동은 좌절되었지만 아주 포기

---

180) 「문맹과 현대정치」, 『동아일보』 1928. 3. 27.

181) 「문맹과 경제생활」, 『동아일보』 1928. 3. 28.

182) 「교회당을 개방하라, 문맹퇴치운동에」, 『동아일보』 1928. 9. 22.

183) 동아일보는 이런 측면에서 소비에트러시아에서의 문맹퇴치운동을 비롯해서 각국의 문맹퇴치운동을 소개하기도 했다. 「노농로국 문맹퇴치에 몰두」, 『동아일보』 1927. 11. 6.

된 것은 아니었다. 그들은 민족운동이 발전하기 위해서는 이의 모색이 중요하다는 것을 충분히 인식하고 있었다. 동아일보 주도세력은 신간회운동의 전개과정을 보면서 민족운동의 구체적이고 실질적인 대중적 기반과 토대의 필요성을 절감하고 있었다. 그들은 대중 다수가 문맹인 상황에서는[184] 민중이 제대로 된 권리의식과 민족의식, 정치의식을 가질 수 없고, 때문에 전국적 규모의 광범한 대중조직 건설도 무망하게 보였다. 여기서 그들은 문맹퇴치가 운동의 급선무이며, 이를 시작으로 대중들의 경제적·정치적 각성과 단결 훈련을 추진하는 것이 필요하다고 주장했다.

2. 정치운동의 기반으로서 '브나로드운동'의 성격과 한계

신간회가 해소되고 난 뒤 1932년, 이후의 조선 정치운동의 방향을 묻는 한 설문에서 송진우는 다음과 같이 주장했다.

"정치적 활동의 기관이 없고 원동력이 결핍한 현 조선에 있어서 조선인의 정치운동의 동향을 논한다는 것은 매우 곤란한 일뿐만 아니라 도리어 허탄한 일이 아닐까 한다. 그러나 사람의 일상생활이 정치와 떨어질 수 없는 것이 사실이라고 하면 아무리 정치를 논할 자유가 없는 우리로서는 이 문제를 등한시할 수는 없는 것이다. 사회의 진전을 논하는 자는 정치의 동향을 고려하지 아니 할 수 없다.

현하 조선현실로 볼 때, 무엇보다도 시급한 일은 대중의 세력을 집중하는 일인 줄로 생각한다. 이것은 곧 농민대중의 정치적 훈련을 의미하는 것이다.

---

184) 1930년 총독부의 국세조사의 결과 문맹률은 전체 인구의 77.7%에 이르렀다.(朝鮮總督府, 『朝鮮國勢調査報告』, 全鮮編 第1卷, 1930, 72~75쪽). 일제하 문맹률의 추이에 대해서는 노영택, 「일제시대 문맹률의 추이」, 『국사관논총』 51, 1994 참조.

이 훈련을 하기 위하여 무엇보다도 문맹퇴치가 급선무일 것이다. 독서의 능력과 간단한 숫자지식을 넓혀주는 동시에 경제적 자립자진의 기초를 닦기 위하여 생산 급 소비의 각종 협동조합운동을 일으킬 필요가 있으며, 이와 상반(相半)하여 단결훈련을 보급시킬 필요가 있다. 다시 말하자면 문화적으로 경제적으로 또는, 단체생활훈련으로 전 농민대중의 사기를 진작하는 것이 무엇보다도 급선무인 줄로 생각한다. 이리하여 한편으로는 단체행동의 경험을 주고, 한편으로는 민중사상의 통일을 기하야, 민중의 세력을 집중해 놓은 후에라야 다시 새로운 운동을 논한 기회가 도래하리라고 믿는다."[185]

곧 송진우는 민족운동이 제대로 된 정치운동, 정치투쟁을 전개하기 위해서는 먼저 대중의 세력을 집중하는 것이 필요하고 이를 위한 대중의 단체행동의 경험과 민중사상의 통일이 필요하다고 주장했다. 이러한 과정은 민중, 그중에서도 인구의 다수를 점하는 농민대중의 정치적 훈련을 의미하는데, 이를 위해서는 가장 먼저 문맹퇴치가 시급하고, 동시에 생산 및 소비의 각종 협동조합운동을 일으켜 대중 의식의 변화와 사기 진작, 단체생활 경험을 갖게 할 것을 주장했다. 이러한 송진우의 주장은 대중의 일상적이고 경제적 문화적 영역의 활동을 통해 대중의 의식을 변화시키고, 대중의 활동 경험이 축적되고 민중사상이 통일되면서 대중세력의 결집과 이를 기반으로 한 대중적 정치운동의 전망을 갖고자 하는 것이라 할 수 있다. 그의 주장은 이미 공산주의세력이 계급 대 계급 전술에 입각해서 민족주의세력과의 협력을 전면 부정하고 대중 속에서 혁명적 대중폭동 전술을 구사하고 있는 상황 때문에 사실상 불가능한 좌우합작, 계급 협조에 연연하는 여타 민족주의세력에 비해[186] 보다 현실성 있는 것이라 할 수 있다.

---

185) 송진우, 「농민대중의 훈련부터」, 『동방평론』 1호, 1932년 4월호.
186) 이에 대해서는 다음을 참조. 이지원, 「일제하 안재홍의 현실인식과 민족해방운동론」, 『역사와현실』 6, 1991 ; 이지원, 앞의 책, 2007 ; 박찬승, 「1920~30년대초 민족주의

이런 송진우의 주장은 동아일보 사설에서도 확인된다. 1933년 1월 3일자 사설에서는 "무엇보다도 먼저 청년간에 희생적 정신을 가진 이가 다수 배출하야 실제로 농촌에 들어가 문맹을 타파하고 협동조합, 농민조합을 조직하여 농민의 각성 급 경제적 이익을 도모할지며, 농촌청년을 규합하여 농민의 지도양성에 노력할 기초를 지을 것"이라고 주장했다.[187] 즉 이런 주장에는 청년들이 농촌으로 들어가 문맹타파를 시작으로 협동조합, 농민조합운동을 전개하여 농민들의 각성과 경제적 이익을 도모하면서 농민들의 지도세력을 양성하면, 이들 지도세력이 대중적 결집을 이루고 정치운동의 바탕이 될 것이라는 전망이 내재되어 있었다.

그런데 문제는 이러한 자신들의 구상을 실현시킬 수 있는 조직적 기반을 동아일보 주도세력은 거의 갖고 있지 않다는 점이었다. 동아일보 주도세력은 동아일보라는 민족주의세력의 최대 유력 언론매체를 가지고, 국내외 정세에 대한 폭넓은 분석과 이슈를 선점하는 논설을 통해 민족주의세력 전반에 영향을 미치고 있었다. 파시즘 분석에서 보이듯이 그들의 분석은 예리하였다. 그렇지만 그들은 보성전문과 중앙학교라는 교육기관을 가지고 있는 데 그쳤고, 동아일보는 말 그대로 계몽운동, 선전운동에 주력하는 합법적인 언론기관이지, 민족운동을 실천하는 운동기관은 아니었다. 그들은 천도교나 기독교와 달리 구체적 운동조직을 가지지 못했다.

이런 내외의 상황에서 동아일보 주도세력이 선택한 것이 브나로드운동이었다. 브나로드운동에 대한 동아일보 주도세력의 의도는 운동이 진행되던 1931년에서 1934년경의 브나로드운동에 대한 직접적 사설을 통해서는 잘 드러나지 않는다. 그것은 우선 브나로드운동이 전개되던 시기가 전 세계에서 파시즘이 대두하고 일본 정계가 극우적 방향으로 재편되는 과정의

좌파의 신간회운동론」, 『한국사연구』 80, 1993 ; 박찬승, 『민족주의 시대』, 경인문화사, 2007.

187) 「實地있는 努力」, 『동아일보』 1933. 1. 3.

시기였기 때문이다. 또한 이를 배경으로, 우가키 총독 부임 이후 '내선융화'의 기치 하에 국민적 사상 교화와 민족운동에 대한 강력한 탄압이 진행되던 시기이기 때문이다.

동아일보는 당시의 현실을 반영하여 브나로드운동을 전개함에 있어, 가급적 총독부와의 직접적 충돌을 피하면서 시종일관 합법적 틀 내에서 전개했다. 브나로드운동에 관한 동아일보의 사설들은 정치적 언어를 거의 생략한 채 학생들의 참여를 독려하고, 문맹퇴치에 한정된 활동만을 강조하고 있었다. 1933년 5월 6일 동아일보는 경성시내 각 전문 및 중등학교 20여 교장을 초청한 회의를 개최했는데, 이 회의의 건의를 받아주는 형식으로 해서 동아일보는 브나로드운동의 명칭을 계몽운동으로 바꾸기까지 한다.[188] 그런 측면에서 이 운동은 시종일관 합법적이고 개량적 틀을 유지한 운동이었다. 한편 공산주의세력은 브나로드운동이 학생들을 민족개량주의로 이끄는 것이라면서 강하게 비판했다. 그럼에도 불구하고 이 운동은 일제의 저지와 방해를 받았고, 결국 4차례만 실시하고 1935년부터는 일제에 의해 강제 중단되고 말았다.

동아일보는 운동단체가 아닌 언론기관이기 때문에 독자적인 대중조직을 만들 수는 없지만, 언론기관의 장점을 살려 문맹퇴치라는 민족운동 발전에 절박하고 시대적인 요구를 반영한 여론을 대대적으로 일으켰다. 이를 통해 자신들의 존재감과 주장을 브나로드운동에 참여하는 학생들과 교육을 받는 전국의 농민들에게 심어주려고 했다. 동아일보 전국 지국은 이의 거점이며, 이 운동을 통해 전국의 민족유력자 및 민족주의자들과 연계 및 유대 관계를 만들어나가려고 했다. 이런 측면에서 동아일보의 브나로드운동은 '내선융화'와 '사상의 통합'의 기치 하에 농촌진흥운동을 통해 농민들을 장악하려는 일제 총독부의 정책과 갈등관계를 일으키고 대립할 수밖에 없는 것이었다.

---

188) 『동아일보』 1933. 5. 9.

때문에 일제 총독부는 브나로드운동을 불온한 것으로 바라보고 있었고, 동아일보가 합법적이고 개량적인 운동이라면서 유화적 태도를 견지했음에도 결국은 금지시키게 된다.

그런데 동아일보의 브나로드운동은 단순히 일제와 대립관계를 형성하는 것만은 아니었다. 그들의 운동은 다분히 공산주의세력을 겨냥한 것이기도 했다. 당시 공산주의세력은 자연발생적 소작쟁의의 급증과 농민들의 몰락에 따른 사회적 불만을 계급투쟁, 혁명투쟁으로 전화하기 위해 농촌으로, 대중 속으로 급속히 이전해 갔다. 그렇지만 그들이 장악할 수 있는 것은 전체 농민대중의 일부에 지나지 않았다. 민족주의세력들도 역시 천도교와 기독교계를 중심으로 적극적으로 농촌운동을 전개했다. 그들의 농민운동은 구휼적이고 종교적인 측면도 있지만, 농촌계몽운동을 통해 민족주의세력의 대중적 기반을 마련하고 공산주의세력이 농민들을 장악하는 것을 견제하려는 의미도 컸다.

동아일보의 브나로드운동도 마찬가지였다. 동아일보 주도세력은 공산주의자들이 계급 대 계급 전술로 이행했고, 농민들을 획득하기 위해 농촌으로 들어갔다는 것을 훤히 알고 있었다. 동아일보에는 일찍부터 러시아혁명의 진행, 레닌과 소비에트러시아의 혁명후 정책과 건설과정, 레닌사후 전개된 스탈린과 트로츠키, 부하린의 당내투쟁과정, 공산주의세력의 노선변화 과정, 일본의 사회주의운동 등이 비교적 상세히 소개되고 있다.

또한 동아일보에는 사회주의계열 인물들이 기자들로 많이 거쳐 갔다. 통일조선공산당의 책임비서를 지낸 김준연은 편집국장까지 역임한다. 동아일보 주도세력은 이들이 어떤 성향이었는지 대부분 알고 있었다. 그렇지만 사회주의계열 기자들이 지금이 민족혁명의 단계이고, 민족주의세력의 주도 하에 민족운동이 진행되어야 한다는 그들의 기본적 명제를 거슬리는 주장을 하지 않는 한, 그대로 용인했다. 쑨원이 중국 국민혁명을 위해 중국국민당에 공산주의자들을 받아들인 것처럼, 그들도 자신들의 자장 하에 사회주의자들을 끌어들이려 했다. 또한 현실적으로도 조선을 둘러싼 국내외 정세에 주요 변수가 되는 소비에트러시아와 일본 무산운동의 동향, 국내 사회주의 동향을 알기위해서도 사회주의계열 기자들은 반드시 필요했다. 동아일보 주도세력은 공산주의자들이 1920년 후반 계급 대 계급 전술로 이행하여 혁명적 농민노동운동 기반으로 당재건운동을 전개하고 있다는 것을 잘 알고 있었다. 때문에 그들은 무지한 농민대중이 공산주의의 선전 선동에 넘어가는 것을 두고만 볼 수 없다고 판단했다. 광주학생운동이후 청년 학생들의 좌경화도 심각한 상태였다.

때문에 민족주의 이념 하에 청년·학생, 농민대중을 교양하고 민족주의세 력과 유대 관계를 맺게 해 그 주변으로 묶어두는 것이 시급한 과제로 떠올랐다. 종래의 강습소나 야학은 일제의 탄압 때문에 유지되기도 어려웠 지만 지역적이고 소규모적이었다. 그들은 민족주의 이념 하에 전국적 농민 계몽운동을 전개함으로써 광범한 농민대중과 그 운동에 참여하는 학생들에 대한 영향력을 유지하려고 했다. 더불어 브나로드운동을 매개로 중앙의 동아일보 세력과 전국의 민족주의세력들이 공산주의세력의 농촌 침투에 공동 대응하려고 했다. 이런 측면에서 보면 1930년대 전반의 대중운동은 세계대공황의 진행 속에서 몰락하고 파산하여 가는 조선 인구의 절대 다수인 농민층을 가운데 놓고, 일제와 파시즘세력, 공산주의세력, 민족주의 세력(기독교·천도교·동아일보계열 포함), 이들 삼자 간의 대립과 갈등 관계 가 세 축을 이루면서 진행되는 지형이었다.

브나로드운동은 언론사가 주관이 되어 진행되는 만큼 사회적으로 큰 이슈가 되고, 사회적 파장을 불러일으키는 데는 성공했다. 문제는 이것을 언론사 독자적으로 하다 보니 단기간에 걸친 단발적인 행사로 그치고, 구체적인 농민대중과 학생에 대한 조직화, 운동의 지속화로 연결되지 못하 는 결정적인 취약점을 가지고 있었다. 동아일보 주도세력의 구상을 실현하 기 위해서는 농민계몽이 다양한 형태의 농민조직화로 연결되어야 하는데,

이는 언론기관이 할 수 있는 부분이 아니었다. 어떠한 형태든 민족주의세력의 민족운동 조직과 연계되어 전개되어야 했다. 송진우와 동아일보는 협동조합을 만들고, 농민조합을 만들고, 청년학생 단체를 만들어야 한다고 주장했음에도 구체적 실천은 하지 못했다.

그런 측면에서 동아일보 주도세력의 한계는 분명했다. 그들은 여타 세력보다 뛰어난 정세인식과 상황 판단을 하고 있었지만, 민족주의세력 전반을 아우를 수 있는 힘과 능력이 부족했다. 정치적으로 번뜩이는 감각과 현실성 있는 운동노선을 가지고 있었음에도 이를 실현시킬 수 있는 구체적 대중조직, 민족운동 조직에 대한 고려는 구체적이지 못했다. 여타 민족주의 정치세력을 아우르기에는 독선적이고 편협한 모습을 노정하기도 했고, 정치운동의 다기한 측면을 이해하지 못하는 이상주의적이고 엘리트주의적 성격을 가지고 있었다. 이는 언론기관을 중심으로 전개되는 민족운동이 기본적으로 내재할 수밖에 없는 전형적 한계이기도 했다.

그들이 이런 한계를 극복하기 위해서는 무엇보다 먼저 구체적인 운동의 현장, 민족운동의 현장으로 들어가야 하며, 이는 구체적인 민족운동 조직의 결성으로 이어져야 했다. 안창호는 흥사단과 수양동우회란 조직이, 이승만은 동지회와 흥업구락부가, 김구는 한국독립당이, 최린은 천도교청년당이란 확실한 조직적 기반을 가지고 오랜 기간 활동하고 있었다. 이에 반해 동아일보 주도세력의 조직적 기반은 취약했다. 그들이 조직적 기반을 갖게 된 것은 해방 후에 한국민주당 결성을 주도하면서부터였다. 운동에 대한 구체적 조직 기반이 부재하기 때문에 그들은 그들의 노선과 주장을 조직 속에서 검증하고 수정하고 발전시킬 수 없었다.

5장 사상혁신을 위한 민족주의 문화운동

1930년대 전반 민족주의 문화운동에 대해서 그동안 '조선학운동'이라는 개념 틀에서 주로 연구가 진행되었다. 조선학은 말 그래도 조선을 '학문'으로 연구하는 경향을 말하며, 조선학의 개념과 범주에 대해서는 이지원, 신주백, 김인식 등에 의해 일정한 정리와 논의가 있었다.[189]

그러나 기존의 연구들은 조선학운동을 단순한 학술운동 내지 일반적 민족주의 문화운동으로 한정하여 바라보았다. 그렇지만 동아일보가 주장하는 민족주의 문화운동은 단순한 학술운동이나 문화운동이 아닌, '교육기관 육성', '신문·잡지·강습회를 통한 지식의 계몽', '소비조합과 협동조합운동의 전개' 등을 통한 문화적이고 경제적인 운동이었다. 또한 민족운동의 사상혁신을 위한 사상 정치운동이기도 했다. 신간회 해소 후 동아일보는 '사상혁신'을 앞서서 주장하였고, 이는 민족주의세력 전반에 일반화 된다.

본장에서는 그들의 이런 운동이 개량적이기보다는 사상적 정치적 패권적 지향을 강하게 갖고 있었다는 것을 해명하려고 한다. 다음으로 이런 민족주의 문화운동을 통해 달성하려고 했던 사상혁신의 내용과 성격, 사상혁신을 통해 정립하려고 했던 민족주의 사상의 지향 등을 해명하려고 한다. 마지막

---

189) 이에 대한 정리는 다음을 참조. 이지원, 『한국 근대 문화사상사 연구』, 혜안, 2007 ; 신주백, 「1930년대 초중반 조선학 학술장의 재구성과 관련한 시론적 탐색」, 『역사문제연구』 26, 2011 ; 신주백, 「조선학운동에 관한 연구동향과 새로운 시론적 탐색」, 『한국민족운동사연구』 67, 2011 ; 김인식, 「1920년대와 1930년대 초 '조선학' 개념의 형성 과정-최남선·정인보·문일평·김태준·신남철의 예-」, 『숭실사학』 33, 2014.

으로 민족주의 문화운동의 구체적 전개양상과 그 한계를 살펴보도록 하겠다.

1. 정치운동의 준비로서 사상혁신

신간회가 해소된 뒤, 1931년 말부터 새로운 민족운동단체 결성에 대한 논의가 일어나기 시작했다. 이에 대해 동아일보는 1932년 1월 1일부터 「민족적 중심단체 재조직의 필요와 방법」이라는 제호 하에 각계 인사들의 민족운동과 신간회 해소이후 민족중심단체 재결성에 대한 의견을 게재했다.[190] 그렇지만 조직결성에 대한 동아일보 주도세력의 생각은 조심스러웠다. 동아일보는 1월 8일자 사설을 통해 신간회 해소 이후 민족주의 그룹의 침묵이 일층 현저해졌다고 하면서, 현재의 침묵을 깨뜨릴 필요에 대해서는 대부분이 공감하지만, 그 실현의 방법에 있어서는 의견이 분분하다고 정리했다. 그리고 "구체적 안건에 대해서는 그 구성의 필요에 대해서나, 그 구성의 요소에 대해서나, 그 구성의 방안에 대해서는 민족 전체적으로는 물론이요, 부분적으로라도 명쾌하고 통일된 지침이 결여"하다고 주장했다. 때문에 지금은 이를 위한 행동 이론을 모색할 시기에 있다는 것이었다.[191]

송진우는 1932년 4월, 『삼천리』지 인터뷰에서 현재의 침체된 국면을 타개할 방략은 "제일착으로 또한 기준적으로 먼저 전민족의 역량을 한 곳에 뭉쳤다 할 강력한 중심단체부터 결성 식혀 놓는 데" 있다고 하면서, 그것 없이는 '정치운동'이 있을 수 없다고 주장했다. 그렇지만 그 역시 구체적 조직 결성에는 유보적이었다. 지금의 '현상'으로는 조만간 중심단체 가 만들어지기 어렵다면서 그 이유로 첫째, 조선 사람의 사상이 통일되지

---

190) 『동아일보』 1932. 1. 1~4.
191) 「민족적단합의 문제-목하 모색기 乎」, 『동아일보』 1932. 1. 8.

못하고 분열되어 서로 반목·대립하고 있으며, 둘째, "현하의 분규된 사상관계"와 "복잡한 주위환경의 사정" 때문에 '무용한 희생'을 피하기 위해 "유지 유력한 인사들이 자중부동(自重不動)"한다고 주장했다. 특히 그는 민족운동 내의 사상적 대립과 불일치가 민중들의 의식과 자각이 낮은 데서 오는 것으로 보아 '민중의 자각과 문화정도의 향상'이 사상 통일을 위해 가장 중요한 것이라 주장했다.[192]

그의 주장은 현재의 침체된 민족운동을 다시 일으키기 위해서는 전민족의 역량을 한곳으로 모으는 강력한 중심단체의 결성이 필요하지만, 민족운동세력의 분열과 사상 대립, 그리고 국내외적 정세의 변화에 따라 일제와의 불필요한 대립과 희생을 초래하는 강력한 중심단체 건설을 위한 정치운동은 현실적으로는 어렵다는 것을 표명한 것이었다. 송진우는 민족운동세력에 대한 일제의 탄압이 강화되고, 민족주의세력에 대한 공산주의 세력의 타격이 진행되는 가운데 새로운 민족운동단체를 결성하는 것이 사실상 어렵다는 것을 알고 있었다.

당시 신간회 해소를 못내 아쉬워하던 안재홍이 1931년 12월, 신간회와 같은 표현단체 재건을 주장하자, 공산주의세력은 즉각 비판에 나섰다.[193] 그리고 안재홍·이종린·서정희 등이 수양동우회계열의 이광수·조만식·김성업 등과 '민족단체통제협의회' 결성을 시도하였지만, 역시 공산주의세력의 방해로 좌절되었다.[194] 사회주의세력과의 민족협동전선은 말할 것도 없고 민족주의세력의 정치적 단체도 일제의 탄압과 공산주의세력의 타격이

---

192) 송진우, 「무풍적인 현하 국면타개책-문화운동과 소비운동」, 『삼천리』 4-4, 1932. 4.
193) 안재홍, 「신간회 해소 후 제정세 전망-표현단체 재건의 필요」, 『삼천리』 제3권 제12호, 1931년 12월호 ; 박만춘, 「안재홍씨의 표현단체재건론을 駁함」, 『혜성』 제2권 제2호, 1932년 2월호 ; 진영철, 「표현단체 재수립의 정체, 안재홍 코-쓰 비판」, 『삼천리』 제4권 제3호, 1932년 3월호.
194) 朝鮮總督府, 『最近における朝鮮治安狀況』, 1936, 93쪽.

라는 양쪽에서의 공격 때문에 조직을 결성하기가 현실적으로 거의 불가능했다. 민족주의세력과 공산주의세력의 갈등과 대립은 돌이킬 수 없는 것이 되어 갔다.

이런 상황 속에서 송진우는 종래의 정치운동에 대신해서 그의 표현을 빌리자면 정치운동의 '기본운동'이자 '준비운동'으로 "문화운동을 부득불" 일으킬 것을 주장했다. 그리고 문화운동의 내용에 대해서는 '교육기관 육성', '신문·잡지·강습회를 통한 지식의 계몽', '소비조합과 협동조합운동의 전개' 등을 통해, 문화적이고 경제적으로 '실제적 훈련'을 할 것을 주장한다.195) 그의 주장은 앞서 살펴본 농민운동에 대한 그의 주장과 상호 긴밀히 연결되어 있었다. 즉 인구의 다수를 점하는 농민대중의 광범한 문맹퇴치운동을 전개하고, 동시에 생산 및 소비의 각종 협동조합운동을 일으켜 대중의식의 변화와 사기진작, 단체생활 경험을 갖게 하자는 방침과 일맥상통하는 주장이었다. 그런 의미에서 그의 주장은 단순한 문화운동을 하자는 것이 아니었다. 국내외 정세 변동에 대한 객관적 판단을 근거로 운동의 수세적 국면에서 대중의 정치적 자각을 바탕으로 일상생활, 경제활동, 문화활동 영역에서의 기제를 가지고 대중의 권리의식을 일깨우고 민족의식을 불어넣으며 단체 생활의 경험을 갖게 하겠다는 것이었다. 이는 문화의 외피를 가진 대중의 정치적 훈련, 정치운동의 준비운동으로서의 문화운동이었다.

이런 송진우의 주장은 두 방향에서 구체화되었다. 첫째, 동아일보에 협동조합론과 관련한 지면을 대폭 할당하여 협동조합론에 대한 폭넓은 논의를 전개시켰다. 또한 1932년 4월 1일을 기준으로 창립 12주년을 기념하여, 그 기념사업의 하나로 전 조선에 산재한 협동조합에 대한 전수 조사를 전국 각 지국에 의뢰하여 1차와 2차에 걸쳐 진행했다.196) 둘째, '문화혁신'과

---

195) 송진우, 「무풍적인 현하 국면타개책-문화운동과 소비운동」, 『삼천리』 제4권 4호, 1932년 4월호.

'사상혁신'의 주장을 구체화시켰다. 이는 정인보를 축으로 한 조선학운동과 밀접하게 관련되어 전개되었다. 이 책에서는 두 번째 부분만을 살펴보도록 하겠다. 첫 번째 부분은 별도의 논문을 통해 해명할 예정이다.

동아일보는 1932년 4월 18일자에 「문화 혁신을 제창함」제하의 사설을 게재했다. 이 사설은 기존 연구에서는 '문화혁신'론, '문화운동'론의 관점에서 주로 주목되어 왔다.[197] 그렇지만 동아일보의 문화운동 내용이 단순한 문화운동이 아니었다는 점에서 이 책에서는 문화운동 보다는 민족주의 입장에서의 민족운동내의 사상적 대립과 불일치를 극복하고 민족운동 단결을 위한 사상통일, '사상혁신'론의 관점에서 살펴보려고 한다.

사설에서는 "신문화의 특별한 점은 과학적이라는 세 글자에 있다." "신문화의 수입 또는 발전을 완전히 하려면 과학적 사색의 결과인 그 이기(利器)만을 수입함에 그치지 말고, 한걸음 더 나가 과학적 사상, 그것을 체득하고 소화하지 않으면 아니 될 것이다."라고 하면서 과학에 기초한 신문화의 발전을 주장한다. 그렇지만 "절대 다수인 대중은 아직까지도 소극적이고 비과학적인 구사상의 미궁에서 헤어나지를 못하고 방황하고" 있으며, 그뿐만 아니라 "소위 신사상운동을 한다는 지식분자들 중에도 그 대다수는 그 운동의 형태만 신사조를 표방했을 따름으로 그 근본적 사상 급 행동에 있어서는 이백년 전의 색당쟁(色黨爭)을 그대로 인계했다는 사실을 우리는 너무나 많이 경험했다."라고 평가한다. 이는 1920년대 급속히 확산된 사회주의운동이 형태만 과학적인 신사조를 표방했지, 근본 사상 및 행동은 여전히 과거 봉건시대의 당파투쟁을 그대로 반복하고 있다는 것을 의미하는 주장이었다. 때문에 "민족운동, 정치운동, 경제운동 기타 온갖 운동이 새로운 기초 위에 서는 때에라야 비로써 그 진전을 볼 수 있고 활약을 볼 수" 있다고

---

196) 윤덕영, 「소비조합의 출현과 협동조합론의 발흥-1920~30년대 동아일보의 논의를 중심으로-」, 『한국협동조합운동 100년사』 1, 가을의 아침, 2019, 43~52쪽.

197) 이지원, 앞의 책, 306~316쪽.

하면서, 그를 위해 '문화의 혁신', '사상의 혁신'을 '주창'한다고 했다.[198]

사설에서 주장하는 신간회의 해소에서 단적으로 드러난 기존 민족운동, 정치운동의 문제점은 운동의 형태만 과학적 신문화, 신사조를 표방했지, 실제 근본 사상과 행동은 여전히 과거에서 벗어나지 못한 낙후된 것이라는 점이다. 특히 '소위 신사상운동'이라고 명시하면서 사회주의세력의 운동 양상을 명시적으로 비판하고 있다. 때문에 운동이 통일되고 단결되기 위해서는 사상의 혁신, 운동 문화의 혁신이 절대적으로 필요하고, 이를 위해 사상혁신의 깃발을 들었다는 것이다.

그러면 어떻게 사상혁신을 할 것인가? 동아일보는 "현대 세계를 움직이는 사상은 무수하다. 마르크스주의, 군국주의, 무정부주의, 깐디주의, 삼민주의, 파시즘, 쇼비니즘, 자유주의 등등"이라면서 "사상은 그 시대, 그 시대의 인류의 정신생활을 표시한 것"인데, 냉철하게 관찰하면 "사상의 양성만이 능사가 아니오 이것을 실행할 인류의 능력이 귀중"하다고 주장했다. 그들은 "기독교 사상의 위대도 기독 일신의 희생에 인하였고, 마르크스주의의 권위도 노국혁명의 성공에 의했다"고 하여, "사상을 양성해 내는 사상가가 위대한 자가 아니오, 이것을 행동한 자가 위대하다"고 주장했다. 그렇지만 조선의 현실은 "근세 문명에 뒤진 관계로 외국 문화를 정당히" 살펴보고 연구할 여가가 없었다. 그러면서 동아일보는 "중국을 보는 자는 삼민주의를 칭하고, 인도를 보는 자 깐디주의를 찬(贊)하며, 노국을 보는 자 공산주의를 예(禮)"한다고 하면서, "조선이 조선을 표시할 위대한 사상을 가지지 못하고, 설사 있다 할지라도 신념과 행동이 박약하여 그 실(實)을 이루지 못했다"고 판단했다.

동아일보는 이의 원인을 다음과 같이 찾고 있다. "민족성이 그러함 이뇨, 지리가 그러함 이뇨, 또는 경제가 그러함 이뇨. 오인은 이것들이 전연

---

198) 「문화혁신을 제창함」, 『동아일보』 1932. 4. 18.

관계없는 바가 아니나, 그러나 중대한 원인은 조선인이 조선 자체를 구명(究明)하기 전에 타의 존재를 먼저 구명하기 때문"이었다고 주장한다. 곧 조선이 조선 민족운동을 이끌 위대한 사상을 가지지 못한 것은 민족성이나 경제 때문이 아니라, 조선의 사상과 문화를 규명하기 전에 외국 사상을 수입하고 모방하였기 때문이라는 것이다.

때문에 외국 사상을 수입할 때에 취할 것과 버리는 과정이 있고, 살펴보고 연구하는 과정이 있었다면, 외국 사상을 수입할지라도 모방을 하지 않았을 것이라고 기존의 민족운동 경향을 비판한다. 이에 따라 "조선은 조선이 행동할 수 있는 사상을 충분히" 살펴보고 연구하여 수입한 후, "확고한 신념하에 용왕매진할 것"을 주장했다.[199] 곧 민족운동의 이념으로 삼기 위해서 외국의 사상을 수용할 때에도 살펴보고 연구해서 취사선택하는 것이 필요했는데, 기존에는 모방하는 것에 급급했다면서, 모방을 버리고 조선만의 사상을 마련하는 것이 필요하며, 이를 위해서는 타의 존재를 연구하기 보다는 먼저 조선 자체를 연구하는 것이 필요하다는 것이다. 이는 조선 자체의 연구가 사상혁신의 출발이라는 주장이다.

동아일보는 조선 자체를 연구하기 위해서는 우선 "우리의 언어를 알고 우리의 문자를 알고 우리의 역사, 우리의 문학, 우리의 철학을" 알아야 하며, "우리에게는 좀 더 우리 것에 대한 이해와 연구가 필요하다는 것"을 깨닫게 된다고 주장했다.[200] 그리고 조선을 표시할 사상은 조선민족의 지도원리로, 이제 조선은 "백년의 주의와 대계 없는 민족운동, 이것을 청산할 때가 이미 지나"갔기 때문에 "청년문제, 농촌문제, 도덕문제, 경제문제 등 모든 문제가 조선 민족의 지도원리, 조선의 철학의 확립으로서만 체계가 서고, 목차가 서고, 해결의 단서가 생길 것"이라고 주장했다.[201] 곧 기존의

---

199) 「사상과 행동-우선 행동하라」, 『동아일보』 1932. 1. 25.
200) 「다시 우리 것을 알자」, 『동아일보』 1932. 7. 12.
201) 「생활의 지도원리-조선 민족의 지도원리를 찾아라 세워라」, 『동아일보』 1932.

5장 사상혁신을 위한 민족주의 문화운동 477

조선민족의 지도원리가 없는 민족운동을 청산하고, 청년과 농촌, 경제문제 등 모든 문제를 조선민족의 지도원리에 따라 살피고 그 지도원리에 따라 해결해야 한다는 것이다. 당연히 민족운동도 조선민족의 지도원리에 따라 진행되어야 한다.

그러면 그 지도원리는 어떠한 것인가? 동아일보는 조선시대에 들어와 "주자파의 유교가 단연히 조선의 사상계를 지배하여 모든 국수적인 것을 의식적으로 타파"하게 되었다면서, "이 결과로는 일반 민족의 애국심을 희박케 한 동시에 세계에 유례가 없을 만한 극단의 가족주의를 발생하여 이조 오백년은 실로 세계 인류사상에 가족주의 발달의 최고정(最高頂)을 작(作)하게 되었다"고 주장한다. 이 때문에 "이 결과로 민족의 역사보다는 계보학(譜學)을 숭상하며, 민족적 사업보다는 일가일족의 사업을 힘쓰고, 민족적 위인의 기념물은 없으되, 이름없는 조선의 분묘와 묘우를 장식"하게 되었다고 비판했다. 곧 조선시대에 들어와 주자학이 보급되면서 민족주의적인 것이 사라지고 가족주의와 당파색만 남게 되었다는 것이다. 그러므로 조선 민족의 지도원리는 "개인주의도 아니오, 가족주의도 아니오, 또 세계주의도 아니오, 민족을 '큰 나'로, '우리'라는 단일체로 인식하는 주의", 곧 민족주의에 있다고 주장했다.[202] 곧 민족주의가 조선민족의 지도원리이자, 사상혁신의 기준이라는 것이다. 이는 그들이 생각하는 사상혁신과 민족통일이 어떠한 내용인지를 여실히 드러내는 것이라 하겠다.

2. 사상혁신론과 조선 민족주의 사상의 성격

기존 연구들에서는 1930년대 전반 동아일보의 사상혁신, 문화혁신 주장

12. 26.
202) 「조선 민족의 지도원리-가족주의로서 민족주의에」, 『동아일보』 1932. 12. 27.

에 대해 당면이익 획득을 위한 개량적 주장이라고 평가했다. 그렇지만 이런 주장은 적절하지 않다. 인구의 다수를 점하는 농민대중에 대해 광범한 문맹퇴치운동을 전개하고, 동시에 생산 및 소비의 각종 협동조합운동을 일으켜 대중 의식의 변화와 사기진작, 단체생활 경험을 갖게 하자는 송진우와 동아일보의 주장을 일제와 타협하는 개량적인 것으로 평가할 수 있을까? 이런 주장은 1920년대 사회주의운동 내부에서도 지속적으로 주장되어 왔던 대중운동 방침이며, 심지어 1930년대 혁명적 농민운동과 노동운동을 전개하던 공산주의세력들 중에서도 실제 운동과정에서는 당면이익 획득을 위한 투쟁과 전술이 필요하다는 사람들도 적지 않았다. 당면이익 획득을 위한 투쟁 또는 합법적 투쟁을 타협적이고 개량적이라 보면서 과소평가하는 것은 민족운동 및 사회주의운동의 역사적 전개과정에 대한 피상적 이해이며, 적절한 평가가 아니다. 체제의 근본적 변화인 혁명은 수많은 개량(개혁)적 운동과 투쟁의 축적된 결과물이라는 측면도 있다는 것을 역사는 보여주고 있다.

동아일보의 사상혁신, 문화혁신 주장의 특징은 개량성보다는 그것이 민족운동에 있어 민족주의세력의 배타적이고 강한 헤게모니적 성격을 갖고 있었다는 점이다. 곧 민족주의가 조선민족의 지도원리이자, 사상혁신의 기준이라는 것을 제기하면서 민족운동이 민족주의에 입각해서 전개되고 통일되어야 한다는 점을 강조하는 것에 있었다.

이런 동아일보의 주장은 사실 당시 공산주의세력의 주장과 활동에 대한 대응이기도 했다. 1920년대 후반에서 1930년대 전반에 이르는 시기의 사회주의운동은 코민테른 제6회 대회 이후 일반화되기 시작한 '계급 대 계급' 전술이 주도하던 시기였다. 소련과 코민테른을 추종하던 세력들은 공산주의세력이 협력해야 할 대상인 사회민주주의세력을 파시즘의 쌍생아인 '사회파시즘'으로 규정하고 공격하면서, 통일전선 전술을 사실상 부정했다. 또한 식민지 및 반식민지 민족운동에서도 민족주의세력 전체를 제국주의에 협조하는 '민족개량주의'로 규정하여 공격하면서, 민족통일전선 결성을 사실상 부정했다. 이는 동아시아에서 한국의 신간회 해소, 일본의 (신)노농당의 해소추진 등으로 나타났다. 이들은 민족문제 인식에서 철저한 계급주의적 입장을 견지하면서 민족주의를 파시즘 이데올로기의 일면인 국수주의로 규정하고, 정도의 차이가 있지만 민족을 드러내거나 내세우는 모든 주장과 행동을 국수주의적인 것으로 매도했다. 심지어 조선 역사와 문화, 사상에 대해 전면 부정하는 경우도 종종 있었다.203)

동아일보의 주장은 이런 공산주의세력의 주장과 활동에 대한 강한 거부이면서, 이와 반대의 입장에서 민족운동에서 민족주의세력의 이념과 헤게모니를 강조하는 것이었다. '계급 대 계급' 전술이 민족운동에서 좌우 세력의 민족통일전선 결성을 사실상 부정하는 것이라면, 민족주의 이념에 대한 일방적 강조는 반대의 측면에서 좌우 협력과 민족통일에 또 다른 장애 요인이 될 가능성이 없는 것은 아니었다. 다른 한편 이런 양상은 당시 조선 사회의 계급적 분열과 대립 양상을 일정하게 보여주는 것이기도 했다.

그러면 동아일보가 주장한 사상혁신의 기준과 내용이 될 민족주의는 어떠한 내용을 갖고, 어디서부터 출발한 것인가? 동아일보는 조선의 역사를 보면 "근세 조선은 모화주의(慕華主義), 존한주의(尊漢主義)로 자아의 전부를 예속시켰고, 최근 조선은 다시 배금주의 숭양주의(崇洋主義)로 자주의 중축(中軸)을 포기했다"고 보았다. 우리 반만년의 역사를 보아도 "걸어온 자취를 제가 되어서, 저를 관찰하고 저를 반성하고, 저를 선양한 일이 있었는가?" 자문하면서, 그 결과 "남은 존재는 자아의 완전한 상실이오, 자아의 철저한 공허뿐이다"고 평가했다.204) 곧 과거의 조선은 중국에 대한 사대주의로 자아를 상실하였고, 현재의 조선은 서양사상과 자본에 대한 숭배에 빠져있

---

203) 방기중, 『한국근현대사상사연구』, 역사비평사, 1992, 119~122쪽.
204) 「조선을 알자-자기발견의 기연」, 『동아일보』 1933. 1. 14.

다는 것이다. 그 결과 민족적 자아와 자존은 상실되어 공허한 상태에 빠졌다는 것이다.

그들은 조선의 민족주의가 단순히 오래된 "유적을 탐색하고 선인의 기록을 수집하는" 박물관 사업이나 학자적 관심 수준에 있는 것이 아니고, 삼국시대의 정신과 물질문화의 찬란함을 자랑하거나, '활자와 인쇄의 창시', '비차(飛車)와 거북선(龜船)의 발명', 인물과 제도 등에 대해 자랑을 나열하는 것이 있지 않다고 주장한다. 이런 "감상적 회고주의는 이 시대의 우리에게는 절대로 금물이다. 과거를 팔아서 현재의 자위를 삼으려 함과 같음은 우매의 극치에 지나지 않다고 평가했다.[205] 곧 사상혁신의 기준이자 내용인 조선의 민족주의는 단순한 과거 역사의 영화를 자랑하거나 회고하는 회고주의가 아니라는 것이다. 이런 태도는 박물관이나 학자적 관심에 지나지 않는 것이며, 과거의 영화에 빗대어 현재를 자위하려는 것은 우매함의 극치라고 냉혹히 비판하고 있다. 민족운동의 지도원리이자 사상혁신을 위한 민족주의는 이런 회고주의와는 거리가 멀다는 것이다.

사상혁신을 위해 '조선을 알자!' '조선 문화를 알아보자!'는 주장은 "조선이 세계적으로 성대(成大)하고 조선 문화가 세계적으로 우월함"을 자랑하는 "자존적 배타주의가 아니다"라면서, 이의 요체는 "우선 저를 알자"는 것에 있다고 주장했다. 곧 "'자(自)'가 있고, '타(他)'가 있는 이상, 우선 '자'가 되어서 '자'로부터 알자는 것"이다. 그들은 이렇게 '자(自)'를 인식하는 것, "제 문화를 연구하고 제 문화를 진흥"하는 것은 결국 "자주적 정신을 기조로 한 '자기의 발견'에 기연을" 주는 것이라고 주장했다.[206] 곧 사상혁신을 위해서는 민족주의를 발양시켜야 하고, 이를 위해서 조선을 연구해야 하는데, 이는 단순히 과거의 문화, 과거의 자랑스러운 역사를 연구하여 진흥시키는 것이 아니라는 점이다. 이런 것은 자존적 배타주의에 지나지 않는다면서,

---

205) 「조선을 알자-자기발견의 기연」, 『동아일보』 1933. 1. 14.
206) 「조선을 알자-자기발견의 기연」, 『동아일보』 1933. 1. 14.

그보다는 자주적 정신을 기반으로 한 민족의 자기를 발견하는 것에 있다는 것이다. 우리 역사와 문화를 연구하고 진흥시키는 것은 그것 자체가 목적이 아니라, 민족적 자기발견을 위한 수단이라는 것이다.

그러면 어떻게 자기를 인식하고 자기를 발견할 수 있을까? 그리고 이렇게 자기를 인식하는 사상적 바탕은 무엇인가? 이 점에서 동아일보의 주장은 정인보가 「양명학연론」에서 주장하는 요체와 일정하게 연결되어 있었다. 「양명학연론」은 일반인은 물론 지식인들도 이해하기 어려운 난해한 내용과 문장으로 되어 있어 대중 신문에 수록되기는 적합하지 않은 것이었다. 당시부터 필자인 정인보와 식자공, 그리고 일제 검열관만이 읽었다는 우스개가 돌 정도로 「양명학연론」은 대중은 물론 지식인들도 읽기 어렵고 이해하기 어려운 내용으로 구성되어 있다. 그럼에도 동아일보 1933년 9월 8일자부터 12월 17일자까지 장장 66회에 걸쳐, 그것도 줄곧 1면에 게재되었다. 당시 신문의 1면은 그날의 핵심적 소재와 내용이 들어가 있으며, 언론사의 최대 관심사가 수록되어 있는 면이다. 사설이나 논설도 마찬가지이다. 그런데 거의 아무도 읽지 않는, 아니 읽지 못하는 논설을 처음부터 끝까지 1면에 계속 연재하였다. 이는 정인보의 「양명학연론」이 송진우가 주도하는 동아일보의 사상혁신 및 민족운동 기획과 밀접하게 관련되고 있다는 것을 의미했다.

정인보는 「양명학연론」에서 지난 수백 년간 조선에서는 "일부 학자가 학풍을 세우매, 농촌 궁민까지도 이를 흠모하였고, 오래 두고 내려와 파쟁 살육까지 모두 '실심(實心)' 이외의 자세히 살펴 연구하는(考究) 뿌리 삼아 확대한 것이라, 그 근원(源)은 보이지 아니하되 유파(流波)는 우리 속에 남아"있게 되었다고 한다. 그러면서 "열정보다 냉박(冷薄)함이 많으며, 어찌하여 자심(自心)보다 남 흉내만이 성(盛)하며, 이러면서도 열정이 있는 것처럼, 실득(實得)이 있는 것처럼, 외면으로 나타내는 것이 있는가 없는가. 당연히 느껴야 할 것이 어찌하여 마비되었으며, 당연히 나아가야 할 걸음이 어찌하여 정돈(停頓)한가" 하는 상황을 만들었다고 비판한다, 그에 따라 "나중에는 자심(自心)조차도 자기의 입(自口)으로써 부인하게 된즉, 자심(自心)은 아주 멸절하여도 저 학설을 살려야 내 명예도 나고, 내 당류(黨類)도 생길 것이매, 자기의 마음(自心) 멸절은 조금도" 고려하지 않았다고 파악했다.207) 곧 지난 시기 조선에서는 자기 마음과 자신의 주체적 사상을 찾아 세우는 것보다, 당파에 들어가 명예를 얻기 위해 중국의 학설을 흉내내기에 급급하였다는 것이다. 심지어 자신의 사상과 주장을 죽이고 중국학설을 살려내는 것이 명예와 당파적 이해에 맞는 것으로 생각해서, 주체적인 사상과 주장을 마비시키고 멸절해도 아무렇지도 않았다는 것이다.

때문에 정인보는 "우리 지금 양명의 학설을 연론함에 있어서도, 양명의 학설을 표준하여 우리 민중에 호소하려 함이 아니라, 우리의 본심의 밝음에 이 학설을 비추어, 그의 그렇고 그렇지 아니함을 스스로 증거를 깨달아 얻도록(證得) 하자는 것이라"208) 주장했다. 곧 「양명학연론」을 쓰는 이유가 단순히 양명학 학설을 소개하거나, 그에 기초한 학문적 사상적 기초를 세워 민중을 계도하려는 것이 아니라는 점이다. 양명학 연구를 계기로 우리 민족의 근본적 마음을 찾고, 그 본심에 비추어 양명학의 받아들일 점과 그렇지 않은 점, 우리 본심에서 재발견해서 현재에 활용할 점과 그렇지 않을 점을 스스로 깨닫도록 하기 위해 「양명학연론」을 저술하는 것임을 분명히 하였다.

이런 점에서 볼 때 양명학은 '심학(心學)'이고, 그 심학은 "우리의 마음이 타고난 그 본밑대로 조그만 협사(挾詐)가 없이 살아가려는 공부"209)로 "마음의 본체(良知)의 일점치혈(一點直血)로써 거의 멸절하게 된 심혼(心魂)을 환회(喚回)"하는 학문이기 때문이다.210) 곧 양명학이 우리 마음과 본심을

207) 정인보, 『양명학연론』, 『담원 정인보전집』 2, 123쪽.
208) 정인보, 『양명학연론』, 『담원 정인보전집』 2, 125쪽.
209) 정인보, 『양명학연론』, 『담원 정인보전집』 2, 124쪽.

다루는 학문이며, 그 학문은 우리의 마음이 타고난 본심대로 조그마한 간사한 마음도 없이 올곧게 살아가게 하는 공부이기 때문에, 양명학에 비치어 마음의 본체를 한 점으로 바르게 함으로써, 구래의 주자학이나 현재의 서양사상에 의해 거의 멸절되어 가는 우리의 마음의 혼을 다시 돌아오게 할 수 있다는 것이다.

정인보는 조선시대는 물론 서양의 학문이 들어온 현재에도 "남을 부끄러워 할 줄만 아는 것은 전이나 지금이나, 모양만을 보기는 전이나 지금이나, 체면만을 알기는 전이나 지금이나, 꼴을 좋게 하려기는 전이나 지금이나 꼭 일반"이라면서, "그것이 어찌하여 옳습니까" 질문하면 "응, 누가 옳다고 하였으니까"하고 대답하는 것은 "그 '누가'가 주자만이 아닐 뿐이지" 지금도 마찬가지라고 보았다.[211] 곧 조선시대에는 주자의 언설이 모든 판단의 기준이었다면, 지금은 "영국의 어느 학자, 프랑스의 어느 대가, 독일의 어느 박사, 러시아의 어느 동무의 말과 학설"이 기준이 되어 판단하고 받아들이면서, "자심(自心)으로 실조(實照)하여 가지고 진시(眞是)를 구하지 아니하기는 전이나 지금이나 꼭 일반"[212]이라는 것이다.

정인보가 볼 때는 과거에는 주자학이 표준이 되어 주자학에 비추어 옳고 그름을 판단하고, 모양과 외면, 체면과 부끄러움을 따졌다면, 현재에는 영국과 프랑스, 독일의 서구 사상가들, 그리고 러시아혁명과 소비에트연방의 지도자들의 학설과 주장이 표준이 되어 과거와 동일하게 옳고 그름을 판단하고, 모양과 체면을 중시하고 있는 것으로 여겨졌다. 스스로 자기의 마음으로 그 실제를 깊이 관조하여 옳고 바름을 구하지 않는 것은 예전 조선시대나 지금 일제하에서나 마찬가지라는 것이다.

때문에 그는 "백기천경(百歧千經)이 출발은 다 자심(自心)에 비롯"된 것이

---

210) 정인보, 『양명학연론』, 『담원 정인보전집』 2, 125쪽.
211) 정인보, 『양명학연론』, 『담원 정인보전집』 2, 240~241쪽.
212) 정인보, 『양명학연론』, 『담원 정인보전집』 2, 241쪽.

기 때문에, "가만히 자심(自心)에 비추어 살피는(照檢)것이[213] 필요하다고 주장했다. 백가지 갈림길과 천가지 길, 곧 우리 민족이 맞부딪치는 수많은 문제의 해결의 출발점은 스스로의 본심에서 있기 때문에, 우리의 마음이 기준이 되어 판단해야 하고, 이를 위해 '심학(心學)'을 통해 우리의 마음을 비추어보는 것이 필요하다는 것이다. 이러한 정인보의 「양명학연론」에서의 주장은 '양지(良知)'를 통해 '자심(自心)'을 찾고, '심혼(心魂)'을 회복하는 것을 통해 자기를 인식하고 자기를 발견할 수 있는 사상적 바탕을 만들자는 것이었다.[214]

사상혁신을 위해서 민족주의를 발양시켜야 하고, 이를 위해서 자주적 정신을 기반으로 조선을 연구해야 한다는 주장에 정인보가 전면적으로 대응한 것은 1935년 1월 1일부터 1936년 8월 27일까지, 무려 1년 8개월간 283회에 걸쳐서 동아일보에 연재한 「오천년간 조선의 얼」이다. 이 논설은 「양명학연론」과 마찬가지로 192회까지는 1면에서 연재되었다. 그리고 1936년 3월 17일 193회부터는 3면으로 옮겨서 연재되었다. 정인보는 이 논설의 연재 계기에 대해, 일본 관학의 『조선고적도보(朝鮮古蹟圖譜)』 편찬과 낙랑군 고증에서 보이는 역사 왜곡, 그것이 식민지배 이데올로기를 양산하는 총독부의 식민지배 통치정책과 긴밀한 관계에 있는 것에 분노하여, 이를 '깡그리 부셔 버리'기 위해서였다고 밝혔다. 그리고 바로 뒤 이어 다음과 같이 언급하고 있다.

"갈수록 세고(世故) 점점 다단한지라 민족적 정신이 여러 가지로 흐려지는 데다가, 전으로는 오래 내려오던 선민(先民)의 방향(芳香)이 끊 인지 오래요, 후로는 자기를 너무 모르는 분들이 적의 춤에 마주 장고를 쳐서, 마음속

---

213) 정인보, 「양명학연론」, 『담원 정인보전집』 2, 242쪽.
214) 자세한 것은 다음 참조. 윤덕영, 「위당 정인보의 조선학 인식과 지향」, 『한국사상사학』 50, 2015, 449~462쪽.

영토나마 나날이 말려들어가는 때다. 비리비리한 한인(恨人)의 고분(孤憤)을 무엇으로 해칠 길이 없었다. 마침 동아일보의 부탁을 받아 우리 정신 방면에 도움이 될 만한 왕적(往蹟)을 연재하기로 하였는데, 나는 부탁받은 범위를 넘어 한번 오천년을 내려꿰는 대저(大著)를 내어 볼 작정을 하고, '오천년간 조선의 얼'이라는 제목을 걸었었다."215)

정인보의 언급에서 두 가지 점이 주목된다. 첫째는 그의 저술이 우리 정신 방면에 도움이 될 만한 논설을 동아일보의 부탁으로 연재하게 되었다고 하는 점이다. 이는 그의 논설이 동아일보의 민족정신 함양을 위한 '사상기획'의 일환으로 시작되었는데, 이를 넘어 대저를 쓰게 되었다는 것이다. 앞서 살펴본 동아일보의 사상혁신 주장과 이 논설이 무관하지 않음을 보여 주는 대목이다.

둘째는 민족적 정신이 흐려지고 대중들이 자기의 역사를 몰라서 일제의 역사 왜곡에 그대로 끌려 들어가, 조선민족에 대한 자각을 점차 잃어가고 있는 현실을 타개하기 위해 글을 쓰게 되었다는 것을 표명하는 점이다. 정인보는 "민족적 정신이 여러 가지로 흐려지는데다가", "마음속 영토나마 나날이 말려들어가는" 상황을 심각한 문제로 보았다. 양명학은 '심학'이고, 심학적 경향에서는 원래 부여받은 그대로의 마음인 '본심(本心)'이 발현되는 것을 최고의 이상으로 삼는다. 때문에 본심인 민족적 정신이 흐려지고, 마음속 영토가 나날이 사라져가는 것은 국권을 잃은 것보다 더 큰 문제였다. 이러한 입장에서 민족의 정신과 마음속 영토를 다시 찾을 방법을 강구하기 위해 이 논설을 쓰게 된 것이고, 이는 곧 본심이자 민족정신인 '얼'에 대한 강조로 이어졌다.216)

정인보의 논설이 학문적 관심사나 역사연구에서 출발한 것이 아니라는

215) 정인보, 「조선사연구」「부언」, 『담원 정인보전집』 4, 270~271쪽.
216) 이상호, 「정인보의 얼사관」, 『동양철학』 12, 2000, 28~29쪽.

것은 「오천년간 조선의 얼」이라는 제목에서부터 명확히 드러나고 있다. 서론의 내용도 역사연구 방법론이나 기존의 연구 성과를 정리하여 비평하고, 앞으로의 연구 방향을 언급하는 식의 일반 연구서들의 관행을 전혀 무시하고, 인간의 본심이자 정신인 '얼'과 이를 민족과 역사로 확장시킨 얼사관에 대한 긴 설명으로만 채워져 있다. 동아일보 연재에서 '얼사관'을 다룬 서론은 1회부터 12회까지 상당한 분량을 차지하는데, 이 자체로도 동아일보 일반적 연재논설을 뛰어넘는 분량이다.

정인보의 연구가 민족정신을 고취하고, 민족운동의 사상 정립과 관련하여 제기된 것이기 때문에, 이를 후대의 연구자들이 학문적 역사서로 검토하는 것에는 많은 문제가 따를 수밖에 없다. 그의 연구가 해방 후에 『조선사연구』라는 대단히 학문적 제목으로 포장을 달리하여 출간되면서 이런 혼란이 확대된 것 같다. 분명한 것은 동아일보 연재 당시의 정인보의 논설에 대해 학문적 역사서로 검토해서는 제대로의 의미를 해석해내기 어렵다는 점이다.

사상혁신의 측면에서 정인보의 논의를 살펴볼 때 그가 극복하고자 했던 것은 일제의 식민지배 이데올로기만이 아니었다. 문명개화론, 서화론 등으로 상징되는 서구 근대 사상을 무비판적으로 수입하는 경향에 대한 비판도 내포되어 있었다. 뿐만 아니라 '프롤레타리아 국제주의'와 '계급 대 계급' 전술에 입각하여 민족주의 사상과 이념을 전면 부정하고, 조선역사와 문화, 사상에 대해 부정하면서 소련과 코민테른을 추종하던 일부 공산주의자들에 대한 비판까지 내포하는 것이었다. 여기서 주의할 것은 정인보의 사회주의, 공산주의 비판이 그 이념 자체에 있는 것이 아니라, 이를 수용하고 받아들여 행동하는 사람들의 태도에 있었다는 점이다. 정인보의 주장은 이러한 편향적 인식과 주장에 대한 경계와 이를 극복하기 위한 사상혁신의 의미를 갖는 것이었다.

이 점에서 정인보와 동아일보의 논의는 1930년대 들어 급진적 서구화와 공산주의 이념의 확산에 대응하여 중국 장제스와 국민당내 전통 우파들에 의해 본격화되기 시작하는 중국 민족전통의 복원과 민족정신의 강조, 유교 이념에 대한 재해석과 복권 정책과 관련이 있다. 때문에 1935년 1월 타오시성 (陶希聖) 등 10교수의 「중국본위적 문화건설선언」으로 공론화된 중국본위문화파 및 신유가들의 주장 및 연구들과 비교해서 검토해 볼 필요가 있다.

3. 민족주의 문화운동의 특징

1930년대 전반 조선학운동을 다룬 일부 연구에서는 조선학운동을 동아일보의 민족주의 문화운동과 대립시켜 안재홍의 운동노선과 관련 있는 것으로만 보는 경향도 있었다. 그렇지만 이는 대단히 잘못된 파악이다. 잘 알다시피 조선학운동을 이끌었던 사람들 중 가장 대표적인 사람은 안재홍과 함께 정인보였다. 그는 안재홍과 함께 다산의 『여유당전서』 발간 사업을 진행하였다. 정인보는 안재홍보다는, 동아일보 핵심인물인 송진우와 아주 각별한 사이였다.[217]

그동안 정인보의 행적에 대해서는 조동걸과 정양완에 의해 그 전체적 양상이 파악되었다.[218] 그리고 정인보의 행적과 관련한 중요한 일화 등은 일찍이 홍이섭, 민영규 등에 의해 논의되었다.[219] 그 외에도 여러 연구들에서도 정인보의 행적과 관련한 논의가 부분적으로 다루어졌고, 심경호는 정인보의 평전을 준비하는 과정에서 행적과 관련해서 추후 해명되어야

---

217) 정인보와 안재홍은 1931년 동아일보의 이충무공유적보전운동과 관련해서는 공개적으로 논전을 벌이기도 한다. 고하선생전기편찬위원회, 앞의 책, 317쪽.
218) 조동걸, 「연보를 통해 본 정인보와 백남운」, 『한국독립운동사연구』 5, 1991 ; 정양완, 「담원 정인보선생 연보」, 『애산학보』 39, 2013.
219) 홍이섭, 「위당 정인보」, 『한국사의 방법』, 탐구당, 1968 ; 민영규, 「위당 정인보 선생의 行狀에 나타난 몇 가지 문제 : 實學原始」, 『동방학지』 13, 1972.

할 중요한 논점들을 제시했다.[220] 그리고 필자에 의해 정인보의 교유관계 및 행적, 특히 그와 관련되었던 백낙준과 백남운, 송진우와의 교유와 그 배경, 영향 등이 해명되었다.[221]

일반 독자들이 읽고 이해하기 어려운 정인보의 「양명학연론」은 66회에 걸쳐 동아일보 1면에 연재되었고, 「오천년간 조선의 얼」은 무려 283회에 걸쳐 동아일보 1면과 3면에 연재되었다. 이는 송진우의 적극적 지원 하에 이루어진 것이었다.

송진우는 서구 근대사상의 기반 위에서 우리의 독자적인 사상적 문화적 전통과 역사를 확립하는 것이 민족운동에 있어 무엇보다 중요한 과제이며, 이를 통해 민족주의세력 주도의 자립적 근대국가건설운동의 사상적 기반을 마련할 수 있다고 보았다. 이는 공산주의세력 주도의 국가건설운동에 대응하는 것이기도 했다. 이 지점이 송진우가 정인보를 끌어들여 동아일보의 지면을 의도적으로 적극 제공하면서 정인보의 저작 활동을 적극 후원한 배경이었다.

정인보는 앞에서 언급한 「양명학연론」 말미에 쓴 것처럼 스승 이건방 및 선배 박은식에 비견될 정도로 송진우와 가깝게 지냈다. 정인보와 송진우는 처음에는 별 교류가 없다가, 1926년 '비밀스러운 계획'을 계기로 급속히 가까워졌다.[222] 일제 말기 민족주의세력 전반이 정치적 은둔에 들어갔을 때에도 정인보는 창동에 같이 낙향해서 근방에 살면서 송진우와 자주 만나 어울리는 몇 되지 않는 사람 중 하나였다.[223] 8·15 해방 당일에도 송진우 집에 김병로, 김준연, 백관수 등과 같이 모여 시국을 의논했다.[224]

---

220) 심경호, 「위당 정인보 평전의 구상」, 『연보와 평전』 4, 2010, 66쪽 ; 심경호, 「위당 정인보의 양명학적 사유와 학문방법」, 『애산학보』 39, 2013, 103쪽.

221) 윤덕영, 「위당 정인보의 교유 관계와 교유의 배경-백낙준·백남운·송진우와의 교유 관계를 중심으로-」, 『동방학지』 173, 2016.

222) 윤덕영, 위의 글, 2016, 54~60쪽.

223) 고하선생전기편찬위원회, 앞의 책, 415쪽.

정인보는 해방 후 송진우가 주도한 국민대표준비회가 1945년 12월 대한민국 헌법 대강을 준비하기 위해 위촉한 헌법연구위원으로 참가하기도 했다.[225] 정인보는 송진우를 대단히 높이 평가하고 있었으며,[226] 1945년 12월 송진우가 암살될 때까지 긴밀한 관계를 유지하면서 행동을 같이했다.

조선학운동은 당시 민족주의세력 전반이 공유하고 함께 참여한 운동으로, 백남운과 신남철을 비롯한 일부 사회주의계열의 인물들도 참여한 운동이었다. 그리고 이는 민족주의세력의 민족주의 문화운동의 범주에 들어 있었다. 정인보는 이런 동아일보 민족주의 문화운동을 앞장서서 추진하는 가히 선봉장이었다.

동아일보는 1931년 1월 5일부터 「조선고전해제」라는 문화면 칼럼을 매 1주일마다 연재하기 시작했다. 제1회는 조선어연구회의 이윤재가, 제2회는 이은상이 집필했지만, 1931년 1월 19일부터 5월 11일까지 제3회부터 19회까지, 그리고 두 달 후인 7월 6일자 20회 마지막까지 정인보가 담당했다. 이것은 단순히 옛 조선의 고전을 소개하는 의미의 내용이 아니었다. 중국 국학파에서 두드러지듯이, 청의 건가학(乾嘉學)의 학문적 배경을 갖고 있는 사람들에게 있어서, 고전의 정리와 고증은 무엇보다 중요한 일이었다. 그리고 근대 문명에 대응할 새로운 동양적 근대사상도 이러한 전통의 정리와 고증을 통한 전통의 재해석과 재구성에서 나오는 것이기 때문이다. 곧 고전해제는 새로운 동양적 근대사상을 위한 기초사업이었다.

1931년 5월 13일자 동아일보에 이순신 묘소의 위토(位土)가 후손들의 빚 2,400원 때문에 동일은행에 저당 잡힌 채 경매에 넘겨지며, 묘소가 있는 산도 별도로 저당 잡혀있다는 내용이 보도되었다. 동아일보는 바로

---

224) 李仁, 「解放前後 片片錄」, 『신동아』 1967년 8월호.

225) 『동아일보』 1945. 12. 23.

226) 정양완도 회고에서 "아버지가 우리나라에서 가장 훌륭한 정치가로 높이는 분은 고하 송진우선생이었다"라고 언급하고 있다. 정양완, 「나의 아버지 나의 스승 담원 정인보 선생」, 『스승』, 2008, 108쪽.

전 해에 이윤재 집필로 이순신에 대해 43회나 연재를 게재하는 등,[227] 이순신 기획을 지속하였기 때문에 이 문제에 적극 대응했는데, 정인보가 주도적으로 참여하게 된다. 정인보는 5월 14일 「민족적 수치-채무에 시달린 충무공 묘소」, 5월 15일 「이충무공 묘산(墓山) 경매문제」, 5월 21일 「이충무공과 우리」의 논설을 동아일보에 연이어 게재했다. 정인보는 "내옹(奈翁 : 나폴레옹)이니 화옹(華翁 : 조지 워싱톤)이니 하고 이국의 위인을 숭양(崇揚)할 줄 알되, 자가(自家)의 위인을 모르는 그 시대는 다시 말할 것도 없거니와 '조선을 찾자'는 부르짖음이 벌써부터 잦은 이때"에 이순신의 묘소가 저당 잡혔다면서, "우리는 먼저 그보다는 민족적 이상이 결여하고, 민족적 정열이 냉각되고, 민족적 자부심이 마비된 조선을 스스로 책하지 않으면 안 될 것을 서러워 한다"고 개탄했다. 그러면서 "이러한 붓대를 들기조차 손이 떨리고 얼굴에 모닥불을 부은듯하다"고 했다.[228] 이런 생각은 이후 「양명학 연론」이나 「오천년 조선의 얼」의 저술에서 누차에 걸쳐 강하게 표명된 현재 조선인들의 외국 문명에 대한 숭배 자세와 자국 문명에 대한 비하 의식에 대한 비판의식으로 발전하게 된다.

정인보의 충무공 논설 이후 동아일보에는 성금이 답지하기 시작했고, 동아일보는 대대적 성금 모금운동을 전개하면서 각종 관련 기획을 전개했다. 5월 23일에는 이충무공유적보존회가 창립되었고, 7월에는 현충사 기공식이 거행되었다.[229] 충무공 유적지 보존운동은 송진우의 진두지휘 아래 전개되었고, 정인보는 5월 25일 「충무공유족보존회 창립」, 6월 15일 「충무공 위토 추환(推還)」, 6월 17일 「성금 일만원-민족적 성심의 발로」 등의 논설을 게재하여 이를 지원했다. 이듬해 1932년 6월 5일 현충사 낙성식이 3만여

---

227) 이윤재, 「조선을 지은이들 성웅 이순신」 1~43, 『동아일보』 1930. 9.20~12.13.
228) 「민족적 수치-채무에 시달린 충무공 묘소」, 『동아일보』 1931. 5. 14.
229) 충무공유적 보존운동의 전체적 경과에 대해서는 다음 참조. 이지원, 「1930년대 민족주의계열의 고적보존운동」, 『동방학지』 77·78·79합집, 1993, 760~764쪽 ; 이지원, 앞 책, 317~323쪽.

명이 운집한 가운데 거행되었는데, 정인보는 「중건 현충사비문」을 직접 작성하였고,[230] 「이충무공의 인격-현충사 낙성식날에」의 글을 동아일보에 게재했다.[231]

당시 이충무공 유적지 보존운동은 몇 가지 특징을 가지고 있었다. 첫째, 동아일보를 중심으로 언론계의 기획과 대중적 행사로서 일이 추진되고 진행되었다는 점이다. 동아일보는 충무공 유적지 문제를 기사로써 알리고, 논설을 통해 대중의 공분을 일으켜 민족의식을 고취하려 했다. 대대적 성금 모금 운동의 전개과정 보도와 충무공 유적지 순례 기사 등을 통해 보존운동을 대중적 차원에서 기획하고 추진했다. 둘째, 1932년 5월까지 보존운동에 성금을 낸 인원이 438단체와 개인 20,543명에 달했고, 모금액도 20,971회에 총 16,021원에 이르러[232] 광범한 대중적 참여 속에 운동이 전개되었다는 점이다. 현충사 낙성식에는 당시의 낙후된 교통상황을 감안할 때 무려 3만여 명이 참가하였는데, 이러한 보존운동에 대한 대중적 지지와 참여 열기는 기획자들의 예상을 뛰어넘는 것이었다. 이러한 충무공 유적지 보존운동의 경험은 정인보와 동아일보에게 언론을 통한 조선학운동의 실천적 가능성과 대중적 가능성을 확인하게 하는 계기였다.

이후에도 동아일보는 조선어학회와 함께 한글에 대한 선양 사업과 '조선어강습회'를 전국적으로 개최했다. 또한 '권율도원사기공사' 보수운동, '단군유적보존운동' 등 국조신앙이나 민족 위인들의 유적지 보전운동 등을 활발히 전개했다.[233]

'문화혁신'을 목표로 전개된 동아일보 주도세력의 1930년대 전반기 문화운동은 다분히 계몽적인 성격, 또는 정치적 성격이 강했다. 그들은 1910년에

---

230) 『동아일보』 1932. 6. 7.
231) 『담원 정인보전집』 2, 307~308쪽.
232) 『동아일보』 1932. 5. 29.
233) 고하선생전기편찬위원회, 앞의 책, 1990, 314~334쪽.

서 20년에 걸친 실력양성운동 기간 중 제기한 봉건적인 구사상·구관습의 타파론의 부분적 반성 속에, '조선적인 것'과 민족문화에 대한 탐구를 진행시켰다. 그렇지만, 그들의 주된 관심사는 대중들에 대한 의식 계몽과 민족적 자각에 있었기 때문에 대중에게 가시적으로 와 닿는 한글보급과 문맹퇴치, 유적개발 등에 운동이 집중될 수밖에 없었다. 민족문화에 대한 자각은 민중의 근대적 자각을 위한 기능적·도구적 의미를 가진 것이었다. 이는 민족주의 문화운동을 정치운동의 준비운동으로 전개한 동아일보 주도세력에게 있어서는 당연한 것이었다. 이런 점에서 송진우가 생각하는 민족주의 문화운동에 대한 입장은 정인보나 현상윤 같이 조선학 자체에 관심을 기울여 깊이 연구하고 탐구하는 사람들과 일정한 차이가 있었다.

그러나 이러한 동아일보 주도세력의 문화운동도 일제가 본격적으로 파시즘 체제로 전화하면서 제한을 받을 수밖에 없었다. '내선융화'에 따른 민족동화정책, 민족말살정책은 합법적 틀을 최대한 이용하였던 문화운동의 운동범위를 점차 앗아갔다. 때문에 1930년대 중반에 이르면 문화운동도 소강상태에 들어가게 되고, 동아일보 주도세력의 운동적 모색도 한계에 이르게 된다.

소결 :
합법적 정치운동의 퇴조, 근대적 조선 사상의 모색

　20세기 전반 동아시아는 제국의 시대였다. 일본제국의 큰 범위와 변동
속에서 식민지 조선은 위치지워지고 움직였다. 제국사의 틀을 가지고 식민
지를 바라보아야 할 이유이다. 일본은 1920년대 정당정치시대가 도래했음
에도 정당정치세력과 자유주의체제가 일본정치의 전반을 장악하지 못했다.
일본 정치구조는 메이지시대 이래 일본 특유의 천황제 권력체제 하에서
기존의 특권세력이 의회제와 정당정치체제를 받아들여 자기 변신을 한
것이고, 다른 한편으로는 정당정치세력이 기존의 특권세력 및 천황제와
타협한 것이었다. 또한 정당세력들이 잡은 정치권력도 완전한 것이 아니었
다. 여전히 군부는 사실상 내각의 통제 밖에 존재했다.
　일본 천황제 권력체계 특유의 권력분립체계 속에서 정당정치세력이 조선
식민정책을 마음대로 좌지우지할 수 없었다. 현지 총독의 권한도 제한적이
었다. 식민지 중의원 참정권부여나 자치제 실시에 대해 일본 지배권력
핵심부, 즉 특권세력들과 군부세력, 정당정치 핵심세력들은 부정적이었다.
본국관료로 진출할 수 없던 일부 조선총독부 토착 일본인 관료들은 자치제
실시를 원했지만, 그들의 정치적 힘과 능력은 미약했다.
　1930년 일제의 식민지 지방제도 2차 개정은 이런 제국과 식민지 상황을
반영한 결과물이었다. 사이토 총독과 총독부관료들은 1929년말 중앙정치
차원의 조선의회가 아닌, 홋카이도 지방의회 수준의 '조선지방의회'안을

비밀리에 만들었다. 문제는 이때 만든 안에서의 조선지방의회는 아일랜드와 인도에서 보이는 중앙정치 차원의 자치의회가 아니었다. 실질적인 법률제정 권한도 없었고, 총독의 엄격한 감독과 통제 하에서 총독부 예산의 극히 일부인 7%만을 심의하는 조직이었다. 그리고 소수의 재조일본인이 다수의 조선인보다 우위에 설 수 있도록 안배된 안이었다. 그렇지만 이런 기만적이고 제한된 안조차 일본 본국 권력세력에는 전혀 수용되지 않았다. 사이토는 일본 본국의 반대에 부딪치자 조선지방의회안을 금방 포기하고 만다. 때문에 실제 정책으로 추진된 적이 없다.

결과적으로 도·부·읍의 의결기관화만 이루어졌다. 그리고 보통선거를 하는 일본과는 달리 제한선거권으로 선거권이 극히 제한되었기 때문에, 부와 읍의 경우는 재조일본인이 조선인보다 우위에 설 수 있도록 구조적으로 안배되었다. 일본 본국 권력구조와 정치상황을 놓고 볼 때 이는 사실 필연적 결과였다. 이러한 지방제도 개정으로 만들어지는 극히 제한되고, 권한도 별로 없는 지방정치 공간은 민족운동세력의 지방정치 참여의 의미를 사실상 무의미하게 만들었다.

일제하 민족주의세력의 상당수는 일본 중의원 보통선거에 여전히 큰 관심을 기울였다. 보통선거에서 식민지조선의 지배정책 변화를 주장하는 무산정당이 진출하여 대세를 이루면, 식민지 조선에 큰 이해관계를 갖고 있는 군부 및 특권세력이 약화될 것이고, 일본사회의 민주적 변화가 식민지 조선의 지배에 큰 변화를 가져올 것이라는 기대에서였다. 그렇지만 1930년 2월 중의원 제2차 보통선거의 결과는 대단히 실망스러운 것이었다. 의회진 출과 득표율도 변변치 못했지만, 더 큰 문제는 무산정당세력이 사분오열되 어 이전투구를 하고 있었기 때문이다. 이제 일본사회의 민주적 변화는 기대할 수 없는 것이 되었다. 일본 정계가 변화하지 않는 한, 자치제 실시와 같은 커다란 변화는 결코 이루어질 수 없는 것이었다.

이런 상황은 1920년대 합법적 정치운동을 전개하던 좌우의 식민지 민족운동세력에게 커다란 제약으로 다가왔다. 제2차 중의원 보통선거와 식민지 제2차 지방제도 개정의 결과는 조선의회의 기대를 불가능하게 만들었다. 식민지 조선에서 합법적 정치운동의 공간을 대단히 축소시켰고, 그 전망을 어둡게 했다. 당시 민족운동세력들은 이런 상황을 충분히 인식하고 있었다. 동아일보 주도세력은 일본 정계 변화 및 중국 국민혁명의 전개에 주목하면서 그 정세의 변화에 따라 자신의 운동 노선과 방향을 수정하여 갔다. 그들은 중의원 제2차 보통선거의 결과와 식민지 지방제도 2차 개정을 통해 조선에서 자치의회가 불가능하게 되었다고 판단했고, 합법적 정치운동에서 사실상 후퇴했다.

반면에 천도교 신파는 정세와 무관하게 자치운동을 전개했다. 신파와 청년당 지도자들은 민족협동전선운동에 비판적이었고, 다른 사회세력과의 연대보다는 자신들의 세력 기반을 공고히 하는 독자 활동에 주력했다. 그들에게 있어 신간회는 이념과 노선이 혼재되어 있는 조직이고, 자신들이 극복해야 할 경쟁대상이었을 뿐이었다. 신간회 안으로 들어간다는 것은 처음부터 고려 대상이 아니었다.

한편 1920년대 후반 들어 기독교세력들도 농촌부를 설치하는 등 민중에 대한 영향력 강화에 나섰다. 이는 사회주의세력의 반기독교운동에 대한 사회복음에 기반한 기독교계열의 대응과정이기도 했다. 기독신우회는 전국 각지에 지회를 결성해 신간회에 상응하는 기독계의 협동전선으로 구상되었지만, 실제로는 경성지회를 결성하는 데 그쳤고, 실제 활동은 미미했다. 기독신우회가 천도교 신파와 연결되어 자치운동을 추진했다는 일제관헌 기록은 잘못된 것이다. 보다 두드러진 점은 1930년에서 1931년 신간회 해소기까지 기독교계의 사회운동과 민족운동 자체가 사회참여에 반대하는 기독교 보수세력과의 갈등 속에 침체상태에 있었다는 점이다.

동아일보 주도세력은 최린을 비롯한 신파 주도세력과 인식을 같이 하는 점과 달리하는 점이 분명했다. 그들은 합법적 정치운동이 광범한 대중을 동원하는 데 유효한 수단이며 반드시 필요한 것이라는 데에는 의견을 같이했다. 조선의회나 조선지방의회 같은 자치제도 조건이 되면 받을 수 있다는 입장이었다. 그들 모두는 타협과 대결의 경계선을 걷고 있었다. 그러나 최린과 천도교 신파 중심인물들은 정세의 변화에 크게 구애됨이 없이 천도교의 힘을 믿고 '세계일가'라는 자신의 사상과 이념에 따라 자치운동을 그대로 밀고 나갔다. 반면에 동아일보 주도세력은 일본 정계의 변화와 조선정책의 변화에 주목하면서 정세의 변화에 따라 자신의 운동 노선과 방향을 수정하여 갔다. 이렇게 해서 1920년대 중반 이래 진행되어 온 민족주의세력의 합법적 운동 노선과 활동도 분화하게 된다.

신간회 해소 문제에 가서는 그들의 입장은 명확히 갈렸다. 천도교 신파에게 있어 신간회는 빨리 없어져야 할 그들 운동의 걸림돌이었다. 이 점에서 전혀 극에 있는 공산주의자들의 신간회 해소운동과 그들은 이해를 같이하고 있었다. 이에 반해 동아일보 주도세력의 입장은 신중했다. 그들은 신간회에 대해서는 비판적이기는 했지만 맹목적 해소는 반대였다. 현재의 정세 하에서 신간회 같은 합법적 정치단체를 다시 조직할 수 있을지 의문 사항이기 때문이었다. 이런 인식은 동아일보 주도세력뿐만 아니라 광범한 민족주의자들에게 공통된 것이었다. 공산주의세력의 계급 대 계급 전술로의 전환과 그 최종 귀결로서 신간회 해소에 이르기까지의 과정에서 전개된 공산주의자들의 좌익소아병적 언사와 행동은 좌우를 막론하고 거의 모든 조선의 민족주의세력에게 커다란 충격과 상처를 남겨주었다.

1930년대 세계적 차원에서의 파시즘의 대두는 조선의 지식인과 민족운동세력에게 커다란 충격을 가져왔다. 러시아혁명과 제1차 세계대전 종전 후 세계의 지식인과 청년·학생, 그리고 국내 사회주의자뿐만 아니라 민족주의자들도 사로잡았던 '데모크라시', '세계개조' 등의 세계와 역사 발전에 대한 기대와 전망은 파시즘의 대두와 함께 점차 사라져갔다. 시대의 흐름은 민족자결과 민주주의 발전이라는 진보적 방향으로만 흐르지 않는다는 점이 확인되면서, 일부 지식인과 민족운동세력은 패배의식에 절망하게 된다. 파시즘 사상은 그 틈을 비집고 들어와 기존 질서의 파괴와 국가 주도의 새로운 비전을 제시했다.

1930년대 전반 파시즘의 전 세계적 대두에 대해 동아일보계열은 세계 대세가 국가주의적 블록화, 독재화로 나가고 있는 것으로 파악하기 시작했으며, 광범한 대중의 지지와 동원 속에 파시즘 운동이 전개되는 상황에 대해 우려하기 시작했다. 동아일보는 파시즘이 역사발전에 역행하는 '반동사상'이며, 민중의 헌법적 권리행사를 유보시키는 '근대화한 전제주의'로서 '정치적 복고주의'에 지나지 않는다고 명백히 규정하면서 파시즘에 대한 지속적으로 비판했다.

인구의 절대 다수인 농민층을 장악하는 문제는 일제 권력뿐만 아니라 민족주의세력과 사회주의세력 모두에 있어서 절대적 과제였다. 동아일보는 1931년부터 4년간에 걸쳐 농촌계몽운동인 '브나로드운동'을 대대적으로 전개했는데 이는 대중적 정치운동의 전개라는 구상 하에서 진행된 것이었다. '문맹퇴치'는 그 첫걸음이고, 이를 생산과 소비의 각종 협동조합운동으로 발전시키고자 했다. 동아일보의 브나로드운동은 단순히 일제와 대립관계를 형성하는 것만은 아니었고, 그들의 운동은 다분히 공산주의세력을 겨냥한 것이기도 했다. 그러나 단기간에 걸친 단발적인 행사로 그치고 구체적인 농민대중과 학생에 대한 조직화, 운동의 지속화로 연결되지 못하는 결정적인 취약점을 가지고 있었다.

신간회 해소 후 1932년 동아일보는 민족운동내의 사상적 대립과 불일치를 극복하기 위한 사상통일로서 '사상혁신'을 주장한다. 1930년대 전반 동아일보의 사상혁신, 문화혁신 주장에 대해 당면이익 획득을 위한 개량적 주장이라고 평가하는 것은 적절하지 않다. 그들 주장의 특징은 그것이 민족운동에 있어 민족주의세력의 배타적이고 강한 헤게모니적 성격을 갖고 있었다는 점이다. 곧 민족주의가 조선민족의 지도원리이자, 사상혁신의 기준이라는 것을 제기하면서, 민족운동이 민족주의에 입각해서 전개되고 통일되어야 한다는 점을 강조하는 것이다. 이는 당시 '계급 대 계급' 전술에 기반한 공산주의세력의 주장과 활동에 대한 대응이기도 했다. 그들은 사상혁신을 위해서는 조선만의 사상을 마련해야 하며, 그를 위해서는 타의 존재를 연구하기 보다는 먼저 조선 자체를 연구하는 것이 필요하고, 이는 단순히 과거의 문화를 연구하여 진흥시키는 것이 아니라, 자주적 정신을 기반으로 한 자기를 발견하는 것에 있다고 주장했다.

이런 주장은 정인보가 「양명학연론」에서 주장하는 요체와 일정하게 연결되어 있었다. 자주적 정신을 기반으로 조선을 연구해야 한다는 주장에 정인보가 전면적으로 대응한 것이 「오천년간 조선의 얼」 논설이었다. 사상혁신의 측면에서 정인보의 논의를 살펴볼 때 그가 극복하고자 했던 것은 일제의 식민지배 이데올로기만이 아니었다. 문명개화론, 서화론 등으로 상징되는 서구 근대 사상을 무비판적으로 수입하는 경향에 대한 비판뿐만 아니라 '프롤레타리아 국제주의'와 '계급 대 계급' 전술에 입각하여 민족주의 사상과 이념을 전면 부정하고, 소련과 코민테른을 추종하던 공산주의자들에 대한 비판까지 내포하는 것이었다.

동아일보와 정인보의 주장이 서화론 및 공산주의 이념에 대한 경계를 내포하는 것이라는 점에서, 그들의 논의는 1930년대 들어 급진적 서구화와 공산주의 이념의 확산에 대응하여 중국 장제스(蔣介石)와 국민당내 전통 우파들에 의해 본격화되기 시작하는 중국 민족전통의 복원과 민족정신의 강조, 유교 이념에 대한 재해석과 복권 정책과 관련이 있었다. 이는 이런 중국에서의 움직임과 정인보가 중심된 조선학운동이 조선과 중국에서 서로 무관하게 별개로 전개된 흐름이 아니기 때문이다. 자본주의와 사회주의, 민주주의와 공산주의의 전망이 서로 경쟁하는 가운데, 유구한 역사적 전통을 갖고 있는 동아시아의 문화와 사상을 어떻게 재해석하여 동아시아 근대사회로의 이행 및 근대 민족국가 건설에 이용할지, 더 나아가 현실의 사회이행과 근대 민족국가 건설을 어떠한 이념과 노선을 가지고 추진하는 것이 필요한지에 대한 동아시아 지식인, 엘리트들의 공통된 고민과 과제가 반영되어 있기 때문이다. 또한 공산주의에 대응한다는 측면도 동시에 내포하고 있다.

'사상혁신'을 목표로 전개된 동아일보 주도세력의 1930년대 전반기 민족주의 문화운동은 민족운동의 준비운동으로서 정치적 성격이 강했다. 동시에 일제는 물론 공산주의세력에 대한 사상투쟁의 성격을 가지고 있었다. 공산주의세력의 '계급 대 계급 전술' 및 민족주의타격론에 맞서, 조선의 민족운동이 조선의 자주적 정신과 역사에 기초한 민족주의 이념을 지도원리로 전개되어야 한다는 것을 분명하게 제기했다. 정인보는 이런 동아일보의 민족주의 문화운동을 앞장서서 추진했다. 그들은 민족운동의 지도원리인 민족주의이념을 확립하기 위해, 자주적 정신에서 조선의 사상과 이념, 역사와 문화를 서구 근대사상에 비추어 새롭게 재발견하고 연구했다. 「양명학연론」과 「오천년간 조선의 얼」은 그 중요한 결과물들이었다. 이런 점에서 조선학운동은 단순한 학술운동이 아니었다. 서구 근대사상에 비견하는 새로운 조선의 근대사상을 재발견하고 마련하기 위한 기초운동이자 사상운동이었다. 이는 서구의 근대사상을 일정하게 수용하면서도 이에 대신하여 새로운 근대적 중국사상을 정립하려고 했던 20세기 전반의 중국국학파, 량치차오(梁啓超)와 그의 연구계, 신유가와 1930년대 중국 본위문화운동 등과 비슷한 문제의식을 갖고 있었다. 비록 중국만큼 폭넓고 깊게 연구되지는 못했지만, 식민지 조선의 열악한 상황 속에서도, 또한 중국과는 다른 학문적 전통과 역사적 배경 속에도 새로운 근대적 조선 사상을 정립하려고 노력했다.

그렇지만 동아일보 주도세력의 민족주의 문화운동도 일제가 본격적으로 파시즘체제로 전화하면서 소강상태에 들어가게 된다. 더 나아가 그들의 사상적 강구와 운동적 모색도 한계에 이르게 된다.

5부

일제에의 굴종, 그러나 다시 기사회생

1장 비판과 굴종의 갈림길

1. 1936년 '2·26'사건 전후 정세인식과 히로타 내각 비판

사이토 내각과 오카다 내각에서 점점 세를 키워나간 '혁신관료'들은 1935년 5월 내각조사국을 설치하고, 이를 거점으로 활동했다. 중요 국책에 관한 조사를 행하는 내각조사국은 요시다 시게루(吉田茂) 내각서기관장을 중심으로 각 부처의 관료들과 국책연구기관의 학자, 각계의 간부, 언론인 중 '혁신적 분자', 즉 국가주의적 성향을 가진 사람들이 모인 핵심기관이었다. 내각조사국은 초연내각을 뒷받침하기 위해 일종의 정당협의체 성격의 초당파적 내각심의회의 사무국 역할을 겸하면서 국가주의 사상을 확산시키는 데 중요한 역할을 수행했다. 당연히 군부의 지지를 받고 있었다.[1] 또한 일본 의회 내에서도 히라누마 기이치(平沼騏一郎)를 중심으로 파시즘내각 수립이 추진되고 있었다.[2] 한편 '황도파'와 '통제파'로 대변되는 군부내 국가주의세력도 그 세력 기반을 크게 넓혀나갔다.[3]

---

1) 升味準之輔著, 이경희 역, 앞의 책 Ⅲ, 202쪽.
2) 堀田愼一郎, 「平沼內閣運動と齋藤內閣期の政治」, 『史林』 제77권 3호, 1994.
3) 일본 군부내 파벌에 대해서는 다음을 참조. 筒井淸忠, 「昭和の軍事エリート-陸軍官僚制の內部構造」, 『昭和期日本の構造その歷史社會學的考察』, 有斐閣, 1984 ; 佐佐木隆, 「陸軍 '革新派'の展開」, 『年報近代日本硏究-1 : 昭和期の軍部』, 山川出版社, 1979 ; 北岡伸一, 「陸軍派閥對立(1931~1935)の再檢討-對外·國防政策を中心として」, 『年報近代日本硏究-1 : 昭和期の軍部』; 渡邊行男, 「陸相をめぐる陸軍首腦の抗爭」, 『宇垣一成』, 中央公論社, 1993 ; 이승렬, 「1930년대 전반기 일본군부의 대륙침략관과 '조선공업화'정책」, 『국사관

1936년 2월 20일 네 번째 보통선거로 일본 중의원 총선거가 실시되었다. 동아일보는 이번 중의원 총선거가 사이토 내각 이후 일본의 초연 내각정치가 지속하느냐, 아니면 '헌정의 상도'로 복귀하느냐의 갈림길로 파악했다.[4] 그리고 최대 의석을 보유하면서도 야당의 위치에 있는 정우회의 영향력이 강화될 것으로 전망했다.[5] 그렇지만 총선거결과 집권 오카다 내각의 의도대로 중의원 다수 의석을 점하던 정우회가 제2당으로 떨어지고, 정부여당의 역할을 담당하던 민정당이 제1당에 올라섰다. 때문에 일본은 현재의 초연내각 체제하에서 상대적 안정기에 들어갈 것이라는 것이 일반적 관측이었다.[6]

동아일보는 총선거에서 그동안 지지부진하던 무산정당세력이 사회대중당 18명을 포함하여 모두 22명의 의원을 배출하자, 총선거를 총평하는 사설 대신에 무산정당의 진출에 대한 사설을 게재하여 이를 적극적으로 다루었고, 무산정당의 향후 선전 활동의 효과로 영국에서와 같이 머지않은 장래에 정계의 대세력으로 발전할 수 있을 않을까 하는 기대를 표출했다.[7] 이는 파시즘화하는 일본의 정계를 개편하고 식민정책의 변화를 가져올 수 있는 무산정당의 정치적 진출에 대한 기대를 표현한 것이었다.

그렇지만 이런 일본 정계의 흐름을 일거에 뒤집어 버리는 사건이 곧바로 일어났다. 1936년 2월 26일, 기타 잇키(北一輝), 니시다 미쓰기(西田税) 등 국가주의자들을 추종하는 군부내 황도파 청년장교들이 쿠데타를 일으켰다 (2·26사건). 쿠데타군은 사이토 마코토 당시 내대신, 다카하시 고레키요(高橋是淸) 대장대신 등을 살해하였지만, 곧 통제파 주도의 군부에 의해 진압되었다. 2·26사건은 군부 내 세력 다툼의 성격을 가지고 있었기 때문에 이전

논총』 67, 1996, 148~155쪽.

4) 「의회해산과 정부와 정당」, 『동아일보』 1936. 1. 21.

5) 「의회해산과 정우회」, 『동아일보』 1936. 1. 22 ; 「총선거와 岡田啓介內閣」, 『동아일보』 1936. 2. 21.

6) 「동경정국과 극동형세」, 『동아일보』 1936. 3. 5.

7) 「무산정당의 정치적 세력」, 『동아일보』 1936. 2. 24.

쿠데타와 달리 사건 관련자들에게 엄한 처벌이 가해졌고, 이후 군부 내 황도파에 대한 대대적인 숙군이 진행되었다.

2·26사건이 갖는 의미는 이 사건을 계기로 통제파가 장악한 군부가 정치일선으로 나오게 되었다는 점이었다. 사건 후 성립된 히로타 고키(廣田 弘毅) 내각은 군부가 요구한 '준전시체제의 확립'과 '서정쇄신'의 실현을 정책 목표로 삼아 사실상 군부에 의해 움직였다. 현역 군인에 한해 육군대신 과 해군대신이 될 수 있다는 '현역무관제'가 부활하여 군부는 언제든지 내각을 붕괴시킬 수 있는 제도적 장치를 마련했다.[8] 이제 권력은 사실상 군부의 수중으로 넘어갔다. 그리고 일제의 군국주의화, 파시즘화도 확실한 궤도에 오르게 되었다.

동아일보는 2·26사건에 대해 "일본 역사상 예가 없는 중대한 사건"이며, "이와 같은 대사건이 돌발한 데 대하여는 무슨 말로서 그것을 표현하여야 할지 알 수 없는 거대한 반동을 사람으로 하여금 느끼게" 했다고 표현하면서, 이 사건이 극동정세에 미칠 영향에 주목했다.[9] 동아일보는 히로타 내각이 결성되는 과정에서 육군이 1) 국체명징(國體明徵)의 철저한 즉시 단행, 2) 광의(廣義) 국방의 확충, 3) 국민생활의 안정, 4) 외교의 철저한 쇄신의 4개 조건을 제시하였고,[10] 일련의 협의과정을 거치면서 군부의 의견이 관철되어간 것으로 파악했다. 특히 광의의 국방 강화 주장을 신내각이 받아들였다는 것은 다카하시 대장대신이 추진한 건전재정주의가 대수정되 어 일본 병력의 중점이 북만으로 이동하고 사단의 증설, 기타 제반시설의 완비가 6개년 계획으로 추진되게 될 것으로 파악했다.[11] 또한 육군 측이 제기한 4원칙과 중국 문제에 대한 1) 배일·항일의 정지, 2) 북중 특수사정의

---

8) 한상일, 앞의 책, 1988, 345~429쪽 ; 升味準之輔 著, 이경희 역, 앞의 책 Ⅲ, 208~229쪽.
9) 「동경정국과 극동형세」, 『동아일보』 1936. 3. 5.
10) 「내각난」, 『동아일보』 1936. 3. 7.
11) 「廣田內閣의 성립」, 『동아일보』 1936. 3. 11.

확인, 3) 적화 공동방어의 3원칙이 히로타 내각의 표어가 되었다고 인식했다.[12] 이 때문에 그들은 히로타 내각을 '국방 내각'이라고 규정했다.[13] 이러한 동아일보의 인식은 일본이 군국주의화로 들어섰으며, 평화적으로 중국 문제를 해결하려는 것이 아니라 군비 증강을 통해 대륙 침략의 길로 가고 있다는 것을 파악한 것이라 할 수 있다.

동아일보는 이런 인식 하에서 총독부의 극심해진 언론 검열 상황을 반영하여 완곡한 형태로 히로타 내각과 군부를 비판하기 시작했다. 그들이 비판의 소재이자 초점으로 삼은 것은 2·26사건 이후 군부의 정치개입 정당성의 근거로 내세운 '국민생활의 안정' 주장이었다. 동아일보는 히로타 내각 출범 직후인 1936년 3월부터 군비 증강을 위한 증세안이 소비세의 증가 및 세율 인상에 중점을 두고 있어 '부의 재분배'에 어긋날 뿐만 아니라 무산대중에게 큰 부담을 주는 것이라 비판했다.[14] 또한 적극 재정이 재정의 적자 증대를 불가피하게 하여 인플레를 유발할 것이며, 이는 산업자본의 이익을 증가시키지만 민중 다수의 생활은 더욱 핍박하게 될 것이라면서, 정부의 민중생활 안정과 향상 주장이 적극정책과 조화된다는 주장에 의문을 제기했다.[15]

1936년 6월 24일 사설에서는 일본 군부와 히로타 내각이 혁신의 기치 하에 국민생활 안정을 표방하였지만, "나타난 결과로 보아서는 국민생활의 안정이라는 것은 벌써 잊어버린 듯 한 감이 있게" 되었고, "안심하고 있는 동안에 더 큰 일이 일어날 것"이라는 오자키 유키오(尾崎行雄)의 말을 인용하면서, 국민 생활의 안정이 과연 기대될 수 있는 것인가에 의문을 제기했다.[16] 국민생활의 안정을 위해서는 '노력의 평균'을 도모해야 하며, '부담의 공평을

---

12) 「삼원칙의 사조건-廣田弘毅內閣의 슬로간」, 『동아일보』 1936. 3. 25.
13) 「廣田內閣의 성립」, 『동아일보』 1936. 3. 11.
14) 「신내각의 대 증세안-사회정책적 대 모순」, 『동아일보』 1936. 3. 26.
15) 「적극정책과 민중생활의 안정 그 조화는 가능한가?」, 『동아일보』 1936. 4. 5.
16) 「'국민생활의 안정'문제」, 『동아일보』 1936. 6. 24.

기하여야 할 것이고, 이는 노동입법과 경제법의 정비 없이는 기대하기 어려운 것인데, 이에 대한 대책이 없다고 하면서, 이것이 히로타 내각의 시금석이 될 것이라고 주장했다.[17]

이러한 동아일보의 주장은 히로타 내각 경제정책의 전반적 기조에 대한 비판으로 이어졌다. 동아일보는 당시 지배세력에 의해 제기되던 '국민경제력' 주장에 대해 『도쿄아사히신문(東京朝日新聞)』의 사설을 게재했다. 그 내용은 "국민경제력의 진실한 발전이라고 할 만한 것은 일반적 생산력의 발전과 그에 수반되는 국민대중의 생활향상이어야만 할 것"인데, 지난 4년간 일본경제의 발전은 "해외무역의 발전과 군수생산의 팽창에서 생기는 기업수익의 증대에 있었던 것은 의심할 수 없는 사실"이라면서 "과연 그것이 국민경제력의 발전인가 아닌가"는 별 문제시 되지 않았다고 비판했다.[18]

또한 기존의 산업통제정책에 대해서도 "산업통제라는 이름에 숨어서 독점자본 내지 대자본의 이익이 얼마나 확보되었든 것이며, 그 반면에 위로 원료생산자, 아래로 소비대중의 희생이 얼마나 가중되었든가를 실증할 수 있는 사실을 우리는 얼마든지 들 수 있다"면서, 중요산업통제법이 비(非)사회적, '비공중(非公衆)적' 결과를 보여주고 있다고 비판했다. 그리고 이는 통제정신의 지도가 "늘 주요산업자의 입장에 중점을 두고, 소비대중의 이익과 원료생산자의 이익을 경시하였기 때문"이라고 비판했다. 그러면서 산업통제는 "독점의 조성이 아닌 독점의 단속을 바꾸는" 것을 특색으로 하여야 하며, 특히 조선의 경우는 일본과의 획일주의를 버리고 특수 사정을 고려하여야 한다고 주장했다.[19] 곧 산업통제정책이 독점자본과 대자본의 이익만을 반영하고 있고, 원료생산자 및 소비자의 이익을 경시하였다고 하면서, 산업통제는 독점자원을 지원하는 것이 아니라 반대로 독점자본을

17) 「廣田內閣의 시금석, 국민생활 안정문제」, 『동아일보』 1936. 7. 8.
18) 「국민경제력의 인식」(上)(東京朝日新聞의 사설)(중계방송), 『동아일보』 1936. 3. 28.
19) 「입안을 전하는 산업통제법-사회적 통제가 되게 하라」, 『동아일보』 1936. 4. 23.

제한하는 것이 되어야 한다고 주장했다. 이는 독점자본의 제한과 이를 위한 국가의 개입을 주장하는 수정자본주의 사상인 영국 신자유주의(New Liberalism)를 수용하여 내재화한 그들의 인식을 반영하는 주장이라 할 수 있다.

그러면서 일본 군부의 군사비의 팽창을 위한 재정의 증세는 대부분 대중과세가 될 것이므로, 이는 대중생활의 희생과 불안정을 가지고 오는 것이라면서, 군부는 그 양립이 가능하다고 주장하고 있지만, 그 구체적 방침이 무엇인가가 "현 내각을 군부의 '로보트'로밖에 보지 않는 정계나 민중이 한 가지로 듣고 싶은바"라고 주장했다.[20] 이런 주장은 군부에 기반한 히로타 내각의 국민생활 안정이란 구호는 표면적일 뿐이고, 실제로는 대중의 희생 위에서 군사비 팽창과 독점자본을 위한 군수산업 확대가 추진되고 있다는 것을 비판하는 것이었다.

동아일보는 정치를 '힘'으로 하면 독재정치에 가깝고, '도덕'으로 하면 민중정치에 가깝다면서, 근대의 정치는 힘의 정치에서 도덕의 정치로 움직여 정치문화의 발달을 이루었지만, 현재에 이르러서는 정치는 다시 힘으로 환원하는 것을 보게 되었다고 주장했다. 근래 일본 정국은 결코 자유주의적, 정당주의적 방면이 아니라 "차라리 관료주의적 강력주의적"이며, 이는 '힘'의 정치의 궤선(軌線) 위로 걸어 나간 것이라고 주장했다. 동아일보는 히로타 내각이 군부와 시장, 정당과 국민을 모두 아우를 것처럼 주장하고 있으면서도, 다른 한편으로는 강력내각을 원하고 있다고 파악했다. 히로타 내각에게 인민을 본위로 한 강력내각을 기대할 수 없는 것이기 때문에, 히로타 내각은 자연히 인민을 떠난 다른 부문, 즉 군부에게서 힘을 찾지 않을 수 없게 될 것이며, 이렇게 군부에 기반하여 강력해지면 인민 본위적 정치를 실현한다는 것은 불가능한 것이라고 주장했다.[21]

20) 「일본 군사비팽창과 대중생활」, 『동아일보』 1936. 8. 21.
21) 「다각적 정치의 위기 정치의 '힘'과 도덕문제, 廣田內閣에 대하야」, 『동아일보』 1936.

2. 파시즘 체제와 반파시즘 인민전선에 대한 인식

동아일보는 언론 통제와 검열 때문에 일본의 군국주의화와 대외 침략에 대해서 직접적인 비판을 할 수는 없었지만, 간접적인 형식을 빌어서 이를 비판하고 있었다. 이는 1935년에서 36년에 걸친 이탈리아의 무솔리니 파시스트세력의 에티오피아 침공에 대한 강력한 비판으로 나타났다.

동아일보는 이탈리아의 침공을 '제국주의 야심에서 나오게 된 군사적 분쟁'이자, 에티오피아에 대한 명백한 주권 침해로 규정했다.[22] 동아일보는 1년 반 사이에 수백 차례의 기사와 수십 차례의 논설을 통해 이탈리아의 에티오피아 침공 문제를 다각도로 다루었다.[23] 동아일보가 이렇게 에티오피아 문제에 관심을 기울인 것은 이탈리아가 에티오피아를 침략한 것과

---

7. 2.

22) 「伊政府의 대 '에치오피아' 방침-명백한 주권침해의 의도」, 『동아일보』 1935. 6. 16.

23) 이탈리아의 에티오피아 침략을 다룬 사설은 다음과 같다. 「伊 '에치오피아' 사건의 심각화-화평해결은 가능乎」, 『동아일보』 1935. 2. 28 ; 「이태리의 군사행동-'에치오피아'는 어대로?」, 『동아일보』 1935. 5. 10 ; 「伊 '에치오피아' 분쟁과 국제연맹-진퇴유곡의 곤란한 처지」, 『동아일보』 1935. 5. 22 ; 「영국과 '에치오피아'」, 『동아일보』 1935. 5. 25 ; 「伊政府의 대 '에치오피아' 방침-명백한 주권침해의 의도」, 『동아일보』 1935. 6. 16 ; 「'에치오피아' 문제의 발전」, 『동아일보』 1935. 7. 6 ; 「'에'국과 열국과 연맹-국제정의는 어디로」, 『동아일보』 1935. 7. 17 ; 「일본과 '에치오피아'」, 『동아일보』 1935. 7. 22 ; 「'에치오피아'와 국제연맹」, 『동아일보』 1935. 8. 5 ; 「伊 '에치오피아' 전쟁과 재계의 경기-큰 기대는 없다」, 『동아일보』 1935. 10. 8 ; 「伊 '에치오피아' 전쟁과 구주형세」, 『동아일보』 1935. 10. 16 ; 「움즉이는 두 개의 흑점-'에치오피아' 국과 중국」, 『동아일보』 1935. 11. 12 ; 「伊 '에치오피아' 분쟁의 화협안-英佛斡旋이 과연 주효乎」, 『동아일보』 1935. 12. 7 ; 「'에치오피아' 분할설」, 『동아일보』 1935. 12. 10 ; 「伊 '에' 분쟁의 화협시안-그 실현성은 과연 여하乎」, 『동아일보』 1936. 3. 6 ; 「'에치오피아'는 망하는가? 국제연맹도 망하리라」, 『동아일보』 1936. 4. 16 ; 「국제연맹은 와해될 뿐-伊 '에' 분쟁 이후」, 『동아일보』 1936. 4. 23 ; 「'에'국에 대한 세계의 동정」, 『동아일보』 1936. 4. 25 ; 「이태리에 뒤따르는 자」, 『동아일보』 1936. 4. 30 ; 「'에'국 황제의 비장한 결의」, 『동아일보』 1936. 5. 4 ; 「'에치오피아'멸망의 輓歐」, 『동아일보』 1936. 5. 13 ; 「국제연맹의 진퇴유곡-伊 '에' 문제의 처리가 極難」, 『동아일보』 1936. 5. 15 ; 「영국, 對伊外交의 표변성-'에' 국 멸망도 좌시 정책乎」, 『동아일보』 1936. 5. 23 ; 「'에치오피아' 국의 부흥운동」, 『동아일보』 1936. 8. 8.

같이 일본의 대중국 정책이 강경하여지면서 중국 침략이 가시화되고 있기 때문이었다.[24] 곧 에티오피아를 침략한 이탈리아에 대한 비판은 중국을 침략하려는 일본에 대한 간접 비판이었다.[25] 특히 동아일보는 국제연맹이 조정 역할을 제대로 수행하지 못하고 이탈리아의 침략을 수수방관하는 것에 분노했다.[26]

한편 이렇게 일제의 군국주의화와 파시즘화를 경계하고, 파시즘 침략에 대한 간접 비판이 전개되는 가운데, 국내 민족운동세력을 고무시키는 국제 정세의 변화가 유럽에서 일어났다. 1936년 4월 26일과 5월 3일에 실시된 프랑스 총선거에서 파시즘에 반대하는 인민전선파가 승리했다. 동아일보는 김장환의 논설을 통해 5월 3일 선거 하루 전부터 인민전선파의 승리를 예상하고 있었다.[27] 선거 승리 후에는 프랑스에서 파시스트운동이 일어난 역사와 그에 대항하여 민주적 자유와 의회제도를 옹호하기 위해 사회당과 공산당을 중심으로 좌익 제정당의 연합 속에 인민전선을 결성하고 반파시즘 운동을 전개한 역사를 소개하였다.[28] 또한 1935년 코민테른과 제2인터내셔널이 각기 반파시즘 투쟁을 위해 상호 협력을 표시하였기 때문에 프랑스에서도 공산당이 참여하는 인민전선 정부가 출현할 것으로 전망했다.[29]

프랑스 총선거 결과 프랑스 사회당이 146석으로 제1당이 되었고, 프랑스 공산당은 72석으로 대약진하였으며, 프랑스 급진사회당은 116석에 그쳤다.

24) 「움직이는 두 개의 흑점-'에치오피아'국과 중국」, 『동아일보』 1935. 11. 12.

25) 동아일보의 에티오피아 문제 보도에 대해서는 홍종욱, 「1930년대 '동아일보'의 국제정세인식」, 『한국민족운동사연구』 58, 2009, 89~91쪽 참조.

26) 「'에'국과 열국과 연맹-국제정의는 어디로」, 『동아일보』 1935. 7. 17 ; 「'에치오피아'는 망하는가? 국제연맹도 망하리라」, 『동아일보』 1936. 4. 16 ; 「국제연맹은 와해될 뿐-이 '에' 분쟁 이후」, 『동아일보』 1936. 4. 23.

27) 김장환, 「佛國 총선거(上)-'파쇼'파를 압도 좌익파 대승?」, 『동아일보』 1936. 5. 2.

28) 김장환, 「佛國 총선거(中)-좌우의 항쟁 맹렬 「파쇼」의회정치?」, 『동아일보』 1936. 5. 4.

29) 김장환, 「佛國 총선거(下)-인민전선 대승 사회당이 조각?」, 『동아일보』 1936. 5. 5.

파시스트의 반격 우려 속에 공산당은 입각하지 않았고, 인민전선 내각은 프랑스 사회당과 프랑스 급진사회당으로만 구성되었다.[30] 동아일보는 프랑스에서 반파쇼적 정권이 출현한 것은 시대의 새 지향을 보여준 것이고, 최악의 경우를 상정한다고 하더라고 '파쇼의 거랑(巨浪)'에 맥없이 빨려 들어가지 않을 것만은 사실이기 때문에 그 의의가 자못 깊은 것이라고 주장했다. 또한 "그 영향은 단일적으로 한정될 것이 아니라 실로 세계적으로 확대되지 않을 수 없는 것"이라고 평가했다. 또한 인민전선 내각이 주 40시간 노동제 및 단체교섭권의 확립, 군수공업 국유화 등의 정강 정책을 주장하고 있기 때문에 우익 제당의 결사적 반대와 대립이 있을 것이며, 어느 정도까지 의회에서 좌익적 정강이 실시되고 인민전선이 유지될 것인지 그 전도가 주목된다고 전망했다.[31]

프랑스에서 인민전선파가 승리하기 전에 스페인에서도 1936년 2월 16일 총선거를 통해 스페인 사회주의노동자당, 좌익 공화당, 스페인 공산당으로 구성된 인민전선이 승리했다. 2월 19일 좌익 공화당을 중심으로 내각이 수립되었고, 5월 11일에는 좌익 공화당의 마누엘 아사냐가 대통령에 당선되었다. 동아일보는 아사냐를 좌익 국가사회주의자로 파악했다.[32] 좌익정부가 토지개혁을 포함한 개혁정책을 전개하자, 이에 대한 지주·자본가들의 저항, 그리고 좌익의 반종교·반가톨릭 운동에 반대하는 가톨릭 교회의 격렬한 반대가 일어났다. 마침내 7월 17일 스페인령 모로코에서 프란시스코 프랑코를 중심으로 군부가 쿠데타를 일으켰다. 쿠데타는 지주·자본가를 기반으로 왕당파와 가톨릭 교회, 보수주의자들의 지지를 받았다. 반면에 공화국 정부군에는 노동자·농민의 자발적 무장 하에 사회민주주의자, 공산

30) 「佛國 인민전선의 내각진용 결정」, 『동아일보』 1936. 6. 3.
31) 「佛國의 '인민전선'내각, 정치세계의 신○○」, 『동아일보』 1936. 6. 9.
32) 「西班牙 신대통령 아氏는 여하한 인물?-좌익 국가사회주의자」, 『동아일보』 1936. 5. 19.

주의자, 아나키스트, 바스크와 카탈루냐 민족주의자, 자유주의자들이 참여하여 전면적 내전으로 발전했다. 동아일보는 프랑코의 쿠데타로 촉발된 스페인 내란이 "순의(順議)로 진행하는 역사의 바퀴를 도로 뒤로 돌리려고 수만 생령의 피를 흘려가면서 행하게 되는 일대 반동적 내란이오, 역사에 특기할 반동적 혁명란"이라고 규정하는 논설을 게재했다.[33] 그리고 스페인 내란의 역사적 배경과 원인을 자세히 분석했다.[34]

　여기서 동아일보계열이 반파시즘 인민전선을 옹호한 것은 그들이 인민전선의 이념이나 노선에 동의해서 그런 것이 아님을 분명히 알아야 한다. 그들은 자본주의 국가 건설을 지향하는 자본주의 이념 세력이며, 식민지라는 조건 속에서 민중의 지지를 얻기 위해 수정자본주의 이념을 수용하고 주장하는 세력들이었다. 그런데 왜 인민전선을 옹호했을까?

　이는 동아일보계열이 1920년대에 인적으로나 사상적으로나 일본 헌정회나 일본 자유주의자들과 유대관계를 갖고 있었음에도 불구하고, 일본 정치 변동에서 헌정회보다는 일본 무산정당의 성장에 보다 많은 관심을 기울였으며, 그들의 선전을 항상 응원하였던 것과 같은 맥락이다.

　반파시즘 인민전선에 대한 옹호도 그 이념이나 노선을 옹호해서가 아니다. 세계적 차원의 파시즘의 대두와 일본의 군국주의 파시즘화는 조선의 독립 및 민주적 재편을 더욱 멀게만 할 뿐이라는 정세 판단위에서, 파시즘세력에 대항해서 이를 저지하고 타파할 반파시즘 인민전선을 성원하기 위한 것이었다. 1920년대 일본 정계의 근본적 변화를 초래할 일본 무산정당 운동을 성원한 것과 같이, 1930년대 파시즘으로 초래되는 반동적 세계정세 변화를 저지하고, 세계를 다시 민주적으로 재편하는 동력이 될 수 있는 반파시즘 인민전선을 성원한 것이다. 신지식층인 조선의 민족운동세력들은

---

33) 고영환, 「서반아의 내란」(1), 『동아일보』 1936. 7. 24.
34) 고영환, 「서반아의 내란」(1)~(5), 『동아일보』 1936. 7. 24~29 ; 김장환, 「서반아 대동란」(1)~(2), 『동아일보』 1936. 8. 18~19.

이 정도의 전술적 사고는 기본적으로 하고 있었다. 물론 당시에 반대로 파시즘 체제로 편입되는 사람들도 상당수 있었던 것도 사실이지만 그 당시까지 동아일보는 반파시즘적 입장을 견지하고 있었다.

스페인 내란을 계기로 유럽에서 인민전선파와 파시스트 간의 대립과 투쟁이 전면화 되기 시작했다. 독일과 이탈리아의 파시스트 정부는 프랑코 반란군을 전폭적으로 지원하였고, 각국에서 자발적으로 조직된 국제여단은 공화국정부군을 지원했다. 동아일보는 사설을 통해 세계가 인민전선과 파시스트 양대 진영으로 나뉘어 전면적 대결로 들어갈 것임을 전망하기 시작했다.[35] 그리고 프랑스와 스페인의 인민전선 정권과 독일과 이탈리아의 파시스트 정권 간의 국제적 대립으로 비화될 것으로 바라보았다.[36] 그러나 동아일보의 기대와는 달리 영국과 프랑스는 중립을 지켰고, 소폭 지원에 그쳤다. 소련 역시 독일과의 불가침조약을 의식해서 소극적으로 지원했다.

국내외 정세가 변화하는 가운데 동아일보의 정치적 주장도 이전보다 좀 더 적극적으로 제기되기 시작했다. 근대정치는 '아래에서 위로'가 그 기조가 되어 왔고, "민권·민리(民利)의 옹호신장이 그 사명이 되어 온 것이라, 그에 거슬러 나아가지 못할 것도 명백한 알"인데, '정치적 특수지역, 즉 조선에서는 "과도적으로 이것이 역행되고 있는 현상"이 나타나고 있다고 주장했다. 그러면서 '민도의 저열'을 내세우며 '데모크라시즘'을 부인하는 태도는 '착각이 심대'한 것이라 비판했다. 또한 "정치객체로서 우리의 자각이 '데모크라시즘'을 불러올 만큼 환기되지 않았다"면서, 권리사상에 대한 철저한 자각이 없으면 민주주의가 뒷걸음쳐가기 때문에, "생존에 대한 근대인적 자각은 먼저 권리에 대한 자각으로 비롯"한 것이라며 대중의 각성을 촉구했다.[37]

---

35) 「국제문제화한 서반아 내란, 세계대전은 從此起乎」, 『동아일보』 1936. 7. 26 ; 「西國內亂과 구주 孰勝孰敗間 영향은 지대」, 『동아일보』 1936. 8. 5.
36) 「서반아와 영불과 獨伊, 좌우익의 국제전선」, 『동아일보』 1936. 8. 18.

동아일보는 민족운동이 전반적으로 침체된 상태에 있는 당시의 상황에서 지식층과 청년층이 무기력에 빠져 있다면서, 이에서 벗어나 자각하고 매진할 것을 주장하는 일련의 사설들을 게재하기 시작했다. 사설에서는 "우리는 정신주의의 의식 만능의 세계를 부인하는 자이지마는 인간을 목석시하는 궤변을 받아들일 수 없는 자"라면서, 청년들이 "일절 무기력화를 촉진하는 현실에 있어서 내 자신의 자조(自助)에 의한 신기운"을 발휘하여, "무기력의 포로에서 신기운의 투사"가 될 것을 주장했다.[38] 또한 현재의 세계가 그 유례를 보지 못할 만치 "암담한 전도를 앞에 놓고 동요 다난한 진통을 경험하고" 있지만, 암담과 혼돈을 통찰하는 실마리를 찾아내는 데 노력해야 하며, 시대에 대한 심각한 책임감을 가질 것을 주문했다.[39] 더 나아가 "우리의 전선은 지극히 광범"하다고 하면서 "우리의 있는 역량을 이 모든 전선에 총동원시켜 쾌절장절(快絶壯絶)한 총공격을 개시하여 우리의 기필(期必)하는 대공을 세워야 하는 것"이 청년조선의 책임이라고 주장했다.[40] 그리고 지식인들도 사회의 선도적인 자신의 본질을 깨달아 그 역할을 담당하여야 하며,[41] 농촌으로 들어가 농민들에게 신기운을 불어넣어 신지도력을 형성할 것을 주문했다.[42]

이런 동아일보의 주장은 파시즘의 대두와 군국주의화로 세계의 대세에 대한 신념과 비전을 상실하고, 운동의 침체로 무기력 상태에 빠진 민족운동 전반에 대해서, 파시즘과 이에 대항한 인민전선의 대두라는 세계정세의 변화를 주시하면서 적극적인 자세로 나아갈 것을 촉구하는 것이었다.[43]

---

37) 「권리에 대한 자각의 결여」, 『동아일보』 1936. 5. 1.
38) 「신기운의 창조적 노력-청년제군에게」, 『동아일보』 1936. 6. 2.
39) 「역사와 청년-다난한 세대를 洞察하는 慧知」, 『동아일보』 1936. 7. 26.
40) 「청년들아 이러나자」, 『동아일보』 1936. 8. 13.
41) 「지식계급의 본질」(上), 『中央公論』四月號 社說 중계방송, 『동아일보』 1936. 4. 9.
42) 「지식층은 농촌으로 가라」, 『동아일보』 1936. 7. 9.
43) 「소극주의에서 적극주의로, 크고 밝게 나아가자」, 『동아일보』 1936. 8. 20.

그렇지만 이런 동아일보의 주장은 구체적 운동방침이나 전망으로 관철될 수 있는 상황이 아니었다. 일제가 파시즘화 되어가면서 조선에 대한 일제의 통제와 강압은 더욱 심해지고 있었고, 민족운동과 사회운동 어느 것도 적극적 활동을 전개할 수 없는 상황이었기 때문이다.

3. 일장기 말소사건과 동아일보의 무기정간사태

동아일보는 조선 민중에게 민족의식을 고취시키는 방법의 하나로 1936년 8월에 개최되는 베를린 올림픽에 주목하고 있었다. 그것은 올림픽에 비록 일본 선수단의 일원이지만 조선인 선수가 7명이나 참석하고 있었기 때문이며, 손기정의 마라톤종목 메달 획득이 유력하기 때문이었다.[44] 그리고 조선민족의 기대에 부응하여 손기정은 세계신기록으로 마라톤에서 우승했다. 동아일보는 호외와 특집, 사설로써 손기정의 승리를 연일 다루었다.[45] 그것은 "지금 손, 남 양 용사의 세계적 우승은 시드는 조선의 자는 피를 구르게"[46]하는 것으로 무기력에 빠진 조선 민중에게 민족적 자긍심과 활력을 불어넣을 수 있는 최대의 쾌거였기 때문이었다.

이에 대해 총독부는 "손기정이 세계올림픽 마라톤 경기에서 우승하자 언문 각 신문은 미친 듯이 기뻐하면서 이를 '우리(我等)의 승리'라 보도하고,

---

44) 「올림픽과 우리와의 관계」, 『동아일보』 1936. 5. 29 ; 「올림픽대회」, 『동아일보』 1936. 8. 1.

45) 특집기사가 몇 일 동안 동아일보 지면을 뒤덮었는데, 사설만 보면 다음과 같다. 「세계제패의 조선 마라손」, 『동아일보』 1936. 8. 11 ; 「孫·南 양선수의 위대한 공헌 - 마음으로 환영하자」, 『동아일보』 1936. 8. 12 ; 「청년들아 일어나자」, 『동아일보』 1936. 8. 13 ; 「孫南 양군의 학자 보장 의의깊은 好擧」, 『동아일보』 1936. 8. 14 ; 「체육관을 건설하라 세계제패의 차 기회에」, 『동아일보』 1936. 8. 15 ; 「'올림피아'와 문화」, 『동아일보』 1936. 8. 19.

46) 「세계제패의 조선 마라손」, 『동아일보』 1936. 8. 11.

민중은 이에 자극되어 민족의식이 갑자기 대두하고, 혹은 조선인만의 기념체육관을 설립하려고 계획하거나, 혹은 손기정 등의 학비를 부담하려 하며, 혹은 금품을 수여하려는 행동 등이 속출하고, 신문지는 다시 이를 기특한 행위로 여겨 대서특필하는 등 열광적 태도를 보이기에 이르렀다. … 내·선인(內·鮮人)의 대립은 결단코 허락할 수 없는 것이나 감정상 기분을 참작할 여지가 있다고 인정되어 신문지를 검열할 때에도 특히 심하게 내선융화를 해치지 않는 범위 내에서 관용의 태도를 취하여 앞서 본 '우리(我等)의 승리'라고 한 것은 불문에 부쳤다"[47]고 하여 민족주의세력이 손기정의 승리를 기화로 민족의식을 고취하려는 것을 인지하면서도 분위기를 막을 수 없다는 상황을 표현하고 있었다.

그런 가운데 손기정 선수의 시상대에 선 사진에서 일장기가 말소되는 사건이 8월 13일자 『조선중앙일보』와 『동아일보』에서, 그리고 8월 25일자 『동아일보』에서 잇달아 일어났다.[48] 손기정 우승이후 민족의식의 고양에 위기를 느낀 총독부는 당일 동아일보의 발매 및 배포를 금지시키고 관련자 다수를 연행해 취조했다. 그리고 8월 29일자로 동아일보를 무기정간 시켰다. 정간은 무려 10개월이나 계속되었고 1937년 6월 2일에야 해제되었다.[49]

일장기 말소사건이 터지자 송진우와 김성수 등은 이를 일으킨 기자들을 질책하였고,[50] 즉시 복간을 위해 총독부와 교섭에 나섰다. 그렇지만 우가키 후임으로 조선총독으로 부임한 미나미 지로(南次郎)는 강경정책으로 나왔

---

47) 警務局 圖書課, 「東亞日報發行停止處分理由」, 『朝鮮出判經濟月報』 96호, 1936. 9.

48) 일장기 말소사건의 경위와 상황전개에 대해서는 다음을 참조 최인진, 『한국신문사진사』, 열화당, 1992, 213~219쪽 ; 채백, 「'동아일보'의 일장기 말소 사건 연구」, 『한국언론정보학보』 39, 2007.

49) 당시 총독부의 동향과 일장기말소사건, 동아일보 및 조선중앙일보의 관계에 대해서는 장신, 『조선 동아일보의 탄생-언론에서 기업으로』, 역사비평사, 2021, 170~184쪽 참조.

50) 송진우는 사건의 주모자격인 이길용 기자에게 "성냥개비로 고루누각을 태워버렸다"고 크게 꾸짖었고, 김성수는 "일장기 말소는 몰지각한 소행이라고 노여움과 개탄을 금할 수 없었다"고 한다. 인촌기념회, 『인촌 김성수전』, 인촌기념회, 1976, 388~389쪽.

다. 총독부는 동아일보의 '인사개혁'과 '지면의 철저한 개혁'을 요구했다. 인사개혁의 주요 요지는 사장 송진우의 인책 사임을 비롯하여 부사장 장덕수, 영업국장 양원모, 주필 김준연, 편집국장 설의식, 조사부장 이여성, 지방부장 박찬희, 잡지부 주임 최승만, 운동부장 이길용, 사진과장 신낙균, 사회부 기자 현진건과 장용서, 사진부기자 서영호 등 13명의 간부 및 사원들의 면출과 사내 다른 직무종사 금지, 사장·부사장·주필·편집국장 임용 시 당국의 사전 승인, 당국이 지정한 항목에 대한 지면쇄신 서약 등이었다.[51] 총독부는 인사개혁을 통해 동아일보에 대한 송진우의 영향력을 제거하려고 했다.

이에 대해 송진우는 11월 11일 사장에서 물러났지만, 동아일보 사주 김성수와 그의 처가 가진 동아일보사 주식 모두를 무상으로 양도받아 실제 실권을 장악하는 것으로 대항했다. 총독부는 김성수와 송진우의 '괴뢰' 가 될 수 있는 동아일보에서 추천한 양원모, 장덕수, 고재욱, 김용무, 김병로 등의 사장 인선을 모두 거부하였고, 대신에 해동은행의 중역들인 김연수와 문상우 등을 사장으로 용인했다. 그러나 본인들의 고사로 총독부의 뜻대로 되지 않았다.[52]

동아일보는 총독부 처사가 '무단정치의 재현'이라고 비판하고 폐간을 거론 하면서 총독부의 방침에 대항하였지만, 총독부는 강경태도를 누그러트리지 않았다. 오히려 1937년 5월에는 정해진 방침에 따라 해결하지 않으려면 속히 폐간계를 제출하라는 최후통첩을 동아일보에 통보했다. 폐간과 굴복의 기로 에 선 송진우와 김성수는 5월 12일, 그들과 가까우면서도 총독부와도 무난한 백관수를 영입하여 사장후보로 선출하고, 총독부에 청원서를 제출했다.

총독부는 백관수를 새 사장으로 내락하면서 지도정신의 시정과 「언문지 면쇄신개선요항」 준수, 불량사원 정리, 사장이하 주요간부 임명 및 선임

51) 朝鮮總督府 警務局長, 「東亞日報發行停止處分ノ解除ニ至ル經過」, 김경일편, 『朝鮮民族解 放運動史資料集』 제3권, 영진문화사, 1993, 270~271쪽.
52) 朝鮮總督府 警務局長, 「東亞日報發行停止處分ノ解除ニ至ル經過」, 273~275쪽.

사전 승인, 서약 위반시 제재 등의 내용을 담은 서약서를 제출할 것, 또한 송진우의 주식을 새 사장에게 양도하고 취체역에서 사임할 것 등을 요구했다.[53] 이에 대해 송진우는 총독부의 요구를 받아들여 주식을 백관수에게 양도하였다. 또한 5월 31일 개최된 동아일보 임시주주 총회에서 김성수와 함께 사임하여 동아일보 일선에서 물러났다. 대신에 백관수와 중추원 참의인 현준호가 취체역에 선출되었다.[54] 취체역 회의에서는 백관수를 신임사장 겸 편집국장으로 선임했다.[55]

신임 사장 백관수는 6월 1일 미쓰하시 이치로(三橋孝一郞) 경무국장에게 서약서를 제출하고,[56] 총 18개항에 이르는 강력한 언론통제장치인 「언문신문지면쇄신요항」을 받아들였다. 이는 1936년 초 총독부가 각 신문사에 협조를 요청한 「언문신문지면개선사항」 6개항을 대폭 강화한 것이었다.[57] 그 주요내용을 보면 다음과 같다.[58]

1. 황실기사는 지면상단 중요한 곳에, 오자나 탈자 등 불경스러운 일이 없도록 할 것.
1. 황실 및 국가, 국기, 군기(軍旗), 신사 등을 존중하여 국체명징(國體明徵), 국위선양에 노력할 것.
1. 황실과 국가의 경사에 대해서는 자발적으로 축하의 뜻을 표할 것.

---

53) 朝鮮總督府 警務局長, 「東亞日報發行停止處分ノ解除ニ至ル經過」, 276~280쪽.
54) 朝鮮總督府 警務局長, 「東亞日報發行停止處分ノ解除ニ至ル經過」, 288쪽.
55) 이상의 경과에 대한 동아일보 측의 주장은 다음을 참조. 동아일보사, 『동아일보사사』 1권, 동아일보사, 361~378쪽 ; 고하선생전기편찬위원회편, 『독립에의 집념 - 고하 송진우 전기』, 동아일보사, 1990, 357~377쪽 ; 인촌기념회, 앞의 책, 1976, 387~396쪽.
56) 서약서 내용은 朝鮮總督府 警務局長, 「東亞日報發行停止處分ノ解除ニ至ル經過」, 281~282쪽.
57) 廣瀨四郞, 「諺文新聞の歷史及び現況」, 『警務彙報』 362호, 1936. 11, 37~42쪽.
58) 「언문신문지면쇄신요항」의 구체적 내용은 다음을 참조. 朝鮮總督府 警務局長, 「東亞日報發行停止處分ノ解除ニ至ル經過」, 283~286쪽 ; 동아일보사, 앞의 책, 375~376쪽.

1. 외국전보 등으로 제국의 불리를 보도하는 것을 대서(大書)하지 말 것.
1. 총독 및 총감 등의 동정과 발표사항, 중요 관청의 회의는 빠짐없이 보도할 것.
1. 사회주의자, 민족주의자의 범죄 기사 및 국외 불온운동에 호의적 명칭이나 상휼(賞恤)적 문자를 사용하지 말 것.
1. 주의적 색체를 가진 논문 소설 등은 배격할 것.
1. 천재지변에서도 인심을 혹란(惑亂)하고, 민중의 의기(意氣)를 저상(沮喪)하는 일이 없도록 할 것.
1. 조선민족의 궁핍을 곡설(曲說)하고, 민중생활의 비참한 상황을 나열하는 폐가 없도록 할 것.
1. 노동·소작·기타의 쟁의에 관한 기사는 그 격화를 조성(助成)함과 같은 일이 없도록 할 것.
1. 민족의식을 고취하거나 배일사상을 고조할 조선의 역사적 인물, 산악, 고적 등에 관한 기사는 게재하지 말 것.
1. 반국가적, 공산주의, 민족주의적 언론보도를 하지 말고 존황 정신을 가진 대일본제국의 신문으로 사명을 다할 것.

이 같은 지면쇄신요항은 신문의 거의 모든 기사 내용과 편집방향을 세세하게 규제하는 언론보도지침이었다. 이러한 보도지침 하에서는 민족운동의 선전지로서의 역할은 고사하고 사실보도 조차도 불가능하게 되었다.

그런데 총독부의 이러한 보도지침을 동아일보가 받아들인 것은, 1930년대 들어 민족운동의 언론지로서보다는 상업화된 신문으로 변모하기는 했어도, 여전히 조선 민중의 표현기관을 자임하면서 민족운동의 일익을 담당해왔다고 자부하던 동아일보 주도세력이 커다란 자기 변신을 하고 있다는 것을 드러내는 것이었다. 곧 강압에 의해서기는 하지만, 체제 비판에서 체제 순응으로 변화하기 시작했다는 것을 보여주는 것이었다.

동아일보는 1937년 6월 3일자로 속간되었다. 정간해제 이후 동아일보의 논조는 이전에 비해 크게 변화되었다. 처음에는 일제의 탄압을 의식해서 조심스럽게 기사를 써나갔다. 정간 전에 일본 군부와 내각에 대해 가해졌던 비판도 사라져갔다. 중일전쟁 발발 전에는 고노에 후미마로(近衛文麿) 내각의 성립 이후 경제정책에 대해 "군확(軍擴)과 산업발전이 국민생활안정과 도·어·산촌의 갱생과 양립한다는 것은 일층 곤란"하다고 완곡하게 비판하면서도, "이러한 경제계의 제 모순이 일소되어 진실한 의미의 안정이 초래된다는 것은 세계적으로 전시체제 편성운동이 방향을 고치기전에는 여하한 내각이 성립되고 여하한 인물이 장상(藏相)이 된다 할지라도 기대할 수 없다"는 식으로 체념하는 태도를 보였다.[59] 고노에 내각에 대해 정간해제 직후 다른 사설들도 비슷한 논조를 보이고 있었다.[60]

---

59) 「신내각 성립과 재계」, 『동아일보』 1937. 6. 5.
60) 「近衛文麿公의 조각 착수」, 『동아일보』 1937. 6. 3 ; 「近衛內閣과 정당-정무관문제로 疏隔 염려 불문」, 『동아일보』 1937. 6. 13.

2장 '식민지파시즘' 체제 하의 굴종과 송진우의 은둔

1. 중일전쟁의 발발과 일제에 대한 굴종으로의 전환

1937년 7월 7일 일제가 중일전쟁을 일으키면서 동아일보의 논조는 다시 변하기 시작했다.[61] 전쟁 발발 직후 만해도 동아일보의 주장은 관망적이고 조심스러웠다. 중일전쟁 발발을 계기로 "일방(일본-필자)의 대륙정책 수행과 타방(중국-필자)의 국민통일운동이 어떻게 조화될 것이냐"면서 정부와 군이 병력 발동을 결정하였기 때문에 문제는 중국의 국민정부가 협조의 길을 밟아오느냐에 있지만, 국민정부는 불 타협으로 나오기 때문에 사태는 더욱 악화될 것으로 전망했다. 이는 중일간의 대립이 전면 전쟁으로 확대될 것이라는 인식을 반영한 것이라 할 수 있다. 때문에 이런 '비상시국'에서는 "우리의 행동이 자중하지 않으면 아니될" 것이라면서, "신경을 날카롭게 하고 감정에 맡기어 이성에 이른 바의 궤도에서 그 행동이 벗어나는 일이 있기나 한다면 우리가 뜻하지 아니하였던 결과를 조치하고 수습할 길이 없을 것"이라고 지적하여, "사회생활에서도 자중할 것"을 당부했다.[62]

일제의 탄압을 의식해서 극도로 조심하는 태도는 일상생활에서도 "유언비어에 소호(小毫)도 현혹되지 말고 각자 수분안명(守分安命)하야 일층 더

---

61) 중일전쟁 전후 조선일보의 동향과 논조변화에 대해서는 장신, 앞의 책, 185~192쪽 참조.
62) 「비상시국과 우리의 자중」, 『동아일보』 1937. 7. 16.

법도 있고 절제 있게 질서"있는 생활을 하고, "공연히 경거망동 하다가는 불려(不慮)의 화를 당하게 될"지도 모른다는 경계로 이어졌다.[63] 심지어 전시 하에서는 말을 잘못하면 감옥에 간다면서 언행의 주의를 촉구하기도 했다.[64]

그러나 1937년 8월 중반에 들어서 동아일보의 논조는 급격히 변화했다. 8월 8일에 끝난 71차 일본 중의원 회의를 통해 일본경제가 전시체제로 개편되어 통제경제 강화책이 시행된 것을 일본 경제의 일대 비약이라고 평가했다.[65] 8월 20일 「거국일치의 요」라는 제하의 사설을 통해서는 경제통제의 필요에 대해 "국민각층은 그것을 적확명쾌(的確明快)한 국책으로서 깊이 인식하고 정부의 임기응변적 방침을 신뢰할 뿐 아니라 거국일치적으로 국난에 당한 협력을 주저하지 아니하야 각지 각 방면의 이에 대한 성과는 비상한 바 있다"고 주장했다. 또한 "조선에 있는 자도 그 인식과 행동에 있어서 동일한 보조를 실(實)하지 않으며 안될 것이다"라고 주장했다. 또한 일본정부를 '제국정부'로, 일본군을 '황군'으로 칭하기 시작했다.[66] 이는 일본 군국주의화에 대한 지지 표명이며, 일제 권력에 대한 동아일보의 명백한 굴복이었다. 이런 굴복은 이틀 뒤 더욱 분명하게 표출되었다.

미나미 총독은 '내선일체'와 '거국일치'를 주장하며 보다 강화된 사상통제,[67] 사회통제를 추진하였고,[68] 중일전쟁 직후부터는 적극적인 전시동원

---

63) 「비상시국과 일상생활-법도와 절제에 일층 另念하라」, 『동아일보』 1937. 7. 22.
64) 「말을 삼가라-자칫하면 금고 삼년」, 『동아일보』 1937. 8. 8.
65) 「통제경제강화에의 진일보-금의회의 성적」, 『동아일보』 1937. 8. 12.
66) 「거국일치의 要」, 『동아일보』 1937. 8. 20.
67) 내선일체론과 일제의 '황민화'정책에 대해서는 다음의 연구들을 참조. 宮田節子 저, 이형랑 역, 『조선민중과 '황민화'정책』, 일조각, 1997 ; 최유리, 「일제말기 식민지 지배정책연구」, 국학자료원, 1997.
68) 일제의 조선에 대한 경제통제에 대해서는 다음의 연구들을 참조. 방기중, 「1930년대 조선 농공병진정책과 경제통제」, 『일제 파시즘 지배정책과 민중생활』, 혜안, 2004 ; 방기중, 「조선 지식인의 경제통제론과 '신체제'인식」, 『일제하 지식인의 파시즘 체제인식과 대응』, 혜안, 2005.

체제 구축을 역설하기 시작했다. 동아일보는 8월 21일자 기사를 통해 미나미 총독이 도지사회의에서 "내선일체, 거국일치의 관념을 환기하고 또 총후의 국민 임무 수행을 구현"하라면서, 1) 이전에 주장한 시국인식, 제국의 세계적 지위, 중국에 대한 인식을 더욱 강화 철저히 할 것, 2) 시국이 단기간에 결말될 것이라는 낙관적 판단을 경계하고 상당한 기간이 걸릴 것이라고 각오할 것, 3) 대규모 개발진정에 관민 협동하여 노력할 것이라는 3개항의 요강을 제시했다고 보도했다.[69]

이에 대해 동아일보는 8월 22일 「시국 신인식의 삼 요강」이란 제하의 사설을 게재하여 화답하면서 다음과 같이 주장했다.[70]

> "(미나미의 지시는=필자) 금번의 북지사변(北支事變)이 단순한 하북에서 일어난 소사건으로 끝나지 않고 일지(日支) 양군의 전면적 전쟁으로 확대하고 있는 이 국면에 있어서 불가결의 결정이며 솔직 공명한 지시라 하겠다. … 여기에 우리는 소이(小利)에 잡힐 것이 아니라 대국적 견지에서 당국의 전시체제하의 생산력 확충, 경제력 배양 방침에 보조를 맞추어서 이 방면의 곤란을 가급적으로 제거할 충분한 신념과 각오가 있지 않으면 아니 될 중대 의무가 있는 것이다. 모름지기 조선에 있는 자는 남총독의 시국신인식의 3요강을 잘 이해하여 거국일치적 성의로 당국을 지지할 것이니 이에 비로서 시국 난관은 극복될 것이다."

8월 20일의 「거국일치의 요(要)」 사설과 8월 22일의 「시국신인식의 삼 요강」 사설의 주장은 동아일보가 '조선 민중의 표현기관'이라는 창간 이래의 자부심을 벗어던지고, 정간 해제 직후 탄압에 의해 숨죽이는 모습을 넘어, 앞으로는 총독부의 정책에 순응하고 따르겠다는 투항선언이나 다를 바

---

69) 「南總督의 훈시」, 『동아일보』 1937. 8. 21.
70) 「시국신인식의 삼요강」, 『동아일보』 1937. 8. 22.

없었다.

　이후 동아일보의 사설은 정치색이 전혀 없는 사설들이나, 아니면 총독부 정책을 적극 지원하는 내용으로 바뀌어져 갔다.[71] 1937년 9월 6일에 애국일이 제정되어 전국적 국민동원과 신사참배가 이루어지자 이를 기념하는 사설을 게재하기도 했고,[72] 일본 육군과 해군의 기념일을 맞아서도 역시 관련 사설을 게재했다.[73]

　중일전쟁 발발 후 일본에서 관제운동으로서 국민정신총동원운동이 전개되자, 조선에서도 같은 운동이 정무총감을 위원장으로 하는 조선중앙정보위원회와 그 사무국 역할을 담당하는 총독부 관방문서과의 주도 하에 전개되었다.[74] 동아일보는 그에 대한 일련의 사설을 통해 이를 지지했다.[75] 1938년 3월 일본 국가총동원법이 제정되고,[76] 9월 '국민정신총동원 조선연맹'이 결성되며,[77] 관련 법안이 제출되고,[78] 국민정신작흥주간이 실시될 때마다[79] 관련 사설을 게재했다. 미나미 총독의 정책에 대한 지지사설도 계속되었으며,[80] 1938년 지원병제도가 실시되자 이에 대한 적극적 지지

---

71) 1937년 중일전쟁 발발 이후 동아일보와 조선일보의 논조 변화에 대해서는 박용규, 「일제의 지배정책에 대한 신문들의 논조변화」, 김민환 등, 『일제 강점기 언론사 연구』, 나남, 2008, 81~117쪽 참조.
72) 「애국일」, 『동아일보』 1937. 9. 7.
73) 「해군기념일」, 『동아일보』 1938. 5. 27 ; 「육군기념일」, 『동아일보』 1939. 3. 10.
74) 국민정신총동원운동에 대해서는 다음 참조. 김봉식·박수현 저, 『전시 동원체제와 전쟁협력』, 동북아역사재단, 2022.
75) 「국민정신총동원의 강조」, 『동아일보』 1937. 10. 13.
76) 「총동원법안성립」, 『동아일보』 1938. 3. 26.
77) 「국민정신총동원 조선연맹 그 창립총회에 際하야」, 『동아일보』 1938. 7. 2 ; 「시국대책조사회의 개최」, 『동아일보』 1938. 9. 7 ; 「조선연맹 완성」, 『동아일보』 1938. 9. 23.
78) 「총동원법의 十一條문제」, 『동아일보』 1938. 11. 12 ; 「총동원관계법령의 실시」, 『동아일보』 1939. 10. 28.
79) 「국민정신작흥」, 『동아일보』 1937. 11. 7 ; 「국민정신작흥주간」, 『동아일보』 1938. 11. 8 ; 「국민정신작흥주간」, 『동아일보』 1939. 11. 7 ; 「정신작흥의 滲透」, 『동아일보』 1937. 11. 14.

사설도 게재했다.[81] 일본 정계 동향에 대한 파악에서 군부에 대한 비판도 당연히 사라졌다.[82]

일제의 중국 침략에 대한 주장도 이전과 크게 변모했다. 일본군이 난징(南京), 쉬저우(徐州), 광둥(廣東), 한커우(漢口), 우한(武漢), 하이난(海南島), 난닝(南寧) 등 중국의 주요 도시와 거점들을 공격하거나 점령할 때마다 관련 사설을 게재했다. 일본군의 점령을 '황군'의 '기쁜 소식'이라 하면서 '전승의 날'이 하루라도 빨리 오기를 기원하며, 총후의 각오를 다짐한다는 식의 주장이 계속되었다.[83] 또한 중일전쟁에 대해서도 "동아평화를 확립하려는 성전"이라고 주장했다.[84] 중일전쟁을 뒷받침하기 위한 전쟁 동원체제 구축을 독려하는 사설들도 잇달아 게재했다.[85]

그리고 국제정세에 대한 인식도 상당히 바뀌었다.[86] 우선 국제정세를

---

80) 「南總督의 유고」, 『동아일보』 1937. 9. 11 ; 「중견청년의 훈련」, 『동아일보』 1937. 9. 28 ; 「총후보국의 강조」, 『동아일보』 1938. 4. 26.

81) 「지원병제의 설립」, 『동아일보』 1938. 1. 19 ; 「지원병제도, 교육령개정-양제도의 실시 축하」, 『동아일보』 1938. 4. 3 ; 「육군지원병 개소식-취체와 지도」, 『동아일보』 1938. 6. 15.

82) 중일전쟁 발발후 일본 정계 동향을 분석한 사설은 다음과 같다. 「임시의회 소집의 목적」, 『동아일보』 1937. 9. 3 ; 「爲替管理의 재강화」, 『동아일보』 1937. 12. 18 ; 「정국의 공기일변」, 『동아일보』 1938. 4. 23 ; 「近衛內閣의 개조」, 『동아일보』 1938. 5. 28 ; 「대파란의 정우총재 문제」, 『동아일보』 1938. 6. 4 ; 「平沼新內閣 출현-近衛內閣의 연장」, 『동아일보』 1939. 1. 7 ; 「일영회의의 개막」, 『동아일보』 1939. 7. 16 ; 「일영회담의 전도」, 『동아일보』 1939. 8. 13 ; 「阿部內閣과 외교정책」, 『동아일보』 1939. 9. 1 ; 「구주대전과 일본경제계」, 『동아일보』 1939. 9. 6 ; 「阿部內閣의 전도」, 『동아일보』 1939. 11. 12.

83) 이에 대한 동아일보의 사설은 다음과 같다. 「전승축하」, 『동아일보』 1937. 10. 17 ; 「상해의 戰捷」, 『동아일보』 1937. 10. 30 ; 「남경함락의 의의」, 『동아일보』 1937. 12. 7 ; 「남경함락」, 『동아일보』 1937. 12. 12 ; 「남경입성」, 『동아일보』 1937. 12. 19 ; 「徐州 함락」, 『동아일보』 1938. 5. 21 ; 「광동시 입성」, 『동아일보』 1938. 10. 23 ; 「漢口 함락」, 『동아일보』 1938. 10. 27 ; 「武漢 함락후 경제계」, 『동아일보』 1938. 10. 30 ; 「海南島 공략」, 『동아일보』 1939. 2. 14 ; 「南寧 공략의 의의」, 『동아일보』 1939. 11. 26.

84) 「총후보국의 강조」, 『동아일보』 1938. 4. 26.

85) 자세한 것은 박용규, 앞의 글, 105~111쪽 참조.

다룬 사설이 일단 이전에 비해 줄었다.[87] 그 논조에서도 과거와 같은 인민전
선에 대한 옹호나 파시즘에 대한 비판이 사라져 갔다. 히틀러의 성공에
대한 우호적 논설도 실렸다. 소련에 대한 논조도 변화했다.[88] 특히 일소간의
정전협정 체결은 그동안 소련이 동아시아 정세 변화의 또 다른 축이었다는
점에서 동북아에 대한 일제 지배가 강화되고 고착되는 것으로 여겨졌다.

---

86) 정간해제 이후 국제정세에 대한 동아일보의 인식에 대해서는 홍종욱, 앞의 글,
    2009, 98~104쪽 참조.
87) 중일전쟁 발발 전후 유럽과 세계정세를 다룬 동아일보의 사설은 다음과 같다.
    「세계의 동향-각국은 군확경쟁에 몰두」, 『동아일보』 1937. 6. 6 ; 「佛國의 정변-급진
    사회당 쇼탕씨 후계」, 『동아일보』 1937. 6. 24 ; 「국제감시대의 해체-금후형세는
    풍우를 난측」, 『동아일보』 1937. 7. 13 ; 「최근의 구주정세」, 『동아일보』 1937. 9.
    5 ; 「구주정세의 위기절박-英佛伊 대립 일익 첨예화」, 『동아일보』 1937. 10. 16 ; 「구
    주정세의 일익험화」, 『동아일보』 1937. 11. 6 ; 「국제연맹의 장래」, 『동아일보』 1937.
    12. 15 ; 「쇼탕내각의 총사직-인민전선의 붕괴」, 『동아일보』 1938. 1. 16 ; 「쇼탕내각
    의 재출현-佛國은 금후 안정될까?」, 『동아일보』 1938. 1. 20 ; 「열강의 군비확장
    대함거포시대-재차출현 형세」, 『동아일보』 1938. 1. 29 ; 「독일정계의 대개혁-나치
    스 정권의 거익강화」, 『동아일보』 1938. 2. 9 ; 「중구 형세 일변-獨墺관계 대진전」,
    『동아일보』 1938. 2. 20 ; 「국제정국의 신전개-독일의 만주국 승인과 이든 영국
    외상의 사직」, 『동아일보』 1938. 2. 23 ; 「다단한 구주 정세」, 『동아일보』 1938.
    3. 6 ; 「佛國의 정변」, 『동아일보』 1938. 3. 13 ; 「獨墺合倂과 열국의 태도」, 『동아일보』
    1938. 3. 17 ; 「英伊協定의 成立」, 『동아일보』 1938. 4. 21 ; 「히틀러外交의 成功-체코問
    題의 歸結」, 『동아일보』 1938. 9. 21 ; 「불국내 정세 험악화」, 『동아일보』 1938.
    12. 1 ; 「작금의 구주정세」, 『동아일보』 1939. 3. 23 ; 「獨波 遂衝突」, 『동아일보』
    1939. 9. 2 ; 「구주전국의 전망-결국 장기전?」, 『동아일보』 1939. 9. 20 ; 「獨伊蘇三國
    의 미묘한 관계」, 『동아일보』 1939. 12. 14.
88) 중일전쟁 발발이후 소련과 관련된 사설은 다음과 같다. 「소련정부의 청당문제」,
    『동아일보』 1937. 6. 19 ; 「방공협정의 강화표현」, 『동아일보』 1937. 12. 3 ; 「미묘복
    잡한 일소관계-소련의 도전적 태도」, 『동아일보』 1938. 6. 18 ; 「獨蘇 제휴설-그
    실현성과연여하」, 『동아일보』 1938. 6. 23 ; 「일소 정전협정-張鼓峯事件」, 『동아일보』
    1938. 8. 13 ; 「소련의 외교정책」(『째팬·앞버타이자』 사설에서 중계방송), 『동아일
    보』 1939. 5. 17 ; 「영소 교섭의 장래」, 『동아일보』 1939. 6. 11 ; 「구주 정세 급전회」,
    『동아일보』 1939. 8. 27 ; 「일소 정전협정」, 『동아일보』 1939. 9. 17 ; 「독소 합작
    군사협정의 저류」, 『동아일보』 1939. 9. 29 ; 「일소 관계의 타개한도」, 『동아일보』
    1939. 11. 19 ; 「蘇芬 국교단절」, 『동아일보』 1939. 12. 1 ; 「獨伊蘇 삼국의 미묘한
    관계」, 『동아일보』 1939. 12. 14.

2. 일제의 언론통제책 수용과 동아일보 경영·편집진의 변화

1920년대 이래의 동아일보의 행적과 관련하여 볼 때 중일전쟁 발발이후 동아일보의 논조 변화는 극적이었다. 조선 민중의 표현기관임을 자부하면서 국내외 정세에 대한 수준 높은 분석과 정보를 내놓고 민족운동의 노선과 방향을 주도하던 기개와 의지는 온데 간데 없고, 일제에 대한 타협과 권력의 나팔수로서의 역할을 담당하면서 생명 유지에만 급급한 모습을 보이고 있다. 어떻게 해서 이러한 변화가 있게 되었을까?

먼저 일제의 강력한 언론통제책에 대한 굴복을 들 수 있다. 1937년 7월 12일 조선총독부 경무국은 경성부 내 언론 관계자를 소집해 전쟁에 대한 언론기관의 협조를 요청했다. 13일에는 미나미 총독이 직접 조선의 언론계 대표자들을 불러 시국에 협조할 것을 요청했다.[89] 요청이라기보다는 사실상 경고였다. 그것은 매일신보를 제외하고 동아일보와 조선일보가 중일전쟁 발발에 대해 침묵하고 논평을 회피한다고 보았기 때문이었다.[90] 그리고 이런 총독부의 요청을 전후하여 조선일보는 총독부 방침에 적극 따를 것을 결정한다.[91]

조선일보가 태도를 전환하자 이제 총독부의 압력은 동아일보로 향했다. 경무국은 7월 25일과 26일 동아일보 사장 백관수를 잇달아 호출하여 "조선일보는 이렇게 국민적 태도로써 기사를 편집하는데 동아일보는 왜 태도를 고치지 않느냐"며 압박했다. 이후 동아일보는 총독부의 압력에 버티지 못하고 총독부가 원하는 보도 태도로 나갔다.[92]

다음으로 무기정간 해제 이후 동아일보의 주도세력에 큰 변화가 있게

---

89) 자세한 내용은 최민지, 『일제하 민족언론사론』, 일월서각, 1978, 226~227쪽 참조.
90) 「支那事變ニ對スル諺文新聞ノ論調 第1輯」, 『朝鮮出版警察月報』 108, 1937년 9월호, 62쪽.
91) 자세한 내용은 장신, 앞의 책, 185~192쪽 참조.
92) 장신, 「일제 말기 김성수의 친일 행적과 변호론 비판」, 『한국독립운동사연구』 32집, 2009, 277쪽.

된다. 무기정간 해제 후 동아일보의 주요 간부진과 재임기간을 보면 다음과
같다.[93]

직위	성명과 재임기간	비고
사장	백관수(1937. 5~1940. 8)	편집국장 겸임(1937. 6~1939. 11)
고문	송진우(1937. 6~1940. 8)	
편집국장	고재욱(1939. 11~1940. 8)	경제부장 겸임
정치부장	김장환(1933. 10~1940. 8)	
경제부장	고재욱(1933. 8~1940. 8)	
사회부장	林炳哲(1937. 12~1940. 8)	
지방부장	崔容煥(1936. 12~1938. 4) 任鳳淳(1938. 4~1940. 8)	
학예부장	徐恒錫(1933. 10~1938. 9) 玄鎭健(1939. 7)	
정리부장	朴萬緖(1933. 8~1938. 1) 安承誨(1938. 1~1940. 8)	
영업국장	林正燁(1937. 6~1939. 10) 鞠泰一(1939. 11~1940. 8)	상무(1939. 11~1940. 8)

　동아일보 주도층의 가장 큰 변화는 1921년 9월 이래, 특히 1925년 이후
신문사 운영에서부터 편집방침 및 논설에 이르기까지 동아일보의 거의
모든 권한을 장악하고, 독재자처럼 행동하던 송진우가 동아일보 경영 일선
에서 사실상 은퇴한다는 점이다. 그는 정간 해제 기간 중 자신의 경영권을
지키기 위해 백방으로 노력했지만 결국 실패로 돌아가자, 이번에는 동아일
보 경영에서 거의 손을 떼게 된다. 그는 정간 해제 후 동아일보의 고문으로
위촉되었지만, 예전과 달리 신문 경영이나 신문 내용에 거의 관여하지
않았다. 더 나아가 정치·사회문제에 관심이 없는 모습을 보인다.[94]
　국내외 정세 동향에 대단히 민감하고 정세 파악이 빠른 송진우는 아마
중일전쟁이 발발하는 상황 속에서 더 이상 동아일보가 조선 민중의 표현기관

---

93) 동아일보사, 앞의 책, 1975, 411~417쪽.
94) 「송진우씨는 무엇하고 게신가-전신문사장의 그 뒤 소식(其二)」, 『삼천리』 제10권
　　제5호, 1938년 5월호.

으로의 역할을 담당하지 못할 것으로 판단하였을 것이다. 또한 신문사를 운영하는 한 친일적 행위는 불가피할지도 모른다는 것을 감지했을 수도 있다. 아무튼 송진우는 정간 해제 이후 신문사 경영 일선에 거의 관여하지 않는다. 또한 이는 총독부가 원하는 바이기도 했다. 껄끄럽고 다루기 힘든 송진우를 배제하고, 대지주이자 부르주아지이며 상대적으로 다루기 쉬운 김성수를 상대하려는 것이 그들의 의도이기 때문이다.

송진우가 물러난 후 동아일보의 핵심은 자연히 김성수가 되었다. 물론 당시 김성수는 동아일보의 주식을 한 주도 갖고 있지 않고, 동아일보에서 아무런 지위도 맡고 있지 않았다. 그렇지만 당시의 관행상 김성수가 송진우에게 넘겨주었다가, 신임사장 백관수에게 넘어간 주식은 당연히 김성수에게 돌아오는 것이었기 때문에 동아일보의 실소유주는 여전히 김성수였다. 또한 주식 소유 여부와 관계없이 동아일보를 마음껏 전횡했던 송진우가 물러난 상태였기 때문에 더욱 김성수의 주도권은 강화될 수밖에 없었다. 그렇기에 중일전쟁 이후 동아일보를 향한 총독부의 압력은 김성수에게로 향했다.

그렇지만 송진우의 뒤에 있으면서 1920년대와 30년대 내내 거의 모든 정치사회 활동에 직접 나서지 않았던 김성수는 이런 압력을 견딜 수가 없었다. 그는 가진 것이 너무 많았다. 김성수는 자신이 세운 동아일보와 보성전문학교를 유지하기 위해, 경성방직을 비롯한 자신과 자신의 일가 재산을 지키기 위해 이제 친일의 길로 들어서게 되었다. 동아일보도 예전의 자세를 버리고 총독부의 시책에 협력하기 시작했다. 한 번의 협력은 김성수의 묵인과 방조, 또한 체념 속에 두 번 세 번으로 이어졌다.[95] 그리고 마침내 동아일보는 총독부의 협력자로 변신했다. 전시체제에 맞추어 식민지 지배의 '현상을 유지'하고 협력하는 데 앞장섰다.

---

95) 장신, 앞의 글, 2009, 305쪽.

3. 동아일보의 폐간과 기사회생

1937년 중일전쟁 발발 이후 동아일보의 논조는 크게 변화했다. 동아일보는 생존을 위해 조선 민중의 표현기관이라는 자부심도, 신념도, 지조도 버렸다. 이런 동아일보의 논조 변화에 대해 총독부도 기사 내용이 시국에 잘 맞추고 있다고 어느 정도 만족을 보이고 있었다.[96]

이렇게 동아일보가 일제에 협력하고 있음에도 불구하고 총독부는 동아일보의 폐간을 추진했다. 중일전쟁 후 일본 정부는 '언론기관 통제계획'을 수립하여 '한 개의 부·현에 하나의 신문제' 원칙 아래 신문사의 합병을 추진했다. 이에 발맞추어 조선총독부도 1939년부터 '1도 1지' 원칙아래 신문사의 통폐합을 추진하였고, 그 일환으로 동아일보와 조선일보를 매일신보에 합병시키고자 했다. 일본과 달리 조선의 경우는 총독부가 직접 나서 「언문신문통제안」과 「조선 언론기관의통제지도책」을 작성하여 신문 통폐합을 추진하였다. 다양한 방법적 모색 끝에 동아와 조선을 매일신보가 매수·합병하고, 산업·경제·시사를 보도하는 특수신문으로 만들어 매일신보의 자회사로 만드는 방안이 결정되었다.[97] 이를 통해 매일신보를 유일한 조선어 신문으로 만들고자 했다. 총독부가 이렇게 동아일보와 조선일보를 폐간하고자 하는 것은 내선일체와 배치되는 '민족지'로서의 상징성을 근본에서부터 없애버리려는 것이기도 했고, 파시즘적 성향이 강한 미나미 총독의 경향, 파시즘 체제의 본질적 속성, 전시체제에 따른 종이부족 등에서 나온 것이기도 했다.

총독부는 1939년 말부터 신문 폐간을 비공식적으로 권고하기 시작했고, 1940년 1월 16일에는 미쓰하시 경무국장이 동아일보의 백관수 사장과 송진우 고문, 조선일보의 방응모 사장을 호출하여 2월 11일 기원절까지

---

96) 최유리, 앞의 책, 40~41쪽.
97) 자세한 것은 장신, 앞의 책, 209~216쪽 참조.

폐간하고 매일신보와 통합할 것을 공식적으로 종용했다.[98] 내외의 비난을 감수하면서까지 일제에 대한 타협의 길을 걸었던 동아일보는 당연히 반발했다.

송진우는 1940년 1월 하순 일본으로 건너가 중앙조선협회의 마루야마 쓰루키치(丸山鶴吉), 우사미 가쓰오(宇佐美勝夫) 등 중앙조선협회 관련자들과 척무대신 고이소 구니아키(小磯國昭), 다나카 다케오(田中武雄) 척무차관, 일본 국수주의 극우세력의 대부 도야마 미치루(頭山滿) 등을 만나 폐간을 막는 데 주력했다.[99] 송진우의 공작은 일시 주효하여 총독부가 정한 2월 11일의 기한을 넘길 수는 있었지만, 이는 단순한 시간 연장일 뿐이었다.

동아일보 매수가 실패로 돌아가자 총독부는 외곽에서 동아일보를 압박하였다. 5월 중순 신문지를 임의로 처분했다며 경리부장 김동섭을 구속했다. 6월에 경리부정사건을 터뜨려 상무 임정엽과 영업국장 국태일을 구속하였고, 김성수를 연행하는 등 압박을 강화했다. 송진우는 7월에 다시 일본으로 건너갔지만 이번에는 속수무책이었다. 총독부는 송진우 명의로 된 예금을 독립운동과 결부시켜 사건을 조작하였다. 이 때문에 송진우는 귀국하자마자 일경에 연행되어 구속되었다. 송진우가 구금된 상태에서 7월 26일 중역회의가 열려 발행 겸 편집인이 백관수에서 임정엽으로 변경되고, 임정엽 명의로 폐간계를 제출하게 되었다. 8월 초 송진우, 백관수, 임정엽, 국태일이 석방되었고, 8월 10일 마침내 동아일보는 폐간 당했다.[100]

신문의 강제폐간은 수많은 사람들의 생계가 걸린 문제이기 때문에 개개인들에게 있어서는 안된 일이지만, 정치세력이란 측면에서 보면 동아일보 세력들에게는 불행 중 큰 다행이었다. 중일전쟁 발발 이후 일제와 타협하면서 권력의 나팔수나 다름 없는 논조를 전개하던 동아일보가 만약에 폐간되지

---

98) 장신, 앞의 책, 217~222쪽.
99) 고하선생전기편찬위원회편, 앞의 책, 399~400쪽 ; 장신, 앞의 책, 224쪽.
100) 고하선생전기편찬위원회편, 앞의 책, 400~403쪽 ; 장신, 앞의 책, 228~230쪽.

않고 해방될 때까지 계속 간행되었다면, 과연 그들이 해방 후 주요한 정치세력으로 부각될 수 있었을까 하는 의문이 들기 때문이다.

해방 후 친일을 했느냐 안했느냐는 독자적 정치세력으로 서기 위한 중요한 디딤돌이었다. 친일 경력은 경쟁하는 상대세력으로부터 공격받는 최대 약점이었기 때문에 8·15직후 중요한 정치세력은 거의 대부분 일단 이 문제에서 자유로운 사람들이 중심이 되어 형성되었다. 물론 친일 경력을 가진 사람들도 정치계에 다수 활동하지만, 8·15직후부터 중심적 역할을 하는 것은 아니었다. 친일세력이 광범하게 등장한 것은 일정 시간이 흐른 후였다, 일제에 의한 동아일보의 강제 폐간은 아이러니하게도 일제와 타협하여 몰락할 수밖에 없었던 동아일보 세력들에게 다시 정치적으로 재기할 수 있는 명분과 발판을 제공했다.

더구나 동아일보계열의 핵심인 송진우는 중일전쟁이후 동아일보의 일제와의 타협에 한발 비켜 서 있었다. 물론 그가 동아일보의 무기정간 해제이후 동아일보의 고문 직책을 맡고 일정하게 동아일보에 관여하였기 때문에 중일전쟁이후 동아일보의 논조 변화에 무관하다고 할 수는 없으며, 일정한 영향력은 유지하고 있었다. 그렇다고 해도 그런 논조 변화를 그가 주도하거나 지시했을 가능성은 없어 보인다. 총독부는 그가 동아일보에 관여하는 것을 적극 경계하였고, 상황 판단이 빠르고 정치적 처신에 민감한 송진우도 간여할 생각을 하지 않았다. 그는 정치사회 활동 전반에서 물러났다. 더 나아가 주변의 측근들에게도 정치사회 활동을 접으라고 충고했다.

송진우는 동아일보 폐간 후 동아일보의 청산대표 취체역으로 청산 업무를 처리하고,[101] 청산 업무가 마무리된 후에는 동아일보 사옥을 관리하는 동본사 사장 역할을 담당하기는 한다.[102] 이외의 모든 정치 사회활동과 담을 쌓은 채 일제가 패망할 때까지 친일행위에 간여하지 않는다.

---

101) 「기밀실, 우리 사회의 제 내막」, 『삼천리』 제12권 제9호, 1940년 10월호.
102) 동아일보사, 앞의 책, 1975, 392~394쪽.

일제 말기에는 민족주의자와 사회주의자를 막론하고 명망 있는 상당수 사람들이 총독부에 끌려들어가 친일 논설을 쓰거나, 친일 단체에 관계하거나, 친일적 행위에 어쩔 수 없이 가담하는 경우가 많았다. 대필과 조작 여부가 논란이 되지만 민족운동 지도자들 상당수도 친일 논설이 존재하고 있다. 그러나 송진우의 친일 논설과 단체 가입은 현재까지 확인된 바가 없다. 많은 사람들이 참여했던 친일 강연과 인터뷰에서조차 현재까지 그의 행적은 알려진 바가 없다. 그의 평생의 동반자였던 김성수가 일제에 의해 비자발적이기는 하지만 친일의 길로 끌려들어갔던 것에 반해, 그는 병을 핑계로 또한 다른 이유를 들어 일제의 회유와 압력을 끝끝내 이겨냈다. 그리고 이런 철저한 자기 관리가 해방 후 송진우가 한민당의 핵심이자 국내 민족주의세력의 주도 인물로 부각되는 중요한 자산이 되었다.

일제 말기 파시즘 식민지 지배체제하에서 민족주의세력의 일부는 자의에 의해서건 타의에 의해서건 친일의 길을 걷기도 하였고, 일부는 파시즘 전체주의 사상, 국가주의 사상에 경도되어 자발적 친일에 나서기도 했다. 또 다른 일부는 경제생활이나 사회 활동을 위해 어쩔 수 없이 일제에 비자발적으로 끌려들어가 협력하기도 했으며, 일부는 모든 정치사회활동에서 물러나 은둔하기도 했다. 이는 사회주의세력도 마찬가지였다. 지하에 은둔하여 지조를 지킨 세력도 있지만, 상당수는 자의 또는 타의에 의해 전향하고 변절했다. 동아일보 관련자들도 김성수, 장덕수, 함상훈 등을 비롯해서 여러 사람이 친일협력의 길에 나서기도 했다.[103] 그렇지만 송진우와 그의 측근들인 김병로, 정인보, 김준연 등은 일제에 협력하지 않고 지조를 지키고 있었다.

---

103) 친일반민족행위진상규명위원회, 『친일반민족행위진상규명 보고서』 Ⅳ-15, 장덕수 편 ; Ⅳ-19, 함상훈편.

4. 송진우의 일제 말 행보와 해방의 전망

송진우는 1943년 경 전국 각지를 순방하면서 전국에 흩어져 있는 동아일보의 관련자 및 지방 유지들과 만나고 돌아온 후 칩거생활에 들어갔다.[104] 그는 이 순방에서 동아일보 관련자들의 내부결속을 다지고 태평양전쟁의 경과와 일본 패전의 전망을 알려주었을 것으로 보인다. 그것은 송진우를 비롯한 민족주의세력들이 일제에 의해 언론이 철저히 통제된 상황이었지만, 단파방송 등을 통해 태평양전쟁의 전반적인 진행상황과 연합군의 동향, 해외 독립운동세력의 동향 등을 어느 정도 알고 있었기 때문이다.[105] 한편 1945년 5월 독일의 항복을 전후해서는 일본 외무성 사무관으로 있는 장철수(張徹壽)를 통해서도 카이로 선언과 포츠담 협정, 얄타 협정 등 연합국의 전후 처리 방침에 대해서도 알게 되었다.[106] 1920년대 이래 국제정세의 동향과 정보에 국내 어느 정치세력보다도 민감한 그들이었기에 어떠해서든지 돌아가는 국제정세 정보를 알려고 했을 것이고, 대체적인 상황을 판단하고 있었다.

그렇지만 송진우는 종전 후를 대비한 구체적인 준비 활동이나 조직 활동은 일체 하지 않았다. 아마도 그는 일제 파시즘 통치가 극을 향해 달려가는 상황에서 섣부른 행동은 화를 자초할 뿐이라는 판단을 했을 것으로 보인다. 수만여 명의 일본 군대와 경찰이 조선 민족을 샅샅이 감시하는 상황에서 민족운동의 조직적 모색은 무모한 것으로 인식되었다.

1944년 7월, 안재홍이 송진우에게 찾아와 '무슨 운동'이라도 일으키자고 제안하고, 송진우가 거절한 것은 주지의 사실이다.[107] 안재홍의 제안을

---

104) 고하선생전기편찬위원회, 앞의 책, 415쪽.
105) 일제 말 단파방송과, 단파방송사건에 대해서는 다음을 참조. 유병은, 『단파방송연락운동』, KBS문화사업단, 1991 ; 정병준, 『우남 이승만 연구』, 역사비평사, 2005, 399~424쪽.
106) 고하선생전기편찬위원회, 앞의 책, 420쪽.

민족주의 진영을 주력 역량으로 삼는 조직 결성 제의로 보는 연구도 있지만,[108] 당시 상황을 놓고 볼 때 이는 무리한 설명이라고 보여진다. 친일조직 외에는 어떠한 조직도 허용되지 않던 파시즘의 폭압이 극에 달한 당시에 조직결성은 당연히 비합법 비밀결사 형태를 띨 수밖에 없는 것인데, 1920년 대 이래 신간회운동기 반합법적인 신간당 활동을 제외하고, 합법적이고 표면운동만을 추구해 왔던 안재홍이 비밀결사에 나선다는 것은 사리에 맞지 않다. 이는 그 후 안재홍이 1944년 8월 결성된 비밀결사 건국동맹에 참가하라는 여운형의 제의에 대해 "지하조직은 그만 둔다"며[109] 거부한 것에서도 단적으로 드러난다.

안재홍의 제안은 어떠한 형태의 표면운동, 즉 합법적 집회와 합법적 운동을 제의한 것으로 보는 것이 합당할 것이다. 안재홍이 1945년 5월, 경무국장 니시히로 다다오(西廣忠雄)와 만나 경성에서 민족대회를 소집할 수 있게 허락해달라고 촉구한 것으로 보아서, 안재홍이 주장한 '무슨 운동'은 표면운동일 가능성이 높다.[110]

송진우가 볼 때 일제의 패전이 눈앞에 보이는 상황에서 이런 정치적 행동은 크게 위험한 것이었다. 만약 그것이 일제를 직접 공격하는 것이 되면 패전이 임박한 상황에서 일제의 극심한 탄압을 받을 것이고, 이는 민족운동의 역량 손실을 가져올 것은 자명한 것이었다. 심지어 혁명적 공산주의세력도 은둔하는 상황에서 이런 투쟁은 현실성이 떨어질뿐더러 일제 말기 구속된 민족운동세력의 상당수가 고문과 탄압 또는 회유에 못 이겨 전향하고 말았다는 현실을 놓고 볼 때, 섶을 지고 불로 뛰어드는

---

107) 「민정장관을 사임하고-기로에 선 조선민族」, 안재홍선집간행위원회 편, 『민세안재 홍선집』 2, 지식산업사, 1983, 261~262쪽 ; 고하선생전기편찬위원회, 앞의 책, 417~418쪽.
108) 김인식, 『안재홍의 신국가건설운동』, 선인, 2005, 45~50쪽.
109) 「몽양 여운형의 추억」, 안재홍선집간행위원회 편, 『민세안재홍선집』 2, 204쪽.
110) 「8·15 당시의 우리 정계」, 『민세안재홍선집』 2, 470~471쪽.

무모한 것이었다.

또한 안재홍이 제안한 그 표면운동이 이런 위험을 모면하기 위해 일제가 설정해놓은 합법적 테두리에 머물러도 그 또한 위험한 것이었다. 표면운동, 즉 합법적 정치운동도 때가 있는 것이었다. 앞서 살펴보았듯이 동아일보 주도세력은 1920년대 초반 이래 항상 일본 정계의 동향을 주시하면서 그 상황에 따라 합법적 정치운동을 추진하였지, 전혀 가망성이 없는 상황에서는 표면운동을 추진하지 않았다. 그런 측면에서 일제 파시즘이 말기적 성향을 보이는 상황에서 합법적 집회라는 것은 가능하지도 않으며, 전시동원을 위해 각종 관제 행사가 빈발하던 당시에, 잘못하면 그 집회도 그와 비슷한 것으로 비쳐질 수가 있었다. 이는 일본에 타협한 주구라는 오명을 뒤집어 쓸 수도 있었다.

국제정세에 밝은 송진우는 중국국민당 좌파의 대표적 인물이었다가 난징 괴뢰정부의 수반이 된 왕지웨이(王兆銘), 제1차 세계대전의 프랑스 영웅이었다가 독일의 프랑스 점령 후 수립된 비시괴뢰정부의 수반이 된 페탱(Henri Philippe Benoni Omer Joseph Pétain), 필리핀 독립운동의 영웅이었다가 일제 점령 하 필리핀 괴뢰정부의 대통령이 된 라우렐(Laurel, Jos Paciano)의 전철을 잘 알고 있었다. 그에게 비합법운동의 전자이든 합법운동의 후자이든 어떤 경우든, 지금 움직이는 것은 스스로를 "일본의 손아귀 속에 끌려들어가게 하는 것"[111]으로 비쳤을 것이다. 송진우가 볼 때 여운형과 안재홍이 일본 총독부 관리들과 자주 접촉하는 것은 위험해 보였다.

송진우가 구체적 행동에 나서지 않은 데에는 일제 패망 후의 조선 정세에 대한 낙관적 인식도 자리 잡고 있었다. 태평양전쟁은 군국주의 일본과 민주주의 선진국 미국 사이에 벌어진 전쟁이고, 전쟁결과는 조선의 독립과 민주주의 신국가 건설로 이어질 것이라는 전망을 하고 있었다. 동아일보

---

111) 고하선생전기편찬위원회, 앞의 책, 418쪽.

주도세력은 제1차 세계대전의 종결이 민족자결주의의 세계 대세로 이어진 역사적 경험 속에서 정치적으로 형성되고, 민족자결을 이념으로 성장한 세력들이었다. 세계대전 패전국의 식민지가 독립한다는 제1차 세계대전의 역사적 경험을 이미 확인한 바 있을 뿐더러, 민주주의 국가 미국은 카이로 선언과 포츠담 협정을 통해서도 조선의 독립을 이미 확인했다. 미국은 전 세계를 영도하고 있으며, 동아일보 주도세력이 일제하 조선의 민족운동을 크게 혼란시킨 배후로 지목하는 코민테른도 해산되어 세계혁명운동도 폐기되는 상황이기[112] 때문에 섣부르게 행동할 필요가 없는 것이었다.

송진우는 정세를 관망했다. 파시즘의 폭력성과 옥쇄를 각오한 일본 군국주의자들의 생리와[113] 일본 정계의 동향에 대해 누구보다도 잘 알고 있는 그였기에 신변을 보호하면서 해방을 기다리는 것이 최선의 길로 여겼다. 1945년 5월 독일 패망 이후에는 조만간 일본도 항복할 것이라면서 7월이면 일본도 망할 것이라는 예측하기도 했다. 그는 자신의 예측과 다르게 일제가 전쟁을 더 끌어가자, 일제의 마지막 발악을 크게 우려했다. "전쟁을 할 동안보다도 끝날 임시가 더 무섭지. 만약 저자들이 항복할 계제가 되면 우리 지식계급이나 민족지도자를 하나도 남김없이 학살할 것"이라고 우려하기도 했다.[114] 전쟁의 역사적 경험, 파시즘의 호전성을 놓고 볼 때 송진우의 이런 우려는 기우만은 아니었다. 그렇지만 일제 지배층 내에서도 종전을 향한 움직임은 진행되었고, 8월 9일 소련이 대일전에 참여하면서 일본의 패전은 확실해졌다. 그리고 8월 15일 해방이 왔다.

---

112) 「민정장관을 사임하고」, 안재홍선집간행위원회 편, 『민세안재홍선집』 2, 261쪽.
113) 일본 군국주의자들은 태평양전쟁 막바지까지도 玉碎를 각오하며 일본 본토에 상륙할 미군과 일전을 각오하고 있었다. 일본 내에서 종전 기류는 1945년 초부터 형성되었지만, 파쇼세력 때문에 종전협상은 8월까지 지지부진하였고, 종전을 추진하던 일본 정부 각료와 관료들은 살해 위협에 시달렸다. 항복을 발표하던 날 육군대신을 비롯한 군국주의자들은 쿠데타와 자결로 저항했다.
114) 고하선생전기편찬위원회, 앞의 책, 423~424쪽.

소결 :

식민지 말기의 민족주의세력과 해방 후 정치세력의 관계

  팩스턴의 지적처럼 유럽에서 파시즘은 보수주의자들의 협력과 지원이 없었다면 성공하지 못했을 것이다. 공산주의를 막기 위해 악마와도 손을 잡겠다는 그들의 선택이 결국 파시즘의 승리와 우파의 몰락을 초래했다.[115] 일본 파시즘 체제는 민족과 국가의 중심으로서 '만세일계'의 신성화된 천황제, 일본 천황제 특유의 분권적 권력구조와 독립된 군부, 미약한 정당정치세력의 존재 등으로 유럽과는 다른 역사적 조건과 형성 경로, 체제적 특징을 가지고 있었다. 그러므로 '혁신파'가 추진한 완전한 '신체제'로서 파시즘 체제가 달성되는 것은 일본 천황제 정치구조 속에서는 구조적으로 불가능했다.

  그렇지만 일본 역시 '혁신파'와 기존의 특권 및 보수주의세력 간에 상당한 대립과 갈등에도 불구하고, 군부 강경파 세력의 견인 속에서 '혁신파'의 신체제 구상은 기본적으로 관철되었다. 일본 파시즘이 유럽 파시즘과는 그 구조와 논리, 정치운영체계에서 상당한 차이를 가짐에도 기존 보수주의세력의 지원과 협력위에 성립한 것은 유사하며, 특권 및 보수주의세력의 영향력은 유럽보다 더욱 지대했다. 기존의 상당수 특권 및 보수주의세력은 단순한 '현상유지'세력이 아닌, 일본 파시즘의 또 다른 주체로서 활동하면서,

---

115) 로버트 O. 팩스턴 저, 손명희·최희영 옮김, 『파시즘』, 교양인, 2005.

'혁신파'와 협력 또는 갈등하고 있었다.

식민지 조선의 경우에도 논란의 여지가 있지만 '식민지파시즘' 체제가 성립되었다고 할 정도로 일본 파시즘 체제의 강한 지배와 영향이 관철되어 갔다.[116] 그런 가운데 국내 민족운동세력은 크게 위축되었으며, 상당수가 식민지배체제에 편입되어 갔다. 그렇지만 그 양상은 일관적인 것이 아니었다. 파시즘 사상에 경도되어 자발적으로 지배체제에 적극적으로 참여하는 세력과 인물들도 많았고, 폭압에 못 이겨 비자발적이지만 굴종을 택하는 세력과 인물들도 꽤 있었다. 또한 은둔을 택하여 비타협하면서 침묵 속에서 미래를 기대하는 사람들도 많았다.

동아일보계열은 창간이래 조선 민중의 표현기관이라는 자의식 속에서 1930년대 중반까지는 체제비판세력으로 활동했다. 1936년 '2·26'사건이 일어나면서 통제파가 장악한 군부가 정치일선으로 나오게 되고, 군부에 의해 통제되는 히로타 내각이 성립하자, 총독부의 극심해진 언론 검열 상황을 반영하여 완곡한 형태로 히로타 내각과 군부를 비판했다. 또한 언론 통제와 검열 때문에 일본의 군국주의화와 대외 침략에 대해서 직접적인 비판을 할 수는 없었지만, 간접적인 형식을 빌어서 이를 비판했다. 이는 1935년에서 36년에 걸친 이탈리아의 무솔리니 파시스트세력의 에티오피아 침공에 대한 강력한 비판으로 나타났다.

또한 1936년 들어 본격화한 프랑스, 스페인 등의 반파시즘 인민전선운동의 상황을 우호적으로 적극 보도했다. 반파시즘 인민전선에 대한 동아일보의 옹호는 그 이념이나 노선을 옹호해서가 아니었다. 세계적 차원의 파시즘의 대두와 일본의 군국주의 파시즘화는 조선의 독립 및 민주적 재편을 더욱 멀게만 할 뿐이라는 정세 판단위에서, 파시즘세력에 대항해서 이를

---

116) 이에 대해서는 다음 참조. 방기중편, 『일제 파시즘 지배정책과 민중생활』, 혜안, 2004 ; 방기중편, 『일제하 지식인의 파시즘체제 인식과 대응』, 혜안, 2005 ; 방기중편, 『식민지 파시즘의 유산과 극복의 과제』, 혜안, 2006.

저지하고 타파할 반파시즘 인민전선을 성원하기 위한 것이었다. 그들은 파시즘의 대두와 군국주의화로 세계의 대세에 대한 신념과 비전을 상실하고, 운동의 침체로 무기력 상태에 빠진 민족운동 전반에 대해서, 파시즘과 이에 대항한 인민전선의 대두라는 세계정세의 변화를 주시하면서 적극적인 자세로 나아갈 것을 촉구했다.

그러나 이러한 동아일보의 비판적 태도는 더 이상 가지를 못했다. 1936년 손기정선수 일장기 말소사건을 계기로 동아일보는 10개월간의 무기정간에 처해지게 된다. 총독부는 동아일보의 '인사개혁'과 '지면의 철저한 개혁'을 요구하였고, 동아일보는 버티다가 결국 수용하게 된다. 송진우는 동아일보 경영 및 편집에서 물러나게 되고 백관수 사장체제가 들어섰다. 그리고 '언문신문지면쇄신요항'이라는 신문의 거의 모든 기사 내용과 편집방향을 세세하게 규제하는 언론보도지침을 받아들였다. 1937년 정간해제 직후 중일전쟁이 발발하면서부터는 일제에 굴종하여 식민지배와 대륙침략에 동조하고 협조하는 글들을 개제하기 시작했다. 이러한 논조 변화는 정간이전 행적과 비교해서 극적이라 할 만한 것이었다.

이러한 동아일보의 변화는 첫째, 일제의 강력한 언론통제책에 대한 굴복, 둘째, 동아일보 주도층의 변화, 즉 동아일보의 거의 모든 권한을 장악하고 독재자처럼 행동하던 송진우가 동아일보 경영일선에서 사실상 은퇴한 점, 셋째, 비자발적이기는 하지만 동아일보 사주 김성수의 급속한 대일 타협과 협조에서 연유한 것이었다. 그러나 이러한 협조에도 불구하고 총독부는 동아일보의 폐간을 추진하여 1940년 8월 10일, 마침내 동아일보는 폐간 당했다. 일제에 의한 강제폐간은 일제와 타협하여 몰락할 수밖에 없었던 동아일보 세력들에게 해방 후 정치적으로 재기할 수 있는 명분과 발판을 제공했다.

8·15 해방과 함께 동아일보계열이 바라던 합법적 정치운동의 공간이 열렸다. 8·15직후 조선건국준비위원회(이하 건준)에서 조선인민공화국(이

하 인공) 수립 선포에 이르는 일련의 과정에서 박헌영이 중심이 된 재건파 조선공산당 세력은 신국가 건설의 헤게모니를 전취하려고 했다.117) 이를 직접적 계기로 천도교세력을 제외한 일제하 국내 민족주의운동세력의 다수는 한민당으로 집결한다.

창당 초기 한민당은 일제하 주요 민족운동세력 중 동아일보계열과 호남지역 정치세력이 주도하고, 기독교계열 양대 세력 중 하나인 흥사단·수양동우회계열 및 서북지역 정치세력이 다음으로 참가했으며, 또 다른 세력이었던 동지회·흥업구락부계열 및 기호지역 정치세력의 일부도 가담하여 결성되었다. 그밖에 경상도를 비롯한 각 지역의 민족주의세력과 원세훈, 김약수, 정노식, 서정희 등의 1920년대 후반이후 '좌익 사회민주주의'로 불리던 우파 사회주의계열의 인물들도 적잖이 포괄하는 정당으로 결성되었다. 결성 당시 한민당(발기회 포함)과 자매단체인 국민대회준비회 부장급 이상 간부 36명 중 약 90% 이상이 민족운동 관련자들로, 그 중 확실한 친일 경력을 가진 사람은 약 14% 정도였다. 초기 한민당은 보수적 정치 지향을 가진 사람들로부터 사회민주주의자에 이르기까지 다양한 정치 스펙트럼을 가진 사람들이 광범하게 참가하는 정치연합정당의 성격을 일정하게 갖고 있었다.118) 한민당에는 지역적·분파적 대립으로 결코 화합하지 못했던 일제하 주요 민족주의세력의 대부분이 망라되어 있었고, 심지어 일제하 사회주의운동 영역에서 활동하던 일부 사회주의 우파세력도 가담했다. 일제하 민족주의운동을 전개했던 정치세력들이 해방 후 한민당으로 결합하여 나타난 것이었다. 송진우가 이러한 결합에 핵심적 역할을 담당하면서 초기 한민당을 이끌었다.

---

117) 자세한 것은 윤덕영, 「8·15 직후 조선건국준비위원회의 조직적 한계와 좌·우 분립의 배경」, 『사학연구』 100, 2010, 839~862쪽 참조.
118) 윤덕영, 「1945년 한국민주당 초기 조직의 성격과 주한미군정 활용」, 『역사와현실』 80, 2011, 252~269쪽.

송진우는 국민대회준비회를 통해 신국가의 정치 질서를 준비하려 했는데, 이는 사회주의 정당과 자유주의적 성격의 자본주의 정당이 의회제의 틀 내에서 상호 경쟁하는 체제였다. 송진우을 핵심으로 한 한민당 초기 주도세력은 1922년 '김윤식 사회장' 사건 이후 20여 년간 공산주의세력과 대립하여 왔고, 공산주의세력의 혁명 전략전술 및 운동 방침에 대해 잘 알고 있었다. 그들은 공산주의세력과의 협력을 부정하지는 않았지만, 그 전제는 민족주의세력의 주도권이 사전에 확보될 때 가능한 것으로 인식했다. 이런 전제에서 그들은 대한민국임시정부지지론을 8·15 해방 전부터 앞장서서 적극 주장했다. 그것은 8·15직후의 정세판단 하에서 한국독립당의 확고한 주도 하에 좌우 연합체 성격을 띠고 있는 임정이, 급격히 확대되고 있는 공산주의세력 주도의 신국가 건설에 대항할 수 있는 명분 있는 정부로서 당면의 과도정부 역할을 수행하고, 정식 정부는 국내외의 반민족 분자를 제외하고 민주주의적인 각 정파의 제휴와 연결 속에 국민대회를 개최하여 결성하자는 과도정부 구상 하에서 제기된 것이었다. 송진우의 '임정 절대 지지' 주장 이면에는 임정과 같이 민족주의세력이 확실한 주도권을 갖고 좌·우 세력이 연합한 과도정부를 수립해야 한다는 전제가 들어가 있었으며, 이를 자신들이 주도하려고 했다.[119]

송진우와 한민당세력은 재건파 공산당의 공산세력을 제압하기 위해 남한에 진주한 미국의 힘을 이용하려 했고 미군정을 내용적으로 장악하는 행동을 취했다. 미군정의 조숙한 반공정책과 정무위원회 계획에는 한민당의 영향이 일정하게 작용했다. 이들의 미군정에 대한 협조는 신국가의 주도권을 놓고 공산주의세력과 싸우기 위한 자발적이고 주도적인 협력이었다.[120]

---

119) 자세한 것은 윤덕영, 「송진우·한국민주당의 과도정부 구상과 대한민국임시정부 지지론」, 『한국사학보』 42, 2011, 253~277쪽 참조.
120) 윤덕영, 「1945년 한국민주당 초기 조직의 성격과 주한미군정 활용」, 『역사와현실』

해방 후 남한 농지개혁의 '유상몰수 유상분배' 방안은 하루아침에 나온 것이 아닌 것은 주지의 사실이다. 그것은 1920년대 이래 민족주의세력의 근대개혁과 신국가 건설운동이 추구하던 농업개혁론의 일정한 도달점이었다. 기존 일부의 연구들에서는 한민당이 농지개혁에 반대했다거나, 민중의 요구에 밀려 마지못해 어쩔 수 없이 농지개혁에 찬성했지만 사실상 방기했다고만 보았다. 이는 일면적 파악이다. 한민당내에는 대지주 출신으로 농지개혁에 끝내 저항한 세력들도 있지만, 상당수는 농지개혁을 근대사회로 이행하기 위해서는 불가피한 것으로 생각하고 있었다. 신지식층에 의해 추진된 1920년대 이래의 민족주의운동은 민중의 지지를 획득하고 자신의 정당성을 확보하기 위해, 한말 지주적 입장의 근대화노선의 봉건적 한계와 굴레에서 이미 일제하에서 일찍이 벗어나 있었다. 근대국가 건설에 있어 토지개혁의 문제는 민족주의세력들에게 있어서도 더 이상 피할 수 없는 과제로 인식되었다. 그들이 대중적 영향력을 가진 정치세력으로 존속하기 위해서는 이는 불가피한 것이었다. 때문에 동아일보계열은 이순탁과 같이 사회민주주의 우파적 경향을 가진 인물들과 결합하여 자신들의 노선과 주장을 보완했다.

일제하에서는 총독부가 토지개혁에 관한 논의조차 불온시하였기 때문에 구체적으로 드러나지 않지만 8·15 해방직후가 되면 이는 보다 분명하게 드러난다. 1945년 한민당의 정강정책과 12월에 있었던 송진우의 한민당 정견연설에서는 토지의 국유개념과 토지개혁의 실시, 진보적 민주주의에 입각한 사회경제 정책의 실시 등이 구체적으로 명시되고 있었다. 한민당은 진보적 민주주의 원칙을 수용하면서 1945년 말 한민당과 임정 주도의 정계개편을 시도했다. 1945년 시점으로만 보면 토지개혁과 진보적 사회경제 정책은 좌우가 공유하는 바였다. 물론 토지개혁의 방향, 즉 지주의 자본가로의 전환을 허용하느냐 허용하지 않느냐를 둘러싸고 한민당과 공산

80, 2011, 263~265쪽.

당은 근본적으로 대립했다. 곧 무상몰수와 유상몰수의 문제인데, 이는 근대 사회와 국가를 어떠한 방향에서 누가 주도하여 건설할 것이냐의 문제와 맞물려 있었다.[121)

이런 사실을 도외시하고 동아일보계열의 타협성과 개량성, 보수성만을 강조하여, 제헌헌법의 제정 등 대한민국 수립과정과 농지개혁을 비롯한 제반 사회적 개혁과정에서 동아일보계열의 역할을 분리시키는 것은 일면적 파악이다.

반대로 동아일보계열의 근대적 개혁지향성과 독립성만을 강조하고, 대한민국 수립과정에서의 역할을 과대평가하는 것도 일면적 파악이다. 이 역시 동아일보계열이 일제하에서 언론기관을 넘어 독자적 정치세력으로 확립되지 못한 것, 중일전쟁 전후 식민지 파시즘체제에 굴종하여 일제에 협력한 것, 해방 직후 1945년에는 광범한 세력을 망라하여 한민당을 결성하고 사회개혁에 적극적이었다가 송진우 사후 정국의 영향력을 상실해가면서 분열되어 간 것, 1946년 말 한민당내 진보적 민족주의세력과 우파 사회주의 세력이 한민당을 대거 이탈하면서 보수화가 심해진 것, 대한민국 수립과정과 농지개혁을 비롯한 제반 사회적 개혁과정에 수동적이고 미온적 대처를 한 것, 그 결과 민국당으로 저변을 확장했음에도 1950년 5·30총선거에서 크게 몰락하게 된 것을 간과하는 일면적 파악이다.

---

121) 윤덕영, 「미군정 초기 정치 대립과 갈등 구조의 중층성-1945년 말 한국민주당 주도세력의 정계 개편 운동을 중심으로-」, 『한국사연구』 165, 2014, 281~287쪽.

결 론

이 책에서는 입헌주의 근대 국민국가의 세계적 정착과정, 영국 신자유주의(New Liberalism)와 일본 민본주의 등으로 나타난 19세기 후반에서 20세기 초반의 서구 자본주의 사상의 변화와 수정, 자본주의와 사회주의 이념과 운동에서 의회주의와 사회개혁노선, 합법적 정치운동의 세계적 확산과정을 살펴보면서, 일제하 한국 민족주의세력들의 사상과 운동을, 그 전형적 특징을 보이는 동아일보의 논의와 송진우의 활동을 중심으로 살펴보았다. 그리고 1920~30년대 각 시기별, 각 국면별로 제국일본의 정치사회 변동과 이에 대한 정세인식의 변화를 해명하였다. 또한 1926년 이후 중국 국민혁명의 동향과 그에 대한 인식, 1930년대 파시즘의 전개양상과 이에 대한 인식을 해명하였다. 이와 관련하여 동아일보계열의 민족적 중심세력론의 형성과정과 특징, 민족적 중심단체 결성 및 민족협동전선운동의 전개양상, 합법적 정치운동과정에서의 후퇴과정 등을 상세히 해명하였다. 한편 정치운동의 준비로서 민족운동의 사상혁신을 위해 근대적 조선사상을 모색하였던 과정도 해명하였다. 이러한 탐구를 통해 식민지 조선과 제국의 틀을 넘어서 세계의 시야에서, 한국 민족주의세력들의 이념과 운동이 제국 일본 및 세계와 교류하면서, 세계사적 특이성을 어떻게 형성하고 전개하였는가를 해명했다.

이 책의 연구 결과를 기존 연구들과 차별되는 부분을 중심으로 정리하면서 일제하 민족운동을 어떻게 볼 것인가를 생각해보도록 하겠다. 민족운동의 사상과 이념, 민족운동 연구 시각과 방법론, 민족운동의 전개양상과 내용으로 구분하여 정리하도록 하겠다.

1. 민족운동의 사상과 이념

이와 관련한 이 책의 연구 결론은 다음 두 가지로 정리될 수 있다.

첫째, 일제하 민족운동세력의 유학 등을 통한 서구 사상과 이념의 수용, 그리고 다이쇼 데모크라시의 경험을 고려하면서, 일제하 민족주의세력의 사상과 이념과 관련하여 영국의 신자유주의(New Liberalism), 일본의 민본주의 등, 자유주의 전통에 서 있는 수정자본주의 사상의 수용과 내재화 양상이 적극적으로 연구되어야 한다.

1920년대 전반 정치적으로 형성된 민족주의세력의 주요 인물들은 대개 일본 유학의 경험을 갖고 있었다. 이들은 일본 유학시절부터 학우회를 중심으로 서로 교류하면서 잡지『학지광』을 발간하고, 강연회 등을 여는 등 활발하게 활동했다. 초기 학우회의 발족과『학지광』의 발간을 주도한 것은 송진우와 김병로였다. 제1차 호헌운동과 이후 계속된 번벌 특권세력에 대한 각종 연설회와 집회는 재일조선인 유학생들에게 민주주의 이념과 가치, 대중적 정치운동을 몸으로 경험하고 체득하게 하는 최초의 계기였다. 제1차 호헌운동을 계기로 형성된 다이쇼 데모크라시를 주도한 것은 대학과 언론계에 기반을 둔 지식인과 언론인들이었다. 그리고 다이쇼 데모크라시의 주도 인물들은 당시 재일조선인유학생들과 상당한 관계를 맺고 있었다.

다이쇼 데모크라시 시기 일본 강단과 언론을 지배했던 것은 고전적 자유주의와 민주주의 사상보다는 영국 신자유주의(New Liberalism)와 독일 신칸트주의, 일본의 민본주의 같은 수정자본주의 사상이었다. 신자유주의는 밀과 그린 등의 개혁적 지식인들의 영향, 그리고 기독교 개혁주의와 기독교 사회주의의 종교적·이념적 배경을 갖고 형성되었다. 그리고 홉하우스와 홉슨에 의해 신자유주의의 이론적 골격이 완성되었다. 그리고 각종 언론매체가 신자유주의 이념을 형성하고 확산하는 데 큰 역할을 담당했다. 이들 신자유주의 사상가들의 저작은 일본에 활발히 소개되고 있었다. 밀의 저작은 메이지시대 초기부터 일본에 소개되었고, 밀의 사상은 일본 대학 강단과 언론에서 큰 영향을 발휘하고 있었다. 그린의 저작들도 일찍부터 번역되고 있었다. 그린의 신자유주론과 사회사상에 대한 일본에서의 연구도 1920년대 이루어졌다. 홉하우스의 이론도 1910년대 이미 소개되었고, 그의 주요저작도 1920년대 전반에 번역되었다. 홉슨의 저작도 빠른 것은 19세기말에, 그리고 1920년대 대부분 번역되었다.

신자유주의에서는 고전적 자유주의와 공리주의의 개인관을 비판하면서 개인을 사회적 개인으로 이해했으며, 자유도 사회적 자유로 파악했다. 또한 개인의 재산과 부 역시, 사회가 부의 형성과 증대에 큰 역할을 하여 얻어진 것으로 일종의 '사회적 재산'으로 파악했다. 때문에 불로소득이나 토지에 대한 차등과세와 누진과세, 부의 공정한 재분배는 정당한 것으로 간주했다. 그들은 자유와 소유의 사회적 성격을 천명함으로써 민중들의 보통선거권과 언론·출판·집회·결사의 자유 같은 정치적 권리뿐만 아니라, 교육권과 노동권과 같은 사회적 권리도 보장하고자 했다. 이를 위해 신자유주의자들은 국가가 부의 불공정한 분배를 낳는 자유방임주의 정책들의 폐단을 시정하고, 사회·정치적 영역에서의 국가 주도의 사회개혁을 주장했다. 그들은 국가를 '사회적 도구', 또는 '조직화된 사회'로 인식하면서, 국가를 계급 중립적이고 기능적인 도구로 파악했다.

동시에 그들은 마르크스주의의 이론적 모순과 페이비언 사회주의로 나타난 관료적 사회주의에 대해서도 강하게 비판한다. 그리고 그에 대한 대안으로 '자유사회주의(Liberal Socialism)'를 내세웠다. 그들이 주장하는 '진정한 사회주의'란 계급적 이데올로기로서의 사회주의가 아니었다. 계급이익에

반대하고 사회적 공동선을 추구하는 일종의 윤리적 이상으로서의 사회주의
였다. 그리고 현실적으로 반자본주의, 반소유권을 주장하지 않는 사회주의
였다. 이 점에서 그들은 현실의 사회주의자들과는 큰 거리를 가졌다. 자유사
회주의를 주장하지만 그들은 사회주의자가 아니었다. 수정자본주의론에
근거한 새로운 자유주의자였다. 신자유주의는 사회적 조화와 공동선을
추구하고, 급격한 혁명적 변혁 대신에 사회적 갈등과 대립을 민주적 제도
내에서 해결하려는 점에서, 그리고 자유주의의 원리를 유지한 채 여기에
사회주의의 윤리를 결합한 중도적 이념이라는 점에서는 자본주의체제 내
이념이었다. 영국자유당 내 개혁파의 중요한 이념적 기반이었던 신자유주
의는 1908~11년 영국자유당 정권의 사회개혁 입법으로 나타났다.

　민본주의를 비롯한 일본의 정치사상도 그에 영향을 받고 있었다. 다이쇼
데모크라시를 상징하는 개념 중 하나인 민본주의는 입헌주의의 기초에
서서 보통선거제에 근거한 국민의 참정권을 중시했고, 국민선거로 선출되
는 중의원에 의한 권력 구성 및 국가정책 집행을 주장했다. 민본주의는
'국민'을 기점으로 삼아, 대일본제국헌법의 운용을 통해 정치와 사회의
개량을 도모하는 논의였다. 곧 민본주의는 고전적인 자유주의의 비판적
수용 위에서, 국가에 의한 시장과 사회에 대한 합리적인 규율화를 구상한
점에서 신자유주의 정치이론과 일정하게 맥을 같이하였다.

　1910~20년대 조선의 신지식층, 민족주의세력이 받아들인 서구의 사상,
근대 민주주의 사상은 고전적 자유주의, 민주주의 사상에 한정되어 있지
않았다. 그들은 이미 19세기 후반에서 20세기 초엽의 일정하게 수정된
서구의 자유주의와 민주주의 사상을 배우고 있었으며, 다이쇼 데모크라시
의 사상을 배우고 있었다.

　송진우는 인류의 진보가 19세기 자유권의 발전시대로부터 20세기 생존권
의 확충시기로 들어섰다고 바라보았다. 그는 정치적 자유를 위한 권리인
자유권이 근대 입헌주의 근대 국민국가에서의 국민으로서의 정치적 생존권

이며, 자유권이 보장될 때 근대 국민국가의 특징인 개인의 자유와 기본권 보장, 인권인 개성이 확보될 수 있을 것으로 보았다. 또한 민중들의 경제적 권리를 위한 생존권이 있어야 독점의 폐해를 극복하고 평등적 사회와 문화를 완성할 수 있다고 보았다. 그러므로 자유권과 생존권이 서로 배치되는 것이 아닌, 상호 보완하면서 병행하는 권리라고 주장했다. 이러한 그의 인식은 신자유주의자들이 근대 정치적 자유를 위한 자유주의의 역사적 의의를 인정하면서도 독점과 빈부격차, 빈곤의 문제를 노정한 것을 비판하며 부의 공정한 분배를 촉구하고, 자유와 민중의 생존적 권리가 서로 모순되는 것이 아님을 주장한 것과 일맥상통하는 것이었다.

그는 현재의 세계에 이르러 부르주아 중산계급의 정치적 권리인 자유권은 극단적으로 발전하였지만, 이는 도리어 대중들의 빈곤과 심각한 빈부격차를 가져와 결국에는 정치적 자유권리마저 유린하게 하는 현상에 이르렀다고 진단한다. 그의 이런 파악은 신자유주의자들이 구 자유주의의 모순과 자유경쟁의 불공평성을 지적하는 것과 거의 같은 주장이었다. 그는 민중들이 사회에 대하여 생존 보장을 주장하는 것은 당연하며, 사회도 이들의 생존을 보호할 의무가 있다고 주장한다. 그리고 이렇게 정치적 자유를 보장하는 권리와 경제적 생존을 보장하는 생존권은 근대 국민국가를 지탱하는 기본적인 원리로서 같은 것이라고 파악했다. 이런 그의 주장은 사회와 국가가 모든 개인이 자아실현과 공동체의 복리 증진에 이바지하는 평등한 기회를 제공할 의무가 있다는 신자유주의의 주장을 반영하는 것이었다.

그는 자본주의체제와 근대 국민국가가 이룬 문화의 총화는 자본가와 자유주의자들만의 공적이 아닌, 노동자를 포함함 전 민중, 전 인류의 공적이기 때문에, 그 결과물을 자본가와 부르주아지만이 향락하는 것이 아니라, 전 인류가 함께 같이 누려야 하며, 이럴 때만이 사회적 연대감과 사회의 평등적 이상이 일어날 것으로 보았다. 이는 민중에 대한 노동권과 교육권 등 사회적 권리의 보장을 주장하는 신자유주 주장과도 맞닿아 있는 것이었다.

　송진우는 세계 자본주의의 발전에 따라 제국주의 국가의 지배가 경제적 자본적 정복으로 변화하였고, 이에 따라 식민지 민족 대부분 구성원이 생존을 위협받는 무산계급으로 전락했다고 파악했다. 극소수 자본계급도 몰락의 처지에 있기 때문에, 민주주의 정체를 수립하기 위해서 출발한 민족운동이 현재의 단계에 와서는 민중의 생존권 요구를 받아들여 노동권과 제반 사회적 권리를 보장하는 운동을 포괄하게 되었다고 주장한다. 반면에 사회주의운동은 노동계급의식과 민중의 생존적 요구에서 출발하였지만, 영국노동당의 사회민주주의운동과 일본 무산정당에서 보듯이, 의회주의의 합법적 경향이 일반적이게 되었다고 파악했다. 그리고 이런 합법적 정치운동을 위해서는 정치적 자유권리가 필요하게 되었기 때문에, 사회주의운동에서도 자유권을 주장하게 되었다고 파악했다. 이러한 송진우의 '자유권과 생존권' 주장은 '자유사회주의'를 주장하며 자유주의와 사회주의의 이념의 통합을 구했던 신자유주의와 유사한 문제의식을 보여주는 것이었다. 그러나 신자유주의가 자유주의와 사회주의의 통합을 구했지만 결국 자유주의의 수정이자 자본주의의 체제내적 사상인 것처럼, 송진우의 자유권과 생존권 주장도 병립하는 것이 아니었다. 그는 민중계급의 이해와 요구를 일정하여 받아들이는 민족(주의)운동의 일정한 수정을 통해서, 사회(주의)운동을 민족(주의)운동 내부로 포괄하려고 했다.

　송진우의 논설은 그 용어에서 일정한 차이를 가짐에도 불구하고 영국 신자유주의자들의 주장과 아주 유사하게 그 논리를 전개하고 있다. 장덕수 등에게서 보여졌던 신자유주의적 경향이 송진우에 이르러서는 확연하게 드러나게 된다. 물론 신자유주의 이념이 송진우의 전체적 이념과 노선을 전적으로 결정하는 것은 아니었지만, 그가 이에 상당한 영향을 받고 있는 것은 분명한 사실이었다. 동아일보계열의 핵심인 송진우가 신자유주의적 경향을 보여주고 있었다는 것은, 그가 주도하는 민족운동이 단순히 김성수의 경성방직으로 대변되는 조선인 대부르주아지의 이해를 단순하게 반영하는 운동이 아니라는 것을 상징적으로 보여주는 것이라 할 수 있다. 이는 신자유주의가 기본적으로 자본주의체제내적 사상으로, 민족·자본주의적 발전을 지향하는 동아일보 주도세력의 입론과 배치되는 것이 아니기 때문이었다.

둘째, 정인보를 축으로 동아일보가 적극 참여하였던 1930년대 조선학운동을 단순한 조선을 '학문'으로 연구하는 경향을 말하는 학술운동이나 민족문화 보존운동만으로 보아서는 안 된다. 그보다는 서구 근대사상을 일정하게 수용하면서도, 자주적 정신에서 조선의 사상과 문화, 역사를 연구하여, 근대적 조선 사상 및 그에 기반한 자주적 민족주의 이념을 재정립하려는 사상혁신운동이자, 정치사상운동으로 파악해야 한다. 그리고 이는 당시 중국에서 전개된 근대 서구사상에 비견되는 새로운 중국 근대사상을 정립하려는 일련의 주장 및 활동들과 궤를 같이했다.

3·1운동과 5·4운동 이후 동아시아에서의 근대 사회로의 이행, 민족국가 건설의 전망은 이전과 다른 상황에서 전개되고 있었다. 자본주의와 사회주의, 서구 민주주의와 공산주의의 전망이 서로 경쟁하는 가운데, 동아시아 지식인, 엘리트들은 유구한 역사적 전통을 갖고 있는 동아시아의 문화와 사상이 동아시아 근대사회로의 이행 및 근대 민족국가 건설에 어떠한 역할을 하고 어떻게 작용할지 고민했다. 더 나아가 현실의 사회이행과 근대 민족국가 건설을 어떠한 이념과 노선을 가지고 추진하는 것이 필요한지에 대해 공통된 고민과 과제를 가지고 있었다. 동아일보가 주장한 민족주의 문화운동은 이에 대한 대답과 관련이 있었다.

송진우와 동아일보는 신간회 해소이후 민족운동세력에 대한 일제의 탄압이 강화되고, 민족주의세력에 대한 공산주의세력의 타격이 진행되는 가운데 새로운 민족운동단체를 결성하는 것이 사실상 어렵다는 것을 알고 있었다. 그들은 신간회의 해소에서 단적으로 드러난 기존 민족운동, 정치운동의 문제점은 운동의 형태만 과학적 신문화, 신사조를 표방했지, 실제 근본 사상과 행동은 여전히 과거에서 벗어나지 못한 낙후된 것이라는 점이다. 특히 '소위 신사상운동'이라고 명시하면서 당시 공산주의세력의 운동 양상을 명시적으로 비판했다. 때문에 그들은 민족운동이 통일되고 단결되기 위해서는 사상의 혁신, 운동 문화의 혁신이 절대적으로 필요하다고 주장했다. 그리고 어떻게 사상혁신을 할 것인가에 대해서는, 조선만의 사상을 마련해야 하며, 그를 위해서는 타의 존재를 연구하기 보다는 먼저 조선 자체를 연구하는 것이 필요하다고 주장했다. 이를 통해 조선민족의 지도원리와 조선의 철학이 확립될 때 민족운동의 사상이 혁신될 것이라고 주장했다. 그 지도원리에 대해서는 민족주의가 조선민족의 지도원리이자, 사상혁신의 기준이라고 했다.

동아일보의 사상혁신, 문화혁신 주장에 대해 기존 연구들에서는 개량성에 주목했다. 그러나 그보다는 그들 주장의 특징이 민족운동에 있어 민족주의세력의 배타적이고 강한 헤게모니적 성격을 갖고 있었다는 점이다. 곧 민족주의가 조선 민족의 지도원리이자, 사상혁신의 기준이라는 것을 제기하면서, 민족운동이 민족주의에 입각해서 전개되고 통일되어야 한다는 점을 강조했다. 이런 그들의 주장은 '계급 대 계급 전술'에 입각해서 민족주의에 대한 타격을 전개하고, 민족문제 인식에서 철저한 계급주의적 입장을 견지하면서 민족주의를 파시즘 이데올로기의 일면인 국수주의로 규정하며, 정도의 차이가 있지만 민족을 드러내거나 내세우는 모든 주장과 행동을 국수주의적인 것으로 매도하는 당시 공산주의세력의 주장과 활동에 대한 대응이기도 했다. 동아일보의 주장은 이런 공산주의세력의 주장과 활동에 대한 강한 거부이면서, 이와 반대의 입장에서 민족운동에서 민족주의세력의 이념과 헤게모니를 강조하는 것이었다.

동아일보가 주장하는 조선민족의 지도원리이자 사상혁신의 기준이 되는 민족주의의 내용은 무엇인가? 그들은 조선의 민족주의가 단순한 과거 우리 역사의 영화를 자랑하거나 회고하는 회고주의가 아니며, 단순히 과거의 문화를 연구하여 진흥시키는 것이 아니라고 주장한다. 대신에 자주적 정신을 기반으로 한 자기의 발견을 하는 것에 있다고 주장한다. 그러면 어떻게 자기를 인식하고 자기를 발견할 수 있을까? 그리고 이렇게 자기를 인식하는 사상적 바탕은 무엇인가? 이 점에서 동아일보의 주장은 정인보가 「양명학연론」에서 주장하는 요체와 일정하게 연결되어 있었다. 「양명학연론」은 일반인은 물론 지식인들도 이해하기 어려운 난해한 내용과 문장으로 되어 있어 대중 신문에 수록되기는 적합하지 않은 것이었다. 그럼에도 장장 66회에 걸쳐, 줄곧 동아일보 1면에 게재되었다. 이는 정인보의 「양명학연론」이 송진우가 주도하는 동아일보의 사상혁신 및 민족운동 기획과 밀접하게 관련되고 있다는 것을 의미했다. 사상혁신을 위해서 민족주의를 발양시켜야 하고, 이를 위해서 자주적 정신을 기반으로 조선을 연구해야 한다는 주장에 동아일보와 정인보가 전면적으로 대응한 것은 무려 1년 8개월간 283회에 걸쳐서 연재한 「오천년간 조선의 얼」이다. 이 논설은 「양명학연론」과 마찬가지로 192회까지는 동아일보 1면에 연재되었다.

　사상혁신의 측면에서 정인보의 논의를 살펴볼 때, 그가 극복하고자 했던 것은 일제의 식민지배 이데올로기만이 아니었다. 문명개화론, 서화론 등으로 상징되는 서구 근대 사상을 무비판적으로 수입하는 경향에 대한 비판도 내포되어 있었다. 뿐만 아니라 '프롤레타리아 국제주의'와 '계급 대 계급' 전술에 입각하여 민족주의 사상과 이념을 전면 부정하고, 조선역사와 문화, 사상에 대해 부정하면서 소련과 코민테른을 추종하던 일부 공산주의자들에 대한 비판까지 내포하는 것이었다. 여기서 주의할 것은 정인보의 사회주의, 공산주의 비판이 그 이념 자체에 있는 것이 아니라, 이를 수용하고 받아들여 행동하는 사람들의 태도에 있었다는 점이다. 정인보의 주장은 이러한 편향적 인식과 주장에 대한 경계와 이를 극복하기 위한 사상혁신의 의미를 갖는 것이었다.

이 점에서 정인보와 동아일보의 논의는 서구의 근대사상을 수용하면서도 이에 비견되는 새로운 근대적 중국사상을 정립하려고 했던 20세기 전반의 중국 국학파, 량치차오(梁啓超)와 그의 연구계, 신유가와 1930년대 중국 본위문화운동 등과 비슷한 문제의식을 갖고 있었다. 보다 구체적으로는 1930년대 들어 급진적 서구화와 공산주의 이념의 확산에 대응하여, 중국 장제스와 국민당내 전통 우파들에 의해 본격화되기 시작하는 중국 민족전통의 복원과 민족정신의 강조, 유교 이념에 대한 재해석 및 복권 정책과 관련이 있다.

송진우는 서구 근대사상의 바탕위에서 우리의 독자적인 사상적 문화적 전통과 역사를 확립하는 것이 민족운동에 있어 무엇보다 중요한 과제이며, 이를 통해 민족주의세력 주도의 자립적 근대 국가건설 운동의 사상적 기반을 마련할 수 있다고 보았다. 이 지점이 송진우가 정인보를 끌어들여 동아일보의 지면을 의도적으로 적극 제공하면서 정인보의 저작 활동을 적극 후원한 배경이었다.

2. 민족운동 연구 시각과 방법론

이와 관련한 이 책의 연구결론은 다음 세 가지로 정리될 수 있다.

첫째, 일제의 1910년대 무단통치와 1920년대 이후 문화정치를 과도하게 구분하여, 사이토 총독시기 일제와 조선총독부가 식민지 조선에 자치정책, 곧 조선의회로 상징되는 중앙정치 차원의 자치정책을 추진했다는 주장을 극복해야 한다.

3·1운동이 우리 민족운동의 빛나는 성과이며, 동아시아 정세 변화에 큰 영향을 미친 일대 혁명적 운동이었다는 것은 두말할 필요가 없다. 식민지 조선을 지배하던 일본 육군세력은 일시 후퇴할 수밖에 없었고, 연쇄적으로

일본 번벌세력의 약화에 영향을 미쳤다. 그러나 조선에 대한 식민지배 정책은 기본적으로 크게 변화하지 않았다. 일제는 대륙 침략으로부터 일본을 지키고, 대륙진출을 위한 교두보로서 일본의 국방상·안보상 사활적 위치로 식민지 조선을 인식하고 있었다. 번벌과 특권세력이 1920년대 들어 약화되고, 정당정치시대가 도래했지만, 육군 군벌과 군국주의세력, 궁정과 추밀원, 귀족원의 특권세력들과 보수적 정당정치세력들은 여전히 대륙진출의 발판으로서 조선 식민지배에 큰 주의를 기울였다. 그들은 식민지 조선의 전략적 중요성을 위협하는 식민정책의 변화를 결코 용납하지 않았다. 1919년 관제개혁 이후 조선총독은 문관도 임명될 수 있었지만, 일제시기 내내 조선총독은 군부 출신이었던 사실은 그 상징적 예이다.

그리고 문관 조선총독도 용납하지 않는 이들 세력이 조선의회 설립을 받아들일 가능성은 없었다. 1920년대 정당정치시대에, 식민지 조선에 조선인이 상당수 참여하는 조선의회가 수립된다면, 일제의 대륙진출 정책은 그 전도가 오리무중이 될 것은 분명하기 때문이다. 더 나아가 식민지 조선에 대한 지배력 약화는 일제의 특수한 정치구조상 군부 및 특권세력의 약화를 반드시 가져오기 때문에 그들은 조선의회 같은 조치를 결코 허용할 수가 없었다.

1920년대 정당정치시대가 도래했지만, 정당정치세력도 조선 식민정책을 마음대로 좌지우지할 수 없었다. 정당세력은 내지연장주의의 입장에서 조선에 영향력을 강화하려 했지만, 그렇다고 중의원 참정권을 부여하거나 자치의회를 설치하는 정책을 크게 고려하지 않았다. 특히 자치제에 대해서는 부정적이었다. 친일조선인들과 재조일본인들이 일제시기 내내 일본 중의원에 제출한 참정권 청원서 중에 조선에서 자치제 실시를 주장하는 청원서는 단 1개에 그쳤고, 그조차 심의되지도 않았다. 정당세력들조차 조선의회 주장에 대해서는 논의할 필요조차도 없다고 판단하고 있었다. 특권세력과 정당세력은 식민정책을 두고서 대립하였지만, 결과적으로는 식민통치의 안정을 유지하는 선상에서 시대적 상황에 따라 타협했다.

헌정회 총재 가토 다카아키가 3·1운동 직후 조선에 '십 수 년 후에', 때를 보아 '어느 정도의 자치'를 허용할 것을 주장했지만, 곧바로 그는 일본의 정계와 군부, 민간단체 등의 엄청난 공격에 시달렸다. 그는 곧바로 자기주장이 자치를 의미하는 것이 아니고, 단지 무단통치로부터의 해방, 정치사상의 선도에 의해 조선인의 정치욕을 만족시켜 주는 적당한 방법을 강구하라는 의미에 불과하다고 후퇴했다. 가토는 1924년 호헌3파 내각 성립 이후 수상에 오르지만, 급서할 때까지 조선 자치문제에 대해 일절 언급하지 않았다. 가토 사례에서 보이듯이 식민지 조선에서 자치제 시행과 관련한 언급은 일본 정계와 국민을 의식해야 하는 정당정치가에게 있어, 언급하기 대단히 어려운 것이 되었다.

조선총독부의 고위 관련들 중 미즈노파 또는 '본국조' 관료들은 식민지 참정권 문제에 크게 관심을 갖고 있지 않았다. 일부가 국민협회의 중의원 참정권 청원운동을 지원하기는 했지만 그렇다고 이를 적극적으로 나서서 이끌지 않았다. 조선의회 같은 자치정책을 실시하는 데 부정적이었고, 관심이 없는 경우도 많았다. 반면 하에누키, 토착 일본인 관료들은 본국으로 가지 못하고 조선에서 관직생활을 마치는 그들의 처지를 반영하여, 식민지 자치정책에 관심이 많았다. 1923년 말경 오쓰카 쓰네사부로(大塚常三郞) 내무국장이 사이토 총독에게 비밀리에 제출한 조선의회 설치를 건의하는 문건은 이들 토착 일본인 관료들의 내심과 주장을 일정하게 반영한 것이었다. 그러나 조선총독부 내에서 오쓰카의 사안을 정책으로 검토하고 고려한 적은 없다. 토착 일본인 관료들은 일본 정계와 관계에 대한 인맥과 영향력은 대단히 미흡했다.

군인출신이지만 노련한 정치가의 면모를 갖고 있는 사이토 총독은 식민지 조선의 자치정책에 부정적인 일본 정계의 사정을 누구보다 잘 알고 있었다. 때문에 그는 조선의 참정권문제에 대해 아주 대단히 조심스럽게 접근했다.

1927년 3월 사이토는 그의 비서관 출신인 총독부 관방 문서과장인 나카무라 도라노스케를 통해 조선 참정권 문제에 대한 의견서를 비밀리에 작성했다. 나카무라 의견서에서는 홋카이도 및 각 부·현의 지방자치제와 비슷한 형태로 조선을 전 구역으로 하는 '조선지방의회'를 설치하는 방안을 제기했다. 그렇지만 조선지방의회는 실질적인 법률 제정 권한도 없었다. 토목, 산업, 교육, 위생, 구제 등의 분야에 한정된, 1927년도 전체 총독부 예산의 25%에 불과한 예산과 결산에 대한 심의만 할 수 있는 기구였다. 또한 이를 무력화시킬 수 있는 온갖 장치가 마련되어 있었다. 때문에 나카무라 의견서에서 제시하는 조선지방의회안은 그 영역이 조선반도 전역에 걸쳐 있을 뿐이지, 일제 지방자치제도의 왜곡된 조선지역 확대판에 지나지 않았다. 이 안은 일본 본국정부와 협의도 하지 못한 채 사문화되었다.

사이토는 1929년 총독으로 재부임하면서 총독부 관료들을 동원하여 조선 자치제에 대한 안을 마련한다. 그러나 이들이 마련한 '조선지방의회'안도 조선의회와 같은 중앙정치 차원의 자치제 방안이 아니었다. 조선지방의회는 실질적인 법률 제정 권한도 없었고, 법률과 제령에서 정하는 것을 제외한 조선지방비에 속한 지방세, 사용료, 수수료 부과·징수 등에 관한 총독부령만을 심의할 수 있을 뿐이었다. 조선지방의회가 심의하는 총독부 예산은 토목, 위생 및 병원, 교육, 권농, 구제 등의 분야에 한정된 1929년도 전체 총독부 예산의 7%에 불과했다. 이는 1927년의 '나카무라안'보다도 대폭 후퇴된 구상이었고, 그것도 10년 후에나 실시한다는 대단히 기만적인 것이었다. 문제는 이런 기만적 안조차 사이토는 관철시킬 힘이 없었다. 본국 정부와 협의했지만 강한 반대에 부딪쳤고, 곧바로 '조선지방의회'안을 포기했다. 그리고 제2차 지방제도 개정만을 합의했다.

정무총감 수준에서 조선의 자치제 문제를 언급한 것으로 기존 연구에서 언급한 인물로는 시모오카 츄지(下岡忠治)가 있다. 기존 연구에서는 그가 언급한 "조선인에게 정치상의 발언권을 주는 문제" 발언을 자치제 주장으로 해석하여 총독부가 구체적으로 자치정책을 검토한 것으로 파악했다. 그러나 시모오카의 발언의 앞뒤를 살펴보면, 그는 일본 본토에서 시행하고 있는 지방자치 수준의 자치제 시행조차도 파급력이 크고 '국시의 근본'과 관련한 문제라고 하여, 이를 실시하는 것은 물론 언급하는 것도 안 된다고 주장했다. 일본 수준의 지방자치의 확대도 반대하는 그가, 중앙정치 차원의 자치제를 구상했다는 것은 있을 수 없는 일이다.

사이토 총독 시기 일제가 자치정책을 추진했다는 주장의 근거는 상당수는 '대륙의 브로커' 아베 미쓰이에의 주장에서 나온다. 기존 연구들에서 아베의 주장이 곧 조선총독부의 정책으로 실행되었다고 보는데, 이는 대단히 잘못된 것이다. 아베의 의견이 사이토에게 수용된 경우도 있었지만, 기본적으로 총독부 내 관료들은 아베에 상당한 거리를 두고 있었고, 특히 미즈노파 관료들은 그의 활동을 제지하기도 했다. 1925년 들어 아베는 자치제를 내세워 천도교 신파의 지도자인 최린과 동아일보의 김성수·송진우를 연합시켜 민족운동 진영에서 분열시키려 했다, 그러나 이는 사이토 외에 조선 내 기반도 없는 그가 할 수 있는 일이 아니었다. 미쓰야 경무국장을 비롯한 총독부 관료들도 협조하지 않았다. 사이토 역시 그에게 전적으로 의존한 것은 아니었다. 아베는 1927년 사이토가 조선총독을 사임하면서부터 영향력을 크게 잃었다.

경성일보 사장 소에지마가 『경성일보』에 발표한 자치제 주장 논설이 공개적으로 발표된 데에는 이를 이용하여 민족운동을 분열시키려는 미쓰야 경무국장의 역할이 크게 작용했다. 그렇다고 그가 자치정책을 앞장서 진행한 것도 아니었다. 단지 자치공작의 일환으로 소에미지와 아베의 활동을 묵인해 주었을 뿐이다. 미쓰이 외에 자치공작을 전개한 경무국장은 현재까지 확인되지 않는다.

총독부의 자치정책 실시에 있어 또 다른 큰 걸림돌은 재조일본인이었다. 식민지 조선에 거주하는 재조일본인들은 본토 국민과 달리 일본 중의원 참정권 등을 갖지 못했다. 재조일본인들은 정치적 권리를 회복하기 위해 총독부 관료들과 지속적으로 접촉하였고, 중의원 참정권운동을 전개하기도 했다. 그런데 재조일본인들은 참정권을 원하면서도 조선인 전체에게 참정권이 부여되어 자신들이 소수로 전락하는 것을 원치 않았다. 때문에 제한선거제를 선호했다. 한편 조선의회 같은 중앙정치 차원의 자치제에는 대부분 반대했다. 일본 본토와 차별된 2등 국민으로 고착되고, 인구의 다수를 점하는 조선인에게 둘러싸여 식민 지배자로서의 지위를 상실할 것을 우려했기 때문이다. 소에지마의 자치논설이 나왔을 때 가장 극렬히 반대한 것은 바로 재조일본인들이었다.

사이토 총독 시기 일제와 조선총독부는 조선의회 같은 중앙정치 차원의 자치정책을 실시하지도 계획하지도 않았다. 미쓰야 경무국장을 제외하고 자치공작을 전개한 인물도 거의 없다. 토착 일본인 관료들 중 일부가 자치제를 주장했지만, 그것은 총독에 대한 건의이상을 넘지 못했다. 이런 사실들은 민족주의세력들을 타협과 비타협으로 나누는 근거가 된 일제 자치정책의 실체가 사실상 없다는 것을 보여준다.

둘째, 일본과 중국의 동아시아 정치변동, 더 나아가 세계정세의 변동과 관련하여 일제하 민족운동을 살펴야 한다. 이 책에서는 일본 정계 및 무산정당운동의 진전, 그리고 중국 국민혁명의 진행과 관련하여 국내 민족주의세력의 민족운동을 해명했다.

3·1운동이 파리강화회의로 대변되는 제1차 세계대전의 종전과 전후 국제정세 변화, '쌀소동' 이후 일본의 정치사회 변동을 배경으로 전개되었다는 것은 널리 알려진 사실이다. 일제는 강력한 무력을 기반으로 조선을 식민 지배하였기 때문에 일제가 안정적 지배체제를 유지하고 있을 때는 조선민족운동 진전에 어려움이 따랐다. 일본 정치사회가 급격히 변동하고, 중국 정세가 급격히 변동하고, 더 나아가 세계정세가 크게 변동할 때, 일제 식민지배 체제의 균열도 생기고, 민족독립의 가능성도 열어졌다. 곧 조선의

민족운동은 국제정세의 변화와 크게 관련되어 있었다.

당시의 사람들은 이를 누구보다 잘 알고 있었다. 일제시기 상당기간동안 동아일보의 1면은 국제기사로 채워졌다. 일본 정계의 변동, 중국 정세의 동향, 세계의 각종 동향이 각종 통신사 기사를 최대한 인용하여 빼곡히 채워져 있다. 지금처럼 통신이 발달한 것도 아닌 대단히 낙후된 시절에, 재정도 형편없어 낡은 시설을 가지고, 특파원 1명 제대로 파견할 수 없는 열악한 언론사의 상황에도 불구하고, 국제정세 파악을 위한 그들의 노력은 거의 필사적이었다. 때문에 동아일보 1면을 한 장씩 읽다보면 당시의 일본제국과 세계를 비교적 상세히 만날 수 있다.

동아일보는 창립 초기부터 보통선거 문제에 주목했다. 그것은 다수의 무산대중이 참여하는 보통선거를 통해 일본의 특권정치가 민주적으로 재편될 것이고, 이에 따라 조선에 대한 식민정책도 크게 변화하리라는 인식과 기대를 했기 때문이었다. 1923년 일본의 보통선거운동이 활발해지자 이에 대해 집중 보도하면서, 사설을 통해 보통선거운동의 당위성을 직접 논설하기도 했다. 1924년 기요우라 게이고 내각의 성립, 이후 정우회의 분당, 호헌3파의 결성, 제2차 헌정옹호운동의 일련의 과정을 집중적으로 보도했다. 5월 일본 중의원 총선거에 대해서는 비상한 관심을 두어 이를 "정당정치와 벌족정치"의 대립이라면서, 총선거가 호헌3파의 승리로 귀결되어 정당정치가 확립될 것이며, 이는 보통선거의 조기 실시에 밀접한 영향을 미칠 것이라고 전망했다. 이런 정계변화의 기대는 동아일보가 가장 앞선 것이지만 여타 언론에서도 비슷하게 따라왔다.

1924년부터 보통선거 실시를 전망하며 일본 무산정당운동이 전개되기 시작했다. 동아일보는 무산정당의 대두에 큰 관심을 기울이고 있었다. 무산정당에 대해 지속적으로 기사를 내보냈고, 이를 분석한 논설을 여러 차례에 걸쳐 실었다. 그들은 합법적 무산정당이 새로운 정치세력으로서 초기에는 미미하겠지만, 보통선거 실시로 무산대중이 대거 선거에 참여하면서 그 세력을 급속히 확장하여 중국에는 영국에서와 같이 일본 정계가 무산정당 대 '자본주의' 비무산정당으로 재편 될 것이라고 전망했다. 그리고 일본의 무산정당의 출현과 정치적 영향력 확대가 일본 특권세력의 약화와 식민정책 변화를 가져와, 전체주의적 식민지배체제가 무너지고 식민지 조선에 정치적 자유와 권리의 부여가 될 것으로 기대했다. 이런 인식은 1924년 1월 영국 최초로 맥도널드(Ramsay MacDonald) 노동당 당수를 수상으로 한 노동당과 자유당의 연립내각 출범에 영향을 받은 것이었다. 그들은 세계가 우여곡절을 겪더라도 노동당의 입법적 수단에 의한 권력 장악과 같은 영국식 개혁의 모델과 러시아혁명식의 급진적 변혁의 모델로 나가는 것으로 판단했다. 그들은 이러한 변화가 조선의 정세변화에 미칠 영향을 기대했다.

이런 국제정세 전망 속에 그들은 민족운동의 활동을 개시했다. 곧 1925년 8월 송진우의 「세계대세와 조선의 장래」 제목의 동아일보 논설 발표는 그 신호탄이었고, 9월 '조선사정조사연구회' 발족은 구체적 활동의 시작이었다. 조선사정조사연구회의 발족에 송진우는 주도적 역할을 했다.

1926년 들어 동아일보계열은 일본 보통선거의 구체적 실시를 기다렸다. 그러던 중에 1926년 7월, 중국 국민정부의 북벌이 제1차 국공작과 소련의 원조 속에서 단행되었다. 동아일보는 중국 정세를 매일 매일 1면으로 크게 보도했다. 쑨원과 중국국민당, 중국 국민혁명을 분석하는 논설도 여러 차례에 걸쳐 지속적으로 실었다. 그들은 중국에서 국민당의 북벌이 '본질적 대혁명'으로 국민혁명군이 중국을 통일하면 이는 연쇄적으로 일본제국에서 특권세력과 군부세력의 약화를 가져와 일본의 민주화를 촉진할 것이며, 더 나아가 식민정책의 변화를 가져올 것으로 기대했다. 그들은 1926년 후반의 시점에 동아시아 국제정세가 크게 변화하고 있다고 판단했다. 무산 정당의 진출로 상징되는 일본 정세의 변화, 그리고 중국 국민혁명군의 북벌에 따른 중국 통일에의 기대에 따라, 그들은 민족협동전선으로서 민족적 중심세력 결성에 적극적으로 나서게 된다. '연정회 부활'로 논해지는 활동이다.

'연정회 부활' 계획은 실패로 돌아갔지만, 일본 무산정당운동과 중국 국민혁명군의 북벌은 급속히 진행되었기 때문에 그들의 정세인식은 변화지 않았다. 계속 일본과 중국의 정세에 대해 보도하면서 관련 논설을 게재했다. 이러한 동아일보의 낙관적 국제정세 인식이 처음으로 변하게 된 것은 1927년 4월 장제스의 '4·12쿠데타'와 뒤 이은 제1차 국공합작의 결렬, 국공내전의 발발이 일어나면서부터이다. 그들은 일본 정계와 조선식민정책에도 큰 영향을 미칠 중국 정세가 미묘하게 변했다는 것은 인식했다. 그 결과 '민족적 총역량 집중'론을 앞장서 제기하면서 신간회로 민족주의세력이 결집할 것을 주장했고, 평양의 조만식과 함께 송진우가 신간회로 들어간다.[1]

동아일보계열은 1930년 전후 조선 정세에 큰 영향을 미칠 수 있는 두 개의 외부적 계기에 대해 부정적인 전망을 하고 있었다. 하나는 중국 국민혁명의 미완성이고, 다른 하나는 일본 무산정당의 분열이었다. 그런 가운데 1930년 2월 제2차 중의원 보통선거가 실시되었다. 동아일보는 1928년 제1차 중의원 보통선거에서는 선거를 전후로 하여 대대적으로 무산정당에 대한 사실보도는 물론, 무산정당운동을 분석하고 이를 지지하는 논설을 수십 차례에 걸쳐 발표했다. 그렇지만 1930년에 이르러서는 그 기대가 꺾인 것을 반영하듯, 기사와 논설의 빈도가 줄었다. 당시 일본 사회주의세력은 좌파, 중간파, 우파가 모두 분열한 상태로, 공동전선을 결성하여 선거에 나서지 못했다. 중의원 총선거는 보수세력의 압승으로 끝났고, 무산정당은 참패했다. 무산정당의 참패는 일본 정계의 민주적 변화 전망을 어둡게 하는 것이고, 이는 곧 식민지 조선정책의 변화나 진보가 가능하지 않을 것임을 의미했다. 중국과 일본의 국제정세가 부정적으로 바뀌면서 그들은

---

1) 이에 대해서는 다음 참조. 윤덕영, 「신간회 초기 민족주의세력의 정세인식과 '민족적 총역량 집중'론의 제기」, 『한국근현대사연구』 56, 2011.

합법적 정치운동에서 후퇴했다.

동아일보는 1931년 '3월사건'과 9월 만주침략, '10월사건', 1932년 2월 중의원 총선거에서의 정우회 압승, '5·15사건', 사이토 내각 등장 등을 자세히 분석했다. 일본에서의 국가주의 대두와 그 영향을 상세히 살피면서, 이를 세계 파시즘의 등장과 연관시켜 파악했다. 1933년부터 전 세계 파시즘의 동향을 상세히 보도하고, 수십 차례의 논설을 통해 자세히 분석했다. 그들은 파시즘의 대두가 이탈리아, 독일, 일본에 한정된 것이 아닌 세계적 조류라고 파악했다. 파시즘의 대두로 제1차 세계대전 이후 진보적 세계대세의 흐름이 바뀌어져 반동적 흐름으로 돌아선 것으로 이해했다. 그들은 파시즘세력의 대두가 조선에서는 식민지 억압을 강화시키고 모든 민주적 권리를 말살해 가는 반동적 체제를 강화시킬 것이며, 이에 따라 민족운동과 민중운동이 어려운 상황에 직면하고 정치운동이 불가능하게 될 것으로 전망했다.

이런 상황에서 그들은 정치운동의 준비운동으로 문화운동을 전개하였는데, 이는 두 방향에서 진행되었다. 하나는 정치운동의 기반으로서 '브나로드 운동'이다. 다른 하나는 '조선학운동'으로 표현된 민족운동의 사상혁신과 민족주의 사상의 정립을 위한 정치사상운동으로서의 민족주의 문화운동이다. 이런 운동의 전개는 그들의 국내외 정세의 전망과 민족운동 상황에 대한 그들의 평가에 기반한 것이었다.

셋째, 1920년대 동아일보계열을 비롯한 국내 민족주의세력의 민족운동을 일제에 타협하는 자치운동의 범주가 아니라, 민족운동의 일환으로서 사회개혁운동 또는 합법적 정치운동의 범주에서 파악해야 한다.

기존 연구들 상당수에서는 친일세력의 자치운동과 민족주의세력의 사회개혁운동과 합법적 정치운동을 제대로 구별하지 못하고 동일선상에서 이해하고 있다. 그러나 이는 19세기 후반이후 세계가 입헌주의 근대 국민국가의 세계라는 점을 제대로 인식하지 못한 것이다. 입헌주의 근대 국민국가에서 의회는 가장 중요한 정치활동의 중심이 되었다. 그리고 그 과정에서 보통선거권과 남녀평등 선거권을 획득하기 위한 다양한 형태의 투쟁과 타협이 있었다. 영국의 인민헌장운동, 곧 차티스트운동, 프랑스 2월혁명, 독일 3월혁명과 제국헌법 옹호운동, 일본의 보통선거운동 등이 대표적 역사적 투쟁이자 경험이었다.

더구나 일제하 민족주의세력에게 적지 않은 영향을 미치던 세계 사회민주주의운동에서도 의회주의가 확고한 방침으로 정착되어 갔다. 영국의 페이비언협회, 독립노동당, 노동조합회의(TUC)이 주축이 되어 1900년 노동대표위원회가 결성되었고, 1906년 하원총선거 참여를 계기로 영국노동당으로 정립되었다. 영국노동당은 영국 의회정체에 적극 참여하였고, 의회를 통한 국가와 사회의 변화를 추구했다. 제1차 세계대전 중에 급속히 성장한 영국노동당은 1923년 12월 영국 하원총선거에서 승리하였고, 1924년 1월 자유당과 연합하여 맥도널드 연립내각을 출범시키기에 이르렀다. 독일사회민주당도 독일제국의회에 적극 참여했다. 그들은 1891년 에르푸르트강령을 제정하여 마르크스주의에 토대를 둔 혁명적 사회주의 정당임을 분명히 하면서도, 구체적인 세부강령과 목표에서는 당시 진보적 자유주의자들과 주장을 같이 했다. 그리고 실천적 측면에서 이미 독일사회민주당은 의회주의에 토대를 둔 대중정당으로 변모해가고 있었다. 그런 가운데 독일사회민주당의 중요 지도자인 베른슈타인은 기존 정통마르크스주의에 대한 수정주의적 해석을 공식화했다. 1912년 제국의회 선거에서 사회민주당은 자유주의 정당과의 선거 동맹과 선거협정을 적극 추진하였고, 사회민주당은 제1당의 지위에 올랐다. 그 결과 당내 우파와 수정주의자들 입장이 강화되었고, 카우츠키를 비롯한 중도파들도 의회를 통한 집권과 사회이행의 방향으로 기울어졌다.

1920년대 민족주의세력의 사회개혁운동과 합법적 정치운동 주장은 이런 역사적 배경을 가진 것이었다. 합법적 영역의 정치운동은 크게 보면 합법적으로 허용되는 대중의 당면한 일상적 이해와 제반 민주주의적 권리를 반영하는 운동과 투쟁을 말한다. 곧 언론·출판·집회·결사의 자유를 위한 운동, 공민권 및 보통선거권을 쟁취하기 위한 운동, 조선인 본위의 경제제도 및 교육제도 쟁취운동, 노동자 및 농민들의 생존권 보장과 단결권을 위한 운동, 자주적 협동조합운동의 제도적 보장운동 등 사회개혁운동을 말한다. 물론 일제는 이러한 합법적 영역의 정치운동조차도 1920년대 '문화정치' 기간 중에도 제대로 허용하지 않았다. 그렇다고 이를 무조건 탄압할 수도 없었다.

정치운동의 요체는 두 가지인데, 첫째는 그 중심을 이루는 세력과 조직의 문제이고, 둘째는 대중운동으로서의 성격 문제이다. 정치운동이 성공하기 위해서는 각계각층의 광범한 지지와 전국적 전개가 필요하다. 때문에 얼마나 광범한 대중의 이해와 요구를 제대로 반영하는 운동 방침과 투쟁노선을 세우고, 전국적이고 광범한 대중 기반을 현실적으로 마련하느냐가 중요하다. 이와 관련해서 정치운동은 합법적 형태를 지향할 수밖에 없는 속성을 가지고 있었다. 그것은 비합법 형태로 광범한 대중을 결속시키기 어렵기 때문이다. 그러므로 합법적 대중정치운동은 1920년대 내내 민족주의세력의 주된 화두였다.

여기서 합법적 운동경향이 곧 일제에 타협적 운동이냐는 점이 문제가 된다. 타협과 비타협은 분명 대립하는 개념이다. 그렇지만 합법과 타협은 항상 일치되는 개념은 아니다. 또한 고정된 개념도 아니다. 이를 잘 보여주는 것이 신간회 운동이다. 신간회는 비타협주의와 기회주의 배격을 표방했지만, 그 형식은 일제의 승인을 받는 합법 운동단체로서 조직되었고, 해소될 때까지 합법적 형식을 유지했다. 문제는 합법적 정치운동은 그 합법적 형식을 유지하기 위해 불가피하게 식민권력과의 협상과 타협을 필수적으로 동반할 수밖에 없었다. 타협의 범위는 조성된 내외의 정세를 반영하고 운동을 추진하는 세력과 막으려는 통치세력과의 역관계 속에서 만들어지며, 주객관적 상황에 따라 변화했다.

영국 인민헌장운동(차티스트운동), 프랑스 2월혁명, 독일 3월혁명과 제국헌법 옹호운동, 아일랜드 신페인당의 민족운동, 일본의 보통선거운동은 한편에서는 입헌주의 근대 국민국가의 국민으로 인정받기 위한 민중의 선거권 확대와 보통선거권 획득을 위한 운동으로 전개되었다. 그러나 다른 한편에서는 운동 과정을 통해 언론·출판·집회·결사의 자유 등 제반 정치적 자유와 민주주의 권리를 획득하기 위한 운동으로서, 또한 노동자·농민 등 민중의 경제사회적 권리와 당면한 일상적 이해를 쟁취하기 위한 사회개혁 및 민주주의운동으로 전개되었다.

조선의 합법적 정치운동도 마찬가지였다. 비록 정치적 자유가 없는 식민 지의 조건이기 때문에 선거권 획득이나 보통선거운동으로 전개되지는 않았 다. 그렇지만 식민지민의 언론·출판·집회·결사의 자유 등 다양한 정치적 자유와 제반 민주주의 권리 획득, 민중의 일상적이고 다양한 경제사회적 요구를 실현하기 위한 사회개혁 및 민주주의운동으로 전개되었고, 이는 서구와 일본에서 전개된 운동들과 일정하게 궤를 같이하는 것이었다.

3. 민족운동의 전개양상과 내용

이와 관련한 이 책의 연구결론은 다음 세 가지로 정리될 수 있다.

첫째, 1920년대 전반 민족주의세력의 운동을 자치운동이 아니라, 식민지 조선의 정치적 자유와 민주주의 획득을 위한 사회개혁운동 및 정치운동으로 파악해야 하며, 이런 운동이 일제와 대립하고 있었다는 사실이 인식되어야 한다.

일제하 사람들은 친일세력의 자치운동과 민족주의세력의 정치운동을 명백히 구분하고 있었다. 1920년대 전반 잡지 논설에서는 조선에 "동화주의, 자치주의, 독립주의, 사회주의" 단체가 있다고 파악하면서, 독립주의의 대표적 인물로 동아일보 사장 송진우를 제시하고 있다.

1922년 우치다 료헤이(內田良平)의 동광회가 동광회 조선총지부를 '내정독립기성회'로 확대개편하고, 일본제국 중의원에 '조선내정독립청원서'를 제출하는 내정독립운동, 곧 자치청원운동을 전개했다. 동아일보는 이런 동광회와 내정독립기성회의 활동에 대해 수차례 논설을 내보며 맹비판했다.

1924년 3월 친일단체가 연합하여 '각파유지연맹'을 결성하였는데, 동아일보는 각파유지연맹에 대한 비판에도 가장 앞장섰다. 연이은 사설을 통해 이들이 주목할 필요도 없는 총독부의 앞잡이이며, 파렴치한 정상배라고 공격했다. 동아일보의 공격에 대해 각파유지연맹의 친일세력들은 폭력으로 대응해 '식도원 육혈포 협박사건'을 일으켰다. 이에 민족주의계열 인사들이 모여 '각파유지연맹의 응징을 위한 민중대회 개최' 발기회를 조직하였으나, 일제 당국의 집회금지로 대회는 성사되지 않았다. 총독부 기관지인 매일신보는 동아일보에 대한 공격 및 흠집 내기에 앞장섰다.

그런데 동아일보 주도세력에 대한 공격은 일제 총독부와 친일세력에게서만 제기되지 않았다. 1924년 4월 개최된 조선노농총동맹 회의에서 북풍파 사회주의자 김종범은 송진우 등이 '연정회' 조직을 총독부 경무국장 마루야마 쓰루키치(丸山鶴吉) 등으로부터 상호 협조의 양해를 얻어 전개했다고 주장했다. 그는 동아일보는 친일단체인 국민협회가 경영하는 시사신문과 조금도 다를 바 없기 때문에 동아일보의 중요 간부를 사회에서 매장할 것과 동아일보 비매동맹을 결성할 것을 주장했다.

물론 김종범의 이런 주장은 전혀 근거가 없는 것이었다. 당시 일본에서는 아직도 특권세력의 영향력이 강했고, 수구 정당세력인 정우회가 의회와 내각을 장악하고 있었다. 조선 정무총감으로 부임하여 자치 주장을 배격하고 내지연장주의정책을 수립 집행했던 미즈노 렌타로가 내무대신으로 조선 정책에 막강한 영향력을 행사하고 있었다. 더군다나 협의 대상자로 지목된 마루야마 경무국장은 미즈노의 직계로 철저히 내지연장주의에 입각해서 조선 정책을 집행하던 정우회계열의 인물이었다. 그의 주도로 문화정치라는 허울을 벗어버리고 조선인 언론과 결사에 대해 대대적인 탄압과 공작이 전개되고 있었다. 이 때문에 그는 민본주의자 요시노와 공개적인 논쟁을 전개하기까지 했다. 그런 그가 자치정책을 입안해서 추진한다는 것은 전혀 근거가 없을뿐더러 상상조차 할 수 없는 것이다.

기존 상당수 연구들에서는 '연정회'를 일제와 협력한 자치운동 조직으로 파악했다. 그러나 연정회에 참여한 사람들이 당시 일제와 협력한 근거는 없다. 도리어 대립하고 있었다. 또한 '연정회' 구상으로 참여한 인물들을 일제 관헌기록과 당시 회고에 따라 밝혀 보면, 소위 대표적 비타협적 민족주의자들이라고 일컬어지는 안재홍, 천도교의 이종린, 기독교의 이승훈, 조만식 등이 포함되어 있었다. 때문에 구상단계에 그쳤던 이 모임은 자치운동을 위한 타협적 자치주의자들의 모임이 아니라, 실제로는 국내 민족주의 각 세력의 대표적 인물들이 참여한 일종의 준비모임이었다.

김종범을 비롯한 당시 사회주의자들의 행동은 아직 민족문제와 민족통일 전선에 대한 이해가 부족한 상황에서 나온 것이었다. 그들은 민족자본가, 민족부르주아지에 대한 계급투쟁을 전개하기 위한 방편으로 민족주의세력을 자치주의자로 몰아가고 있었다. 이런 사회주의자들의 행동은 얼마 되지 않아, 남만춘의 코민테른에 대한 보고서에서 드러난 것과 같이 공산주의자들 내부에서도 과오로서 비판에 직면하게 된다.

둘째, 합법적 정치운동에 대한 민족주의세력들의 인식이 1920년대 중반에 이르러 거의 비슷해져 민족적 중심단체와 민족협동전선 건설 주장으로 모아졌던 역사적 상황이 인식되어야 한다. 이는 '연정회 부활 계획'과 신간회 창립으로 나타났으며, '연정회 부활 계획'과 신간회운동은 각기 자치운동단체 설립계획과 비타협운동으로 서로 다른 성격의 운동이 아니라, 같은 맥락에 서 있는 비슷한 성격의 운동이었다. 곧 둘 다 모두 일제와 긴장관계를 갖는 합법적 정치운동이었다는 것이 파악되어야 한다. 때문에 타협과 비타협으로 일제하 민족주의세력을 나눌 수 없다.

동아일보계열이 앞장서서 주장하던 합법적 정치운동은 1920년대 전반 '민족적 중심세력 형성'론으로 표출되었다. 그리고 1920년대 중반에 이르러, 민족운동의 정치조직 건설을 목표로 하는 '민족적 중심단체 건설'론으로 구체화되었다. 동아일보가 주장한 '민족적 중심단체 건설'론은 민족주의세력이 중심이 되어, 중국의 제1차 국공합작에 기반하여 결성된 국민당과 같은 민족적 중심단체 조직을 결성하자는 것이었다. 동시에 이들은 이러한 조직을 대중적 차원에서 조직하고자 했다. 이렇게 대중정치를 주장하는 그들에게 있어 합법적 대중운동의 모색은 어찌 보면 당연한 것이었다. 전 민족적 단결을 지향하고, 광범한 대중의 참여를 지향하는 대중조직이 비합법 형태로는 만들어질 수 없기 때문이었다. 동아일보는 여러 논설을 통한 이런 주장을 지속적으로 제기했다.

　1926년 들어 사회주의운동 진영에서 민족통일전선으로서 민족운동단체 결성이 추진되었다. 그리고 이는 또 다른 '국민당' 결성계획으로 알려졌다. 사회주의자들도 중국의 제1차 국공합작을 모델로 하여 국민당 형태의 민족통일전선을 추진했다. 때문에 사회주의자들의 민족통일전선 계획은 누가 운동을 주도하느냐의 점에서만 차이가 있을 뿐, 기존 민족주의자들의 민족적 중심단체 건설주장과 내용에서 큰 차이가 없었다. 당시 민족운동세력들은 일본 무산정당운동의 진전과 보통선거 실시를 전망하면서, 보통선거 이후 일본 정계의 변화, 그리고 식민정책의 변화, 조선에 조성될 합법적 정치공간을 전망하면서 이를 위해 준비하기 시작했다. 그런 가운데 1926년 7월, 중국 국민정부의 북벌이 시작되었고, 성공적으로 중국을 통일해 갔다.

　이런 상황에 고무되어 1926년 9~10월의 소위 '연정회 부활'로 나타난 정치단체 결성이 추진되었다. 이런 민족적 중심단체, 즉 민족운동의 정치적 조직 결성을 위한 민족주의세력의 움직임은 일사분란한 것이 아니었다. 각 정치세력의 처지와 입장에 따라 논의를 진행할 수밖에 없는 것이었고, 각 세력의 고질적 분파 대립을 반영할 수밖에 없었다. 더군다나 조선의 상황에서는 민족운동의 한 축을 이루는 사회주의세력의 활동과 함께 진행되었기 때문에 사회주의세력 내의 파벌경쟁이라는 또 다른 이해관계도 중첩되어 전개될 수밖에 없었다.

1926년 9월 미쓰야 경무국장이 조선을 떠나 일본 궁내부 임야국장으로 이임했다. 후임 경무국장인 아사리 사부로(淺利三郎)는 10월 중순에 조선에 부임했지만, 그는 자치정책은 물론 자치공작도 하지 않았다. 일본에서 보통선거 실시가 가시화되고, 기대하지 않았던 중국국민당군의 북벌이 성공적으로 수행되어 중국 정세가 크게 변화하는 것에 고무된 조선의 민족주의세력은 1926년 9월말 들어 조선총독부의 경무국장이 공석인 상황에서 민족적 중심단체, 정치운동단체의 결성에 나서게 된다. 동아일보계열을 중심으로 언론계, 천도교와 기독교계의 주요 인물들이 참여했다. 안재홍을 비롯해 소위 비타협민족주의자로 일컫는 사람들도 다수 참여했다. 당시 참여했던 사람들은 이런 활동을 자치운동의 시도로 전혀 생각하지 않았다. 더불어 한위건과 김준연 같은 조선공산당의 인물들도 깊이 관련되어 있었다.

그런데 이런 과정에 '대륙의 브로커' 아베 미쓰이에와 접촉하며 자치운동의 의혹을 받고 있는 최린이 참여하면서 논란을 빚기 시작했다. 당시 천도교 신파의 최린과 대립하던 천도교 구파의 이종린, 그리고 그와 긴밀한 관계에 있는 안재홍, 명제세 등이 최린의 참여를 저지했다. 한편 결성 과정에는 조선공산당으로 결집하는 레닌주의동맹의 한위건과 서울계 신파의 김준연이 참석하고 있었다. 이들과 대립하던 서울계 구파의 이영은 조선공산당이 주도하는 새로운 민족협동전선운동 조직이 결성되는 것을 바라지 않았고, 이들의 활동을 저지하기 위해 모임 방해에 나섰다. 이렇게 민족주의세력과 사회주의세력 내의 대립이 중첩되면서 민족운동의 단체를 결성하기 위한 발기준비위원회 회합은 결렬되었다.

이 시기 들어 조선일보의 대표적 논자이자 흥업구락부의 일원이기도

한 안재홍도 정치적 운동은 타협적일 수밖에 없고, 따라서 이를 총체적으로 거부하자는 입장을 '은둔생활'로 비판하면서 '정치적 분야'에의 진출, 즉 '정치운동'을 하자고 주장했다. 안재홍은 일본으로 건너가 '양해운동'을 전개하던 최린과 천도교 신파를 겨냥하면서, 기회주의를 배격하는 비타협적 민족좌익전선 결성을 주장했다. 그렇지만 그가 상정한 것이 합법적 틀 내에 있는 표면운동단체를 벗어난 것은 아니었다. 때문에 그 실제 내용은 당시 동아일보계열이 1920년대 초반 이래 주장해 오던 표면 운동단체, 즉 합법적 정치운동단체 결성 주장과 차이가 거의 없었다.

동아일보계열이 중심이 되어 민족적 중심단체, 정치운동단체를 결성하려는 활동은 1926년 10월 14일의 모임이 결렬되었다 하더라도 중지될 사안이 아니었다. 이에 대한 민족주의세력의 전반적 공감대가 있었기 때문이다. 일본 보통선거의 실시는 가시화되고 있었고, 중국 혁명의 진전은 민족운동 세력 전반을 크게 고무시키고 있었다. 때문에 반드시 다른 형태로 다시 진행될 수밖에 없는 것이었다. 동아일보는 관련 논설을 지속적으로 내보냈다. 그러나 그들의 활동은 1926년 11월, 송진우가 일제에 의해 구속되면서 일시 정지될 수밖에 없었다. 동아일보계열이 주춤하는 사이 홍명희와 조선일보계열이 주도적으로 나섰다. 그리고 사회주의자들의 협력에 의해 신간회 창립으로 이어지게 된다. 그렇지만 신간회 창립은 민족주의세력의 입장에서 보면 동아일보계열이 1920년대 초반 이래 주장해왔던 민족적 중심단체 건설, 합법적 정치단체 건설 주장과 같은 맥을 가지는 것이었다.

신간회 창립시점까지 신간회 창립을 주도했던 그룹이나 그들을 대변했던 조선일보는 조직의 결성에만 모든 주안점을 두었지, 민족좌익전선으로서 민족적 중심단체가 어떠한 내용과 활동을 하여야 하는지에 대해 구체적 전망이나 비전을 제시하지 못했다. 반면에 동아일보계열은 그들이 오랜 기간 이런 논의를 주도해온 만큼, 신간회 창립과 관련한 많은 논설을 통해서 신간회 같은 민족적 중심단체와 정치적 민족운동단체가 어떻게 구성되고,

어떠한 역할을 수행해야 하며, 어떻게 운용되어야 하는지에 대해 현실적인 방침을 제기하고 있었다. 다만 신간회 창립을 주도하지 못한 처지를 반영하여 구체적 방침은 제기하지 않았다.

최린의 천도교 신파를 제외하고는 민족주의세력 내에서 민족운동을 위한 정치노선의 편차는 합법적 정치운동론이 일반화되면서 신간회 창립기에 이르면 거의 비슷해졌다. 물론 내부적으로 근대 사회·국가건설을 위한 사상적 기반과 인식의 편차는 일정하게 있었지만, 그것이 기존 연구에서와 같이 타협과 비타협, 좌와 우로 명백히 나누어지는 것은 아니었다.

셋째, 1930년 전후 일제의 지원을 받는 타협적 자치운동이 광범하게 전개되었다는 가설이 극복되어야 한다. 최린의 천도교 신파와 연결되어, 김병로 중심의 신간회 지도부는 물론, 근우회, 기독교계의 수양동우회와 기독신우회, 동아일보, 물산장려회 등의 민족주의세력뿐만 아니라, 사회주의세력인 조선청년총동맹의 집행부에게까지 자치운동이 광범하게 전개되었다는 기존 연구의 주장은 실증적 근거가 미약한 것이며, 당시 천도교 신파를 제외하고는 이러한 타협적 자치운동은 전개되지 않았다. 기존의 주장은 당시 타협적 자치운동이 민족운동세력 내부에 광범하게 전개되었고, 신간회의 지도부도 이에 영향을 받고 있었기 때문에 결국 이런 우경화된 신간회의 해소는 불가피하다는 논의로 이어졌기 때문에 명백히 그 오류가 시정되어야 한다.

기존 연구의 이러한 입론은 그 근거에서부터 한계에 부딪쳤다. 일제가 실제로 조선의회 같은 중앙정치 차원의 자치정책을 모색한 적이 없고, 자치운동을 지원하지도 않았기 때문이다. 조선 자치정책에 민감한 반응을 보이는 일본 특권세력과 대부분 정당세력을 의식해서, 사이토와 총독부 관료들은 극히 조심스럽게 움직였다. 일부 도평의회와 부·지정면 조선인 의원이나 친일정치운동세력들에게서 자치제 지지 움직임이 1930년 전후 급속도록 확산되었지만, 사이토와 총독부 고위관료들은 이들 친일세력의 자치운동을 지원하지 않았다. 그리고 그들의 자치제 주장은 1930년 제2차 지방제도 개정에 따른 지방제도 수준의 제한된 지방자치제로 편입되었다. 이런 상황을 놓고 보면 총독부와 연계된 광범한 자치운동이 전개되었다는 주장은 성립할 수 없는 가설이 된다.

일제하 민족주의세력의 상당수는 일본 중의원 보통선거에 큰 관심을 기울였다. 그렇지만 1930년 2월 제2차 중의원 보통선거의 결과는 대단히 실망스러운 것이었다. 의회진출과 득표율도 변변치 못했지만, 더 큰 문제는 무산정당세력이 사분오열되어 이전투구를 하고 있었기 때문이다. 이제 일본사회의 민주적 변화와 식민정책의 변화는 기대할 수 없는 것이 되었다. 이에 더하여 제2차 지방제도의 개편은 식민정책이 변하지 않을 것이라는 쐐기를 박은 것이었다. 이런 상황은 1920년대 합법적 정치운동을 전개하던 좌우의 식민지 민족운동세력에게 커다란 제약으로 다가왔다. 1920년대와 달리 제2차 지방제도 개정으로 마련된 합법적 공간에의 참여는 합법적 정치운동을 포기하고 일제 식민지배체제로 편입되는 것으로 인식되었다. 이제 조선에서 합법적 정치공간의 확대는 전혀 기대할 수 없게 되었으며, 그 전망도 비관적이었다. 동아일보 주도세력은 이런 상황을 충분히 인식하고 있었고, 합법적 정치운동에서 사실상 후퇴했다.

1930년 전후 동아일보의 동향과 관련하여 기존 일부 연구에서는 일제 관헌사료를 인용하여 동아일보가 1930년 여름에서 가을까지 지방발전좌담회를 개최하여 자치제 실시에 대비하여 지방사회의 유력자 포섭에 나섰다고 주장했다. 그런데 이 좌담회는 실제 1930년 9월 16일 평양을 시작으로 1931년 4월 4일 군산을 마지막으로 전국 31개 도시에서 동아일보 지국 주최로 개최되었다. 좌담회에는 각 지역의 신간회 지회 관련자, 지역의 민족운동가들이 다수 참여했다. 물론 지역의 유지들과 산업가들도 적지 않게 참여했다. 논의의 내용도 각 도시의 조선인 산업을 비롯한 지역 상황과 현안들이 논의되었지만, 역시 부회나 읍회, 도회에 대한 논의는 없었다.

이를 이용해서 무엇을 해야 한다는 주장들도 역시 없었다. 동아일보는 좌담회를 통해서 각 지역의 민족운동가들과 지역의 유지층에 자신의 영향력을 확대하려고 했다. 합법운동을 추구하던 그들의 속성상 그들의 공략대상은 일제가 포섭하려고 했던 지역유력자층과 중첩된다. 동아일보는 자신들의 대중적, 전국적 영향력을 확대하기 위해 1931년 이래 '브나로드운동' 등을 전개했다.

반면에 천도교 신파는 정세와 무관하게 자치운동을 전개했다. 당시 신파와 청년당 지도자들은 민족협동전선운동에 비판적이었다. 그들은 다른 제 정치사회세력과의 연대보다는 자신들의 세력 기반을 공고히 하기 위한 독자 활동에 주력했다. 그들에게 있어 신간회는 이념과 노선이 혼재되어 있는 조직이고, 자신들이 극복해야 할 경쟁대상이었을 뿐이었다. 이들은 원래부터 현실적으로 일제의 지배하에 있는 '조선민족 자치'를 구상하고 있었다. 일제에 대한 타협의 길로, 더 나아가 친일의 길로 갔다.

한편 1930년 직전의 기독교운동 상황에 대해, 총독부 경찰자료는 천도교 신파의 자치운동이 기독교 방면의 민족주의자에도 침투하여 윤치호와 박희도를 중심으로 신우회를 표현단체로서 각파합동전선을 전개했다고 파악하고 있다. 그러나 이는 사실이 아니었다. 윤치호는 기독신우회원이 아니며, 반면에 조병옥을 비롯한 기독신우회의 다수인물은 신간회에서 활동하고 있었다. 기독신우회는 신간회운동에 호응하여 기독교계 민족운동의 전위를 자임하며 출발하였지, 자치운동단체가 아니었다. 더 문제는 신우회의 활동이 미미하다는 점이다. 1930년에서 1931년 신간회 해소기까지 기독교계의 사회운동과 민족운동 자체가 사회참여에 반대하는 기독교 보수세력과의 갈등 속에 침체상태에 있었다. 한편 일제 관헌자료에서 기독교계 자치운동의 핵심인물로 지목한 흥업구락부계열의 박희도는 당시 신간회에서 계속 활동하고 있었고, 교육자로의 행적만 확인된다. 1929년에서 1931년 초반까지 언론 잡지에 다양한 글을 기고했지만, 자치제 주장은 전혀 없다.

1930년 당시 신간회 지도부가 합법적 운동 경향을 보인 것, 또한 청총의 간부를 비롯해서 일군의 사회주의자들이 합법적 운동 경향성을 보인 것은 역사적 사실이다. 그렇지만 이들의 합법운동을 중요시하는 운동 경향은 일제 총독부의 지원을 받는 타협적 자치운동과는 거리가 멀었다. 이들 합법운동 지향의 '좌익 사회민주주의자'들은 신간회운동에 대한 반성 속에서, 또한 엄혹한 탄압으로 주체적 역량이 크게 약화되었다는 정세인식 속에서 기존의 청총의 신운동방침, 신간회를 성립시켰던 정치운동론을 재해석, 재규정했다. 그들은 민족해방운동을 지도하는 전위조직으로서의 '민족당'을 주장하면서, 부르주아민주주의적 요구, 정치적 자유에 대한 요구와 투쟁, 민족적 차별 철폐에 대한 요구를 '공민권 획득' 주장으로 집약하여 제기했다. 이는 정치적 수세기에 여타 계급과 정치세력을 보다 적극적으로 끌어들이기 위해 과정적이고 일시적 요구였다.[2]

4. 민족운동의 역사적 계승, 한국 자유주의 형성의 특이성

우리 근현대사의 민족운동과 근현대개혁론은 그것이 비록 많은 한계와 문제점을 갖고 있다고 하더라도 그것 자체가 다른 나라 역사에서 찾아보기 힘든 다양함과 풍부함을 갖고 있다. 동시에 전후 남북한의 급속한 성장, 대한민국의 경제적 발전과 민주화과정에서 보이듯이 엄청난 역동성도 갖고 있었다. 물론 북한의 몰락과 남한의 여러 구조적 문제에서 드러나듯이 한계 또한 가지고 있다. 그러므로 한반도의 분단체제는 양면적 특징을 가지고 있다. 한편으로는 현재 남북한 사회 문제의 심원이자 외세의 영향력

2) 이에 대해서는 다음 참조. 윤덕영, 「1930년 전후 '합법운동론'을 둘러싼 논쟁과 신간회 및 조선청년총동맹 해소 문제」, 서울대학교 인문학연구원 국제학술회의 『논쟁으로 본 식민지 조선의 사회주의』 발표논문집, 2022, 47~59쪽.

을 반영한다. 그렇지만 다른 한편으로는 민족 내부의 근대사회와 신국가 건설을 위한 역량의 급속한 성장과 그 한계를 반영한다.

식민지 조선의 민족엘리트들은 동아시아를 넘어 세계의 사상과 이념, 정치변동과 정치운동의 동향을 함께 호흡하고, 참여하는 세계인들이었다. 그들의 눈은 한반도를 넘어, 일본제국과 동아시아, 그리고 세계를 향하고 있었다. 그리고 민족엘리트들과 민족·사회운동가들은 자신들이 배우고 체득한 지식과 경험, 근대적 자각과 민족의식을 식민지 민중들에게 다양한 수단을 통해 전파하려고 끊임없이 노력했다. 식민지 조선의 신지식층들, 민족·사회운동가들은 민족의 엘리트로서 자신의 가족과 가문에게, 그리고 자신이 속한 지역 사회에 상당한 영향을 미치고 있었다. 더 나아가 신문과 잡지들을 통해 전국적 영향과 파급력을 가졌다. 이는 엘리트들의 대중에 대한 계몽선전 수준을 넘어선 것이었다. 그들은 근대정치의 대중정치론·대중운동론과 민주주의론을 실천하려고 했다.

일제후반기에 이르러 식민지 조선의 문맹률은 급속히 감소했다. 이는 제국주의 지배질서에 순응하는 제국신민을 양성하기 위한 일제 보통교육의 확대로만 설명될 수 있는 것이 아니었다. 조선의 민족엘리트와 민족·사회운동가들은 일제가 보통교육을 확대하기 이전에 이미 다양한 문맹퇴치운동과 한글보급운동을 전국적 차원에서 전개하고 있었다. 일반 민중의 근대적 자각과 민족의식을 일깨우기 위해 다양한 문화운동을 적극 전개했다. 민중들이 근대적 개인으로, 식민지예속민이 아닌 독립된 국가의 주인으로 성장할 수 있는 자각과 소양을 갖출 수 있도록 소명의식을 갖고 헌신적으로 노력했다.

그들 중 해방 후 남북한 최종 권력의 승자로 된 사람들은 극히 소수일 뿐이지만, 이들 뿐만 아니라 대부분의 민족·사회운동가들과 민족엘리트들은 자신의 가문과 지역 사회에 근대의 씨앗을 뿌리고 있었다. 그리고 이런 하나하나의 움직임과 활동은 역사 속에서 전혀 의미 없이 사라진 인생의 패배자들의 모습이 아니라, 우리의 집단적 역사 경험에 녹아들어 해방

이후 남북한의 성장과 발전의 초석이자 견인차가 되었다.

더 나아가 해방 직후 다양하게 제기되었던 자본주의와 사회주의 경제건설론을 일제하 과정 중에 이미 준비하고 있었다. 그 내용은 서구와 일본과 같이 풍부하지는 않고, 현실 속에서 검증할 수 없었기 때문에 많은 제약이 있는 것임에도, 결코 낮은 수준의 것은 아니었다.

상당수 연구들에서는 대한민국 경제발전의 기본적 동력이 박정희정권 시절 국가 주도 산업화 정책과 경제개발계획에 있다고 보고 있다, 그러나 이런 경제건설 방침은 박정희정권 시절에 만들어진 것이 아닌 1948년 대한민국 정부수립 전후부터 1950년대의 일련의 역사적 과정을 거쳐 마련된 것이었다.[3] 그리고 이런 해방직후의 경제건설론은 본문에서 설명한 것과 같이 일제하 민족운동의 과정에서 입헌주의 근대 국민국가를 건설하기 위해, 서구의 신자유주의(New Liberalism)를 비롯한 여러 수정자본주의 사상을 수용하면서, 다양한 실력을 쌓아왔던 민족주의세력의 정치·경제·사상적 지향과 유산에 기인한 것이다.

현재 세계는 고전적 자유주의의 새로운 버전인 신자유주의(Neo Liberalism)의 시대이다. 19세기말 20세기 초의 신자유주의(New Liberalism)와는 전혀 달리, 자본에 대한 규제 철폐, 노동시장 유연화, 공기업의 민영화 등의 정책이 광범하게 추진되고 있다. 신자유주의 시대에 정보통신혁명과 디지털혁명으로 국가의 전체적 생산수준은 크게 발전하였지만, 빈부 격차는 엄청나게 벌어졌고, 민중의 삶은 이전보다 크게 나아지지 않았다. 1%, 아니 0.1%가 부를 독점하는 시대에 살고 있다.

한편 소련과 동구사회주의체제가 무너진 지 30여 년이 흘렀지만, 남북한의 대치상태는 해소되지 않았다. 그런 가운데 냉전적 자유주의가 여전히

---

3) 정진아, 『한국경제의 설계자들』, 역사비평사, 2022.

활개치고 있다. 서구 사상과 문화에 대한 추종을 자유주의의 특징으로 여겨 민족주의를 자유주의의 적으로 비판하기도 한다. 심지어 반공을 매개로 국가주의, 파시즘적 주장이 자유주의로 포장하여 자신들의 주장을 선전하고 있다.

이 책은 일제하 송진우의 행적과 동아일보의 논의를 통해 일제하에서 형성된 한국 자유주의의 모습을 보여주었다. 이는 한국 자유주의의 역사적 기원이라 할 수 있는 부분이다. 초창기 한국 자유주의는 지금의 냉전적 자유주의와 상당한 차이를 보이고 있었다. 우선 그들은 자본의 무한한 권리와 성장을 보장하는 고전적 자유주의에 비판적이었다. 이에 대신하여 독점자본의 제한과 누진세 도입 등 분배정의 확립, 최저임금제와 공교육 강화 등 사회적 약자를 위한 복지 및 교육정책, 중요산업의 국가적 통제 등 국가개입을 핵심키워드로 하는 수정자본주의 사상인 또 다른 신자유주의(New Liberalism)을 수용하여 자신의 사상적 기반으로 삼고 있었다. 법치주의와 권력 분립, 그리고 의회제도와 국민의 기본적 인권 보장을 근간으로 하는 입헌주의 근대 국민국가를 지향했으며, 언론·출판·집회·결사의 자유를 비롯하여 정치적 자유와 제반 민주주의적 권리를 중요한 것으로 인식했다. 그들은 명백히 반공을 내세우고 '계급 대 계급 노선'과 노동계급의 헤게모니를 강조하는 공산주의자들과는 투쟁했지만, 사회주의 일반을 배격하지는 않았다. 사회민주주의 사상과 운동에 대해서는 친화성을 가지고 있었으며, 이에 상당한 영향을 받기도 했다. 당면 민족혁명과 국가건설에서 민족주의세력의 주도권을 인정하는 세력들과는 광범하게 협력하기도 했다. 무엇보다 민족문제에 큰 관심을 기울였고, 주체적 입장에서 서구 근대사상을 해석하고, 한국의 사상과 문화 연구를 통해 새로운 근대적 조선 사상을 수립하려고 했다. 그들은 자유주의를 내세우지 않고, 민족주의를 내세우며 민족주의자로 활동했다.

물론 그들은 민족운동과 국가건설에 있어 헤게모니와 패권의식을 분명하

게 표출했다. 해방직후 1945년 9월, 조선공산당이 주도하여 '조선인민공화
국'을 선포하면서 신국가 건설의 주도권을 장악하려고 하자, 이에 격분하여
한민당 결성을 주도했다. '대한민국임시정부지지론'을 앞장서서 제기하고
폭넓게 확산시켰다.[4] 자신들 주도의 정개개편을 추진하고, 대한민국임시정
부를 축으로 신정부 수립을 추진했다.[5] 조선공산당을 제외한 광범한 세력을
망라하려했고, 상당히 포용적 모습을 보였다. 그리고 당내 사회민주주의자
들의 주장을 받아들여 상당히 진보적인 사회경제 정책을 제시했다.[6] 일제하
이래 축적해온 경험과 능력을 바탕으로 미군정에 예속된 것이 아니라,
반대로 미군정을 적극적으로 활용하려 했고, 미국 정책에 영향력을 미치려
했다. 초기 미군정의 조숙한 반공정책은 이들의 활동과 무관하지 않다.[7]

　　그러나 그들은 민족주의세력 전반을 아우를 수 있는 힘과 능력이 부족했
다. 한민당 내부에는 이승만을 지지하는 세력을 비롯해서 다양한 세력이
동거하고 있었다. 동아일보계열은 이들을 이끌기에는 정치적 능력과 경험
이 부족했다. 또한 공산주의세력에 대한 경계심과 반공의식이 여타 사회주
의세력을 대하는 데에도 크게 영향을 미쳤다. 비록 공산주의세력과의 협력
이 불가능하다는 그들의 판단이 현실적인 것이라 해도, 한민당내의 사회민
주주의자들을 제외하고도, 폭넓게 존재하던 다양한 경향의 사회주의자들과
진보적 민족주의자들과의 협력은 중요한 것이었는데 이를 경시했다. '조선
인민공화국'에 참여했다는 이유로 이들 세력의 대표적 인물인 여운형과의

---

4) 윤덕영, 「송진우·한국민주당의 과도정부 구상과 대한민국임시정부 지지론」, 『한국
　　사학보』 42, 2011.
5) 윤덕영, 「미군정 초기 정치 대립과 갈등 구조의 중층성-1945년 말 한국민주당
　　주도세력의 정계 개편 운동을 중심으로-」, 『한국사연구』 165, 2014.
6) 윤덕영, 「초기 한국민주당 내 사회민주주의자들의 동향과 진보적 사회경제정책의
　　배경」, 『한국학연구』 62, 2021.
7) 윤덕영, 「1945년 한국민주당 초기 조직의 성격과 주한미군정 활용」, 『역사와현실』
　　80, 2011 ; 「주한미군정의 초기 과도정부 구상과 송진우·한국민주당의 대응」, 『한국
　　사연구』 154, 2011.

관계 회복을 한동안 거부했다.

이런 한계는 그들이 일제하에서 언론기관에 머물러 있고, 구체적인 운동의 현장, 민족운동의 현장에서 경험을 체득하지 못했기 때문이었다. 그들은 1920년대 초반 이래 누구보다 앞서서 민족적 중심세력, 정치적 민족운동 조직의 결성을 지속적으로 부르짖었음에도 불구하고 일제 강점이 끝날 때까지도 그들이 주도한 구체적 민족운동 조직을 결성하지 못했다. 1926년 시도하였으나 실패하였고, 이후 기회를 놓쳤다. 1930년대 이후는 국내외 정세가 변동하면서 합법적 정치운동에서 후퇴했다. 그들은 대중정치론에 매여 있어 비합법적 조직을 사실상 고려하지 않았다. 이는 정치운동에서 제기되는 여러 다양한 고려와 변수에 대한 구체적인 경험을 축적할 수 없게 했다.

8·15해방 직후 합법적 공간이 활짝 열리자, 그들은 급격한 정치적 변동 속에서도 능동적이고 주도적으로 움직였고, 큰 성과를 보이는 듯 했다. 그러나 정치의 현장에서 벌어지는 온갖 상황을 극복하기에는 그들의 정치운동 경험은 미천했다. 특히 1945년 말 이들을 이끌던 지도자 송진우의 암살은 결정타였다. 그들이 추진하던 정계개편운동은 무산되었고, 한민당은 해방 정국의 주도적 위치를 가질 기회를 잃고 말았다. 봉오리를 맺었던 꽃은 피우지도 못하고 시들어버렸다.

한국의 자유주의는 이런 모습으로 일제하에서 형성되었고, 해방 후에 이렇게 그 모습을 드러냈다.

찾아보기

윤 덕 영

연세대학교에서 한국 근현대사를 전공하여 석사와 박사학위를 받았다. 20세기 동아시아사의 맥락에서 한국 근현대 정치사상사를 전공했으며, 국사편찬위원회에서 30여 년을 근무하고 퇴직했다. 일제하에서 해방직후 시기를 넘나들며 동아일보계열을 비롯한 민족주의세력, 한국민주당, 비주류 사회주의세력 등 좌우 정치세력의 민족운동과 정치활동 및 사상에 대한 연구, 그리고 일제하 협동조합운동과 협동조합론에 대한 연구를 진행하고 있다.

주요 저서로는 『근현대 한국의 지성과 연세』(공저, 혜안, 2016), 『일제의 조선 참정권 정책과 친일세력의 참정권 청원운동』(공저, 동북아역사재단, 2022) 등이 있으며, 논문으로는 「신간회 창립 주도세력과 민족주의세력의 정치 지형」(『한국민족운동사연구』 68, 2011), 「1945년 한국민주당 초기 조직의 성격과 주한미군정 활용」(『역사와현실』 80, 2011), 「미군정 초기 정치 대립과 갈등 구조의 중층성-1945년 말 한국민주당 주도세력의 정계 개편 운동을 중심으로-」(『한국사연구』 165, 2014), 「1920년대 초반 협동조합운동론의 형성과 특징」(『역사문제연구』 39, 2018), 「1920년대 전반 조선물산장려운동 주도세력의 사회운동론과 서구 사회주의 사상과의 비교」(『동방학지』 187, 2019), 「초기 한국민주당 내 사회민주주의자들의 동향과 진보적 사회경제정책의 배경」(『한국학연구』 62, 2021) 등이 있다.

연세근대한국학총서 148 (H-032)

세계와 식민지 조선의 민족운동
한국 자유주의의 형성, 송진우와 동아일보

윤 덕 영 지음

초판 1쇄 발행 2023년 8월 30일

펴낸이 오일주
펴낸곳 도서출판 혜안

등록번호 제22-471호
등록일자 1993년 7월 30일

주 소 ⑦04052 서울시 마포구 와우산로 35길 3(서교동) 102호
전 화 3141-3711~2
팩 스 3141-3710
이메일 hyeanpub@daum.net

ISBN 978-89-8494-702-3 93910

값 42,000원